Rapport final de la trente-septième Réunion consultative du Traité sur l'Antarctique

RÉUNION CONSULTATIVE
DU TRAITÉ SUR L'ANTARCTIQUE

Rapport final
de la trente-septième
Réunion consultative
du Traité sur l'Antarctique

Brasilia, Brésil
28 avril - 7 mai 2014

Volume II

Secrétariat du Traité sur l'Antarctique
Buenos Aires
2014

Publié par :

Secretariat of the Antarctic Treaty
Secrétariat du Traité sur l'Antarctique
Секретариат Договора об Антарктике
Secretaría del Tratado Antártico

Maipú 757, Piso 4
C1006ACI Ciudad Autónoma
Buenos Aires - Argentina
Tel: +54 11 4320 4260
Fax: +54 11 4320 4253

Ce rapport est également disponible à : *www.ats.aq* (version numérique)
et exemplaires achetés en ligne

ISSN 2346-9900
ISBN 978-987-1515-85-1

Contenu

VOLUME I

Mesure 11 (2014) : Zone spécialement protégée de l'Antarctique N°171 (pointe Narebski, péninsule Barton, île du Roi George) : plan de gestion révisé

Mesure 12 (2014) : Zone spécialement protégée de l'Antarctique n° 174 (Stornes, Collines Larsemann, Terre Princesse Elisabeth) : plan de gestion

Mesure 13 (2014): Zone spécialement protégée de l'Antarctique n° 175 (zones géothermiques de haute altitude de la région de la mer de Ross) : plan de gestion

Mesure 14 (2014) : Zone gérée spéciale de l'Antarctique n° 1, (Baie de l'Amirauté, île du Roi George) : plan de gestion révisé

Mesure 15 (2014) : Zone gérée spéciale de l'Antarctique n° 6 (Collines Larsemann, Antarctique oriental) : plan de gestion révisé

Mesure 16 (2014) : Zone spécialement protégée de l'Antarctique N° 114 (île Coronation du Nord, îles Orcades du Sud) : plan de gestion abrogé

2. Décisions

Décision 1 (2014) : Mesures portant sur des aspects opérationnels désignées comme caduques

Annexe : Mesures relatives aux questions opérationnelles désignées comme caduques

Décision 2 (2014) : Rapport du Secrétariat, programme et budget

Annexe 1 : Rapport financier vérifié pour 2012/2013

Annexe 2 : Rapport financier provisoire pour 2013/14

Annexe 3 : Programme du Secrétariat pour l'exercice 2014/2015

Décision 3 (2014) : Plan de travail stratégique pluriannuel de la Réunion consultative du Traité sur l'Antarctique

Annexe : Plan de travail stratégique pluriannuel de la RCTA

3. Résolutions

Résolution 1 (2014) : Stockage et manutention des combustibles

Résolution 2 (2014) : Coopération, facilitation, et échange d'informations météorologiques, ainsi qu'océanographiques et cryosphériques connexes, s ur l'environnement

Résolution 3 (2014) : Appui au Code polaire

Résolution 4 (2014) : Lignes directrices pour les visites de sites

Annexe : Liste des Sites assujettis aux Lignes directrices de visites de site

Résolution 5 (2014) : Renforcement de la coopération lors des campagnes de relevés hydrographiques et de cartographie des eaux de l'Antarctique

Résolution 6 (2014) : Vers une évaluation des risques associé aux activités touristiques et non gouvernementales

Résolution 7 (2014) : Entrée en vigueur de la Mesure 4 (2004)

Photos et schéma d'image

VOLUME II

Sigles et abréviations

ACAP	Accord sur la conservation des albatros et des pétrels
AMP	Aire marine protégée
ASOC	Coalition sur l'Antarctique et l'océan austral
BP	Document de référence
CCAMLR	Convention sur la conservation de la faune et de la flore marines de l'Antarctique et/ou Commission pour la conservation de la faune et de la flore marines de l'Antarctique
CCNUCC	Convention-cadre des Nations Unies sur les changements climatiques
CCS	Centre de coordination de sauvetage
COI	Commission océanographique intergouvernementale
COMNAP	Conseil des directeurs des programmes antarctiques nationaux
CPE	Comité pour la protection de l'environnement
CPPA	Convention pour la protection des phoques de l'Antarctique
CS-CAMLR	Comité scientifique de la Commission pour la conservation de la faune et la flore marines de l'Antarctique
EGIE	Évaluation globale d'impact sur l'environnement
EIE	Évaluation d'impact sur l'environnement
EPIE	Évaluation préliminaire d'impact sur l'environnement
GCI	Groupe de contact intersessions
GIECC	Groupe d'experts intergouvernemental sur les changements climatiques
GSPG	Groupe subsidiaire sur les plans de gestion
GTT	Groupe de travail sur le tourisme
IAATO	Association internationale des organisateurs de voyages dans l'Antarctique
IP	Document d'information
MAN	Modèle altimétrique numérique
OHI	Organisation hydrographique internationale
OMI	Organisation maritime internationale
OMM	Organisation météorologique mondiale
OMT	Organisation mondiale du tourisme
PNUE	Programme des Nations Unies pour l'environnement
RCTA	Réunion consultative du Traité sur l'Antarctique

RETA	Réunions d'experts du Traité sur l'Antarctique
SAR	Recherche et sauvetage
SCAR	Comité scientifique pour la recherche antarctique
SEEI	Système électronique d'échange d'informations
SMH	Sites et monuments historiques
SOOS	Système d'observation de l'océan austral
SP	Document du Secrétariat
STA	Système du Traité sur l'Antarctique ou Secrétariat du Traité sur l'Antarctique
UAV	Véhicule aérien sans pilote
UICN	Union internationale pour la conservation de la nature
WP	Document de travail
ZSGA	Zone spécialement gérée de l'Antarctique
ZSPA	Zone spécialement protégée de l'Antarctique

PARTIE II

Mesures, Décisions et Résolutions (Suite)

4. Plans de gestion

Plan de gestion

pour la Zone spécialement protégée de l'Antarctique n°113

ÎLE LITCHFIELD, PORT ARTHUR

ÎLE ANVERS, ARCHIPEL PALMER

Introduction

L'île Litchfield se situe dans la région de Port Arthur, île Southwest Anvers, au 64°46' S, 64°06' O. Elle a une superficie approximative de 0,34 km². Les motifs de sa désignation sont que, avec son littoral, l'île Litchfield abrite une faune et une flore terrestres et marines très importantes, qu'elle représente un site de reproduction unique parmi les îles avoisinantes pour six espèces d'oiseaux indigènes et qu'elle constitue un exemple remarquable de l'écosystème naturel de la péninsule antarctique. En outre, l'île Litchfield présente d'abondantes aires de végétation et offre la topographie la plus variée et la plus grande diversité d'habitats terrestres des îles de Port Arthur.

À l'origine, la zone avait été désignée Zone spécialement protégée (ZSP) n°17 par la Recommandation VIII-1 (1975) sur proposition des États-Unis d'Amérique. Le site a été rebaptisé et renuméroté par la Décision 1 (2002) en Zone spécialement protégée de l'Antarctique (ZSPA) n°113. Le plan de gestion original a été adopté par la Mesure 2 (2004) et révisé par la Mesure 4 (2009).

La zone se situe dans l'Environnement E - Péninsule antarctique, île Alexandre et autres îles, tiré des Analyses des domaines environnementaux pour l'Antarctique et dans la Région 3 - Nord-Ouest de la Péninsule antarctique, tirée des Régions de conservation biogéographiques de l'Antarctique. L'île Litchfield se situe au sein de la Zone gérée spéciale de l'Antarctique (ZGSA) n°7, Ile Southwest Anvers et bassin Palmer (Carte 1).

1. Description des valeurs à protéger

Si l''île Litchfield, port Arthur, (Latitude 64°46' S, Longitude 64°06' O, 0.34 km²) a été désignée à l'origine, c'est parce que « l'île Litchfield abrite une faune et une flore terrestre et marine très importantes, qu'elle représente un site de reproduction unique parmi les îles avoisinantes pour six espèces d'oiseaux indigènes et qu'elle constitue un exemple remarquable de l'écosystème naturel de la péninsule antarctique. »

Le présent plan de gestion réaffirme les raisons initiales de la désignation liée à la présence de communautés aviaires. En effet, l'île abrite un large éventail d'espèces aviaires très variées qui est représentatif de la région centre-ouest de la péninsule antarctique. Le nombre d'espèces aviaires observées en phase de reproduction sur l'île Litchfield s'élève actuellement à six depuis la récente extinction au niveau local des manchots Adélie (*Pygoscelis adeliae*) sur l'île. La baisse de population est attribuée à l'impact négatif de la forte accumulation de neige et de la diminution de l'étendue de glace de mer sur la disponibilité d'aliments et la survie des jeunes (McClintock *et al.* 2008). Les espèces continuant à se reproduire sur l'île Litchfield sont le pétrel géant (*Macronectes giganteus*), l'océanite de Wilson (*Oceanites oceanicus*), le goéland dominicain (*Larus dominicanus*), le labbe antarctique (*Catharacta maccormicki*), le labbe brun (*Catharacta loennbergi*) et la sterne antarctique (*Sterna vittata*). Le fait que ces colonies d'oiseaux aient été relativement peu perturbées par les activités humaines constitue également une valeur importante de la zone.

En 1964, l'île Litchfield renfermait l'une des couches de mousse plus importantes connues de la région de la péninsule antarctique, dominée par la *Warnstorfia laculosa*, présente alors sur sa limite méridionale (Corner, 1964a). La *W. laculosa* a depuis été observée à certains autres endroits plus au sud, y compris sur l'île Green (ZSPA n°108, îles Berthelot) et sur l'île Avian (ZSPA n°118, baie Marguerite). En conséquence, la valeur que constituait la présence de cette espèce sur la limite méridionale de l'île Litchfield n'est plus valide. Toutefois, l'île Litchfield était à l'époque l'un des exemples les plus représentatifs de végétation maritime antarctique au large de la côte occidentale de la terre Graham. En outre, plusieurs bancs de *Chorisodontium aciphyllum* et de *Polytrichum strictum* répartis sur une profondeur allant jusqu'à 1,2 m, ont été décrits en 1982 et étaient alors considérés comme les exemples les plus représentatifs de leur type dans la région de la péninsule antarctique (Fenton et Lewis Smith, 1982). En février 2001, on a constaté que ces valeurs avaient lourdement souffert de l'impact des otaries à fourrure antarctiques (*Arctocephalus gazella*) qui ont endommagé et détruit d'importantes zones de végétation sur les pentes inférieures les plus accessibles de l'île, et ce, par piétinement et par enrichissement en matière organique. Les éléphants de mer du sud (*Mirounga leonina*) ont également eu un lourd impact, mais plus localisé. Certains endroits auparavant recouverts d'épaisses couches de mousse ont été complètement détruits alors que d'autres ont subi des dégâts moyens, voire graves. Les pentes de *Deschampsia antarctica* sont plus résistantes et ont supporté la présence des otaries à fourrure, même en grand nombre, mais on y trouve également des signes évidents de dégâts importants. Cependant, aux endroits les plus escarpés et les plus élevés de l'île, ainsi que dans des zones qui sont inaccessibles aux otaries, la végétation est restée intacte. En outre, des observations semblent indiquer qu'une récente diminution du nombre des otaries à fourrure antarctiques a conduit à une récupération de la végétation qui avait été endommagée sur l'île Litchfield (Fraser et Patterson-Fraser, communication personnelle, 2014). Bien que la végétation soit moins importante et que certaines des couches de mousse aient été touchées, la végétation restante conserve une valeur certaine et justifie pleinement la protection spéciale de l'île. En outre, de toutes les îles de Port Arthur, c'est sur l'île Litchfield que la topographie est la plus variée et que la diversité des habitats terrestres est la plus grande.

La péninsule antarctique connaît à l'heure actuelle un degré de réchauffement régional supérieur à tout autre réchauffement observé sur la planète. Ce réchauffement climatique soumet l'écosystème marin qui entoure l'île Litchfield à des changements considérables et rapides qui comprennent une baisse des populations de manchots Adélie et d'otaries à fourrure antarctiques ainsi qu'à des changements dans les modes de végétation. Par conséquent, la conservation de l'état relativement intact de l'île pourrait s'avérer précieuse pour mener des études à long terme sur cet écosystème.

L'île Litchfield a joui d'une protection spéciale presque depuis le début de l'ère moderne des activités scientifiques dans la région, les permis d'accès ayant été uniquement délivrés pour répondre à des buts scientifiques indispensables. Ainsi, aucune visite, recherche ou activité d'échantillonnage à grande échelle n'y a jamais été organisée et sa valeur en tant que zone terrestre protégée a été relativement peu perturbée par des activités humaines. La zone conserve donc toute sa valeur comme site de référence pour plusieurs types d'études comparatives avec d'autres zones utilisées plus intensément, et les changements à long terme relatifs aux populations de certaines espèces et au microclimat peuvent y faire l'objet d'un suivi. L'île est facilement accessible en petite embarcation depuis la station Palmer (Etats-Unis d'Amérique) toute proche, et Port Arthur est fréquemment visité par des navires de tourisme. Une protection spéciale continue est dès lors indispensable pour garantir que la zone soit perturbée le moins possible par les activités humaines.

La zone désignée englobe la totalité de l'île Litchfield au-dessus du niveau de la mer à marée basse, à l'exception des îlots et des rochers en mer.

2. Buts et objectifs

La gestion de l'île Litchfield vise à :

- Éviter toute détérioration ou tout risque de détérioration des valeurs de la zone en empêchant tout échantillonnage et toute perturbation humaine inutiles dans la zone ;
- Permettre des recherches scientifiques sur l'écosystème naturel et l'environnement physique de la zone, à condition que ces recherches soient indispensables et ne puissent être satisfaites ailleurs, et qu'elles ne portent pas atteinte aux valeurs pour lesquelles la zone est protégée ;
- Permettre la réalisation de visites pédagogiques ou de sensibilisation (telles que des reportages-documentaires (visuels, audios ou écrits) ou la production de ressources ou de services pédagogiques) à

condition que ces activités soient indispensables, ne puissent être satisfaites ailleurs et ne portent pas atteinte aux valeurs pour lesquelles la zone protégée;

- Limiter les risques d'introduction de plantes, d'animaux ou de microbes non indigènes dans la zone ;
- Limiter le risque d'introduction d'agents pathogènes qui pourraient provoquer des maladies au sein des populations fauniques de la zone; et
- Permettre à l'appui des buts et objectifs du plan de gestion des visites à des fins de gestion.

3. Activités de gestion

Les activités de gestion suivantes devront être entreprises pour protéger les valeurs de la zone :

- Des panneaux indiquant l'emplacement de la zone (et les restrictions particulières qui s'appliquent) seront installés bien en vue et une copie du présent plan de gestion, incluant des cartes de la zone, sera disponible à la station Palmer (États-Unis d'Amérique);
- Des copies du présent plan de gestion devront être disponibles dans tous les navires et aéronefs visitant les environs de la station Palmer ou y opérant, et tout le personnel (personnel de programme national, d'expéditions de terrain, responsables d'expéditions touristiques, pilotes et capitaines de navires) opérant ou volant dans les environs de la zone ou s'approchant de celle-ci devront être informés par leur programme national, leur voyagiste ou l'autorité nationale compétente de l'emplacement de la zone, de ses limites et des restrictions d'accès et de survol qui s'y appliquent;
- Les programmes nationaux prendront les mesures nécessaires pour que les limites de la zone et les restrictions d'accès qui s'y appliquent soient indiquées sur les cartes terrestres, marines et aéronautiques concernées;
- Les bornes, panneaux et autres structures établis à l'intérieur de la zone à des fins scientifiques ou de gestion seront correctement fixés, maintenus en bon état et enlevés lorsqu'ils ne seront plus nécessaires;
- Des visites seront organisées en fonction des besoins (au moins une fois tous les 5 ans) afin de déterminer si la zone répond toujours aux objectifs pour lesquels elle a été désignée et de s'assurer que les mesures de gestion et d'entretien sont appropriées.

4. Durée de la désignation

La zone est désignée pour une période indéterminée.

5. Cartes et photographies

Carte 1: ZSPA n°113, Île Litchfield - Port Arthur, île Anvers. Cette carte indique l'emplacement des stations avoisinantes (la station Palmer, États-Unis d'Amérique ; la station Yelcho, Chili ; et le site et monument historique n°61 de Port Lockroy, Royaume-Uni), la limite de la zone spécialement protégée de l'Antarctique n°7, île Southwest Anvers et bassin Palmer, et l'emplacement des zones protégées environnantes.
Projection : conique conforme de Lambert, méridien central : 64° 00' O; Parallèles types: 64° 40' S, 65° 00' S; Latitude origine: 66° 00' S; Datum horizontal et sphéroïde: WGS84; intervalle des contours : Terre - 250 m, Mer - 200 m.
Sources des données: côtes et topographie, Base de données numériques sur l'Antarctique du SCAR v4.1 (2005); Bathymétrie: IBCSO v.1 (2013); Zones protégées: ERA (juillet 2013); Stations: COMNAP (mai 2013).
<u>Encart:</u> emplacement de l'île Anvers et de l'archipel Palmer par rapport à la péninsule antarctique.

Carte 2 : ZSPA n° 113 île Litchfield: particularités physiques et quelques animaux.
Projection : conique conforme de Lambert, méridien central : 64°06'O; Parallèles types : 64°46'S, 64°48'S; Latitude origine: 65° 00' S; Datum horizontal et sphéroïde: WGS84; Datum vertical: niveau moyen de la mer; intervalle des contours: Terre - 5 m; Mer - 20 m; côtes, topographie, végétation et bain d'éléphant de mer du sud issus d'une orthophotographie (février 2009, ERA 2014) d'une précision

horizontale d'environ ± 2 m et d'une précision verticale de environ ± 3 m; Bathymétrie issues d'Asper et Gallagher PRIMO SURVEY (2004); Labbes: W. Fraser (2001-09); Ancienne colonie de manchots: Orthophotographie d'USGS (1998); Borne: USGS; site de camp, site de mouillage: RPSC; zone et régions protégées: ERA (janvier 2014).

6. Description de la zone

6(i) Coordonnées géographiques, bornage et caractéristiques du milieu naturel

Description générale

L'île Litchfield (64°46'15" S, 64°05'40" O, 0,34 km2) est située à Port Arthur, à environ 1 500 m à l'ouest de la station Palmer (États-Unis d'Amérique), pointe Gamage, île Anvers, dans la région occidentale de la péninsule antarctique connue sous le nom d'archipel Palmer (Carte 1). L'île Litchfield est une des îles les plus grandes de Port Arthur, s'étendant sur environ 1 000 m du nord-ouest vers le sud-est et sur 700 m du nord-est vers le sud-ouest. L'île Litchfield présente la topographie la plus variée et les habitats terrestres les plus divers des îles de Port Arthur (Bonner et Lewis Smith, 1985). Plusieurs collines s'élèvent à une altitude comprise entre 30 et 40 m, le sommet de 48 m se trouvant dans la partie centre occidentale de l'île (Carte 2). Les affleurements rocheux sont assez nombreux, à la fois sur ces pentes et sur la côte. Dans sa majeure partie, l'île est libre de glace en été, à l'exception de petites concentrations de neige que l'on retrouve principalement sur les versants méridionaux et dans les vallées. Des falaises d'une hauteur pouvant atteindre 10 m constituent les côtes du nord-est et du sud-est, et les baies au nord et au sud abritent des plages de galets.

La zone désignée englobe la totalité de l'île Litchfield au-dessus du niveau de la mer à marée basse, à l'exception des îlots et des rochers en mer. La côte constituant en soi une limite clairement définie et visible, aucun dispositif de bornage n'a été installé. Plusieurs panneaux attirant l'attention sur le statut protégé de l'île ont été installés et sont bien en vue, mais leur état se détériore (Fraser, communication personnelle, 2009).

Climat

Peu de données météorologiques relatives à l'île Litchfield sont disponibles. Toutefois, des données relatives aux températures ont été recueillies à deux endroits, l'un côté nord et l'autre côté sud, entre les mois de janvier et de mars 1983 (Komárková, 1983). Le site côté nord était le plus chaud des deux en 1983, avec des températures en janvier généralement comprises entre 2° et 9°C, en février entre -2° et 6°C, et en mars entre -2° et 4°C. Une température maximale de 13°C et une température minimale de -3°C ont été enregistrées sur le site durant cette période. Le site côté sud était généralement plus frais de 2°C avec des températures en janvier généralement comprises entre 2° et 6°C, en février entre -2° et 4°C, et en mars entre -3° et 2°C. Une température maximale de 9°C et une température minimale de -4,2°C ont été enregistrées sur le site durant cette période.

Les données à long terme disponibles pour la station Palmer indiquent des températures régionales relativement douces en raison des conditions océanographiques locales et de la persistance d'une couche de nuages fréquente dans la région de Port Arthur (Lowry, 1975). Les moyennes annuelles des températures de l'air enregistrées pendant la période 1974-2012 à la station Palmer font état d'une nette tendance au réchauffement mais aussi d'une variabilité interannuelle marquée (Figure 1). La température maximale enregistrée durant cette période était de 11.6° C en mars 2010, alors que la température minimale était de -26°C en août 1995. De précédentes études ont montré qu'août était le mois le plus frais et janvier le plus chaud (Baker 1996). Les orages et les précipitations sont fréquents à la station Palmer, les vents sont persistants mais généralement faibles à modérés et soufflent de secteur nord-est.

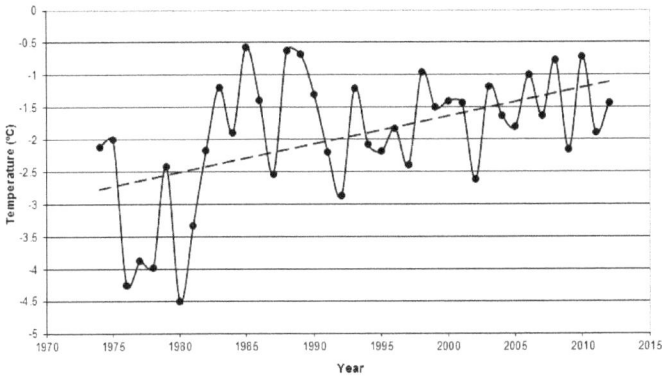

Figure 1. Température moyenne annuelle de l'air à la surface à la station Palmer, 1974-2012.
Source des données : Palmer LTER
(http://oceaninformatics.ucsd.edu/datazoo/data/pallter/datasets?action=summary&id=189).

Géologie, géomorphologie et sols

L'île Litchfield est une des nombreuses petites îles et péninsules rocheuses situées le long de la côte sud-ouest de l'île Anvers, qui se composent d'un assemblage inhabituel de type rocheux de la fin du Crétacé/début du Tertiaire appelé *Altered Assemblage* (Hooper, 1962). Les principaux types de roches du *Altered Assemblage* sont la tonalite, une forme de diorite à quartz, et la trondhjemite, une roche plutonique légèrement colorée. Les roches granitiques et volcaniques riches en minéraux (plagioclase, biotite, quartz et hornblende) sont également très présentes dans la zone. L'île Litchfield se caractérise par une bande centrale de diorites à grains fins gris semi-foncé, qui sépare entre l'est et l'ouest les trondhjemites et les tonalites, constituées principalement de grains moyens gris clair (Willan, 1985). La partie orientale se caractérise par des filons plus pâles sur une longueur pouvant atteindre 40 m selon une orientation nord-sud et est-ouest. Des petites veines de quartz, d'épidote, de chlorite, de pyrite et de chalcopyrite d'une épaisseur pouvant atteindre 8 cm se dessinent en direction sud sud-est, traversant la tonalite. Des filons plagioclasiques phyriques gris foncé à grains fins portant des traces de magnétite suivent une orientation est nord-est sud sud-est. De nombreux filons de feldspath phyrique gris foncé sont présents à l'ouest ; ils peuvent avoir une épaisseur de 3 m et suivent une direction nord-sud et est sud-est. Certains d'entre eux recoupent ou sont recoupés par de rares veines de quartz, d'épidote, de chlorite, de pyrite, de chalcopyrite et de bornite dont l'épaisseur peut atteindre 20 cm.

Les sols de l'île Litchfield n'ont fait l'objet d'aucune description bien que des sols tourbeux d'une profondeur pouvant atteindre 1 m aient été découverts à des endroits où la croissance du tapis mousseux est, ou fut, importante.

Habitat dulçaquicole

On retrouve quelques petites étendues d'eau sur l'île Litchfield: l'une d'entre elles, située sur une colline dans la partie centre/nord-est de l'île, abrite les espèces d'algues *Heterohormogonium* sp et *Oscillatoria brevis*. Une autre étendue, située 50 m plus au sud, abrite les espèces *Gonium* sp., *Prasiola crispa*, *P. tesselata* et *Navicula* sp. (Parker *et al.*, 1972).

Végétation

Les communautés de plantes de l'île Litchfield ont fait l'objet d'une étude détaillée en 1964 (Corner, 1964a). À cette époque, la végétation de l'île était très développée, comprenait plusieurs communautés distinctes et une flore variée (Lewis Smith et Corner, 1973; Lewis Smith, 1982). Les deux espèces de plante vasculaire de l'Antarctique, la canche antarctique (*Deschampsia antarctica*) et la sagine antarctique (*Colobanthus quitensis*), ont été répertoriées sur l'île (Corner, 1964a ; Greene et Holtom, 1971; Lewis Smith et Corner, 1973). Corner (1964a) a constaté que la *D. antarctica* se retrouvait souvent le long des côtes nord et nord-ouest de l'île et que des concentrations localisées plus importantes à l'intérieur de l'île peuplaient les corniches rocheuses contenant des dépôts de minéraux et forment des tapis végétaux épais (Greene et Holtom, 1971; Lewis Smith, 1982). *C. quitensis* a été repérée en deux endroits: une concentration sur la côte nord-est mesurant environ 9 x 2 m et une série de six nappes dispersées sur des pentes raides et lisses de la côte nord-ouest. Ces deux plantes vasculaires sont généralement accompagnées d'un assemblage de couches de mousse, notamment de *Bryum pseudotriquetrum*, de *Sanionia uncinata*, de *Syntrichia princeps* et de *Warnstorfia laculosa* (Corner, 1964a). Parmi les facteurs qui déterminent la répartition de *C. quitensis* et de *D. antarctica* figurent la disponibilité de substrat adéquat et la température de l'air (Komarkova *et al.* 1985). En conséquence du récent réchauffement, les populations existantes de *C. quitensis* se sont étendues et de nouvelles colonies se sont installées dans la zone de Port Arthur, bien que ce phénomène n'ait pas fait l'objet d'une étude spécifique sur l'île Litchfield (Grobe *et al.* 1997; Lewis Smith, 1994).

Sur des versants rocheux bien drainés, plusieurs bancs de *Chorisodontium aciphyllum* et de *Polytrichum strictum* ont été observés en 1982 à pas moins de 1,2 m de profondeur à certains endroits. Ils constituent les exemples les plus représentatifs de leur espèce dans la région de la péninsule antarctique (Fenton et Lewis Smith, 1982; Lewis Smith, 1982). Les concentrations de tourbe mousseuse les plus exposées sont couvertes de lichens crustacés, d'espèces de *Cladonia*, de *Sphaerophorus globosus* et de *Coelocaulon aculeatum*. Dans les ravins profonds et protégés, le couvert de lichens est souvent dense et abrite des *Usnea antarctica*, *U. aurantiaco-atra* et *Umbilicaria antarctica*. La tourbe *P. strictum*, d'une épaisseur de 50 cm, a été observée au creux d'une étroite vallée d'orientation est-ouest. Les hépatiques *Barbilophozia hatcheri* et *Cephaloziella varians* ont été liés aux communautés de tourbe, en particulier dans les canaux de soulèvement gélival, et se présentaient souvent sous forme de spécimens figés sur de l'humus découvert.

Un certain nombre de zones humides en permanence ont été observées sur l'île, et une des particularités les plus remarquables de ces zones sont les couches de mousses les plus importantes connues à ce jour dans la région antarctique, dominées par la *W. laculosa* (Fenton et Lewis Smith, 1982). À d'autres endroits, les *S. uncinata* et *Brachythecium austro-salebrosum* forment des concentrations plus petites. Le *Pohlia nutans* peuple les zones plus sèches où les communautés de mousses ont fusionné avec celles de tourbes mousseuses.

Les surfaces rocheuses abritent une variété de communautés dominées par des lichens auxquelles viennent s'ajouter les nombreuses espèces épiphytiques observées sur les bancs de mousse. Une communauté ouverte de lichens et de bryophytes couvrait des roches et des falaises le long de la côte et au centre de l'île. La côte sud de l'île abritait principalement des espèces de lichens crustacés, dominés par l'*Usnea antarctica* et les mousses *Andreaea depressinervis* et *A. regularis*. L'algue foliacée *Prasiola crispa* forme de petites concentrations liées à la présence de colonies de manchots et d'autres habitats d'oiseaux marins.

D'autres espèces observées dans la zone sont: l'hépatique *Lophozia excisa*; les lichens *Buellia* spp., *Caloplaca* spp., *Cetraria aculeata*, *Coelopogon epiphorellus*, *Lecanora* spp., *Lecidia* spp., *Lecidella* spp., *Lepraria* sp., *Mastodia tessellata*, *Ochrolechia frigida*, *Parmelia saxatilis*, *Physcia caesia*, *Rhizocarpon geographicum*, *Rhizocarpon* sp., *Stereocaulon glabrum*, *Umbilicaria decussata*, *Xanthoria candelaria* et *X. elegans*; et les mousses *Andreaea gainii* var. *gainii*, *Bartramia patens*, *Dicranoweisia grimmiacea*, *Pohlia cruda*, *Polytrichastrum alpinum*, *Sarconeurum glaciale* et *Schistidium antarctici* (Base de données BAS Plant, 2009).

Dans le passé, des populations grandissantes d'otaries à fourrure antarctiques (*Arctocephalus gazella*) ont sérieusement endommagé les couches et les bancs de mousse à faible altitude (Lewis Smith, 1996 et Harris, 2001). Cependant, des observations laissent penser que la végétation précédemment endommagée récupère sur certains sites, à la suite d'un récent déclin des populations d'otaries à fourrure sur l'île Litchfield, bien que l'augmentation récente du nombre d'éléphants de mer du sud (*Mirougna leonina*) venant sur l'île a engendré de graves dommages sur leur site de baignade (Carte 2) et sur les routes d'accès qui y mènent (Fraser et Patterson-Frase, communication personnelle, 2014). Des labbes antarctiques (*Catharacta maccormicki*) nichent dans les bancs de mousse et provoquent des dégâts limités.

Invertébrés, bactéries et champignons

La faune d'invertébrés de l'île Litchfield n'a pas fait l'objet d'étude détaillée. Des observations menées en 1966 ont répertorié la présence de grandes populations d'invertébrés, surtout dans les zones colonisées par les plantes, notamment les *Cyrtolaelaps, Protereunetes, Stereotydeus, Rhagidia, Tydeus, Alaskozetes* et les *Opisa*, ainsi que les *Cryptopygus, Parisotoma* et les *Belgica*. De nombreuses larves de *Belgica* ont été observées sous les herbes et les mousses, atteignant approximativement les 10 000 individus par m². De nombreux *Nanorchestes* et quelques *Cryptopygus* ont été observés sur l'algue verte *Pandorina*. Les acariens de zones intertidales *Rhombognathus gressitti* ont été observés, bien qu'en petit nombre, sur une plage rocheuse et dans une vasière de l'île. Les tardigrades *Macrobiotus furciger, Hypsibius alpinus* et *H. pinguis* ont été observés dans des concentrations de mousses, principalement sur les versants nord de l'île (Jennings, 1976).

Oiseaux nicheurs

Six espèces d'oiseaux se reproduisent sur l'île Litchfield qui, à ce titre, est l'un des habitats de reproduction de l'avifaune les plus variés de la région de Port Arthur. Une petite colonie de manchots Adélie (*Pygoscelis adeliae*) se trouvait précédemment sur la partie orientale de l'île et a fait l'objet d'un recensement régulier depuis 1971 (Tableau 1, Carte 2). Après la chute substantielle du nombre de couples nicheurs survenue sur trente ans, les manchots Adélie ont aujourd'hui disparu de l'île Litchfield (Fraser, communication personnelle, 2014). Cette baisse de population est attribuée aux variations de la répartition de la glace de mer et à l'accumulation des neiges (McClintock *et al.* 2008). Les manchots Adélie sont sensibles aux variations de la concentration de la glace de mer, qui ont des répercussions sur leur accès aux aires d'alimentation et sur l'abondance de krill antarctique, qui est leur principale proie (Fraser et Hofmann, 2003; Ducklow *et al.*, 2007). Le récent élargissement substantiel de la superficie libre de glace dans la zone d'étude LTER de Palmer a coïncidé avec une diminution de 80 pour cent de l'abondance de krill le long de la moitié nord de la péninsule antarctique de l'ouest, ce qui peut avoir entraîné une réduction significative de l'approvisionnement en nourriture des manchots Adélie qui vivaient sur l'île Litchfield (Fraser et Hofmann, 2003; Forcada *et al.*, 2008). Ces dernières années, les blizzards de printemps dans la zone de Port Arthur sont devenus plus fréquents et plus violents et, conjugués à une augmentation généralisée des précipitations, auraient engendré une augmentation substantielle du taux de mortalité des poussins et des œufs de manchots Adélie (McClintock *et al.*, 2008; Patterson *et al.*, 2003). Des sept colonies de manchots étudiées dans la zone Palmer, c'est celle de l'île Litchfield qui est la plus soumise aux chutes de neige et qui a enregistré le déclin le plus rapide, ce qui laisse fortement penser que l'augmentation des chutes de neige est un facteur qui contribue à la diminution du nombre de manchots Adélie (Fraser, à Stokstad, 2007).

Tableau 1. Nombre de manchots Adélie (*Pygoscelis adeliae*) nicheurs sur l'île Litchfield, 1971-2009

Année	Cpls	Type de décompte[1]	Source	Année	Cpls	Type de décompte[1]	Source	Année	Cpls	Type de décompte[1]	Source
1971-72	890	N3	2	1986-87	577	N1	3	2000-01	274	N1	3
1972-73				1987-88	430	N1	3	2001-02	166	N1	3
1973-74				1988-89				2002-03	143	N1	3
1974-75	1000	N4	2	1989-90	606	N1	3	2003-04	52		4
1975-76	884	N1	3	1990-91	448	N1	3	2004-05	33		4
1977-78	650	N1	2	1991-92	497	N1	3	2005-06	15		4
1978-79	519	N1	2	1992-93	496	N1	3	2006-07	4		4
1979-80	564	N1	2	1993-94	485	N1	3	2007-08	0		4

1980-81	650	N1	2	1994-95	425	N1	3	2008-09	0	4
1981-82				1995-96	410	N1	3	2009-10	0	5
1982-83				1996-97	346	N1	3	2010-11	0	5
1983-84	635	N1	2	1997-98	365.	N1	3	2011-12	0	5
1984-85	549	N1	2	1998-99	338	N1	3	2012-13	0	5
1985-86	586	N1	2	1999-2000	322	N1	3			

1. Cpls = couples nicheurs, N = Nid, P = Poussin, A = Adulte; < ± 5%, 2 = ± 5-10%, 3 = ± 10-15%, 4 = ± 25-50% (classification d'après Woehler, 1993)
2. Parmelee et Parmelee, 1987 (N1 et les décomptes de décembre sont indiqués lorsque plusieurs décomptes ont été effectués au cours d'une même saison)
3. W.R. Données de Fraser fournies en février 2003, et basées sur plusieurs sources publiées et non publiées.
4. W.R. Données de W.R. Fraser communiquées en janvier 2009.
5. W.R. Données de W.R. Fraser communiquées en janvier 2014.

Les pétrels géants (*Macronectes giganteus*) se reproduisent en petit nombre sur l'île Litchfield. Quelque 20 couples ont été répertoriés en 1978-1979, y compris un adulte en phase d'incubation qui avait été bagué en Australie (Bonner et Lewis Smith, 1985). Le tableau 2 fournit des données plus récentes sur le nombre de couples nicheurs et fait état d'une tendance à la hausse et d'une stabilisation au cours des saisons récentes. L'accroissement et la stabilisation des populations sur l'île Litchfield et à proximité de la station Palmer constituent une exception notable à la diminution plus généralisée des pétrels géants dans la région de la péninsule antarctique et sont attribués à la proximité directe d'aires d'alimentation riches en proies ainsi qu'au niveau relativement bas des activités halieutiques commerciales dans la région (Patterson et Fraser 2003). Pendant l'été austral 2004, on a découvert que six poussins de pétrels géants antarctiques issus de quatre colonies proches de la station Palmer souffraient d'une infection à poxvirus (Bochsler *et al.*, 2008). On ignore actuellement les raisons de l'apparition du virus et ses impacts potentiels sur les populations de pétrels géants antarctiques, mais on pense que les manchots Adélie pourraient être tout aussi vulnérables à cette infection.

Tableau 2. Nombre de pétrels géants (*Macronectes giganteus*) nicheurs sur l'île Litchfield entre 1993-2012 (précision du décompte de nids : < ± 5%)

Année	Couples nicheurs	Année	Couples nicheurs	Année	Couples nicheurs
1993-94	26	2000-01	39	2007-08	45
1994-95	32	2001-02	46	2008-09	57
1995-96	37	2002-03	42	2009-10	52
1996-97	36	2003-04	47	2010-11	60
1997-98	20	2004-05	48	2011-12	54
1998-99	44	2005-06	43	2012-13	54
1999-2000	41	2006-07	50		

Source : Données non publiées fournies par W.R. Fraser, février 2003, janvier 2009, février 2014.

Des Océanites de Wilson (*Oceanites oceanicus*) se reproduisent dans la zone, mais leur nombre n'a pu être déterminé. Jusqu'à 50 couples de labbes antarctiques (*Stercorarius maccormicki*) ont été observés sur l'île, mais le nombre de labbes nicheurs connaît de grandes fluctuations d'une année à l'autre. Dans le passé, les labbes bruns (*S. lonnbergi*) ont été étroitement liés à la colonie de manchots Adélie (Carte 2), le nombre de couples nicheurs variant entre deux et huit. Si seuls deux couples ont été dénombrés en 1980-1981, c'est en raison d'une épidémie de choléra aviaire qui a décimé de nombreux labbes bruns de l'île Litchfield en 1979. Des couples nicheurs hybrides ont également été observés. Bien qu'entre 12 et 20 goélands dominicains

(*Larus dominicanus*) sont régulièrement observés sur l'île, on ne dénombre que 2 ou 3 nids par saison. Un petit nombre de sternes antarctiques (*Sterna vittata*) se reproduisent régulièrement sur l'île Litchfield, mais il y a généralement moins de douze couples (environ 8 couples en 2002-2003) (Fraser, commentaire personnel, 2003). Ils se trouvent habituellement sur la côte nord-est même si l'emplacement de leurs sites de reproduction change d'une année à l'autre. Ainsi, en 1964, ils occupaient un site sur la côte nord-ouest (Corner 1964a). Une visite récente de l'île Litchfield a montré que le nombre d'océanites de Wilson, de labbes antarctiques, de labbes bruns, de goélands dominicains et de sternes antarctiques qui nichent sur l'île a peu varié ces dernières années (Fraser, communication personnelle, 2009).

Parmi les oiseaux qui peuplent l'île Litchfield mais ne s'y reproduisent pas, on retrouve le cormoran antarctique (*Phalacrocorax* [atriceps] *bransfieldensis*) qui se reproduit sur l'île Cormorant située plusieurs kilomètres à l'est, ainsi que le manchot à jugulaire (*Pygoscelis antarctica*) et le manchot papou (*P. papua*) qui, en été, visitent régulièrement l'île en petit nombre. Le pétrel des neiges, (*Pagodroma nivea*), le damier du cap (*Daption capense*), le pétrel antarctique (*Thalassoica antarctica*) et le fulmar antarctique (*Fulmarus glacialoides*) se rendent occasionnellement sur l'île en petit nombre, et deux albatros à tête grise (*Diomedea chrysotoma*) ont été observés à proximité de l'île en 1975 (Parmelee *et al.*, 1977).

Mammifères marins

Les otaries à fourrure antarctiques (*Arctocephalus gazella*) ont fait leur apparition à Port Arthur au milieu des années 70 et sont désormais présentes sur l'île Litchfield chaque année à partir du mois de février. Des recensements réguliers effectués en février et en mars entre 1988 et 2003 ont permis de comptabiliser une moyenne de 160 et 340 animaux sur l'île au cours de ces mois respectifs (Fraser, communication personnelle, 2003), avec un pic de 874 individus le 19 mars 1994 (Fraser communication personnelle, 2014). Ces dernières années cependant, le nombre d'otaries à fourrure antarctiques a diminué dans la région de Port Arthur (Siniff *et al.*, 2008). Cette diminution a été provisoirement attribuée à une baisse de la quantité de krill antarctique disponible, qui constitue un élément clé du régime alimentaire des otaries à fourrure antarctiques, en particulier pendant la période d'allaitement (Clarke *et al.*, 2007; Sinnif *et al.*, 2008). La diminution de l'abondance de krill serait le résultat d'une réduction de l'étendue et de la persistance de la glace de mer dans la région de Port Arthur (Fraser et Hoffman, 2003; Atkinson *et al.*, 2004).

Les éléphants de mer (*Mirounga leonina*) rallient les plages accessibles d'octobre à juin, et leur nombre a été évalué en moyenne à 43 au cours de ces mois depuis 1988 (Fraser, communication personnelle, 2003), ce chiffre restant relativement stable ou augmentant parfois légèrement (Fraser et Patterson-Fraser, communication personnelle, 2014). On trouve un groupe d'une dizaine d'individus ou plus sur la côte nord-est de l'île, qui s'est déplacé ces dernières années des vallées basses vers des terrains plus élevés à environ 150 m au nord-ouest de leur précédent site de baignade. Quelques phoques de Weddell (*Leptonychotes weddellii*) sont parfois observés sur les plages. Il ressort des données de recensements à long terme (1974–2005) que les populations d'éléphants de mer dans la région de Port Arthur ont récemment augmenté, des aires libres de glace plus étendues devenues accessibles leur permettant de s'y reproduire. En revanche, elles montrent que le nombre de phoques de Weddell a diminué en raison de la diminution de l'étendue des banquises, nécessaires à leur alimentation (Siniff *et al.*, 2008). Les phoques crabiers (*Lobodon carcinophagus*) et les léopards de mer (*Hydrurga leptonyx*) sont souvent présents sur les glaces flottantes à proximité de l'île Litchfield. Des petits rorquals (*Balaenoptera acutorostrata*) ont été aperçus dans la région de Port Arthur aussi bien durant l'été austral (décembre-février) qu'en automne (mars-mai) (Scheidat *et al.*, 2008).

Communautés en milieux benthiques et littoraux

De forts courants de marée existent entre les îles de Port Arthur, malgré la présence de nombreuses criques protégées (Richardson et Hedgpeth, 1977). Des falaises rocheuses infratidales s'enfoncent graduellement dans un substrat mou à une profondeur moyenne de 15 m et on trouve de nombreux affleurements rocheux plus en profondeur dans ce substrat. La structure des sédiments à Port Arthur est en général assez floue et se compose principalement de particules de limon dont la teneur organique est d'environ 6,75 % (Troncoso *et al.*, 2008). De vastes zones du fond marin dans Port Arthur sont couvertes de macro-algues, notamment *Desmarestia anceps* et *D. menziesii*, et des invertébrés sessiles comme des éponges et des coraux y sont eux aussi présents

23

(McClintock *et al.*, 2008; Fairhead *et al.*, 2006). Le substrat, constitué principalement de vase et situé à environ 200 m au large de la côte nord-est de l'île Litchfield, est riche en communautés macrobenthiques, caractérisées par de grandes variété et biomasse de crustacés, de mollusques, d'arthropodes et de polychètes autonomes se nourrissant de dépôts (Lowry, 1975). L'analyse portant sur les assemblages de mollusques dans Port Arthur, réalisée dans le cadre d'une étude intégrée de l'écosystème benthiques durant les étés austraux 2003 et 2006, révèle que la richesse et l'abondance des espèces y sont relativement faibles (Troncoso *et al.*, 2008). Les espèces de poisson *Notothenia neglecta*, *N. nudifrons* et *Trematomus newnesi* ont été observées à une profondeur de 3 à 15 m (De Witt et Hureau, 1979; McDonald *et al.*, 1995). La présence de patelles antarctiques (*Nacella concinna*) est courante dans la zone marine de l'île Litchfield et très répandue dans les zones d'eau peu profondes de l'ouest de la péninsule Antarctique (Kennicutt *et al.*, 1992b; Clarke *et al.*, 2004). Le suivi de la répartition de zooplanctons à l'intérieur de la zone marine de l'île Litchfield montre que la quantité d'*Euphausia superba* et de *Salpa thompsoni* a fortement diminué entre 1993 et 2004 (Ross *et al.* 2008).

Activités humaines et impact

En janvier 1989, le navire Bahia Paraiso s'est échoué à 750 m au sud de l'île Litchfield, déversant plus de 600 000 litres d'hydrocarbure dans l'environnement immédiat (Kennicutt, 1990 et Penhale *et al.*, 1997). Les communautés peuplant les zones intertidales ont été les plus affectées, et des éléments polluants à base d'hydrocarbure ont été décelés dans les sédiments et sur les patelles (*Nacella concinna*) intertidales et infratidales, avec un taux de mortalité estimé à 50 % (Kennicutt *et al.*, 1992 a et b, Kennicutt et Sweet, 1992; Penhale *et al.*, 1997). Toutefois, le nombre d'individus s'est redressé peu de temps après le déversement (Kennicutt, 1992 a et b). Les niveaux de polluants pétroliers détectés sur les sites intertidaux de l'île Litchfield qui ont fait l'objet d'un échantillonnage étaient parmi les plus élevés jamais enregistrés (Kennicutt *et al.*, 1992b, Kennicutt et Sweet, 1992). On a estimé que 80% des manchots Adélie en nidation à proximité du déversement ont été exposés à la pollution pétrolière, tandis que les colonies exposées ont connu durant cette saison une réduction supplémentaire de leur population, directement liée à l'incident, évaluée à 16 %, (Penhale *et al.*, 1997). Toutefois, peu d'oiseaux adultes morts ont été observés. Les échantillons prélevés en avril 2002 ont révélé la présence d'hydrocarbures dans les eaux entourant l'épave du Bahia Paraiso, ce qui laisse penser qu'une fuite de gazole antarctique est survenue (*Janiot et al.* 2003) En outre, du carburant atteint parfois les plages du sud-ouest de l'île Anvers (Fraser, communication personnelle, 2009). Toutefois, aucune trace d'hydrocarbure n'a été décelée dans les échantillons de sédiment ou de biote prélevés en 2002 et on pense que l'énergie de haute mer dans la région limite significativement l'impact des fuites de carburant sur le biote local et la rémanence des polluants sur les plages. De plus, on aperçoit de temps à autre sur l'île Litchfield des débris marins dont des hameçons, des cannes et des flotteurs.

Les registres de délivrance des permis des États-Unis d'Amérique indiquent qu'au cours de la période 1978-1992, à peine 35 personnes ont visité l'île Litchfield et qu'environ trois visites auraient été organisées par saison (Fraser et Patterson, 1997). Cela donne un total d'environ 40 visites sur 12 ans. Cependant, comme 24 atterrissages ont eu lieu au total sur l'île pendant les deux saisons 1991-1993 (Fraser et Patterson, 1997), il semble qu'il s'agisse là d'une sous-estimation. Toutefois, le nombre de visites de l'île Litchfield est resté faible au cours de cette période et cette tendance s'est poursuivie. Les visites ont avant tout visé à recenser les oiseaux et les phoques, et à étudier l'écologie terrestre.

Lors des études consacrées aux plantes menées sur l'île Litchfield en 1982 (Komárková, 1983), des baguettes à souder ont été introduites dans le sol pour marquer les sites étudiés. À pointe Biscoe (ZSPA n°139) située à proximité, de nombreuses baguettes utilisées dans le cadre d'études similaires ont été abandonnées *in situ* et ont tué la végétation environnante (Harris, 2001). Le nombre de baguettes qui a servi au bornage des sites sur l'île Litchfield est inconnu et aucune donnée ne permet de savoir si ce matériel a été retiré du site ensuite. Néanmoins, une baguette a été retrouvée et retirée d'un site abritant de la végétation dans une petite vallée, à environ 100 m à l'ouest du sommet de l'île, et ce après de brèves recherches menées en février 2001 (Harris, 2001); on trouve encore de temps à autre des baguettes à souder (Fraser, communication personnelle, 2009). Des recherches plus poussées seraient nécessaires afin de déterminer si d'autres baguettes à souder sont toujours présentes sur l'île. Aucun autre impact humain sur l'environnement terrestre n'a été observé le 28 février 2001, mais un des deux panneaux indiquant qu'il s'agit d'une zone protégée était en mauvais état et mal fixé. L'impact des activités humaines sur les phoques, les oiseaux et l'écologie terrestre de l'île Litchfield, résultant de visites directes sur le site, peut dès lors être considéré comme mineur (Bonner et Lewis Smith, 1985, Fraser et Patterson, 1997, Harris, 2001).

6(ii) Accès à la zone

La zone est accessible par la glace de mer et par la mer. Aucun itinéraire particulier n'est prévu pour accéder au site, mais le site de débarquement recommandé pour les petites embarcations se situe dans une petite crique sur la côte est de l'île (Carte 2). Des restrictions de survol et d'atterrissage d'aéronef sont d'application dans la zone, et les conditions spécifiques s'y rapportant sont définies dans la section 7(ii) ci-dessous.

6(iii) Structures à l'intérieur et à proximité de la zone

À l'exception d'un cairn au sommet de l'île, il n'existe aucune structure dans la zone. Une borne permanente, une tige filetée en acier inoxydable, a été installée sur l'île Litchfield par l'USGS le 9 février 1999. La borne se situe près du sommet de l'île à 64°46'13.97"S, 64°05'38.85"O à une hauteur de 48 m, à environ 8 m à l'ouest du cairn (Carte 2). La balise est fixée au sol et dotée d'un identificateur en plastique rouge. Une cachette de survie est située à proximité de la crête d'une petite colline surplombant l'ancienne colonie de manchots Adélie, à environ 100 m au sud du site de débarquement destiné aux petites embarcations.

6(iv) Emplacement d'autres zones protégées à proximité directe de la zone

L'île Litchfield se trouve au sein de la Zone gérée spéciale de l'Antarctique (ZGSA) n°7, île Southwest Anvers et bassin Palmer (Carte 1). Les Zones spécialement protégées de l'Antarctique (ZSPAs) les plus proches de l'île Litchfield sont: Pointe Biscoe (ZSPA n°139), située à 16 km à l'est de la zone adjacente à l'île Anvers et à la baie du Sud (ZSPA n°146), qui se trouve approximativement à 27 km au sud-est de l'île Doumer (Encart, Carte 1).

7.   Critères de délivrance des permis

7(i) Conditions générales de délivrance de permis

L'accès à la zone est interdit sauf conformément à un permis délivré par une autorité nationale compétente. Les critères de délivrance d'un permis pour entrer dans la zone sont les suivants :

- Le permis est délivré pour des raisons scientifiques qui ne peuvent être satisfaites ailleurs, et particulièrement pour la conduite de recherches sur l'écosystème terrestre et la faune de la zone;
- Le permis est délivré pour des raisons pédagogiques ou de sensibilisation indispensables qui ne peuvent être satisfaites ailleurs, ou pour des raisons essentielles à la gestion de la zone;
- Les actions autorisées ne porteront pas atteinte aux valeurs écologiques ou scientifiques de la zone ou à la valeur de la zone comme site de référence terrestre;
- Toutes les activités de gestion visent la réalisation des buts du plan de gestion;
- Les actions autorisées sont conformes au présent plan de gestion;
- Les activités autorisées veilleront à ne pas porter atteinte à la protection continue des valeurs environnementales et scientifiques de la zone par le biais d'un processus d'évaluation d'impact sur l'environnement;
- Le permis est délivré pour une durée déterminée;
- Le permis ou une copie sera emporté à l'intérieur de la zone;

7(ii) Accès à la zone et déplacements à l'intérieur de celle-ci

L'accès à la zone sera autorisé en petite embarcation ou, par la glace de mer, en véhicule ou à pied. L'utilisation de véhicule dans la zone est interdite et tout déplacement à l'intérieur de celle-ci se fera à pied. Lorsque l'accès par la glace de mer est possible, il n'existe aucune restriction quant aux endroits où les véhicules ou les piétons peuvent accéder au site, étant entendu que les véhicules ne peuvent en aucun cas être utilisés sur la terre ferme.

Accès piéton à la zone et déplacements à l'intérieur de celle-ci

Les piétons veilleront à ne pas perturber les oiseaux et les phoques et à ne pas endommager la végétation. Les équipages et autres personnes à bord des embarcations ou des véhicules ne sont pas autorisés à se déplacer à pied dans les alentours immédiats du site de débarquement sauf autorisation expresse prévue par le permis.

Les piétons doivent respecter les distances d'approche minimale de la faune décrites ci-dessous, à moins qu'il soit nécessaire de s'en approcher plus près pour des raisons autorisées par le permis.

- Pétrels géants (*Macronectes giganteus*) – 50 m
- Otaries à fourrure antarctiques (pour des questions de sécurité) – 15 m
- autres oiseaux et phoques – 5 m.

Les visiteurs doivent se déplacer en prenant les précautions nécessaires afin de perturber le moins possible la flore, la faune et les sols. Par ailleurs, ils devront, dans la mesure du possible, emprunter les sections rocheuses ou enneigées et veiller à ne pas endommager les lichens. Les déplacements à pied doivent être maintenus au minimum compatible avec les objectifs de toute activité autorisée et tous les efforts raisonnables doivent être entrepris pour limiter les nuisances.

Accès par petite embarcation

Le site de débarquement recommandé pour les petites embarcations se trouve sur la plage de la petite crique située à mi-chemin le long de la côte orientale de l'île (Carte 2). L'accès en petite embarcation à d'autres endroits autour de la côte est autorisé pour autant qu'il soit conforme aux objectifs pour lesquels le permis a été délivré.

Accès aérien et survol

L'atterrissage en aéronef est interdit dans la zone. Les atterrissages dans un rayon de 930 m (~1/2 mille marin) autour de la zone doivent être évités dans la mesure du possible. Les survols en dessous de 610 m (~2000 pieds) au-dessus du niveau du sol sont interdits sauf lorsqu'ils s'avèrent nécessaires pour des raisons scientifiques.

7(iii) Activités pouvant être menées dans la zone

- Les études scientifiques ne portant pas atteinte aux valeurs scientifiques ou à sa valeur de site de référence et qui ne peuvent être satisfaites ailleurs;
- Les activités pédagogiques ou de sensibilisation indispensables qui ne peuvent pas être satisfaites ailleurs;
- Les activités de gestion essentielles, y compris celles de suivi et d'inspection.

7(iv) Installation, modification ou enlèvement de structures

- Aucune structure ne doit être installée dans la zone, sauf autorisation expresse par permis et, à l'exception des balises permanentes et du cairn existant au sommet de l'île, toute nouvelle structure ou installation permanente est interdite;
- Toutes les balises, les structures ou les matériels scientifiques installés dans la zone doivent être autorisés par un permis et clairement identifiés, indiquant le pays, le nom du principal chercheur, l'année d'installation et la date d'enlèvement prévue. Ces objets ne doivent pas contenir d'organismes, de

propagules (par ex. semences, œufs) ou de terre non-stérilisée et doivent être formés de matériaux résistants aux conditions environnementales et présentant un risque minimal de contamination ou de dommage pour les valeurs de la zone;

- L'installation (y compris le choix du site), l'entretien, la modification, ou l'enlèvement de structures doivent s'effectuer d'une façon qui limite les nuisances auprès de la faune et la flore.
- L'enlèvement de matériel spécifique pour lequel le permis est arrivé à expiration sera à la charge de l'autorité qui a délivré le permis original et devra figurer dans les critères du permis.

7(v) Emplacement de camps de base

Tout campement doit être évité dans la zone. Cependant, lorsque certaines opérations autorisées par un permis l'exigent, un camp temporaire peut être installé sur le site désigné sur la terrasse située au-dessus de l'ancienne colonie de manchots. Le site de campement se trouve au pied d'une petite colline (± 35 m), sur le flanc oriental, à environ 100 m au sud-ouest de la plage de débarquement des petites embarcations (Carte 2). Tout campement sur des surfaces où le couvert végétal est abondant est interdit.

7(vi) Restrictions sur les matériaux et organismes pouvant être introduits dans la zone

Outre les dispositions du Protocole au Traité de l'Antarctique relatif à la protection de l'environnement, les restrictions sur les matériaux et organismes pouvant être introduits dans la zone sont les suivantes:

- Il est interdit d'introduire délibérément tout animal, forme végétale, micro-organisme ou terre non-stérilisée dans la zone. Des mesures de précaution doivent être prises pour éviter l'introduction accidentelle de tout animal, forme végétale, micro-organisme et terre non-stérilisée provenant de régions biologiques distinctes (comprises à l'intérieur ou à l'extérieur de la zone du Traité de l'Antarctique);
- Les visiteurs veilleront à ce que le matériel et les repères d'échantillonnage introduits dans la région soient propres. Dans la mesure du possible, les chaussures et autres équipements utilisés ou introduits dans la zone (y compris les sacs à dos, les housses et autres) doivent être minutieusement nettoyés avant d'entrer dans la zone. Les visiteurs doivent également consulter les recommandations reprises dans le Manuel sur les espèces non indigènes du Comité pour la protection de l'environnement (CPE, 2011) et dans le Code de conduite environnemental du Comité scientifique pour la recherche en Antarctique (SCAR, 2009) et s'y conformer le cas échéant.
- Toute volaille amenée dans la zone et non consommée, y compris les parties, produits ou déchets de volaille, doivent être enlevés de la zone ou éliminés par incinération ou par tout autre moyen équivalent qui élimine les risques pour la faune et la flore indigènes;
- Aucun herbicide ni pesticide ne doit être introduit dans la zone.
- Tout autre produit chimique, y compris les radionucléides ou les isotopes stables, susceptible d'être introduit à des fins scientifiques ou de gestion conformes au permis, sera retiré de la zone avant ou à la fin des activités pour lesquelles le permis a été délivré.
- Le carburant, la nourriture, les produits chimiques et autres matériaux ne doivent pas être stockés dans la zone, à moins qu'un permis ne le prévoie spécifiquement, ou peuvent être entreposés dans une cache d'urgence autorisée par une autorité compétente, et doivent être stockés et gérés d'une façon qui limite les risques d'introduction accidentelle dans l'environnement;
- Tous les matériaux ne peuvent être introduits dans la zone que pour une période déterminée et doivent être enlevés de la zone avant ou à la fin de ladite période, et être stockés et gérés d'une façon qui limite les risques d'introduction dans l'environnement;
- En cas de déversement susceptible de porter atteinte aux valeurs de la zone, les matériaux seront enlevés, à moins que l'impact de leur enlèvement ne risque d'être plus grand que si les matériaux étaient laissés sur place.

7(vii) Prélèvement de végétaux et capture d'animaux ou perturbations nuisibles à la faune et la flore

Le prélèvement de végétaux et la capture d'animaux ou perturbations nuisibles à la faune et la flore sont interdits, sauf conformément à un permis délivré conformément à l'Article 3 de l'Annexe II du Protocole au Traité sur l'Antarctique relatif à la protection de l'environnement. Dans les cas de capture d'animaux ou de perturbations nuisibles, les prescriptions du Code de conduite du Comité scientifique pour la recherche en Antarctique (SCAR) pour l'utilisation d'animaux à des fins scientifiques constituent la norme minimale à respecter.

7(viii) Ramassage ou enlèvement de matériel qui n'a pas été introduit dans la zone par le détenteur du permis

- Des matériaux peuvent être ramassés ou enlevés de la zone uniquement si un permis l'autorise. Ils doivent se limiter au minimum nécessaire permettant de répondre aux besoins des activités scientifiques ou de gestion. Cela inclut des échantillons biologiques et de roches.
- Les matériaux d'origine humaine susceptible de porter atteinte aux valeurs de la zone et qui n'ont pas été introduits dans la zone par le détenteur du permis, ou pour lesquels aucune autorisation n'a été donnée, peuvent être enlevés de n'importe quelle partie de la zone à moins que l'impact de leur enlèvement ne risque d'être plus grand que si les matériaux étaient laissés sur place. Si tel est le cas, les autorités compétentes devront en être notifiées.

7(ix) Élimination des déchets

Tous les déchets seront enlevés de la zone. Les déchets d'origine humaine peuvent être jetés à la mer.

7(x) Mesures nécessaires pour faire en sorte que les buts et objectifs du plan de gestion continuent d'être atteints

Des permis d'accès à la zone peuvent être délivrés pour:

1) Mener des activités de suivi et d'inspection de la zone, qui peuvent inclure le prélèvement d'un petit nombre d'échantillons ou de données à des fins d'analyses ou d'audit;
2) Pour installer ou entretenir des panneaux indicateurs, des bornes, des structures ou tout dispositif scientifique ou logistique essentiel;
3) Pour prendre des mesures de protection;
4) Pour mener des activités de recherche ou de gestion qui n'interfèrent pas avec les activités de recherche ou de gestion à long terme et qui ne fassent pas double emploi. Les personnes prévoyant de nouveaux projets à l'intérieur de la zone doivent consulter les programmes en place à l'intérieur de la zone, tels que ceux des États-Unis, avant de débuter leurs travaux.

7(xi) Rapports de visites

- Le titulaire principal du permis délivré sera tenu de soumettre à l'autorité nationale compétente un rapport pour chaque visite de la zone dans les plus brefs délais et, au plus tard, dans les six mois suivant la fin de la visite.
- Ces rapports doivent contenir, le cas échéant, les catégories d'informations mentionnées dans le formulaire de rapport de visite repris dans le Guide pour l'élaboration des plans de gestion des zones spécialement protégées de l'Antarctique. Le cas échéant, l'autorité nationale doit envoyer une copie du rapport de visite aux Parties qui ont proposé le plan de gestion pour qu'elles puissent l'utiliser à des fins de bonne gestion de la zone ou d'examen du plan de gestion.
- Les Parties doivent, dans la mesure du possible, déposer les originaux ou les copies de ces rapports dans une archive publique afin de conserver une archive d'usage qui sera utilisée pour réexaminer le plan de gestion et pour organiser l'utilisation scientifique du site.
- L'autorité compétente devra être notifiée de toutes les activités entreprises et de toutes les mesures prises ainsi que de tous les matériaux utilisés et non enlevés qui n'étaient pas inclus dans le permis délivré.

Bibliographie

Atkinson, A., Siegel, V., Pakhomov, E. & Rothery, P. 2004. Long-term decline in krill stock and increase in salps within the Southern Ocean. *Nature* **432**: 100-03.

Bonner, W.N. et Lewis Smith, R.I. (eds) 1985. *Conservation areas in the Antarctic.* SCAR, Cambridge: 73-84.

Baker, K.S. 1996. Palmer LTER: Palmer Station air temperature 1974 to 1996. *Antarctic Journal of the United States* **31** (2): 162-64.

Clarke, A., Murphy, E.J., Meredith, M.P., King, J.C., Peck, L.S., Barnes, D.K.A. et Smith, R.C. 2007. Climate change and the marine ecosystem of the western Antarctic Peninsula. *Philosophical Transactions of the Royal Society B* **362**: 149–166 [doi:10.1098/rstb.2006.1958]

Clarke, A., Prothero-Thomas, E. Beaumont, J.C., Chapman, A.L. et Brey, T. 2004. Growth in the limpet *Nacella concinna* from contrasting sites in Antarctica. *Polar Biology* **28**: 62-71. [doi 10.1007/s00300-004-0647-8]

Corner, R.W.M. 1964a. Notes on the vegetation of Litchfield Island, Arthur Harbour, Anvers Island. Unpublished report, British Antarctic Survey Archives Ref AD6/2F/1964/N3.

Corner, R.W.M. 1964b. Catalogue of bryophytes and lichens collected from Litchfield Island, West Graham Land, Antarctica. Unpublished report, British Antarctic Survey Archives Ref LS2/4/3/11.

Domack E., Amblàs, D., Gilbert, R., Brachfeld, S., Camerlenghi, A., Rebesco, M., Canals M. & Urgeles, R. 2006. Subglacial morphology and glacial evolution of the Palmer deep outlet system, Antarctic Peninsula. *Geomorphology* **75**(1-2): 125-42.

Ducklow, H.W., Baker, K., Martinson, D.G., Quentin, L.B., Ross, R.M., Smith, R.C. Stammerjohn, S.E. Vernet, M. & Fraser, W. 2007. Marine pelagic ecosystems: the West Antarctic Peninsula. *Philosophical Transactions of the Royal Society B* **362**: 67-94. [doi:10.1098/rstb.2006.1955]

Fairhead, V.A., Amsler, C.D. & McClintock, J.B. 2006. Lack of defense or phlorotannin induction by UV radiation or mesograzers in *Desmarestia anceps* and *D. menziesii* (phaeophyceae). *Journal of Phycology* **42**: 1174-83.

Fenton, J.H.C & Lewis Smith, R.I. 1982. Fenton, J.H.C et Lewis Smith, R.I. (1982. Distribution, composition and general characteristics of the moss banks of the maritime Antarctic. *British Antarctic Survey Bulletin* **51**: 215-36.

Forcada, J. Trathan, P.N., Reid, K., Murphy, E.J. et Croxall, J.P. 2006. Contrasting population changes in sympatric penguin species in association with climate warming. *Global Change Biology* **12**: 411-23. [doi: 10.1111/j.1365-2486.2006.01108.x]

Fraser, W.R. dans: Stokstad, 2007. Boom and bust in a polar hot zone. *Science* **315:** 1522-23.

Fraser, W.R. et Hofmann, E.E. 2003 A predator's perspective on causal links between climate change, physical forcing and ecosystem response. *Marine Ecological Progress Series* **265**: 1-15.

Fraser, W.R. et Patterson, D.L. 1997. Human disturbance and long-term changes in Adélie penguin populations: a natural experiement at Palmer Station, Antarctic Peninsula. In Battaglia, B. Valencia, J. & Walton, D.W.H. (eds) *Antarctic Communities: species, structure and survival.* Cambridge University Press, Cambridge: 445-52.

Greene, D.M. et Holtom, A. 1971. Studies in *Colobanthus quitensis* (Kunth) Bartl. and *Deschampsia antarctica* Desv.: III. Distribution, habitats and performance in the Antarctic botanical zone. *British Antarctic Survey Bulletin* **26**: 1-29.

Gressitt, J.L. 1967. Notes on Arthropod populations in the Antarctic Peninsula - South Shetland Islands - South Orkney Islands area. Dans *Entomology of Antarctica*, J.L. Gressitt (ed) Antarctic Research Series **10**. AGU, Washington DC.

Grobe, C.W., Ruhland, C.T. et Day, T.A. 1997. A new population of *Colobanthus quitensis* near Arthur Harbor, Antarctica: correlating recruitment with warmer summer temperatures. *Arctic and Alpine Research* **29**(2): 217-21.

Harris, C.M. 2001. Revision of management plans for Antarctic protected areas originally proposed by the United States of America and the United Kingdom: Field visit report. Internal report for the National Science Foundation, US, and the Foreign and Commonwealth Office, UK. Environmental Research & Assessment, Cambridge.

Holdgate, M.W. 1963. Observations of birds and seals at Anvers Island, Palmer Archipelago, in 1956-57. *British Antarctic Survey Bulletin* **2**: 45-51.

Hooper, P.R. 1958. Progress report on the geology of Anvers Island. Unpublished report, British Antarctic Survey Archives Ref AD6/2/1957/G3.

Hooper, P.R. 1962. The petrology of Anvers Island and adjacent islands. *FIDS Scientific Reports* **34**.

Janiot, L.J., Sericano, J.L. et Marcucci, O. 2003. Evidence of oil leakage from the *Bahia Paraiso* wreck in Arthur Harbour, Antarctica. *Marine Pollution Bulletin* **46**: 1615-29.

Jennings, P.G. 1976. Tardigrada from the Antarctic Peninsula and Scotia Ridge region. *BAS Bulletin* **44**: 77-95.

Kennicutt II, M.C. 1990. Oil spillage in Antarctica: initial report of the National Science Foundation-sponsored quick response team on the grounding of the *Bahia Paraiso*. *Environmental Science and Technology* **24**: 620-24.

Kennicutt II, M.C., McDonald, T.J., Denoux, G.J. et McDonald, S.J. 1992a. Hydrocarbon contamination on the Antarctic Peninsula I. Arthur Harbour – subtidal sediments. *Marine Pollution Bulletin* **24** (10): 499-506.

Kennicutt II, M.C., McDonald, T.J., Denoux, G.J. et McDonald, S.J. 1992b. Hydrocarbon contamination on the Antarctic Peninsula I. Arthur Harbour – inter- and subtidal limpets (Nacella concinna). *Marine Pollution Bulletin* **24** (10): 506-11.

Kennicutt II, M.C. et Sweet, S.T. 1992. Hydrocarbon contamination on the Antarctic Peninsula III. The *Bahia Paraiso* – two years after the spill. *Marine Pollution Bulletin* **25** (9-12): 303-06.

Komárková, V. 1983. Plant communities of the Antarctic Peninsula near Palmer Station. *Antarctic Journal of the United States* **18**: 216-18.

Komárková, V. 1984. Studies of plant communities of the Antarctic Peninsula near Palmer Station. *Antarctic Journal of the United States* **19**: 180-82.

Lewis Smith, R.I. 1982. Plant succession and re-exposed moss banks on a deglaciated headland in Arthur Harbour, Anvers Island. *British Antarctic Survey Bulletin* **51**: 193-99.

Lewis Smith, R.I. 1994. Vascular plants as bioindicators of regional warming in Antarctica. *Oecologia* **99**: 322-28.

Lewis Smith, R.I. 1996. Terrestrial and freshwater biotic components of the western Antarctic Peninsula. In Ross, R.M., Hofmann, E.E. et Quetin, L.B. (eds) *Foundations for ecological research west of the Antarctic Peninsula. Antarctic Research Series* **70**: 15-59.

Lewis Smith, R.I. et Corner, R.W.M. 1973. Vegetation of the Arthur Harbour – Argentine Islands region of the Antarctic Peninsula. *British Antarctic Survey Bulletin* **33 & 34**: 89-122.

Lowry, J.K. 1975. Soft bottom macrobenthic community of Arthur Harbor, Antarctica. In Pawson, D.L. (ed.). Biology of the Antarctic Seas V. *Antarctic Research Series* **23** (1): 1-19.

McClintock, J., Ducklow, H. & Fraser, W. 2008. Ecological responses to climate change on the Antarctic Peninsula. *American Scientist* **96:** 302.

McDonald, S.J., Kennicutt II, M.C., Liu, H. et Safe S.H. 1995. Assessing aromatic hydrocarbon exposure in Antarctic fish captured near Palmer and McMurdo Stations, Antarctica. *Archives of Environmental Contamination and Toxicology* **29**: 232-40.

Parker, B.C, Samsel, G.L. et Prescott, G.W. 1972. Freshwater algae of the Antarctic Peninsula. 1. Systematics and ecology in the U.S. Palmer Station area. In Llano, G.A. (ed) *Antarctic terrestrial biology. Antarctic Research Series* **20**: 69-81.

Parmelee, D.F, Fraser, W.R. et Neilson, D.R. 1977. Birds of the Palmer Station area. *Antarctic Journal of the United States* **12** (1-2): 15-21.

Parmelee, D.F. et Parmelee, J.M. 1987. Revised penguin numbers and distribution for Anvers Island, Antarctica. *British Antarctic Survey Bulletin* **76**: 65-73.

Patterson, D.L., Easter-Pilcher, A. & Fraser, W.R. 2003. The effects of human activity and environmental variability on long-termchanges in Adelie penguin populations at Palmer Station, Antarctica. In A. H. L. Huiskes, W. W. C. Gieskes, J. Rozema, R. M. L. Schorno, S. M. van der Vies & W. J. Wolff (eds) *Antarctic biology in a global context*. Backhuys, Leiden, The Netherlands: 301-07.

Patterson, D.L. et Fraser, W. 2003. *Satellite tracking southern giant petrels at Palmer Station, Antarctica*. Feature Article 8, Microwave Telemetry Inc.

Penhale, P.A., Coosen, J. et Marschoff, E.R. 1997. The *Bahia Paraiso*: a case study in environmental impact, remediation and monitoring. In Battaglia, B. Valencia, J. & Walton, D.W.H. (eds) *Antarctic Communities: species, structure and survival*. Cambridge University Press, Cambridge: 437-44.

Richardson, M.D. et Hedgpeth, J.W. 1977. Antarctic soft-bottom, macrobenthic community adaptations to a cold, stable, highly productive, glacially affected environment. In Llano, G.A. (ed.). *Adaptations within Antarctic ecosystems: proceedings of the third SCAR symposium on Antarctic biology*: 181-96.

Ross, R.M., Quetin, L.B., Martinson, D.G., Iannuzzi, R.A., Stammerjohn, S.E. et Smith, R.C. 2008. Palmer LTER: patterns of distribution of major zooplankton species west of the Antarctic Peninsula over a twelve year span. *Deep-Sea Research II* **55**: 2086-2105.

Sanchez, R. & Fraser, W. 2001. *Litchfield Island Orthobase*. Digital orthophotograph of Litchfield Island, 6 cm pixel resolution and horizontal / vertical accuracy of ± 2 m. Geoid heights, 3 m^2 DTM, derived contour interval: 5 m. Data on CD-ROM and accompanied by USGS Open File Report 99-402 "GPS and GIS-based data collection and image mapping in the Antarctic Peninsula". Science and Applications Center, Mapping Applications Center. USGS, Reston.

Scheidat, M., Bornemann, H., Burkahardt, E., Flores, H., Friedlaender, A. Kock, K.-H, Lehnert, L., van Franekar, J. et Williams, R. 2008. Antarctic sea ice habitat and minke whales. Annual Science Conference in Halifax, 2008.

Shearn-Bochsler, V. Green, D.E., Converse, K.A., Docherty, D.E., Thiel, T., Geisz, H. N., Fraser, W.R. et Patterson-Fraser, D.L. 2008. Cutaneous and diphtheritic avian poxvirus infection in a nestling Southern giant petrel (*Macronectes giganteus*) from Antarctica. *Polar Biology* **31**: 569-73. [doi 10.1007/s00300-007-0390-z]

Siniff, D.B., Garrot, R.A. et Rotella, J.J. 2008. Opinion: Opinion: Projecting the effects of environmental change on Antarctic seals. *Antarctic Science* **20**: 425-35.

Stammerjohn, S.E., Martinson, D.G., Smith, R.C. et Iannuzzi, R.A. 2008. Sea ice in the Western Antarctic Peninsula region: spatio-temporal variability from ecological and climate change perspectives. *Deep-Sea Research II* **55**: 2041-58. [doi:10.1016/j.dsr2.2008.04.026]

Troncoso, J.S. et Aldea, C. 2008. Troncoso, J.S. et Aldea, C. (2008). Macrobenthic mollusc assemblages and diversity in the West Antarctica from the South Shetland Islands to the Bellingshausen Sea. *Polar Biology* **31**(10): 1253-65. [doi 10.1007/s00300-008-0464-6]

Vaughan, D.G., Marshall, G.J., Connolley, W.M., Parkinson, C., Mulvaney, R., Hodgson, D.A., King, J.C., Pudsey, C.J., et Turner, J. 2003. Recent rapid regional climate warming on the Antarctic Peninsula. *Climatic Change* **60**: 243-74.

Willan, R.C.R. 1985. Hydrothermal quartz+magnetite+pyrite+chalcopyrite and quartz+polymetallic veins in a tonalite-diorite complex, Arthur Harbour, Anvers Island and miscellaneous observations in the southwestern Anvers Island area. Unpublished report, British Antarctic Survey Archives Ref AD6/2R/1985/G14.

Woehler, E.J. (ed) 1993. *The distribution and abundance of Antarctic and subantarctic penguins*. SCAR, Cambridge.

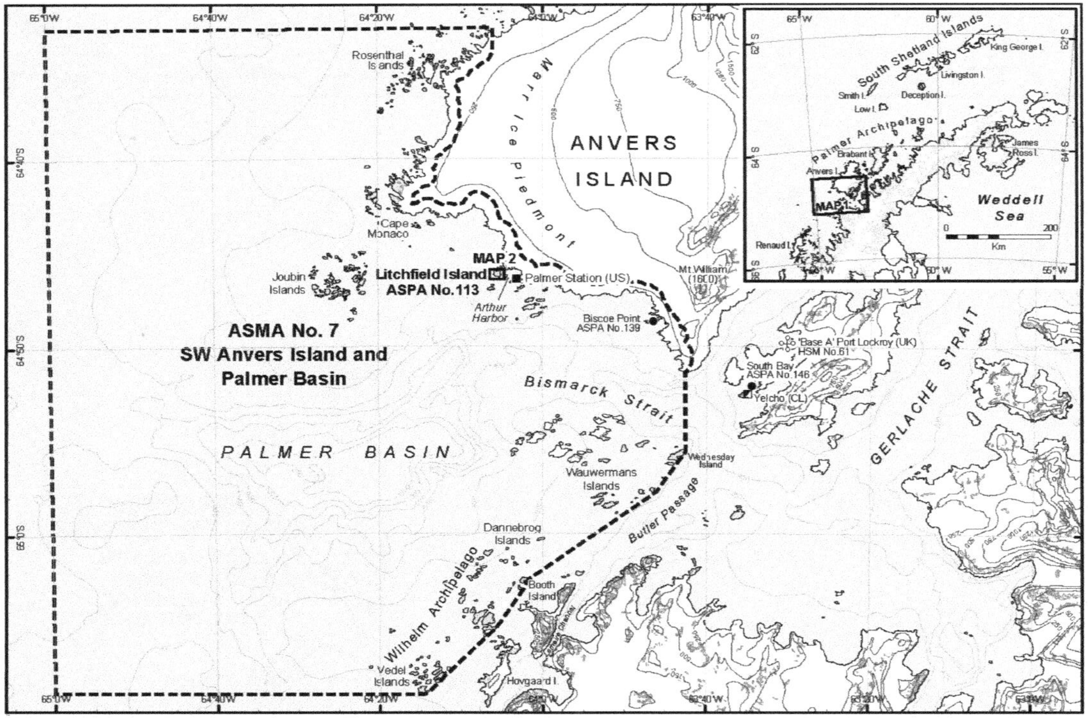

Map 1: ASPA No. 113 Litchfield Island - Arthur Harbor, Anvers Island

27 Feb 2014
United States Antarctic Program
Environmental Research & Assessment

Coastline
Contour (250 m)
Isobath (200 m)
Ice free ground
Permanent ice
Ocean
Antarctic Specially Managed Area (ASMA) boundary
Antarctic Specially Protected Area (ASPA)
Station (year round)
Station (seasonal)
Historic Site & Monument (HSM)

0 5 10 Kilometers

Projection: Lambert Conic Conformal,
Spheroid and horizontal datum: WGS 84;
Data sources: Bathymetry: IBCSO v.1 (2013) (http://www.ibcso.org);
Topography: SCAR ADD v4.1 SQ19-20 (2005);
Protected areas: ERA (Jul 2013); Stations: COMNAP (May 2013).

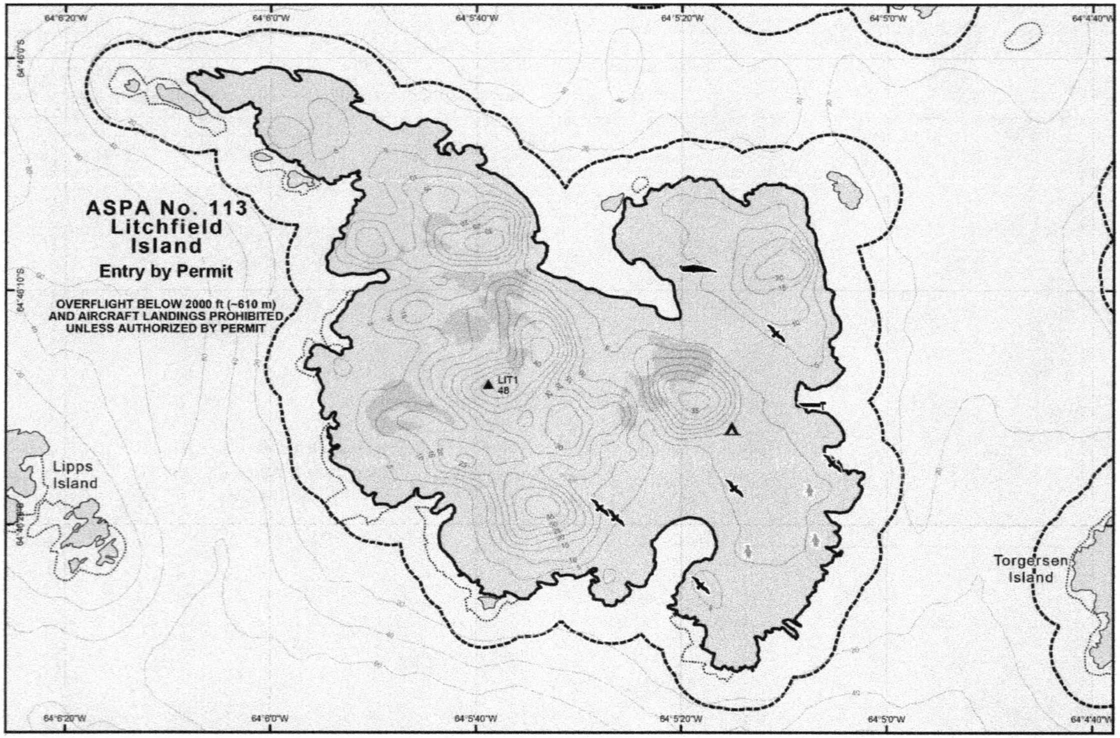

Rapport final de la XXXVIIè RCTA

Map 2: ASPA No. 113 Litchfield Island - Physical features and selected wildlife

34

Plan de gestion

pour la zone spécialement protégée de l'Antarctique (ZSPA) n°121

CAP ROYDS, ÎLE DE ROSS

Introduction

Le cap Royds se trouve à l'extrémité ouest de l'île de Ross, McMurdo Sound, au 166°09'56"E, 77°33'20"S. Sa superficie est d'environ 0,66 km². Les motifs justifiant sa désignation sont que la zone accueille la colonie de manchots Adélie (*Pygoscelis adeliae*) située la plus au sud des colonies connues, sur laquelle elle offre une série de données de longue durée relatives à la population qui revêtent une valeur scientifique unique et exceptionnelle. En outre, la zone présente d'importantes valeurs écologiques terrestres et dulçaquicoles, notamment l'observation la plus au sud d'algues des neiges, l'emplacement type de descriptions originales d'un certain nombre d'espèces d'algues et la présence inhabituelle d'une forme de matière organique dissoute presque entièrement d'origine microbienne.

À l'origine, la zone avait été désignée comme Site présentant un intérêt scientifique particulier (SISP) n°1 par la Recommandation VIII-4 (1975) sur proposition des États-Unis d'Amérique. Cette désignation a été prorogée par les Recommandations X-6 (1979) et XII-5 (1983), la Résolution 7 (1995) et la Mesure 2 (2000). Une révision par la Recommandation XIII-9 (1985) a été adoptée. Le site a été rebaptisé et renuméroté par la Décision 1 (2002) Zone spécialement protégée de l'Antarctique (ZSPA) n° 121. Un plan de gestion a été révisé par la Mesure 1 (2002) et puis par la Mesure 5 (2009) lorsque la taille de l'élément marin a été réduite.

La zone se situe dans l'Environnement P - Ross et Ronne-Filchner, décrit par les Analyses des domaines environnementaux pour l'Antarctique, et dans la Région 9 - Terre Victoria du Sud, décrite par les Régions de conservation biogéographiques de l'Antarctique.

1. Description des valeurs à protéger

Une zone d'environ 300 m² au cap Royds avait à l'origine été désignée par la Recommandation VIII-4 (1975) comme SISP n°1 sur proposition des États-Unis d'Amérique, qui estimaient que cette zone alimente la colonie de manchots Adélie (*Pygoscelis adeliae*) la plus au sud connue. La population de manchots Adélie au cap Royds avait diminué à partir de 1956 du fait d'interférences humaines à une époque où une lourde couverture de glace menaçait la reproduction de cette colonie. En 1963, les autorités américaines et néo-zélandaises sont convenues d'y restreindre les activités et d'élaborer un plan de gestion pour la zone en vue de protéger les valeurs scientifiques liées aux recherches sur les manchots. Le site a été spécialement protégé pour permettre à la population de se rétablir et pour protéger les programmes scientifiques en cours. La population s'est rétablie et dépasse aujourd'hui ses niveaux d'avant 1956 ; depuis 1990, les chiffres ont fluctué entre 2 500 et 4 500 couples, principalement en raison des variations naturelles de l'étendue de la glace de mer locale. La série de données de longue durée relatives à la population de la colonie de manchots au cap Royds présente une valeur scientifique unique et exceptionnelle car elle permet de mener des recherches sur les interactions biologiques à long terme avec les facteurs de forçage écologiques et de répondre à ces derniers. La colonie conserve une grande valeur écologique et scientifique et, comme telle, mérite de faire l'objet d'une protection spéciale continue à long terme, en particulier au vu des visites en cours au cap Royds de stations proches et de groupes de touristes.

La zone d'origine a été élargie en 1985 à la suite d'une proposition de la Nouvelle-Zélande (Recommandation XIII-9) d'inclure une bande côtière large de 500 m pour protéger l'accès à la mer et les aires d'alimentation des manchots Adélie situées près de la rive et de faire des recherches sur l'écosystème marin côtier du cap Royds. Cette zone côtière du cap a constitué un site d'études de la structure et de la dynamique des populations de notothénioïdes. Plus récemment, des travaux de recherche sur les circuits d'alimentation des manchots Adélie du cap Royds, effectués depuis l'adoption de cet élément marin, ont révélé que l'aire marine telle qu'elle avait été désignée n'est pas une aire d'alimentation significative pour les manchots et que les oiseaux s'alimentent sur une surface beaucoup plus étendue qu'on ne le pensait jusqu'alors. En outre, il y a eu moins de recherches sur l'écosystème marin côtier au cap Royds que prévu et peu d'études sont en cours aujourd'hui sur la population de notothénioïdes au cap Royds. Compte tenu de ces facteurs et vu que les valeurs spécifiques associées au milieu marin adjacent au cap Royds n'ont toujours pas été décrites, la limite marine a été redéfinie par la Mesure 5 (2009) pour se concentrer davantage sur la zone qui entoure directement la colonie de manchots Adélie. L'élément marin directement adjacent à la colonie de manchots du cap Royds a été conservé parce qu'il inclut la principale voie d'accès des manchots à la colonie, lesquels pourraient sinon être soumis à des perturbations inutiles de la part des visiteurs et des hélicoptères des environs.

Il est également ressorti des travaux de recherches effectués ces dernières décennies que la zone présente d'importantes valeurs liées à l'écologie dulçaquicole et terrestre. Le lac Pony est un emplacement type de descriptions originales d'un certain nombre d'espèces d'algues répertoriées au cours de l'expédition antarctique britannique 1907-1909 de Shackleton. C'est dans cette zone qu'a été menée l'observation la plus au sud d'algues des neiges, principalement des *Chlamydomonas*. En outre, de récentes études ont montré que la matière organique dissoute (MOD), l'acide fulvique, présente dans le lac Pony est presque entièrement d'origine microbienne, ce qui est considéré comme étant inhabituel. Ces substances étant peu connues, des échantillons de référence isolés sont nécessaires à la recherche: un échantillon prélevé au lac Pony constitue une référence précieuse pour l'Association internationale de substances humiques. Enfin, on a constaté que la très faible diversité des organismes du sol sur le site s'avère utile pour comparer ce dernier à d'autres habitats plus favorables.

La cabane de Shackleton (monument historique n°15), situé dans la ZSPA n°157 (baie Backdoor), se trouve à 170 m au nord-est de la colonie de manchots Adélie et constitue, avec la colonie, un pôle d'attraction d'une grande valeur esthétique et pédagogique pour les visiteurs. Des visites fréquentes et régulières au cap Royds impliquent que la zone pourrait être facilement endommagée par des impacts humains si elle ne fait pas l'objet d'une protection appropriée. Les valeurs écologiques et scientifiques de la zone requièrent une protection à long terme contre les impacts négatifs éventuels que pourraient avoir ces activités. Toutefois, compte tenu de la valeur de la colonie de manchots Adélie qui est, de toutes les espèces de manchots , la plus accessible au personnel de la station McMurdo (États-Unis d'Amérique) et de la base Scott (Nouvelle-Zélande), des dispositions ont été prises pour contrôler l'accès à deux aires d'observation proches des limites mais en dehors de celles-ci afin de donner aux visiteurs du cap Royds la possibilité d'observer la colonie sans pour autant avoir d'impact significatif. Ces visites sont soumises aux Lignes directrices inscrites à la Résolution 4 (2009).

Des vestiges datant des voyages de Shackleton sont présents sur le site d'un petit dépôt dans une baie du côté oriental de l'aire de nidification des manchots (166°09'35.2" E, 77°33'14.3"S : Carte 2). Le dépôt a une valeur historique et ne devrait pas être perturbé sauf si un permis autorisant des activités de conservation ou de gestion a été délivré.

Les limites comprennent la colonie de manchots Adélie dans son ensemble, la partie sud du lac Pony, et le milieu marin jusqu'à 500 m à partir du littoral proche de la pointe Flagstaff, qui comprend un élément terrestre de 0.05 km² et un élément marin de 0.61 km², pour une superficie totale de 0,66 km².

2. Buts et objectifs

Les buts du plan de gestion au cap Royds sont les suivants :

- Éviter la dégradation des valeurs de la zone et les risques substantiels qu'elles pourraient courir en empêchant les perturbations humaines et les échantillonnages inutiles dans la zone;

- Autoriser des travaux de recherche scientifiques sur l'écosystème de la zone et, en particulier, sur l'avifaune et l'écologie terrestre et dulçaquicole, sous réserve qu'ils ne portent pas atteinte aux valeurs pour lesquelles la zone est protégée;

- Autoriser la réalisation d'autres recherches scientifiques et de visites pédagogiques ou de sensibilisation (telles que des reportages-documentaires (visuels, audios ou écrits) ou la production de ressources ou de services pédagogiques) sous réserve que ces activités se justifient par des raisons impérieuses impossibles à satisfaire ailleurs et qu'elles ne portent pas atteinte aux valeurs pour lesquelles la zone protégée.

- Réduire le risque d'introduction de plantes, d'animaux et de microbes non indigènes dans la zone.

- Réduire le risque d'introduction d'agents pathogènes qui pourraient provoquer des maladies au sein des populations fauniques de la zone.

- Prendre en compte les valeurs historique et patrimoniale potentielles de tout objet avant de l'enlever et/ou de le détruire tout en permettant le cas échéant un nettoyage et une réparation appropriés.

- Autoriser les visites pour des raisons de gestion à l'appui des buts du plan de gestion.

3. Activités de gestion

Les activités de gestion suivantes doivent être entreprises pour protéger les valeurs de la zone:

- Des repères de couleur lumineuse, clairement visibles des airs et ne présentant aucune menace significative pour l'environnement doivent être placés pour délimiter l'héliport adjacent à la zone protégée (Cartes 1 et 2).

- Des panneaux indiquant l'emplacement et les limites de la zone et annonçant clairement les restrictions d'accès seront placés aux endroits stratégiques des limites de la zone pour éviter toute entrée inopinée. De plus, des drapeaux doivent être placés dans la baie Backdoor le long de la limite sud-est de la zone marine (au large de la pointe Derrick) à chaque saison lors de la première visite sur la glace de mer afin d'indiquer la zone à accès restreint, de telle sorte que ceux et celles qui se rendent au cap Royds sur de la glace de mer soient conscients de la limite de la zone. Les drapeaux seront enlevés à chaque saison juste avant la clôture des voyages sur la glace de mer ;

- Des panneaux indiquant l'emplacement de la zone (et les restrictions particulières qui s'appliquent) seront installés bien en vue et une copie du présent plan de gestion sera disponible dans toutes les cabanes de recherche situées au cap Royds ;

- Des copies du présent plan de gestion devront être disponibles dans tous les navires et aéronefs visitant les environs du Cap Royds ou y opérant, et tout le personnel (personnel de programme national, d'expéditions de terrain, responsables d'expéditions touristiques, pilotes et capitaines de navires) opérant ou volant dans les environs de la zone ou s'approchant de celle-ci devront être informés par leur programme national, leur voyagiste ou l'autorité nationale compétente de l'emplacement de la zone, de ses limites et des restrictions d'accès et de survol qui s'y appliquent;

- Les programmes nationaux prendront les mesures nécessaires pour que les limites de la zone et les restrictions d'accès qui s'y appliquent soient indiquées sur les cartes terrestres, marines et aéronautiques concernées ;

- Les bornes, panneaux et structures érigés à l'intérieur de la zone à des fins scientifiques ou de gestion seront correctement fixés, maintenus en bon état et enlevés lorsqu'ils ne seront plus nécessaires ;

- Les programmes nationaux antarctiques opérant dans la zone devront tenir un registre des nouveaux panneaux, bornes et structures érigés dans la zone;

- Des visites seront effectuées selon les besoins (au moins une fois tous les cinq ans) pour s'assurer que la zone répond toujours aux buts pour lesquels elle a été désignée et pour s'assurer que les mesures de gestion et d'entretien sont appropriées ;

- Les directeurs des programmes antarctiques nationaux en cours d'exécution dans la région se livreront entre eux à des consultations pour veiller à ce que les dispositions ci-dessus soient mises en œuvre.

4. Période de désignation

La zone est désignée pour une durée indéterminée.

5. Cartes et photographies

Carte 1: ZSPA n°121 Cap Royds - limites et topographie

Projection : conique conforme de Lambert; Parallèles types : 1er 77° 33' 10" S; 2e 77° 33' 30"S; Méridien central: 166° 10' 00" E; Latitude origine: 78° 00' 00" S; Sphéroïde: WGS84.
Sources de données:
La carte et les contours de référence se basent sur une orthophotographie par imagerie aérienne obtenue par USGS/DoSLI (SN7847) le 16 novembre 1993, élaborée selon une échelle de 1:2500 avec une précision horizontale de ± 1,25m, une précision verticale de ± 2,5m et une résolution de pixels sur le terrain de 0,4m. Panneaux: UNAVCO (Janvier 2014). Limite de la ZSPA: ERA (Janvier 2014). Bornes: LINZ (2011). Aires d'observation et SMA (approx.): ERA (Janvier 2014). Sentiers et aires de mouillages du plan de gestion de la ZSPA no 157; zone de nidification approximative des manchots numérisée à partir d'une image aérienne géoréférencée obtenue le 19 janvier 2005 et fournie par P. Lyver, Landcare Research, (Mars 2014). Contours (intervalle 10 m) et autres infrastructures fournis par Gateway Antarctica, (2009).
Encart 1 : région de la mer de Ross, indiquant l'emplacement de l'Encart 2.
Encart 2: région de l'île de Ross, indiquant l'emplacement de la Carte 1, de la station McMurdo (US) et de la base Scott (N-Z).

Carte 2 : ZSPA n°212 - accès, installations et faune. Les spécifications de cette carte sont les mêmes que pour la carte A, mais l'intervalle des contours est de 2 m.

6. Description de la zone

6(i) Coordonnées géographiques, bornage et caractéristiques du milieu naturel

Description générale

Le cap Royds (166°09'56" E, 77°33'20"S) est situé à l'extrémité ouest de l'île Ross, McMurdo Sound, sur une bande côtière de terre libre de glace d'une largeur d'environ 8 km, sur les pentes ouest inférieures du mont Erebus (Carte 1, encarts). La zone comprend un élément terrestre et un élément marin.

L'élément terrestre de la zone est composé de terre libre de glace sur environ 350 m de la pointe Flagstaff (166°09'55"E, 77°33'21"S) qui abrite une colonie de manchots Adélie (*Pygoscelis adeliae*) durant la saison de reproduction. La limite inclut l'ensemble de la zone occupée par les manchots nicheurs et l'itinéraire sud principal qu'utilisent les manchots pour accéder à la mer. L'élément marin comprend une zone de mer de 500 m sur le littoral du cap Royds, qui inclut la principale route d'accès des manchots à leur colonie.

Limite

La limite nord de l'élément terrestre de la zone s'étend d'une petite baie au coin nord-ouest de la zone sur 53 m en ligne droite nord-est jusqu'à une borne, un tube de fer fixé dans le sol, identifiée sur des cartes antérieures de la Nouvelle–Zélande par l'appellation IT2 (166°09'33.8"E, 77°33'11.1"S). De là, la limite s'étend sur 9 m à l'est d'IT2 jusqu'à un panneau (166°09'35,2" E, 77°33'11,2" S), puis sur 30 m en direction est nord-est jusqu'à un panneau (166°09'39,4" E, 77°33'10,9" S) situé à mi-chemin d'un flanc de colline. De ce panneau, la limite s'étend sur 133 m en direction sud-est jusqu'à un panneau (166°09'59,0" E, 77°33'11,8" S) situé à l'est du lac Pony. De là, la limite s'étend sur 42 m en direction sud sud-est jusqu'à un panneau (166°10'01.9" E, 77°33'12.9" S), puis sur 74 m jusqu'à un panneau (166°10'05.7" E, 77°33'15.2" S) situé à la pointe sud d'une aire d'observation des manchots. La limite s'étend ensuite sur 18 m jusqu'à la côte de la baie Arrival (166°10'06.6" E, 77°33'15.8" S). La limite nord-est longe le littoral de la baie Arrival jusqu'à la pointe Derrick. Celle qui va du lac Pony (panneau à 166°09'59.0" E, 77°33'11.8" S) jusqu'à la pointe Derrick coïncide avec la limite sud de la ZSPA no 157, baie Backdoor, qui a été désignée pour protéger la cabane historique de Shackleton et les objets qui y sont associés (site et monument historiques n°15).

La partie marine de la zone englobe la zone qui se trouve dans un rayon de 500 m de la laisse moyenne de haute mer de la pointe Flagstaff, la limite s'étendant sur 500 m au sud-ouest de la pointe Derrick (166°10'22"E, 77°33'14,1"S) à l'est, et de là vers l'ouest en restant à une distance de 500 m de la rive jusqu'au 166°08'10"E, 77°33'11,8" S, puis sur 500 m plein est vers la côte à l'extrémité nord-ouest de la zone (166°9'25"E, 77°33'11,8"S).

Climat

Une station météorologique automatique (SMA) installée dans la zone à proximité de la cabane de Shackleton (Carte 2) enregistre des données estivales depuis 2007 et a obtenu des données pour l'année complète en 2012 et 2013. La température maximale enregistrée par cette station météorologique était de 7,5°C en décembre 2010 et la température minimale était de -36,8°C en juillet 2012 (données du *University of Wisconsin-Madison Automatic Weather Station Program*, sur http://uwamrc.ssec.wisc.edu/, page consultée le 18 février 2014).

Les données relatives à la température de l'air enregistrées durant la période 2004-2013 à la station McMurdo toute proche, située à environ 35 km au sud-est du Cap Royds, montrent que décembre est le mois le plus chaud avec une température moyenne de -1,9°C et que juillet est le mois le plus frais avec une température moyenne de -25,7°C (http://uwamrc.ssec.wisc.edu/, page consultée le 21 février 2014). La température minimale de l'air enregistrée durant la période 2004-2013 a été de −47,8 °C en juillet 2003, tandis que la température maximale atteignait 8,8°C en janvier 2007. Le vent au cap Royds souffle principalement du sud-est et dépose des embruns dans toute la zone (Broady, 1989a). Les données de la station McMurdo ont montré que, pendant la période 1973–2004, la vitesse moyenne du vent était d'environ 10 nœuds et la vitesse maximale de 112,3 nœuds (*Antarctic Meteorological Research Centre*, 2009).

Les données climatiques à long terme montrent que, durant les années 60, les températures de l'air et les vitesses du vent enregistrées à la base Scott ont été relativement basses, et ont été suivie d'une période de réchauffement au début des années 70 (Ainley *et al.* 2005). Au début des années 80, une nette tendance au réchauffement a été observée dans toute la zone de McMurdo Sound (Blackburn *et al* 1991) et les données de la station McMurdo montrent que la température de l'air a atteint des pics à la fin des années 80, avant de se rafraîchir à nouveau au début des années 1990 (Wilson *et al.* 2001).

Géologie et sols

L'élément terrestre de la zone comprend un terrain rocheux formé de coulées de lave irrégulières, de graviers volcaniques et de scories d'un rouge foncé, délimité côté mer par une falaise basse d'une hauteur d'environ 10 à 20m. On y trouve des sols minéraux et du sable ainsi que des sels incrustés et des sols ornithogéniques compacts liés à la présence de la colonie de manchots Adélie (Cowan et Casanueva, 2007).

Oiseaux nicheurs

La zone abrite la colonie de manchots Adélie (*Pygoscelis adeliae*) la plus au sud de la planète, avec une population annuelle qui varie actuellement entre 2 500 et 4 000 couples reproducteurs durant leur occupation s'étendant approximativement de la mi-octobre à la mi-février (Figure 1). En 1959, la population était censée équivaloir à celle de 1909, rien ne prouvant qu'elle avait été plus grande dans le passé (Ainley 2002). Mais elle a ensuite diminué pour s'inscrire à moins de 1 000 couples reproducteurs en 1963 en raison des conditions difficiles de la glace qui a rendu la colonie plus vulnérable aux perturbations causées par les visites et les mouvements d'hélicoptères (Thompson 1977). Après l'imposition de restrictions aux visiteurs et la réinstallation de l'héliport à l'écart de la colonie, la population de manchots Adélie s'est progressivement rétablie durant les années 70, et a quadruplé après une augmentation à un rythme moyen de 15% par an entre 1983 et 1987 (Ainley *et al.*, 2005; Taylor et Wilson, 1990). Après avoir atteint un pic en 1987, le nombre de manchots Adélie au cap Royds a fortement diminué en 1988 et 1989, avant de se redresser une fois encore pour atteindre une population comparable aux niveaux enregistrés à la fin des années 80. En 1998, la population de manchots Adélie au cap Royds atteignait 4 000 couples reproducteurs avant de tomber progressivement à 2 400 en 2000 (Ainley *et al.* 2004).

Les fluctuations des populations de manchots Adélie au cap Royds sont liées aux changements d'une série de variables climatiques et écologiques. Wilson *et al.* (2001) ont constaté qu'il y a une corrélation inverse significative entre le nombre de manchots Adélie et la couverture de glace de mer en hiver, la couverture de glace de mer plus vaste (c'est-à-dire plus au nord) réduit le taux de survie des sous-adultes en limitant leur accès à des aires d'alimentation productives. Par conséquent, le nombre total de manchots Adélie présents au cap Royds a révélé que les individus réagissent aux variations de la concentration de glace de mer avec un retard de cinq ans. L'influence de la couverture de glace de mer sur le nombre de manchots Adélie présents dans la zone a d'autant plus été mis en lumière après l'échouement d'un grand iceberg (désigné B15A, 175 x 54 km de superficie) sur la rive de l'île Ross avant la saison de nidification en 2000 (Arrigo *et al.* 2002; Ainley *et al.* 2003). L'obstruction causée par l'iceberg B-15 a engendré une couverture inhabituellement vaste de glace de mer en 2000, ce qui a ensuite provoqué une réduction de 40 % de la productivité primaire. Bien que les études menées sur les manchots Adélie au cap Royds en 2000 aient révélé un changement significatif du régime alimentaire des manchots, l'impact de l'augmentation de la couverture de glace de mer sur la production de poussins a été minimal (Ainley *et al.* 2003). Dans les années qui ont immédiatement suivi, le nombre de couples nicheurs et le nombre d'envols de poussins a fortement diminué (Ainley 2014), mais durant la période 2001-2012, le nombre de couples nicheurs s'est progressivement redressé pour revenir à un niveau similaire à celui qui existait avant l'échouement de l'iceberg B-15 (Figure 1).

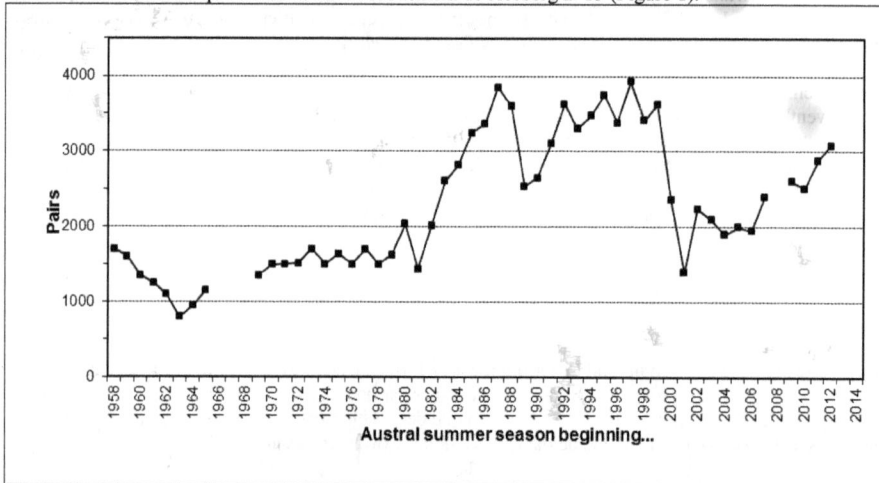

Figure 1. Nombre de couples nicheurs de manchots Adélie au cap Royds (1958-1959 à 2012-2003). (Sources: Stonehouse 1965; Taylor *et al.*, 1990; Woehler 1993; Woehler, communication personnelle, 1999; Ainley *et al.*, 2004; Lyver *et al.*, en cours d'impression; Ainley 2014).

Outre les impacts spécifiques à la couverture de la glace de mer, l'augmentation de la population de manchots Adélie au cap Royds serait due aux effets plus globaux du réchauffement climatique dans la région du McMurdo Sound (Ainley *et al.*, 2005; Blackburn *et al.*, 1991), qui a commencé au milieu des années 60 et s'est accentué dans les années 80 (Taylor et Wilson, 1990). L'amélioration du climat aurait eu des effets positifs sur les populations de manchots Adélie en réduisant la couverture de la glace de mer et en élargissant la polynie de la mer de Ross, en accroissant la productivité marine et la disponibilité de nourriture, en diminuant le taux de mortalité hivernale et en augmentant le taux de reproduction des manchots (Taylor et Wilson, 1990; Blackburn et al.,1991; Ainley et al., 2005). L'expansion rapide de la colonie du cap Royds dans les années 80 pourrait également s'expliquer par la diminution marquée du nombre de petits rorquals de l'Antarctique, *Balaenoptera bonaerensis*, enlevés de la mer de Ross durant cette décennie (Ainley *et al.*, 2007). L'habitat et les proies de ces animaux étant similaires à ceux du manchot Adélie, la disparition de ces rivaux pourrait expliquer la forte croissance de la population observée au cap Royds et ailleurs sur l'île Ross.

Les causes sous-jacentes de l'effondrement de la population de manchots Adélie au cap Royds en 1988 et 1989 n'ont pas encore été élucidées, mais elles seraient liées aux variations de l'oscillation de l'Antarctique (AAO) et aux effets de celles-ci sur les conditions météorologiques et sur l'état de la glace de mer, qui peuvent avoir à leur tour provoqué une augmentation du taux de mortalité des manchots Adélie (Ainley *et al.*, 2005). Après 1989, la colonie du cap Royds s'est rapidement agrandie, contrairement à ce qui s'est passé au cap Crozier, ce qui laisse penser que les modes de migration ont joué un rôle (Ainley, Ballard *et al.*, données non publiées). De surcroît, le réchauffement continu des océans dans la région a vraisemblablement eu un impact significatif sur la persistance de la glace de mer (Ainley *et al.*, 2005) et pourrait avoir contribué à l'expansion de la colonie.

Depuis 1957, la zone fait régulièrement l'objet d'un suivi et est photographiée par aéronef chaque année depuis 1981 durant la phase d'incubation de la reproduction. L'évaluation annuelle de la taille de la population de manchots Adélie sur l'île Ross, dans la mer de Ross, qui s'est déroulée de 1959 à 1997, est l'une des plus longues séries chronologiques biologiques marines dans l'Antarctique (Taylor et Wilson, 1990; Taylor *et al.*, 1990; Wilson *et al.*, 2001). La longue histoire des observations scientifiques au cap Royds offre une occasion unique d'évaluer les tendances démographiques sur de longues périodes et d'ainsi analyser les effets du changement des régimes de glace sur la dynamique de population de ces colonies d'oiseaux dans l'écosystème relativement vierge de la partie sud de la mer de Ross (Ballard, communication personnelle, 2008).

Des études relatives aux habitudes alimentaires des Adélies durant les étés austraux de 1997-1998 à 2000-2001 montrent que la distance moyenne parcourue pour rechercher de la nourriture à partir du cap Royds varie de 9,70 km à 12,09 km (Ainley *et al.* 2004) et des observations indiquent que les manchots recherchent peu de nourriture dans un rayon de 200 m à partir de la côte. (Ainley, communication personnelle, 2008). L'aire d'alimentation des manchots appartenant à la colonie du cap Royds chevauche considérablement (30 à 75%) les aires des oiseaux venant du cap Bird et de l'île Beaufort (Ainley *et al.*, 2004). On voit souvent des manchots bagués du cap Royds, du cap Bird et de l'île Beaufort dans une autre colonie que la leur (Ainley, données non publiées, référencées dans Ainley *et al.*, 2003) et il a été montré que l'immigration vers le cap Royds à partir de ces emplacements a constitué un facteur important de l'augmentation de la population à partir des années 80 (Ainley *et al.* 2004; Ainley, communication personnelle. 2008).

Outre la colonie de manchots Adélie du cap Royds, on trouve un grand nombre de labbes antarctiques (*Stercorarius maccormicki*) à proximité des limites de la ZSPA, qui totalisaient en 1981 76 couples nicheurs (Ainley *et al.* 1986). On a aperçu des labbes nicher et chasser dans les roqueries de manchots du cap Royds (Young 1962a). On a cependant constaté que les labbes ne chassaient pas les jeunes manchots et que seule une partie de celles nichant au cap Royds venait s'alimenter à l'intérieur de la colonie de manchots Adélie (Young 1962b). Les populations de labbes ont fortement diminué une fois que l'élimination des déchets d'origine humaine a été interrompue à la station McMurdo, mais elles ne seraient pas menacées pour le moment (Ainley, communication personnelle, 2008).

Biologie marine et océanographie

L'élément marin de la zone n'a ni été étudié en détails ni été décrit dans son intégralité. Cette région n'a pas été soumise à un niveau d'échantillonnage similaire à celui qui a eu lieu à proximité de la pointe Hut plus au sud de l'île de Ross. À 500 m à l'ouest de la rive, le fond de la mer descend abruptement sur plusieurs centaines de mètres et forme quelques falaises sous-marines. Des échantillons de fonds marins prélevés à plusieurs kilomètres au nord du cap Royds et à environ 100 m au large contenaient des graviers volcaniques grossiers et des roches plus ou moins grandes. Les recherches effectuées entre 1978 et 1981 sur la population et la structure de l'espèce de poisson Notothénioïde dans cette région ont semblé indiquer que ce poisson y était abondant, l'espèce la plus courante à cette époque étant le *Trematomus bernacchii*. Elles ont également permis de répertorier la présence de *Tmatomus hansoni, T.centronotus, T. nicolai* et *Gymnodraco acuticeps*. Enfin, elles ont identifié la présence d'invertébrés tels que des échinoïdes, des astéroïdes (p.ex. *Odontaster validus*), des ophiuroïdes, des pycnogonidés (par ex. *Pentanymphon antarcticum, Colossendeis robusta*), des ptéropodes, des copépodes, des amphipodes, des isopodes, des hirudinées, des bryozoa, des polychéates, des cténophores, des mollusques et des méduses. On ne dispose d'aucune donnée récente qui décrive le milieu marin proche du cap Royds.

Les courants océaniques locaux ont pour origine le plateau continental oriental de la mer de Ross. Ils s'écoulent vers l'ouest le long de la plateforme de Ross après le cap Crozier, pour ensuite tourner vers le nord le long de la côte de Terre Victoria. Ils se séparent à l'île Beaufort où un petit bras descend vers le sud en franchissant les caps Bird et Royds (Jacobs *et al.*, 1970; Barry, 1988).

Écologie terrestre et dulçaquicole

Les étendues d'eau comprises dans la zone, dont le lac Pony, sont riches en nutriments et abritent une communauté abondante et variée d'algues adaptées à une haute teneur en nutriments et à une forte salinité, parmi lesquelles on retrouve principalement les phytoplanctons, les diatomées et les feutres benthiques oscillatoires (Broady, 1987). Certaines espèces d'algues ont été formellement décrites pour la première fois au lac Pony (West et West, 1911), faisant de ce site un « emplacement type ». Des algues des neiges sont présentes sur de petites parcelles de neige sur la banquette de glace côtière adjacente à la colonie de manchots, et sont dominées par les Chlamydomones, qui sont les algues des neiges les plus au sud connues (Broady, 1988).

Le lac Pony constitue une source importante de matière organique dissoute d'origine microbienne (MOD) (Brown *et al.*, 2004). Une de ces matières, l'acide fulvique, est issue de la matière végétale en putréfaction et de l'activité microbienne. L'acide fulvique présent dans le lac Pony constitue un pôle important car il est presqu'entièrement d'origine microbienne. Les acides fulviques ont une incidence sur la composition chimique, le cycle et la biodisponibilité des éléments chimiques qui se trouvent dans les milieux aquatiques et terrestres. Ces substances étant peu connues, des échantillons de référence isolés sont nécessaires à la recherche. Un échantillon de référence de l'acide fulvique du lac Pony a été prélevé et est aujourd'hui mis à disposition par l'Association internationale des substances humiques pour servir de référent en termes de composition microbienne. L'abondance de MOD dans le lac et l'emplacement approprié de la station McMurdo en font un endroit idéal pour mener des travaux de terrain.

Depuis 1990, des études sont menées sur des populations d'invertébrés terrestres (nématodes) vivant dans les sols ornithogéniques du cap Royds. Les Vallées sèches jouissent d'une plus grande diversité d'invertébrés, alors que seule une espèce de nématode a été observée au cap Royds (*le Panagrolaimus davidi*) (Porazinska *et al.* 2002). Les sols très riches en nutriments du cap Royds conduisent à une faible diversité biologique des organismes du sol, ce qui rend la zone vulnérable aux perturbations humaines locales et mondiales. En outre, le cap Royds fait office de point de comparaison avec les habitats actuellement étudiés dans les Vallées sèches de McMurdo.

Peu de lichens poussent dans la zone, bien que l'on trouve différentes formes de croissance de lichens (crustacé, foliacé et fruticuleux) dans d'autres parties du cap Royds, réparties en trois zones distinctes qui résulteraient de l'aérosol marin et de l'accumulation de neige (Broady 1989a, 1989b).

Activités et impact humains

Les variations du nombre de manchots Adélie au cap Royds attribuées au moins en partie aux visites humaines et aux déplacements d'hélicoptères sont discutées dans la section sur les oiseaux nicheurs abordée précédemment.

Le cap Royds est une destination populaire pour les visites ludiques à partir de la station McMurdo (Etats-Unis d'Amérique) et de la base Scott (Nouvelle-Zélande), en particulier au début de la saison lorsqu'il est possible de se rendre sur le site en véhicule en passant sur la glace de mer. Ces visites sont minutieusement contrôlées par les autorités nationales et l'accès aux zones protégées n'est autorisé que si un permis a été délivré. Le nombre de membres du personnel des stations visitant le cap Royds est enregistré, et une moyenne de 147 membres américains et 78 membres néo-zélandais par saison ont visité la cabane de Shackleton sur la période 2008-09 à 2012-13. Durant les cinq années précédentes, de 2003-04 à 2007-08, une moyenne de 172 membres américains et 143 membres néo-zélandais ont visité la cabane de Shackelton.

Le cap Royds est l'un des sites touristiques les plus populaires de la mer de Ross (voir Tableau 1), avec pour principale attraction la cabane de Shackleton (site et monument historiques n°15 et ZSPA n°157), située à 170 m au nord-est de la colonie. Les aires d'observation des manchots situées au nord et à l'est de la limite existante, à proximité du lac Pony, attirent également les visiteurs. Les visiteurs sont informés et les visites sont supervisées, ce qui contribue généralement au respect des limites de la zone.

Tableau 1: Aperçu du nombre de visiteurs

Saison	Total visiteurs	Visiteurs débarqués	Total touristes	Touristes débarqués
2003-04	307.	307.	266.	266.
2004-05	586.	586.	502.	502.
2005-06	458.	369.	390.	306.
2006-07	456.	456.	377.	377.
2007-08	176.	176.	147.	147.
2008-09	284.	282.	236.	236.
2009-10	316.	316.	263.	263.
2010-11	328.	328.	283.	283.
2011-12	327.	327.	281.	281.
2012-13	358.	247.	300.	206.

Source: IAATO.

6(ii) Accès à la zone

La zone est accessible par la terre, la glace de mer, la mer ou les airs, grâce aux sites d'atterrissage d'hélicoptères situés en dehors de la zone. Des itinéraires spécifiques d'accès à la zone sont recommandés, et le survol et l'atterrissage d'aéronefs sont soumis à des restrictions dont les conditions spécifiques sont définies dans la section 7 (ii) ci-dessous.

6(iii) Structures à l'intérieur et à proximité de la zone

La cabane de Shackleton (ZSPA n°157 et site et monument historique n°15) (166°10'06,4" E, 77°33'10,7"S) est située à environ 70 m du panneau limitant l'élément terrestre de la zone, à 100 m au nord-est duquel se trouve un petit abri de recherche (Nouvelle-Zélande) (166°10'10,6" E, 77°33'07,5"S) (Carte 2). Une Station météorologique automatique (SMA) a été installée en janvier 2007, à 10 m à l'intérieur de la limite orientale de la zone (Carte 1) et à 80 m de la cabane de Shackleton, et était présente en janvier 2014. Deux bornes se trouvent à l'intérieur de la zone — la borne IT2, qui se situe sur la limite nord de la partie terrestre de la zone et qui est décrite ci-dessus, et la borne IT3 (166°09'52,7" E, 77°33'19,7"S) (qui est également un tube en fer fixé dans le sol), qui se trouve à 45 m au sud-ouest de la pointe Flagstaff. Des vestiges remontant à l'époque des voyages de Shackleton sont présents sur le site d'un petit dépôt, dans une petite baie à l'ouest de l'aire de nidification des manchots (166°09'35,2" E, 77°33'14,3"S : Carte 2). Le dépôt ne doit pas être perturbé sauf si un permis l'autorise à des fins de conservation ou de gestion.

6(iv) Emplacement d'autres zones protégées à proximité directe de la zone

Les zones protégées les plus proches du cap Royds sont la baie Backdoor (ZSPA n°157 et SMH n°15), adjacente à la zone et qui en partage la limite nord, le cap Evans (ZSPA n°155) à 10 km au sud, la crête Tramway (ZSPA n°130) proche du sommet du mont Erebus situé 20 km à l'est, la vallée New College (ZSPA n°116) à 35 km au nord du cap des Oiseaux ainsi que les hauteurs Arrival (ZSPA n°122) qui sont adjacentes à la station McMurdo à 35 km au sud. Le cap Crozier (ZSPA n°124) se trouve à 75 km à l'est sur l'île de Ross. La zone gérée spéciale de l'Antarctique n°2, les Vallées sèches de McMurdo, est située à environ 70 km à l'ouest du cap Royds.

6(v) Zones spéciales à l'intérieur de la zone

Il n'y a pas de zone désignée dans la zone.

7. Critères de délivrance d'un permis

7 (i) Conditions générales de délivrance de permis

L'accès à la zone est interdit sauf si un permis a été délivré par une autorité nationale compétente. Les conditions de délivrance d'un permis pour entrer dans la zone sont les suivantes :

- Le permis est délivré pour mener des études scientifiques, en particulier sur l'avifaune de la zone, ou pour des raisons scientifiques, pédagogiques ou de sensibilisation impérieuses qui ne peuvent être satisfaites ailleurs, ou pour des raisons essentielles à la gestion de la zone;
- Les actions autorisées le sont conformément au présent plan de gestion;
- Les activités autorisées veilleront à ne pas porter atteinte à la protection continue des valeurs environnementales et scientifiques de la zone par le biais d'un processus d'évaluation d'impact sur l'environnement.
- Les distances d'approche de la faune doivent être respectées, sauf pour des raisons scientifiques spécifiées dans les permis correspondants;
- le permis est délivré pour une durée déterminée.
- le permis ou une copie sera emporté à l'intérieur de la zone;

7 (ii) Accès à la zone et déplacements à l'intérieur de celle-ci

L'accès à la partie terrestre de la zone se fera à pied et les véhicules y seront interdits. L'accès à la partie marine de la zone se fera à pied ou en véhicule si la glace de mer le permet, ou par navire ou petite embarcation durant les périodes d'eau libre. L'accès par voie terrestre à la zone se fera à partir du site réservé à l'atterrissage d'hélicoptères. Par la glace de mer ou par navire, il faudra d'abord passer par la baie Backdoor et suivre ensuite à pied les sentiers indiqués sur les Cartes 1 et 2.

Accès piéton à la zone et déplacements à l'intérieur de celle-ci

Les déplacements sur terre à l'intérieur de la zone doivent se faire à pied. Les piétons doivent conserver une distance d'approche minimale de 5 m de la faune, à moins qu'il soit nécessaire de s'en approcher plus près pour des raisons autorisées par le permis. Les visiteurs doivent se déplacer avec précaution afin d'éviter au maximum de perturber la flore, la faune, les sols et les étendues d'eau. Les piétons doivent se déplacer aux alentours des colonies de manchots et ne doivent pas pénétrer dans les sous-groupes de manchots nicheurs, sauf à des fins de recherche ou de gestion. Lors des déplacements à l'intérieur des territoires des labbes, il faudra veiller à ne pas piétiner leurs nids. Le flux de piétons doit être maintenu au minimum compatible avec les objectifs de toute activité autorisée et tous les efforts raisonnables doivent être entrepris pour limiter les nuisances.

Accès par navire et petite embarcation

Les navires et petites embarcations ne sont pas autorisés à entrer dans l'espace marin de la zone, sauf si un permis a été délivré. Les navires embarquant des passagers doivent rester à 300 m de la côte et les visiteurs doivent y accéder par petite embarcation ou par la glace de mer.

Accès aérien et survol

Il est interdit d'atterrir en aéronef à l'intérieur de la zone. Les survols en dessous de 2 000 pieds (environ 610 m) au-dessus du niveau du sol sont interdits sauf lorsqu'ils s'avèrent nécessaires pour des raisons scientifiques. Les hélicoptères doivent atterrir toute l'année au principal site d'atterrissage (166°10.38' E, 77°33.06'S), situé à 250 m au nord-est du périmètre nord du lac Pony (Carte 2). Un site d'atterrissage secondaire est situé à 166°10.24'E, 77°33.11'S, à environ 100 m au sud-est du principal site d'atterrissage qui doit être évité en présence de la colonie de manchots (du 1er novembre au 1er mars).

7 (iii) Activités pouvant être menées dans la zone

- Les travaux de recherche scientifiques qui ne mettront pas en péril l'écosystème ou les valeurs scientifiques de la zone;
- Les activités pédagogiques ou de sensibilisation qui ne peuvent pas être satisfaites ailleurs;
- Les activités dont le but est de préserver ou de protéger les ressources historiques à l'intérieur de la zone;
- Les activités de gestion essentielles, y compris celles de suivi et d'inspection.

7(iv) Installation, modification ou enlèvement de structures

- Aucune structure ne doit être érigée dans la zone sauf si un permis l'autorise et, à l'exception des bornes et panneaux permanents, toute structure ou installation permanente est interdite;
- Toutes les balises, les structures ou les matériels scientifiques installés dans la zone doivent être autorisés par un permis et clairement identifiés, indiquant le pays, le nom du principal chercheur, l'année d'installation et la date d'enlèvement prévue. Ces objets ne doivent pas contenir d'organisme, de propagule ou de terre non-stérilisée et doivent être formés de matériaux résistants aux conditions environnementales et présentant un risque minimal de contamination ou de dommage pour les valeurs de la zone;
- L'installation (et la sélection du site), l'entretien, la modification ou l'enlèvement des structures et équipements ne doivent pas perturber la faune et la flore, et doivent idéalement se faire en dehors de la saison de reproduction (du 1er octobre au 31 mars).
- L'enlèvement de matériel spécifique pour lequel le permis a expiré sera du ressort de l'autorité qui a délivré le permis original et devra figurer dans les critères du permis.

7(v) Emplacement de camps de base

Il est interdit de camper à l'intérieur de la partie terrestre de la zone. Il existe un camp à 175 m au nord-est de la zone adjacente à l'abri néo-zélandais (Carte 2). Camper à l'intérieur de la partie marine de la zone lorsqu'il y a de la glace de mer est autorisé sur délivrance d'un permis. Ces camps ne doivent pas être installés sur les voies d'approche des manchots dans un rayon de 200 m autour de la colonie de reproduction, mais ne font l'objet d'aucune restriction ailleurs.

7 (vi) Restrictions sur les matériaux et organismes pouvant être introduits dans la zone

Outre les dispositions du Protocole au Traité de l'Antarctique relatif à la protection de l'environnement, les restrictions sur les matériaux et organismes pouvant être introduits dans la zone sont les suivantes:

- Il est interdit d'introduire délibérément tout animal, forme végétale, micro-organisme ou terre non-stérilisée dans la zone. Des mesures de précaution doivent être prises pour éviter l'introduction accidentelle de tout animal, forme végétale, micro-organisme et terre non-stérilisée provenant de régions biologiques distinctes (comprises à l'intérieur ou à l'extérieur de la zone du Traité sur l'Antarctique).

- Les visiteurs veilleront à ce que le matériel et les repères d'échantillonnage introduits dans la région soient propres. Dans la mesure du possible, les chaussures et autres équipements utilisés ou introduits dans la zone (y compris les sacs à dos, les housses et les tentes) doivent être minutieusement nettoyés avant d'entrer dans la zone. Les visiteurs doivent également consulter les recommandations reprises dans le Manuel sur les espèces non indigènes du Comité pour la protection de l'environnement (CPE, 2011) et dans le Code de conduite environnemental du Comité scientifique pour la recherche en Antarctique (SCAR, 2009) et s'y conformer le cas échéant.

- Aucune volaille et aucun produit de la volaille, y compris les produits contenant des œufs en poudre crus, ne sont autorisés dans la zone. Toute volaille amenée près des cabanes, installations et/ou sites de camps non consommée, y compris les parties, produits ou déchets de volaille, doivent être enlevés ou éliminés par incinération ou par tout autre moyen équivalent qui élimine les risques pour la faune et la flore indigènes;

- Aucun herbicide ou pesticide ne sera introduit dans la zone.

- Tout autre produit chimique, y compris les radionucléides ou les isotopes stables, qui peuvent être introduits pour des raisons scientifiques ou de gestion autorisées par le permis, seront enlevés de la zone avant ou à la fin de l'activité pour laquelle le permis a été délivré.

- Les combustibles, produits chimiques et autres matériaux ne doivent pas être stockés dans la zone, à moins qu'un permis ne le prévoie spécifiquement, et doivent être stockés et gérés d'une façon qui limite les risques d'introduction accidentelle dans l'environnement;

- Tous les matériaux ne peuvent être introduits dans la zone que pour une période déterminée et doivent être enlevés avant ou à la fin de ladite période et être stockés et gérés d'une façon qui limite les risques d'introduction dans l'environnement.

- Si une fuite qui risque de mettre en péril les valeurs de la zone survient, il convient d'enlever les matériaux uniquement si l'impact de cet enlèvement est inférieur à celui qu'auraient les matériaux s'ils étaient laissés sur place.

7(vii) Prélèvement de végétaux et capture d'animaux ou perturbations nuisibles à la faune et la flore

Le prélèvement de végétaux et la capture d'animaux ou perturbations nuisibles à la faune et la flore sont interdits, sauf sur délivrance d'un permis conforme à l'article 3 de l'annexe II du Protocole au Traité sur l'Antarctique relatif à la protection de l'environnement. Dans les cas de capture d'animaux ou de perturbations nuisibles, les prescriptions du Code de conduite du Comité scientifique pour la recherche en Antarctique (SCAR) pour l'utilisation d'animaux à des fins scientifiques constituent la norme minimale à respecter.

7 (viii) Ramassage ou enlèvement de matériel qui n'a pas été introduit dans la zone par le détenteur du permis

- Des matériaux peuvent être ramassés ou enlevés de la zone uniquement si un permis l'autorise. Ils doivent se limiter au minimum nécessaire permettant de répondre aux besoins des activités scientifiques ou de gestion. Cela inclut des échantillons biologiques et de roches et des objets historiques.

- Les débris d'origine humaine qui risquent de porter atteinte aux valeurs de la zone et qui n'ont pas été introduits dans la zone par le détenteur du permis ou pour lesquels aucune autre autorisation n'a été donnée, peuvent être enlevés de n'importe quelle partie de la zone à moins que l'impact de leur enlèvement ne risque d'être plus important que si les matériaux étaient laissés sur place. Si tel est le cas, l'autorité compétente doit en être notifiée.

- À moins qu'un permis ne l'autorise spécifiquement, il est interdit aux visiteurs de toucher aux objets historiques qui se trouvent à l'intérieur de la zone ou de les manipuler, de les prendre ou de les endommager. Il convient de notifier l'autorité nationale compétente de tout nouvel objet qui aurait été observé. La réinstallation ou l'enlèvement d'objets à des fins de préservation, de protection ou de rétablissement de l'exactitude historique est autorisée sur délivrance d'un permis.

7(ix) Élimination des déchets

Tous les déchets seront enlevés de la zone.

7(x) Mesures nécessaires pour faire en sorte que les buts et objectifs du plan de gestion continuent d'être atteints

Des permis d'accès à la zone peuvent être délivrés pour:

1) Mener des activités de suivi biologique et d'inspection de la zone, qui peuvent inclure le prélèvement d'un petit nombre d'échantillons ou de données à des fins d'analyses ou d'audit;

2) Pour installer ou entretenir des panneaux indicateurs, des bornes, des structures ou tout dispositif scientifique ou logistique essentiel;

3) Pour prendre des mesures de protection;

4) Pour mener des activités de recherche ou de gestion qui n'interfèrent pas avec les activités de recherche ou de gestion à long terme et qui ne fassent pas double emploi. Les personnes prévoyant de nouveaux projets à l'intérieur de la zone doivent consulter les programmes en place à l'intérieur de la zone, tels que ceux des États-Unis ou de la Nouvelle-Zélande, avant de débuter leurs travaux.

7(xi) Rapports de visites

- Le titulaire principal du permis délivré sera tenu de soumettre à l'autorité nationale compétente un rapport pour chaque visite de la zone dans les plus brefs délais et, au plus tard, dans les six mois suivant la fin de la visite.

- Ces rapports doivent contenir, le cas échéant, les catégories d'informations mentionnées dans le formulaire de rapport de visite repris dans le Guide pour l'élaboration des plans de gestion des zones spécialement protégées de l'Antarctique. Le cas échéant, l'autorité nationale doit envoyer une copie du rapport de visite aux Parties qui ont proposé le plan de gestion pour qu'elles puissent l'utiliser à des fins de bonne gestion de la zone ou d'examen du plan de gestion.

- Les Parties doivent, dans la mesure du possible, déposer les originaux ou les copies de ces rapports dans une archive publique afin de conserver une archive d'usage qui sera utilisée pour réexaminer le plan de gestion et pour organiser l'utilisation scientifique du site.

- L'autorité compétente devra être notifiée de toutes les activités entreprises, de toutes les mesures prises et de tous les matériaux utilisés et non enlevés qui n'étaient pas inclus dans le permis délivré.

Bibliographie

Ainley, D.G. 2002. The Adélie penguin: bellwether of climate change. Columbia University Press, New York.

Ainley, D.G. 2014. Hatching eggs. Data from graph showing Adélie penguin breeding pairs at Cape Royds 1996-2007, sur http://icestories.exploratorium.edu/dispatches/hatching-eggs/, page consultée en février 2014.

Ainley, D.G., Ballard, G., Ackley, S., Blight, L.K., Eastman, J.T., Emslie, S.D., Lescroël, A., Olmastroni, S., Townsend, S.E., Tynan, C.T., Wilson, P. et Woehler, E. (2007). Paradigm lost, or is top-down forcing no longer significant in the Antarctic marine ecosystem? *Antarctic Science* **19**(3): 283-290.

Ainley, D.G., Ballard, G., Barton, K.J. & Karl, B.J. 2003. Spatial and temporal variation of diet within a presumed metapopulation of Adélie penguins. *Condor* **105**: 95-106.

Ainley, D.G., Clarke, E.D., Arrigo, K., Fraser, W.R., Kato, A., Barton, K.J. et Wilson, P.R. (2005). & Wilson, P.R. 2005. Decadal-scale changes in the climate and biota of the Pacific sector of the Southern Ocean, 1950s to the 1990s. *Antarctic Science* **17**: 171-82.

Ainley, D.G., Morrell, S.H. & Wood R. C. 1986. South polar skua breeding colonies in the Ross Sea region, Antarctica. *Notornis* **33**(3): 155-63.

Ainley, D.G., Ribic, C.A., Ballard, G., Heath, S., Gaffney, I., Karl, B.J., Barton, K.J., Wilson, P.R. & Webb, S. 2004. Geographic structure of Adélie penguin populations: overlap in colony-specific foraging areas. *Ecological Monographs* **74**(1):159–78.

Arrigo, K. R., van Dijken, G.L., Ainley, D.G., Fahnestock, M.A. et Markus, T. (2002). Ecological impact of a large Antarctic iceberg. Ecological impact of a large Antarctic iceberg. *Geophysical Research Letters* **29**(7): 1104.

Barry, J. 1988. Barry, J. (1988). Hydrographic patterns in McMurdo Sound, Antarctica and their relationship to local benthic communities. *Polar Biology* **8**: 377-91.

Blackburn, N., Taylor, R.H. & Wilson, P.R. 1991. An interpretation of the growth of the Adelie penguin rookery at Cape Royds, 1955-1990.New Zealand Journal of Ecology **15**(2): 117-21.

Broady PA 1987. Protection of terrestrial plants and animals in the Ross Sea regions, Antarctica. *New Zealand* Antarctic Record **8** (1): 18-41.

Broady PA 1989a. Broadscale patterns in the distribution of aquatic and terrestrial vegetation at three ice-free regions on Ross Island, Antarctica. In Vincent, W. & Ellis-Evans, C. (eds) *High latitude limnology*. Kluwer, Dordrecht. *Developments in Hydrobiology* **49**: 77-95.

Broady PA 1989b. The distribution of *Prasiola calophylla* (Carmich.)Menegh. (Chlorophyta) in Antarctic freshwater and terrestrial habitats. *Antarctic Science* **1** (2): 109-18.

Brown, A., McKnight, D.M., Chin, Y.P., Roberts, E.C. & Uhle, M. 2004. Chemical characterization of dissolved organic material in Pony Lake, a saline coastal pond in Antarctica. *Marine Chemistry* **89** (1-4): 327-37.

Cowan, D.A. & Casanueva, A. 2007. Stability of ATP in Antarctic mineral soils. *Polar Biology* **30** (12): 1599-1603.

Jacobs, S.S., Amos, A.F. et Bruchhausen, P.M. (1970). Ross Sea oceanography and Antarctic bottom water formation. *Deep-Sea Research* **17**: 935-62.

Lyver, P.O'B., M. Barron, K.J. Barton, D.G. Ainley, A. Pollard, S. Gordon, S. McNeill, G. Ballard, and P.R. Wilson. En cours d'impression. Trends in the breeding population of Adélie penguins in the Ross Sea, 1981–2012: a coincidence of climate and resource extraction effects. Soumis à *PLoS One 2014*.

Martin, L. 1991. Cumulative environmental change: case study of Cape Royds, Antarctica. Mémoire de maîtrise en sciences non publié, University of Auckland.

Porazinska, D.L., Wall, D.H. et Virginia R.A. 2002. Invertebrates in ornithogenic soils on Ross Island, Antarctica. *Polar Biology* **25** (8): 569-74.

Sladen, W.J.L. et Leresche, R.E. 1970. New and developing techniques in Antarctic ornithology. In Holdgate, W.M. (ed) *Antarctic ecology I*. Academic Press, London: 585-96.

Stonehouse, B. 1963. Observations on Adélie penguins (*Pygoscelis adeliae*) at Cape Royds, Antarctica. *Proceedings XIIIth International Ornithological Congress, 1963:* 766-79.

Stonehouse, B. 1965. Counting Antarctic animals. *New Scientist* (29 juillet): 273-76.

Taylor, R.H. & Wilson, P.R. 1990. Recent increase and southern expansion of Adelie penguin populations in the Ross Sea, Antarctica, related to climatic warming. *New Zealand Journal of Ecology* **14**: 25-29.

Taylor, R.H., Wilson, P.R. et Thomas, B.W. 1990. Status and trends of Adélie penguin populations in the Ross Sea region. *Polar Record* **26** (159): 293-304.

Thomson, R.B. 1977. Effects of human disturbance on an Adélie penguin rookery and measures of control. In Llano, G.A. (ed) *Adaptations within Antarctic ecosystems. Proceedings of the Third SCAR Symposium on Antarctic Biology.* Smithsonian Institution, Washington, DC: 1177-80.

West, W. et West, G.S. 1911. Freshwater algae. *Reports on the scientific investigations: Biology, by the British Antarctic Expedition 1907-1909* **1**: 263-298; Plates 24-26.

Wilson, P.R., Ainley, D.G., Nur, N. Jacobs, S.S., Barton, K.J.., Ballard, G. & Comiso, J.C., 2001. Adélie penguin population change in the Pacific sector of Antarctica: relation to sea-ice extent and the Antarctic Circumpolar Current. *Marine Ecology Progress Series* **213**: 301-09.

Woehler, E.J. (ed) 1993. *The distribution and abundance of Antarctic and subantarctic penguins.* SCAR, Cambridge.

Young, E.C. 1962a. The breeding behaviour of the south polar skua *Catharacta maccormicki. Ibis* **105** (2): 203-33.

Young, E.C. 1962b. Feeding habits of the south polar skua *Catharacta maccormicki. Ibis* **105** (3): 301-18.

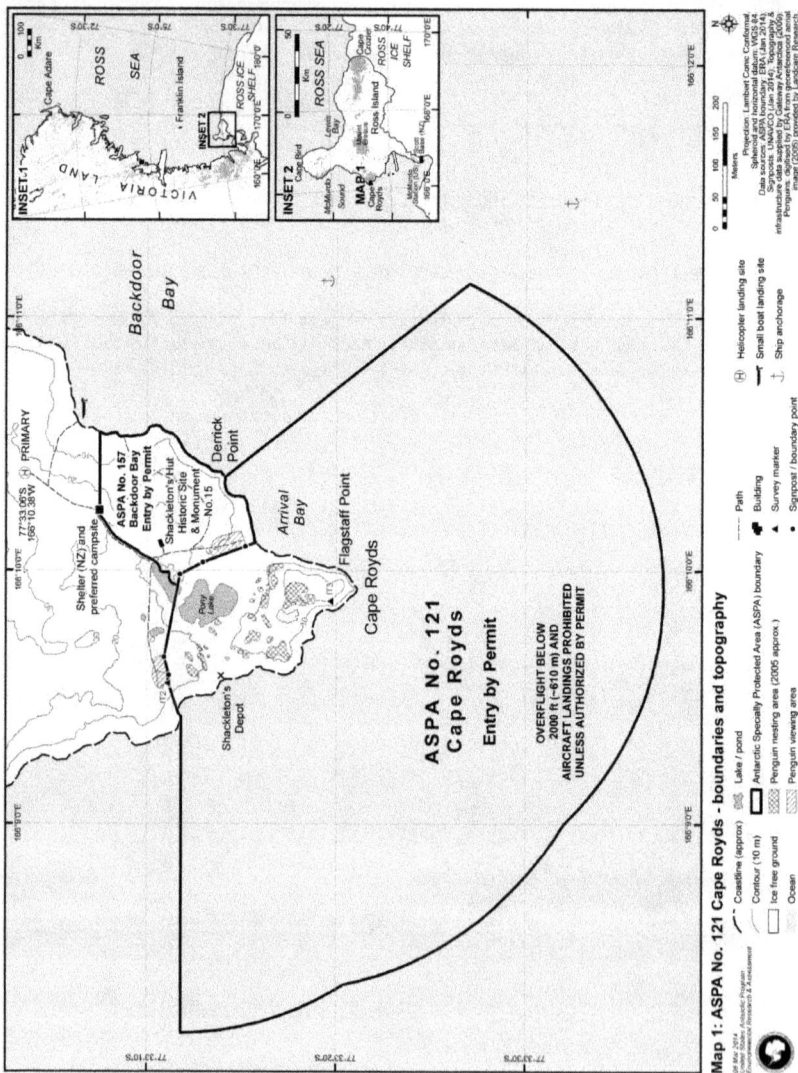

Map 1: ASPA No. 121 Cape Royds - boundaries and topography

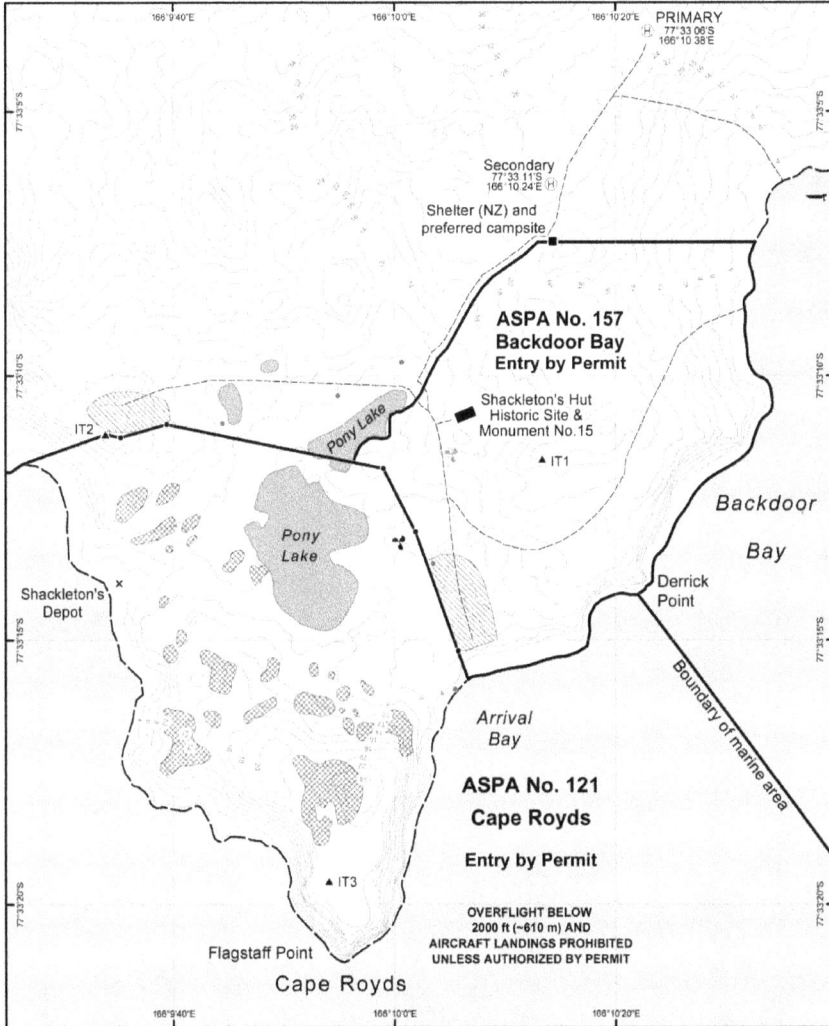

Map 2: ASPA No. 121 Cape Royds - access, facilities and wildlife

Plan de gestion pour
la Zone spécialement protégée de l'Antarctique (ZSPA) n°124
CAP CROZIER, ÎLE DE ROSS

Introduction

La Zone spécialement protégée de l'Antarctique (ZSPA) Cap Crozier se situe à l'extrémité orientale de l'île de Ross, en mer de Ross. En voici la superficie approximative et les coordonnées: environ 70 km² (centrés sur 169° 19' 53" E, 77° 28' 54" S), dont environ 43 km² (61%) de mer (plateau de glace compris) et environ 27 km² de terre (39%). La zone est principalement désignée pour sa diversité de faune aviaire et mammalienne, sa riche végétation locale et ses valeurs historiques. La colonie de manchots empereurs (*Aptenodytes forsteri*) du cap Crozier est la plus au sud connue et celle sur laquelle on dispose de la plus longue série de données. La colonie de manchots Adélie est l'une des plus grandes qui soient connues. La zone est également l'une des zones abritant les algues de neige les plus au sud connues. La zone est représentative d'habitats terrestres et aquatiques relativement peu perturbés sur l'île de Ross, parmi lesquels on retrouve mousses, lichens, algues, invertébrés et communautés microbiennes.

À l'origine, la zone avait été désignée Zone spécialement protégée (ZSP) n°6 par la Recommandation IV-6 (1966) sur proposition des États-Unis d'Amérique, qui estimaient que la région comporte une riche faune aviaire et mammalienne ainsi qu'une microfaune et une microflore et que l'écosystème est composé d'un mélange substantiel d'éléments terrestres et marins revêtant un intérêt scientifique exceptionnel. Avec l'adoption en 1972 de la catégorie de protection des Sites présentant un intérêt scientifique particulier (SISP), la désignation du cap Crozier comme Zone spécialement protégée a pris fin par la recommandation VIII-2 (1975) et le site a été redésigné SISP n°4 par la Recommandation VIII-4 (1975). Le SISP n°4 a été désigné pour protéger les études à long terme de la dynamique de population et du comportement social des colonies de manchots empereurs *(Aptenodytes forsteri)* et Adélie *(Pygoscelis adeliae)* dans la région. Les informations collectées depuis la désignation du SISP n°4 étaient favorables à l'inclusion des populations de labbes et des assemblages de végétation qui sont d'importantes valeurs à protéger au cap Crozier. Cette désignation a été prorogée par les Recommandations X-6 (1979), XII-5 (1983), XIII-7 (1985) et XVI-7 (1991), ainsi que par la Mesure 3 (2001). Le site a été rebaptisé et renuméroté par la Décision 1 (2002) Zone spécialement protégée de l'Antarctique (ZSPA) n°124. Dans la Mesure 1 (2002), les limites ont été étendues au sud pour englober Igloo Spur et pour protéger l'éventail d'assemblages de végétation représentatifs de la région du cap Crozier. Dans la Mesure 7 (2008), la limite occidentale de la zone a été modifiée pour suivre une ligne de longitude simple, parce que les visiteurs estimaient que la limite précédente était difficile à suivre. Cette limite a été à nouveau simplifiée par le présent plan de gestion, et suit maintenant une ligne qui joint directement les sommets du pic Bomb et de la colline de la Poste, et qui a été ajustée pour exclure la cabane du cap Crozier de la zone.

La zone inclut les environnements situés à l'intérieur de deux domaines définis dans les Analyses des domaines environnementaux pour l'Antarctique: "L'environnement P - plateau de glace Ross et Ronne-Filchner" et "L'environnement S - McMurdo –Géologique de Terre Victoria du sud". La zone est classée par les Régions de conservation biogéographiques de l'Antarctique dans "ACBR 9 - Géologique de Terre Victoria du sud".

1. Description des valeurs à protéger

La colonie de manchots empereurs du cap Crozier a été observée pour la première fois par des membres de l'expédition nationale antarctique britannique en 1902. Il s'agit de la colonie la plus au sud connue et sur laquelle on dispose des plus longues données de recensement de la population de manchots empereurs. La colonie niche sur une banquise côtière située entre de grandes crevasses qui se créent là où le plateau de glace de Ross jouxte le cap Crozier. La position de ces crevasses suit les mouvements du plateau de glace et on sait que la colonie se déplace d'un endroit à l'autre des crevasses durant la saison de reproduction. Les limites de la zone ont été tracées de manière à inclure des aires de banquise côtière qui sont régulièrement occupées par des oiseaux en période de reproduction.

Le cap Crozier abrite une vaste population de manchots Adélie *(Pygoscelis adeliae)* qui s'élève en moyenne à quelque 150 000 couples reproducteurs, un peu plus de 270 000 couples en 2012, ce qui en fait sans doute l'une des plus grandes colonies de l'Antarctique. La colonie est divisée en deux grands groupes éloignés l'un de l'autre d'un kilomètre, qui sont connus sous le nom de colonie de l'est et colonie de l'ouest (Cartes 1 et 2). En outre, d'anciens restes bien conservés de manchots Adélie découverts dans la zone présentent une valeur scientifique particulière pour les études génétiques. Une grande colonie de labbes antarctiques *(Catharacta maccormicki)* dont la population est estimée à 1 000 couples reproducteurs, est liée à la présence des colonies de manchots.

Des phoques de Weddell *(Leptonychotes weddellii)* se reproduisent dans la zone et des léopards de mer (*Leptonyx hydrurga*) y viennent régulièrement tandis que des phoques crabiers (*Lobodon carcinophagus*) sont couramment observés en mer et sur les glaces flottantes. Des épaulards (*Orcinus orca*) sont aussi fréquemment aperçus près des côtes à l'intérieur de la zone. S'il est vrai que les espèces de mammifères répertoriées au cap Crozier ne sont pas spécifiques à la zone et que leur présence dans cet environnement n'a rien de particulier, il n'en reste pas moins qu'elles sont représentatives de l'écosystème local, dont elles font partie intégrante.

Il y a dans la zone des assemblages de mousses, d'algues et de lichens. Des étendues d'algues de neige au cap Crozier couvrent une superficie de plus de 4 ha adjacente aux colonies de labbes et de manchots. Des croissances aussi vastes que celles observées au cap Crozier n'ont été remarquées qu'une seule fois dans la zone antarctique continentale, sur la côte de terre Wilkes, et les algues de neige du cap Crozier sont les plus au sud connues. Les lichens sont également présents en abondance. On trouve de vastes aires de lichens crustacés orange vif sur des roches et des pierres sur les pentes situées au-dessus de la colonie de manchots Adélie ainsi que de riches croissances de lichens foliacés et fruticuleux dans les environs de l'igloo de pierre de Wilson. Deux espèces de lichens (*Caloplaca erecta*et *C. soropelta*) observées dans la zone n'avaient jamais été recensées précédemment en Antarctique. Les habitats terrestres et aquatiques relativement étendus et intacts de l'île de Ross qui abritent un éventail de mousses, de lichens, d'algues, de communautés microbiennes et de faune invertébrée associée donnent de la valeur à la zone.

Un panneau de messages datant de l'expédition antarctique nationale de Scott (1901-04) est situé dans la colonie de l'ouest (169°16'37,5"E, 77°27'16,7"S) et a été désigné Site et Monument historiques (SMH) n°69 par la Mesure 4 (1995). L'igloo de pierre de Wilson (17°18'E, 31°51'S), désigné comme SMH n°21 par la Recommandation VII-9 (1972), est situé dans le sud de la zone. L'abri de pierre a été construit en juillet 1911 par des membres de l'expédition antarctique britannique de 1910-1913 lors de leur voyage d'hiver jusqu'au cap Crozier pour y ramasser des œufs de manchots empereurs.

Les grandes valeurs scientifiques, écologiques et historiques de la zone ainsi que sa vulnérabilité aux perturbations telles que le piétinement, l'échantillonnage, la pollution ou l'introduction d'espèces non indigènes sont telles que cette zone doit faire l'objet d'une protection spéciale de longue durée.

2. Buts et objectifs

La gestion du cap Crozier vise à :

- Éviter toute détérioration ou tout risque de détérioration des valeurs de la zone en empêchant toute perturbation humaine inutile dans la zone;

- Autoriser des travaux de recherche scientifique sur l'écosystème de la zone et, en particulier sur l'avifaune, la faune marine et l'écologie terrestre, tout en les protégeant du suréchantillonage ou d'autres impacts scientifiques potentiels;

- Autoriser la réalisation d'autres recherches scientifiques, d'activités de soutien scientifique et de visites pédagogiques ou de sensibilisation (telles que des reportages-documentaires (visuels, audios ou écrits) ou la production de ressources ou de services pédagogiques) sous réserve que ces activités se justifient par des raisons impérieuses impossibles à satisfaire ailleurs et qu'elles ne portent pas atteinte aux valeurs de la zone;

- Éviter ou limiter l'introduction de plantes, d'animaux et de microbes non indigènes dans la zone;

- Éviter ou limiter le risque d'introduction d'agents pathogènes qui pourraient provoquer des maladies au sein des populations fauniques de la zone;

- Autoriser la visite des sites historiques uniquement sur délivrance d'un permis;

- Autoriser des visites à des fins de gestion à l'appui des buts et objectifs du plan de gestion.

3. Activités de gestion

Les activités de gestion suivantes devront être entreprises pour protéger les valeurs de la zone :

- Des indicateurs de direction du vent durables doivent être établis à proximité du site d'atterrissage d'hélicoptères principal désigné dès qu'un certain nombre d'atterrissages dans la zone durant une saison donnée est prévu. Ils doivent être remplacés en cas de besoin et enlevés lorsqu'ils ne sont plus nécessaires.

- Des repères de couleur lumineuse clairement visibles des airs et ne présentant aucune menace significative pour l'environnement doivent être placés pour délimiter les sites d'atterrissages principal et secondaire désignés adjacents à la cabane de terrain;

- Des panneaux indiquant l'emplacement de la zone (et les restrictions particulières qui s'appliquent) seront installés bien en vue et une copie du présent plan de gestion sera disponible dans la cabane de recherche du cap Crozier;

- Les programmes nationaux prendront les mesures nécessaires pour que les limites de la zone et les restrictions d'accès qui s'y appliquent soient indiquées sur les cartes terrestres, marines et aéronautiques concernées;

- Les bornes, panneaux et structures érigés à l'intérieur de la zone à des fins scientifiques ou de gestion seront correctement fixés, maintenus en bon état et enlevés lorsqu'ils ne seront plus nécessaires;

- Les programmes nationaux antarctiques opérant dans la zone devront tenir un registre des nouveaux panneaux, bornes et structures érigés dans la zone;

- Le personnel (membres des programmes nationaux, des expéditions de terrain et les pilotes) menant des activités dans les environs de la zone, la survolant ou s'en approchant, devront être spécifiquement informés des dispositions et du contenu du plan de gestion par leur programme national ou par l'autorité compétente;

- Des visites seront effectuées selon les besoins (au moins une fois tous les cinq ans) pour s'assurer que la zone répond toujours aux buts pour lesquels elle a été désignée et pour s'assurer que les mesures de gestion et d'entretien sont appropriées;

- Les directeurs des programmes antarctiques nationaux en cours d'exécution dans la région se livreront entre eux à des consultations pour veiller à ce que les dispositions ci-dessus sont mises en œuvre.

4. Durée de la désignation

La zone est désignée pour une durée indéterminée.

5. Cartes et photographies

Carte 1: ZSPA n°124, cap Crozier – Topographie et limite.

Projection : conique conforme de Lambert; parallèles types : 1er 77° 27' S; 2e 77° 32' S; méridien central : 169° 15' E; latitude d'origine : 77° S; Datum horizontal et sphéroïde: WGS84.

Sources de données:

Données relatives à la côte, aux contours et aux oiseaux fournies par Gateway Antarctica; Limite de la ZSPA: ERA (Février 2014); Installations: Étude GPS RPSC (25 décembre 2007); terre libre de glace, colonie de manchots empereurs: imagerie Quickbird (9 octobre 2011); falaise de glace en 1993, estimation à partir d'imagerie aérienne orthorectifiée (DoSLI / USGS SN7848) et en 2002, 2007 et 2011, estimée à partir d'imagerie Quickbird (Imagery © 2011 Digital Globe; NGA Commercial Imagery Program).

Encart 1 : région de la mer de Ross, indiquant l'emplacement de l'Encart 2.

Encart 2 : région de l'île de Ross, indiquant l'emplacement de la Carte 1, de la station McMurdo (US) et de la base Scott (N-Z).

Carte 2: ZSPA n°124, cap Crozier - Accès, installations et faune sauvage.

Les spécifications de la carte sont les mêmes que celles de la carte 1.

6. Description de la zone

6(i) Coordonnées géographiques, bornage et caractéristiques du milieu naturel

Description générale

Le cap Crozier (169° 21' 30" E, 77° 30' 30" S) se situe à l'extrémité orientale de l'île de Ross, où se trouve une zone libre de glace qui comprend les pentes orientales inférieures du mont Terror (Carte 1). La zone désignée se trouve à proximité de la colline de la Poste (407 m), du pic Bomb (740 m) et du Knoll (360 m), et s'étend pour englober les cônes Gamble, Topping et Kyle. Elle inclut également Igloo Spur et l'environnement marin adjacent ainsi qu'une aire du plateau de glace de Ross s'écrasant contre une partie de la terre et formant ainsi des crevasses. Ces crevasses sont généralement recouvertes de banquise, sur laquelle viennent nicher chaque année les manchots empereurs.

Limites et coordonnées

La limite marine nord de la zone s'étend sur 6,5 km le long de la ligne de latitude 77° 26' 00" S à partir du 169° 12' 00" E jusqu'au 169° 28' 00" E. La limite occidentale s'étend au sud sur 1,68 km de la limite nord vers la côte, puis poursuit vers le sud sur 800 m jusqu'à la limite de la terre libre de glace avant de monter au sommet d'une petite colline (environ 300 m) située au-dessus et à l'est de la cabane de terrain (Carte 1). La limite part ensuite directement vers le sommet de la colline de la Poste (407 m) au 169° 12' 40" E 77° 27' 55" S. Elle part ensuite au sud en ligne droite directement vers un point proche du sommet du pic Bomb (740 m) au 169° 11' 30" E 77° 31' 02" S. La limite descend ensuite la crête sud-est du pic Bomb vers Igloo Spur au 169° 20' 00" E 77° 32' 00" S, d'où elle s'étend vers l'est le long de la latitude 77° 32' 00" S vers la limite orientale au 169° 28' 00" E.

Climat

La station météorologique automatique (SMA) la plus proche du cap Crozier est Laurie II, située sur le plateau de glace de Ross 35 km à l'est du cap Crozier. La température de l'air enregistrée à Laurie II entre 2009 et 2013 a montré que le mois de décembre était le mois le plus chaud durant cette période, avec une température moyenne de -5.8°C, et le mois d'août le mois le plus frais avec une température moyenne de -33,1°C (http://uwamrc.ssec.wisc.edu/, le 6 mars 2014). La température minimale de l'air enregistrée à Laurie II au cours de cette période a été de -56,5 °C en juillet 2010, tandis que la température maximale atteignait 5,9 °C en décembre 2011. La vitesse moyenne du vent durant cette période était d'environ 6.3 m/s avec principalement des vents d'orientation sud sud-ouest. Les conditions climatiques au cap Crozier sont susceptibles de varier en raison de la géographique locale. Par exemple, le mont Terror tout proche influence probablement l'écoulement de l'air et les vents catabatiques qui, à leur tour, influencent le climat local, et Broady (1989) a constaté que les vents dominants dans la région libre de glace proche du cap Crozier viennent souvent du sud-est.

Géologie, géomorphologie et sols

Le sol libre de glace au cap Crozier est d'origine volcanique, de nombreux cônes et cratères parsemant les pentes douces de scories et de lave basaltique à grains fins. Des cônes de phonolite datant d'il y a 14,4 million d'années sont présents sur la colline de la Poste et sur le Knoll, tandis que d'autres roches volcaniques présentes dans la zone ont moins d'un million d'années (Cole *et al.*, 1971; Wright et Kyle, 1999). Plusieurs de ces collines, y compris la colline de la Poste, protègent les colonies de manchots des vents qui soufflent du sud-ouest. À la surface, on trouve de nombreuses bombes volcaniques et d'autres preuves de petites explosions volcaniques. Au sud de la zone, des falaises côtières adjacentes au plateau de glace atteignent par endroit les 150 m de haut. Les faces des falaises font état de lave litée et de tufs palagonitiques de couleur brune avec plusieurs coulées lenticulaires de basalte columnaire près du pied des falaises. Du côté nord du cap Crozier, on peut trouver de grands rochers erratiques d'origine continentale amenés là par le plateau de glace de Ross.

Oiseaux nicheurs

La colonie de manchots empereurs (*Aptenodytes forsteri*) du cap Crozier a été découverte en 1902 par R.S. Skelton, un membre de l'expédition Discovery de Scott. La présence de cette colonie dépend de la banquise côtière coincée entre des crevasses du plateau de glace de Ross jouxtant le cap Crozier. La taille de la colonie est limitée par la superficie et l'état de la banquise côtière, qui influence également la disponibilité de sites de reproduction abrités des vents catabatiques descendant du mont Terror. L'emplacement de la colonie varie d'une année à l'autre (Carte 2) et la colonie se déplace au cours d'une même saison de reproduction, s'installant en début de saison près de la côte pour s'en éloigner au fur et à mesure que l'envol approche. La population reproductrice a grandement varié depuis le début du siècle précédent, avec par exemple 400 adultes recensés en 1902, 100 en 1911 et 1300 en 1969. Le nombre d'envols d'oisillons et le nombre d'envols réussis de la colonie a également varié (Tableau 1). Le nombre d'oisillons ayant pris leur envol au cap Crozier s'élève en moyenne à 514 pour les années durant lesquelles des données ont été recensées (Tableau 1).

Tableau 1. Recensements des oisillons de manchots empereurs vivants de 1983 à 2006 et d'adultes de 2007 à 2012.

Année	Oisillons	Année	Oisillons	Année	Oisillons	Année	Adultes
1983	78	1995	623	2002	247	2007	537
1986	?	1996	859	2003	333 (a)	2008	623
1989	?	1997	821	2004	475	2009	303 (c)
1990	324	1998	1108	2005	0	2010	856
1992	374	1999	798	2006	339 (b)	2011	870
1993	?	2000	1201			2012	1189
1994	645	2001	0				

Sources: recensement des oisillons Barber-Meyer, Kooyman et Ponganis, 2008. Recensements des adultes: Kooyman, communication personnelle, 2014.
a) Tous les oisillons n'ont pas été recensés en raison de l'état accidenté de la glace et on a compté un oisillon par adulte recensé.
b) G. Kooyman, communication personnelle, novembre 2007.
c) Estimations à partir d'imagerie satellite de 2009 (Fretwell *et al*, 2012).

En 2000, une section du plateau de glace de Ross a vêlé pour former un iceberg long de 295 km et large de 40 km. Un fragment de cet iceberg, baptisé B15A, est venu se coincer près de l'île de Ross en 2001 avec un autre iceberg (C16). Ces icebergs ont eu un impact majeur sur la répartition de la glace de mer et sur la production primaire, et ont empêché l'arrivée des manchots empereurs. Durant plusieurs années à partir de 2001, les icebergs C16 et B15A ont eu un impact sur la reproduction et l'emplacement des colonies de manchots empereurs et Adélie, en les empêchant d'accéder aux aires d'alimentation et en détruisant leur habitat de nidification. En 2005, la colonie de manchots empereurs ne semblait pas se reproduire et sa taille demeurait bien en-deçà de celle d'avant 2000 (Kooyman*et al.* 2007). En 2006, toutefois, la colonie est retournée à l'endroit où elle nichait avant l'arrivée de l'iceberg et 339 oisillons ont vu le jour (G. Kooyman, communication personnelle, novembre 2007; Tableau 1). Ces dernières années, le nombre d'adultes est revenu à des niveaux similaires à ceux observés durant la période 1996-2000.

Une étude exhaustive de la population de manchots Adélie a été menée au cap Crozier durant les étés australs de 1961-1962 à 1981-1982, et 2 000 à 5 000 oisillons ont été bagués chaque année. Il y a au cap Crozier deux colonies de manchots Adélie (*Pygoscelis adeliae*), connues sous le nom de colonies de l'est et de l'ouest. Elles sont séparées d'environ 1 km par une crête de 45 m de haut et un champ de glace en pente au travers duquel les oiseaux ne voyagent pas. Un littoral long de 1,6 km avec trois plages séparées par des affleurements rocheux donne aux manchots un accès à la colonie de l'ouest. En revanche, la colonie de l'est dispose d'une plage rocheuse large de 50 m et de 550 m de falaises de mer. La population des deux colonies a substantiellement augmenté au cours des 50 dernières années, passant de 65 000 couples reproducteurs en 1958 à 102 500 en 1966 et à 177 083 en 1987. Ces chiffres sont tombés à 136 249 en 1989 et à 106 184 en 1994. En 2000, le nombre de couples reproducteurs était estimé à 118 772 (basé sur une projection des recensements de sous-colonies déterminées) (Ainley *et al.*, 2004). La population moyenne des colonies de l'est et de l'ouest du cap Crozier combinées a été évalué sur une période de 28 ans à 153 632, avec en 2012 270 340 couples reproducteurs, faisant de cette colonie l'une des colonies de manchots Adélie les plus grandes d'Antarctique (Lyver *et al.*, en cours d'impression). La présence des icebergs B15A et C16 de 2001 à 2005 dans l'aire d'alimentation a eu un impact significatif sur la colonie de manchots Adélie au cap Crozier (Arrigo *et al.*, 2002; Ballard *et al.*, 2010; Dugger *et al.*, 2010).

Environ 1 000 couples de labbes antarctiques *(Stercorarius maccormicki)* se reproduisent sur la terre libre de glace qui entoure la colonie de manchots Adélie. Un étude démographique de cette colonie a débuté en 1961-62 et était toujours en cours en 1996-97. Des manchots à jugulaire *(Pygoscelis antarctica*), des océanites de Wilson *(Oceanites oceanicu*s), des pétrels des neiges *(Pagadroma nive*a), des pétrels antarctiques*(Thalassoicaantarctic*a), des fulmars boréaux *(Fulmaris glacialoide*s), des pétrels géants *(Macronectes giganteu*s), des goélands dominicains *(Larus dominicanu*s) et des labbes antarctiques venus de sites de reproduction se trouvant plus au nord ont été observés au cap Crozier.

Mammifères reproducteurs

Des phoques de Weddell *(Leptonychotes weddellii)* se reproduisent dans la zone, environ 20 jeunes ayant été recensés ces dernières années. Des léopards des mers *(Leptonyx hydrurga)* fréquentent la zone, environ 12 d'entre eux étant considérés comme des visiteurs réguliers tandis qu'on aperçoit couramment des phoques crabiers (*Lobodon carcinophagus*) en mer et sur de la glace flottante dans les environs. Au nombre des autres mammifères fréquemment observés dans la zone figurent les épaulards (*Orcinus orca*), dont plusieurs types différents ont été reconnus. Des observations régulières d'épaulards ont été menées au cap Crozier entre 2002 et 2009 (Ainley *et al.*, 2009), et on a constaté que le nombre d'épaulards de l'écotype C (également connus sous le nom de "épaulards de la mer de Ross") semble avoir diminué au cap Crozier en même temps que s'est intensifiée la pêche commerciale dans la mer de Ross, principalement de légine antarctique (*Dissostichus mawsoni*). "L'épaulard de la mer de Ross" se nourrissant principalement de poissons, notamment de légines antarctique, les auteurs avancent la possibilité que les changements des habitudes alimentaires des épaulards de cette région puissent être liés à la diminution de la disponibilité de proies à cause de la pêche.

Biologie terrestre - habitats aquatiques et non-aquatiques

On peut trouver des algues partout dans la zone sur de larges parcelles de neige ainsi que sur les sols et les roches, souvent en dessous de la couche superficielle du sol. De grandes aires d'algues de neige vertes, qui couvrent plus de 4 ha, sont visibles dans le nord de la zone dans des champs de neige situés en périphérie de la colonie de manchots Adélie et des aires de nidification des labbes (Broady 1989). Des parcelles particulièrement grandes ont été signalées dans la vallée enneigée qui se situe entre deux collines côtières à l'extrémité nord de la colonie de manchots Adélie, avec de la neige teintée de vert sur au moins un hectare. Toutefois, l'étendue des algues de neige n'est pas toujours évidente, la couleur verte n'étant visible que si la croûte de glace blanche à la surface s'est brisée. Les échantillons d'algues de neige sont dominés par une espèce de *Chlamydomonas* et associés à des filaments et diatomées occasionnels du type *Ulothrix*. Pour qu'elles poussent, il leur faut de l'eau de fonte qui percole durant l'été ainsi que des nutriments issus des colonies d'oiseaux.

Prasiola crispa pousse dans des courants d'eau lents à proximité des colonies de manchots et on trouve des croissances torsadées de *P. calophylla* là où l'eau percole sur les pierres des tabliers d'éboulis. On retrouve dans toute la zone de nombreuses petites étendues d'eau dont la taille varie de 1 m de diamètre à 150 m dans le cas d'un lac situé immédiatement au sud du Knoll. Les quatre étendues d'eau situées dans les colonies de manchots contiennent d'abondantes populations de phytoplanctons *Chlamydomonas* cf. *Snowia*, tandis que les autres étendues d'eau abritent des croissances de tapis benthiques rouge foncé à bleu-vert foncé, principalement des oscillatoriacées. On trouve quelques algues épilithiques (dominées par *Gloeocapsa, Nostoc* et *Scytonema*) sous la forme de croûtes noirâtres qui couvrent la surface des rochers là où l'eau de fonte s'infiltre.

Les mousses sont éparses et dispersées, la plupart se présentant sous la forme d'un ou de quelques coussins isolés dont le diamètre ne dépasse pas 10 cm. Des croissances plus abondantes peuvent être observées jusqu'à un demi kilomètre au nord-est de la cabane du côté nord et nord-ouest face aux pentes ainsi que sur les pentes situées juste au-dessus des falaises côtières à environ 1 km au sud des colonies de manchots. Les espèces de mousses qui poussent au cap Crozier n'ont pas encore été identifiées.

Des lichens orange incrustants sont présents dans des cavités peu profondes, sur des affleurements rocheux et des pierres tandis que des bryophytes incrustants se trouvent sur les pentes situées au-dessus des colonies de manchots. Adjacents à l'igloo de pierre de Wilson, on trouve également le lichen fruticuleux *Usnea* et le lichen foliacé *Umbilicaria*, tous deux d'une couleur plus terne mais à la structure plus complexe. On trouve des croûtes algaires vertes partout dans la zone. Une étude menée en 2010 près de la colonie Adélie a permis de recenser 14 espèces de lichens, dont deux (*Caloplaca erecta* et *C. sorpelta*) n'avaient jamais été rencontrées en Antarctique et dont une (*Lecania nylanderiana*) n'avait jamais été rencontrée en Terre Victoria (Smylka *et al.* 2011). *Caloplaca soropelta* n'avait jamais été rencontrée dans l'hémisphère sud et est considérée comme une espèce arctique. Les 11 autres espèces, déjà connues en Antarctique, sont *Buellia darbishirei, B. pallida, Caloplaca citrina C. saxicola, C. schofieldii, Lecanora expectans, L. mons-nivis, Lecidella siplei, Physcia dubia, Rhizoplaca melanophthalma,* et *Rinodina* sp.

Activités humaines et impact

Le cap Crozier est relativement isolé et difficile d'accès, et le nombre de visiteurs par an est généralement faible, 30 permis d'accès uniquement ayant été délivrés par la Nouvelle-Zélande et les États-Unis d'Amérique sur la période 2009-14. On y accède généralement par hélicoptère, et le site d'atterrissage désigné près de la cabane du cap Crozier requiert une approche prudente afin de ne pas survoler accidentellement la colonie de manchots Adélie (Carte 2). Les pilotes sont préalablement informés afin d'éviter les colonies lorsqu'ils volent à basse altitude.

Certains objets, tels que des clous, des vis et des charnières, sont encore présents sur le site de la cabane "Jamesway" qui a désormais été enlevée (Carte 2). Des traces de véhicule datant apparemment du début des années 70 sont encore visibles sur les sols le long de la terrasse située en contrebas des cônes Kyle, Topping et Gamble (Ainley, communication personnelle) 2014).

6(ii) Accès à la zone

La zone est accessible par la terre, la glace de mer, la mer ou les airs. Aucun itinéraire particulier n'est prévu pour accéder au site. Des restrictions de survol et d'atterrissage d'aéronef sont d'application dans la zone, et les conditions spécifiques s'y rapportant sont définies dans la section 7(ii) ci-dessous.

6(iii) Structures à l'intérieur et à proximité de la zone

La cabane du cap Crozier (États-Unis d'Amérique) (169°11'13"E, 77°27'41"S) est située du côté nord-ouest d'un pic peu élevé à environ 675 m au nord-ouest de la colline de la Poste (Cartes 1 et 2). Une antenne de communications radio est installée au-dessus de la cabane de manière saisonnière (Carte 2). Une cache d'observation installée durant la période 1960-80 a été repérée au pied du versant nord de la colline de la Poste, mais n'existe plus. Une vieille cabane 'Jamesway' a été construite sur une petite terrasse à environ 1 km au nord-est de la cabane actuelle (Carte 2). Elle a cependant brûlé et tous les débris de la cabane, à l'exception de petits objets tels que des clous, etc., ont depuis été enlevés.

Le panneau de messages historique de Discovery, désigné comme SMH n°69 par la Mesure 4 (1995), a été érigé le 22 janvier 1902 et se trouve dans la colonie de l'ouest sur la côte nord-est de la zone (169°16'37,5"E, 77°27'16,7"S). Il a été utilisé par l'expédition nationale antarctique britannique 1901–04 pour fournir des informations aux navires de secours de l'expédition. Une cabane en pierre historique, connue sous le nom d'igloo de pierre de Wilson (SMH n°21) (169°17'56"E, 77°31'51"S) se trouve sur Igloo Spur (Carte 1).

6 (iv) Emplacement des autres zones protégées à proximité directe de la zone

Les zones protégées les plus proches du cap Crozier se trouvent sur l'île de Ross. Ce sont : la baie Lewis (ZSPA n°156), le site de l'accident d'avion DC-10 de 1979, est la plus proche et se trouve 45 km à l'ouest ; la crête Tramway (ZSPA n°130), près du sommet du mont Erebus, se trouve 55 km à l'ouest ; la cabane Discovery, sur la péninsule de pointe Hut (ZSPA n°158 et SMH n°18); les hauteurs Arrival (ZSPA n°122) se trouvent à 70 km au sud-ouest et sont adjacentes à la station McMurdo ; le cap Royds (ZSPA n°121); la baie Backdoor (ZSPA n°157 et SMH n°15); et le cap Evans (ZSPA n°155) se trouvent 75 km à l'ouest ; et la vallée New College (ZSPA n°116) se trouve à 75 km au nord-ouest au cap Bird.

6(v) Zones spéciales à l'intérieur de la zone

Il n'y a pas de zone désignée dans la zone.

7. Critères de délivrance des permis

7 (i) Conditions générales de délivrance de permis

L'accès à la zone est interdit sauf si un permis a été délivré par une autorité nationale compétente. Les critères de délivrance de permis d'accès à la zone sont les suivants :

- Le permis est délivré pour mener des études scientifiques, en particulier sur l'avifaune et les écosystèmes terrestre et marin de la zone, ou pour des raisons scientifiques, pédagogiques ou de sensibilisation impérieuses qui ne peuvent être satisfaites ailleurs, ou pour des raisons essentielles à la gestion de la zone;
- Les actions autorisées le sont conformément au présent plan de gestion;
- Les activités autorisées veilleront à ne pas porter atteinte à la protection continue des valeurs environnementales, scientifiques et historiques de la zone par le biais du processus d'évaluation d'impact sur l'environnement;
- Les distances d'approche de la faune doivent être respectées, sauf pour des raisons scientifiques spécifiées dans les permis correspondants;
- Les visiteurs ne peuvent pas entrer dans l'igloo de pierre de Wilson (SMH n°21) et ne peuvent perturber en aucune façon cette structure ou le panneau de messages Discovery (SMH n°69) sauf autorisation expresse prévue par le permis;
- Le permis est délivré pour une durée déterminée;
- Le permis ou une copie sera emporté à l'intérieur de la zone;

7 (ii) Accès à la zone et déplacements à l'intérieur de celle-ci

L'accès à la zone se fait par hélicoptère, navire ou à pied. Les véhicules sont interdits sur la terre à l'intérieur de la zone.

Accès piéton à la zone et déplacements à l'intérieur de celle-ci

Les déplacements sur terre à l'intérieur de la zone doivent se faire à pied. Toute personne à bord des aéronefs, navires ou véhicules n'est pas autorisée à se déplacer à pied dans les alentours immédiats du site de débarquement sauf autorisation expresse prévue par le permis. Les piétons doivent conserver une distance d'approche minimale de 5 m de la faune, à moins qu'il soit nécessaire de s'en approcher plus près pour des raisons autorisées par le permis.

Les visiteurs doivent se déplacer avec précaution afin d'éviter au maximum de perturber la flore, la faune, les sols et les étendues d'eau. Dans la mesure du possible, les piétons doivent marcher sur des terrains rocheux ou enneigés, mais doivent veiller à ne pas endommager les lichens. Sur le terrain rocheux situé à proximité de l'igloo de pierre de Wilson (SMH n°21) (169° 17' 56" E 77° 31' 51" S) sur l'Igloo Spur (Carte 1), il faut particulièrement veiller à ne pas endommager les lichens fragiles qui sont présents sur les roches. L'igloo de pierre de Wilson est lui-même fragile, et les visiteurs ne peuvent perturber en aucune façon cette structure sauf sur autorisation expresse prévue par le permis.

Les piétons doivent se déplacer aux alentours des colonies de manchots et ne doivent pas pénétrer dans les sous-groupes de manchots nicheurs, sauf à des fins de recherche ou de gestion. Lors des déplacements à l'intérieur des territoires des labbes, il faudra veiller à ne pas piétiner leurs nids. Les déplacements à pied doivent être maintenus au minimum compatibles avec les objectifs de toute activité autorisée et tous les efforts raisonnables doivent être entrepris pour limiter les nuisances.

Accès aérien et survol

Les aéronefs peuvent se déplacer et atterrir à l'intérieur de la zone à condition qu'ils respectent rigoureusement les conditions suivantes :

- Les atterrissages d'aéronefs à l'intérieur de la zone sont interdits à moins qu'un permis les autorise à des fins inscrites dans le plan de gestion;
- Les survols en dessous de 2 000 pieds (environ 610 m) au-dessus du niveau du sol sont interdits, à moins qu'un permis les autorise à des fins inscrites dans le plan de gestion;
- Les pilotes doivent s'assurer que l'aéronef maintient une distance horizontale d'au moins 2000 pieds (environ 610 m) avec les extrémités des colonies de manchots (Cartes 1 et 2) lorsqu'ils accèdent aux sites d'atterrissages désignés ou lorsqu'ils se déplacent dans la zone;

- Tout atterrissage d'aéronef sur la glace de mer à moins d'½ mille marin (environ 930 m) de la colonie d'empereurs est interdit. Les pilotes doivent avoir conscience que la colonie d'empereurs se déplace d'année en année et durant la saison de reproduction, et peut donc se retrouver à plusieurs kilomètres de la position indicative montrée sur la Carte 1, et que la colonie peut aussi être composée de petits groupes à l'intérieur de la zone;
- Le site principal désigné pour l'atterrissage d'hélicoptères est situé au 169° 11,19' E, 77° 27,64' S (altitude de 240 m) (Carte 2). Ce site d'atterrissage se trouve plus bas et à 150 m au nord-est de la cabane de terrain du cap Crozier (États-Unis d'Amérique), et à l'extérieur de la zone à environ 430 m à l'ouest de la limite occidentale de la ZSPA (Carte 2). Le site est délimité par un cercle de roches peintes en orange vif. Un site d'atterrissage secondaire peut être utilisé si nécessaire et se trouve au 169° 11.28' E, 77° 27.72' S. Le site d'atterrissage se trouve à 150 m au-dessus de la cabane et à environ 450 m à l'ouest de la limite de la zone;
- Une troisième aire d'atterrissage désignée se trouve au-dessus et à 350 m au nord-ouest de l'igloo de pierre de Wilson (Carte 1) dans une zone au terrain relativement plat;
- Pour minimiser les risques de survol accidentel de colonies d'oiseaux, les pilotes d'hélicoptère qui accèdent à la zone pour la première fois devront être accompagnés d'un autre pilote qui a déjà volé dans la zone;
- L'utilisation de grenades fumigènes est interdite à moins que cela ne soit absolument nécessaire pour des raisons de sécurité et toutes les grenades doivent être récupérées.

Accès par navire et petite embarcation

Des restrictions sur les activités des navires et/ou des petites embarcations sont d'application du 1er avril au 1er janvier inclus, et les navires et petites embarcations doivent respecter les conditions suivantes lorsqu'ils sont en activité:

- Les navires et/ou petites embarcations sont interdits dans la zone, et ne peuvent pas entrer par la glace de mer dans la zone, à moins qu'un permis ne l'autorise à des fins inscrites au présent plan de gestion;
- Aucune restriction n'est d'application quant à l'accès à la zone par petites embarcations, mais les débarquements ne doivent pas se faire là où les manchots accèdent à la mer, sauf à des fins nécessaires autorisées par le permis;

7(iii) Activités pouvant être menées dans la zone

Les activités qui peuvent être menées à l'intérieur de la zone sont les suivantes :

- Les travaux de recherche scientifiques qui perturberont pas les valeurs de la zone;
- Les activités pédagogiques ou de sensibilisation qui ne peuvent être menées ailleurs et qui ne perturbent pas les valeurs de la zone. Les objectifs pédagogiques et de sensibilisations n'incluent pas le tourisme;
- Les activités dont le but est de récolter des informations sur les ressources historiques à l'intérieur de la zone, de les préserver ou de les protéger;
- Les activités de gestion essentielles de suivi et d'inspection dans la zone.

7(iv) Installation, modification ou enlèvement de structures

- Aucune structure ne doit être érigée dans la zone sauf si un permis l'autorise et, à l'exception des bornes et panneaux permanents, toute structure ou installation permanente est interdite;
- Toutes les balises, les structures ou les matériels scientifiques installés dans la zone doivent être autorisés par un permis et clairement identifiés, indiquant le pays, le nom du principal chercheur, l'année d'installation et la date d'enlèvement prévue. Ces objets ne doivent pas contenir d'organisme, de propagule (par ex. semences, œufs) ou de terre non-stérilisée et doivent être formés de matériaux résistants aux conditions environnementales et présentant un risque minimal de contamination ou de dommage pour les valeurs de la zone;
- L'installation (et la sélection du site), l'entretien, la modification ou l'enlèvement des structures et équipements ne doivent pas perturber les valeurs de la zone, et doivent idéalement se faire en dehors de la saison de reproduction des manchots Adélie et des labbes (du 1er octobre au 31 mars);
- L'enlèvement de matériel spécifique pour lequel le permis est arrivé à expiration sera à la charge de l'autorité qui a délivré le permis original et devra figurer dans les critères du permis.

7(v) Emplacement de camps de base

Tout campement à l'extérieur de la zone doit se situer dans un rayon de 100 m de la cabane de terrain (169° 11' 14" E, 77° 27' 39" S). Si des buts essentiels spécifiés dans le permis l'exigent, le campement est autorisé à l'intérieur de la zone pour faciliter l'accès à des sites inaccessibles à partir de la cabane. Ces camps devront de préférence se trouver sur des sites qui ont déjà été utilisés, qui ne présentent pas de végétation et qui ne sont pas occupés par des oiseaux en phase de reproduction, et devront être installés si possible sur de la neige ou sur un terrain couvert de glace. Les chercheurs devront consulter l'autorité nationale compétente pour obtenir des informations actualisées sur les sites de campement conseillés.

7(vi) Restrictions sur les matériaux et organismes pouvant être introduits dans la zone

Outre les dispositions du Protocole au Traité sur l'Antarctique relatif à la protection de l'environnement, les restrictions sur les matériaux et organismes pouvant être introduits dans la zone sont les suivantes:

- Il est interdit d'introduire délibérément tout animal, forme végétale, micro-organisme ou terre non-stérilisée dans la zone. Des mesures de précaution doivent être prises pour éviter l'introduction accidentelle de tout animal, forme végétale, micro-organisme et terre non-stérilisée provenant de régions biologiques distinctes (comprises à l'intérieur ou à l'extérieur de la zone du Traité sur l'Antarctique);
- Les visiteurs veilleront à ce que le matériel et les repères d'échantillonnage introduits dans la région soient propres. Dans la mesure du possible, les chaussures et autres équipements utilisés ou introduits dans la zone (y compris les sacs à dos, les housses et autres) doivent être minutieusement nettoyés avant d'entrer dans la zone. Les visiteurs doivent également consulter les recommandations reprises dans le Manuel sur les espèces non indigènes du Comité pour la protection de l'environnement (CPE, 2011) et dans le Code de conduite environnementale du Comité scientifique pour la recherche en Antarctique (SCAR, 2009) et s'y conformer le cas échéant.
- Toute volaille amenée dans la zone (et/ou à la cabane et au campement proches) et non consommée, y compris les parties, produits ou déchets de volaille, doit être enlevée de la zone (et/ou de la cabane et du campement proches) ou éliminée par incinération ou par tout autre moyen équivalent qui élimine les risques pour la faune et la flore indigènes;
- Aucun herbicide ou pesticide ne sera introduit dans la zone;
- Tout autre produit chimique, y compris les radionucléides ou les isotopes stables, susceptible d'être introduit à des fins scientifiques ou de gestion conformes au permis, sera retiré de la zone avant ou à la fin des activités pour lesquelles le permis a été délivré.
- Les combustibles, produits chimiques et autres matériaux ne doivent pas être stockés dans la zone, à moins qu'un permis ne le prévoie spécifiquement, et doivent être stockés et gérés d'une façon qui limite les risques d'introduction accidentelle dans l'environnement;
- Tous les matériaux ne peuvent être introduits dans la zone que pour une période déterminée et doivent être enlevés de la zone avant ou à la fin de ladite période, et être stockés et gérés d'une façon qui limite les risques d'introduction dans l'environnement;
- En cas de déversement susceptible de porter atteinte aux valeurs de la zone, les matériaux seront enlevés à moins que l'impact de leur enlèvement ne risque d'être plus grand que si les matériaux étaient laissés sur place.

7(vii) Prélèvement de végétaux et capture d'animaux ou perturbations nuisibles à la faune et la flore

Le prélèvement de végétaux et la capture d'animaux ou perturbations nuisibles à la faune et la flore sont interdits, sauf sur délivrance d'un permis conforme à l'Article 3 de l'Annexe II du Protocole au Traité sur l'Antarctique relatif à la protection de l'environnement. Dans les cas de capture d'animaux ou de perturbations nuisibles, les prescriptions du Code de conduite du Comité scientifique pour la recherche en Antarctique (SCAR) pour l'utilisation d'animaux à des fins scientifiques constituent la norme minimale à respecter.

7 (viii) Ramassage ou enlèvement de matériel qui n'a pas été introduit dans la zone par le détenteur du permis

- Des matériaux peuvent être ramassés ou enlevés de la zone uniquement avec un permis et ils doivent être limités au minimum nécessaire pour répondre à des besoins scientifiques ou des besoins de gestion. Cela inclut des échantillons biologiques et de roches et des objets historiques.
- Les débris d'origine humaine qui risquent de porter atteinte aux valeurs de la zone et qui n'ont pas été introduits dans la zone par le détenteur du permis ou pour lesquels aucune autre autorisation n'a été donnée, peuvent être enlevés de n'importe quelle partie de la zone à moins que l'impact de leur enlèvement ne risque d'être plus grand que si les matériaux étaient laissés *sur place*. Si tel est le cas, les autorités compétentes devront en être notifiées.
- À moins que le permis ne les autorise spécifiquement à le faire, il est interdit aux visiteurs de nuire à l'igloo de pierre de Wilson ou d'essayer de le rénover, ou de manipuler, prendre ou endommager des objets. Si de récents changements, dommages ou de nouveaux objets sont découverts, l'autorité nationale compétente doit en être notifiée. La réinstallation ou l'enlèvement d'objets à des fins de préservation, de protection ou de rétablissement de l'exactitude historique est autorisée sur délivrance d'un permis.

7(ix) Élimination des déchets

Tous les déchets, y compris les déchets humains, seront enlevés de la zone.

7(x) Mesures nécessaires pour faire en sorte que les buts et objectifs du plan de gestion continuent d'être atteints

Des permis d'accès à la zone peuvent être délivrés pour:

1) Mener des activités de suivi et d'inspection de la zone, qui peuvent inclure le prélèvement d'un petit nombre d'échantillons ou de données à des fins d'analyses ou d'audit;

2) Pour installer ou entretenir des panneaux indicateurs, des bornes, des structures ou tout dispositif scientifique ou logistique essentiel;

3) Pour prendre des mesures de protection;

4) Pour mener des activités de recherche ou de gestion qui n'interfèrent pas avec les activités de recherche ou de gestion à long-terme et qui ne fassent pas double-emploi. Les personnes prévoyant de nouveaux projets à l'intérieur de la zone doivent consulter les programmes en place à l'intérieur de la zone, tels que ceux des États-Unis ou de la Nouvelle-Zélande, avant de débuter leurs travaux.

7(xi) Rapports de visites

- Le titulaire principal du permis délivré sera tenu de soumettre à l'autorité nationale compétente un rapport pour chaque visite de la zone dans les plus brefs délais et, au plus tard, dans les six mois suivants la fin de la visite.

- Ces rapports doivent contenir, le cas échéant, les catégories d'informations mentionnées dans le formulaire de rapport de visite repris dans le Guide pour l'élaboration des plans de gestion des zones spécialement protégées de l'Antarctique. Le cas échéant, l'autorité nationale doit envoyer une copie du rapport de visite aux Parties qui ont proposé le plan de gestion pour qu'elles puissent l'utiliser à des fins de bonne gestion de la zone ou d'examen du plan de gestion.

- Les Parties doivent, dans la mesure du possible, déposer les originaux ou les copies de ces rapports dans une archive publique afin de conserver une archive d'usage qui sera utilisée pour réexaminer le plan de gestion et pour organiser l'utilisation scientifique du site.

- L'autorité compétente devra être notifiée de toutes les activités entreprises et de toutes les mesures prises ainsi que de tous les matériaux utilisés et non enlevés qui n'étaient pas inclus dans le permis délivré.

8. Bibliographie

Ainley, D.G., C.A. Ribic, G. Ballard, S. Heath, I. Gaffney, B.J. Karl, K.J. Barton, P.R. Wilson et S. Webb., 2004.Geographic structure of Adélie penguin populations: overlap in colony-specific foraging areas *Ecological Monographs* **74**(1):159–78.

Ainley, D.G.,G. Ballard et S. Olmastroni., 2009 An apparent decrease in the prevalence of 'Ross Sea Killer Whales' in the southern Ross Sea. *Aquatic Mammals***35**(3): 335-47.

Arrigo, K. R., G.L. van Dijken, D.G. Ainley, M.A. Fahnestocket T. Markus. 2002. Ecological impact of a large Antarctic iceberg. *Geophysical Research Letters***29**(7): 1104.

Ballard, G., K.M. Dugger, N. Nur, et D.G. Ainley. 2010. Foraging strategies of Adélie penguins: adjusting body condition to cope with environmental variability. *Marine Ecology Progress Series***405**: 287-302.

Barber-Meyer, S.M., G.L. Kooymanet P.J. Ponganis. 2008. Trends in western Ross Sea emperor penguin chick abundances and their relationships to climate. *Antarctic Science***20** (1), 3–11.

Broady, P.A. 1989. Broadscale patterns in the distribution of aquatic and terrestrial vegetation at three ice-free regions on Ross Island, Antarctica. *Hydrobiologia***172**: 77-95.

Cole, J.W., P.R. Kyle et V.E. Neall. 1971. Contribution to Quarternary geology of Cape Crozier, White Island and Hut Point Peninsula, McMurdo Sound region, Antarctica. *N.Z. Journal of Geology and Geophysics***14**: 528-546.

Dugger, K.M., Ainley, D.G., Lyver, P., Barton, K.et Ballard, G., 2010. Survival differences and the effect of environmental instability on breeding dispersal in an Adélie penguin meta-population. *Proceedings of the National Academy of Sciences of USA***107** (27): 12375-80.

Fretwell, P.T., M.A. LaRue, P. Morin, G.L. Kooyman, B. Wienecke, N. Ratcliffe, A.J. Fox, A.H. Fleming, C. Porter, et P.N. Trathan. 2012. An Emperor penguin population estimate: the first global, synoptic survey of a species from space. PLoS ONE **7**(4): e33751.

Kooyman, G.L. 1993. Breeding habitats of emperor penguins in the western Ross Sea. *Antarctic Science* **5**(2): 143-48.

Kooyman, G.L., D.G. Ainley, G. Ballard, et P.J. Ponganis. 2007. Effects of giant icebergs on two emperor penguin colonies in the Ross Sea, Antarctica. *Antarctic Science* **19**(1): 31-38.

Lyver, P.O'B., M. Barron, K.J. Barton, D.G. Ainley, A. Pollard, S. Gordon, S. McNeill, G. Ballard, et P.R. Wilson. En coursd'impression. Trends in the breeding population of Adélie penguins in the Ross Sea, 1981–2012: a coincidence of climate and resource extraction effects. Soumis à *PLoS One 2014*.

Smykla, J., B. Krzewicka, K. Wilk, S.D. Emslieet L. Ślima. 2011. Additions to the lichen flora of Victoria Land. *Polish Polar Research* **32**(2): 123-138.

Wright, A.C. et P.R. Kyle. 1990. A.16. Mount Terror. In: *Volcanoes of the Antarctic Plate and Southern Oceans* (Eds. W.E. LeMasurier, J.W. Thompson). AntarcticResearchSeries**48**, American Geophysical Union: 99-102.

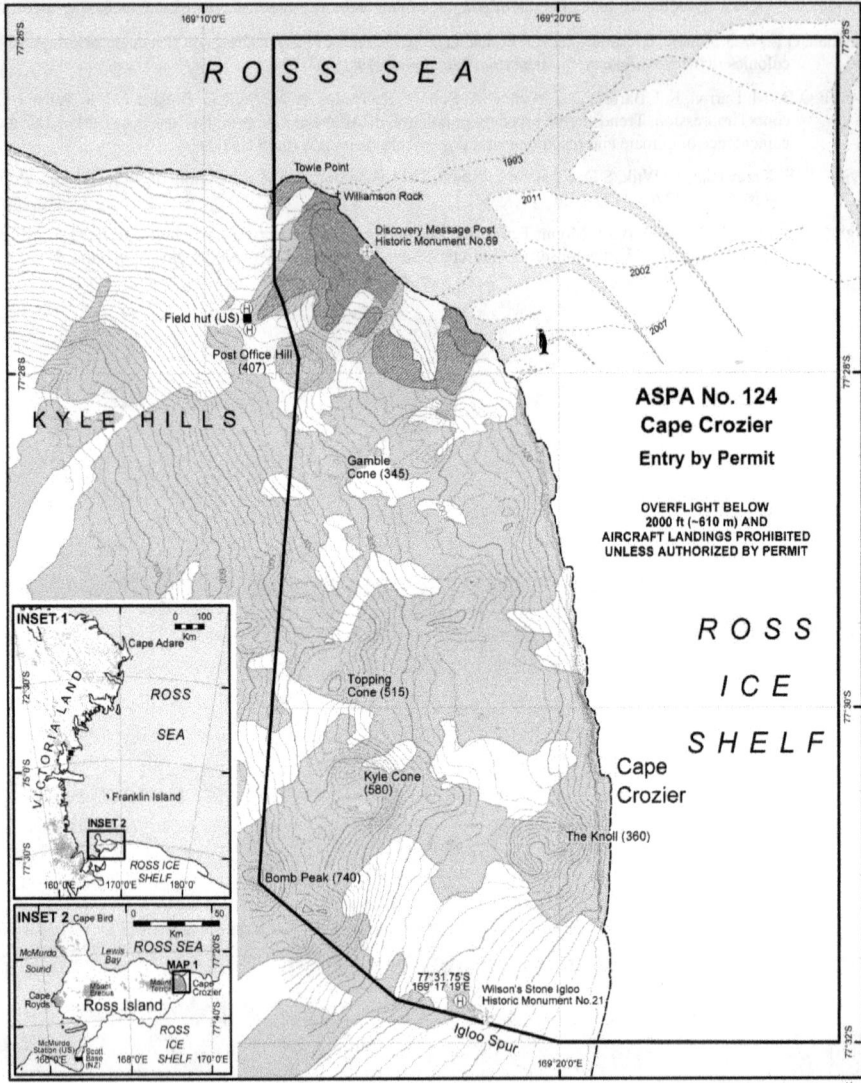

Map 1: ASPA No. 124 Cape Crozier - topography & boundary

ROSS SEA

Towie Point

Williamson Rock

Discovery Message Post
Historic Monument No.69

Field hut (US)

Post Office Hill
(407)

KYLE HILLS

Gamble
Cone (345)

ASPA No. 124
Cape Crozier
Entry by Permit

OVERFLIGHT BELOW
2000 ft (~610 m) AND
AIRCRAFT LANDINGS PROHIBITED
UNLESS AUTHORIZED BY PERMIT

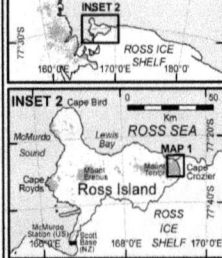

ROSS

ICE

SHELF

Topping
Cone (515)

Kyle Cone
(580)

Cape
Crozier

The Knoll (360)

Bomb Peak (740)

77°31.75'S
169°17.19'E

Wilson's Stone Igloo
Historic Monument No.21

Igloo Spur

INSET 1

Cape Adare

ROSS

SEA

VICTORIA LAND

Franklin Island

INSET 2

ROSS ICE
SHELF

INSET 2 Cape Bird

ROSS SEA

MAP 1

McMurdo
Sound

Lewis
Bay

Cape
Royds

Ross Island

Cape
Crozier

McMurdo
Station (US)
Scott
Base (NZ)

ROSS
ICE
SHELF

26 Feb 2014
United States Antarctic Program
Environmental Research & Assessment

Coastline (approx)
Index contour (100 m)
Contour (20 m)
Ice free ground
Permanent ice

Ocean
Ice shelf edge
Antarctic Specially Protected Area
(ASPA) boundary
Historic Site & Monument
Field hut

Helicopter landing site
Skua nesting area
Adélie penguin colony

Emperor penguin colony (2011)

Projection: Lambert Conic Conformal.
Spheroid and horizontal datum: WGS 84
Data sources: ASPA boundary: ERA (Feb 2014);
Coastline, contours and bird data: Gateway Antarctica.
Facilities: RPSC GPS survey (25 Dec 2007).
Ice shelf, ice free ground, Emperor penguins:
estimated from QB imagery © 09 Oct 2011
Digital Globe (NGA Commercial Imagery Program)

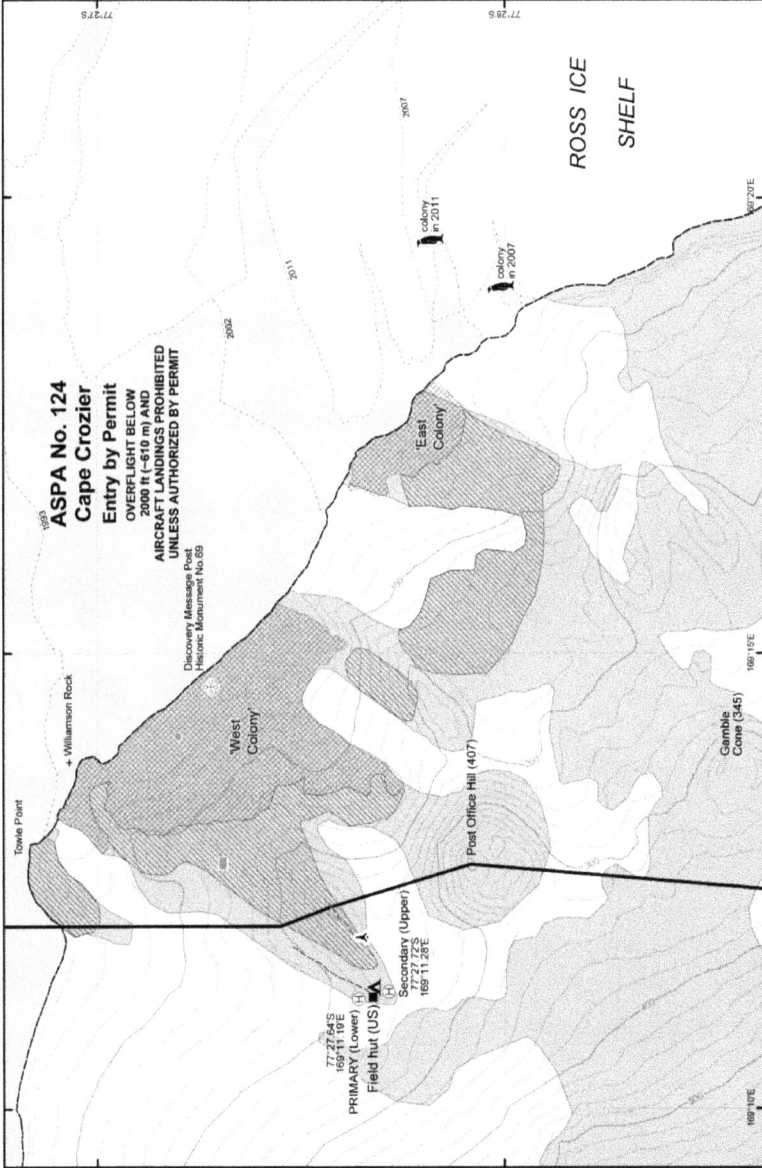

Map 2: ASPA No. 124 Cape Crozier - access, facilities and wildlife

Plan de gestion pour

la Zone spécialement protégée de l'Antarctique n°128

Côte occidentale de la baie de l'Amirauté, île du Roi George,

îles Shetland du Sud

Introduction

La côte occidentale de la baie de l'Amirauté se trouve sur l'île du Roi George, îles Shetland du Sud, à environ 125 km au nord de la péninsule Antarctique. En voici la superficie approximative et les coordonnées: 16,8 km² (centré à 58° 27' 40" W, 62° 11' 50" S). La zone est entièrement terrestre, et les raisons principales de sa désignation sont sa faune aviaire et mammalienne diversifiée et sa riche végétation locale, qui fournissent des exemples représentatifs de l'écosystème antarctique marin. Des recherches scientifiques de longue durée ont été menées sur les animaux présents à l'intérieur de la zone. La zone est relativement accessible à partir des stations de recherches et des navires touristiques qui se rendent régulièrement dans la baie de l'Amirauté, et les valeurs scientifiques et écologiques de la zone doivent être protégées des perturbations potentielles.

À l'origine, la zone avait été désignée comme Site présentant un intérêt scientifique particulier (SISP) n°8 par la Recommandation X-5 (1979, SISP n°8) sur proposition de la Pologne. Cette désignation a été prorogée par les Recommandations XII-5 (1983) et XIII-7 (1985) et la Résolution 7 (1995). Un plan de gestion révisé a été adopté en vertu de la Mesure 1 (2000). Le site a été rebaptisé et renuméroté par la Décision 1 (2002) comme Zone spécialement protégée de l'Antarctique (ZSPA) n°128. La zone est comprise à l'intérieur de la Zone gérée spéciale de l'Antarctique (ZGSA) n°1, Baie de l'Amirauté, Île du Roi George, îles Shetland du Sud, désignée en vertu de la Mesure 2 (2006).

Les valeurs scientifiques et biologiques de la zone sont sensibles aux perturbations humaines (par ex. au suréchantillonnage, à la perturbation de la faune, à l'introduction d'espèces non indigènes). Par conséquent, il est important que les activités humaines entreprises dans la zone soient gérées de façon à limiter le risque d'impacts. Une petite parcelle où l'espèce *Poa annua* a été introduite a été remarquée dans la zone, et constitue une priorité en matière de gestion. La zone est suffisamment grande pour que soient protégées les valeurs pour lesquelles une protection spéciale est requise, car elle inclut dans ses limites de nombreux exemples des caractéristiques représentées (par ex. de communautés animales et végétales), ce qui devrait permettre à la zone de résister aux changements qui pourraient être dus aux pressions locales et régionales, d'autant plus si l'on prend en compte les autres instruments intervenant dans la région, tels que la Zone gérée spéciale de l'Antarctique n°1, baie de l'Amirauté, la Convention sur la conservation de la faune et de la flore marines de l'Antarctique (CCAMLR) et l'Accord sur la conservation des albatros et des pétrels (ACAP).

La zone inclut les environnements situés à l'intérieur de trois domaines définis dans l'Analyse des domaines environnementaux pour l'Antarctique: l'Environnement A - Géologique du nord de la péninsule antarctique; l'Environnement E - Péninsule antarctique, île Alexander et autres; et l'Environnement G - îles au large des côtes de la péninsule antarctique. La zone est classée par les Régions de conservation biogéographiques de l'Antarctique dans la RCBA3 - Nord-Ouest de la péninsule antarctique.

1. Description des valeurs à protéger

La côte occidentale de la baie de l'Amirauté présente une faune aviaire et mammalienne diversifiée et une riche végétation locale qui est représentative de l'écosystème terrestre de l'Antarctique marin. Les colonies reproductrices d'Adélie (*Pygoscelis adeliae*) et de manchots papous (*Pygoscelis papua*) présentes dans la zone sont parmi les plus grandes de l'île du Roi George, et le site est l'un des rares sites protégés où l'on peut observer les trois espèces de manchots *Pygoscelid* se reproduire ensemble au même endroit. Dix autres oiseaux se reproduisent dans la zone, y compris le manchot à jugulaire (*Pygoscelis antarctica*), le pétrel géant (*Macronectes giganteus*), le damier du cap (*Daption capense*), l'océanite de Wilson (*Oceanites oceanicus*), l'océanite à ventre noir (*Fregetta tropice*), le chionis blanc (*Chionis alba*), le labbe antarctique (*Stercorarius maccormicki*), le labbe brun (*Stercorarius lonnbergi*), le goéland dominicain (*Larus dominicanus*) et la sterne antarctique (*Sterna vittata*).

Les éléphants de mer (*Mirounga leonina*), les otaries à fourrure (*Arctocephalus gazella*), les phoques de Weddell (*Leptonychotes weddellii*) se reposent et/ou se reproduisent sur un certain nombre de plages de la zone. Des léopards des mers (*Hydrurga leptonyx*) et des phoques crabiers (*Lobodon carcinophagus*) fréquentent la baie de l'Amirauté, et sont parfois présents sur les plages de la zone.

De riches communautés végétales terrestres sont présentes dans la zone, notamment la graminée antarctique *Deschampsia* et la sagine *Colobanthus*, dont les colonisations sont parmi les plus étendues d'Antarctique. Des parcelles étendues de mousses issues des familles d'*Andreaeaceae*, de *Bryaceae*, de *Polytrichaceae*, de *Pottiaceae* et de *Grimmiaceae* sont présentes, en particulier près de la côte à 60 m au-dessus du niveau de la mer. Les assemblages de lichens dominent en altitude. De riches communautés microbiennes sont également réprésentées, notamment par des algues (par ex. *Prasiola*, *Phormidum*), des acariens (des ordres/sous-ordres *Prostigmata*, *Mesostigmate* et *Oribatida*) et des nématodes *(par ex. Plectus* et *Panagrolaimus*).

Les valeurs à protéger sont liées à l'assemblage exceptionnellement varié de faune et de flore, qui constitue un exemple représentatif de l'écosystème antarctique marin, ainsi qu'aux études scientifiques de longue durée qui sont menées dans la zone essentiellement depuis 1976. En particulier, les études scientifiques qui ont été menées ont été importantes en ce qu'elles ont permis d'obtenir et d'interpréter des informations sur les mouvements régionaux à grande échelle des populations de manchots *pygoscelid* observés sur la péninsule antarctique et ses îles au large au cours des décennies récentes.

L'exposition récente de nouvelles zones libres de glace résultant du recul des glaciers a permis d'étudier les processus de colonisation, ce qui donne à la zone une valeur scientifique supplémentaire. Le statut de l'espèce non indigène *Poa annua*, présente sur les moraines libres de glace à proximité du glacier Ecology, fait l'objet d'un suivi systématique. L'ensemble de la zone fait également l'objet d'un suivi afin de détecter la présence d'autres espèces ayant été introduites accidentellement.

2. Buts et objectifs

La gestion de la côte occidentale de la baie de l'Amirauté vise à:

- Éviter toute détérioration ou tout risque de détérioration des valeurs de la zone en empêchant toute perturbation humaine inutile dans la zone;

- Autoriser des travaux de recherche scientifique sur l'écosystème de la zone et, en particulier, sur l'écologie terrestre, des pinnipèdes et de l'avifaune, tout en les protégeant du suréchantillonage ou d'autres impacts scientifiques potentiels;

- Autoriser la réalisation d'autres recherches scientifiques, d'activités de soutien scientifique et de visites pédagogiques ou de sensibilisation (telles que des reportages-documentaires (visuels, audios ou écrits) ou la production de ressources ou de services pédagogiques) sous réserve que ces activités se justifient par des raisons impérieuses impossibles à satisfaire ailleurs et qui ne portent pas atteinte à l'écosystème naturel de la zone;

- Limiter les risques d'introduction de plantes, d'animaux ou de microbes non indigènes supplémentaires dans la zone ;

- Réduire le risque d'introduction d'agents pathogènes qui pourraient provoquer des maladies au sein des populations fauniques de la zone;

- Éviter la propagation de l'herbe non indigène *Poa annua* présente dans la zone en la contenant dans ses limites et son étendue actuelles en attendant que de nouvelles recherches soient menées et que des stratégies de gestion pour un suivi à long terme soient développées et utilisées en coordination avec les stratégies développées dans le cadre de la gestion des espèces non indigènes présentes dans l'ensemble de la ZGSA n°1 Baie de l'Amirauté; et

- Autoriser des visites à des fins de gestion à l'appui des buts et objectifs du plan de gestion.

3. Activités de gestion

Les activités de gestion ci-après seront réalisées pour protéger les valeurs de la zone :

- Des panneaux indiquant l'emplacement de la zone (et les restrictions particulières qui s'y appliquent) seront installés bien en vue et une copie du présent plan de gestion sera disponible dans les cabanes de recherche de la zone et dans toutes les stations scientifiques permanentes se trouvant à l'intérieur de la baie de l'Amirauté;

- Des exemplaires de ce plan de gestion doivent être transmis à tous les navires et aéronefs se rendant dans la zone ou opérant à proximité des stations avoisinantes, et tous les pilotes et capitaines de navires opérant dans la région doivent être informés de l'emplacement de la zone, de ses limites et des restrictions d'accès et de survol qui s'appliquent à l'intérieur de celle-ci;

- Les programmes nationaux prendront les mesures nécessaires pour que les limites de la zone et les restrictions d'accès qui s'y appliquent soient indiquées sur les cartes terrestres, marines et aéronautiques concernées;

- Les bornes, panneaux et structures érigés à l'intérieur de la zone à des fins scientifiques ou à des fins de gestion seront maintenus en bon état et enlevés lorsqu'ils ne seront plus nécessaires.

- Les programmes antarctiques nationaux opérant dans la zone devront tenir un registre des nouveaux panneaux, bornes et structures érigés dans la zone;

- L'espèce non indigène *Poa annua* présente à l'intérieur de la zone, près du glacier Ecology, doit faire l'objet d'un suivi annuel afin d'observer l'évolution de son étendue et/ou de sa densité, et des politiques de confinement ou d'éradication de l'espèce à l'intérieur de la zone doivent être élaborées de toute urgence, mise en œuvre et régulièrement réexaminées.

- Avant qu'une décision informée ne soit prise concernant les avantages et les chances de succès que présente l'éradication de l'espèce par rapport au dommage environnemental qu'elle pourrait causer, il convient de collecter plus d'informations concernant sa répartition et son impact actuel et futur sur l'écosystème, toute recherche allant dans ce sens devant être appuyée. Cependant, si une autorité compétente estimait l'éradication nécessaire pour protéger les valeurs de la zone, un enlèvement mécanique de l'espèce non indigène à l'aide d'outillage à main peut être entrepris, conformément aux procédures qui seront fixées préalablement dans une évaluation d'impact;

- Le personnel (membres des programmes nationaux et des expéditions de terrain, responsables des expéditions touristiques et pilotes) menant des activités dans les environs de la zone, la survolant ou s'en approchant, devront être spécifiquement informés des dispositions et du contenu du plan de gestion par leur programme national, leur voyagiste ou par l'autorité nationale compétente;

- Des visites seront effectuées selon les besoins (au moins une fois tous les cinq ans) pour s'assurer que la zone répond toujours aux buts pour lesquels elle a été désignée et pour s'assurer que les mesures de gestion et d'entretien sont appropriées;

- Les directeurs des programmes antarctiques nationaux en cours d'exécution dans la région se livreront entre eux à des consultations pour veiller à ce que les dispositions ci-dessus sont mises en œuvre.

4. Durée de la désignation

La zone est désignée pour une durée indéterminée.

5. Cartes et photographies

Carte 1. ZSPA n°128 Côte occidentale de la baie de l'Amirauté, île du Roi George - Aperçu régional.

Encart : Emplacement sur l'île du Roi George, îles Shetland du Sud, Péninsule antarctique.

Projection : conique conforme de Lambert; Parallèles types : 1er 62° 00' S; 2e 62° 15' S; méridien central : 58°15' O; Latitude origine 64°00' S; datum horizontal et sphéroïde: WGS84. Topographie et littoraux fournis par Proantar, Brésil. Bathymétrie: International Bathymetric Chart of the Southern Ocean (IBCSO) v1 (2013). Autres données fournies par Environmental Research & Assessment.

Carte 2. ZSPA n°128 Côte occidentale de la baie de l'Amirauté: accès, installations et faune.

Spécifications de la carte: Projection : UTM Zone 21S; Datum horizontal et sphéroïde: WGS84. Topographie et bathymétrie fournies par Proantar, Brésil. Littoral mis à jour à partir de l'imagerie WorldView-1 (Mars 2008: imagery © Digital Globe courtesy of US NGA Commercial Imagery Program). Cours d'eau numérisés par carte orthophotographique par Pudelko (1979). Emplacement de *Poa annua*, des sites de débarquement de petites embarcations, des bornes et du SMH n°51 fournis programme antarctique polonais. Autres données fournies par Environmental Research & Assessment.

6. Description de la zone

6(i) Coordonnées géographiques, bornage et caractéristiques du milieu naturel

Description générale

La zone se situe sur la côte occidentale de la baie de l'Amirauté du côté sud de l'île du Roi George, qui est la plus grande île de l'archipel des îles Shetland du Sud. La station Arctowski (Pologne) se trouve à 0,5 km au nord. La zone comprend un terrain libre de glace comportant des rochers escarpés jusqu'à 400 m d'altitude et des pentes morainiques plus douces alternées de plusieurs glaciers descendant vers la côte. Le littoral est composé de larges plages de galets entrecoupées de promontoires rocheux. La zone fait environ 17 km².

Limites et coordonnées

La limite orientale de la zone suit le littoral sur la côte occidentale de la baie de l'Amirauté à partir de l'extrémité Sud Est de l'anse Halfmoon (58°27'49" O, 62°09'44" S) sur 6 km vers le SSE jusqu'à la pointe Demay (Carte 2). La limite suit ensuite le littoral vers le Sud Ouest autour de l'anse Paradise et de la pointe Utchatka sur environ 3,5 km jusqu'à la pointe Telefon (Patelnia) (58°28'28" O, 62°14'03" S). De là, la limite s'étend en ligne droite vers le nord, sur environ 2.3 km jusqu'au sommet Tour (367 m; 58°28'48" O, 62°12'55" S), un pic imposant du glacier Tour. La limite poursuit dans cette direction sur 5,3 km supplémentaires, jusqu'au pic Jardine (285 m; 58°29'54" O, 62°10'03" S). Ensuite, elle descend en ligne droite vers l'est sur environ 1.7 km, du pic Jardin au point le plus élevé de la crête Penguin, environ 550 m de la station Arctowski. De là, la limite remonte vers le Nord Est sur environ 0.3 km jusqu'au Sud Est de la côte de l'anse Halfmoon. Une borne est placée sur la limite nord de la zone à l'anse Halfmoon à 58°27'48.7" O 62°09'43.7" S, à environ 500 m au sud-est de la station Arctowski (Carte 2).

Climat

Le climat de la zone est typique de l'Antarctique marin. Des données complémentaires obtenues à la station Arctowski (Pologne) entre 1977 et 2000 ainsi que de 2006 à aujourd'hui et à la station Comandante Ferraz (Brésil) depuis 1984 montrent que le microclimat de la baie de l'Amirauté est caractérisé par une température annuelle moyenne d'environ -1.8 °C et d'une vitesse de vent annuelle moyenne d'environ 6.5 m s⁻¹. La moyenne annuelle de précipitations s'élève à 508,5 mm, d'humidité à 82% et de pression à 991 hPa. La température annuelle moyenne des eaux de la baie de l'Amirauté varie entre – 1,8 °C et + 4 °C, ces eaux étant bien mélangées par les marées et fortement influencées par les courants et les remontées d'eau côtière (cf. Plan de gestion de la ZGSA n°1, Baie de l'Amirauté).

Le climat varie depuis peu sous l'influence de systèmes de pression instables tels que le Mode annulaire austral et l'Oscillation australe El Niño (ENSO) (Bers *et al.* 2012). Un réchauffement régional de la température de l'air rapide a été observé sur la Péninsule antarctique occidentale (PAO) au cours des 50 dernières années et est exceptionnel et sans précédent depuis 500 ans, d'après les données obtenues grâce aux carottes de glace (Vaughan and Doake 1996). Les reconstructions les plus récentes font état d'une tendance au réchauffement entre 1957 - 2006 de l'ordre de 0,12 °C par décennie pour l'ensemble du continent antarctique, et de 0,17 °C par décennie pour l'Antarctique occidental (Steig *et al.* 2009). Schloss *et al.* (2012) montrent que la tendance au réchauffement a engendré sur cette période de 50 ans une augmentation moyenne de la température de l'air d'environ 2,0°C en été et de 2,4°C en hiver à la station Carlini avoisinante (Carte 1). Kejna *et al.* (2013), après analyse des données provenant de toutes les sources météorologiques disponibles sur les îles du Roi George et Déception, montrent une augmentation de 1,2 °C de la température annuelle moyenne de l'air et une diminution de 2,3 hPa de la pression atmosphérique sur une période comparable.

Géologie, géomorphologie et sols

Des recherches géologiques ont été menées sur l'île du Roi George avant 1980 par des scientifiques britanniques, argentins, russes et chiliens, bien que la zone située à l'intérieur de la ZGSA n°128 n'ait pas été décrite en raison de l'absence de série lithostratigraphique de roche-mère (pour plus de détails voir Birkenmajer 2003). La première carte géographique de la zone a été présentée par Birkenmajer (1980), et à nouveau publiée après des modifications mineures dans Birkenmajer (2003). La zone de la ZSPA n°128 est incluse par Birkenmajer (2003) dans le bloc tectonique Warszawa (terrane), composé de roches pyroclastiques et volcaniques du Crétacé, du Paléocène et de l'Éocène avec des traces de roches sédimentaires. Les roches volcaniques sont principalement du basalte, de l'andésite basaltique et de l'andésite intercalée de tufs, de scories et de brèches volcaniques. Des sédiments comportant des restes végétaux sont présents dans l'horizon mince (<1 m) de la partie supérieure des sections Zamek. En outre, du bois pétrifié dispersé est présent dans des agglomérats de la Tour, et de la flore fossile est présente en abondance dans des clastiques remaniées de la moraine Blaszczyk. Une riche variété de feuilles dicotylédones, principalement représentées par le genre *Nothofags* et par des empreintes de plantes à frondes laurophylles *ainsi que de pousses de conifères, a été réunie et décrite sur ce site* (Birkenmajer & Zastawniak 1989; Zastawniak 1994; Dutra & Batten 2000). Plusieurs intrusions hypabyssales (culots, filons, filons-couches) de composition patrographique et géochimique diversifiée coupent les complexes volcaniques stratiformes de le terrane Warszawa (Barbieri *et al.* 1987). Des analyses isotopiques menées récemment (^{40}Ar-^{39}Ar de roches et U-Pb de zircons) ont révélé que la plupart des roches de la zone, qu'on datait auparavant au Crétacé, remontent en réalité à l'Éocène, même les formations abritant de la flore fossile (Nawrocki *et al.* 2011).

Les sols de toundra pauvres que l'on retrouve sous le climat antarctique marin sont difficiles à décrire selon les critères habituels utilisés dans les systèmes de classification des sols traditionnels. La première classification de sol intuitive et écologique de l'Antarctique marin, y compris de la ZSPA n°128, a été proposée par Everett (1976). Schaefer *et al.* (2007) a identifié 20 unités de pédo-paysages dans les environs de la station Arctowski et les a classées dans une carte géo-environnementale selon leur vulnérabilité, carte en partie comparable à celle d'unités de sol plus formelles proposée par Blume *et al.* (2002). Dans cette région, les sols côtiers entourant les colonies de manchots ont fait l'objet d'une attention particulière, leurs écosystèmes fertiles étant hautement productifs et d'une grande diversité biologique. Les sols ornithhogéniques ont été entièrement décrits et cartographiés (ou indiqués sur des photographies aériennes) dans les travaux de Tatur & Myrcha (1984); Tatur (1989) and Tatur (2002). Les sols ornithogéniques de l'Antarctique marin ont été subdivisés en: sols organiques des roqueries (avec de l'hydroxyapatite); sols de la zone phosphatisée (avec des phosphates Al-Fe comportant du K et des ions NH4) et des sols accumulés à partir de phosphates remaniés inactifs. En outre, les sols reliques des sites abandonnés par les colonies de manchots se distinguent et constituent une caractéristique importante dans la zone. La phosphatisation a été décrite comme étant un processus de formation du sol, qui a également fait l'objet de recherche dans d'autres travaux (e.g. Simas *et al.* 2007). Blume *et al.* (1997) et Beyer *et al.* (1999) ont identifié la phosphatisation comme étant une podzolisation et, en recourant à la nouvelle version de la taxonomie des sols américaine, ils ont identifié les sols touchés par le pergélisol sec (qu'ils ont observés dans la zone) comme étant des sols anhydres et gélisols, où des processus pédogénétiques surviennent, tels que la cryoturbation, la brunification et la podzolisation.

Glaciologie, cours d'eau et lacs

La zone est formée par des glaciers de vallée drainant le champ de glace Warszawa et entourés sur les flancs par de la roche-mère exposée. Des collines rocheuses isolées sont couvertes de moellons de roche et des dépôts glaciaires et les glaciers occupent les dépressions présentes entre elles. Des falaises imposantes datant de l'Holocène sont visibles sur la zone côtière. Les plages surélevées de l'Holocène (qui atteignent jusqu'à 16 m au-dessus du niveau de la mer) et des plages plus récentes sont composées de sable, de galets et de pierres.

Plusieurs glaciers descendent dans la mer, se déplaçant vers l'est à partir du champ de glace Warszawa (Carte 2). Cela fait au moins 30 ans que ces glaciers ne cessent de reculer, les précédents fronts de glaciers de marée ayant reculé jusqu'à 900 m à l'intérieur des terres entre 1997 et 2007 (Battke *et al.* 2001; Pudełko 2007), ce qui correspond à la tendance au réchauffement mondial et à la fonte locale des glaciers en déplacement de la baie de l'Amirauté (Braun & Gossmann 2002). La superficie libre de glace de la ZSPA n°128 est passée de 20% en 1979 à plus de 50% en 1999, (Battke *et al.* 2001) et elle continue d'augmenter. Les glaciers en recul ont déposé des bandes de crêtes formées de moraines latérales et de fond présentes sur les parties plates du front des glaciers, les lagons d'eau saumâtre récoltant souvent les eaux de fonte glaciaires mélangées à l'eau de mer (Glaciers Ecology, Baranowski et Windy). Des parcelles de terre récemment exposées et de nouvelles étendues d'eau sont colonisées par un biote, ce qui donne l'occasion unique d'étudier les processus de succession dans l'environnement antarctique (Olech & Massalski 2001) .

Un certain nombre de cours d'eau de fonte sont présents dans la zone et viennent principalement de glaciers émissaires se déplaçant à partir du champ de glace Warszawa (Carte 2).

Écologie terrestre

La végétation typique de l'Antarctique marin a partiellement colonisé le terrain libre de glace de la zone. Des zones sèches et des roches sont colonisées par des lichens, et des plantes à fleurs telles que *Deschampsia antarctica* et *Colobanthus quitensis* sont localement nombreuses et occupent des superficies relativement étendues, en particulier près de la station Arctowski. Il s'agit d'une des plus grandes superficies recouvertes par ces espèces en Antarctique. Des bryophytes et des plantes à fleurs dominent la végétation de 0 à 60 mm au-dessus du niveau de la mer, les lichens étant présents à une altitude plus élevée. Des mousses des familles *Andreaeaceae*, *Bryaceae*, *Polytrichaceae*, *Pottiaceae* et *Grimmiaceae* sont également présentes. La richesse et la diversité des espèces est moindre à proximité des colonies de manchots, en raison de la forte teneur en nitrate et en ammoniac des sols (Olech 2002; Victoria, Pereira, and Pinheiro 2009).

Une espèce d'herbe non indigène, *Poa annua*, a été observée en 2008-09 dans la zone, sur les moraines libres de glace du glacier Ecology (Olech & Chwedorzewska 2011) (emplacement approximatif 58° 27' 54" O 62° 10' 7" S, Carte 2). Cette espèce a été recensée pour la première fois en dehors de la zone, à la station Arctowski, durant l'été 1985-86 (Olech 1996), d'abord à des endroits où la structure du sol avait été perturbée par les activités humaines, et ensuite au sein de communautés végétales indigènes (Olech, non publié, d'après Chwedorzewska 2008)). La forte variabilité génétique présente dans la zone indique que plusieurs phénomènes d'immigration distincts d'origines différentes, notamment d'Europe et d'Amérique du Sud, ont eu lieu (Chwedorzewska 2008).

Récemment, des propagules et du pollen de la scirpe *Juncus bufonius* ont été découverts à un endroit à l'intérieur de la zone (Cuba-Diaz *et al.* 2012).

Trois types d'acariens différents sont présents dans la zone: Les prostigmates, les mesostigmates et les oribates. La communauté dominante est celle des prostigmates, les oribates n'étant présents que dans des parties étant libres de glace depuis plus de trente ans (Gryziak 2009).

Le recul des glaciers a exposé de nouvelles zones libres de glace qui sont successivement colonisées par des communautés microbiennes et d'invertébrés incluant des algues, des acariens et des nématodes, ainsi que des lichens, des mousses et des plantes vasculaires. Les espèces pionnières, les premières à être apparues, sont la mousse *Bryum pseudotriquetrum*, et l'herbe *Deschampsia antarctica*. La deuxième étape de succession a été marquée par la dominance de *Colobanthus quitensis*. Les premiers lichens se développant sur les roches (*Caloplaca johnstoni, C. sublobulata, Lecanora* spp.) sont apparus lors de la troisième étape de succession. L'influence significative des colonies de manchots, dans la région de la pointe Telefon (Patelnia), est survenue au quatrième stade de succession. Les communautés ornithocoprophiles de lichens épilithiques dominaient les roches, tandis que l'herbe *Deschampsia antarctica* , les algues nitrophiles (*Prasiola crispa, Phormidium* spp.) et les mousses (par ex. *Syntrichia magellanica*) dominaient le sol (Olech & Massalski 2001). L'abondance de nématodes augmente avec l'age des zones libres de glace, les espèces couramment présentes étant *Plectus* et *Panagrolaimus* (Ilieva-Makulec & Gryziak 2009).

Oiseaux nicheurs

Douze espèces d'oiseaux se reproduisent régulièrement dans la zone, les plus nombreuses étant celles de manchots. En 2012-13, il y avait 6017 couples nicheurs de manchots Adélie (*Pygoscelis adeliae*), 984 couples nicheurs de manchots à jugulaire (*Pygoscelis antarctica*) et 5396 couples nicheurs de manchots papous (*Pygoscelis papua*) (données non publiées du programme américain *Antarctic Marine Living Resources* (AMLR)). Il y a de grandes variations interannuelles pour toutes ces espèces qui peuvent atteindre certaines années plus de 40% (Ciaputa et Sierakowski, 1999). Des diminutions significatives du nombre moyen de manchots nicheurs ont été constatées sur des périodes de 4 ans de 1978-81 et 2009-12, lorsqu'une diminution moyenne de près de 69% pour les manchots Adélie et de plus de 83% pour les manchots à jugulaire a été observée, alors que le nombre de manchots papous a augmenté de 64%. Ces tendances suivent celles observées pour les espèces d'autres colonies proches de l'île du Roi George, en particulier celles de la croupe du Lion (Korczak-Abshire *et al.* 2013) et de la pointe Stranger (Carlini *et al.* 2009). Les tendances régionales et les données relatives à la reproduction font état de grands écarts entre les taux de survie des différentes espèces (Hinke *et al.* 2007, Carlini *et al.* 2009), qui sont influencés par des facteurs externes aux sites de reproduction de la zone. Par conséquent, les changements observés au sein des populations sur les sites de reproduction de la zone ne seraient pas dus aux pressions ou impacts humains survenant dans la zone.

Tableau 1: Moyennes sur quatre ans du nombre de couples nicheurs de manchots à l'intérieur de la ZSPA n°128 (à partir de données de Ciaputa & Sierakowski 1999, US AMLR program unpublished data).

Espèces	Emplacement	Période de recensement			Variation moyenne (1978-81 à 2009-12)	Variation en pourcentage (1978-81 à 2009-12)
		1978-81	1992-96	2009-2012		
Pygoscelis adeliae	Pointe Llano	10859	6073	2454	-8405	
	Pointe Thomas	11899	9886	4578	-7321	
	Total	*22758*	*15959*	*7032*	*-15726*	*-69,1%*
Pygoscelis antarctica	Pointe Telefon	2029	1511	604	-1425	
	Pointe Uchatka	1944	909	292	-1652	
	Pointe Demay	819	263	52	-767	
	Pointe Llano	347	8	2	-345	
	Pointe Thomas	541	1	0	-541	
	Total	*5681*	*2692*	*950*	*-4731*	*-83,3%*
Pygoscelis papua	Pointe Llano	2174	1765	4646	2472	
	Pointe Thomas	715	267	90	-625	
	Total	*2889*	*2032*	*4736*	*1847*	*+63,9%*

Neuf autres espèces d'oiseaux se reproduisent dans la zone: le pétrel géant (*Macronectes giganteus*), le damier du cap (*Daption capense*), l'océanite de Wilson (*Oceanites oceanicus*), l'océanite à ventre noir (*Fregetta tropice*), le chionis blanc (*Chionis alba*), le goéland dominicain (*Larus dominicanus*), la sterne antarctique (*Sterna vittata*), le labbe antarctique (*Stercorarius maccormicki*) et le labbe brun (*Stercorarius lonnbergi*). Les données relatives aux deux dernières espèces montrent que leur taux de reproduction était faible durant la saison 2012-2013, au cours de laquelle aucun couple de labbes antarctiques ou mixte ne s'est reproduit. Malgré cette mauvaise saison, bon nombre d'oiseaux étaient présents sur les territoires (Hinke, communication personnelle, 2013, programme US AMLR).

Tableau 2: Recensement des couples de labbes nicheurs (Carneiro *et al.* 2009, US AMLR program unpublished data)

	Labbe brun			Labbe antarctique			Couples mixtes			Total		
Emplacement	2012-2013	2004-2005	1978-1979	2012-2013	2004-2005	1978-1979	2012-2013	2004-2005	1978-1979	2012-2013	2004-2005	1978-1979
De Pointe Llano à Pointe Telefon	11	21	24	0	27	5	0	6	2	11	54	31
Pointe Thomas	7	21	23	0	45	7	0	10	7	7	76	38

Quatre autres espèces de manchots (royal (*Aptenodytes patagonicus*), empereur (*Aptenodytes forsteri*), gorfou sauteur (*Eudyptes chrysocome*) et manchot de Magellan (*Spheniscus magellanicus*)) sont parfois observées dans la zone. D'autres espèces aviaires antarctique (par exemple, le pétrel des neiges (*Pagodroma nivea*)) sont également observées dans la zone (Poland 2002).

Sept espèces d'oiseaux d'Amérique du Sud de passage ont été observées dans la zone: le héron garde-boeufs (*Bubulcus ibis*), le cygne à cou noir (*Cygnus melanocoryphus*), le canard de Chiloé (*anas sibilatrix*), le canard à queue pointue (*Anas georgica*), le bécasseau à croupion blanc (*Calidris fuscicollis*), le phalarope de Wilson *(Phalaropus tricolor)* et l'hirondelle rustique (*Hirundo rustica*) (Poland 2002; Korczak-Abshire, Lees & Jojczyk 2011; Korczak-Abshire, Angiel & Wierzbicki 2011).

Mammifères reproducteurs

On trouve sur des nombreuses plages des éléphants de mer (Mirounga leonina), des otaries à fourrure (Arctocephalus gazella) et des phoques de Weddell (Leptonychotes weddelli), bien que seuls les éléphants de mer s'y reproduisent. En 2009-10, des harems d'éléphants de mer et 238 petits ont été observés dans la zone (Carte 2), tandis que le nombre maximal d'otaries à fourrure dépassait la même année 1 290 individus (Korczak-Arbshire, communication personnelle). Les recensements annuels de phoques ont été menés par la Pologne chaque année tous les dix jours depuis 1988 (Ciaputa 1996; Salwicka & Sierakowski 1998; Salwicka & Rakusa-Suszczewski 2002). On constate clairement un grand cycle annuel, le nombre d'éléphants de mer atteignant son niveau maximal de décembre à février, tandis que celui d'otaries à fourrure atteint un pic vers le mois de février et un second pic, moins élevé, aux environs de juin. On aperçoit fréquemment pendant l'hiver des léopards de mer (*Hydrurga leptonyx*) et des phoques crabiers (Lobodon carcinophagus) sur des blocs de glace flottante, mais ils viennent rarement à terre (Salwicka & Rakusa-Suszczewski 2002).

Activités et impacts humains

La station d'hivernage Henryl Arctoski (Pologne) (58°28'15" O, 62°09'34" S) située à 0,5 km au nord de la zone (Carte 1) est occupée en continu depuis 1977 et peut accueillir jusqu'à 70 personnes en été et 20 personnes en hiver. Sept autre stations permanentes de programmes nationaux se situent à proximité, à l'intérieur de la baie de l'Amirauté, notamment les stations Ferraz (Brésil) (~9,5 km de la zone), Machu Picchu (Pérou) (~7,6 km de la zone) et Vincente (Équateur) (~5,2 km de la zone). Les activités des programmes nationaux en cours dans la région sont coordonnées par le plan de gestion de la ZGSA n°1, Baie de l'Amirauté.

Un campement saisonnier estival (États-Unis d'Amérique) (58°26'49" O, 62°10'46" S) se situe à l'intérieur de la zone au sud de la pointe Llano (Carte 2). Nommé « Copacabana », ce campement, qui peut accueillir jusqu'à six personnes, est occupé chaque été depuis sa construction en 1985 par des ornithologues.

Un petit abri de bois (16 m², 4 couchettes) (Pologne) (58°26'32" O, 62°13'03" S) se trouve à environ 300 m au Nord Ouest de la pointe Uchatka, près de la côte de l'anse Paradise. Cette cabane est principalement utilisée par des chercheurs qui étudient les colonies de manchots et de pinnipèdes se trouvant dans la partie sud de la zone. L'abri fait également office de campement pour les glaciologues, les géologues et les botanistes qui travaillent sur les glaciers Baranowski et Windy.

La baie de l'Amirauté est une destination touristique traditionnelle en raison de son emplacement, de ses valeurs écologiques et historiques et de l'intérêt que présentent les stations scientifiques d'hivernage qui y sont installées. La station Arctowski est particulièrèt populaire (Chwedorzewska & Korczak 2010), le nombre de visiteurs ayant atteint un pic en 2007-08 (Tableau 3). Les principales activités menées sont des visites de stations, avec de longues marches, des excursions en kayak et des croisières à bord de petites embarcations menées à proximité de la zone, mais en dehors de celle-ci.

Tableau 3: Nombre de visites de touristes à la station Arctowski (Source: IAATO)

Saison	Nombre de touristes (débarqués et non débarqués)	Nombre de touristes Débarqués seulement	Nombre de navires
2003-04	3284	3284	10
2004-05	2684	2684	8
2005-06	3178	3178	9
2006-07	3969	3969	12
2007-08	5772	5772	11
2008-09	1896	1896	6
2009-10	4022	1501	9
2010-11	387	387	4
2011-12	624	624	4
2012-13	1368	1350	7

Le nombre élevé de visites à la station Arctowski rend la zone relativement sensible à l'introduction d'espèces non indigènes. Une espèce de ce genre, l'herbe *Poa annua*, a développé une population stable à la station Arctowski (Olech 1996), et se trouve sur une moraine libre de glace à l'intérieur de la zone (aux environs du 58° 27' 54" O 62° 10' 7" S, Carte 2). En 2011, environ 70 individus de cette espèce s'étendaient sur le site sur une superficie de 100 m² (Olech and Chwedorzewska 2011). La Pologne soutient des recherches supplémentaires sur la survie et la propagation de la *Poa annua* dans la région, ce qui devrait permettre de prendre des décisions informées quant aux mesures de gestion à adopter face à cette espèce non indigène située dans et à proximité de la zone (Kidawa, communication personnelle, 2013)

6(ii) Accès à la zone

La zone est accessible par la terre, la glace de mer, la mer ou les airs. Aucun itinéraire particulier n'est prévu pour accéder au site. Des restrictions d'accès par petites embarcations ainsi que de survol et d'atterrissage d'aéronef sont d'application dans la zone, et les conditions spécifiques s'y rapportant sont définies dans la section 7(i) ci-dessous.

6(iii) Emplacement de structures à l'intérieur de la zone et à proximité

Les deux structures ci-après se trouvent dans la zone. Lecamp Copacabana (États-Unis d'Amérique) (58° 26' 49.27" W 62° 10' 45.89" S) de situe à environ 500 m au sud de la Pointe Llano et composé de trois cabanes en bois pouvant accueillir six personnes. Un abri en bois de quatre couchettes (Pologne) (58° 26' 32.27" W 62° 13' 2.9" S) se trouve dans l'anse Paradise, à environ 1,2 km au sud-ouest de la pointe Demay.

6(iv) Emplacement d'autres zones protégées à proximité

La ZSPA n°125, Péninsule Fildes, île du Roi George (du 25 mai) et la ZSPA n°150, île Ardley, baie Maxwell, île du Roi George (du 25 mai), se trouvent à environ 27 km à l'ouest de la zone (Carte 1). La ZSPA n°132, Péninsule Potter, et la ZSPA n°171, Pointe Narebski, Péninsule Barton, se trouvent respectivement à environ 15 km et environ 19 km à l'ouest de l'île du Roi George (du 25 mai). La ZSPA n°151, croupe du Lion, île du Roi George, se trouve à environ 20 km à l'est de la zone (Carte1). Le Monument historique n°51, la tombe de Wlodzimierz Puchalkzi et la croix de fer la surmontant, se trouve à environ 80 m au-delà de la limite nord de la zone (Carte 2).

La zone est comprise à l'intérieur de la Zone gérée spéciale de l'Antarctique (ZGSA) n°1, Baie de l'Amirauté, île du Roi George, îles Shetland du Sud, désignée par la Mesure 2 (2006) (Carte 1).

6(v) Zones spéciales à l'intérieur de la zone

Il n'y a pas de zones désignées dans la zone.

7. Critères de délivrance d'un permis

7(i) Conditions générales de délivrance de permis

L'accès à la zone est interdit sauf si un permis a été délivré par une autorité nationale compétente. Les critères de délivrance de permis d'accès à la zone sont les suivants :

- Le permis est délivré pour mener des études scientifiques, en particulier sur l'avifaune de la zone, ou pour des raisons scientifiques, pédagogiques ou de sensibilisation impérieuses qui ne peuvent être satisfaites ailleurs, ou pour des raisons essentielles à la gestion de la zone;
- Les actions autorisées le sont conformément au présent plan de gestion;
- Les activités autorisées veilleront à ne pas porter atteinte à la protection continue des valeurs environnementales et scientifiques de la zone par le biais d'un processus d'évaluation d'impact sur l'environnement.
- Les distances d'approche de la faune doivent être respectées, sauf dans le cadre de projets scientifiques spécifiés dans les permis correspondants;
- Le permis est délivré pour une durée déterminée;
- Le permis ou une copie sera emporté à l'intérieur de la zone;

7(ii) Accès à la zone et déplacements à l'intérieur de celle-ci

L'accès à la zone peut se faire à pied, par petite embarcation ou par aéronef. Les véhicules sont interdits à l'intérieur de la zone. L'accès aux aires de reproduction des oiseaux durant la saison de reproduction (du 1er octobre au 31 mars) est restreint aux visiteurs menant ou appuyant des recherches scientifiques, ou menant des activités pédagogiques ou de sensibilisation conformes aux buts et objectifs du présent plan de gestion, ou entreprenant des activités de gestion essentielles.

Accès piéton à la zone et déplacements à l'intérieur de celle-ci

Les piétons veilleront à ne pas perturber les oiseaux et les phoques et à ne pas endommager la végétation. Les piétons entrant dans la zone à partir de la station Arctowski toute proche devront garder à l'esprit que des semences ou des matières végétales de l'herbe envahissante non indigène *Poa annua* peuvent potentiellement être transférées et devront dès lors respecter les précautions fixées dans la section 7(v) pour limiter les risques de propagation.

Les piétons doivent respecter les distances d'approche minimale de la faune décrites ci-dessous, à moins qu'il soit nécessaire de s'en approcher plus près pour des raisons autorisées par le permis.

- Pétrels géants (*Macronectes giganteus*) – 50 m
- autres oiseaux et phoques en phase de reproduction ou de mue – 15 m.
- autres oiseaux et phoques n'étant pas en phase de reproduction – 5 m.

Les pilotes, les équipages et autres personnes à bord des embarcations ou des aéronefs ne sont pas autorisés à se déplacer à pied dans les alentours immédiats du site de débarquement ou des cabanes, sauf autorisation expresse prévue par le permis. Les visiteurs doivent se déplacer en prenant les précautions nécessaires afin de perturber le moins possible la flore, la faune et les sols. Par ailleurs, ils devront, dans la mesure du possible, emprunter les sections rocheuses ou enneigées et éviter les zones de végétation. Dans la mesure du possible, les piétons doivent éviter les sols humides afin de ne pas endommager les sols et les communautés alguaires et végétales sensibles et de ne pas dégrader la qualité de l'eau. Les déplacements à pied doivent être maintenus au minimum compatible avec les objectifs de toute activité autorisée et tous les efforts raisonnables doivent être entrepris pour limiter les nuisances.

Accès par petite embarcation

L'accès par la mer n'est autorisé qu'au moyen de petites embarcations. L'accès par la mer à la zone de plage entre la pointe Llano et la colline Sphinx (Carte 2) est interdit afin d'éviter toute interférence avec les communautés animales qui font actuellement l'objet de recherche de longue durée, sauf dans le but de visiter le camp Copacabana à des fins autorisées par le permis, ou en cas d'urgence. Les sites de débarquements recommandés pour les petites embarcations se trouvent aux endroits suivants (Carte 2):

1) sur les plages de l'anse Halfmoon ou de lanse Arctowski, qui se situent toutes deux en dehors de la zone et ne nécessitent par conséquent pas de permis d'accès;

2) sur la plage située immédiatement en face du camp Copacabana (États-unis d'Amérique); ou

3) sur la plage située immédiatement en face de l'abri (Pologne) de l'anse Paradise.

Le débarquement sur tout site situé au sud de la colline Sphinx le permettant est autorisé, s'il est conforme aux objectifs pour lesquels le permis a été délivré. Les visiteurs de la zone arrivant par petites embarcations doivent en avertir la station Arctowski.

Accès aérien et survol

Au vu de la présence étendue d'oiseaux marins et de pinnipèdes à l'intérieur de la zone durant la saison de reproduction (du 1er octobre au 31 mars), l'accès à la zone par aéronef durant cette période est fortement déconseillé. Toutes les restrictions d'accès et de survol par aéronef sont d'application du 1er octobre au 31 mars inclus, et les déplacements et atterrissages d'aéronefs à l'intérieur de la zone doivent strictement respecter les conditions suivantes:

1) Les aéronefs doivent maintenir une distance de séparation horizontale et verticale de 2 000 pieds (environ 610 m) de la côte dans son ensemble, et des colonies fauniques en phase de reproduction en particulier, indiquées sur la Carte 2, sauf autorisation contraire du permis;

2) La météo de l'île du Roi George est dominée par un plafond nuageux bas, en particulier à proximité des calottes polaires permanentes telles que le champ de glace Warszawa. Les aéronefs doivent éviter la zone à moins qu'il soit possible de conserver en toute sécurité la distance minimale de séparation horizontale et verticale de 2 000 pieds (environ 610 m) mentionnée ci-dessus;

3) Les atterrissages d'hélicoptères à l'intérieur de la zone sont uniquement autorisés sur les glaciers permanents ou en cas d'urgence.

4) Les hélicoptères opérant dans la région peuvent atterrir sur le site d'atterrissage désigné se trouvant à la station Arctowski (58°58.849" O, 62°11.577" S), qui doit être approché par le Nord Est au-dessus de la baie de l'Amirauté. Le survol de la limite nord de la zone doit être évitée en raison de la présence de nombreux oiseaux et phoques.

5) L'utilisation de grenades fumigènes pour indiquer la direction du vent est interdite à l'intérieur de la zone sauf en cas d'absolue nécessité pour des questions de sécurité, auquel cas toute grenade utilisée doit être récupérée;

6) Si les pilotes font face à des circonstances qui ne sont pas décrites ci-dessus, ils doivent utiliser comme norme minimale les *Lignes directrices pour les aéronefs à proximité des concentrations d'oiseaux en Antarctique* annexées à la Résolution 2 (2004);

7) Ces dispositions ne s'appliquent pas aux petits aéronefs sans pilote qui peuvent être déployés à des fins scientifiques ou de gestion.

7(iii) Activités pouvant être menées dans la zone

- Les travaux de recherche scientifiques qui ne mettront pas en péril l'écosystème ou les valeurs de la zone ;
- Les activités pédagogiques ou de sensibilisation qui ne peuvent pas être satisfaites ailleurs ;
- Les activités dont le but consiste à préserver ou protéger les ressources historiques à l'intérieur de la zone ;
- Les activités de gestion essentielles, y compris de gestion d'espèces non indigènes, de suivi et d'inspection ;
- Les activités sur le site de la zone colonisé par l'herbe envahissante *Poa annua* (Carte 2) se limitent uniquement à la gestion ou à la recherche liées à l'espèce non indigène, l'accès à cette zone pour d'autres raisons étant interdit à moins qu'il ne soit nécessaire à des fins scientifiques ou de gestion qui ne peuvent être satisfaites ailleurs. Les personnes accédant au site doivent veiller à ne pas propager plus encore l'herbe en inspectant et en nettoyant minutieusement les chaussures, les équipements et les vêtements avant de se déplacer vers un autre endroit situé à l'intérieur ou à l'extérieur de la zone.

7(iv) Installation, modification ou enlèvement de structures

- Aucune structure ne doit être érigée dans la zone sauf si un permis l'autorise et, à l'exception des bornes et panneaux permanents, toute structure ou installation permanente supplémentaire est interdite ;
- Toutes les balises, les structures ou les matériels scientifiques installés dans la zone doivent être autorisés par un permis et clairement identifiés, indiquant le pays, le nom du principal chercheur, l'année d'installation et la date d'enlèvement prévue. Ces objets ne doivent pas contenir d'organisme, de propagule (par ex. semences, œufs) ou de terre non-stérilisée et doivent être formés de matériaux résistants aux conditions environnementales et présentant un risque minimal de contamination ou de dommage pour les valeurs de la zone ;
- L'installation (et la sélection du site), l'entretien, la modification ou l'enlèvement des structures et équipements ne doivent pas perturber les valeurs de la zone, et doivent idéalement se faire en dehors de la saison principale de reproduction (du 1er octobre au 31 mars) ;
- L'enlèvement de matériel spécifique pour lequel le permis est arrivé à expiration sera à la charge de l'autorité qui a délivré le permis original et devra figurer conformément aux critères du permis.

7(v) Emplacement des camps

Le camp Copacabana (États-Unis d'Amérique) et l'abri (Pologne) situés à l'anse Cove (Carte 2) peuvent accueillir un nombre limité de personnes à des fins scientifiques, si l'autorité compétente délivre un permis l'autorisant. Il est interdit de camper dans la zone.

7(vi) Restrictions relatives aux matériaux et organismes pouvant être introduits dans la Zone

Outre les dispositions du Protocole au Traité sur l'Antarctique relatif à la protection de l'environnement, les restrictions sur les matériaux et organismes pouvant être introduits dans la zone sont les suivantes:

- Il est interdit d'introduire délibérément tout animal, forme végétale, micro-organisme ou terre non-stérilisée dans la zone. Des mesures de précaution doivent être prises pour éviter l'introduction accidentelle de tout animal, forme végétale, micro-organisme et terre non-stérilisée provenant de régions biologiques distinctes (comprises à l'intérieur ou à l'extérieur de la zone du Traité de l'Antarctique).
- Les visiteurs veilleront à ce que le matériel et les repères d'échantillonnage introduits dans la région soient propres. Dans la mesure du possible, les chaussures et autres équipements utilisés ou introduits dans la zone (y compris les sacs à dos, les housses et autres) doivent être minutieusement nettoyés avant d'entrer dans la zone. Cela est particulièrement important lors de tout déplacement à partir de la station Arctowski toute proche, où l'herbe envahissante *Poa annua* s'est installée, et les chaussures et équipements qui risquent d'être contaminés doivent être nettoyés avant tout départ de la station et ne doivent pas être portés ou utilisés près de la station avant d'entrer dans la zone. Les visiteurs doivent également consulter les recommandations reprises dans le Manuel sur les espèces non indigènes du Comité pour la protection de

l'environnement (CPE, 2011) et dans le Code de conduite environnementale du Comité scientifique pour la recherche en Antarctique (SCAR, 2009) et s'y conformer le cas échéant.

- Toute volaille amenée dans la zone et non consommée, y compris les parties, produits ou déchets de volaille, doivent être enlevés de la zone ou éliminés par incinération ou par tout autre moyen équivalent qui élimine les risques pour la faune et la flore indigènes;
- Aucun herbicide ni pesticide ne doit être introduit dans la zone.
- Les combustibles, produits chimiques et autres matériaux ne doivent pas être stockés dans la zone, à moins qu'un permis ne le prévoie spécifiquement, et doivent être stockés et gérés d'une façon qui limite les risques d'introduction accidentelle dans l'environnement;
- Tous les matériaux ne peuvent être introduits dans la zone que pour une période déterminée et doivent être enlevés de la zone au plus tard à la fin de ladite période.
- En cas de déversement susceptible de porter atteinte aux valeurs de la zone, les matériaux seront enlevés à moins que l'impact de leur enlèvement ne risque d'être plus important que si les matériaux étaient laissés sur place.

7(vii) Prélèvement de végétaux et capture d'animaux ou perturbations nuisibles à la faune et la flore

Le prélèvement de végétaux et la capture d'animaux ou perturbations nuisibles à la faune et la flore sont interdits, sauf conformément à un permis délivré conformément à l'Article 3 de l'Annexe II du Protocole au Traité sur l'Antarctique relatif à la protection de l'environnement. Dans les cas de capture d'animaux ou de perturbations nuisibles, les prescriptions du Code de conduite du Comité scientifique pour la recherche en Antarctique (SCAR) pour l'utilisation d'animaux à des fins scientifiques constituent la norme minimale à respecter.

7(viii) Collecte ou enlèvement de matériaux non introduits dans la Zone par le titulaire du permis

- Des matériaux peuvent être ramassés ou enlevés de la zone uniquement avec un permis et ils doivent être limités au minimum nécessaire pour répondre à des besoins scientifiques ou des besoins de gestion. Cela inclut des échantillons biologiques et de roches, des ossements de baleines, des objets de l'industrie de la chasse à la baleine et tout autre objet historique.
- Les débris d'origine humaine qui risquent de porter atteinte aux valeurs de la zone et qui n'ont pas été introduits dans la zone par le détenteur du permis ou pour lesquels aucune autre autorisation n'a été donnée, peuvent être enlevés de la zone à moins que l'impact de leur enlèvement ne risque d'être plus important que si les matériaux étaient laissés *in situ*. Si tel est le cas, l'autorité compétente doit en être notifiée et donner son autorisation.

7(ix) Élimination des déchets

Tous les déchets doivent être enlevés de la zone; à l'exception des déchets d'origine humaine et les déchets liquides domestiques, qui peuvent être enlevés de la zone ou jetés à la mer.

7(x) Mesures nécessaires pour faire en sorte que les buts et objectifs du plan de gestion continuent à être atteints

Des permis d'accès à la zone peuvent être délivrés pour:

1) Mener des activités de suivi et d'inspection de la zone, qui peuvent inclure le prélèvement d'un petit nombre d'échantillons ou de données à des fins d'analyses ou d'audit;
2) Pour installer ou entretenir des panneaux indicateurs, des bornes, des structures ou tout dispositif scientifique ou logistique essentiel;
3) Prendre des mesures de protection, qui peuvent inclure l'enlèvement mécanique d'espèces non indigènes à l'aide d'outillage à main.
4) Pour mener des activités de recherche ou de gestion qui n'interfèrent pas avec les activités de recherche ou de gestion à long-terme et qui ne fassent pas double-emploi. Les personnes prévoyant de nouveaux projets

à l'intérieur de la zone doivent consulter les programmes en place à l'intérieur de la zone, tels que ceux de la Pologne et des États-Unis, avant de débuter leurs travaux.

7(xi) Rapports de visites

- Le titulaire principal du permis délivré sera tenu de soumettre à l'autorité nationale compétente un rapport pour chaque visite de la zone dans les plus brefs délais et, au plus tard, dans les six mois suivants la fin de la visite.

- Ces rapports doivent contenir, le cas échéant, les catégories d'informations mentionnées dans le formulaire de rapport de visite repris dans le Guide pour l'élaboration des plans de gestion des zones spécialement protégées de l'Antarctique. Le cas échéant, l'autorité nationale doit envoyer une copie du rapport de visite aux Parties qui ont proposé le plan de gestion pour qu'elles puissent l'utiliser à des fins de bonne gestion de la zone ou d'examen du plan de gestion.

- Les Parties doivent, dans la mesure du possible, déposer les originaux ou les copies de ces rapports dans une archive publique afin de conserver une archive d'usage qui sera utilisée pour réexaminer le plan de gestion et pour organiser l'utilisation scientifique du site.

- L'autorité compétente devra être notifiée de toutes les activités entreprises et de toutes les mesures prises ainsi que de tous les matériaux utilisés et non enlevés qui n'étaient pas inclus dans le permis délivré.

8. Bibliographie

Barbieri, M, K Birkenmajer, MC Delitala, L Francalanci, W Narbski, M Nicoletti, A Peccerillo, A Petrucciniani, L Tolomeo, and C Trudu. 1987. Preliminary geological, geochemical and Sr isotopic investigations on Mesozoic to Cenozoic magmatism of King George Island, South Shetland Islands (West Antarctica). *Mineralogical and Petrological Acta (Bologna)* **37**: 37–49.

Battke, Z, A Marsz, and R Pudełko. 2001. Procesy deglacjacji na obszarze SSSI No. 8 i ich uwarunkowania klimatyczne oraz hydrologiczne (zatoka Admiralicji, Wyspa Króla Jerzego, Szetlandy Południowe). *Problemy Klimatologii Polarnej* **11**: 121–135.

Bers, AV, F Momo, IR Schloss, and D Abele. 2012. Analysis of trends and sudden changes in long-term environmental data from King George Island (Antarctica): relationships between global climatic oscillations and local system response. *Climatic Change*. doi:10.1007/s10584-012-0523-4.

Beyer, L, JG Bockheim, IB Campbell, and GGC Claridge. 1999. Genesis, properties and sensitivity of Antarctic Gelisols. *Antarctic Science* **11** (4): 387–398. doi:10.1017/S0954102099000498.

Birkenmajer, K. 1980. Geology of Admiralty Bay, King George Island (South Shetland Islands). An outline. *Polish Polar Research* **1**: 29–54.

———. 2003. Geological Results of Polish Antarctic Expeditions: Admiralty Bay, King George Island, South Shetland Islands West Antarctica. Geological map. *Studia Geologica Polonica* **120**: 1–73.

Birkenmajer, K, and E Zastawniak. 1989. Late Crataceous-Early Tertiary floras of King George Island, West Antarctica: their stratigraphic distribution and paleoclimatic significance. In *Origin and Evolution of Antarctic Biota. Geological Society of London, Special Publication,47*, edited by A J Crame, 227–240.

Blume, H-P, L Beyer, M Bölter, H Erlenkeuser, E Kalk, S Kneesch, U Pfisterer, and D Schneider. 1997. Pedogenic zonation in soils of southern circumpolar region. *Advances in GeoEcology* **30**: 69–90.

Blume, H-P, D Kuhn, and M Bölter. 2002. Soils and Soilscapes. In *Geoecology of Antarctic Ice-free Coastal Landscapes, Ecological Studies 154*, edited by L. Beyer and M Bölter, 91–113. Springer, Berlin.

Braun, M, and H Gossmann. 2002. Glacial changes in the areas of Admiralty Bay and Potter Cove, King George Island, maritime Antarctica. In *Geoecology and Antarctic Ice-Free Coastal Landscapes*, edited by L. Beyer and M Bölter, 75–89. Springer, Berlin.

Carlini, AR, NR Coria, MM Santos, J Negrete, M a. Juares, and G a. Daneri. 2009. Responses of *Pygoscelis adeliae* and *P. papua* populations to environmental changes at Isla 25 de Mayo (King George Island). *Polar Biology* **32** (10) (May 16): 1427–1433. doi:10.1007/s00300-009-0637-y. http://link.springer.com/10.1007/s00300-009-0637-y.

Carneiro, APB, MJ Polito, M Sander, and WZ Trivelpiece. 2009. Abundance and spatial distribution of sympatrically breeding *Catharacta* spp. (skuas) in Admiralty Bay, King George Island, Antarctica. *Polar Biology* **33** (5) (November 8): 673–682. doi:10.1007/s00300-009-0743-x. http://link.springer.com/10.1007/s00300-009-0743-x.

Chwedorzewska, KJ. 2008. *Poa annua* L. in Antarctic: searching for the source of introduction. *Polar Biology* **31**: 263–268. doi:10.1007/s00300-007-0353-4.

Chwedorzewska, KJ, and M Korczak. 2010. Human impact upon the environment in the vicinity of *Arctowski* Station, King George Island, Antarctica. *Polish Polar Research* **31** (1) (January 1): 45–60. doi:10.4202/ppres.2010.04. http://versita.metapress.com/openurl.asp?genre=article&id=doi:10.4202/ppres.2010.04.

Ciaputa, P. 1996. Numbers of pinnipeds during 1994 in Admiralty Bay, King George Island, South Shetland Islands. *Polish Polar Research* **17**: 239–244.

Ciaputa, P, and K Sierakowski. 1999. Long-term population changes of Adelie, chinstrap, and gentoo penguins in the regions of SSSI No. 8 and SSSI No. 34, King George Island, Antarctica. *Polish Polar Research* **20** (4): 355–365.

Cuba-Diaz, M, JM Troncoso, C Cordero, VL Finot, and M Rondanelli-Reyes. 2012. Juncus bufonius, a new non-native vascular plant in King George Island, South Shetland Islands. *Antarctic Science* **1** (1): 1–2.

Dutra, TL, and DJ Batten. 2000. Upper Cretaceous floras of King George Island, West Antarctica, and their palaeoenvironmental and phytogeographic implications. *Cretaceous Research* **21**: 181–209. doi:10.1006/cres.2000.0221. http://linkinghub.elsevier.com/retrieve/pii/S0195667100902210.

Everett, KR. 1976. A survey of soils in the region of the South Shetland Islands and adjacent parts of the Antarctica Peninsula. *Ohio State University Institute for Polar Studies Reports* **58**: 1–44.

Gryziak, G. 2009. Colonization by mites of glacier-free areas. *Pesquisa Agropecuária Brasileira* **44** (8): 891–895.

Hinke, JT, K Salwicka, SG Trivelpiece, GM Watters, and WZ Trivelpiece. 2007. Divergent responses of Pygoscelis penguins reveal a common environmental driver. *Oecologia* **153** (4) (October): 845–55. doi:10.1007/s00442-007-0781-4. http://www.ncbi.nlm.nih.gov/pubmed/17566778.

Ilieva-Makulec, K, and G Gryziak. 2009. Response of soil nematodes to climate-induced melting of Antarctic Glaciers. *Polish Journal of Ecology* **57** (4): 811–816.

Kejna, M, A Araźny, and I Sobota. 2013. Climatic change on King George Island in the years 1948 – 2011. *Polish Polar Research* **34** (2): 213–235. doi:10.2478/popore.

Korczak-Abshire, M, PJ Angiel, and G Wierzbicki. 2011. Records of white-rumped sandpiper (Calidris fuscicollis) on the South Shetland Islands. *Polar Record* **47** (3): 262–267.

Korczak-Abshire, M, AC Lees, and A Jojczyk. 2011. First documented record of barn swallow (Hirundo rustica) in the Antarctic. *Polish Journal of Ecology* **32** (4): 355–360. doi:10.2478/v10183.

Korczak-Abshire, M, M Węgrzyn, PJ Angiel, and M Lisowska. 2013. Pygoscelid penguins breeding distribution and population trends at Lions Rump rookery, King George Island. *Polish Polar Research* **34** (1): 87–99. doi:10.2478/popore.

Nawrocki, J, M Pańczyk, and IS Williams. 2011. Isotopic ages of selected magmatic rocks from King George Island (West Antarctica) controlled by magnetostratigraphy. *Geological Quarterly* **55** (4): 301–322.

Olech, M. 1996. Human impact on terrestrial ecosystems in West Antarctica. In *Proceedings of the NIPR Symposium on Polar Biology, 9*, 299–306.

———. 2002. Plant communities on King George Island. In *Geoecology of Antarctic Ice-Free Coastal Landscapes. Ecological Studies*, edited by L. Beyer and M Bölter, 215–231. Springer, Berlin.

Olech, M, and KJ Chwedorzewska. 2011. The first appearance and establishment of an alien vascular plant in natural habitats on the forefield of a retreating glacier in Antarctica. *Antarctic Science* **23** (2): 153–154.

Olech, M, and A Massalski. 2001. Plant colonization and community development on the Sphinx Glacier forefield. *Geographia* **25**: 111–119.

Poland, G of. 2002. The long-term monitoring of avifauna in Admiralty Bay in light of the changes in the sea-ice zone ecosystem (South Shetland Islands, Antarctica). In 25th ATCM Information Paper IP–001 Agenda Item CEP 5. 2002.

Pudełko, R. 2007. Orthophotomap Western Shore of Admiralty Bay, King George Island, South Shetland Islands. Warsaw, Poland: Dept. Antarctic Biology PAS.

Salwicka, K, and S Rakusa-Suszczewski. 2002. Long-term monitoring of Antarctic pinnipeds in Admiralty Bay. *Acta Theriologica* **47**: 443–457.

Salwicka, K, and K Sierakowski. 1998. Seasonal numbers of five species of seals in Admiralty Bay (South Shetland Islands, Antarctica). *Polish Polar Research* **3-4**: 235–247.

Schaefer, CEGR, RM Santana, FNB Simas, MR Francelino, EI Fernandes Filho, MA Albuquerque, and MI Calijuri. 2007. Geoenvironments from the vicinity of Arctowski Station, Admiralty Bay, King George Island, Antarctica: vulnerability and valuation assessment in Antarctica: A keystone in a changing wold. In *Online Proceedings of the ISAES, USGS Open–File Report 2007–1047, Short Research Paper 015*, edited by A K Cooper and C.R. Raymand, 1–4.

Schloss, IR, CA Michaud-Tremblay, and D Dumont. 2012. Modelling phytoplankton growth in polar coastal areas. International Polar Year (IPY) Conference "From knowledge to action". Montréal, Canada.

Simas, FNB, CEGR Schaefer, VF Melo, MR Albuquerque-Filho, RFM Michel, V V. Pereira, MRM Gomes, and LM da Costa. 2007. Ornithogenic cryosols from Maritime Antarctica: Phosphatization as a soil forming process. *Geoderma* **138** (3-4): 191–203. doi:10.1016/j.geoderma.2006.11.011.

Steig, EJ, DP Schneider, SD Rutherford, ME Mann, JC Comiso, and DT Shindell. 2009. Warming of the Antarctic ice-sheet surface since the 1957 International Geophysical Year. *Nature* **457**: 459–462. doi:10.1038/nature08286.

Tatur, A. 1989. Ornithogenic soils of the maritime Antarctic. *Polish Polar Research* **10** (4): 481–532.

———. 2002. Ornithogenic ecosystems in the Maritime Antarctic – Formation, development and disintegration. In *Geoecology of Antarctic Ice–free Coastal Landscapes. Ecological Studies 154*, edited by L. Beyer and M Bölter, 161–184. Springer, Berlin.

Tatur, A, and A Myrcha. 1984. Ornithogenic soils on King George Island, South Shetland Islands (Maritime Antarctic Zone). *Polish Journal of Ecology* **5** (1-2): 31–60.

Vaughan, DG, and CSM Doake. 1996. Recent atmospheric warming and retreat of ice shelves on the Antarctic Peninsula. *Nature* **379**: 328–331. doi:10.1038/379328a0.

Victoria, FDC, AB Pereira, and D Pinheiro. 2009. Composition and distribution of moss formations in the ice-free areas adjoining the Arctowski region, Admiralty Bay, King George Island, Antarctica. *Inheringia Botanical Series* **64** (1): 81–91.

Zastawniak, E. 1994. Upper Cretaceous leaf flora from Błaszczyk Moraine (Zamek Formation), King George Island, West Antarctica. *Acta Palaeobotanica* **34** (2): 119–163.

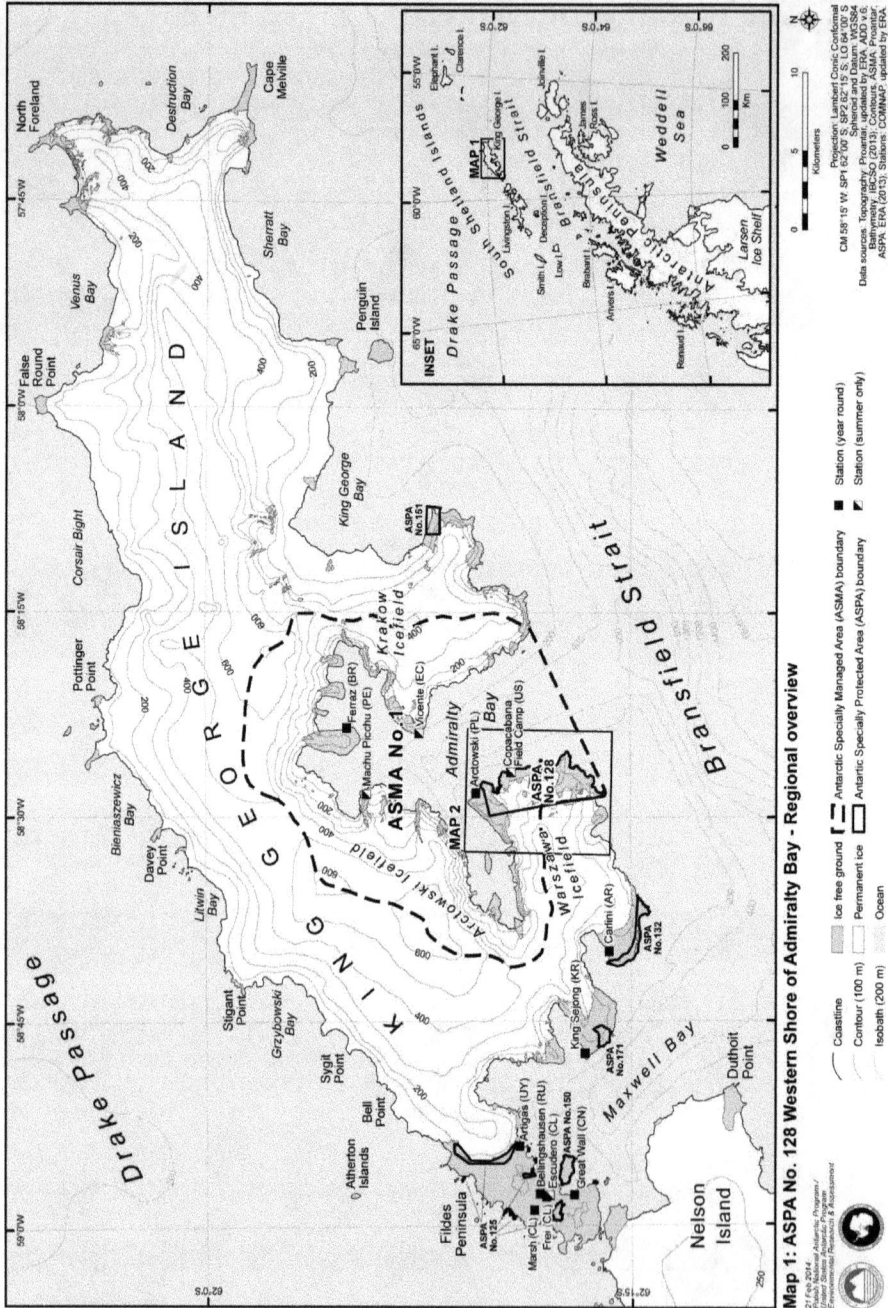

Map 1: ASPA No. 128 Western Shore of Admiralty Bay - Regional overview

84

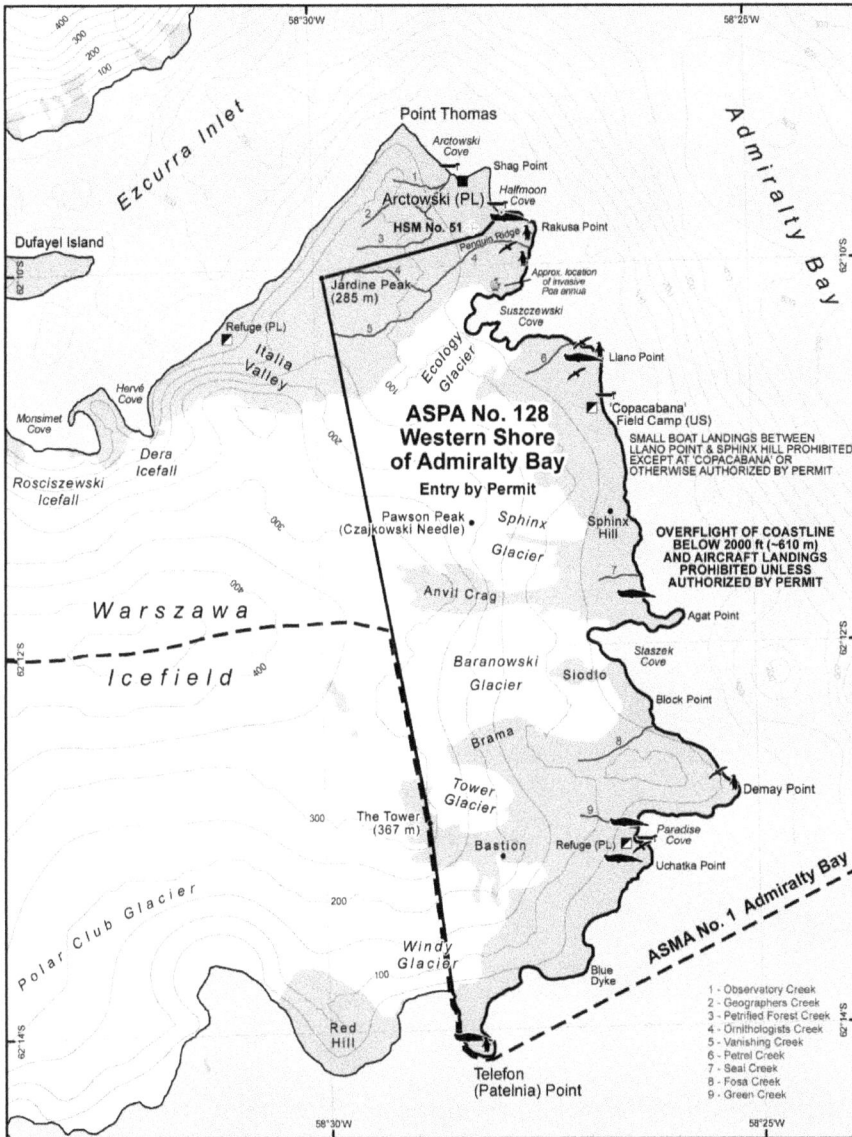

Map 2: ASPA No. 128 Western Shore of Admiralty Bay - access, facilities and wildlife

Plan de gestion pour la zone spécialement protégée de l'Antarctique n° 136

PÉNINSULE CLARK, CÔTE BUDD, TERRE DE WILKES, ANTARCTIQUE EST

Introduction

La zone spécialement protégée (ZSPA) n° 136 est située sur la péninsule Clark, dans la Terre de Wilkes, à 66°15'S, 110°36'E (voir Carte A).

La péninsule de Clark a été, à l'origine, désignée comme Site présentant un intérêt scientifique particulier (SISP) n° 17 en vertu de la Recommandation XIII-8 (1985). Un plan de gestion révisé pour le SISP n° 17 a été adopté par la Mesure 1 (2000). La zone a été rebaptisée et renumérotée ZSPA n°136 conformément à la Décision 1 (2002). Les plans de gestion ZSPA révisés pour cette zone ont été adoptés par le biais de la Mesure 1 (2006) puis la Mesure 7 (2009).

La ZSPA qu'est la péninsule Clark est désignée essentiellement pour protéger son écosystème terrestre en grande partie vierge. Cet écosystème possède l'une des communautés végétales les plus vastes et les mieux développées de la partie continentale de l'Antarctique en dehors de la péninsule Antarctique, ainsi que de remarquables populations de manchots d'Adélie (*Pygoscelis adeliae*) et de labbes antarctiques (*Catharacta maccormicki*) en phase de reproduction.

La ZSPA 136 couvre une superficie d'environ 9,4 km². Elle est située à environ 5 km au nord-ouest de la station Casey. Les travaux de recherche scientifique effectués à l'intérieur de la zone ont porté sur les communautés végétales, mais ont également inclus des études consacrées aux colonies de manchots. La protection de cette flore et de cette faune à l'intérieur de la zone permet de faire une comparaison utile avec des communautés végétales similaires et des colonies de manchots plus proches de la station Casey, qui sont soumises à des niveaux de perturbation humaine plus élevés.

1. Description des valeurs à protéger

La ZSPA n°136 est désignée essentiellement pour protéger l'écosystème terrestre en grande partie vierge qu'est la Péninsule Clark.

Cet écosystème possède l'une des communautés végétales les plus vastes et les mieux développées de la partie continentale de l'Antarctique en dehors de la péninsule antarctique. Ses communautés végétales forment un continuum de variations écologiques le long de gradients environnementaux que sont l'humidité du sol, la chimie du sol et le microclimat.

L'écosystème de la péninsule Clark revêt une valeur écologique et une importance scientifique intrinsèques, en particulier pour les botanistes, les microbiologistes, les spécialistes du sol et les géomorphologistes des formations glaciaires. La surveillance de l'écosystème offre des données de base cruciales pour l'analyse de l'évolution des communautés de bryophytes, microlichens et cryptogames antarctiques. Les communautés aéthéogames sont également surveillées afin d'identifier les fluctuations microclimatiques de courte durée et des changements climatiques de longue durée que connaît la région depuis la période de déglaciation, il y a environ 5 000 à 8 000 ans.

La péninsule Clark présente des populations reproductrices importantes et relativement non perturbées de manchots Adélie (*Pygoscelis adeliae*) et de labbes antarctiques (*Catharacta maccormicki*). Les populations importantes de manchots Adélie des pointes Whitney et Blakeney sont étudiées depuis 1959. Ces études permettant d'évaluer et de mesurer les impacts qu'ont les perturbations humaines sur les colonies de manchots installées à proximité de la station Casey. Des océanites de Wilson (*Oceanites oceanicus*) et des pétrels des neiges (*Pagodroma nivea*) en phase de reproduction sont implantés dans la plupart des zones libres de glace.

La péninsule Clark revêt une valeur géologique intrinsèque. Elle offre une séquence temporelle visible de l'émergence de la mer des îles Windmill, depuis la déglaciation et l'évolution holocène de la zone.

Elle doit être protégée en raison de son importance écologique, de sa grande valeur scientifique et de l'étendue géographique limitée de sa flore. La Zone est vulnérable aux perturbations que peuvent causer les piétinements, les prélèvements d'échantillon, la pollution et l'introduction d'organismes étrangers tout en étant suffisamment éloignée de la station Casey pour éviter les impacts et perturbations immédiats des activités qui y sont menées. C'est en raison des valeurs écologiques et scientifiques mais aussi des valeurs qu'offre la zone pour une surveillance continue qu'il faut continuer de la protéger.

2. Buts et objectifs

La gestion dans la péninsule Clark vise à :

- prévenir la dégradation des valeurs de la Zone ou les risques substantiels qui la menacent en empêchant une perturbation humaine inutile ;
- conserver l'écosystème naturel en tant que zone de référence à des fins d'études comparatives et faire une évaluation des effets directs et indirects de la station Casey;
- empêcher l'introduction involontaire d'espèces non indigènes dans la zone ; et
- empêcher introduction de pathogènes risquant de provoquer des maladies dans les populations d'oiseaux de la zone ;

3. Activités de gestion

Les activités de gestion ci-après seront réalisées pour protéger les valeurs de la zone :

- des renseignements sur la zone (y compris son tracé et un énoncé des restrictions spéciales qui s'appliquent) et une copie de ce plan de gestion seront affichés en évidence à la station abandonnée adjacente de Wilkes, au refuge « Wilkes Hilton », au refuge « Jack's Donga », à la station Casey, et portés à la connaissance des navires qui traversent la région ;
- des panneaux devront être placés aux limites de la Zone afin d'éviter tout accès par inadvertance ;
- les repères, panneaux de signalisation et structures érigés à l'intérieur de la zone pour des besoins scientifiques ou de gestion devront être fixés solidement et maintenus en bon état puis enlevés lorsqu'ils ne seront plus nécessaires ;
- des visites devront être organisées dans la Zone (dans la mesure du possible, pas moins d'une fois tous les cinq ans) afin d'évaluer si la Zone continue de servir les besoins pour lesquels elle a été désignée et pour assurer l'adéquation des activités de gestion ; et
- le plan de gestion doit être réexaminé au moins une fois tous les cinq ans et mis à jour en conséquence.

4. Durée de désignation

La zone est désignée pour une durée indéterminée.

5. Cartes

- Carte A : Zones spécialement protégées de l'Antarctique, îles Windmill, Antarctique Est
- Carte B : Zone spécialement protégée de l'Antarctique n° 136, péninsule Clark, îles Windmill, Antarctique de l'Est - Topographie et distribution des oiseaux.

- Carte C : Zone spécialement protégée de l'Antarctique n° 136, péninsule Clark, îles Windmill, Antarctique de l'Est - Distribution des principaux types de végétation.

- Carte D : Zone spécialement protégée de l'Antarctique n° 136, péninsule Clark, îles Windmill, Antarctique de l'Est - Géologie.

6. Description de la zone

6(i) Coordonnées géographiques, bornes et particularités naturelles

Description générale

La péninsule Clark (66°15'S 110°36'E) est située sur le littoral nord de la baie Newcomb, à l'extrémité est de la baie Vincennes, sur la côte Budd, Terre de Wilkes (Carte A). C'est une zone d'affleurements rocheux, de champs de glace et de neige permanents. Sa superficie est d'environ 3,5 km de large pour 4,5 km de long.

La ZSPA en elle-même couvre une superficie de 9,4 km² et comprend toutes les terres de la péninsule Clark au nord de la ligne de démarcation sud reliant le côté est de l'anse Powell, depuis un point d'origine situé à 66° 15' 15" de latitude Sud et à 110° 31' 59" de longitude Est, à travers 66° 15' 29" de latitude Sud, 110° 33' 26" de longitude Est, jusqu'au 66° 15' 21" de latitude Sud, 110° 34' de longitude Est, 66° 15' 24" de latitude Sud, 110° 35' 9" de longitude Est, 66° 15' 37" de latitude Sud, 110° 34' 40" de longitude Est, 66° 15' 43" de latitude Sud et 110° 34' 45" de longitude Est et, de là, jusqu'à un point situé dans l'axe est-sud-est des moraines Løken à 66° 16' 6" de latitude Sud, 110° 37' 11" de longitude Est. À l'est, la limite du site est constituée par l'extrême limite ouest des moraines Løken, allant vers le nord jusqu'à une pointe à l'est de la pointe Blakeney, à 66° 14' 15" de latitude Sud et à 110° 38' 46" de longitude Est, et enfin de là jusqu'à la côte à 66° 14' 15" de latitude Sud et à 110° 38' 6" de longitude Est, puis revenant le long de la côte jusqu'au point d'origine. Les limites de la ZSPA apparaissent sur les cartes A, B, C et D.

Géologie

La péninsule Clark revêt une valeur géologique intrinsèque. Elle offre une séquence temporelle visible de l'émergence de la mer des îles Windmill depuis la déglaciation et l'évolution holocène de la zone. Elle comprend des affleurements rocheux bas libres de glace. Ses vallées intermédiaires sont remplies de neige ou de glace permanente ou encore de moraine glaciaire et de débris exfoliés. Elle s'élève à l'est jusqu'aux moraines Løken (l'altitude y est d'environ 130 mètres au-dessus du niveau de la mer).

Les affleurements de roche métapélitique et de gneiss de granite leucocratique y prédominent. La roche métapélitique est en général foliée, migmatisée et à grains de taille fine à moyenne. La minéralogie de la roche métapélitique comprend de la biotite-sillimanite et de la biotite-sillimanite+cordiérite. La sillimanite est à forte structure linéaire dans la foliation et la cordiérite est en général pinnitisée.

Le gneiss de granite est blanc, à grains de taille moyenne et feuilleté. Il se compose de deux intrusions felsiques à intermédiaire qui datent d'avant la déformation des îles Windmill et/ou sont synchrones avec elle. L'intrusion la plus grande, qui occupe la majeure partie du centre de la péninsule Clark est un gneiss oeillé de quartz, de K-feldspar, de biotite, de mica blanc et de granite opaque. On observe de petits affleurements de maphique et de métapsammite. Les lits de roche s'orientent de sud-ouest en nord-est. La carte D illustre la géologie de la Péninsule Clark.

Les îles Windmill sont situées au large de la ZSPA. Les Îles Windmill abritent les affleurements situés le plus à l'est d'un terrain à faciès granulitique de basse pression présentant des caractéristiques de l'ère Mésoprotérozoïque. Cet espace s'étire à l'ouest sur Bunger Hill et les complexes archéens de Terre Princesse Élizabeth, et à l'est vers Dumont D'Urville et la baie du Commonwealth. Les roches du groupe des îles Windmill comprennent une série de métapelites et métasammites migmatiques interstratifiées de séquences maphiques à ultramaphiques et felsiques de silicates calciques rares, de charnockite, de gabbro, de pegmatite, d'aplites et de filons dolérites (supacrustaux des îles Windmill).

Les graviers et les sols semblent être issus de sédiments marins qui se sont déposés durant le Pléistocène. On peut apercevoir des colonies de manchots subfossiles le long de la digue centrale ainsi qu'aux pointes

Whitney et Blakeney. À proximité des colonies de manchots abandonnées, les sols sont caillouteux et riches en matière organique dérivée du guano de manchots. De petits lacs, bassins et cours d'eau de fonte s'observent en été. La répartition des lacs de la péninsule Clark est indiquée sur la carte B.

Flore

Les températures relativement douces de la péninsule Clark ont permis le développement d'un couvert végétal complexe, varié et stable. Les roches libres de glace favorisent une vaste couverture de lichens. Dans les zones plus basses, les mousses dominent. Les facteurs responsables de la distribution de la végétation sont l'exposition au vent, la disponibilité en eau et la présence de colonies de manchots abandonnées.

L'ensemble de la région de Windmill présente 4 espèces de bryophytes, 30 espèces de macrolichens, 44 espèces de cyanobactéries et 75 espèces d'algues. Nombre de ces taxons ont été observés dans la péninsule Clark. Au nord-est, des communautés bien développées de lichens *Umbilicaria decussata*, *Pseudephebe minuscula* et *Usnea sphacelata* dominent. À une plus grande distance de la côte, c'est *U.sphacelata* qui domine et forme de vastes tapis au-dessus des roches métamorphiques et des lits de gravier.

Des communautés de bryophytes *Bryum pseudotriquetrum*, *Schistidium antarctici* et *Ceratodon purpureus* prédominent dans les zones abritées humides, où ils forment des étendues compactes allant jusqu'à 300 mm de profondeur. Les lichens *Xanthoria mawsonii*, *Candelariella flava* et *Buellia frigidida* prédominent autour des colonies de manchots Adélie des côtes nord-ouest et ouest. Des *Usnea. decussata* et *U. sphacelata* dominent autour des colonies de manchots abandonnées des régions de la côte sud, tandis que des *U. decussata*, *P. minuscula*, *B. soredians* et *B. frigid* dominent au centre de la péninsule Clark, aux côtés de groupes plus modestes de *Pleopsidium chlorophanum*. La microflore de la péninsule Clark comprend des algues (*Botrydiopsis constricta* et *Chlorella conglomerata* étant les deux espèces les plus nombreuses), des bactéries, des levures et des champignons filamenteux. La répartition de la flore de la péninsule Clark est indiquée sur la carte C.

Faune

Les colonies de manchots Adélie (*Pygoscelis adeliae*) sont situées aux pointes Whitney et Blakeney. En 2012-13, la pointe Whitney possédait environ 11 000 nids occupés ; la pointe Blakeney en possédait autour de 4 000. Les populations nicheuses de ces deux sites ont augmenté depuis les premières recherches en 1959-60. La population nicheuse de manchots Adélie de l'île de Shirley (à 3 km au sud-ouest de la station Casey) est pour sa part demeurée stable depuis 1968. Les océanites de Wilson (*Oceanites oceanicus*), les labbes antarctiques (*Catharacta maccormicki*) et les pétrels des neiges (*Pagodroma nivea*) se reproduisent à l'intérieur de la ZSPA. La microfaune invertébrée terrestre comprend des protozoaires, des nématodes, des acariens, des rotifères et des tardigrades. Les invertébrés restent essentiellement dans les lits de mousse, les étendues de lichen et les sols humides. La répartition de la faune de la péninsule Clark est illustrée sur la Carte B.

Climat

La péninsule Clark et les Îles Windmill présentent un climat sec et glacial antarctique. Les données météorologiques issues de la station Casey voisine indiquent que la température moyenne de la péninsule Clark oscille entre 0,3 °C et -14,9 °C. Les températures extrêmes 9,2°C et -41°C ont été enregistrées. Les précipitations neigeuses représentent environ 195 mm en équivalent eau par an. Il y a des bourrasques pendant près de 96 jours par an. Celles-ci soufflent principalement vers l'est et proviennent de la calotte polaire. La neige s'accumule dans le creux des affleurements rocheux ainsi que dans les dépressions du substrat.

Domaines environnementaux et régions de conservation biogéographiques de l'Antarctique

Selon la classification relative à l'Analyse des domaines environnementaux de l'Antarctique (Résolution 3 (2008)), la péninsule Clark est située dans l'environnement D *Géologique du littoral de l'Antarctique Est*. Les Îles Frazier se situent dans la région 7 *Antarctique Est*, conformément à la classification relative aux Régions de conservation biogéographiques de l'Antarctique.

6 (ii) Accès à la Zone

Il est possible de se rendre dans la zone depuis la station Casey au moyen de véhicules sur neige ou à bord d'une petite embarcation, conformément aux dispositions présentées en section 7 (ii) du présent plan de gestion.

6 (iii) Emplacement de structures à l'intérieur de la zone et à proximité

Un abri en bois et en toile, en très mauvais état et connu sous le nom de « Wannigan », est situé sur la « Lower Snow Slope » (nom officieux) dans la partie orientale de pointe Whitney. Il a été construit en 1959 par R. L. Penney afin de faciliter les études sur le comportement des manchots Adélie.

La Zone dispose de plusieurs balises d'étude et d'un certain nombre de bornes le long de la limite de démarcation sud du site.

Trois installations avec caméras automatisées sont présentes dans la Zone. Elles permettent de surveiller les variations des paramètres de reproduction des manchots Adélie sur le long terme. Elles s'insèrent dans un réseau de caméras automatisées en cours de développement dans l'Antarctique est. Elles sont situées à la pointe Whitney (66°15'5.70"S 110°31'50.10"E et 66° 15' 3.20"S 110°32'2.60"E) et à la pointe Blakeney (66° 14'32.20"S 110°34'53.20"E).

Diverses structures sont également installées à proximité de la Zone. À son point le plus proche, la ligne de démarcation de la Zone se situe à environ:

- 3,5 km au nord-est de la station Casey (66°17' S 110°31' E);
- 1,0 km au nord de l'ancienne station Wilkes et 0,2 km au nord du refuge « Wilkes Hilton » (66°15'25.6"S 110°31'32.2"E) ;
- 1,5 km au sud-ouest du refuge « Jack's Donga » (66°13.7'S 110°39.2'E).

6 (iv) Emplacement d'autres zones protégées à proximité

Les autres zones protégées dans un périmètre de 50 km sont (Carte A):

- la zone spécialement protégée de l'Antarctique n° 135, péninsule Northeast Bailey (66°17'S 110°33'E): située à 2,5 km au sud-ouest de la péninsule Clark, à travers la baie Newcomb adjacente à la station Casey (Australie).
- la zone spécialement protégée de l'Antarctique n° 103, île Ardery (66°22' de latitude Sud, 110°27' de longitude Est), et île Odbert (66°22' de latitude Sud, 110°33' de longitude Est,) côte Budd située dans la baie Vincennes, à 13 km au sud de l'ancienne station Wilkes ; et
- la zone spécialement protégée de l'Antarctique n° 160, îles Frazier (66°13' de latitude Sud, 110°11' de longitude Est), à environ 16 km au nord-ouest de la baie Vincennes.

6 (v) Zones spéciales à l'intérieur de la zone

Il existe une aire de transit au nord-est d'une ligne allant de nord en ouest de la ligne de démarcation de la ZSPA (110°38'34"E, 66°14'47"S) à 110°36'54"E, 66°14'31"S (carte B). Les véhicules sur neige peuvent traverser l'aire de transit à des fins scientifiques ou pour des activités de gestion aux abords de la glace de mer. Les véhicules doivent se déplacer uniquement sur du sol couvert de glace ou de neige afin d'éviter toute perturbation de la végétation et des vieilles colonies de manchots. L'utilisation de l'aire de transit peut être sujette à des conditions spécifiques de délivrance des permis.

7. Conditions pour obtenir un permis d'accès

7 (i) Conditions générales pour l'obtention d'un permis

L'accès à la Zone est interdit, sauf conformément à un permis délivré par une autorité nationale compétente. Les critères de délivrance des permis d'accès à la zone sont les suivants :

- il est délivré uniquement pour la conduite d'études scientifiques indispensables qui ne peuvent être menées ailleurs, en particulier l'étude scientifique de l'avifaune et de l'écosystème de la Zone, ou pour des raisons de gestion essentielles qui sont conformes aux objectifs du plan telles que les activités d'inspection ou de révision ;
- les actions autorisées ne doivent pas porter atteinte aux valeurs de la zones ni à d'autres activités autorisées ;
- les actions autorisées le sont conformément au présent plan de gestion ;
- le permis ou une copie agréée devra être apporté dans la Zone ;
- un rapport de visite devra être remis à l'autorité ayant délivré le permis dès que possible à l'issue de la visite de la ZSPA et au plus tard six mois après la visite ;
- les permis sont délivrés pour une durée déterminée ;
- le détenteur du permis doit informer l'autorité compétente de toute activité menée ou mesure prise qui n'aurait pas été dûment autorisée par le permis; et
- toutes les données de recensement et données GPS devront être remises à l'autorité qui délivre le permis et aux Parties responsables de l'élaboration du plan de gestion.

7 (ii) Accès à la Zone et déplacements à l'intérieur de celle-ci

La Zone ne doit être accessible que par :

- Le refuge « Wilkes Hilton » au sud-ouest;
- le refuge « Jack's Donga » au nord-est; ou
- la pente occidentale des moraines Løken dans les alentours à l'est de l'anse Stevenson, suite à la traversée de la station Casey au refuge « Jack's Donga ».

L'accès de Casey à la station abandonnée de Wilkes se fait par une piste de jonc bien signalisée au sud de la limite de démarcation sud de la ZSPA. En approchant la ZSPA depuis Casey, dans la zone située à l'est et au nord-est de l'anse Noonan, une section de la piste se divise en deux, offrant ainsi deux voies d'accès différentes (Carte B). La piste plus au sud devrait être utilisée lorsque l'état de la glace près de cette anse permet un accès sans danger. Lorsqu'un accès sans danger via la piste plus au sud n'est pas possible, la piste plus au nord devrait être empruntée. Étant donné que la piste Casey-Wilkes est très proche de la limite de la ZSPA, les piétons et les véhicules doivent veiller à ne pas s'en écarter vers le nord.

Il est en outre possible d'accéder à station Wilkes depuis la station Casey à bord d'une petite embarcation. Un site de débarquement désigné pour les petites embarcations se trouve à l'anse Powell à 110°31'29"E 66°15'22"S.

L'accès à la mer de glace au moyen de véhicules sur neige est autorisé à l'intérieur de l'aire de transit qui se trouve au nord-est d'une ligne partant de la ligne de démarcation de la ZSPA aux moraines Løken 110°38'34" de latitude Est et 66°14'47" de longitude Sud et allant de nord en ouest pour rencontrer le littoral à 110°36'54" de latitude Est et 66°14'31" de longitude Sud. Tous les véhicules doivent se déplacer uniquement sur un sol couvert de neige ou de glace pour éviter de perturber la végétation et les anciennes colonies de manchots.

Les véhicules ne sont pas autorisés dans le reste de la ZSPA (sauf en cas d'urgence). L'accès à la ZSPA doit se faire en tout temps à pied. La circulation piétonne dans la ZSPA doit se maintenir à un minimum absolu nécessaire en accord avec les objectifs de toute activité autorisée. Les visiteurs doivent dans toute la mesure du possible éviter de marcher sur la végétation visible et dans les aires où le sol est humide, afin d'éviter d'endommager les sols, les plantes ou les algues tout en dégradant la qualité de l'eau.

Les hélicoptères ne sont pas autorisés à atterrir dans la ZSPA, sauf en cas d'urgence ou pour des activités de gestion essentielles. Les opérations de survol de la ZSPA doivent être réalisées conformément aux « Lignes directrices pour l'exploitation d'aéronefs à proximité des concentrations d'oiseaux dans l'Antarctique », établies par la Résolution 2 (2004).

7(iii) Activités pouvant être menées à l'intérieur de la Zone

Les activités suivantes peuvent être menées dans la zone :

- travaux de recherche scientifique indispensables qui ne peuvent être menés ailleurs, et qui ne porteront pas atteinte à l'avifaune ou à l'écosystème de la zone ; et

- activités de gestion essentielles, y compris la surveillance.

7(iv) Installation, modification ou retrait de structures

Les structures et installations à caractère permanent sont interdites dans la zone. Les structures et installations à caractère temporaire seront mises en place dans la zone uniquement pour des motivations scientifiques impérieuses ou à des fins de gestion conformément aux dispositions établies par le permis.

Les structures à caractère temporaire mises en place dans la zone doivent être :

- clairement identifiables par les mentions du pays, nom du principal chercheur, année d'installation et date prévue de l'enlèvement ;

- exemptes d'organisme, de propagule (par exemple, semences, œufs) et de sol non stérile ;

- fabriqués en matériaux capables de supporter les conditions environnementales et poser un risque de contamination minimal à la Zone; et

- enlevés le plus tôt possible, lorsqu'ils ne sont plus nécessaires ou avant l'expiration de la durée de validité du permis.

7(v) Emplacement des camps

Il est interdit de camper dans la zone. Les équipes de travail doivent camper soit au refuge « Wilkes Hilton » soit au refuge « Jack's Donga » (Carte A).

7(vi) Restrictions relatives aux matériaux et organismes pouvant être introduits dans la Zone

Il convient de se conformer aux restrictions suivantes :

- aucun animal vivant, végétal, sol non stérile ni microorganisme ne peut être introduit délibérément dans la zone. Il est nécessaire de prendre des précautions pour éviter l'introduction accidentelle d'animaux, de végétaux, de micro-organismes et de terre non stérile

- aucun herbicide ne devra être introduit dans la Zone, sauf pour lutter contre l'invasion d'espèces exotiques. De tels produits chimiques ne doivent être utilisés qu'en dernier recours, sous le contrôle des conditions imposées par le permis. Tout autre produit chimique, y compris les radionucléides ou isotopes stables, susceptibles d'être introduits aux fins de la recherche scientifique ou de la gestion conformément à un permis, sera retiré de la zone, au plus tard lorsque les activités prévues au permis auront pris fin.

- les combustibles ne doivent pas être entreposés dans la zone sauf pour une utilisation indispensable dans le cadre d'activités dûment autorisées par un permis. Tous les combustibles seront enlevés de la zone à ou avant la fin de l'activité pour laquelle le permis a été délivré. Les dépôts permanents ou semi-permanents de carburants ne sont pas autorisés ;

- tout matériau introduit dans la Zone devra l'être uniquement pour une période déterminée, et devra être étiqueté de l'identifiant d'un pays si laissé à l'abandon. Tout matériau introduit dans la Zone devra en être retiré au plus tard à l'issue de cette période déterminée. Le matériel doit être conservé et manipulé avec précaution afin de minimiser les impacts potentiels sur l'environnement.

- aucun produit avicole, notamment les produits alimentaires à longue conservation contenant des œufs en poudre, ne doit être introduit dans la zone ; et

- aucun dépôt d'aliments ou d'autres produits ne sera laissé dans la Zone au-delà de la période pendant laquelle ils sont nécessaires.

7 (vii) Prélèvement de végétaux, capture d'animaux ou perturbations nuisibles de la faune et la flore

Il est interdit de prélever des végétaux, de capturer des animaux ou d'entreprendre des interventions nuisibles à la faune et à la flore, sauf autorisation dûment mentionnée sur un permis. En cas de collecte ou de perturbation néfaste des animaux, le SCAR Code of Conduct for the Use of Animals for Scientific Purposes in Antarctica (Code de conduite du SCAR pour l'utilisation d'animaux à des fins scientifiques dans l'Antarctique) doit être utilisé à titre de norme minimale.

7(viii) Collecte ou retrait de matériaux qui n'ont pas été apportés dans la Zone par le titulaire du permis

Des organismes peuvent être prélevés ou enlevés de la zone uniquement en conformité avec un permis et ils doivent être limités au minimum nécessaire pour répondre à des besoins scientifiques ou des besoins de gestion.

7 (ix) Élimination des déchets

Tous les déchets, y compris les déchets humains, devront être retirés de la Zone.

7(x) Mesures éventuellement nécessaires pour assurer la poursuite de la réalisation des buts et objectifs du Plan de gestion

Des permis peuvent être délivrés pour entrer dans la zone et s'y livrer à des activités de surveillance, de gestion de la Zone et d'inspections

- le prélèvement d'échantillons à des fins d'analyse ou de révision ;
- la construction ou l'entretien de matériel scientifique ou de structures temporaires, et des dispositifs de bornage ; et
- d'autres mesures de protection.

Tout site dédié au suivi de long terme doit être signalé par des bornes ou des panneaux et des coordonnées GPS obtenues pour inclusion dans l'Annuaire des données antarctiques par l'autorité nationale appropriée.

La recherche ornithologique est limitée à des activités étant, dans la mesure du possible, non invasives et ne perturbant pas les oiseaux de mer en phase de reproduction présents dans la zone. Les activités de recherche perturbatrices et/ou envahissantes ne seront autorisées qu'à condition de n'avoir aucun effet sur les populations, ou seulement un effet temporaire et passager.

Les visiteurs devront prendre des précautions particulières afin d'éviter l'introduction d'espèces non indigènes dans la Zone, y compris le transfert d'espèces depuis d'autres sites antarctiques et notamment d'autres régions de conservation biogéographiques de l'Antarctique. Les introductions microbiennes, animales ou végétales en provenance de sols d'autres sites antarctiques, y compris de stations, suscitent une inquiétude particulière. Afin de minimiser le risque d'introductions, les visiteurs devront veiller à soigneusement nettoyer les chaussures, équipements d'échantillonnage, balises, etc.

7 (xi) Conditions pour les rapports

Les Parties doivent s'assurer que le principal détenteur de chaque permis délivré soumet aux autorités nationales compétentes un rapport décrivant les activités menées.

Ces rapports doivent inclure les renseignements identifiés dans le formulaire du rapport de visite inclus dans le « *Guide pour la préparation des plans de gestion de zones spécialement protégées en Antarctique* ».

Les Parties doivent conserver des archives de ces activités.

Au cours de l'échange annuel d'informations, elles doivent fournir des récapitulatifs des descriptions des activités menées par les personnes soumises à leur juridiction, descriptions qui doivent être suffisamment détaillées pour évaluer l'efficacité du Plan de gestion.

Dans la mesure du possible, les Parties doivent déposer des originaux ou des copies des rapports de visite originaux dans une archive accessible au public pour tenir à jour un enregistrement de l'utilisation, pour les besoins d'un contrôle du Plan de gestion et de l'organisation scientifique de la Zone.

Une copie de ce rapport doit être envoyée à la Partie nationale responsable de l'élaboration du plan de gestion.

Qui plus est, les rapports de visite doivent fournir des informations détaillées sur les données de recensement, l'emplacement éventuel de nouvelles colonies ou de nids non recensés au préalable, un bref résumé des conclusions des travaux de recherche et des exemplaires des photographies prises à l'intérieur de la zone.

8. Bibliographie

Adamson, E., and Seppelt, R. D., (1990) A Comparison of Airborne Alkaline Pollution Damage in Selected Lichens and Mosses at Casey Station, Wilkes Land, Antarctica. Dans : Kerry, K. R., and Hempel, G. (Eds.), *Antarctic Ecosystems: Ecological Change and Conservation*, Springer-Verlag, Berlin, pp. 347-353.

Azmi, O. R., and Seppelt, R. D., (1997) Fungi in the Windmill Islands, continental Antarctica. Effect of temperature, pH and culture media on the growth of selected microfungi. Biologie polaire 18 : 128-134.

Azmi, O. R., and Seppelt, R. D., (1998) The broad scale distribution of microfungi in the Windmill islands region, continental Antarctica. Biologie polaire 19 : 92-100.

Beyer, L. and Bölter, M., (2002) Geoecolgy of Antarctic Ice-Free Coastal Landscapes. Ecological Studies, Vol. 154. Springer-Verlag Berlin Heidelberg:

Beyer, L., Pingpank, K., Bolter, M. and Seppelt, R. D., (1998) Small-distance variation of carbon and nitrogen storage in mineral Antarctic Cryosols near Casey Station (Wilkes Land). Zeitschrift fur Pflanzenahrung Bodendunde 161: 211-220.

Bircher, P.K., Lucieer, A. and Woehler, E.J. (2008) Population trends of Adélie penguin (Pygoscelis adeliae) breeding colonies: a spatial analysis of the effects of snow accumulation and human activities, Biologie polaire, 31:1397-1407.

Blight, D. F., (1975) The Metamorphic Geology of the Windmill Islands Antarctica, Volumes 1 and 2, PhD thesis, University of Adelaide.

Blight, D. F. and Oliver, R. L. (1997) The metamorphic geology of the Windmill Islands Antarctica: a preliminary account. Journal of the Geological Society of Australia, 24: 239-262.

Blight, D. F. and Oliver, R. L.,(1982) Aspects of the Geological history of the Windmill Islands, Antarctica. Dans : Craddock, C. (Ed.), *Antarctic Geoscience*, University of Wisconsin Press, Madison, WI, pp. 445-454.

Clarke, L.J., et al, (2012) Radiocarbon bomb spike reveals biological effects of Antarctic climate change, Global Change Biology 18, 301-310.

Cowan, A. N., (1979) Giant Petrels at Casey, Antarctica. Australian Bird Watcher 8: 66-67.

Cowan, A. N., (1981) Size variation in the Snow petrel (*Pagodroma nivea*). Notornis 28: 169-188.

Emslie, S. D., Woehler, E. J., (2005) A 9000 year record of Adélie penguin occupation and diet in the Windmill Islands, East Antarctica. Antarctic Science 17, 57-66

Giese, M., (1998) Guidelines for people approaching breeding groups of Adélie penguins (*Pygoscelis adeliae*), Polar Record 34 (191): 287-292.

Goodwin, I. D. (1993) Holocene deglaciation, sea-level change, and the emergence of the Windmill Islands, Budd Coast, Antarctica, Quaternary Research, 40: 70-80.

Heatwole, H., et al. (1989) Biotic and chemical characteristics of some soils from Wilkes Land Antarctica, Antarctic Science 1: 225-234.

Hovenden, M. J. and Seppelt, R. D. (1995) Exposure and nutrients as delimiters of lichen communities in continental Antarctica, Lichenologist 27: 505-516.

Ling, H. U. and Seppelt, R. D. (1998) Non-marine algae and cyanobacteria of the Windmill Islands region, Antarctica with descriptions of two new species. Algological Studies 89, 49-62.

Martin, M. R., Johnstone, G. W. & Woehler, E. J. (1990) Increased numbers of Adélie Penguins *Pygoscelis adeliae* breeding near Casey, Wilkes Land, East Antarctica. Corella 14, 119-122.

Melick, D. R., Hovenden, M. J., and Seppelt, R. D. (1994) Phytogeography of bryophyte and lichen vegetation in the Windmill Islands, Wilkes land, Continental Antarctica, Vegetatio 111: 71-87.

Melick, D. R., and Seppelt, R. D. (1990) Vegetation patterns in Relation to climatic and endogenous changes in Wilkes Land, continental Antarctica, Journal of Ecology, 85: 43- 56.

Murray, M. D., and Luders, D. J., (1990) Faunistic studies at the Windmill Islands, Wilkes Land, east Antarctica, 1959-80. ANARE Research Notes 73, Antarctic Division, Kingston. ZSPA N° 136 : Clark Peninsula 9

Newbery, K.B. and Southwell, C. (2009). An automated camera system for remote monitoring in polar environments. Cold Region Science and Technology 55: 47-51.

Newsham, K.K. and Robinson, S.A. (2009) Responses of plants in polar regions to UVB exposure: a meta-analysis, Global Change Biology, 12, 2574-2589.

Olivier, F., Lee, A. V. and Woehler, E. J., (2004) Distribution and abundance of snow petrels *Pagodroma nivea* in the Windmill Islands, East Antarctica. Biologie polaire 27:257-265.

Orton, M. N., 1963. A Brief Survey of the Fauna of the Windmill Islands, Wilkes Land, Antarctica. The Emu 63: 14-22.

Paul, E., Stüwe, K., Teasdale, J., and Worley, B., (1995) Structural and metamorpohic geology of the Windmill Islands, east Antarctica: field evidence for repeated tectonothermal activity. Australian Journal of Earth Sciences 42: 453-469.

Robinson SA, et al. (2000) Desiccation tolerance of three moss species from continental Antarctica. Australian Journal of Plant Physiology, 27, 379-388.

Robinson S.A., Wasley J. and Tobin A.K., (2003) Living on the edge – plants and global change in continental and maritime Antarctica. Global Change Biology, 9, 1681-1717.

Robinson S.A., Turnbull, J.D., Lovelock, C.E. (2005) Impact of changes in natural ultraviolet radiation on pigment composition, physiological and morphological characteristics of the Antarctic moss, Grimmia antarctici. Global Change Biology, 11, 476-489.

Roser, D. J., Melick, D. R. and Seppelt, R. D., (1992) Reductions in the polyhydric alcohol content of lichens as an indicator of environmental pollution. Antarctic Science 4 : 185-189.

Roser, D. J., Melick, D. R., Ling, H. U. and Seppelt, R. D. (1992) Polyol and sugar content of terrestrial plants from continental Antarctica. Antarctic Science 4 : 413- 420.

Roser, D. J., Seppelt, R. D. and Nordstrom(1994) Soluble carbohydrate and organic content of soils and associated microbiota from the Windmill Islands, Budd Coast, Antarctica. Antarctic Science 6 : 53-59.

Selkirk, P.M. and Skotnicki, M.L., (2007) Measurement of moss growth in continental Antarctica, Polar Biology, 30:407-413.

Smith, R. I. L., (1980) Plant community dynamics in Wilkes Land, Antarctica, Proceedings NIPR Symposium of polar biology, 3: 229-224.

Smith, R. I. L., (1986) Plant ecological studies in the fellfield ecosystem near Casey Station, Australian Antarctic Territory, 1985-86. British Antarctic Survey Bulletin 72: 81-91.

Smith, R. I.L., (1988) Classification and ordination of cryptogamic communities in Wilkes Land, Continental Antarctica. Vegetatio 76, 155-166.

Southwell, C. and Emmerson, L., (2013) Large-scale occupancy surveys in East Antarctica discover new Adélie penguin breeding sites and reveal an expanding breeding distribution, Antarctic Science 25(4), 531–535.

Turnbull, J.D. and Robertson, S.A. (2009) Accumulation of Accumulation of DNA damage in Antarctic mosses: correlations with ultraviolet-B radiation, temperature and turf water content vary among species, Global Change Biology, 15, 319-329.

Woehler, E. J. (1990) Two records of seabird entanglement at Casey, Antarctica. Marine Ornithology 18, 72-73.

Woehler, E. J. (1993) Antarctic seabirds: their status and conservation in the AAT. RAOU Conservation Statement 9, 8pp.

Woehler E. J., Riddle M. J. and Ribic C.A. (2003) Long-term population trends in southern giant petrels in East Antarctica. Dans : Huiskes AHL, Gieskes WWC, Rozema J, Schorno RML, van der Vies SM and Wolff W (eds) *Antarctic Biology in a global context.* Backhuys Publishers, Leiden, pp 290-295.

Woehler, E. J., Martin, M. R. & Johnstone, G. W. (1990) The status of Southern Giant-Petrels, *Macronectes giganteus*, at the Frazier Islands, Wilkes Land, East Antarctica. Corella 14, 101-106.

Woehler, E. J., Slip, D. J., Robertson, L. M., Fullagar, P. J. and Burton, H. R., (1991) The distribution, abundance and status of Adélie penguins *Pygoscelis adeliae* at the Windmill Islands, Wilkes Land, Antarctica, Marine Ornithology 19: 1-18.

Woehler, E. J., et al (1994) Impacts of human visitors on breeding success and long-term population trends in Adélie Penguins at Casey, Antarctica, Biologie polaire 14: 269-274.

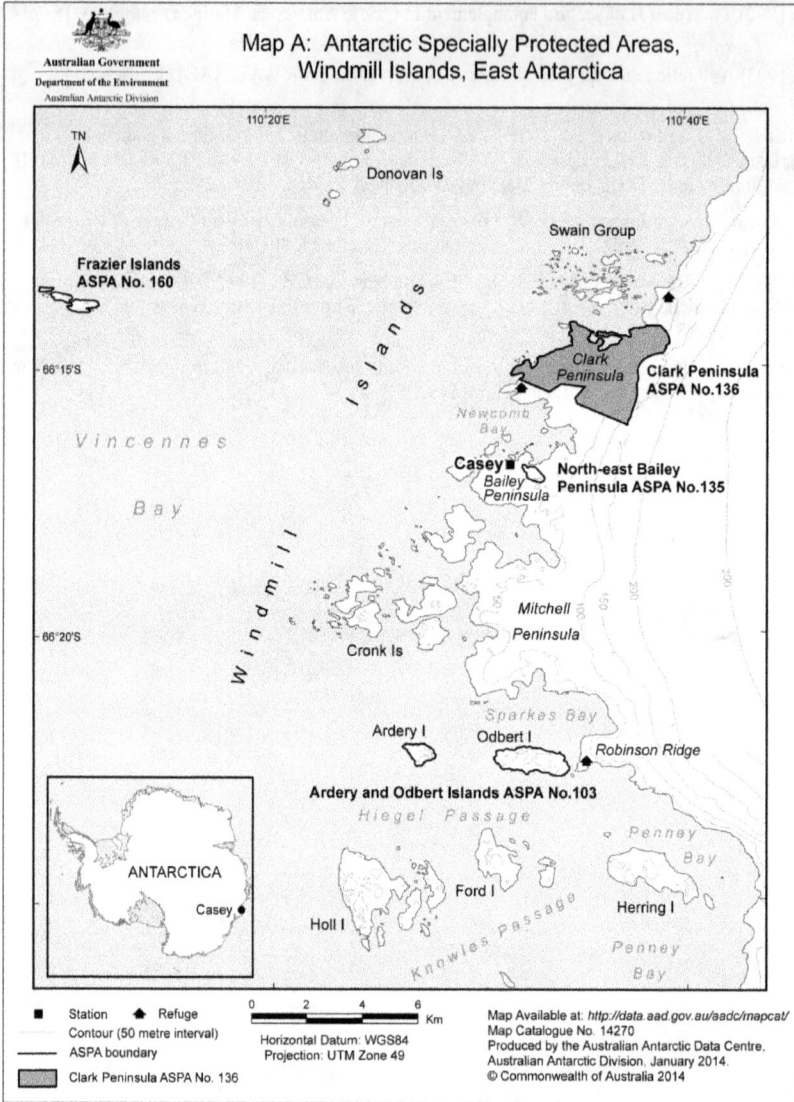

Map A: Antarctic Specially Protected Areas, Windmill Islands, East Antarctica

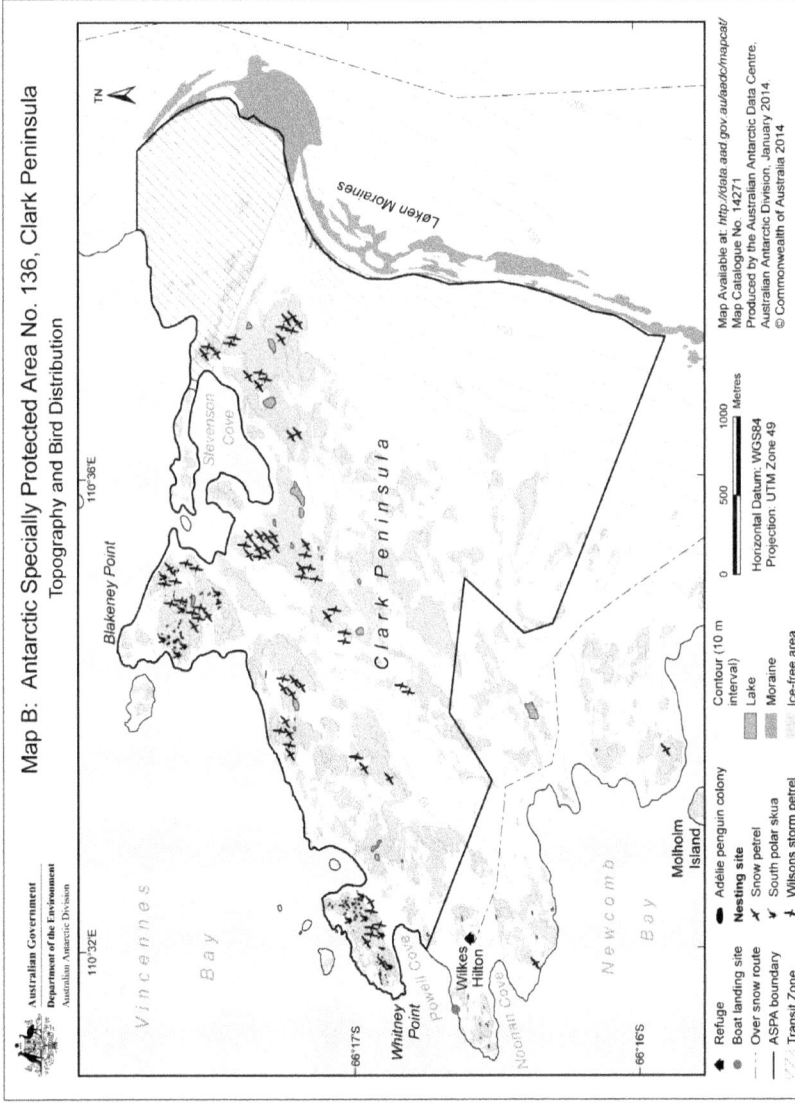

Map B: Antarctic Specially Protected Area No. 136, Clark Peninsula
Topography and Bird Distribution

Map C: Antarctic Specially Protected Area No. 136, Clark Peninsula
Vegetation

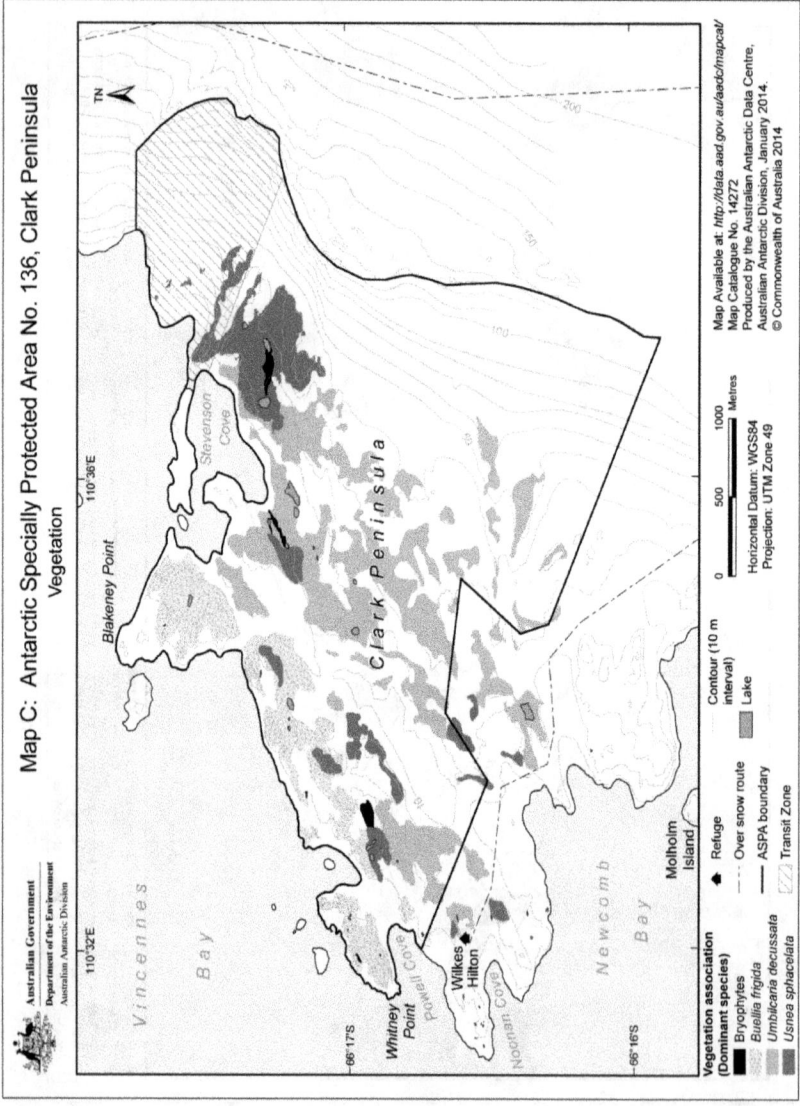

Plan de gestion pour la

Zone spécialement protégée de l'Antarctique (ZSPA) n° 139

POINTE BISCOE, ÎLE ANVERS, ARCHIPEL PALMER

Introduction

La Pointe Biscoe, zone spécialement protégée de l'Antarctique, se trouve à proximité de la côte sud-ouest de l'île Anvers dans l'archipel Palmer, péninsule Antarctique, au 64°48'40"S, 63°46'27"O. Elle est d'une suuperficie approximative de 0,59 km². Sa désignation est due principalement à ses vastes communautés végétales, à ses sols et à son écologie terrestre. La zone abrite les plus vastes étendues de canche antarctique (*Deschampsia antarctica*) et de sagine antarctique (*Colobanthus quitensis*) que l'on trouve dans la région de l'île Anvers ainsi que de nombreuses espèces de mousse et de lichens. C'est également un site de reproduction pour plusieurs espèces d'oiseaux, y compris les manchots Adélie (*Pygoscelis adeliae*) et les papous (*P. papua*), les labbes bruns (*Stercorarius lonnbergi*), antarctiques et (*S. maccormicki*) et hybrides, qui ont fait l'objet d'une surveillance de longue durée et de recherches écologiques. De surcroît, la protection de longue date de la zone en fait un site de référence utile pour des études comparatives et une surveillance de longue durée.

La désignation de la zone a été proposée par les États-Unis d'Amérique et adoptée par la recommandation XII-8 [1985, Site présentant un intérêt scientifique particulier (SISP) n°20] ; sa date d'expiration a été prorogée par la Résolution 3 (1996) et la Mesure 2 (2000) et la zone a été rebaptisée et renumérotée par la Décision 1 (2002). La ligne de démarcation de la zone a été révisée par la Mesure 2 (2004) afin d'en supprimer la composante marine, et à la suite de l'effondrement de la rampe de glace qui unissait l'île à l'île Anvers. Un plan de gestion révisé a été adopté par la Mesure 7 (2010).

La zone se trouve dans l'Environnement E - péninsule antarctique, île Alexandre et autres îles selon l'Analyse des domaines environnementaux du continent antarctique et dans la Région 3 – nord-ouest de la péninsule antarctique, selon le système des Régions de conservation biogéographiques de l'Antarctique. La Pointe Biscoe est située dans la zone gérée spéciale de l'Antarctique n° 7, sud-ouest de l'île Anvers et bassin Palmer.

1. Description des valeurs à protéger

La Pointe Biscoe (64°48'47"S, 63°47'41"O, 0,59 km²), île Anvers, archipel Palmer, péninsule antarctique a été désignée parce qu'elle « contient une concentration importante (environ 5 000 m²) mais discontinue de deux plantes vasculaires indigènes, à savoir la canche antarctique (*Deschampsia antarctica*) et, moins répandue, la sagine antarctique (*Colobanthus quitensis*). Un limon relativement bien développé se trouve sous un tapis végétal fermé et contient un riche biote, y compris le moucheron aptère *Belgica antarctica*. Les programmes de recherche à long terme pourraient être menacés en raison des interférences provenant de la station Palmer toute proche et des navires de tourisme. »

Ce plan de gestion réaffirme les valeurs scientifiques et écologiques exceptionnelles liées à la faune d'invertébrés et à la flore très développée dans la zone. Par ailleurs, la *C. quitensis,* qui pousse au sud du 60° degré de Latitude Sud, a été observée pour la première fois à la Pointe Biscoe lors de l'expédition antarctique française de Jean-Baptiste Charcot en 1903-05. L'île sur laquelle se trouve la Pointe Biscoe abrite les plus vastes étendues de *D. antarctica* et *C. quitensis* à proximité de l'île Anvers, inhabituellement abondantes à cette latitude. En réalité, les quantités sont nettement supérieures à celles qui avaient été décrites précédemment puisque près de la moitié de l'île de la Pointe Biscoe et la majeure partie de la zone libre de glace de la péninsule vers le nord abritent des concentrations de végétations très importantes. Les communautés s'étendent sur une grande partie de la terre ferme libre de glace disponible, la concentration de *D. antarctica*, de *C. quitensis* se présentant de manière discontinue, et les bryophytes ainsi que les lichens de différentes espèces varient en densité, couvrant une superficie d'environ 250 000 m². Une concentration de mousse dans la grande vallée du côté septentrional de l'île principale s'étend presque de manière continue sur 150 m dans le lit de la vallée, couvrant une superficie d'environ 6 500 m². Des concentrations individuelles quasi-continues de *D. antarctica* et *C. quitensis* englobent une superficie similaire, sur l'île principale et, dans une moindre mesure, sur le promontoire en direction du nord.

Plusieurs études portant sur les communautés végétales étaient en cours lorsque la zone a été désignée en 1985. Bien que ces études aient été interrompues peu après la désignation du site, les recherches botaniques se sont poursuivies sur le site. Par exemple, des graines de *D. antarctica* et *C. quitensis* ont été recueillies à la Pointe Biscoe pour l'étude de plantes, en l'occurrence l'examen de l'influence des changements climatiques et des rayonnements UVB (Day, communication personnelle, 1999). La Pointe Biscoe présentait une valeur incontestable pour ces études en raison de la quantité et de la qualité des graines disponibles dans la zone. Des carottes contenant du matériel végétal et de la terre ont été prélevées à l'intérieur de la zone pour étudier les flux de carbone et d'azote que contient l'écosystème ainsi que pour évaluer l'effet de l'augmentation de la température et des précipitations sur cet écosystème (Park *et al.*, 2007, Day *et al.*, 2009). Par ailleurs, la Pointe Biscoe est l'un des rares sites de faible altitude où la végétation n'a pas encore été trop endommagée par les otaries à fourrure et, à ce titre, elle constitue un site de référence pour évaluer l'influence de ces otaries sur la végétation et les sols de la région. Bien que la récente expansion de la colonie de manchots papous ait endommagé et détruit une partie de la végétation entourant des sites de nidification, ces pertes sont relativement insignifiantes par rapport à la végétation totale présente à la Pointe Biscoe, et les valeurs de la végétation de la zone ne sont pas significativement altérées.

La Pointe Biscoe présente également un intérêt pour la recherche ornithologique. Des recherches consacrées à l'écologie des oiseaux de mer et des études de suivi de longue durée sont en cours sur des colonies de manchots Adélie (*Pygoscelis adeliae*) et de papous (*P. papua*) de même que sur des labbes bruns (*Stercorarius lonnbergi*) et hybrides (Patterson-Fraser, communication personnelle, 2010). La colonie de manchots papous s'est établie à la Pointe Biscoe aux alentours de 1992 et, en raison de son installation récente, elle présente un intérêt particulier pour l'évaluation des changements écologiques de long terme par rapport à la dynamique et à la structure des populations aviaires locales (Fraser, communication personnelle, 1999). La colonie de manchots Adélie présente un intérêt particulier pour la surveillance de long terme et la comparaison par rapport à d'autres colonies de port Arthur qui sont exposées à une influence humaine beaucoup plus importante. À cet égard, le fait que la zone ait été protégée de l'homme et que son utilisation ait été réglementée par un système de permis depuis si longtemps revêt une importance particulière. La colonie de manchots Adélie est une des plus anciennes de la région méridionale de l'île Anvers (plus de 700 ans) et, à ce titre, présente un intérêt certain pour des études paléoécologiques. Le site est également le seul de la région où des labbes bruns (*S. lonnbergi*), des labbes antarctiques (*S. maccormicki*) et des labbes hybrides sont observés chaque année.

Jusqu'à il y a peu, la Pointe Biscoe était sur une péninsule reliée à l'île Anvers par une rampe de glace s'étendant du glacier adjacent. Cette rampe a disparu lorsque le glacier s'est retiré et un étroit canal sépare maintenant l'île Anvers de l'île sur laquelle se trouve la Pointe Biscoe. Le périmètre initial de la zone était de forme géométrique ; il incluait un promontoire libre de glace séparé de 300 m vers le nord de l'île de même qu'un environnement marin intermédiaire. La zone telle qu'elle est actuellement définie inclut toute la terre ferme située au-dessus du niveau de la mer à marée basse de l'île principale sur laquelle est située Pointe Biscoe (0,48 km²), tous les îlots et rochers situés au large sur une distance de 100 m du littoral de l'île principale et la majeure partie du promontoire principalement libre de glace situé à 300 m vers le nord (0,1 km²). La composante marine a maintenant été exclue de la zone en l'absence d'informations sur ses valeurs. La zone couvre désormais une superficie totale approximative de 0,59 km².

En résumé, la zone de la Pointe Biscoe se distingue pour les raisons suivantes :

- Exemples de communautés végétales, de sols et d'écologie terrestre connexe.
- Intérêt ornithologique, avec plusieurs espèces aviaires résidant sur le site ; particularités paléoécologiques connexes aux propriétés inhabituelles qui font l'objet d'études de long terme ; et
- Site de référence pour la surveillance et les études comparatives.

Afin de protéger les valeurs de la zone, il est important que les visites restent très occasionnelles et soient gérées avec la plus grande attention.

2. Buts et objectifs

La gestion de la Pointe Biscoe a pour objectifs :

- Eviter toute détérioration ou tout risque de détérioration des valeurs de la zone en empêchant toute perturbation humaine et tout échantillonnage inutiles de ladite zone ;

- Permettre des recherches scientifiques sur l'écosystème et l'environnement physique à condition qu'elles soient impérieuses, qu'elles ne puissent être menées ailleurs et qu'elles ne portent aucun préjudice aux valeurs justifiant la désignation de la zone ;

- Permettre des visites à des fins pédagogiques et d'information (reportages documentaires (visuels, audio ou écrits) ou production de ressources ou de services pédagogiques), à condition que ces activités soient organisées pour des raisons impérieuses, qu'il soit impossible de les organiser ailleurs et qu'elles ne portent pas atteinte à l'écosystème naturel de la zone ;

- Réduire les possibilités d'introduction de plantes, d'animaux ou de microbes non indigènes dans la zone ;

- Réduire les possibilités d'introduction de pathogènes qui pourraient apporter des maladies aux populations fauniques dans la zone ; et

- Permettre des visites à des fins de gestion conformément aux objectifs du plan de gestion.

3. Activités de gestion

Les activités de gestion ci-après seront réalisées pour protéger les valeurs de la zone :

- Des panneaux indiquant l'emplacement de la zone (mentionnant les restrictions spéciales qui s'appliquent) seront affichés de manière on ne peut plus visible. Des copies de ce plan de gestion, y compris des cartes de la zone, devront être mises à la disposition de la station Palmer (Etats-Unis d'Amérique) sur l'île Anvers et à la station Yelcho (Chili) sur l'île Doumer ;

- Des copies de ce plan de gestion devront être distribuées à tous les navires et tous les aéronefs qui traversent la zone et/ou qui se trouvent à proximité de la station Palmer et toutes les personnes (membres du programme national, expéditions sur le terrain, chef d'expéditions touristiques, pilotes et capitaines de bateaux) qui travaillent à proximité de la zone, qui y accèdent ou qui la survolent, devront être informées par leurs programmes nationaux, leurs voyagistes ou leurs autorités nationales compétentes des limites et des restrictions qui s'appliquent à l'entrée ou au survol de la zone ;

- Les programmes nationaux doivent prendre des mesures pour s'assurer que les limites de la zone et les restrictions qui s'appliquent à l'intérieur de celle-ci soient indiquées sur les cartes concernées et sur les cartes nautiques / aéronautiques ;

- Les repères, les panneaux ou les autres structures érigés dans la zone à des fins scientifiques ou de gestion seront maintenus fixes et en bon état, et ils seront enlevés lorsqu'ils ne seront plus nécessaires ;

- Les programmes antarctiques nationaux opérant dans la zone devraient enregistrer tous les nouveaux repères, signes et structures érigés dans la zone ;

- Des visites seront organisées en fonction des besoins (au moins une fois tous les 5 ans) afin de déterminer si la zone répond toujours aux objectifs pour lesquels elle a été désignée et de s'assurer que les mesures de gestion et d'entretien sont adéquates.

4. Durée de la désignation

La zone est désignée pour une période indéterminée

5. Cartes et photographies

Carte 1 :   ZSPA n°139 Pointe Biscoe, port Arthur, île Anvers, localisation des stations avoisinantes (station Palmer, États-Unis d'Amérique ; station Yelcho, Chili ; site historique et monument port Lockroy n°61, Royaume-Uni), les limites de la zone spécialement protégée de l'Antarctique n°7 sud-ouest de l'île Anvers et bassin Palmer, et localisation des zones protégées avoisinantes.
Projection : Conique conforme de Lambert ; Méridien central : 64° 00' O ; Parallèles standard : 64° 40' S, 65° 00' S ; Latitude d'origine : 66° 00' S ; Datum sphéroïde et horizontal : WGS84 ; Courbe de niveau : Terre – 250 m, Mer – 200 m.
Sources : côtes & topographie base de données numériques sur l'Antarctique SCAR v4.1 (2005) ; Bathymétrie : IBCSO v.1 (2013) ; Zones protégées : ERA (juillet 2013) ; Stations : COMNAP (mai 2013).
Emplacement : localisation de l'île Anvers et de l'archipel Palmer par rapport à la péninsule Antarctique.

Carte 2 :   ZSPA n°139 Pointe Biscoe - Caractéristiques physiques, limites et modalités d'accès.
Projection : Conique conforme de Lambert Méridien central : 63° 46' O ; parallèles standard : 64° 48' S ; 64° 50' S ; Latitude d'origine : 65° 00' S ; Datum sphéroïde et horizontal : WGS84 ; Datum vertical : niveau moyen de la mer ; courbe de niveau ; 5 m. La côte de l'île où se situe la Pointe Biscoe est numérisée à partir d'une image satellite (nov. 2009) dont la précision est estimée à ± 1 m (ERA, 2010). La péninsule située au nord de la Pointe Biscoe, plusieurs îles au large des côtes et l'île Anvers sont également tirées d'une récente image satellite et d'une image géoréférencée WorldView-2 (16 janvier 2012) (Imagerie © 2012 Digital Globe ; Programme d'imagerie commerciale NGA). Colonies de manchots et autres caractéristiques : image satellite (novembre 2009) et levé GPS (ERA 2001).

Carte 3 :   ZSPA n°139 Pointe Biscoe - Colonies de manchots, étendue approximative de la végétation et sites contaminés recensés.
Les spécifications de la carte sont les mêmes que pour la carte 2. Contamination : étude partielle (février 2001) ; Végétation : estimée à partir de photographies aériennes et terrestres.

6.   Description de la zone

6(i) Coordonnées géographiques, bornage et caractéristiques du milieu naturel :

Description générale

La Pointe Biscoe (64°48'47"S, 63°47'41"O) se trouve à l'extrémité ouest d'une petite île (0,48 km^2) située à proximité de la côte méridionale de l'île Anvers (2 700 km^2) à environ 6 km au sud du mont William (1 515 m), dans la région située à l'ouest de la péninsule antarctique connue sous le nom d'archipel Palmer (Carte 1). Jusqu'à il y a peu, cette île était reliée à l'île Anvers par une rampe de glace s'étendant d'un glacier adjacent coulant vers l'ouest, et de nombreuses cartes (désormais incorrectes) situent la Pointe Biscoe sur une péninsule. Un canal marin étroit et permanent d'environ 50 m de large sépare maintenant l'île sur laquelle repose la Pointe Biscoe de l'île Anvers. Cette île principalement libre de glace se trouve au sud-est de la baie de Biscoe et au nord du détroit de Bismarck. Une étendue de terre plus petite, principalement libre de glace, mesurant 300 m et orientée vers le nord, reste unie à l'île Anvers par une rampe de glace telle une péninsule.

L'île sur laquelle se trouve la Pointe Biscoe a une longueur approximative de 1,8 km vers l'est-ouest et mesure jusqu'à 450 m de large (carte 2). Du point de vue topographique, elle est composée d'une série de collines de faible altitude, la principale crête à orientation est-ouest s'élevant à une altitude maximum d'environ 24 m. Une calotte polaire de petite taille qui s'élevait jadis jusqu'à 12 m à l'extrémité orientale de l'île n'existe plus. Le littoral est irrégulier et en général rocheux, clairsemé d'îlots et de rochers en mer, et découpé par de petites criques. Certaines des criques les mieux protégées abritent des plages de galets à la fois accessibles et peu accidentées. Le promontoire anonyme situé au nord a une longueur approximative de 750 m (est-ouest) et une largeur de 150 m. Il possède les mêmes caractéristiques à l'exception de l'altitude qui est plus faible.

La station Palmer (États-Unis d'Amérique) est située à 13,8 km au nord-ouest de la zone à port Arthur, la station Yelcho (Chili) se trouve environ 12 km au sud-est sur l'île Doumer tandis que la « Base A »

(Royaume-Uni, site historique n°61) est situé à port Lockroy, île Goudier (au large de l'île Wiencke) à environ 13 km à l'est (Carte 1).

Limites

Le périmètre initial de la zone était de forme géométrique et il incluait la terre associée à la Pointe Biscoe, le promontoire libre de glace séparé de 300 m vers le nord ainsi que les îles adjacentes et l'environnement marin. Une étude détaillée récente a fourni peu d'informations pour étayer la présence de valeurs spécifiques associées à l'environnement marin local. La zone marine ne fait pas actuellement l'objet d'études scientifiques et aucun projet n'existe à ce stade. En outre, elle ne subit aucune pression spécifique ni aucune menace exigeant des décisions particulières dans le domaine de la gestion. Pour ces raisons, les limites de la zone ont été revues afin d'exclure l'environnement marin. La zone telle qu'elle est actuellement définie inclut toute la terre ferme située au-dessus du niveau de la mer à marée basse de l'île principale sur laquelle est située la Pointe Biscoe (0,48 km^2), tous les îlots et rochers situés au large sur une distance de 100 m du littoral de l'île principale et la majeure partie du promontoire principalement libre de glace situé à 300 m vers le nord (0,1 km^2) (Carte 2). La limite côté terre (orientale) sur le promontoire septentrional recoupe la péninsule à l'endroit où elle émerge en saillie de l'île Anvers, caractérisée par une petite baie coupant le glacier au sud et une autre côte similaire, mais moins prononcée au nord. La superficie totale de la zone incluant l'île principale et le promontoire septentrional est de 0,59 km^2.

Climat

Aucune donnée météorologique n'est disponible pour la Pointe Biscoe mais ces données existent pour la station Palmer (États-Unis d'Amérique) où les conditions sont censées être assez semblables. Les données de plus long terme disponibles pour la station Palmer démontrent que les températures régionales sont relativement douces en raison des conditions océanographiques locales et de la couverture nuageuse fréquente et persistante dans la région de port Arthur (Lowry 1975). Les températures de l'air moyennes et annuelles enregistrées à la station Palmer entre 1974 et 2012 indiquent clairement une tendance au réchauffement, bien que les températures varient fortement d'une année à l'autre. La température annuelle moyenne pour les années 2010-12 était de -1,34°C. La température annuelle moyenne minimale enregistrée était de -4,51°C en 1980. La température minimale enregistrée au cours de cette période était de -26°C (août 1995) et la température maximale était de 11,6°C (mars 2010).

Entre 1990 et 2012, la moyenne annuelle des précipitations était de 64 cm et celle des chutes de neige était de 342 cm. Les tempêtes et les précipitations sont fréquentes à la station Palmer et les vents, bien que persistants, sont généralement faibles à modérés, de secteur nord-est. La couverture nuageuse est fréquente et dense, son plafond étant régulièrement inférieur à 300 m.

Ces caractéristiques sont assez semblables à celles de la Pointe Biscoe, même si la zone présente moins de différences climatiques en raison de sa localisation géographique.

Géologie et sols

Aucune description spécifique n'est disponible pour ce qui concerne la géologie de l'île abritant la Pointe Biscoe, pas plus que pour ce qui concerne la péninsule au nord. Toutefois, la roche-mère semblable principalement composée de gabbros et d'adamellites du Crétacé supérieur/Tertiaire inférieur appartenant à la suite intrusive andine qui domine la composition de la partie sud-est de l'île Anvers (Hooper, 1958). Le gabbro est une roche plutonique foncée à gros grain qui est, d'un point de vue minéralogique, semblable au basalte et qui est principalement composée de pyroxène et de feldspath plagioclasique riche en calcium. L'adamellite est une roche granitique composée de 10 à 50 % de quartz et qui contient du feldspath plagioclasique. Un sol composé de fins minéraux caractérise les terrains peu accidentés mais aucune analyse précise des sols n'a été réalisée à ce jour. Une terre glaiseuse relativement bien développée est associée au tapis végétal fermé de *Deschampsia*. Des carottes extraites dans le sud de l'île, à proximité de la colonie de manchots Adélie, étaient composées d'un horizon organique, recouvrant une moraine de fond sablo-limoneuse ou une assise rocheuse (Day et al. 2009).

Habitat dulçaquicole

L'île sur laquelle est située la Pointe Biscoe abrite un certain nombre de petits cours d'eau et lagunes saisonniers qui n'ont pas encore fait l'objet d'une description scientifique. Une petite lagune (peut-être la plus grande, d'environ 30 m x 8 m) et un petit cours d'eau se trouvent dans une vallée sur le flanc méridional de la crête principale de l'île, à 50 m au nord-est d'un petit site de débarquement par mer (Carte 2). La présence d'un long tuyau en caoutchouc indique qu'à un moment donné, des visiteurs ont prélevé de l'eau douce de ce site. Le tuyau a été enlevé en 2009-2010 et détruit à la station Palmer. Une autre lagune d'eau douce, de dimension similaire (environ 25 m x 6 m), se trouve dans la vallée orientée est-ouest de la partie septentrionale de l'île. Un petit cours d'eau draine cette lagune vers l'ouest. Une série de petites lagunes apparaît sur les images satellites (mi-janvier 2012) à l'extrémité orientale de l'île ; ces lagunes sont nichées dans des dépressions qui ont pris la place d'une ancienne calotte glaciaire. L'environnement dulçaquicole a, jusqu'à présent, été épargné par les phoques. Des manchots se baignent/se lavent dans certaines lagunes situées près de la colonie de manchots papous. Par conséquent, ces lagunes sont plus riches en nutriments (Patterson-Fraser, communication personnelle, 2014). Aucune information n'est disponible pour ce qui concerne l'hydrologie du promontoire séparé situé au nord.

Végétation

L'aspect le plus significatif de la végétation de la Pointe Biscoe est l'abondance et la reproduction de deux plantes locales : la canche antarctique (*Deschampsia antarctica) et la sagine antarctique (Colobanthus quitensis)*. Les communautés de *D. antarctica* et *C. quitensis* de la Pointe Biscoe sont les plus importantes dans les environs immédiats de l'île Anvers et elles sont considérées comme particulièrement abondantes à une latitude aussi méridionale (Greene et Holtom 1971, Komárková 1983, 1984, Komárková, Poncet et Poncet, 1985). *C. quitensis*, qui pousse au sud du 60° parallèle sud, a été observée pour la première fois (comme *C. crassifolius*) à proximité de la Pointe Biscoe par le biologiste Turquet participant à l'Expédition antarctique française (1903-1905) de Jean-Baptiste Charcot. Plus récemment, des graines de ces plantes ont été prélevées dans la zone afin d'étudier, à la station Palmer, les effets des changements climatiques et de l'exposition aux rayonnements UV-B sur ces espèces (Day, communication personnelle, 1999 ; Xiong, 2000). En janvier 2004, des carottes de matériel végétal et de sols ont été prélevées de la Pointe Biscoe et utilisées à des fins d'essais pluriannuels dans l'écosystème de la toundra. Elles ont été utilisées en combinaison avec des échantillons d'eau de pluie et de colature pour mesurer les réservoirs et les flux de carbone et d'azote dans l'écosystème de la Pointe Biscoe de même que pour évaluer le rôle joué par les apports d'azote de la colonie de manchots avoisinante (Park *et al.*, 2007). Des carottes ont également été utilisées dans le cadre d'expériences de manipulation climatique à la station Palmer, qui avaient pour objet de déterminer l'effet de l'augmentation de la température et des précipitations sur le rendement des plantes et l'abondance du collembole *Cryptopygus* (Day *et al.*, 2009).

Les D. antarctica et *C. quitensis* sont beaucoup plus abondantes que décrit auparavant par les scientifiques. En effet, près de la moitié de l'île sur laquelle se trouve la Pointe Biscoe et la majeure partie de la zone libre de glace de la péninsule nord abritent de fortes concentrations de ces espèces ainsi qu'une grande variété de bryophytes et de lichens. La répartition approximative des principales concentrations de végétation sur l'île principale a été évaluée à partir de photographies terrestres et aériennes (Carte 3). La répartition illustrée sur la carte 3 a pour but de donner une idée générale du couvert végétal et non pas une description précise ; elle n'est basée sur aucun recensement précis effectué au sol. Toutefois, elle permet d'indiquer l'importance des communautés végétales qui forment un couvert discontinu de composition et de densité variées réparti sur une zone d'environ 250 000 m². Komárková (1983) a constaté la présence d'une concentration discontinue de *D. antarctica* et *C. quitensis* atteignant environ 5 000 m2 sur l'île principale. Une concentration particulièrement importante de mousses située dans la vallée du côté septentrional de l'île principale s'étend de manière quasi continue sur 240 m dans le lit de la vallée, couvrant une surface d'environ 8 000 m² (Harris, 2001). Des concentrations moins importantes sont présentes ailleurs sur l'île ainsi que sur le promontoire séparé à 300 m au nord. Une colonisation a été observée sur des éléments ayant fait l'objet d'une déglaciation récente.

Des mousses prédominent dans le lit des vallées, à proximité des cours d'eau et des lagunes, et dans les dépressions humides. Au nombre des mousses spécifiquement répertoriées à la Pointe Biscoe figurent *Bryum pseudotriquetrum* et *Sanionia uncinata* (Park et al., 2007). Sur les flancs des vallées, des communautés mixtes de mousses et de *C. quitensis* sont fréquentes sur les versants nord à faible altitude, la présence de *D. antarctica* étant plus notoire en altitude. Des communautés mixtes de *D. antarctica* et *C. quitensis* sont particulièrement prolifiques sur les versants nord entre 10 et 20 m tandis que *D. antarctica* se rencontre plus fréquemment sur les sites exposés aux éléments à une altitude supérieure à 20 m. Les mousses et les lichens sont souvent des taxons co-dominants ou subordonnés. Dans certains habitats, *C. quitensis* est parfois observée en petites nappes éparses. On trouve fréquemment des communautés de plantes sur des bancs libres de neige en deçà des lignes de crête sur lesquelles nichent des manchots Adélie et papous (Park et Day, 2007). Des nappes de plantes vasculaires mortes, mesurant jusqu'à 20 m², ont été observées dans la zone et sont sans doute le résultat d'une aridification, d'inondations et de gel pendant certains étés (Komárková, Poncet et Poncet, 1985).

Contrairement à d'autres sites côtiers de faible altitude dans la région, la végétation de la Pointe Biscoe ne semble pas avoir été affectée par l'augmentation importante, intervenue récemment, du nombre d'otaries à fourrure (*Arctocephalus gazella*). En tant que telle, la zone a été choisie comme site d'évaluation potentielle de l'impact des otaries à fourrure sur la végétation et le sol (Day, communication personnelle 1999). L'expansion de la colonie de manchots papous a endommagé localement la végétation, là où se concentrent les oiseaux et où ils établissent leurs nids (Patterson-Fraser, communication personnelle, 2014). Ces sites sont relativement petits par rapport à la couverture végétale totale de la Pointe Biscoe, et les valeurs de la végétation de la zone n'ont par conséquent pas été significativement altérées.

Invertébrés, bactéries et champignons

La présence du moucheron aptère *Belgica Antarctica* est associée à la présence d'un limon et d'un tapis végétal fermé très développés. Les carottes prélevées à la Pointe Biscoe contenaient plusieurs espèces de microarthropode, y compris plusieurs espèces ou genres d'acarien, une espèce de diptère et trois espèces de collembole. Le collembole *Cryptopygus antarcticus* était le microarthropode le plus présent (Day et al., 2009). Aucune information supplémentaire concernant les assemblages d'invertébrés dans la zone n'est disponible, mais compte tenu du degré de développement des communautés de plantes, il est probable qu'il existe une riche faune d'invertébrés. Aucune information n'est disponible non plus pour ce qui concerne les communautés fongiques et bactériennes locales.

Oiseaux en phase de reproduction et mammifères

Au moins six espèces d'oiseaux se reproduisent sur l'île sur laquelle se trouver Pointe Biscoe. Une colonie de pingouin Adélie (*Pygoscelis adeliae*) est située sur la crête d'un promontoire du côté sud de l'île, au-dessus d'une étroite crique sur la côte méridionale (Carte 3). Le nombre des membres de la colonie a décliné, passant d'environ 3000 dans les années 1980 à environ 500-600 ces dernières années (Tableau 1). Une colonie de manchots papous (*Pygoscelis papua*) a été découverte en 1992-1993 sur les versants de la face septentrionale de cette crique, sur la face sud de la crête de l'île principale (Fraser, communication personnelle, 1999) (Carte 3) tandis que le nombre de manchots papous a considérablement augmenté ces dernières années pour atteindre 3197 couples nicheurs pendant la saison 2012-2013 (Patterson-Fraser, communication personnelle, 2010, 2014 ; Ducklow *et al.*, 2013) (Tableau 1).

Tableau 1 – Nombre de manchots Adélie (*Pygoscelis adeliae*) et papous (Pygoscelis *papua*) sur l'île abritant Pointe Biscoe (1971-2012)

	Pygoscelis adeliae			*Pygoscelis papua*		
Année	Couples en phase de reproduction	Décompte[1]	Source	Couples en phase de reproduction	Décompte[1]	Source

1971-72	3020	N3	2		0	N3	2
1983-84	3440	P3	3		0	P3	3
1984-85	2754	N1	3		0	N1	3
1986-87	3000	N4	4				
...							
1994-95					14	N1	5
1995-96					33	N1	5
1996-97	1801	N1	5		45	N1	5
1997-98					56	N1	5
1998-99					26	N1	5
1999-2000	1665	N1	5		149	N1	5
2000-01	1335	N1	5		296	N1	5
2001-02	692	N1	5		288	N1	5
2002-03	1025	N1	5		639	N1	5
2009-10	594	N1	6		2401	N1	6
2010-11	539	N1	7		2404	N1	7
2011-12	567	N1	7		3081	N1	7
2012-13	522	N1	7		3197	N1	7

1. N = Nid, P = Poussin, A = Adultes; 1 = < ± 5%, 2 = ± 5-10%, 3 = ± 10-15%, 4 = ± 25-50% (classification d'après Woehler, 1993)
2. Müller-Schwarze et Müller-Schwarze, 1975
3. Parmelee et Parmelee, 1987
4. Poncelet et Poncelet (note : le nombre de 3 500 fourni par Woehler (1993) semble être une erreur).
5. Données de Fraser fournies en février 2003, et basées sur plusieurs sources publiées et non publiées
6. Données de Patterson-Fraser fournies en mars 2010 sur la base du recensement à l'époque où le nombre des œufs était à son maximum.
7. Ducklow et al. 2013.

Les colonies de manchots Adélie comptent parmi les plus anciennes de la région (plus de 700 ans) et ont fait l'objet d'études paléoécologiques (Emslie, 2001) tandis que la colonie de manchots papous est considérée comme particulièrement intéressante car elle est très récente (Fraser, communication personnelle, 1999). Des études à long terme sont menées sur la structure et la dynamique des populations de colonies de manchots dans la zone. Des comparaisons utiles peuvent donc être établies avec d'autres colonies de port Arthur qui subissent des influences importantes de l'homme (Fraser, communication personnelle, 1999). La diminution du nombre de manchots nicheurs Adélie à la Pointe Biscoe et l'augmentation du nombre de manchots nicheurs papous confirment les récentes observations de colonies effectuées près de la station Palmer (Ducklow *et al.* 2013) et ailleurs dans la région de la péninsule antarctique (Hinke *et al.* 2007, Carlini *et al.* 2009).

Les labbes antarctiques (*Stercorarius maccormicki*) et les labbes bruns (*S. lonnbergi*) se reproduisent chaque année dans la zone et l'on y trouve également des labbes hybrides. Sur l'île abritant Pointe Biscoe, 132 couples de labbes antarctiques et 1 couple de labbes bruns ont été dénombrés les 26 et 27 février 2001 (Harris, 2001). A la même époque, 15 couples de labbes antarctiques, en général avec un ou deux petits, ont été observés sur le promontoire 300 m au nord. Les goélands dominicains (*Larus dominicanus*) et les sternes antarctiques (*Sterna vittata*) se reproduisent dans la zone (Fraser, communication personnelle, 2000), mais aucune donnée quant à leur nombre n'est disponible. Des informations concernant les autres espèces aviaires se reproduisant dans la zone ou la visitant occasionnellement ne sont pas non plus disponibles.

Un petit nombre d'otaries à fourrure (*Arctocephalus gazella*) qui ne se reproduisent pas dans la zone (plusieurs spécimens ont été dénombrés sur l'île à la fin du mois de février 2001 - Harris, 2001), des phoques de Weddell (*Leptonychotes weddellii*) et des éléphants de mer (*Mirounga leonina*) ont été observés sur les plages en été. Malgré la présence de plages et de terre pouvant servir de point de chute aux phoques, ces derniers ne sont généralement pas observés en grand nombre dans la zone. Ce phénomène est peut-être dû à la persistance fréquente de glaces denses et cassantes provenant du vêlage des glaciers de l'île Anvers toute proche (Fraser, communication personnelle, 1999). Aucune autre information relative au nombre et au statut de reproduction, ou concernant d'autres espèces de phoques, n'est disponible Aucune information concernant l'environnement marin local n'est disponible.

Activités humaines et impact

L'activité humaine dans la zone semble avoir été très limitée, mais il n'existe guère d'informations à ce sujet. La première activité humaine documentées dans la région de la Pointe Biscoe date d'il y a 150 ans, lorsque John Biscoe, de la marine royale, est entré dans la baie qui porte aujourd'hui son nom, le 21 février 1832. Biscoe a consigné son débarquement sur l'île d'Anvers, probablement près de la Pointe Biscoe, pour prendre possession, au nom du Royaume-Uni, de ce qu'il croyait être une partie du continent antarctique (Hattersley-Smith, 1991). La visite suivante remonte à 1903-1905, lorsque Turquet a observé des *C.* quitensis sur le site de la première expédition antarctique française dirigée par Charcot.

Plus récemment , des parcelles ont été matériellement établies en 1982 pour l'étude des plantes sur l'île située près de la Pointe Biscoe (Komárková, 1983), même si des recherches à long terme initialement prévues ont pris fin peu après. Komárková a utilisé des baguettes de soudage insérées dans le sol pour le bornage des sites réservés aux études. Un relevé partiel a permis de définir avec précision les positions (± 2 m) de 44 baguettes de soudage trouvées dans le sol et la végétation lors d'une recherche systématique effectuée sur le côté nord-est de l'île en février 2001 (Carte 3) (Harris, 2001). Les baguettes étaient situées à un endroit où la végétation de l'île est particulièrement abondante et elles étaient réparties sur une surface d'au moins 8 000 m². En général, elles avaient été placées dans le sol ou la végétation et leur extrémité traitée chimiquement était orientée vers le bas. Par conséquent, les agents polluants des baguettes semblaient avoir détruit toute la végétation dans un diamètre de 20 cm autour de la baguette. De nombreuses baguettes avaient été découvertes lors de saisons précédentes, probablement des centaines (Fraser, Patterson, Day, communication personnelle, 1999-2002). Toutes les baguettes additionnelles ont été découvertes sur la plage ou à proximité pendant la saison 2009-2010 puis rassemblées et détruites à la station Palmer (Patterson-Fraser, communication personnelle, 2010). La zone n'est pas considérée comme un site de référence idéal pour mesurer la pollution chimique car l'incertitude règne toujours quant à la présence de certaines concentrations et de certains types de polluants, les sites affectés, et l'ampleur de la pénétration des polluants dans les sols, l'eau et les systèmes biologiques.

Fraser (communication personnelle, 2001) a consigné la présence de bornes de plomb dans la colonie de manchots papous. Par ailleurs, des déchets provenant du milieu marin (principalement du bois) peuvent être présents sur les plages. Un tuyau en caoutchouc (longueur : 15 m ~ diamètre : 15 cm) a été retiré d'une petite vallée, à proximité d'un petit site de débarquement par mer situé au sud, en 2009-10.

Des études scientifiques récentes effectuées dans la zone ont porté sur la surveillance de labbes et de manchots en phase de reproduction. La zone a également été utilisée pour le prélèvement de graines de *Deschampsia* et de *Colobanthus* ainsi que de carottes de matériel végétal et pédagogique à des fins de recherches écologiques dans la région de la station Palmer. Des permis sont exigés pour visiter la zone depuis qu'elle est spécialement protégée, c'est-à-dire depuis 1985.

6(ii) Accès à la zone

L'accès à la zone peut se faire au moyen d'une petite embarcation, d'un aéronef, d'un véhicule sur la glace de mer ou à pied. Aucune voie d'accès particulière n'a encore été désignée pour entrer dans la zone avec une petite embarcation. Des restrictions s'appliquent au survol de la zone, à l'accès par hélicoptère et à l'atterrissage d'aéronefs ; les conditions spécifiques sont décrites dans la section 7(ii) ci-dessous. La zone d'accès par hélicoptère d'application autour de la zone est décrite dans les sections 6(v) et 7(ii) ci-dessous.

Le cycle saisonnier de formation de glace de mer dans la zone de Palmer varie beaucoup, cette formation commençant entre les mis de mars et de mai. Pour la période 1979-2004, la durée saisonnière de glace de mer dans cette zone a fluctué entre cinq et 12 mois (Stammerjohn *et al.*, 2008). On trouve fréquemment de denses sarrasins à proximité de l'île ; ils proviennent de glaciers vêlants sur l'île Anvers et peuvent empêcher de petites embarcations d'accéder à la zone.

6(iii) Emplacement des structures à l'intérieur de la zone et à proximité de celle-ci

Pour autant qu'on le sache, il n'y a ni structure ni instrument dans la zone. Une balise permanente, constituée d'une tige filetée de 5/8 pouces en acier inoxydable, a été installée sur l'île sur laquelle se trouve Pointe Biscoe par l'USGS le 31 janvier 1999. La balise, appelée BIS1, est située à une latitude sud de 64°48'40,12", une longitude ouest de 63°46'26,42" et une altitude de 23 m (Cartes 2 & 3). Elle se trouve approximativement au milieu de la crête principale de l'île, à environ 100 m au nord du petit site de débarquement par mer situé au sud. Elle est fixée au sol et dotée d'un identificateur en plastique rouge.

6(iv) Emplacement d'autres zones protégées à proximité directe de la zone

Les zones protégées les plus proches de la Pointe Biscoe sont les suivantes : île Litchfield (ZSPA n°113) située à 16 km à l'ouest de la zone port Arthur; baie du Sud (ZSPA n°146), située à environ 12 km au sud-est de l'île Doumer (Carte 1).

6(v) Zones spéciales au sein de la zone

Une aire d'accès à la zone par hélicoptère (Cartes 2 et 3) a été retenue dans le plan de gestion pour la zone spécialement protégée de l'Antarctique n°7, qui s'applique aux aéronefs accédant aux sites d'atterrissages désignés à l'intérieur de la zone. Cette aire d'accès s'étend vers le nord-ouest et le nord-est des sites d'atterrissage désignés jusqu'à une distance de 610 m à partir des bords des emplacements connus de reproduction des colonies d'oiseaux dans la zone.

7. Critères de délivrance des permis

7(i) Critères généraux

L'accès à la zone est interdit sauf si un permis a été délivré par les autorités nationales compétentes. Les critères de délivrance d'un permis pour entrer dans la zone sont les suivants :

- Les permis sont délivrés pour la conduite de recherches scientifiques, et en particulier de recherches portant sur l'écosystème terrestre et la faune de la zone ;
- Les permis sont uniquement délivrés pour la conduite de recherches à des fins pédagogiques ou d'information qui ne peuvent être entreprises ailleurs, ou pour des raisons essentielles à la gestion de la zone ;
- Les actions autorisées ne viendront pas perturber les valeurs écologiques, scientifiques ou pédagogiques de la zone;
- Toutes les activités de gestion contribuent à la réalisation des objectifs du plan de gestion ;
- Les actions autorisées sont conformes au plan de gestion ;
- Les activités autorisées le sont si, via le mécanisme d'évaluation d'impact sur l'environnement, on estime qu'elles concourent à la protection continue des valeurs environnementales, écologiques et scientifiques de la Zone ;
- Le permis est délivré pour une période déterminée ;
- Il est impératif d'être en possession du permis, ou d'une copie, dans la zone.

7(ii) Accès à la zone et mouvements à l'intérieur ou au-dessus de la zone

L'accès à la zone à bord d'une petite embarcation, d'un aéronef, par la glace marine en véhicule ou à pied, sera autorisé. Lorsque l'accès par la banquise est possible, aucune restriction ne s'applique aux itinéraires d'accès à la zone par les véhicules et les piétons. Toutefois, les véhicules ne doivent pas circuler sur la terre ferme.

Accès à pied et déplacements dans la zone

Seuls sont autorisés les déplacements à pied sur la terre ferme de la zone. Quiconque accède à la zone en aéronef, à bord d'une embarcation ou d'un véhicule ne devra pas, une fois à pied, s'éloigner des environs immédiats du site de débarquement sauf autorisation contraire prévue par le permis.

Les piétons devraient garder leurs distances avec la faune, sauf s'ils doivent s'en approcher pour des raisons accordées par le permis :

- Pétrels géants (*Macronectes giganteus*) - 50 m
- Otaries à fourrure (pour raisons de sécurité personnelle) - 15 m
- Autres oiseaux et phoques - 5 m.

Les visiteurs devraient se déplacer avec précaution afin de perturber le moins possible la flore, la faune, les sols et les plans d'eau. Les piétons devraient marcher sur la neige ou sur des sols rocheux s'ils sont praticables, en prenant garde de ne pas endommager les lichens. Les piétons devraient contourner les colonies de manchots et ne pas entrer dans des sous-groupes de manchots nicheurs sauf à des fins de recherche ou de gestion. Les déplacements à pied doivent être réduits au minimum en fonction des objectifs des activités autorisées et il convient à tout moment de veiller à réduire les effets nuisibles du piétinement.

Accès au moyen d'une petite embarcation

Les sites de débarquements recommandés pour les petites embarcations sont situés à l'un des endroits suivants (Cartes 2 et 3) :

1) Sur le bord septentrional de la crique ouverte de la côte méridionale de l'île qui, selon toute vraisemblance, sera libre de glace;
2) Sur la plage de la petite crique située à mi-chemin le long de la côte septentrionale de l'île à côté de l'endroit réservé aux campements et à l'atterrissage d'hélicoptères.

L'accès en petite embarcation à d'autres endroits sur la côte est autorisé pourvu qu'il soit conforme aux objectifs ayant justifié la délivrance du permis.

Accès en aéronef et survols

Les restrictions qui s'appliquent aux opérations aériennes sont valables du 1er octobre au 15 avril inclus, période pendant laquelle les aéronefs se déplacent et atterrissent à l'intérieur de la zone à condition de respecter strictement les conditions suivantes :

1) Les survols de la zone en-dessous de 2 000 pieds (environ 610 m) sont interdits en dehors de l'aire d'accès par hélicoptère (Carte 2), sauf lorsqu'ils sont spécifiquement autorisés à des fins qu'autorise le plan de gestion. Il est recommandé que les aéronefs se tiennent à2 000 pieds (environ 610 m) des bords des colonies d'oiseaux se reproduisant dans la zone comme indiqué sur la carte 2 à moins qu'ils n'accèdent aux sites d'atterrissage désignés en traversant l'aire d'accès par hélicoptère ;
2) L'atterrissage d'hélicoptères est autorisé en deux endroits spécifiques (Carte 2) : le premier (A) sur l'île principale où se trouve la Pointe Biscoe et le second (B) sur le promontoire séparé à 300 m plus au nord. Les sites d'atterrissage répondent aux coordonnées suivantes :
    (A) 64°48,59' S, 63°46,82' O - sur les galets de plage, quelques mètres au-dessus du niveau de la mer, 35 m à l'est de la plage sur le bord oriental d'une petite crique de la côte méridionale de l'île Un petit bassin de marée d'environ 25 m de diamètre est situé 30 m à l'est du site d'atterrissage; et
    (B) 64°48,37' S, 63°46,40' O – sur les versants inférieurs (occidentaux) d'une crête, qui peut être couverte de neige, s'étendant de l'île Anvers vers le promontoire septentrional. La prudence est de rigueur sur ces pentes enneigées qui seront vraisemblablement crevassées plus avant vers la pente est montante sur l'île Anvers.

3) Les aéronefs qui atterrissent à l'intérieur de la zone devront le faire en s'approchant dans toute la mesure du possible par l'aire d'accès des hélicoptères. La zone d'accès par hélicoptère permet d'accéder par le nord et l'ouest de la région de la baie de Biscoe au site d'atterrissage (A), et du nord et de l'est au site d'atterrissage (B) (Carte 2). L'aire d'accès par hélicoptère s'étend au-dessus de la haute mer entre les sites d'atterrissage A et B.

4) L'utilisation de grenades fumigènes pour déterminer la direction des vents est interdite dans la zone sauf pour des raisons impérieuses de sécurité. Ces grenades doivent être récupérées.

7(iii) Activités pouvant être menées à l'intérieur de la zone

- Recherches scientifiques qui ne portent pas atteinte aux valeurs et à l'écosystème de la région.
- Activités à des fins pédagogiques et/ou d'information qui ne peuvent être menées ailleurs ;
- Activités de gestion essentielles, y compris la surveillance et l'inspection.

7(iv) Installation, modification ou enlèvement de structures / de matériel

- Aucune structure ne doit être installée dans la zone sauf autorisation précisée dans le permis et, à l'exception des bornes et des panneaux permanents, les structures ou installations permanentes sont interdites;

- Tous les repères, matériels scientifiques et structures installés dans la zone doivent être autorisés par un permis et identifier clairement le pays, le nom du chercheur principal, l'année d'installation et la date d'enlèvement prévue. Tous ces éléments ne devraient comporter aucun organisme, propagule (p. ex. semences, œufs) ni aucune particule de terre non stérile, ils devraient être constitués de matériaux qui peuvent résister aux conditions environnementales et ne constituer qu'un facteur de risque minimal de contamination de la zone ou d'altération des valeurs de la zone ;

- Toute activité liée à l'installation (y compris le choix du site), à l'entretien, à la modification ou à l'enlèvement de structures ou de matériel sera menée à bien de manière à perturber le moins possible la faune et la flore, en évitant de préférence la principale saison de reproduction (1er octobre - 31 mars)

- L'enlèvement de structures / de matériel spécifiques dont le permis a expiré incombe à l'autorité qui a délivré le permis original, et doit constituer l'un des critères de délivrance du permis.

7(v) Emplacement des camps

Le campement temporaire est autorisé dans la zone à l'endroit désigné qui est situé à environ 50 m au nord-est du site d'atterrissage des hélicoptères (A) sur la côte septentrionale de l'île principale sur laquelle se trouve la Pointe Biscoe. Le site réservé à cet effet est situé sur un sol rocheux et des galets de plage, à quelques mètres au-dessus du niveau de la mer, directement au nord d'un bassin de marée temporaire, et il est séparé de la mer plus au nord par une crête rocheuse assez basse d'environ 8 m. Lorsque les objectifs spécifiés dans le permis l'exigent, un campement temporaire peut être établi sur la péninsule séparée à 300 m au nord, mais aucun site spécifique n'y a été défini. Il est interdit d'établir un campement sur un couvert végétal particulièrement abondant.

7(vi) Restrictions concernant les matériaux et les organismes pouvant être introduits dans la zone

Outre les critères du Protocole au Traité sur l'Antarctique relatif à la protection de l'environnement, les restrictions concernant les matériaux et les organismes pouvant être introduits dans la zone sont les suivantes :

- L'introduction délibérée d'animaux, de matières végétales, de microorganismes et de terre non stérile à l'intérieur de la zone est interdite. Des précautions doivent être prises pour éviter l'introduction accidentelle d'animaux, de matières végétales, de microorganismes et de terre non stérile qui proviennent d'autres régions différentes en termes biologiques (faisant partie de la zone du Traité sur l'Antarctique et au-delà).

- Les visiteurs veilleront à ce que le matériel d'échantillonnage et les bornes introduits dans la zone soient propres. Dans la mesure du possible, les chaussures et autres équipements utilisés ou introduits dans la zone (y compris les sacs à dos, les sacs de transport et les tentes) doivent être parfaitement nettoyés avant d'entrer dans la zone. Les visiteurs sont également tenus de consulter et de suivre, le cas échéant, les recommandations comprises dans le manuel sur les espèces non indigènes du Comité pour la protection de l'environnement (CEP 2011), et dans le Code de conduite environnemental pour la recherche scientifique terrestre en Antarctique (SCAR 2009).
- La volaille introduite dans la zone et non consommée, y compris toutes les parties, produits et/ou déchets de volaille, devront être éliminés de la zone ou incinérés afin de ne faire courir aucun risque à la faune et la flore indigènes.
- Aucun herbicide ni pesticide ne doit être introduit dans la zone ;
- Tout autre produit chimique, y compris les radionucléides ou isotopes stables, susceptibles d'être introduits à des fins scientifiques ou de gestion en vertu du permis, seront retirés de la zone au plus tard dès que prendront fin les activités prévues par le permis ;
- Aucun combustible, produit alimentaire, produit chimique ou autre matériel ne doit être entreposé dans la zone, sauf si une autorisation spécifique a été octroyée par le biais d'un permis. Ils doivent être stockés et traités de manière à limiter les risques inhérents à leur introduction accidentelle dans l'environnement ;
- Tous les matériaux seront introduits dans la zone pour une période déterminée. Ils seront retirés de ladite zone au plus tard à la fin de cette période, puis ils seront manipulés et entreposés de manière à limiter les risques pour l'environnement.
- En cas de fuites pouvant porter atteinte aux valeurs de la zone, l'enlèvement est encouragé seulement si l'impact de cet enlèvement est inférieur à celui de l'abandon sur place.

7(vii) Prise ou interférence nuisible avec la flore et la faune indigènes

Tout prélèvement ou toute interférence nuisible à la flore et à la faune indigènes est interdite, sauf si un permis a été délivré à cet effet conformément à l'article 3 de l'Annexe II du Protocole au Traité sur l'Antarctique relatif à la protection de l'environnement. Dans le cas de prélèvements d'animaux ou d'interférences nuisibles, le Code de conduite du SCAR pour l'utilisation d'animaux à des fins scientifiques dans l'Antarctique doit être adopté comme norme minimale.

7(viii) Collecte ou retrait de matériaux qui n'ont pas été introduits dans la zone par le titulaire du permis

- Les matériaux ne peuvent être ramassés ou enlevés de la zone qu'en conformité avec un permis, mais ils doivent être limités au minimum requis pour répondre aux besoins scientifiques ou de gestion. Cela concerne également les échantillons biologiques et les spécimens de roches.
- Tout matériau d'origine humaine susceptible de porter atteinte aux valeurs de la zone et qui n'a pas été introduit par le titulaire du permis ou par toute autre personne autorisée peut être enlevé de n'importe quelle partie de la zone dans la mesure où les conséquences de cet enlèvement sont moindres que si le matériau est laissé *in situ*. Dans ce cas, l'autorité appropriée devra en être informée.
- L'autorité nationale compétente devra être informée de tous les objets enlevés de la zone qui n'ont pas été introduits par le détenteur du permis.

7(ix) Élimination des déchets

Tous les déchets, y compris les déchets humains, seront évacués de la zone.

7(x) Mesures nécessaires pour que les buts et objectifs du plan de gestion continuent d'être atteints

Les permis d'accès à la zone peuvent être accordés pour :

1) mener des activités de contrôle et d'inspection dans la zone ; celles-ci peuvent comprendre la collecte d'un petit nombre d'échantillons ou de données pour en effectuer l'analyse ou l'examen ;

2) installer ou entretenir les panneaux, repères, structures ou matériels scientifiques ;

3) prendre des mesures de protection ;

4) mener des activités de recherche ou de gestion de manière à éviter des interférences avec des activités de surveillance et de recherche à long terme ou une répétition des efforts. Les personnes qui envisagent de mener de nouveaux projets dans la zone devraient consulter les programmes établis dans la zone, tels que ceux des États-Unis d'Amérique, avant d'entamer le travail.

7(xi) Critères pour les rapports

• Le détenteur principal d'un permis, pour chaque visite dans la zone devra soumettre un rapport à l'autorité nationale compétente dès que possible, et pas plus de six mois après sa visite.

• Ces rapports doivent inclure les renseignements identifiés dans le formulaire du rapport de visite repris dans le « Guide pour la préparation des plans de gestion de zones spécialement protégées en Antarctique ». Le cas échéant, l'autorité nationale doit également transmettre une copie du rapport de visite aux Parties qui sont à l'origine du plan de gestion, afin de les aider à gérer la zone et à réviser le plan de gestion ;

• Dans la mesure du possible, les Parties sont tenues de déposer les originaux ou les copies de ces rapports de visite originels dans un lieu d'archivage accessible au public, en vue d'un réexamen du plan de gestion et de l'organisation scientifique de la zone.

• L'autorité compétente devra être informée de toutes les activités entreprises et de toutes les mesures prises ainsi que de tous les matériaux introduits et non enlevés, qui ne figuraient pas dans le permis octroyé.

8. Bibliographie

Baker, K.S. 1996. Palmer LTER : Palmer Station air temperature 1974 to 1996. *Antarctic Journal of the United States* **31** (2): 162-64.

Carlini, AR, NR Coria, MM Santos, J Negrete, M a. Juares, et G a. Daneri. 2009. Responses of *Pygoscelis adeliae* and *P. papua* populations to environmental changes at Isla 25 de Mayo (King George Island). *Polar Biology* **32** (10) (May 16) : 1427–33.

Day, T.A., Ruhland, C.T., Strauss, S., Park, J-H., Krieg, M.L., Krna, M.A., and Bryant, D.M. 2009. Response of plants and the dominatn microarthropod *Cryptopygus antarcticus*, to warming and constrasting precipitation regimes in Antarctic tundra. *Global Change Biology* **15**: 1640-1651.

Ducklow, H.W., W.R. Fraser, M.P. Meredith, S.E. Stammerjohn, S.C. Doney, D.G. Martinson, S.F. Sailley, O.M. Schofield, D.K. Steinberg, H.J. Venables, and Amsler, C.D. 2013. West Antarctic Peninsula : An ice-dependent coastal marine ecosystem in transition. *Oceanography* **26**(3):190–203.

Emslie, S.D., Fraser, W., Smith, R.C. and Walker, W. 1998. Abandoned penguin colonies and environmental change in the Palmer Station area, Anvers Island, Antarctic Peninsula. *Antarctic Science* **10**(3): 257-268.

Emslie, S.D. 2001. Radiocarbon dates from abandoned penguin colonies in the Antarctic Peninsula region. *Antarctic Science* **13**(3):289-295.

ERA (2010). 2010. Biscoe Point Orthophoto 2010. Digital orthophotograph of Biscoe Point and adjacent areas of coast on Anvers Island. Ground pixel resolution 8 cm and horizontal / vertical accuracy of ± 1 m. MSL heights, 5 m^2 DTM. Aerial photography acquired by BAS on 29 Nov 2009 BAS/4/10. Unpublished data, Environmental Research & Assessment, Cambridge.

Greene, D.M. and Holtom, A. 1971. Studies in *Colobanthus quitensis* (Kunth) Bartl. and *Deschampsia antarctica* Desv.: III. Distribution, habitats and performance in the Antarctic botanical zone. *British Antarctic Survey Bulletin* **26**: 1-29.

Harris, C.M. 2001. Revision of management plans for Antarctic protected areas originally proposed by the United States of America and the United Kingdom: Field visit report. Internal report for the National Science Foundation, US, and the Foreign and Commonwealth Office, UK. Environmental Research & Assessment, Cambridge.

Hattersley-Smith, M.A. 1991. The history of place-names in the British Antarctic Territory. British Antarctic Survey Scientific Reports **113** (Part 1).

Hinke, JT, K Salwicka, SG Trivelpiece, GM Watters, and WZ Trivelpiece. 2007. Divergent responses of Pygoscelis penguins reveal a common environmental driver. *Oecologia* **153** (4) (October): 845–55.

Hooper, P.R. 1958. Progress report on the geology of Anvers Island . Unpublished report, British Antarctic Survey Archives Ref AD6/2/1957/G3.

Hooper, P.R. 1962. The petrology of Anvers Island and adjacent islands. *FIDS Scientific Reports* **34**.

Komárková, V. 1983. Plant communities of the Antarctic Peninsula near Palmer Station. *Antarctic Journal of the United States* **18**: 216-218.

Komárková, V. 1984. Plant communities of the Antarctic Peninsula near Palmer Station. *Antarctic Journal of the United States* **19**: 180-182.

Komárková, V, Poncet, S and Poncet, J. 1985. Two native Antarctic vascular plants, *Deschampsia antarctica* and *Colobanthus quitensis*: a new southernmost locality and other localities in the Antarctic Peninsula area. *Arctic and Alpine Research* **17**(4): 401-416.

Müller-Schwarze, C. and Müller-Schwarze, D. 1975. A survey of twenty-four rookeries of pygoscelid penguins in the Antarctic Peninsula region. In *The biology of penguins*, Stonehouse, B. (ed). Macmillan Press, London.

National Science Foundation, Office of Polar Programs, 1999. Palmer Station. OPP World Wide Web site address http://www.nsf.gov/od/opp/support/palmerst.htm

Park, J-H. and Day, T.A. 2007. Temperature response of CO_2 exchange and dissolved organic carbon release in a maritime Antarctic tundra ecosystem. *Polar Biology* 30: 1535-1544. DOI 10.1007/s00300-007-0314-y.

Park, J-H., Day, T.A., Strauss, S., and Ruhland, C.T. 2007. Biogeochemical pools and fluxes of carbon and nitrogen in a maritime tundra near penguin colonies along the Antarctic Peninsula. *Polar Biology* 30:199–207.

Parmelee, D.F. and Parmelee, J.M. 1987. Revised penguin numbers and distribution for Anvers Island, Antarctica. *British Antarctic Survey Bulletin* **76**: 65-73.

Poncet, S. and Poncet, J. 1987. Censuses of penguin populations of the Antarctic Peninsula, 1983-87. *British Antarctic Survey Bulletin* **77**: 109-129.

Rundle, A.S. 1968. Snow accumulation and ice movement on the Anvers Island ice cap, Antarctica: a study of mass balance. *Proceedings of the ISAGE Symposium, Hanover, USA, 3-7 September, 1968*: 377-390.

Sanchez, R. and Fraser, W. 2001. *Biscoe Point Orthobase*. Digital orthophotograph of island on which Biscoe Point lies, 6 cm pixel resolution and horizontal / vertical accuracy of ± 2 m. Geoid heights, 3 m² DTM, derived contour interval: 2 m. Data on CD-ROM and accompanied by USGS Open File Report 99-402 "GPS and GIS-based data collection and image mapping in the Antarctic Peninsula". Science and Applications Center, Mapping Applications Center. Reston, USGS.

Smith, R.I.L. 1996. Terrestrial and freshwater biotic components of the western Antarctic Peninsula. In Ross, R.M., Hofmann, E.E and Quetin, L.B. (eds). Foundations for ecological research west of the Antarctic Peninsula. *Antarctic Research Series* **70**: 15-59.

Smith, R.I.L. and Corner, R.W.M. 1973. Vegetation of the Arthur Harbour – Argentine Islands region of the Antarctic Peninsula. *British Antarctic Survey Bulletin* **33 & 34**: 89-122.

Stammerjohn, S.E., Martinson, D.G., Smith, R.C. and Iannuzzi, R.A. 2008.Sea ice in the western Antarctic Peninsula region: Spatio-temporal variabilityfrom ecological and climate change perspectives. *Deep-Sea Research II* **55**: 2041– 2058.

Woehler, E.J. (ed) 1993. *The distribution and abundance of Antarctic and sub-Antarctic penguins*. SCAR, Cambridge.

Xiong, F.S., Mueller, E.C. and Day, T.A. 2000. Photosynthetic and respiratory acclimation and growth response of Antarctic vascular plants to contrasting temperature regimes. *American Journal of Botany* **87**: 700-710.

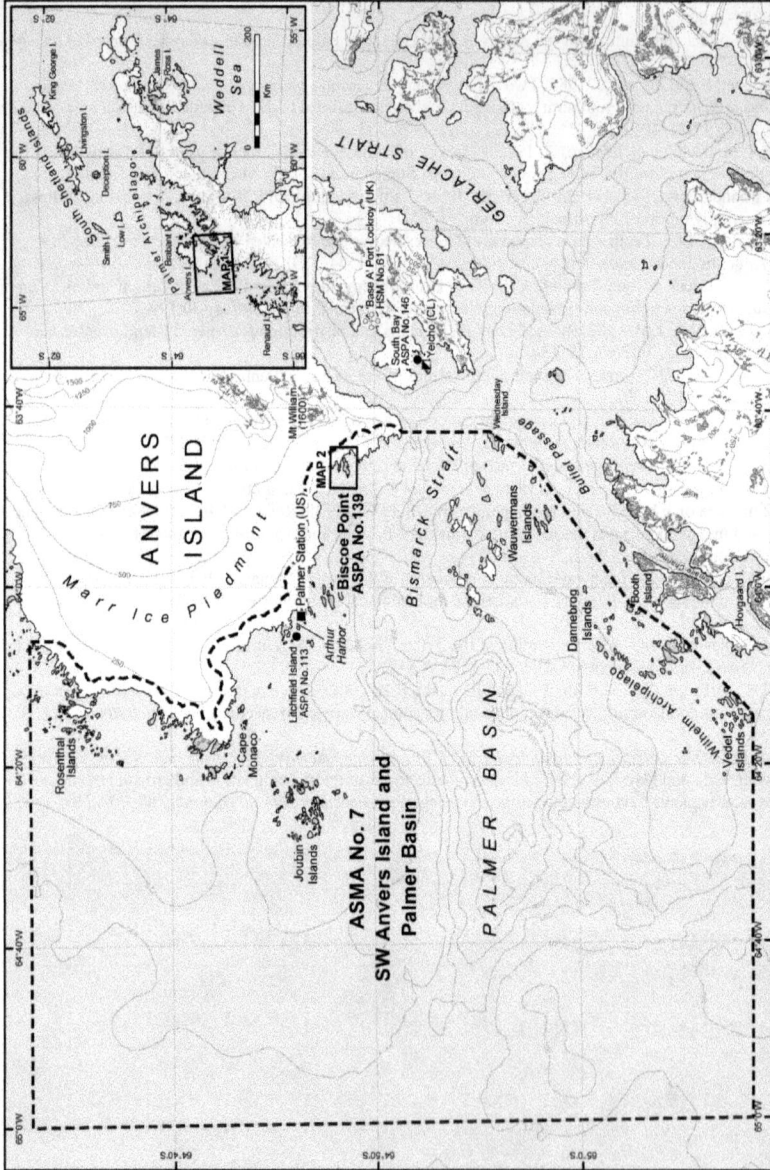

Map 1: ASPA No. 139 Biscoe Point, Anvers Island

27 Feb 2014
United States Antarctic Program
Environmental Research & Assessment

Legend:
- Coastline
- Contour (250 m)
- Isobath (200 m)
- Ice free ground
- Permanent ice
- Ocean
- Antarctic Specially Managed Area (ASMA) boundary
- Antarctic Specially Protected Area (ASPA)
- Station (year round)
- Station (seasonal)
- Historic Site & Monument (HSM)

Projection: Lambert Conic Conformal.
Spheroid and horizontal datum WGS 84
Data sources: Bathymetry: IBCSO v1 (2013) (http://www.ibcso.org);
Topography: SCAR ADD v4.1 SG19-20 (2005);
Protected areas: ERA (Jul 2013); Stations: COMNAP (May 2013).

**ASMA No. 7
SW Anvers Island and
Palmer Basin**

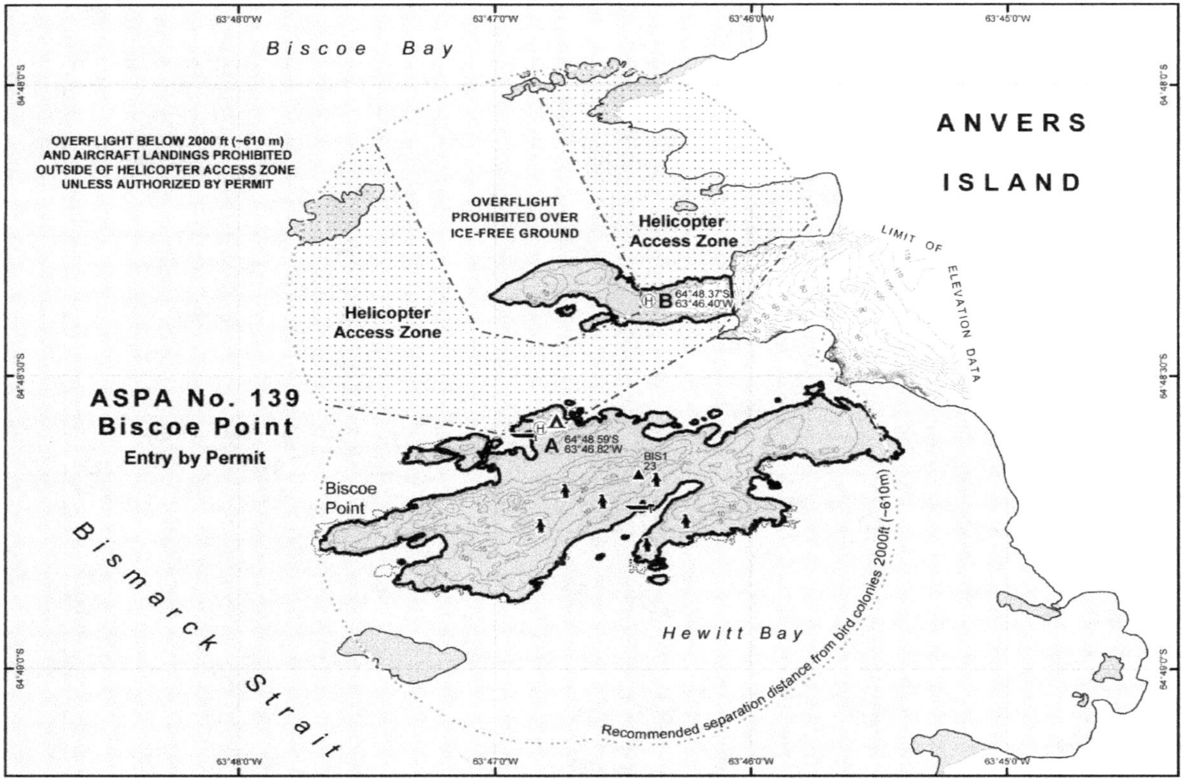

ANVERS ISLAND

LIMIT OF ELEVATION DATA

Recommended separation distance from bird colonies 2000ft (~610m)

Biscoe Bay

Hewitt Bay

Helicopter Access Zone

OVERFLIGHT PROHIBITED OVER ICE-FREE GROUND

H 64°48.37'S 63°46.40'W

Helicopter Access Zone

A 64°48.59'S 63°45.82'W

BIS1 23

Biscoe Point

ASPA No. 139 Biscoe Point

Entry by Permit

OVERFLIGHT BELOW 2000 ft (~610 m) AND AIRCRAFT LANDINGS PROHIBITED OUTSIDE OF HELICOPTER ACCESS ZONE UNLESS AUTHORIZED BY PERMIT

Bismarck Strait

Contour (5 m)
Coastline
Offshore rock

Ice free ground
Permanent ice
Ocean

ASPA boundary
Recommended separation distance
Penguin colony (approx.)

Helicopter Access Zone
Helicopter landing site
Small boat landing site

Designated camp site
Survey control (monumented)

N

0 100 200 300 400 500
Meters

Projection: Lambert Conic Conformal
Spheroid and horizontal datum: WGS 84
Data sources: Coastline: USGS orthophoto
(2001), ERA orthophoto (Nov 2009)
and georeferenced WV-2 image (6 Jan 2012)
Digital Globe; NGA Commercial Imagery Program).
Penguin colonies & other features: Orthophoto
(Nov 2009) & GPS survey (ERA 2001).

Map 2: ASPA No. 139 Biscoe Point - Physical features, boundaries and access guidelines

28 Feb 2014
United States Antarctic Program
Environmental Research & Assessment

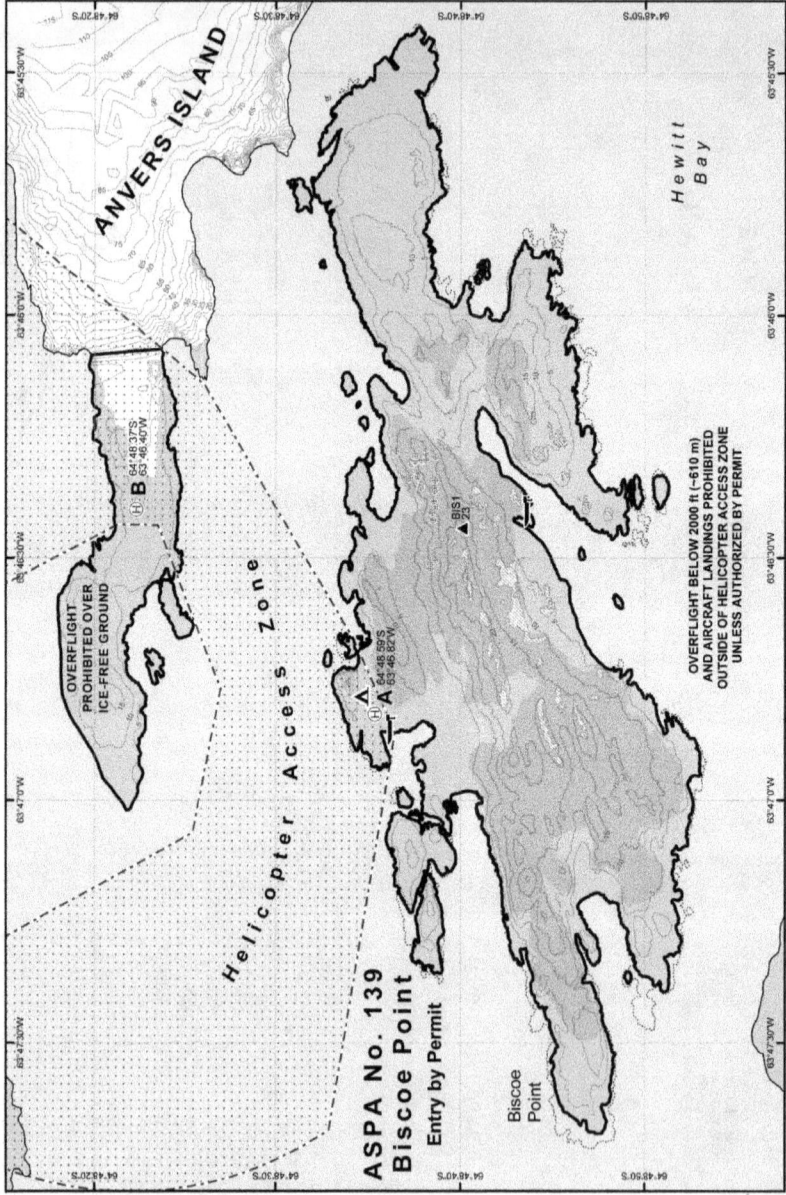

Map 3: ASPA No. 139 Biscoe Point - Penguin colonies, approximate vegetation extent and known contaminated sites

Plan de gestion pour la zone spécialement protégée de l'Antarctique n° 141

VALLÉE YUKIDORI, LANGHOVDE, BAIE DE LÜTZOW-HOLM

Introduction

La vallée Yukidori (69°14'30"S, 39°46'00"E) est située au centre de Langhovde, sur la côte est de la baie de Lützow-Holm, partie continentale de l'Antarctique, à environ 20 km au sud de la station japonaise Syowa (69°00'22"S, 39°35'24"E) dans les îles Ongul (carte 1). Elle est longue de 2 à 2,5 km d'est en ouest, large de 1,8 km, et renferme un important cours d'eau de fonte et deux lacs (carte 2).

A l'origine, cette zone fut désignée comme ZSPA par la Recommandation XIV-5 (1987, SISP n° 22) sur proposition du Japon. Un plan de gestion pour la zone fut adopté par la suite dans le cadre de la Recommandation XVI-7 (1991) et révisé au titre de la Mesure 1 (2000).

Sur la base de l'Analyse des domaines environnementaux pour le continent antarctique (Résolution 3 (2008)), la zone s'inscrit dans le domaine environnemental D – Géologique du littoral de l'Est Antarctique. Selon la division opérée pour déterminer les Régions de conservation biogéographiques de l'Antarctique (ACBR) (Résolution 6 (2012))], la zone figure dans l'ACBR 5, terre Enderby. La vallée Yukidori a été désignée comme ZSPA dans le but de protéger un écosystème d'altitude fragile et typique de l'Antarctique continental, ainsi que les espèces qu'elle abrite, dont certaines sont présentes de manière endémique en Antarctique, contre l'activité humaine. Des programmes de surveillance continue ont également été mis en place dans cette zone présentant une valeur inestimable.

1. Description des valeurs à protéger

Un écosystème d'altitude fragile et typiquement continental s'est développé dans la vallée Yukidori. Depuis 1957 (AGI), des études sur le terrain dans les domaines de la géoscience et de la biologie ont été menées à Langhovde, et un programme de surveillance à long terme a été amorcé en 1984 dans la vallée Yukidori. Des études plus poussées furent entamées par la suite après que l'on eut désigné la zone comme SISP n° 22 en 1987. Depuis 1984, le programme de surveillance à long terme s'y est poursuivi, notamment pour observer dans le temps et dans l'espace l'évolution de la végétation des mousses et des lichens (carte 2).

Les valeurs à protéger sont justement celles associées à cet écosystème d'altitude fragile et typique de l'Antarctique continentae dans un environnement antarctique plutôt hostile, de même que les études scientifiques menées sur le long terme depuis 1984. Des quadras permanents pour l'observation des lichens et des mousses ont été mis en place dans cet écosystème continental typique afin de surveiller l'évolution à long terme de l'environnement. Par conséquent, il est nécessaire d'assurer une protection à la zone de façon à ne pas compromettre ce programme scientifique de surveillance à long terme. C'est sur cette base que la zone fut désignée comme ZSPA par la Recommandation XIV-5 (1987, SISP n° 22) sur proposition du Japon. L'adoption du plan de gestion pour la zone suivit en 1991 avec la Recommandation XVI-7. Tout laisse à penser que l'activité humaine détruira facilement l'écosystème fragile de la région dans cet environnement continental antarctique hostile. Celui-ci ne pourra se régénérer que sur une très longue période, voire jamais. En conséquence, désigné comme ZSPA, cet écosystème inestimable doit être protégé, ainsi que les valeurs pour la recherche sur l'écosystème et la surveillance continue de l'environnement.

Ajoutons que plusieurs milliers de pétrels des neiges peuplent la vallée Yukidori. Leurs excréments constituent un apport majeur de nutriments pour les mousses et les lichens.

Grâce au programme de surveillance continue de l'environnement dans ZSPA, les changements environnementaux globaux en Antarctique pourront être détectés. Et plus globalement, le programme agira comme une sentinelle à l'échelle mondiale.

2. Buts et objectifs

La gestion de la vallée Yukidori vise les objectifs suivants :

- éviter la dégradation des valeurs de la zone et leur perturbation en empêchant toute perturbation humaine inutile ;
- permettre la poursuite de programmes de surveillance à long terme ;
- éviter toute modification conséquente de la structure et de la composition de la végétation terrestre, en particulier les bancs de mousses et de lichens ;
- prévenir toute intervention injustifiée de l'homme perturbant les pétrels des neiges ainsi que le milieu environnant ;
- minimiser les risques d'introduction dans la zone de plantes, d'animaux et de microbes qui y sont étrangers ; et
- permettre l'organisation de visites à des fins de gestion pour venir appuyer les buts et objectifs du plan de gestion.

3. Activités de gestion

Les activités de gestion suivantes devront être entreprises en vue de protéger les valeurs de la zone :

- des cartes indiquant l'emplacement de la zone (indiquant les restrictions particulières qui s'appliquent) seront placées en évidence au « baraquement de recherche biologique » situé au-delà de la limite occidentale de la zone, au sein de laquelle des exemplaires de ce plan de gestion seront également disponibles ;
- des panneaux, indiquant l'emplacement et les limites de la zone et annonçant clairement les restrictions d'accès, seront placés au point d'entrée à la limite occidentale de la zone pour éviter toute entrée dans la zone par inadvertance ;
- les structures, repères ou panneaux érigés dans la zone pour des raisons scientifiques ou pour les besoins de la gestion seront sécurisés et maintenus en bon état, et ils seront retirés lorsque leur présence n'aura plus lieu d'être ;
- des informations relatives à la ZSPA, y compris des exemplaires du présent plan de gestion, devront être accessibles dans toutes les installations de la région ;
- le personnel (appartenant aux programmes nationaux et aux expéditions terrestres, les touristes et les pilotes) se trouvant à proximité de la ZSPA, souhaitant y accéder ou la survoler la zone, devra impérativement avoir été informé par le programme national concerné (ou par l'autorité nationale compétente) des dispositions et contenus du présent plan de gestion ;
- tous les pilotes qui opèrent dans la région seront tenus informés de l'emplacement de la zone, des limites de celle-ci et des restrictions qui s'appliquent à l'entrée et au survol dans la zone.

4. Période de désignation

Désignation pour une période indéterminée.

5. Cartes

Carte 1 : côte Sôya, baie de Lützow-Holm, Antarctique oriental.

Carte 2 : vallée Yukidori, Langhovde et limites de la ZSPA n° 141.

Carte 3 : baraquement de recherche biologique et alentours.

6. Description de la zone

6(i) Coordonnées géographiques, bornage et caractéristiques du milieu naturel

La vallée Yukidori (69° 0' 30" S, 39° 46' E) est située dans la partie centrale de Langhovde, sur la côte orientale de la baie de Lützow-Holm dans la partie continentale de l'Antarctique. La zone, qui mesure de 2 à 2,5 km sur 1,8 km, est située entre une langue de calotte polaire et la mer à l'extrémité occidentale de la vallée. L'écosystème d'altitude évoqué et les sites de surveillance à long terme se situent tous dans la vallée Yukidori même, et la délimitation de la zone est conçue pour assurer la protection de la vallée entière et du bassin versant. La zone ne comprend aucune aire marine.

L'emplacement de la zone et ses limites apparaissent sur les cartes jointes en annexe (carte 2). La zone peut être décrite comme la totalité du territoire se trouvant à l'intérieur de la zone délimitée par les coordonnées suivantes :

La frontière est de la zone suit une ligne droite continue du point 69°14'00"S, 39°48'00"E vers le sud jusqu'au point 69°14'00"S, 39°48'00"E.

La frontière nord de la zone suit une ligne droite continue continue du point 69°14'00"S, 39°48'00"E vers l'ouest jusqu'au littoral au point 69°14'00"S, 39°44'20"E.

La frontière sud de la zone suit une ligne droite continue du point 69°15'00"S, 39°48'00"E vers l'ouest et le cours d'eau Yatude Zawa au point 69°15'00"S, 39°45'20"E (carte 2-G).

La frontière ouest de la zone, entre les points 69°14'00"S, 39°48'00"E (carte 2 A) et 69°15'00"S, 39°45'20"E (carte 2 G), est tracée par la ligne des hautes eaux du littoral, des lignes de cordes et le cours d'eau de la vallée Yatude.

Carte 2-A (69°14'00" S, 39° 44' -1". 20" E) jusqu'au point carte 2-B (69° 14' 13" S, 39° 43' 23" E) : ligne des hautes eaux du littoral

Carte 2-B (69° 14' 13" S, 39° 43' 23" E) jusqu'au point carte 2-C (69° 14' 17" S, 39° 43' 12" E) : lignes de cordes

Carte 2-C (69° 14' 17" S, 39° 43' 12" E) jusqu'au point carte 2-D (69° 14' 31" S, 39° 42' 57" E) : ligne des hautes eaux du littoral

Carte 2-D (69° 14' 31" S, 39° 42' 57" E) jusqu'au point carte 2-F (69° 14' 32" S, 39° 43.01" E) : lignes de cordes

Carte 2-F (69° 14' 38" S, 39° 43.04" E) jusqu'au point carte 2-G (69°15'00"S, 39°45'20"E) : cours d'eau de la vallée Yatude

Géologie

La vallée Yukidori renferme un important cours d'eau de fonte et deux lacs. Le cours d'eau descend de la calotte glaciaire vers la mer à travers des secteurs en V et en U de la vallée, et se jette dans le lac Yukidori, au centre de la vallée, à 125 m au-dessus du niveau de la mer. Il en ressort au coin sud-ouest du lac et parcourt la partie inférieure de la vallée caractérisée par des falaises abruptes. Des formations de pierres en cercles de 1 m de diamètre sont situées sur des moraines à proximité de la partie nord-ouest du glacier de Langhovde à l'est du lac Higasi-Yukidori, lequel se trouve au début de la vallée à 200 m au-dessus du niveau de la mer, jouxtant le bord de la calotte glaciaire. On trouve des cercles de pierre mal formés sur des dépôts fluvio-glaciaires dans la vallée Yukidori. De petits tabliers et cônes d'éboulis se trouvent sur tout le pourtour du lac Yukidori. Dans les parties inférieures de la vallée Yukidori, à une vingtaine de mètres d'altitude, des terrasses fluvio-glaciaires de 20 à 30 m de large surplombent de 2 à 3 m le lit du cours d'eau. Ces terrasses plates se composent de sables et graviers assez fins. L'embouchure du cours d'eau est quant à elle formée par un éventail deltaïque disséqué. Le sous-sol de la vallée est constitué de séquences en couches nettement stratifiées de roches métamorphiques du Protérozoïque supérieur composées de gneiss à biotite grenatifère, de gneiss à biotite, de gneiss à pyroxène et de gneiss à hornblende avec de la métabasite. La foliation de gneiss est orientée N10 ° E avec un pendage monoclinal vers l'est (carte 3).

La faune et la flore

La zone abrite la quasi-totalité des espèces végétales recensées dans la région de Langhovde. Parmi elles, on retrouve des espèces de mousses *Bryum pseudotriquetrum* (= *Bryum algens*), *Bryum argenteum*, *Bryum amblyodon*, *Ceratodon purpureus*, *Hennediella heimii*, *Pottia austrogeorgica*, *Grimmia lawiana*, ainsi que des espèces de lichens *Usnea sphacelata*, *Umbilicaria antarctica*, *Umbilicaria decussata*, *Pseudephebe minuscula*, et *Xanthoria elegans*. Quatre espèces d'acariens libres (*Nanorchestes antarcticus*, *Protereunetes minutus*, *Antarcticola meyeri*, *Tydeus erebus*) ont également été signalées. Pas moins de soixante espèces de microalgues sont présentes dans la vallée, y compris des espèces endémiques à la vallée Yukidori comme l'espèce *Cosmarium yukidoriense* et une variété de *Cosmarium clepsydra*. Notons que la présence de végétation est répartie tout au long du cours d'eau. Enfin, plusieurs couples de labbes antarctiques (*Catharacta maccormicki*) et plusieurs milliers de pétrels des neiges (*Pagodroma nivea* ; remarque : en japonais, « Yukidori » signifie « pétrel des neiges ») nichent également dans la zone.

6(ii) Accès à la zone

L'accès à la zone est abordé à l'alinéa 7(ii) du présent plan.

6(iii) Emplacement des structures à l'intérieur des frontières de la zone et alentour

Le baraquement de recherche biologique est situé juste à l'extérieur de la frontière ouest de la zone au point 69°14'36" S, 39°42'59" E. La frontière de la zone à proximité du baraquement est délimitée par des cordes. Le baraquement de recherche biologique a été construit en 1986, près de la plage à l'embouchure de la vallée, de façon à n'avoir qu'un impact minimal sur la flore, la faune et le terrain de la zone. Trois emplacements sont réservés aux observations microclimatiques dans les tronçons aval, moyen et amont du cours d'eau à l'intérieur de la zone. Les mesurages portent sur des facteurs microclimatiques tels que l'humidité relative et la température de l'air au niveau du sol, la température du sol et au niveau des mousses. Des chambres hexagonales en fibre acrylique ont été installées dans l'aire de végétation des tronçons aval et moyen afin de pouvoir évaluer l'évolution de la végétation et de l'environnement. Ces emplacements sont indiqués sur les cartes annexées.

6(iv) Emplacement d'autres zones protégées à proximité de la Zone

Aucune.

6(v) Zones spéciales au sein de la Zone

Il n'y a aucune zone spéciale à l'intérieur de la Zone.

7. Critères de délivrance d'un permis d'accès

7 (i) Critères généraux

L'accès à la zone est interdit sauf si un permis a été délivré par les autorités nationales compétentes. Les critères de délivrance des permis pour accéder à la zone sont les suivants :

- Le permis sera délivré uniquement pour des activités scientifiques ou éducatives qui ne peuvent être effectuées ailleurs que dans la zone, ou pour des raisons de gestion essentielles, cohérentes avec les objectifs du plan, par exemple pour une inspection, un entretien ou un audit ;
- les actions autorisées ne doivent pas perturber les valeurs écologiques ou scientifiques de la zone ;
- toutes les activités de gestion doivent contribuer aux buts et objectifs du plan de gestion ;
- les actions autorisées doivent être conformes aux dispositions du présent plan de gestion ;
- la détention du permis ou d'une copie certifiée conforme est impérative dans la zone ;
- un rapport de visite devra être soumis à l'autorité nommée dans le permis ;
- le permis est délivré pour une période déterminée ;
- toutes les activités et mesures entreprises au-delà de celles qui figurent dans le permis doivent être notifiées à l'autorité compétente.

7(ii) Accès et mouvement à l'intérieur ou au-dessus de la zone

- La zone est située approximativement à 20 km au sud de la station Syowa. En hiver, la jonction se fait par route sur la mer gelée. En été, c'est un hélicoptère qui assure le trajet au départ de la station Syowa ou d'un brise-glace.
- Les deux itinéraires, par la route et par hélicoptère, sont illustrés sur la carte 3. L'héliport se trouve à l'extérieur des frontières de la zone au point 69°14'37"S, 39°42'53"E.
- La présence de véhicules et les atterrissages d'hélicoptères sont strictement interdits à l'intérieur de la zone.
- Seules les personnes à pied qui doivent se livrer à des travaux de recherche indispensables sont autorisées à se rendre au point d'entrée (carte 2-E).
- Aucune voie de circulation à pied n'est balisée à l'intérieur de la zone, mais les marcheurs qui y circulent doivent en tout temps éviter de piétiner les zones de végétation, de déranger les oiseaux et de perturber les éléments naturels.
- Les opérations de survol de la zone doivent être réalisées, et c'est là le critère minimum, conformément aux Lignes directrices pour l'exploitation d'aéronefs à proximité des concentrations d'oiseaux dans l'Antarctique, inscrites dans la Résolution 2 (2004).

7(iii) Activités pouvant être menées dans la zone, y compris les restrictions relatives à la durée et au lieu

- Des travaux de recherche scientifique indispensables qui ne peuvent être entrepris ailleurs et ne risquent pas de perturber l'écosystème de la zone.
- Des activités de gestion essentielles telles que la surveillance.

7(iv) Installation, modification ou enlèvement de structures

- Aucune structure ne doit être établie dans la zone et aucun matériel scientifique ne doit y être installé, à l'exception du matériel essentiel aux activités scientifiques ou de gestion, comme prévu dans le permis.
- Toute structure, tout matériel scientifique ou repère installé dans la zone doit être clairement identifiable par les mentions du pays, le nom du principal chercheur ou agence, l'année d'installation, et la date prévue de l'enlèvement.

- Tous ces éléments ne doivent comporter aucun organisme, propagule (par exemple semences, œufs) et aucune particule de terre non stérile, et doivent être faits de matériaux qui puissent résister aux conditions environnementales et constituent un facteur de risque minimal de contamination de la zone.

- L'installation (y compris le choix du site), l'entretien, la modification ou l'enlèvement des structures ou équipements doivent être menés de façon à limiter autant que possible les perturbations apportées aux valeurs de la zone.

- Les structures et les installations doivent être enlevées lorsqu'elles ne sont plus nécessaires, ou une fois que le permis est arrivé à expiration, selon le scénario qui se produit en premier lieu.

7 (v) Emplacement des camps saisonniers

Il est interdit de camper dans la zone. Tous les visiteurs doivent séjourner au baraquement de recherche biologique (69°14'36" S, 39°42'59" E) situé tout juste à l'extérieur de la limite de la zone, ou dans des tentes autour du baraquement.

7(vi) Restrictions sur les matériaux et organismes pouvant être introduits dans la zone

Aucun animal vivant, aucune matière végétale, aucun micro-organisme ou aucune particule de terre ne peut être introduit délibérément dans la zone. Les mesures de précaution énumérées à l'alinéa 7(x) ci-dessous devront être prises pour empêcher des introductions accidentelles. D'autres directives sont à trouver dans le manuel du CPE sur les espèces non indigènes (CPE, 2011), ou dans le Code de conduite environnemental pour la recherche scientifique terrestre de terrain dans l'Antarctique (SCAR, 2009). En raison de la présence de colonies d'oiseaux nichant dans la zone, aucun produit de volaille, y compris des produits contenant des œufs non cuits, ne doit être introduit dans la zone.

Aucun herbicide ni pesticide ne doit être introduit dans la zone. Tout autre produit chimique, y compris les radionucléides ou isotopes stables, susceptible d'être introduit à des fins scientifiques ou de gestion en vertu du permis, sera retiré de la zone au plus tard dès que prendront fin les activités prévues par le permis. Aucun combustible ne peut être stocké dans la zone sauf autorisation spécifique octroyée par un permis pour des raisons scientifiques ou de gestion. Tout élément introduit dans la zone ne le sera que pour une durée déterminée préétablie. Il devra être retiré au plus tard à la fin de la période prévue et devra être entreposé et géré de manière à réduire au strict minimum les risques de libération dans l'environnement. Si l'enlèvement des produits ou matériaux ainsi introduits est susceptible d'affecter les valeurs de la zone, il conviendra de ne le faire que si l'impact dudit enlèvement est jugé moindre que l'abandon sur place de ces matériaux ou produits. L'autorité compétente doit être notifiée de tout élément libéré dans la zone et qui n'en a pas enlevé, à moins que cela soit autorisé par le permis.

7(vii) Prélèvements ou captures d'éléments de la faune et de la flore ou interférences nuisibles avec elles

Le prélèvement de végétaux et la capture d'animaux, ou les interférences nuisibles avec la faune et la flore sont interdits, hormis sur délivrance d'un permis conformément à l'Annexe II au Protocole relatif à la protection de l'environnement du Traité sur l'Antarctique. Dans les cas où la capture d'animaux ou la perturbation de ceux-ci s'avère indispensable, le Code de conduite du SCAR pour l'utilisation d'animaux à des fins scientifiques dans l'Antarctique devra être utilisé comme norme minimale.

7(viii) Prélèvement ou enlèvement d'éléments non introduits dans la zone par le détenteur de permis

Le prélèvement ou l'enlèvement de tout élément qui n'a pas été apporté dans la zone par le détenteur du permis ne devra se produire que dans le cadre d'un permis, et devra se limiter au strict nécessaire pour répondre aux besoins scientifiques et de gestion. Les permis ne peuvent être délivrés dans les cas où il est proposé de prélever, d'enlever ou d'endommager des quantités telles de terre, de flore ou de faune indigènes que leur répartition ou abondance dans la zone s'en retrouveraient considérablement affectées. Les éléments d'origine humaine susceptibles de porter atteinte aux valeurs de la zone, et qui n'y ont pas été introduits par le titulaire du permis ou dont l'introduction n'a pas été autorisée, pourront être retirés à moins que leur enlèvement soit plus préjudiciable que leur maintien *in situ*. Dans ce cas, l'autorité compétente devra en être notifiée.

7(ix) Elimination des déchets

Les déchets humains liquides peuvent être jetés à la mer alentour. Tous les autres types de déchets seront emmenés en dehors de la zone. Les déchets humains solides ne seront pas jetés à la mer, mais seront évacués de la zone. Les déchets humains solides ou liquides ne doivent en aucun cas être éliminés à l'intérieur des terres.

7(x) Mesures nécessaires pour que les buts et objectifs du plan de gestion continuent à être atteints

- Des permis pourront être délivrés pour entrer dans la zone afin d'y mener des activités de suivi et d'inspection du site, ce qui pourrait entraîner le prélèvement de petits échantillons à des fins d'analyse ou pour prendre des mesures de protection.

- Tous les sites spécifiques de surveillance à long terme devront être correctement signalisés et inscrits sur les cartes de la zone. Pour permettre de maintenir les valeurs écologiques et scientifiques de la zone, les visiteurs devront prendre des précautions particulières contre l'introduction de certains éléments. Il est particulièrement important de veiller à ce qu'aucune introduction microbienne, animale et végétale issue des sols d'autres sites antarctiques, stations comprises, ou des régions extérieures à l'Antarctique ne se produise. Dans la mesure du possible, les visiteurs devront veiller à soigneusement nettoyer les souliers, vêtements et équipements – en particulier les équipements de camping et d'échantillonnage – avant de pénétrer dans la zone.

- Afin d'éviter toute interférence avec des projets de recherche à long terme ou des activités de suivi, et afin d'éviter tout double emploi, les personnes chargées d'établir le planning des nouveaux projets devront consulter les programmes déjà en place et/ou les autorités nationales compétentes.

7(xi) Critères pour la rédaction des rapports

- Le détenteur principal d'un permis, pour chaque visite dans la zone, devra soumettre un rapport à l'autorité nationale compétente dès que possible, au plus tard dans les six mois suivant la réalisation de la visite.

- Ces rapports devront inclure, comme il convient, les informations identifiées dans le formulaire du rapport de visite figurant dans le Guide pour l'élaboration des plans de gestion des zones spécialement protégées de l'Antarctique.

- Les Parties devront conserver une archive de ces activités et, lors de l'échange annuel d'informations, fournir une description synoptique des activités menées par les personnes relevant de leur compétence, avec suffisamment de détails pour permettre l'évaluation de l'efficacité du plan de gestion.

- Les Parties devront, dans la mesure du possible, déposer les originaux ou les copies de ces rapports dans une archive à laquelle le public pourra avoir accès, et ce afin de conserver une archive d'usage qui sera utilisée tant pour l'examen du plan de gestion que pour l'organisation des activités scientifiques de la zone.

8. Bibliographie

Akiyama, M. 1985. Biogeographic distribution of freshwater algae in Antarctica, and special reference to the occurrence of an endemic species of *Oegonium*. Mem. Fac. Edu., Shimane Univ., 19, 1-15.

Hirano, M. 1979. Freshwater algae from Yukidori Zawa, near Syowa Station, Antarctica. Mem. Natl Inst. Polar Res., Spec. Issue 11: 1-25.

Inoue, M. 1989. Factors influencing the existence of lichens in the ice-free areas near Syowa Station, East Antarctica. Proc. NIPR Symp. Polar Biol., 2, 167-180.

Ino, Y. and Nakatsubo, T. 1986. Distribution of carbon, nitrogen and phosphorus in a moss community-soil system developed on a cold desert in Antarctica. Ecol. Res., 1:59-69.

Ino, Y. 1994. Field measurement of the photosynthesis of mosses with a portable CO_2 porometer at Langhovde, East Antarctica. Antarct. Rec., 38, 178-184.

Ishikawa, T., Tatsumi, T., Kizaki, K., Yanai, K., Yoshida, M., Ando, H., Kikuchi, T., Yoshida, Y. and Matsumoto, Y. 1976. Langhovde. Antarct. Geol. Map Ser., 5 (with explanatory text, 10 p.), Tokyo, Natl Inst. Polar Res.

Kanda, H. 1987. Moss vegetation in the Yukidori Valley, Langhovde, East Antarctica. Papers on Plant Ecology and Taxonomy to the Memory of Dr. Satoshi Nakanishi. Kobe Botanical Society, Kobe, 17-204.

Kanda, H. and Inoue, M. 1994. Ecological monitoring of moss and lichen vegetation in the Syowa Station area, Antarctica. Mem. NIPR Symp. Polar Biol., 7: 221-231.

Kanda, H. and Ohtani, S. 1991. Morphology of the aquatic mosses collected in lake Yukidori, Langhovde, Antarctica. Proc., NIPR Symp., Polar Biol., 4, 114-122.

Kanda, H., Inoue, M., Mochida, Y., Sugawara, H., Ino, Y., Ohtani, S. and Ohyama, Y. 1990. Biological studies on ecosystems in the Yukidori Valley., Langhovde, East Antarctica. Antarct. Rec., 34, 76-93.

Matsuda, T. 1968. Ecological study of the moss community and microorganisms in the vicinity of Syowa Station, Antarctica. JARE Sci. Rep., Ser. E. (Biol.), 29, 58p.

Nakanishi, S. 1977. Ecological studies of the moss and lichen communities in the ice-free areas near Syowa Station, Antarctica. Antarct. Rec. 59, 68-96.

Nakatsubo, T. and Ino, Y. 1986. Nitrogen cycling in an Antarctic ecosystem. I. Biological nitrogen fixation in the vicinity of Syowa Station. Mem. Natl Inst. Polar Res., Ser. E. 37:1-10.

Ohtani, S. 1986. Epiphytic algae on mosses in the vicinity of Syowa Station, Antarctica. Mem. Natl. Inst. Polar Res., Spec. Issue 44:209-219.

Ohtani, S., Akiyama, M. and Kanda, H. 1991. Analysis of Antarctic soil algae by the direct observation using the contact slide method. Antarctic. Rec. 35, 285-295.

Ohtani, S., Kanda, H. and Ino, Y. 1990. Microclimate data measured at the Yukidori Valley, Langhovde, Antarctica in 1988-1989. JARE Data Rep., 152 (Terrestrial Biol. 1), 216p.

Ohtani, S., Kanda, H., Ohyama, Y., Mochida, Y., Sugawara, H. and Ino, Y. 1992. Meteorological data measured at biological hut, the Yukidori Valley, Langhovde, Antarctica in the austral summer of 1987-1988 and 1988-1989. JARE Data Rep., 178 (Terrestrial Biol., 3), 64p.

Ohyama, Y. and Matsuda, T. 1977. Free-living prostigmatic mites found around Syowa Station, East Antarctica. Antarct. Rec., 21:172-176.

Ohyama, Y. and Sugawara, H. 1989. An occurrence of cryptostigmatic mite around Syowa Station area. Proc. Int. Symp. Antarct. Rec., pp.324-328. China, Ocean Press. Tianjin.

Sugawara, H., Ohyama, Y. and Higashi, S. 1995. Distribution and temperature tolerance of the Antarctic free-living mire Antarcticola meyeri (Acari, Cryptostigmata). Polar Biol., 15: 1-8.

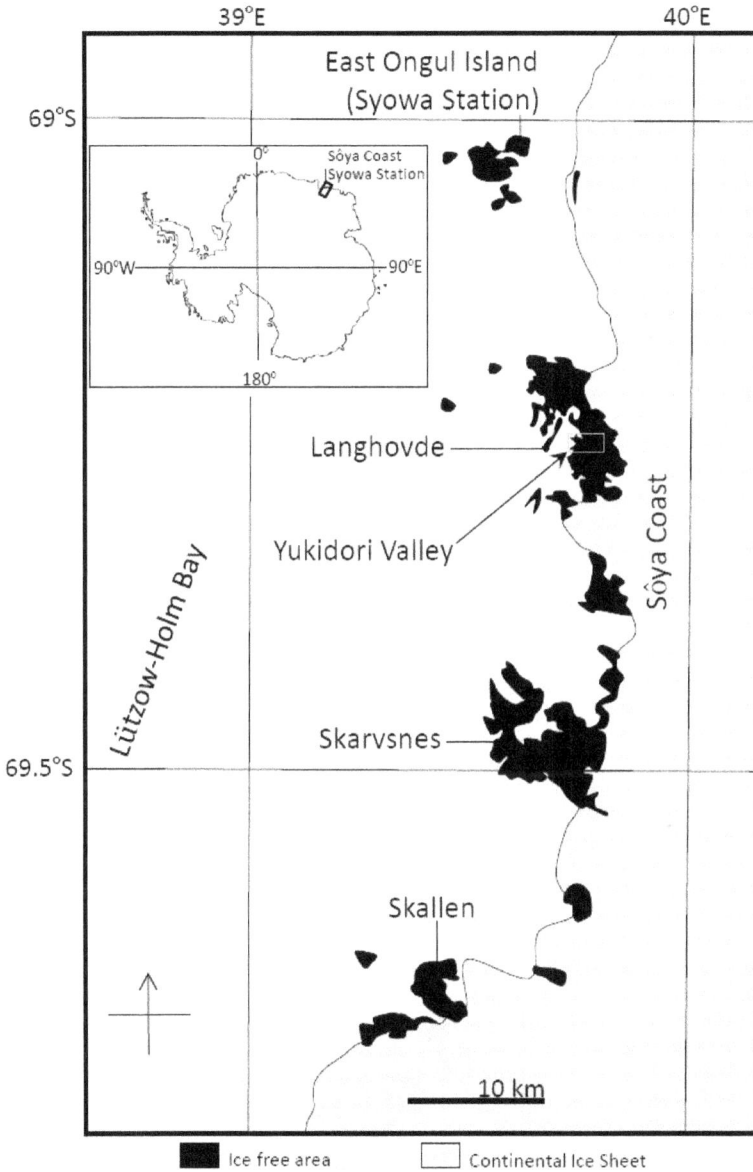

Map 1. The map of Soya Coast, Lutzow-Holm Bay, East Antarctica.
Universal Transverse Mercator projection. Spheroid and Datum: WGS84.

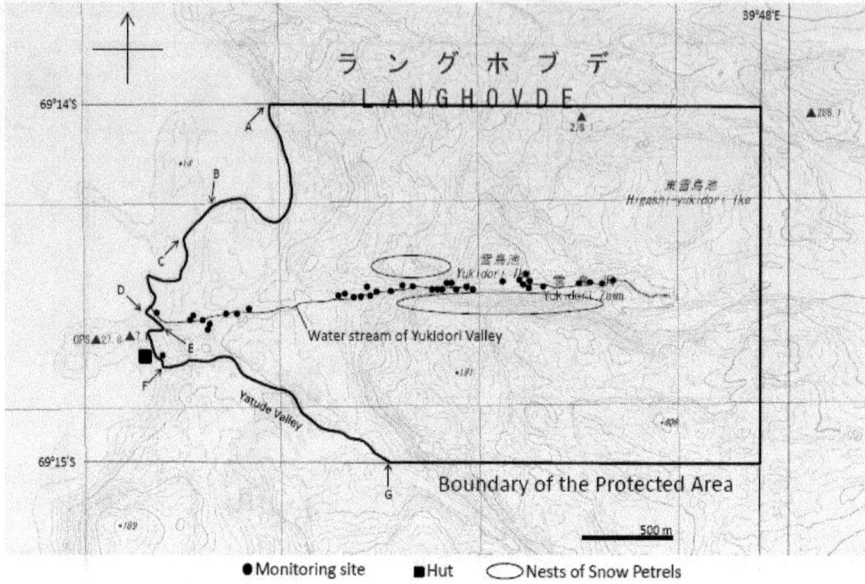

Map 2. Yukidori Zawa Valley, Langhovde and the boundary of the Protected Area.
Universal Transverse Mercator projection. Spheroid and Datum: WGS84.

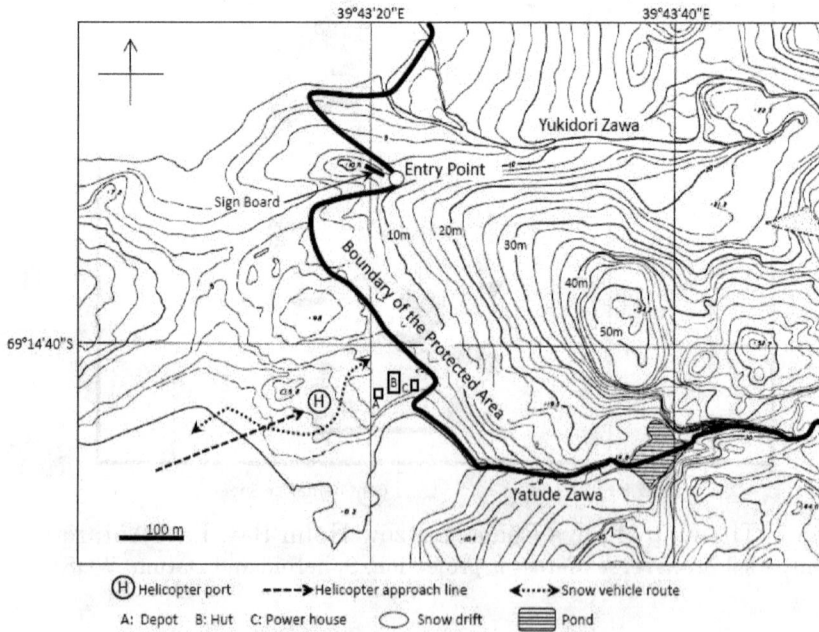

Map 3. The biological research hut and surroundings.
Universal Transverse Mercator projection. Spheroid and Datum: WGS84.

Plan de gestion pour la zone spécialement protégée de l'Antarctique n° 142

SVARTHAMAREN

Introduction

Le nunatak de Svarthamaren (71°53'16"S -5°9'24"E à 71°56'10''S-5°15'37"E) fait partie du Mühlig-Hoffmanfjella dans la Terre de la Reine Maude (Antarctique). La ZSPA a une superficie d'environ 7,5 km² et se compose des zones libres de glace du nunatak. On y trouve également les zones situées à proximité immédiate des zones libres de glace appartenant de par leur nature au nunatak (c'est-à-dire des roches et des pierres).

Le nunatak possède une caractéristique exceptionnelle: il héberge la plus grande colonie d'oiseaux de mer que l'on connaisse dans l'Antarctique. Entre 110 000 et 180 000 couples de pétrels de l'Antarctique (*Thalassoica antarctica*) s'y reproduisent tous les ans et plusieurs centaines de milliers de spécimens non reproducteurs de cette espèce y sont présents durant la saison de reproduction. En outre, des colonies de plus de 1 000 couples de pétrels des neiges (*Pagodroma nivea*) et quelques 100 couples de labbes de l'Antarctique (*Catharacta maccormicki*) y nichent également.

Principal but : éviter les modifications d'origine anthropique dont pourraient faire l'objet la structure, la composition et la taille des colonies d'oiseaux de mer présentes sur le site afin de permettre des travaux de recherche non perturbants sur les adaptations du pétrel de l'Antarctique, du pétrel des neiges et du labbe de l'Antarctique aux conditions intérieures en Antarctique.

1. Description des valeurs à protéger

À l'origine, ce site avait été désigné SISP n° 23 par la Recommandation XIV-5 (1987,) sur proposition de la Norvège. Cette proposition reposait sur les facteurs ci-après, lesquels présentent encore des motifs pour justifier sa désignation :

- le fait que la colonie de pétrels de l'Antarctique (*Thalassoica antarctica*) soit la plus grande colonie d'oiseaux de mer connue à l'intérieur des terres du continent antarctique ;
- le fait que cette colonie représente une grande partie de la population mondiale connue des pétrels de l'Antarctique ;
- le fait que cette colonie soit un « laboratoire de recherche naturel » exceptionnel qui permet de faire des recherches sur le pétrel de l'Antarctique, sur le pétrel des neiges (*Pagodroma nivea*) et sur le labbe antarctique (*Catharacta maccormicki*) ainsi que sur leur adaptation à la reproduction dans l'intérieur des terres de l'Antarctique.

2. Buts et objectifs

Les buts du plan de gestion de Svarthamaren sont les suivants :
- éviter les changements causés par l'homme à la structure, la composition et la taille de la population des colonies d'oiseaux de mer présentes sur le site ;
- empêcher que les colonies d'oiseaux de mer et l'environnement avoisinant ne fassent l'objet de perturbations inutiles ;
- permettre la réalisation de travaux de recherche non perturbants sur les adaptations du pétrel de l'Antarctique, du pétrel des neiges et du labbe antarctique aux conditions qui règnent à l'intérieur des terres de l'Antarctique (Principale Recherche) ;

- permettre, pour d'autres motifs scientifiques, l'accès au site lorsque les recherches ne nuisent pas aux objectifs de la recherche sur les oiseaux.

Les objectifs des *principales recherches* dans la ZSPA de Svarthamaren sont les suivants :
- Arriver à mieux comprendre comment les changements naturels et anthropiques de l'environnement influent sur la distribution dans le temps et dans l'espace des populations animales et, de surcroît, comment ces changements influent sur l'interaction entre les espèces clés dans l'écosystème antarctique.

3. Activités de gestion

Les activités de gestion à Svarthamaren :

- garantiront que les colonies d'oiseaux de mer sont l'objet d'une surveillance adéquate, dans toute la mesure du possible avec des méthodes non invasives ;
- permettront de procéder à l'érection de signes/panneaux et de bornes notamment concernant le site et de veiller à ce qu'ils soient soigneusement entretenus et maintenus en bon état ; et
- comprendront les visites nécessaires pour établir si la zone continue de répondre aux buts pour lesquels elle a été désignée et pour faire en sorte que les mesures de gestion et d'entretien soient adéquates.

Toute activité de gestion qui représente une intervention directe dans la zone doit être soumise à une évaluation d'impact sur l'environnement avant qu'il soit décidé ou non de la réaliser.

4. Durée de la désignation

La zone est désignée pour une durée indéterminée.

5. Cartes et illustrations

Carte A : Carte de la ZSPA n°142, Svarthamaren dans la Terre de la Reine Maude (indique l'emplacement de la carte B 71° 53' 16" S - 5° 9' 24" E à 71° 56' 10" S - 5° 15' 37" E). Spécifications de la carte :
- Projection: Transverse universelle de Mercator, UTM zone 31S
- Sphéroïde : WGS 1984
- (code EPSG : 32731)
- La carte a par ailleurs subi une rotation de 2,5 degrés vers la gauche

Carte B : Svarthamaren – ZSPA n°142. Limites et principales concentrations d'oiseaux de mer (2014). Spécifications de la carte :
- Projection: Transverse universelle de Mercator, UTM zone 31S
- Sphéroïde : WGS 1984
- (code EPSG : 32731)
- La carte a par ailleurs subi une rotation de 2,1 degrés vers la gauche

Carte C : Photographie aérienne de Svarthamaren (1996, Institut polaire norvégien)

6. Description de la zone

i) Coordonnées géographiques, bornage et caractéristiques du milieu naturel

La ZSPA de Svarthamaren est située à Muhlig-Hoffmannfjella, dans la Terre de la Reine Maude. Elle s'étend du nord-ouest (71° 53' 16" de latitude sud ; 5° 9' 24" E de longitude est) au sud-est (71° 56' 10" de latitude sud ; 5° 15' 37" de longitude est). La distance à partir du front de glace est d'environ 200 km. La zone a une superficie de quelque 7,5 km² et se compose de zones libres de glace du nunatak de Svarthamaren, y compris les zones se trouvant à proximité immédiate des zones libres de glace qui appartiennent bien entendu au nunatak (des roches). La zone apparaît sur les cartes B et C.

La station norvégienne Tor est située sur le nunatak de Svarthamaren (71° 53' 22" de latitude sud ; 5° 9' 34" de longitude est). La station, y compris une zone tampon de 10 mètres autour des bâtiments, est exclue de la zone spécialement protégée de l'Antarctique de Svarthamaren. Pour y accéder, on emprunte la route la plus courte à partir de la glace.

Les principaux types de roche rencontrés dans la zone sont des charnockites de grain gros à moyen qui contiennent de faibles quantités de xénolites. Les charnockites présentent des inclusions de gneiss rubané, des amphibolites et des granites de faciès amphibolitique. Les pentes sont couvertes de sable feldspathique décomposé. Le côté nord-est du nunatak de Svarthamaren est dominé par des pentes d'éboulis (pente de 31° à 34°), qui s'étendent sur 240 m vers le haut à partir du pied de la montagne à environ 1 600 m au-dessus du niveau de la mer. Les principales caractéristiques de cette zone sont deux amphithéâtres rocheux qu'habitent des pétrels de l'Antarctique en phase de reproduction. C'est cette zone qui constitue le noyau du site protégé.

Aucune observation météorologique en continu n'a été effectuée dans la zone, mais on a constaté que la température de l'air varie normalement entre -5° et -15°C en janvier, les températures minima étant un peu plus basses en février.

La flore et la végétation à Svarthamaren sont clairsemées si on les compare à celles d'autres zones à Muhlig-Hofmannfjella et Gjelsvikfjella, qui elles sont situées à l'ouest du site. La seule espèce végétale que l'on y trouve en abondance, mais à la périphérie des zones les plus fertilisées est l'algue verte géante, *Prasiola crispa*. Il y a quelques espèces de lichen sur un bloc erratique transporté par un glacier à 1 ou 2 km des colonies d'oiseaux. Ce sont : *Candelariella hallettensis* (= C. *antarctica*), *Rhizoplaca* (= *Lecanora*) *melanophthalma*, *Umbilicaria* spp. et *Xanthoria* spp. Les zones couvertes de *Prasiola* sont habitées par des collemboles (ZSPA no 142 : Svarthamaren *Cryptopygus sverdrupi*) ainsi que par une riche faune d'acariens (*Eupodes anghardi*, *Tydeus erebus*), de protozoaires, de nématodes et de rotifères. Un étang peu profond d'environ 20 x 30 m situé en dessous de la sous-colonie centrale et la plus grande d'oiseaux à Svarthamaren est fortement pollué par des carcasses de pétrel et alimente en abondance une algue unicellulaire de couleur jaune-verdâtre, *Chlamydomonas spp.* On n'y a pas encore trouvé d'invertébré aquatique.

Les colonies d'oiseaux de mer en cours de reproduction sont l'élément biologique le plus visible dans la zone. Les pentes nord-ouest de Svarthamaren sont occupées par une colonie très peuplée de pétrels de l'Antarctique (*Thalassoica antarctica*) qui se divisent en trois sous-colonies distinctes.

On estime à entre 100 000 et 200 000 environ le nombre total des couples en phase de reproduction, avec de fortes variations interannuelles. En outre, plus de 1 000 couples de pétrels des neiges (*Pagodroma nivea*) et 100 couples environ de labbes antarctiques (*Catharacta maccormicki*) se reproduisent dans la zone. Les deux principales colonies de pétrels de l'Antarctique se trouvent dans les deux amphithéâtres rocheux. Les principales colonies de pétrels des neiges sont situées dans des parties distinctes de la pente d'éboulis qui se caractérisent par des roches plus grandes. Les labbes antarctiques font leur nid sur la bande étroite de sols plats libre de neige qui se trouve en dessous des pentes d'éboulis.

Les principales concentrations d'oiseaux de mer sont indiquées sur la carte B. Les lecteurs doivent cependant savoir que l'on trouve également des oiseaux dans d'autres zones que ces zones très peuplées.

Sur la base de l'analyse des domaines environnementaux pour l'Antarctique (2007, Morgan et al.), les Environnements T - Continental géologique - et U – Terre Northern Victoria géologique – sont représentés à Svarthamaren (2009, Harry Keys, communication personnelle). Svarthamaren appartient à la Région de conservation biogéographique de l'Antarctique 6 - Terre de la Reine Maude (ACBR 6) (2012, Aleks Terauds et al.).

6 (ii) Zones à accès réservé à l'intérieur de la zone

Aucune

6(iii) Structures à l'intérieur de la zone

Une station météorologique est située aux abords de la principale colonie de pétrels. Au cours de l'hiver austral, seul le mât reste installé (2 mètres de haut), la station étant véritablement fonctionnelle pendant la saison estivale. Le mât n'est pas fixé de façon permanente dans le sol, dont il peut aisément être retiré. Il n'existe, à cette exception près, aucune structure à l'intérieur de la zone.

La station norvégienne Tor est située sur le nunatak de Svarthamaren (71° 53' 22" de latitude sud ; 5° 9' 34" de longitude est). La station, y compris une zone tampon de 10 mètres autour des bâtiments, est exclue de la zone spécialement protégée de l'Antarctique de Svarthamaren.

6(iv) Emplacement d'autres Zones protégées à proximité

Aucun

7. Critères de délivrance des permis

Les permis ne peuvent être délivrés que par des autorités nationales compétentes telles qu'elles sont désignées conformément à l'article 7 de l'annexe V du Protocole au Traité sur l'Antarctique relatif à la protection de l'environnement. Les critères de délivrance des permis d'accès à la zone sont les suivants :

*   Les actions autorisées le sont conformément au présent plan de gestion.
*   Le permis ou une copie sera emporté à l'intérieur de la zone.
*   Le permis sera valable pour une durée donnée.
*   Un rapport de visite est remis à l'autorité désignée dans le permis.

7(i) Accès à la zone et déplacements à l'intérieur de celle-ci

L'accès à la zone est limité par les conditions suivantes :

*   Aucune route piétonne n'est désignée, mais les personnes qui se déplacent à pied doivent, en tout temps, éviter de perturber les oiseaux et, dans toute la mesure du possible également, la maigre couverture végétale se trouvant dans la zone.
*   Les véhicules ne doivent pas entrer dans le site.
*   Le survol des hélicoptères ou d'autres aéronefs au-dessus de la zone est interdit.
*   Les atterrissages d'hélicoptères à l'intérieur de la ZSPA sont interdits. Les atterrissages associés à des activités conduites à la station Tor devraient de préférence avoir lieu à l'extrémité nord-est du nunatak de Svarthamaren (carte C).

7(ii) Activités menées ou pouvant être menées dans la zone, y compris les restrictions relatives à la durée et à l'endroit

Les activités suivantes peuvent être menées à l'intérieur de la zone conformément au permis délivré :

*   Principaux programmes de recherche biologique pour lesquels la zone a été désignée.
*   Autres programmes de recherche d'une nature scientifique indispensable qui ne nuisent pas aux recherches sur les oiseaux dans la zone.

7(iii) Installation, modification ou retrait de structures

Aucune structure ne doit être érigée dans la zone et aucun matériel scientifique ne doit y être installé, sauf lorsqu'il s'agit de matériel essentiel pour des activités scientifiques ou des activités de gestion prévues dans un permis.

7(iv) Emplacement des camps

Il est interdit d'installer des camps à l'intérieur de la zone. (voir point 6, iii)

7(v) Restrictions sur les matériaux et organismes pouvant être introduits dans la zone

- Aucun animal vivant ni aucune matière végétale ne devra être délibérément introduit dans la zone.
- Aucun produit de la volaille, y compris des produits alimentaires contenant des œufs en poudre non cuits, ne sera introduit dans la zone.
- Aucun herbicide ni pesticide ne doit y être introduit. Tous les produits chimiques (y compris les combustibles) qui peuvent être introduits pour des raisons scientifiques essentielles visées dans le permis seront enlevés de la zone à ou avant la fin de l'activité pour laquelle le permis a été délivré. (voir point 6, iii). Un stockage limité de combustible à la station Tor est acceptable, car la station et ses environs immédiats ne font pas partie de la zone.
- Tous les matériaux introduits dans la zone le seront pour une période donnée. Ils seront enlevés à ou avant la fin de la période donnée et seront stockés et gérés de telle sorte que le risque de les introduire dans l'environnement sera réduit au maximum.

7(vi) Prélèvement de végétaux et capture d'animaux ou perturbations nuisibles à la faune et la flore

Le prélèvement de végétaux et la capture d'animaux ou perturbations nuisibles à la faune et la flore sont interdits, sauf avec un permis délivré conformément à l'annexe II du Protocole au Traité sur l'Antarctique relatif à la protection de l'environnement. Dans le cas du prélèvement ou de perturbations nuisibles d'animaux, le *SCAR Code of Conduct for Use of Animals for Scientific Purposes in Antarctica* (Code de conduite du SCAR pour l'utilisation d'animaux à des fins scientifiques dans l'Antarctique) devra être utilisé comme une norme minimale.

Il est recommandé que les personnes chargées des principaux travaux de recherche dans la zone soient consultées avant qu'un permis soit accordé pour capturer des oiseaux à des fins qui ne sont pas associées à ce type de recherche. Les études pour lesquelles la capture d'oiseaux à d'autres fins est nécessaire doivent être planifiées et menées d'une manière telle que cette opération n'entravera pas la réalisation des objectifs de la recherche sur les oiseaux dans la zone. ZSPA n° 142 : Svarthamaren.

7(vii) Ramassage de toute chose qui n'a pas été apportée dans la zone par le détenteur du permis

Des matériaux peuvent être ramassés ou enlevés de la zone uniquement en application d'un permis, si ce n'est que les débris d'origine humaine doivent être enlevés et que les spécimens morts de faune peuvent être enlevés pour leur examen en laboratoire.

7(viii) Élimination des déchets

Tous les déchets devront être enlevés de la zone.

7(ix) Mesures nécessaires pour faire en sorte que les buts et objectifs du plan de gestion continuent à être atteints

Des permis peuvent être délivrés pour entrer dans la zone et s'y livrer à des activités de surveillance biologique et des inspections de site qui peuvent faire intervenir la collecte de petites quantités de matière végétale ou de petits nombres d'animaux à des fins d'analyse ou d'audit, pour ériger ou tenir à jour des panneaux d'avis, pour entretenir la station ou pour prendre des mesures de protection.

7(x) Rapports de visite

Les Parties doivent s'assurer que le principal détenteur de chaque permis délivré soumet aux autorités compétentes un rapport décrivant les activités menées dans la zone. Ce rapport doit inclure, s'il y a lieu, les renseignements identifiés dans le formulaire du rapport de visite suggéré par le Comité scientifique pour la recherche en Antarctique. Les parties doivent tenir un enregistrement à jour sur ces activités et, au cours de l'échange annuel d'informations, elles doivent fournir des récapitulatifs des descriptions des activités menées par les personnes soumises à leur juridiction, descriptions qui doivent être suffisamment détaillées pour évaluer l'efficacité du Plan de gestion. Les Parties doivent, dans la mesure du possible, déposer les originaux ou les copies de ces rapports dans une archive à laquelle le public pourra avoir accès, et ce, afin de conserver une archive d'usage qui sera utilisée et dans l'examen du plan de gestion et dans l'organisation de l'utilisation scientifique de la zone.

Bibliographie

Amundsen, T. 1995. Egg size and early nestling growth in the snow petrel. *Condor* 97: 345-351.

Amundsen, T., Lorentsen, S.H. & Tveraa, T. 1996. Effects of egg size and parental quality on early nestling growth: An experiment with the Antarctic petrel. *Journal of Animal Ecology* 65: 545-555.

Andersen, R., Sæther, B.E. & Pedersen, H.C. 1995. Regulation of parental investment in the Antarctic petrel *Thalassoica antarctica*: An experiment. Polar Biology 15:65-68

Andersen, R., Sæther, B.-E. & Pedersen, H.C. 1993. Resource limitation in a long-lived seabird, the Antarctic petrel *Thalassoica antarctica*: a twinning experiment. Fauna Norwegica, Serie C 16:15-18

Bech, C., Mehlum, F. & Haftorn, S. 1988. Development of chicks during extreme cold conditions: the Antarctic petrel *Thalassioca antarctica*. Proceedings of the 19'th International Ornithological Congress:1447-1456

Brooke, M.D., Keith, D. & Røv, N. 1999. Exploitation of inland-breeding Antarctic petrels by south polar skuas. *OECOLOGIA* 121: 25-31

Fauchald, P. & Tveraa, T. 2003. Using first-passage time in the analysis of area restricted search and habitat selection. Ecology 84:282-288

Fauchald P. & Tveraa T. 2006. Hierarchical patch dynamics and animal movement pattern. *Oecologia*, 149, 383-395

Haftorn, S., Beck, C. & Mehlum, F. 1991. Aspects of the breeding biology of the Antartctic petrel (*Thalassoica* antarctica) and krill requirements of the chicks, at Svarthamaren in Mühlig-Hofmannfjella, Dronning Maud Land. Fauna Norwegica, Serie C. Sinclus 14:7-22

Haftorn, S,, Mehlum, F. & Bech, C. 1988. Navigation to nest site in the snow petrel (Pagodrom nivea). Condor 90:484-486

Lorentsen, S.H. & Røv, N. 1994. Sex determination of Antarctic petrels *Thalassoica* antarctica by discriminant analysis of morphometric characters. Polar Biology 14:143-145

Lorentsen, S.H. & Røv, N. 1995. Incubation and brooding performance of the Antarctic petrel (*Thalassoica* antarctica) at Svarthamaren, Dronning Maud Land. *Ibis* 137: 345-351.

Lorentsen, S.H., Klages, N. & Røv, N. 1998. Diet and prey consumption of Antarctic petrels *Thalassoica* antarctica at Svarthamaren, Dronning Maud Land, and at sea outside the colony. *Polar Biology* 19: 414-420.

Lorentsen, S.H. 2000. Molecular evidence for extra-pair paternity and female-female pairs in Antarctic petrels. Auk 117:1042-1047

Morgan, F., Barker, G., Briggs, C., Price, R., and Keys, H. (2007). Environmental Domains of Antarctica, Landcare Research New Zealand Ltd

Nygård,T., Lie, E., Røv, N., *et al.* 2001. Metal dynamics in an Antarctic food chain. *Mar. Pollut. Bull.* 42 : 598-602

Ohta, Y., Torudbakken, B.O. & Shiraishi, K. 1990. Geology of Gjelsvikfjella and Western Muhlig-Hofmannfjella, Dronning Maud Land, East Antarctica. *Polar Research* 8: 99-126.

Steele, W.K., Pilgrim, R.L.C. & Palma, R.L. 1997. Occurrence of the flea Glaciopsyllus antarcticus and avian lice in central Dronning Maud Land. *Polar Biology* 18: 292-294.

Sæther, B.E., Lorentsen, S.H., Tveraa, T. *et al*. (1997).Size-dependent variation in reproductive success of a long-lived seabird, the Antarctic petrel (*Thalassoica* antarctica). *AUK* 114 (3): 333-340.

Sæther, B.-E., Andersen, R. & Pedersen, H.C. 1993. Regulation of parental effort in a long-lived seabird: An experimental study of the costs of reproduction in the Antarctic petrel (*Thalassoica Antarctica)*. Behavioral Ecology and Sociobiology 33:147-150

Terauds, A., Chown, S. L., Morgan, F, Peat, H.J., Watts, D. J., Keys, H, Convey, P. , Bergstrom, D.M. 2012.

Conservation biogeography of the Antarctic. Diversité et répartition. 1-16.

Tveraa, T., Lorentsen, S.H. & Saether, B.E. 1997. Regulation of foraging trips and costs of incubation shifts in the Antarctic petrel (*Thalassoica* antarctica). *Behavioral Ecology* 8: 465-469.

Tveraa, T. & Christensen, G.N. 2002. Body condition and parental decisions in the Snow Petrel (*Pagodroma nivea*). *AUK* 119: 266-270.

Tveraa, T., Sæther, B.E., Aanes, R. & Erikstad, K.E. 1998. Regulation of food provisioning in the Antarctic petrel; the importance of parental body condition and chick body mass. *Journal of Animal Ecology* 67: 699-704.

Tveraa, T., Sæther, B.-E., Aanes, R. & Erikstad, K.E. 1998. Body mass and parental decisions in the Antarctic petrel *Thalassoica antarctica*: how long should the parents guard the chick? Behavioral Ecology and Sociobiology 43:73-79

Varpe, Ø., Tveraa, T. & Folstad, I. 2004. State-dependent parental care in the Antarctic petrel: responses to manipulated chick age during early chick rearing. Oikos, sous presse. ZSPA no 142 : Svarthamaren.

CARTE A: Carte de la ZSPA n°142, Svarthamaren dans la Terre de la Reine Maude

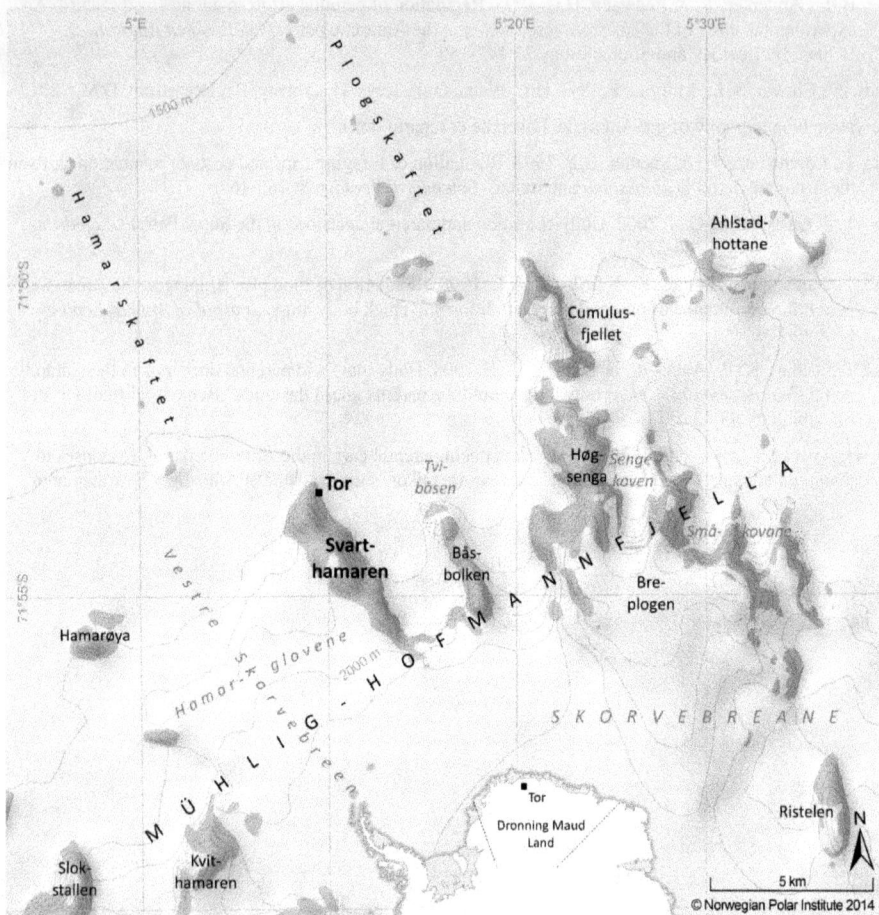

Carte B : ZSPA n° 142, Svarthamaren. Limites et principales concentrations d'oiseaux de mer (2014).

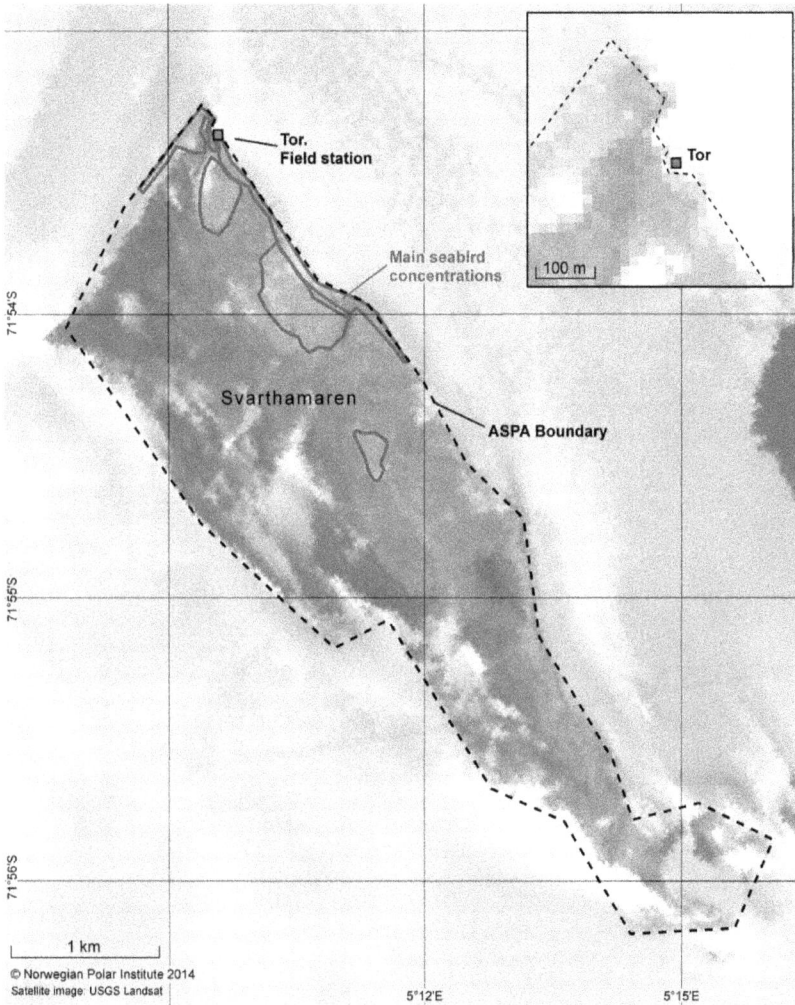

Carte C: Photographie aérienne de la ZSPA n° 142, Svarthamaren (1996, Institut polaire norvégien)

Plan de gestion pour

la Zone spécialement protégée de l'Antarctique n°162

CABANES MAWSON, CAP DENISON, BAIE DU COMMONWEALTH, TERRE GEORGE V, ANTARCTIQUE ORIENTAL

Introduction

Le cap Denison, baie du Commonwealth (67°00'31" S 142°40'43" E), est l'un des premiers sites antarctiques à avoir été soumis à l'activité humaine. On y trouve quatre cabanes en bois, connues sous le nom de « Cabanes Mawson », qui ont fait office de base lors de l'expédition antarctique australienne (EAA) de 1911-1914, organisée et menée par Dr. Douglas Mawson. Symbole important de « l'âge héroïque » de l'exploration antarctique (1895-1917), cap Denison est l'un des six sites de cabanes encore existant aujourd'hui. Cap Denison a été l'un des premiers sites d'études globales de la géologie, de la géographie, du magnétisme terrestre, de l'astronomie, de la météorologie, de la glaciologie, de l'océanographie, de la biologie, de la zoologie et de la botanique en Antarctique. Le cap a également été le point de départ de nombreuses explorations à l'intérieur des terres et présente des objets liés à ces explorations en traineau, tels que des caches de nourriture et des équipements.

Le cap Denison se caractérise par quatre vallées alignées nord-ouest/sud-est. La majorité des objets de l'expédition antarctique australienne, y compris les cabanes Mawson et d'autres structures, se concentrent dans la vallée la plus à l'ouest et sur les crêtes de chaque versant de cette vallée (voir Carte A).

Au vu de la rareté et de la richesse de cette ressource sociale, culturelle et scientifique, le site des cabanes Mawson (incluant les quatre cabanes, chacune entourée d'une zone tampon de 5 m) a été désigné en vertu de la Mesure 2 (2004) Zone spécialement protégée de l'Antarctique (ZSPA) n°162 afin de protéger la grande valeur historique, technique, architecturale et esthétique des quatre cabanes de l'EAA. La ZSPA abrite également le site désigné en vertu de la Mesure 3 (2004) Site et monument historiques n°77, cap Denison, baie du Commonwealth, Terre George V, inclus à l'origine dans la Zone gérée spéciale de l'Antarctique (ZGSA) no 3, cap Denison, baie du Commonwealth, Terre George V, désignée en vertu de la Mesure 1 (2004).

Par la Mesure XX (2014), la désignation de la ZGSA n°3 a pris fin et la limite de la ZSPA n°162 a été étendue pour coïncider avec l'ancienne limite de la ZGSA. Cela permet de mieux protéger le paysage historique et les objets éparpillés au cap Denison et de simplifier les activités de gestion du site.

Le cap Denison est soumis à une faible activité humaine, mais fait l'objet de visites périodiques de petites équipes de travail de conservation et de groupes organisés durant les mois d'été. Les Lignes directrices pour les visites de sites adoptées par la Résolution 4 (2011) s'appliquent au site.

1. Description des valeurs à protéger

La ZSPA est principalement désignée pour protéger les cabanes Mawson ainsi que le paysage alentour qui présentent des valeurs historiques, archéologiques, techniques, sociales et esthétiques notables. La forme architecturale des cabanes elle-même témoigne d'une recherche d'efficacité opérationnelle adaptée à leur emplacement et aux rigueurs auxquelles étaient confrontés les membres de l'expédition. Leur usure et l'état de dégradation des vestiges sont évocateurs du passage du temps et de la rigueur des conditions climatiques.

Valeur historique

Le cap Denison est l'emplacement des bâtiments, structures et vestiges de la base principale de l'expédition antarctique australienne de 1911–14, dirigée par le Dr Douglas Mawson. Les cabanes Mawson sont l'un des six sites de cabanes datant de « l'âge héroïque » encore existant; leur construction résultait de la nécessité pratique de fournir un abri permanent adapté aux conditions polaires du milieu antarctique.

L'objectif principal de Mawson était la recherche scientifique. Néanmoins, l'exploration était aussi à l'ordre du jour de l'expédition, l'objectif étant de cartographier l'ensemble du littoral antarctique situé immédiatement au sud de l'Australie. À cette fin, au moins cinq expéditions en traineau à partir du cap Denison furent entreprises à partir du printemps 1912, notamment la tristement célèbre *Far Eastern Sledging Party*, durant laquelle les explorateurs Belgrave Ninnis et Xavier Mertz périrent, et dont Mawson lui-même ne réchappa que de justesse. Au total, plus de 6500 km de littoral et d'hinterland ont été explorés par des expéditions en traineau menées lors de l'Expédition.

On trouve au cap Denison de nombreux vestiges liés à l'expédition de Mawson, notamment les cabanes Mawson ainsi que d'autres objets importants et relativement intacts datant de « l'âge héroïque ». Si la majorité de ces objets se trouve dans la vallée la plus à l'ouest et dans ses environs immédiats, les limites historiques de la base principale sont plus étendues. Des objets et d'autres preuves d'occupation, telles que des caches de nourriture, sont présents sur l'ensemble du cap, ce qui en fait une vaste ressource de matériels disponibles à des fins de recherche et d'interprétation, et qui pourraient éventuellement fournir des informations et des données scientifiques relatives à la vie des membres de l'expédition qui ne figureraient pas dans les récits officiels.

Les cabanes Mawson ont été construites en janvier, février et mars 1912 et en mai 1913. L'état actuel des cabanes et l'environnement dans lequel elles se trouvent sont évocateurs de l'isolement du cap Denison et des conditions extrêmes qui y règnent. Elles témoignent aussi du manque d'espace auquel les membres de l'expédition étaient confrontés. Dans la cabane principale par exemple, les locaux d'habitation se limitent à un seul espace de 7,3 m x 7,3 m, au sein duquel 18 hommes devaient dormir et préparer leurs repas.

La structure extérieure et l'aménagement intérieur de la plus grande cabane, connue sous le nom de Cabane principale (67°00'31"S, 142°39'39"E), sont simples mais robustes d'un point de vue architectural: il s'agit d'une base carrée surmontée d'un toit pyramidal (pour éviter les dégâts liés aux blizzards), avec des puits de lumière apportant un éclairage naturel. Après qu'il a été décidé de réunir deux bases d'expédition en une seule, une cabane d'habitation, surmontée d'un toit à comble en croupe de 5,5 m x 4,9 m, a été annexée aux locaux d'habitation et aménagée en atelier. Une véranda de 1,5 m de large partageant le même toit bordait le bâtiment sur trois côtés. Elle faisait office d'espace de rangement mais isolait aussi la cabane des intempéries.

La charpente des deux structures composant la Cabane principale a été construite en pin d'Oregon et habillée de panneaux de pin baltique emboutetés. Les cabanes ont été préfabriquées en Australie et reconstruites sur le site au moyen d'un code de lettres estampées sur les pièces de la structure et d'un code de couleurs peintes sur les extrémités des panneaux. (Aucun des membres de l'expédition n'avait la moindre expérience préalable en matière de construction). La résistance de la Cabane principale située sur l'un des sites les plus venteux de la planète témoigne de la solidité de sa configuration et du soin avec lequel elle a été construite.

Les cabanes Mawson contiennent de nombreux objets importants et relativement intacts datant de « l'âge héroïque » ; ces objets constituent non seulement de précieuses ressources matérielles pour la recherche et l'interprétation mais pourraient en outre fournir des informations sur la vie des membres de l'expédition qui ne figurent pas dans les récits officiels.

Les trois autres cabanes sont :

- La cabane Absolute Magnetic (67°00'23" S, 142° 39' 48" E), construite en février 1912. Elle mesurait 1,8 m x 1,8 m et était surmontée d'un toit en appentis. Sa charpente, en pin d'Oregon, était recouverte de panneaux fabriqués à partir de chutes de bois. La cabane était utilisée comme point de référence pour les observations réalisées dans la cabane Magnétographe. Aujourd'hui, elle n'est plus qu'une ruine.

- La cabane Magnétographe (67°00'21" S, 142°39'37" E) a été construite en mars 1912 pour abriter les appareils de mesure des variations du pôle sud magnétique. Elle mesure 5,5 m x 2 m, elle est surmontée d'une toiture à faible pente et n'a pas de fenêtres. Après la destruction du premier bâtiment par de violentes bourrasques, de gros rochers avaient été entassés contre la cabane pour la protéger du vent. Des peaux de mouton et des toiles de jute avaient été fixées au toit pour maintenir une température constante à l'intérieur et réduire au maximum les infiltrations de neige. C'est sans doute grâce à ces innovations que la cabane est dans un état relativement intact aujourd'hui.

- La cabane Transit (67°00'30" S, 142°39'42" E), dont la construction a commencé en mai 1913, est faite de panneaux de bois de caisse fixés sur un bâti de pin d'Oregon. La structure a également été habillée de peaux de mouton et de grosse toile. D'abord appelée Observatoire astronomique, la cabane abritait le théodolite utilisé pour déterminer la longitude exacte du cap Denison à partir de la position des étoiles. Aujourd'hui, elle n'est plus qu'une ruine.

Valeurs esthétiques

La zone est désignée d'une part pour préserver les objets encore présents sur place et, d'autre part, pour préserver le paysage culturel du cap Denison, dans lequel Mawson et ses hommes ont vécu et travaillé. Le cap Denison se caractérise par ses blizzards quasi-permanents, qui rendent l'accès à la région et les activités sur le site extrêmement difficiles. Les vents catabatiques descendent du plateau, s'engouffrent dans les vallées du cap et soufflent sur la cabane, avec des rafales qui, en mai 1912, ont atteint les 322 km/h. (La vitesse moyenne du vent pour le mois était de 98 km/h). En plus d'être l'endroit le plus venteux de l'Antarctique, le cap Denison est également l'endroit situé au niveau de la mer le plus venteux de la planète. Le site témoigne donc du contexte physique et symbolique de l'isolement et des conditions extrêmes auxquels ont été confrontés les membres et, par extension, tous les chercheurs et explorateurs de « l'âge héroïque ». En désignant l'ensemble de la zone comme ZSPA, « l'esprit » unique du cap Denison est protégé, les cabanes Mawson et Boat Harbour en constituant l'élément visuel le plus attrayant.

Valeurs pédagogiques

Au vu de la situation dramatique du plateau antarctique, la faune et les objets intacts du cap Denison présentent des valeurs pédagogiques significatives. L'isolement et les conditions climatiques extrêmes de la zone donnent aux visiteurs un aperçu unique des conditions qu'ont dû endurer les chercheurs et les explorateurs de « l'âge héroïque », et donnent l'occasion de mieux apprécier leurs performances.

Valeurs environnementales

L'absence de zones relativement libres de glace dans la région immédiate explique la présence d'un important assemblage de formes de vie au cap Denison (Annexe A). Les zones libres de glace de taille similaire voire supérieure à celle du cap Denison les plus proches se trouvent à environ 20 km à l'est du cap Denison (du centre de la ZSPA) et à approximativement 60 km à l'ouest. Le cap est une aire de nidification importante pour les manchots Adélie, les océanites de Wilson, les pétrels des neiges et les labbes antarctiques, et constitue en outre un site de rassemblement pour les phoques de Weddell, les léopards de mer et les éléphants de mer.

La flore du cap Denison est composée de 13 espèces de lichens réparties sur des pierres et d'autres moraines dans l'ensemble de la péninsule. Ces espèces sont répertoriées à l'Annexe A figurant au plan de gestion de la ZSPA n°162. Aucune bryophyte n'a été répertoriée. La répartition des lichens sur les roches, qui sont soumises à différents types d'ablation de neige, rend ces lichens vulnérables au piétinement et à d'autres perturbations de la part des visiteurs, même si les visites sont peu fréquentes.

On trouve 13 petits lacs à cap Denison. Il s'agit de lacs permanents, liés à l'action de la glace et gelés la majeure partie de l'année. Ces lacs étant également vulnérables à toute modification physique, chimique et biologique survenant au sein de leur bassin versant, il est nécessaire que la gestion des activités humaine prenne en compte les bassins versants.

Valeurs scientifiques

Mawson, un géologue, a organisé cette expédition dans le but de vérifier les théories relatives à la connexion continentale et aux processus de glaciation et de climat. Il cherchait également à étudier le pôle sud magnétique et la cartographie magnétique à des fins de navigation; il souhaitait également mener des études biologiques, notamment pour identifier de nouvelles espèces, et voulait installer une station météorologique.

Il est possible de renouveler les expériences de Mawson au cap Denison et de mener des recherches plus poussées en matière de magnétisme, de météorologie, de biologie et d'autres sciences. Par exemple, si les lacs antarctiques sont considérés comme précieux en raison de leurs écosystèmes naturels relativement simples, les lacs du cap Denison n'ont jamais fait l'objet d'échantillonnage et leur biote n'a jamais été étudié. De nombreuses algues non marines sont présentes, mais elles n'ont fait l'objet d'aucune étude. Les comptes-rendus de l'expédition de Mawson fournissent des données qui peuvent être comparées aux résultats des recherches modernes, et l'isolement du site en fait un site de référence précieux pour les autres zones qui sont soumises à des activités humaines plus intenses.

2. Buts et objectifs

Le but de ce plan de gestion est d'assurer la protection de la zone afin d'en préserver les valeurs identifiées. La gestion de la zone vise à :

- entretenir les valeurs historiques de la zone en élaborant des[1] programmes de travaux archéologiques et de conservation;
- autoriser des activités de gestion favorisant la protection des valeurs, des caractéristiques et des objets de la zone en veillant à la bonne gestion de l'accès aux cabanes;
- autoriser les activités pédagogiques et de sensibilisation (tourisme inclus) dans la zone, à condition que ces activités soient indispensables, ne puissent être satisfaites ailleurs et ne portent pas atteinte aux valeurs culturelles et aux écosystèmes naturels de la zone;
- autoriser les recherches scientifiques; et
- éviter toute détérioration ou tout risque de détérioration des valeurs de la zone en empêchant toute perturbation humaine inutile de la zone, de ses caractéristiques et de ses objets en veillant à la bonne gestion de l'accès aux quatre cabanes de l'expédition antarctique australienne et aux

---

[1] Dans le contexte de ce plan de gestion, le terme *conservation* désigne « l'ensemble des processus qui permettent de traiter un lieu afin de lui maintenir sa valeur culturelle ». Voir la définition à l'Article 1.4 de la Charte de Burra: The Australian ICOMOS Burra Charter, 1999.

objets éparpillés aux alentours.

3. Activités de gestion

Les activités de gestion suivantes peuvent être entreprises dans le but de protéger les valeurs de la zone :

- les activités de recherche ou autres essentielles ou nécessaires pour comprendre, protéger et entretenir les valeurs de la zone;
- les programmes de travaux de conservation et d'archéologie ainsi que le suivi de l'environnement des cabanes Mawson et des objets qu'elles contiennent ou qui ont été découverts dans la zone;
- l'enlèvement d'objets n'étant pas liés à l'EAA de 1911-1914 et/ou aux expéditions de recherche antarctiques australienne, britannique et néo-zélandaise (BANZARE) de 1929-31 et qui nuisent aux valeurs esthétique et historique de la zone, du moment que l'enlèvement n'a pas d'impact négatif sur les valeurs de la zone et qu'on dispose de suffisamment d'informations sur les objets avant de les enlever. La priorité doit être donnée à l'enlèvement d'infrastructure de terrain de la Zone de protection visuelle, en prenant en considération les besoins (et la sécurité) du programme de conservation et des personnes y travaillant;
- l'entretien essentiel d'autres objets et infrastructures, y compris la Station météorologique automatique;
- les visites nécessaires à des fins de gestion;
- la révision du plan de gestion une fois tous les cinq ans au moins, et son actualisation le cas échéant;
- des consultations entre les programmes nationaux antarctiques opérant dans la région ou ceux ayant un intérêt pour la gestion des sites historiques de l'Antarctique ou de l'expérience en la matière, afin de veiller à la mise en œuvre efficace des dispositions ci-dessus.

4. Durée de la désignation

La ZSPA est désignée pour une durée indéterminée.

5. Cartes

Carte A: Cabanes Mawson, cap Denison.

Cette carte illustre les limites de la ZGSA, le site historique, la Zone de protection visuelle et les caractéristiques topographiques importantes de la zone. L'encart indique l'emplacement de la zone par rapport au continent antarctique.

Carte B. Zone de protection visuelle du cap Denison.

Cette carte montre les limites de la Zone de protection visuelle et indique la position des objets historiques importants, notamment des quatre cabanes de l'expédition antarctique australienne, de la croix commémorative et de la colline Anémomètre ainsi que l'emplacement du mât de revendication de l'expédition BANZARE.

Carte C: Trajectoires de vol et colonies d'oiseaux du cap Denison.

Cette carte indique les trajectoires d'approche et de décollages et les sites d'atterrissage des hélicoptères, ainsi que l'emplacement des colonies d'oiseaux présentes dans les environs.

Spécifications pour toutes les cartes :

Projection : UTM Zone 54

Datum horizontal : WGS84

6. Description de la zone

6(i) Coordonnées géographiques, bornage et caractéristiques du milieu naturel

Le cap Denison (142°40'6" E—67°00'35" S) se trouve sur la côte de la baie du Commonwealth, une bande littorale de 60 km de large située sur terre George V, à environ 3000 km de Hobart, en Australie. Le cap en lui-même est une langue de glace, de neige, de roche et de moraine accidentée d'1,5 km de large qui s'avance dans la baie du Commonwealth en partant du mur abrupt de la calotte glaciaire de l'Antarctique continental. À l'extrémité occidentale du cap se trouve Boat Harbour, une échancrure de 330 m de long sur la côte.

La ZSPA désignée (Carte A) s'étend de Land's End (67° 00' 47" S, 142° 39' 28" E) à l'ouest, le long du littoral de l'extrémité nord de la côte occidentale de Boat Harbour (67° 00' 21" S, 142° 39' 28" E), traverse l'embouchure de Boat Harbour (en diagonale vers le nord-est) jusqu'à la côte orientale de Boat Harbour (67° 00' 21" S, 142° 39' 27" E), au sud-ouest de Penguin Knob, et puis poursuit le long du littoral en direction du sud-est jusqu'à John O'Groats (67° 00' 47" S, 142° 41' 27" E). La limite sud s'étend en ligne droite de Land's End à John O'Groats le long de la latitude 67° 00' 47" S. À l'exception de la limite qui traverse l'embouchure de Boat Harbour, la limite côtière nord s'étend jusqu'à cette terre au-dessus de la marée la plus basse.

Le littoral et les parois de glace situés à chaque extrémité du cap (Land's End et John O'Groats) forment une limite clairement définie; par conséquent, aucune borne n'a été érigée car la côte constitue une limite clairement définie.

Domaines environnementaux et régions biogéographiques
D'après les Analyses des domaines environnementaux pour l'Antarctique (Résolution 3 (2008)), la zone se trouve dans l'Environnement L- Calotte de glace de la zone côtière du continent. La zone n'est pas classée dans les Régions de conservation biogéographiques de l'Antarctique identifiées dans la Résolution 6 (2012).

Caractéristiques naturelles: Topographie et géomorphologie

La topographie du cap Denison est définie par une série de quatre crêtes rocheuses, qui s'étendent sur un axe sud-sud-est à nord-nord-ouest, et par trois vallées. La plus grande de ces vallées, située le plus à l'ouest, abrite les quatre cabanes de l'EAA. Le socle rocheux de la zone du cap Denison est principalement composé d'orthogneiss felsique massif partiellement magmatique dont l'intrusion dans une séquence métamorphisée antérieure remonte à environ 2350 millions d'années (Ma). Au-dessus du socle, on peut voir d'une part une zone plus basse de roche relativement polie et une zone plus haute de roche relativement non polie; la première étant particulièrement présente sous les 12 mètres au-dessus du niveau de la mer et indiquant une exposition et un soulèvement plus récents que la zone plus haute. Des moraines supérieure et inférieure sont visibles, la moraine supérieure, plus proche de la bordure du plateau, étant composée de blocs rocheux angulaires. La moraine inférieure est principalement composée de roches locales réparties en bandes, et n'est sans doute pas une véritable moraine glaciaire mais résulte plutôt de la glace poussée par la mer.

Étendues d'eau

Le cap Denison abrite 13 lacs glaciaires, qui dans l'ensemble sont parallèles à la foliation des roches du socle. Au plus fort de l'été, le cap Denison présente également de nombreux cours d'eau de fonte qui se jettent dans la baie du Commonwealth. On ignore si les cours d'eau suivent un tracé défini ou s'ils résultent uniquement du cycle régulier du gel et du dégel.

Caractéristiques biologiques

En été, le cap Denison est le site de reproduction des manchots Adélie, des océanites de Wilson, des pétrels des neiges et des labbes antarctiques. D'autres espèces ont été observées dans la zone, telles que des damiers du cap, des pétrels antarctiques, des pétrels géants et des manchots empereurs. Une liste complète des espèces et du nombre de couples reproducteurs (si disponible) est jointe en Annexe B. Des phoques de Weddell, des éléphants de mer et des léopards de mer ont été observés au cap, où ils se rassemblent et où les éléphants de mer viennent muer. Cependant, la nature sporadique des visites dans la zone implique que le suivi est irrégulier et que l'étendue totale de la population de phoques reste inconnue. Certaines données sont présentées en Annexe B (ii).

La seule flore présente à notre connaissance au cap Denison est constituée de lichens, dont une liste des espèces figure à l'Annexe A, et d'algues non-marines, qui n'ont pas encore fait l'objet d'étude.

6(ii) Accès à la zone

Il est difficile d'accéder au cap Denison par la terre, la mer ou l'air du fait de la topographie accidentée et du climat de la zone. L'étendue de glace de mer et la bathymétrie inconnue peuvent empêcher les navires de s'approcher à plus de dix milles nautiques du littoral. On peut accéder au site par hélicoptère ou par petites embarcations, bien qu'il soit souvent difficile d'accoster ou d'atterrir du fait du déchainement de la mer, des vents catabatiques ou des vents dominants de nord-ouest. Les accostages sont possibles à Boat Harbour et au site se situant plein nord de la cabane Sørensen. Le site d'atterrissage des hélicoptères (67°0'30"S, 142°39'19"E) ainsi que les trajectoires d'approche et de départ sont indiquées sur la carte C.

Les déplacements à l'intérieur de la ZSPA doivent se faire à pied, sauf là où l'utilisation de véhicule est autorisée pour les parties autorisées à travailler, conformément aux conditions d'accès décrites dans la section 7 (ii). L'accès piéton à l'intérieur de la zone ne fait l'objet d'aucune restriction, excepté près des structures et des objets de l'EAA et des colonies d'oiseaux et de lichens, et doit se conformer aux conditions d'accès. Outre une petite promenade proche de la Cabane principale, il n'y a aucun chemin ni aucune infrastructure de transport sur la terre. La promenade est souvent recouverte de neige et n'est donc praticable que quelques semaines par an.

Les hélicoptères opérant dans la zone risquent de perturber la mue et la reproduction de la faune. Afin de limiter les perturbations des phoques et des oiseaux nicheurs à cap Denison durant les mois estivaux, les hélicoptères ne peuvent atterrir que sur le site indiqué sur la Carte C et s'approcher et décoller en suivant les couloirs aériens indiqués sur la carte. Les itinéraires de décollage ont été sélectionnés de sorte à éviter autant que possible les concentrations fauniques. L'utilisation d'hélicoptères monomoteurs est préférable; toutefois, les hélicoptères bimoteurs peuvent être utilisés tout en prenant en considération la perturbation potentiellement accrue qu'ils présentent pour la faune. La présence de phoques et le cycle de reproduction des oiseaux nichant dans la zone sont répertoriés dans l'Annexe B (i) et (ii); l'utilisation d'hélicoptères bimoteurs doit être évitée les semaines durant lesquelles les oiseaux couvent leurs œufs ou élèvent les oisillons (de fin octobre à début mars).

6 (iii) Emplacement des structures à l'intérieur de la zone et adjacentes à elle

Le cap Denison est un site particulier car il abrite quatre bâtiments historiques (décrits à la section 1) et une croix commémorative (67°0'36" S, 142°39'48" E) construites par l'EAA de 1911-1914. L'AAE a également installé des bornes et un mât qui sont encore présents sur la colline Anémomètre, à environ 150 m à l'est de la Cabane principale de Mawson. Le 5 janvier 1931, des membres de l'expédition BANZARE (dont Douglas Mawson) ont visité le cap Denison pour revendiquer, au nom de la Grande Bretagne, la Terre George V, et ont utilisé le mât pour y accrocher leur drapeau et un réservoir contenant la proclamation en elle-même. Une petite plaque de bois et la proclamation, toujours accrochée au mât, sont les seuls objets « formels » de la visite qui demeurent encore sur place aujourd'hui. Une capsule temporelle a été installée le 16 janvier 2012 à la base du mât de proclamation (142°39'51.9"E 67°0'33.3"S) pour commémorer le centenaire de l'EAA. Une plaque commémorative a été apposée au pied du mât de proclamation, à côté de la capsule temporelle.

Par ailleurs, le cap Denison abrite sept autres structures: une Station météorologique automatique (SMA); un marégraphe; un abri de terrain et un laboratoire de conservation connu sous le nom de Cabane Sørensen; la cabane « Apple » en fibre de verre rouge; une plateforme en bois sur laquelle fixer des tentes; un abri de terrain connu sous le nom de Cabane Granholm, et une plaque près de la Cabane principale de Mawson précisant que la cabane est un Monument historique.

La SMA se trouve au 67°00'33" S, 142°39'51" E, sur une colline près du lac Round et à environ 150 m au sud-est de la Cabane principale de Mawson. Elle est exploitée depuis 1990 dans le cadre du projet de Station météorologie automatique de l'Université du Wisconsin à Madison, qui en est propriétaire.

En 2008, du personnel français a installé un marégraphe dans la zone. Le marégraphe est attaché à un rocher du fond marin du côté est de Boat Harbour au 142°39'30" E, 67°0'25" S. Dès que possible, un câble le reliant à la terre sera installé afin de recenser les données du marégraphe à distance via un satellite Iridium.

La cabane Sørensen se trouve à environ 400 m à l'est de la Cabane principale de Mawson, au 67°00'29" S, 142°40'12" E. Elle a été construite par le programme antarctique australien en 1986 pour servir d'abri provisoire aux parties effectuant des travaux de conservation sur les cabanes Mawson, et contient quelques provisions et de l'équipement de terrain. De nombreux objets sont également entreposés sous et immédiatement à côté de la cabane Sørensen, ainsi que dans la cabane Apple adjacente. Seuls les membres des parties autorisées à travailler ont accès à la cabane Sørensen.

La cabane Granholm se trouve au 67°00'29" S, 142°39'26" E, à quelques 160 m de la Cabane principale de Mawson. Elle a été construite en 1978 pour servir d'abri et d'atelier provisoire aux parties travaillant sur les cabanes Mawson. Elle contient de nombreux matériaux de construction, des équipements de terrain et un stock limité de provisions. La cabane a été peinte pour se fondre dans le paysage rocheux et ainsi limiter son impact visuel sur le site.

Des objets laissés par les membres de l'expédition de Mawson sont éparpillés dans l'ensemble de la zone, et apparaissent d'une année à l'autre en fonction de la couverture de neige. Ils incluent des cairns, des carcasses de manchots et de phoques cachées, du bois ainsi qu'une grande collection de squelettes de manchots désarticulés. On pense qu'un nombre important d'objets sont présents sous la neige et n'ont pas encore été découverts. En outre, il est possible que des objets provenant de la caverne de glace connue sous le nom de « Caverne d'Aladin », un dépôt de traineaux creusé lors de l'expédition de Mawson en 1912, soient également présents dans les environs de la ZSPA, voire à l'intérieur même de celle-ci. La caverne se trouvait à l'origine sur le plateau au 67°05'S, 142°38'E, à environ 8 km au sud de la Cabane principale de Mawson, mais elle pourrait bien avoir été déplacée (par le mouvement de la glace) à 4,5 km en pente par rapport à son emplacement originel de 1912. Son emplacement exact doit encore être déterminé.

6(iv) Emplacement d'autres zones protégées à proximité directe de la zone

Il n'y a pas d'autre ZSPA ou ZGSA dans un rayon de 50 km de cap Denison.

6(v) Zones spéciales à l'intérieur de la zone

Le secteur visuel des cabanes Mawson et de la croix commémorative est d'une grande importance pour le paysage culturel de cap Denison. Afin de protéger le paysage et l'esprit unique des cabanes Mawson, une Zone de protection visuelle a été définie au sein de la ZSPA. Afin de préserver ces valeurs, aucune nouvelle structure ne doit être érigée à l'intérieur de la Zone de protection visuelle. La Zone de protection visuelle est illustrée sur les cartes A et B et est définie de manière générale comme étant la zone comprise entre les lignes de crêtes orientale et occidentale de la vallée abritant les structures historiques. La limite s'étend du littoral (67°00'24.9" S, 142°39'14.3" E) et se dirige vers le sud-est le long du versant occidental de la crête la plus à l'ouest du plateau de glace (67°00'46.8"S, 142°39'37.2"E); elle poursuit au nord-est le long de l'extrémité du plateau de glace jusqu'au 67°00'43.9" S, 142°40'5.6" E; ensuite elle s'étend jusqu'à la cabane Magnétographe (67°00'20.3" S, 142°39'46.6"E); et elle suit ensuite le versant oriental de la ligne de crête orientale vers le nord-ouest en direction de la mer (67°00'15.7"S, 142°39'28.2"E).

7. Critères de délivrance des permis

L'Annexe V du Protocole au Traité sur l'Antarctique relatif à la protection de l'environnement interdit de pénétrer dans une ZSPA, sauf par délivrance d'un permis. Les permis sont exclusivement délivrés par les autorités nationales compétentes et peuvent contenir des conditions générales et spécifiques. Les autorités nationales peuvent délivrer un permis couvrant plusieurs visites par un même opérateur au cours d'une saison. Les parties opérant dans la baie du Commonwealth doivent se concerter et consulter les opérateurs non gouvernementaux souhaitant visiter la zone pour s'assurer de la bonne gestion du flux de visiteurs.

7 (i) Conditions générales de délivrance de permis

Les critères de délivrance de permis d'accès à la zone sont les suivants :
• Le permis est délivré pour des raisons scientifiques, pédagogiques (comme le tourisme) ou de sensibilisation indispensables qui ne peuvent être satisfaites ailleurs, ou pour des raisons essentielles à la gestion de la zone;
• activités liées à la conservation, à l'inspection, à l'entretien, à la recherche et/ou au suivi, conformément aux buts et objectifs du présent plan de gestion;
• les activités autorisées sont conformes au présent plan de gestion ;
• les activités autorisées veilleront à ne pas porter atteinte à la protection continue des valeurs historiques de la zone par le biais d'un processus d'évaluation d'impact sur l'environnement;
• le permis est délivré pour une durée déterminée; et
• le permis ou une copie sera emporté à l'intérieur de la zone.

Un rapport de visite doit être remis à l'autorité que désigne le permis au plus tard à la date d'expiration dudit permis.

7 (ii) Accès à la zone et déplacements à l'intérieur de celle-ci

Aucun véhicule terrestre n'est autorisé dans la zone, à l'exception des petits véhicules tout-terrain des parties autorisées à travailler qui, au vu de la colonisation des zones rocheuses par les lichens et les oiseaux marins, doivent être exclusivement utilisés sur la neige et la glace en tenant compte de l'emplacement des objets historiques. L'accès piéton à la zone ne fait l'objet d'aucune restriction mais il convient d'éviter les zones comportant de nombreux objets (tels que ceux dispersés immédiatement au nord de la Cabane principale), les colonies d'oiseaux et de lichens, et les « autoroutes » des manchots (les itinéraires empruntés par les manchots pour se rendre de leurs nids à la mer).

Lorsqu'elles se livrent à des travaux de conservation des cabanes, les parties autorisées à travailler peuvent utiliser à l'intérieur de la zone des petits véhicules tout-terrain pour faciliter le transport de matériaux et de matériel vers et à partir des bâtiments.

Seuls les membres des parties autorisées à travailler ont accès à la cabane Sørensen.

Les visiteurs peuvent entrer dans la Cabane principale et dans la cabane Magnétographe à condition que :

- Une personne spécialisée dans la conservation du patrimoine culturel (désignée par la Partie délivrant le permis) les y accompagne;
- pas plus de quatre (4) personnes, dont le guide, soient présentes en même temps dans la Cabane principale, ce nombre étant limité à trois (3) (guide compris) pour la cabane Magnétographe;
- les objets, le matériel scientifique, le matériel de gestion de la conservation ainsi que la structure intérieure du bâtiment ne soient pas touchés;
- des séances d'information concernant le présent plan de gestion et les valeurs de la ZSPA soient organisées avant les visites et que des supports d'information adéquats soient fournis à chaque visiteur pour lui permettre d'interpréter le site;
- les visiteurs évitent les objets historiques fragiles, comme ceux qui sont éparpillés immédiatement au nord de la Cabane principale, et les autres zones vulnérables, comme les communautés de lichens;
- les visiteurs ne touchent pas la structure extérieure des bâtiments ou quelque objet que ce soit; et
- personne ne fume dans ou près des cabanes.

Les parties autorisées à travailler qui entreprennent des programmes de travaux de conservation et/ou archéologiques approuvés ne sont pas soumises aux dispositions de cette sous-section.

7(iii) Activités pouvant être menées dans la zone

Les activités qui peuvent être menées à l'intérieur de la zone sont les suivantes :

- des activités de recherche scientifique indispensables qui ne peuvent être entreprises ailleurs;
- l'échantillonnage, qui doit respecter le minimum requis pour les programmes de recherche autorisés;
- les activités de conservation, d'inspection et d'entretien;
- les activités de gestion essentielles, y compris de suivi.
- les activités d'exploitation à l'appui des activités de recherche ou de gestion à l'intérieur ou au-delà des limites de la zone, y compris les visites visant à évaluer l'efficacité du plan de gestion et des activités de gestion; et
- les visites pédagogiques et/ou récréatives, y compris le tourisme.

7(iv) Installation, modification ou enlèvement de structures

Afin de préserver les valeurs historique, archéologique, sociale, esthétique et environnementale de la ZSPA, aucun nouvel équipement et aucune nouvelle structure ne doit être érigé et aucun équipement scientifique supplémentaire ne doit être installé dans la zone, sauf dans le cadre d'activités de conservation, de recherche ou d'entretien spécifiées dans la Section 3 ci-dessus.

Tout équipement ou infrastructure laissé dans la zone doit faire l'objet d'une révision régulière afin d'en assurer l'entretien ou l'enlèvement éventuel.

Le cap Denison est également désigné comme étant un site historique. Conformément au Paragraphe

4 de l'Article 8 de l'Annexe V du Protocole, les structures historiques et les objets présents au cap Denison (notamment les cabanes Mawson) ne doivent pas être endommagés, enlevés ou détruits sauf en vertu d'un programme de travail archéologique ou de conservation approuvé. Les objets historiques ne peuvent être enlevés de la zone qu'à des fins de conservation et/ou préservation mais uniquement avec un permis délivré à cette fin par une autorité nationale en consultation avec le programme australien antarctique.

Il est en général préférable de rapatrier les objets sur leur lieu d'origine au cap Denison, sauf si leur retour risque d'entraîner de nouvelles dégradations ou détériorations.

7(v) Emplacement de camps de base

- Seules les tentes des parties autorisées à travailler peuvent être dressées sur la plateforme en bois adjacente à la cabane Sørensen.
- Tout autre membre du personnel est autorisé à camper dans la Zone de protection visuelle.
- L'utilisation des cabanes Mawson à des fins d'hébergement n'est pas autorisée.
- Si la cabane Sørensen est utilisée en cas d'urgence, l'utilisation de tout matériel doit être notifiée à la Division australienne antarctique le plus tôt possible afin d'assurer la sécurité des autres personnes qui compteraient sur la présence de ce matériel.
- Il est préférable que les Parties menant des activités utilisent les infrastructures non historiques existantes à l'intérieur de la ZGSA conformément au présent plan de gestion plutôt que d'ériger des nouvelles infrastructures.

7(vi) Restrictions sur les matériaux et organismes pouvant être introduits dans la zone

- Aucun animal vivant, matériau végétal, micro-organisme ou terre ne sera délibérément introduit dans la zone et toutes les précautions raisonnables seront prises pour éviter leur introduction accidentelle.
- Aucun produit de volaille, à l'exception d'œufs stérilisés en poudre, ne peuvent être introduits dans la zone.
- Aucun emballage en polystyrène ne peut être introduit dans la zone.
- Les pesticides et les herbicides ne peuvent être introduits dans la zone, sauf pour des travaux de conservation ou de préservation des structures et objets historiques, leur introduction devant alors être autorisée par un permis. Ils seront ensuite enlevés de la zone dès l'achèvement de l'activité pour laquelle le permis a été délivré.
- Aucun combustible, aliment ou autre matériau ne sera entreposé dans la zone, sauf à des fins essentielles liées à l'activité pour laquelle le permis a été délivré.
- L'utilisation de lampes à combustion est strictement interdite à l'intérieur de la zone.

7(vii) Prélèvement de végétaux et capture d'animaux ou perturbations nuisibles à la faune et la flore

Le prélèvement de végétaux et la capture d'animaux ou perturbations nuisibles à la faune et la flore sont interdits, sauf sur délivrance d'un permis conforme à l'Article 3 de l'Annexe II du Protocole au Traité sur l'Antarctique relatif à la protection de l'environnement par l'autorité nationale compétente.

Les distances d'approche de la faune doivent être conformes à celles convenues au sein du Comité pour la protection de l'environnement. En attendant que des lignes directrices soient adoptées par le Comité, le Tableau 1 ci-après fait office de document d'orientation.

Les visiteurs ne sont pas autorisés à se laver, nager ou plonger dans les lacs. Ces activités pourraient contaminer les étendues d'eau et perturber la colonne d'eau, les communautés microbiennes et les sédiments.

Tableau 1: Distances minimales d'approche de la faune à maintenir à pied

Espèces	Phase de vie	À pied (m)
Pétrels des neiges	En nidification	15
Océanites de Wilson	En nidification	15
Labbes antarctiques	En nidification	15
Manchots Adélie	Été: sur la glace ou en dehors de la colonie	5
	Été: oiseaux reproducteurs en colonies	15
Phoques de Weddell en phase de reproduction et bébés (y compris les sevrés)	Tout temps	15
Phoques adultes seuls (toutes les espèces)	Tout temps	5

7 (viii) Ramassage ou enlèvement de matériel qui n'a pas été introduit dans la zone par le détenteur du permis

- Les structures et autres objets historiques situés dans la zone ne peuvent être manipulés, déplacés ou enlevés de la zone sauf pour des travaux de conservation, de préservation ou de protection ou pour des raisons scientifiques, auquel cas un permis délivré par une autorité nationale compétente est requis.

- Il est généralement préférable de ramener les objets sur le lieu d'où ils ont été enlevés au cap Denison sauf si leur retour risque d'entraîner de nouvelles dégradations ou détériorations.

- Il faut signaler tout enlèvement d'objets au programme antarctique australien afin que les archives de ce programme de recherche archéologique aux cabanes Mawson puissent être modifiées en conséquence.

- Les matériels d'origine humaine (matériels historiques exclus) susceptibles de porter atteinte aux valeurs de la zone et qui n'y ont pas été introduits par le titulaire du permis ou pour lesquels aucune autre autorisation n'a été donnée, peuvent être enlevés à moins que l'impact de leur enlèvement ne risque d'être plus grand que s'ils étaient laissés sur place. Si des matériels doivent être enlevés de la zone, l'autorité compétente doit en être notifiée et donner son autorisation.

7(ix) Élimination des déchets

- Tous les déchets, y compris les déchets humains, doivent être enlevés de la zone.

- Le ravitaillement en carburant des véhicules, générateurs ou de tout autre équipement essentiel doit se faire avec toutes les précautions nécessaires pour l'environnement immédiat. Les activités de ravitaillement sont interdites dans les bassins versants des lacs ou des cours d'eau de fonte, à la lisière de glaces, ou dans d'autres zones sensibles.

7(x) Mesures nécessaires pour faire en sorte que les buts et objectifs du plan continuent à être atteints

- Des informations, y compris une vidéo d'information et des brochures, doivent être fournies aux touristes et autres visiteurs dans la zone.

- une étude doit être entreprise après les visites pour assurer le suivi continu des impacts que pourraient avoir les visiteurs (et doit se concentrer sur les besoins de conservation plutôt que sur l'accès des visiteurs à la zone);

- l'interprétation de la zone hors-site en tirant profit au maximum des médias disponibles, y compris d'internet; et

- le développement des ressources et compétences, surtout en matière d'excavation d'objets de la glace, pour faciliter la protection des valeurs de la zone.

7(xi) Rapports de visites

Le titulaire principal du permis délivré sera tenu de soumettre à l'autorité nationale compétente un rapport pour chaque visite de la zone dans les plus brefs délais et, au plus tard, dans les six mois suivants la fin de la visite.

Ces rapports doivent contenir, le cas échéant, les catégories d'informations mentionnées dans le formulaire de rapport de visite repris dans le Guide pour l'élaboration des plans de gestion des zones spécialement protégées de l'Antarctique, disponible sur le site du Secrétariat du Traité sur l'Antarctique : www.ats.aq.

Le cas échéant, l'autorité nationale doit envoyer une copie du rapport de visite à la Partie qui a proposé le plan de gestion pour qu'elle puisse l'utiliser à des fins de bonne gestion de la zone ou d'examen du plan de gestion.

Les Parties doivent, dans la mesure du possible, déposer les originaux ou les copies de ces rapports dans une archive publique afin de conserver une archive d'usage qui sera utilisée pour réexaminer le plan de gestion et pour organiser toute future visite du site.

8. Bibliographie

Australian Antarctic Division 2013. *Mawson's Huts Historic Site Management Plan 2013-18.* Kingston, Tas.

Australia ICOMOS Inc. 2000. *The Burra Charter: The Australian ICOMOS Charter for Place of Cultural Significance,* 1999. Burwood: Australia ICOMOS Inc.: 2.

Ayres, P. 1999. *Mawson: a Life.* Melbourne: Melbourne University Press/Miegunyah Press: 68–69 passim.

Dodge, CW. 1948. *BANZARE Reports*, Series B, Vol. VII. British Australia New Zealand Antarctic Expedition.

Godden Mackay Logan 2001. *Godden Mackay Logan (2001). Mawson's Huts Historic Site, Cape Denison Commonwealth Bay Antarctica: Conservation Management Plan 2001.* Sydney: Godden Mackay Logan: 36, 41–43, 110, 146, 147, passim.

Godfrey, I. 2006. *Mawson's Huts Conservation Expedition 2006.* Mawson's Huts Foundation, Sydney

Hughes, J (2012). *Deterioration processes affecting historic sites in Antarctica and the conservation implications.* PhD Thesis, University of Canberra. http://www.canberra.edu.au/researchrepository/items/e3d37990-6655-337a-f1e1-b317f04f1200/1/

Hughes, J. et B. Davis. "The Management of Tourism at Historic Sites and Monuments." In: Hall, C. M. et M.E. Johnston. 1995. *Polar Tourism: Tourism in the Arctic and Antarctic Regions.* London: John Wiley & Sons Ltd: 242, 245, 246.

Lazer, E. *"Recommendations for Future Archaeological and Conservation Work at the Site Associated with Mawson's Hut Commonwealth Bay Antarctica."* October 1985: 1, 9, 10, Map 3.

Hayes, J. Gordon (1928). *Antarctica: a treatise on the southern continent.* London: The Richards Press Ltd.: 212.

McGregor, A. 1998. *Mawson's Huts: an Antarctic Expedition Journal*. Sydney: Hale et Iremonger: 7-15.

McIntyre, D, et M. McIntyre 1996. "Weddell seal survey in Boat Harbour". In: Australian Antarctic Division 1997. *Initial Environmental Evaluation: AAP Mawson's Huts Foundation Conservation Program 1997–98*: Attachment D.

Mawson, D. 1996 (reprint). *The Home of the Blizzard*. Adelaide: Wakefield Press: 53, 54, 62, 68.

Mawson's Huts Foundation 2005. *Mawson's Huts Conservation Expedition 2005*. Sydney

Mawson's Huts Foundation 2008. *Mawson's Huts Conservation Expedition 2007-08*. Sydney

Mawson's Huts Foundation 2009. *Mawson's Huts Conservation Expedition 2008-09*. Sydney

Mawson's Huts Foundation 2011. *Mawson's Huts Conservation Expedition 2010-11*. Sydney

Patterson, D. 2003. *Mawson's Huts Conservation Expedition 2002: Field Leader's Report.*

Secrétariat of the Antarctic Treaty, *Protection de l'environnement, Zones protégées* *http://www.ats.aq/e/ep_protected.htm* (Page consultée le 5 juillet 2013).

Stillwell, F.L. 1918. *The metamorphic rocks of Adélie Land. Australasian Antarctic Expedition*, Scientific Reports, Series A, Vol. III part 1:15–22.

Appendice A

Espèces de flore répertoriées au cap Denison, baie du Commonwealth

Les taxons ci-dessous ont été répertoriés au cap Denison par l'expédition antarctique australienne (EAA) de 1911–14 ainsi que par l'expédition de recherche britannique, australienne et néo-zélandaise en Antarctique (BANZARE) en 1929–31 ; ils ont été publiés par Carroll W. Dodge dans BANZARE Reports, Series B, Vol. VII, juillet 1948.

LICHENS

Lecidacées

Lecidea cancriformis Dodge & Baker
Toninia johnstoni Dodge

Umbilicaiacées

Umbilicaria decussata (Vill.) Zahlbr.

Lecanoracées

Rhizoplaca melanophthalma (Ram.) Leuck. et Poelt *Lecanora expectans* Darb.
Pleopsidium chlorophanum (Wahlenb.) Zopf

Parmeliacées

Physcia caesia (Hoffm.) Th. Fr.

Usnaecées

Pseudephebe minuscula (Nyl. ex Arnold) Brodo et D. Hawksw.
Usnea antarctica Du Rietz

Blasteniacées

Candelariella flava (C.W. Dodge et Baker) Castello et Nimis
Xanthoria elegans (Link) Th. Fr.
Xanthoria mawsonii Dodge

Buelliacées

Buellia frigida Darb.

BRYOPHYTES

Aucune bryophyte ne semble présente au cap Denison.

Il existe de nombreuses algues non marines; cependant, elles n'ont pas encore fait l'objet d'une étude.

Annexe B (i)

Cycles de reproductions des oiseaux marins nicheurs au cap Denison, baie du Commonwealth

Espèces en reproduction au cap Denison	Nombre	Cycle de reproduction estival
Océanite de Wilson (*Oceanites oceanicus*)	Environ 38 couples; trois petites colonies	Avant la mi-décembre: adultes; après la mi-décembre: adultes, œufs et oisillons
Pétrel des neiges (*Pagodroma nivea*)	Environ 30; une petite colonie	Avant la fin novembre: adultes; après la fin novembre: adultes, œufs et oisillons
Manchots Adélie (*Pygoscelis adeliae*)	Environ 18 800 couples; nombreuses colonies	Avant novembre: adultes; après novembre: adultes, œufs et oisillons
Labbes antarctiques (*Catharacta maccormicki*)	Environ 8 couples: nids éparpillés en bordure des colonies de manchots	Avant la mi-décembre: adultes; après la mi-décembre: adultes, œufs et oisillons

Annexe B (ii)

Cycles de reproductions des phoques au cap Denison, baie du Commonwealth

Espèces	Nombre	Cycle de reproduction estival
Phoques de Weddell (*Leptonychotes weddellii*)	Nombre exact inconnu, aucune colonie	Avant novembre: aucun phoque; entre la mi-novembre et la fin décembre, environ 24 adultes par jour
Éléphant de mer du sud (*Mirounga leonina*)	Nombre exact inconnu, aucune colonie	Environ 2 adultes ou plus par jour en décembre

Map A Mawson's Huts, Cape Denison

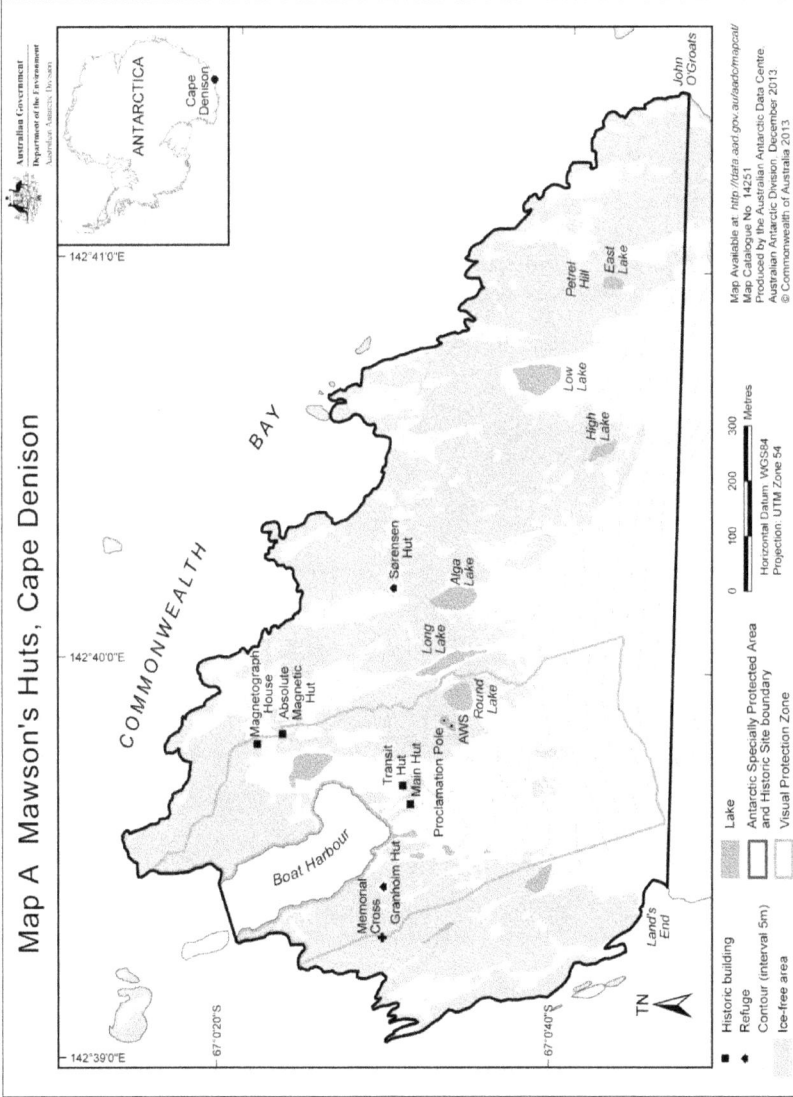

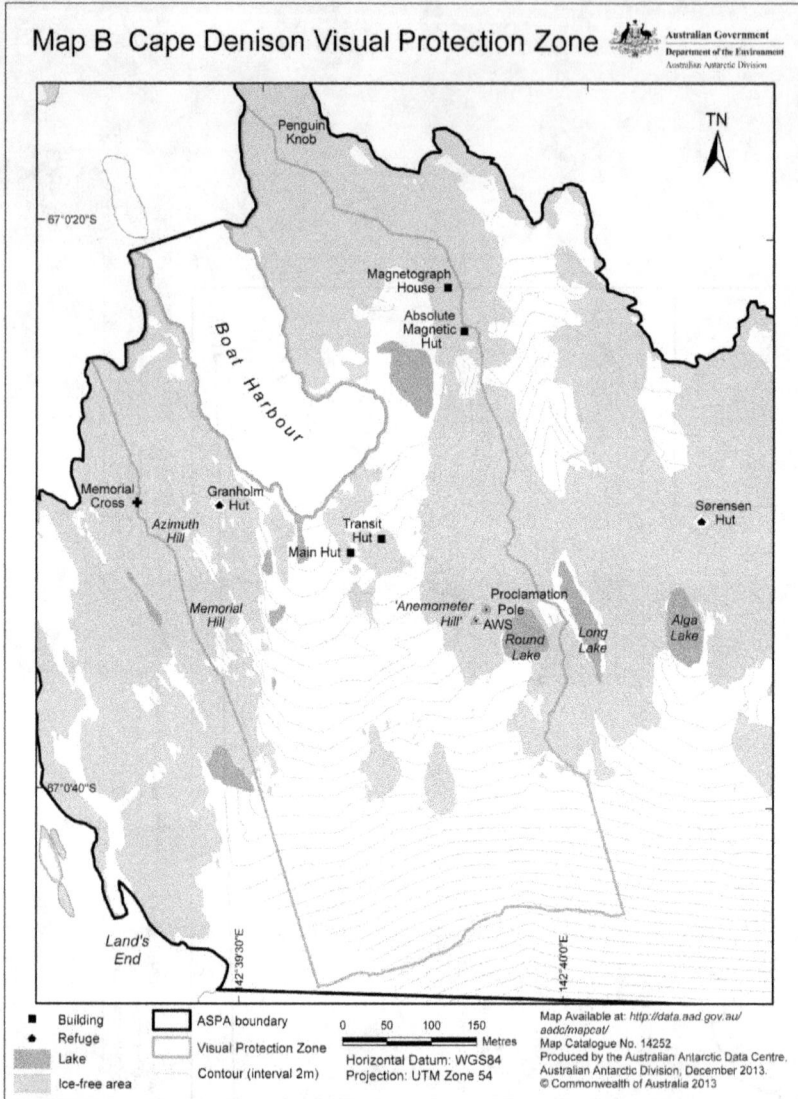

Map B Cape Denison Visual Protection Zone

Australian Government
Department of the Environment
Australian Antarctic Division

TN

Penguin Knob

67°0'20"S

Magnetograph House ■

Absolute Magnetic Hut ■

Boat Harbour

Memorial Cross ✛   Granholm ♦ Hut

Azimuth Hill

Transit Hut ■

Main Hut ■

Sørensen ♦ Hut

Memorial Hill

'Anemometer Hill' ✱ AWS   Proclamation ✱ Pole

Round Lake

Long Lake

Alga Lake

67°0'40"S

Land's End

142°39'30"E

142°40'0"E

■ Building
♦ Refuge
▨ Lake
▨ Ice-free area

☐ ASPA boundary
☐ Visual Protection Zone
⎯ Contour (interval 2m)

0   50   100   150
Metres

Horizontal Datum: WGS84
Projection: UTM Zone 54

Map Available at: *http://data.aad.gov.au/aadc/mapcat/*
Map Catalogue No. 14252
Produced by the Australian Antarctic Data Centre.
Australian Antarctic Division, December 2013.
© Commonwealth of Australia 2013

Map C Cape Denison Flight Paths and Bird Colonies

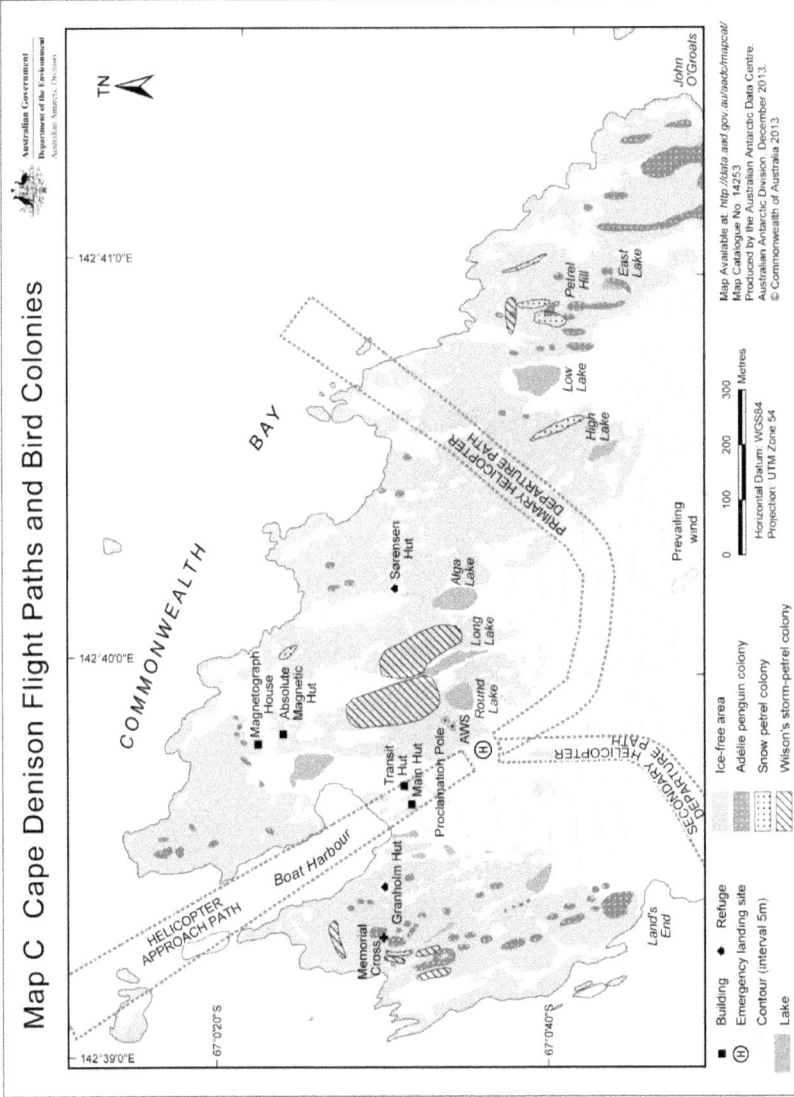

Plan de gestion pour la Zone spécialement protégée de l'Antarctique n°169

BAIE AMANDA, CÔTE INGRID CHRISTENSEN, TERRE PRINCESSE ÉLIZABETH, ANTARCTIQUE ORIENTAL

Introduction

La Zone spécialement protégée de l'Antarctique (ZSPA) Baie Amanda est adjacente à la baie Prydz, sur la côte Ingrid Christensen de la Terre Princesse Élizabeth, en Antarctique oriental. La ZSPA a été désignée en vertu de la Mesure 3 (2008) à la suite d'une proposition de la Chine et de l'Australie, avant tout pour protéger la colonie reproductrice composée de plusieurs milliers de couples de manchots empereurs (*Aptenodytes forsteri*).

Seules trois autres colonies de manchots empereurs de l'Antarctique oriental sont protégées dans des ZSPA (ZSPA n°101 Glacier Taylor, ZSPA n°120 Archipel de Pointe-Géologie, et ZSPA n°167 Île Haswell). Proche des stations de recherche des collines Hills et Vestfold, la baie Amanda abrite l'une des colonies de manchots empereurs les plus accessibles de l'Antarctique oriental. Son emplacement facilite l'obtention de données de suivi de la population , données qui sont précieuses à long terme, ainsi que la réalisation d'études comparatives avec d'autres colonies de manchots empereurs de l'Antarctique oriental. Même si la proximité de la baie Amanda avec les stations de recherches constitue un avantage pour la recherche, elle augmente par ailleurs le risque potentiel que la colonie de manchots empereurs soit perturbée par l'homme.

La baie Amanda et la colonie de manchots empereurs qui y vit ont été découvertes le 30 novembre 1956 à l'occasion d'une étude aérienne menée par des explorateurs de l'ancienne Union soviétique. Le 26 août 1957, une équipe de géologues australiens a observé un point astronomique (*astrofix*) aux Collines Larsemann. Durant le vol de retour à Davis, la zone a été photographiée et baptisée baie Amanda, du nom de la fille récemment née du pilote, Peter Clemence, chef d'escadrille de la RAAF. Depuis 1957, des chercheurs australiens, chinois, russes et de l'ancienne Union soviétique ont visité la colonie (voir Annexe 1). Un petit nombre de voyagistes l'ont également visitée.

1. Description des valeurs à protéger

La désignation de la zone a pour objectif principal de protéger la colonie reproductrice de manchots empereurs. La colonie dispose de valeurs intrinsèques et scientifiques. La collecte de données de suivi de la population à long terme dans la zone est précieuse pour la réalisation d'études comparatives avec d'autres colonies de manchots empereurs d'Antarctique oriental.

En hiver, la colonie de manchots empereurs se trouve sur la banquise au coin sud-ouest de la baie Amanda. Au fur et à mesure que la saison de reproduction avance, les différentes parties de la colonie quittent l'aire d'hivernage et occupent la majeure partie de la section sud de la ZGSA. La colonie atteint jusqu'à 11 000 couples, même si le nombre d'oiseaux la rejoignant est très variable (Wienecke et Pedersen, 2009).

Les manchots empereurs vivent toute l'année dans les eaux antarctiques et la répartition de leurs aires de nidification est de nature circumpolaire. On connaît à ce jour l'existence de 46 colonies reproductrices (Fretwell *et al.* 2012). Beaucoup de ces colonies n'ont pas fait l'objet d'un décompte systématique.

La première estimation de la population totale de manchots empereurs, réalisée à partir d'imagerie satellitaire, indique qu'il pourrait exister jusqu'à 238 000 couples reproducteurs (Fretwell *et al.* 2012).

Les colonies de manchots empereurs se trouvent généralement sur des banquises d'hiver dans les zones où la glace se forme tôt au début de l'année et perdure jusqu'au début de l'été. Seules deux colonies vivent sur la terre : une se situe près du glacier Taylor, dans la Terre de Mac Robertson (ZSPA n°101, 67°28'S, 60°53'E) et l'autre se situe près de la zone des Lacs Richardson, près de la baie Amundsen dans la Terre d'Enderby (66°45'S, 50°38'E). Une petite colonie (de moins de 200 couples reproducteurs) vivait sur l'île Dion dans la baie Marguerite, dans la péninsule antarctique occidentale (ZSPA n°107, 67°52'S, 68°43'O), mais elle serait maintenant éteinte (Trathan *et al.* 2011).

La zone de la baie Amanda abrite également des colonies reproductrices d'autres espèces d'oiseaux marins et constitue également une zone de rassemblement pour les phoques de Weddell.

2. Buts et objectifs

La gestion de la baie Amanda vise à :

- éviter toute détérioration ou tout risque de détérioration de la colonie de manchots empereurs en empêchant/limitant les perturbations humaines inutiles;
- assurer l'exécution de travaux permanents de recherche et de suivi de la colonie de manchots empereurs ainsi que d'autres travaux de recherche scientifique essentiels qui ne peuvent pas être effectués ailleurs;
- collecter à intervalles réguliers des données sur l'état de la population de la colonie de manchots empereurs; et
- limiter le risque d'introduction d'agents pathogènes qui pourraient provoquer des maladies au sein des populations fauniques de la zone.

3. Activités de gestion

Les activités de gestion suivantes devront être entreprises pour protéger les valeurs de la zone :

- Des renseignements sur la zone indiquant ses limites et les restrictions spéciales qui s'y appliquent ainsi que des copies du présent plan de gestion seront mis à disposition dans les stations de recherche dans les collines Vestfold et Larsemann, et remises à tous les navires qui visitent les environs;
- les pilotes opérant dans la région devront être informés de l'emplacement et des limites de la zone ainsi que des restrictions d'accès et de survol qui s'y appliquent;
- Le personnel des programmes nationaux menant des activités dans les environs de la zone, la survolant ou s'en approchant, devront être spécifiquement informés des dispositions et du contenu du plan de gestion par leur programme national;
- Des visites seront effectuées selon les besoins (dans la mesure du possible, au moins une fois tous les cinq ans) pour s'assurer que la zone répond toujours aux buts pour lesquels elle a été désignée et pour s'assurer que les mesures de gestion sont appropriées;
- le plan de gestion sera réexaminé au moins une fois tous les cinq ans et mis à jour en conséquence; et
- les directeurs des programmes antarctiques nationaux en cours d'exécution dans la région se livreront entre eux à des consultations pour veiller à ce que les activités de gestion susmentionnées soient mises en œuvre.

4. Durée de la désignation

La zone est désignée pour une durée indéterminée.

5. Cartes

- Carte A: Zone spécialement protégée de l'Antarctique Baie Amanda, côte Ingrid Christensen, Terre Princesse Élizabeth, Antarctique oriental. Emplacement de la baie Amanda sur la côte Ingrid Christensen. Spécifications de la carte: Projection : conique conforme de Lambert ; datum horizontal : WGS84 ; datum vertical : Niveau moyen de la mer.

- Carte B: Zone spécialement protégée de l'Antarctique Baie Amanda, côte Ingrid Christensen, Terre Princesse Élizabeth, Antarctique oriental. Emplacement de la colonie de manchots empereurs et caractéristiques physiques. Spécifications de la carte: Datum horizontal: WGS84 ; datum vertical : Niveau moyen de la mer.

6. Description de la zone

6(i) Coordonnées géographiques, bornage et caractéristiques du milieu naturel

Description générale

La baie Amanda (69°15' S, 76°49'59.9" E) est située au sud-ouest des falaises Brattstrand, entre les collines Vestfold au nord-est et les collines Larsemann au sud-ouest sur la côte Ingrid Christensen de la Terre Princesse Élizabeth, en Antarctique oriental (Carte A). Elle est large d'environ 3 km et longue de 6 km, et elle s'ouvre au nord-ouest sur la baie Prydz. Elle est entourée sur son flanc sud-ouest par la langue glaciaire Flatnes et sur son flanc sud-est par le glacier Hovde. Le côté sud est délimité par des falaises de glace continentales et des affleurements rocheux. Au sud-ouest, on retrouve de petits îlots et à quelques kilomètres au large des côtes, quelques îles sans nom.

La ZSPA englobe les rochers, les îles et l'eau (banquise comprise) à partir d'un point situé au nord-est de l'île Hovde, à l'extrémité du glacier Hovde (76°53'54.48" E, 69°13'25.77" S), et continue vers le sud le long du littoral au pied des falaises de glace du glacier Hovde jusqu'à un point aux 76°53'44.17" E, 69°16'22.72" S, puis vers l'ouest le long du littoral au pied d'une série de falaises libres de glace jusqu'à un point situé aux 76°49'37.47" E, 69°16'58'48" S, puis vers le nord le long de la base des falaises de glace de la langue glaciaire Flatnes jusqu'à un point situé à l'extrémité de la langue glaciaire de Flatnes (76°46'41.07' E, 69°14'44.37" S), puis en ligne droite vers le nord-est pour revenir au point d'origine situé aux 76°53'54.48" E, 69°13'25.77" S (Carte B).

Manchots empereurs

En hiver, la colonie de manchots empereurs se trouve sur la banquise au sud-ouest de la baie Amanda. Durant la saison de reproduction, et principalement une fois que les oisillons sont capables de se déplacer, plusieurs petits groupes se forment au nord, au sud et à l'ouest de l'aire d'hivernage. Les îles sont également occupées au printemps et en été. De violents courants circulaires dans la baie Prydz Bay rendent la glace de mer instable la majeure partie de l'année et permettent ainsi aux manchots d'accéder facilement à l'eau libre pour se nourrir. Depuis sa découverte en 1957, la colonie a occupé un certain nombre de sites à l'intérieur de cette baie.

Autres biotes

Des labbes antarctiques (*Catharacta maccormicki*) et des océanites de Wilson (*Oceanites oceanicus*) se reproduisent sur les îles de la baie Amanda, mais la taille de leur population demeure inconnue à ce jour. Plus de 20 labbes antarctiques juvéniles occupent également ces îles en été. Des manchots Adélie (*Pygoscelis adeliae*) visitent fréquemment la zone et se rendent sur ces îles durant leur mue annuelle. Des dizaines de phoques de Weddell (*Leptonychotes weddelli*) se rassemblent régulièrement dans la zone, surtout au sud où la glace de mer perdure une grande partie de l'été.

Climat

La baie Amanda est presque entièrement composée de banquise (même durant les mois estivaux), ce qui en fait un habitat rare et important pour les manchots empereurs et les phoques de Weddell.

Des données météorologiques limitées relatives à la région avoisinante existent. Les zones les plus proches sur lesquelles on dispose de données météorologiques substantielles sont les collines Vestfold (station Davis), à 75 km au nord-est ainsi que et les collines Larsemann (stations Zhongshan, Progress et Bharati), à 22 km au sud-ouest.

Les vents qui soufflent dans la baie semblent être très variables mais soufflent principalement de secteur est à sud-est. À Davis, les vents sont modérés et soufflent de secteur nord-est à est. La vitesse annuelle moyenne du vent est de 18 km/heure. En moyenne, le mois le plus venteux est novembre et le moins venteux est avril. Des vents violents de secteur sud soufflent souvent sur les collines Larsemann. Des vents catabatiques forts et persistants de secteur nord-est balaient également le plateau la plupart des jours d'été.

De décembre à février, les températures de l'air en journée aux collines Larsemann dépassent fréquemment les 4°C et peuvent dépasser les 10°C, tandis que la température mensuelle moyenne est légèrement supérieure à 0°C. Les températures mensuelles moyennes en hiver sont comprises entre -15 et -18°C. Les précipitations existent sous forme de neige et dépassent rarement les 250 mm d'équivalent en eau par an. La station Davis connaît une température mensuelle moyenne qui varie entre +1°C en janvier et -18°C en juillet. Les chutes de neige y sont très légères et l'accumulation de neige est souvent due aux vents qui, entre mars et octobre, balaient la neige présente sur le plateau.

Géologie

Les affleurements rocheux dans la partie sud de la baie Prydz, à savoir les îles Svenner, les falaises Brattstrand, la baie Amanda, les collines Larsemann, les îles Bolingen, l'île Søstrene, les montagnes Munro Kerr et le Landing Bluff, se composent de paragneiss et d'orthogneiss intercalés avec des assemblages et des structures de minéraux de haute température qui sont vieux d'environ 500 Ma (ère panafricaine). Les paragneiss ne présentent aucune preuve concluante de métamorphisme précoce, mais les orthogneiss présentent des signes de métamorphisme de forte intensité à 1000 Ma. L'évènement panafricain a engendré un épaississement crustal et l'enterrement de la paragneiss qui est ensuite ressortie de terre. On trouve également un certain nombre d'intrusions ignées postérieures au pic du métamorphisme, notamment des plutons granitoïdes et des filons pegmatiques très étendus qui traversent les gneiss et les plutons. Un de ces plutons granitoïdes a été découvert dans la baie Amanda. Il est riche en feldspath potassique et il est postérieur aux premières foliations du gneiss. Le pluton montre une foliation de la biotite, contient du grenat, du spinel et de l'apatite, et semble être syntectonique, son intrusion étant survenue durant les phases ultérieures de métamorphisme.

6(ii) Accès à la zone

La zone est accessible par hélicoptère ou par véhicule terrestre, conformément aux conditions présentées à la section 7(ii) du présent plan.

6(iii) Emplacement des structures à l'intérieur de la zone et adjacentes à elle

Afin de mener un suivi de l'état de la colonie et de la glace, deux caméras automatisées ont été temporairement placées sur la grande île située au coin sud-est de la baie Amanda –.

6(iv) Emplacement d'autres zones protégées à proximité de la zone

Les collines Larsemann, Zone gérée spéciale de l'Antarctique n°6, sont situées à 22 km au sud-ouest (69°30' S, 76°19'58" E) de la baie Amanda. Les autres zones protégées les plus proches sont la plaine Marine, ZSPA n°143 (68°36'S, 78°07'E) et l'île Hawker, ZSPA n°167 (68°35'S, 77°50'E), à environ 75 km au nord est dans les collines Vestfold.

6(v) Zones spéciales à l'intérieur de la zone

Il n'y a pas de zone spéciale au sein de la zone.

7. Critères de délivrance de permis d'accès

7 (i) Conditions générales de délivrance de permis

L'accès à la zone est interdit sauf si un permis a été délivré par une autorité nationale compétente. Les critères de délivrance de permis d'accès à la zone sont les suivants :

- le permis est délivré pour mener des études scientifiques essentielles qui ne peuvent être effectuées ailleurs, en particulier sur l'avifaune et l'écosystème de la zone, ou pour des raisons essentielles à la gestion, conformes aux objectifs du présent plan de gestion, telles que des activités d'inspection, de gestion ou de révision;

- les activités autorisées ne porteront pas atteinte aux valeurs de la zone ou aux autres activités autorisées ;

- les activités autorisées sont conformes au présent plan de gestion ;

- le permis, ou une copie autorisée, sera emporté à l'intérieur de la zone;

- un rapport de visite devra être soumis à l'autorité ayant délivré le permis au plus tard six mois après la fin de la visite;

- les permis seront délivrés pour une durée déterminée ;

- les détenteurs de permis notifieront l'autorité compétente de toutes les activités ou mesures entreprises qui ne figuraient pas dans le permis délivré ; et

- toutes les données de recensement et GPS seront mises à la disposition de l'autorité qui délivre le permis et des Parties responsables de l'élaboration du plan de gestion.

7(ii) Accès à la zone et déplacements à l'intérieur de celle-ci

Toute perturbation de la colonie doit être limitée en tout temps, en prenant en compte le fait que les conditions environnementales et l'emplacement de la colonie varient d'une saison à l'autre et au cours d'une même saison.

Le littoral est en partie composé d'un très grand mur de glace. Ce mur de glace empêche l'accès direct par la terre à partir de l'ouest, du sud et de l'est.

Il n'y a aucune voie piétonnière balisée à l'intérieur de la zone. À moins que le permis n'autorise des perturbations, les piétons doivent se tenir à 50 m au moins de tout manchot ou de toute concentration de manchots.

L'accès par véhicule doit se faire par la terre à partir du sud et par la glace de mer au nord, en évitant de traverser la colonie ou la mer. Les véhicules doivent maintenir une distance d'au moins 500 mètres avec tout manchot ou toute concentration de manchots.

La colonie de manchots empereurs ne restant jamais à un seul endroit, il est impossible de désigner un site d'atterrissage pour hélicoptère ou des couloirs aériens qui permettent d'éviter toute perturbation. Des couloirs aériens appropriés et un site d'atterrissage viable (SAV) doivent être évalués à chaque visite, et une grande prudence doit être exercée conformément aux dispositions du présent plan de gestion. En approchant ou en partant d'un SAV, la topographie doit être utilisée pour protéger les concentrations de manchots de nuisance sonore directe.

Les conditions ci-après s'appliquent à l'utilisation d'aéronefs:

- aucun vol d'aéronef n'est autorisé au-dessus de la zone du 1er mai au 1er octobre de chaque année;

- les aéronefs à voilure fixe ne peuvent atterrir dans la zone;

- les aéronefs ne doivent pas être ravitaillés en carburant à l'intérieur de la zone;

- les hélicoptères ne peuvent atterrir que sur un SAV identifié à chaque visite en effectuant d'abord un vol de reconnaissance autour du périmètre extérieur de la zone afin d'évaluer la répartition et les concentrations de manchots par rapport à la topographie;

- Pour les hélicoptères bimoteurs, le SAV doit se situer à au moins 1000 m des concentrations de manchots;

- pour les hélicoptères monomoteurs, le SAV doit se situer à 1000 m des concentrations de manchots, ou à un endroit où la topographie (icebergs, îles, etc.) protégera les concentrations de manchots de toute nuisance sonore directe. (note: un SAV *peut* être délimité à l'intérieur de la côte orientale de la grande île située au coin sud-est de la baie Amanda à 69°16'21.2"S, 76°50"52.6"E).

7(iii) Activités pouvant être menées dans la zone

Les activités suivantes peuvent être menées dans la zone:

- Les études scientifiques essentielles qui ne peuvent être satisfaites ailleurs et qui ne mettent pas en péril l'avifaune ou l'écosystème de la zone;

- Les activités de gestion essentielles, y compris celles de suivi ; et
- l'échantillonnage, qui doit respecter le minimum requis pour les programmes de recherche autorisés.

Dans la mesure où les manchots étant particulièrement sensibles aux perturbations durant les périodes suivantes :

- de la mi-mai à la fin juillet lorsqu'ils incubent leurs œufs ; et
- de la fin juillet à la fin septembre lorsque les adultes s'occupent des jeunes;
- de la fin novembre à la fin décembre lorsque les oisillons muent et prennent leur envol;
- ainsi que durant la mue à la fin de l'été,

les visiteurs devront particulièrement veiller à ne pas perturber inutilement les oiseaux et à ne pas les gêner durant ces périodes.

7(iv) Installation, modification ou enlèvement de structures

Aucune structure ou installation permanente n'est autorisée dans la zone. Des structures ou installations temporaires peuvent être érigées dans la zone à des fins scientifiques ou de gestion essentielles précisées dans un permis.

Toute structure temporaire érigée dans la zone doit:

- être clairement identifiée, indiquant le pays, le nom du principal chercheur, l'année d'installation et la date d'enlèvement prévu;
- ne pas contenir d'organisme, de propagule (par ex. semences, œufs) ou de terre non-stérilisée;
- être formée de matériaux résistants aux conditions antarctiques et présentant un risque minimal de contamination pour la zone; et
- être enlevée lorsqu'elle n'est plus nécessaire, ou avant l'expiration du permis si cette éventualité survient en premier.

7(v) Emplacement de camps de base

Le campement dans la zone est uniquement autorisé :

- à des fins de recherches scientifiques ou d'activités de gestion essentielles;
- s'il est temporaire; et
- si tous les efforts sont entrepris pour placer et maintenir le campement à au moins 500 m des concentrations de manchots.

7(vi) Restrictions sur les matériaux et organismes pouvant être introduits dans la zone

Les restrictions suivantes sont d'application:

- Aucun produit de la volaille, y compris de la nourriture en poudre contenant des œufs, ne peut être introduit dans la zone;
- Aucun dépôt d'aliments ou d'autres provisions ne sera laissé dans la zone au-delà de la période durant laquelle ils sont nécessaires;
- Aucun animal vivant, aucune forme végétale et aucun micro-organisme ne sera introduit délibérément dans la zone. Des mesures de précaution doivent être prises pour éviter l'introduction accidentelle de tout animal, forme végétale, micro-organisme et terre non-stérilisée dans la zone;
- Aucun herbicide ou pesticide ne sera introduit dans la zone. Tout autre produit chimique, y compris les radionucléides ou les isotopes stables, susceptible d'être introduit à des fins de gestion ou à des fins scientifiques précisées dans un permis, sera enlevé de la zone au plus tard à la fin de l'activité pour laquelle le permis a été délivré.

- Aucun combustible ne sera entreposé dans la zone sauf en cas de nécessité absolue liée à l'activité pour laquelle le permis a été délivré. Si tel est le cas, le combustible doit être enlevé de la zone au plus tard à la fin de l'activité autorisée. Des dépôts de combustible permanents ou semi-permanent ne sont pas autorisés; et

- Tout matériel ne peut être introduit dans la zone que pour une période déterminée et, s'il est laissé sans surveillance, doit comporter une étiquette indiquant le code de son pays. Tous les matériaux introduits dans la zone seront enlevés au plus tard à la fin de la période déterminée, et seront entreposés et manipulés de manière à limiter le risque d'impacts sur l'environnement.

7(vii) Prélèvement de végétaux et capture d'animaux ou perturbations nuisibles à la faune et à la flore indigènes

Le prélèvement de végétaux et la capture d'animaux ou perturbations nuisibles à la faune et à la flore indigènes sont interdits, sauf sur délivrance d'un permis. Dans les cas de capture d'animaux ou de perturbations nuisibles, les prescriptions du Code de conduite du Comité scientifique pour la recherche en Antarctique (SCAR) pour l'utilisation d'animaux à des fins scientifiques constituent la norme minimale à respecter.

Les recherches ornithologiques menées sur les oiseaux reproducteurs présents dans la zone doivent se limiter à des activités non-invasives et qui n'engendrent aucune perturbation. Si la capture d'animaux est nécessaire, elle doit dans la mesure du possible se faire en dehors de la zone afin de limiter les perturbations pour la colonie.

7(viii) Ramassage ou enlèvement de matériel qui n'a pas été introduit dans la zone par le détenteur du permis

Des matériaux peuvent être ramassés ou enlevés de la zone uniquement si un permis l'autorise. Ils doivent se limiter au minimum nécessaire permettant de répondre aux besoins des activités scientifiques ou de gestion.

Les matériaux d'origine humaine qui risquent de porter atteinte aux valeurs de la zone et qui n'ont pas été introduits dans la zone par le détenteur du permis ou pour lesquels aucune autre autorisation n'a été donnée, peuvent être enlevés à moins que l'impact de leur enlèvement ne risque d'être plus grand que s'ils étaient laissés sur place. Si tel est le cas, l'autorité nationale compétente doit en être notifiée et donner son autorisation.

7(ix) Élimination des déchets

Tous les déchets, y compris les déchets d'origine humaine, doivent être enlevés de la zone.

7(x) Mesures nécessaires pour faire en sorte que les buts et objectifs du plan de gestion continuent à être atteints

Des permis peuvent être délivrés pour permettre la réalisation d'activités de suivi biologique et des activités de gestion et d'inspection de la zone qui comprennent:

- le prélèvement d'échantillons à des fins d'analyse ou d'examen;

- l'installation ou l'entretien d'équipement scientifique, de structures et de panneaux; et

- d'autres mesures de protection.

Tous les sites particuliers qui font l'objet d'un suivi de longue durée seront clairement indiqués et leurs coordonnées GPS seront incluses dans le système de répertoire de données de l'Antarctique par l'autorité nationale compétente.

Les travaux de recherche ornithologique se limiteront, dans la mesure du possible, à des activités non-invasives qui ne perturbent pas les oiseaux en phase de reproduction présents à l'intérieur de la zone. Des activités invasives et/ou causant des perturbations ne seront autorisées que si elles n'ont pas d'effet sur la population, ou si cet effet est temporaire et transitoire.

Les visiteurs prendront des mesures de précaution spécifiques afin de ne pas introduire d'organismes non indigènes dans la zone. L'introduction d'agents pathogènes, de microbes ou de végétation venant de sols, de plantes ou d'animaux d'autres sites antarctiques (y compris des stations de recherche) constitue une source de préoccupation particulière. Afin de limiter les risques d'introduction, tous les visiteurs doivent minutieusement nettoyer leurs chaussures, leur équipement d'échantillonnage, les bornes, etc. avant d'entrer dans la zone.

7(xi) Rapports de visites

Les Parties doivent s'assurer que le titulaire principal de chaque permis délivré soumet à l'autorité nationale compétente un rapport décrivant les activités menées dans la zone.

Ces rapports doivent contenir, le cas échéant, les catégories d'informations mentionnées dans le formulaire de rapport de visite repris dans l'Annexe 4 du *Guide pour l'élaboration des plans de gestion des zones spécialement protégées de l'Antarctique* joint à la Résolution 2 (1998).

Les Parties doivent conserver une archive de ces activités.

Lors de l'échange annuel d'informations, les Parties devront fournir une description synthétique des activités menées par les personnes dont elles sont responsables qui soit suffisamment détaillée pour permettre une évaluation de l'efficacité du plan de gestion.

Les Parties doivent, dans la mesure du possible, déposer les originaux ou les copies de ces rapports dans une archive publique afin de conserver une archive d'usage qui sera utilisée pour réexaminer le plan de gestion et pour organiser l'utilisation scientifique du site.

Une copie du rapport doit être envoyée à la Partie responsable de l'élaboration du plan de gestion.

En outre, les rapports de visite doivent fournir des informations détaillées concernant les données de recensement, l'emplacement de toute nouvelle colonie ou de nids qui n'avaient pas été repérés auparavant, un bref résumé des résultats des recherches, et une copie des photographies prises dans la zone.

8. Bibliographie

Une partie ou la totalité des données utilisées dans le présent document ont été obtenus au Centre australien des données antarctiques (IDN Node AMD/AU), qui fait partie de la Division antarctique australienne (Commonwealth d'Australie).

Budd, G.M. (1961). The biotopes of Emperor Penguin Rookeries. *Emu* 61:171-189.

Budd, G.M. (1962). Population studies in rookeries of the emperor penguin *Aptenodytes forsteri*. *Proceedings of the Zoological Society, London* 139:365-388.

Cracknell, G.S. (1986). Population counts and observations at the emperor penguin *Aptenodytes forsteri* colony at Amanda Bay, Antarctica. *Emu* 86(2):113-117.

Crohn, P.W. (1959). A contribution to the geology and glaciology of the western part of the Australian Antarctic Territory. *Bulletin of the Bureau of Mineral Resources, Geology and Geophysics Australia* No 32.

Easther, R. (1986). Winter journey to the Amanda Bay emperor penguin rookery. *ANARE News* September 1986. P. 14.

Fitzsimons, I. (1988). Amanda Bay region geology studies fill important information gap. *ANARE News*, March 1988. P. 5.

Fitzsimons, I. (1997). The Brattstrand Paragneiss and the Søstrene Orthogneiss: A Review of Pan-African Metamorphism and Grevillian Relics in Southern Prydz Bay. In *The Antarctic Region: Geological Processes*. Pp. 121-130.

Fretwell, P.T., LaRue, M. A., Morin, P., Kooyman, G.L., Wienecke, B., Ratcliffe, N., Fox, A.J., Fleming, A.H.

Porter, C. et Trathan, P. (2012). An emperor penguin population estimate: the first global, synoptic survey of a species from space. *PLoS ONE* 7(4): e33751. doi:10.1371/journal.pone.0033751

Gales, N.J., Klages, N.T.W., Williams, R. et Woehler, E.J. (1990). The diet of the emperor penguin, *Aptenodytes forsteri*, in Amanda Bay, Princess Elizabeth Land, Antarctica. *Antarctic Science* 2(1):23-28.

Giese, Melissa et Riddle, Martin (1999). Disturbance of emperor penguin *Aptenodytes forsteri* chicks by helicopters. *Polar Biology* 22(6):366-371.

Horne, R.S.C. (1983). The distribution of penguin breeding colonies on the Australian Antarctic Territory, Heard Island, the McDonald Islands and Macquarie Island. *ANARE Research Notes* No 9.

Johnstone, G.W., Lugg, D.J. et Brown, D.A. (1973). The biology of the Vestfold Hills, Antarctica. Melbourne. Department of Science, Antarctic Division, *ANARE Scientific Reports, Series B (1) Zoology* No 123.

Kirkwood, R. and Robertson, G. (1997). Seasonal change in the foraging ecology of emperor penguins on the Mawson Coast, Antarctica. *Marine Ecology Progress Series* 156:205-223.

Kirkwood, R. and Robertson, G. (1997). The energy assimilation efficiency of emperor penguins, *Aptenodytes forsteri*, fed a diet of Antarctic krill, *Euphausia superba*. *Physiological Zoology* 70:27-32.

Kirkwood, R. and Robertson, G. (1997). The foraging ecology of female emperor penguins in winter. *Ecological Monographs* 67:155-176.

Kirkwood, R. and Robertson, G. (1999). The occurrence and purpose of huddling by Emperor penguins during foraging trips. *Emu* 99:40-45.

Korotkevich, E.S. (1964). Observations on birds during the first wintering of the Soviet Antarctic Expedition in 1956-1957. *Soviet Antarctic Expedition Information Bulletin*, Elsevier Publishing Company, Amsterdam. Pp. 149-152.

Lewis, David (1984). Icebound in Antarctica. *National Geographic* 166(5):634-663.

Lewis, David (1987). *Icebound in Antarctica.* William Heinemann Australia, Richmond, Victoria.

Lewis, David, et George, M., eds. (1984). The Initial Reports of the Mawson Anniversary and Frozen Sea Expeditions, nos. 4 and 11. *Oceanic ResearchFoundation Occasional Publication* 1.

Robertson, G. (1990). Huddles. *National Geographic* 20(5):76-94.

Robertson, G. (1992). Population size and breeding success of Emperor penguins *Aptenodytes forsteri* at the Auster and Amanda Glacier Colonies, Mawson Coast, Antarctica. *Emu* 92:62-71.

Robertson, G. and Newgrain, K. (1992). Efficacy of the tritiated water and 22Na turnover methods in estimating food and energy intake by Emperor penguins *Aptenodytes forsteri*. *Physiological Zoology*. 65:933-951.

Robertson, G. (1994). *The Foraging Ecology of Emperor Penguins* (Aptenodytes forsteri) *at two Mawson Coast Colonies, Antarctica*. PhD Thesis, University of Tasmania.

Robertson, G., Williams, R., Green, K. et Robertson, L. (1994). Diet composition of Emperor penguin chicks Aptenodytes forsteri at two Mawson Coast colonies, Antarctica. *Ibis* 136:19-31.

Robertson, G. (1995). The foraging ecology of Emperor penguins *Aptenodytes forsteri* at two Mawson Coast colonies, Antarctica. *ANARE Reports* No 138.

Schwerdtfeger, W. (1970). The climate of the Antarctic. In: Orvig, S. (Ed). *Climates of the Polar Regions.* Pp. 253-355.

Schwerdtfeger, W. (1984). Weather and climate of the Antarctic. In: Orvig, S. (Ed). *Climates of the Polar Regions.* P. 261.

Todd, F.S., Splettstosser, J.F., Ledingham, R. et Gavrilo, M. (1999). Observations in some emperor penguin *Aptenodytes forsteri* colonies in East Antarctica. *Emu* 99:142-145.

Trathan, P.N., Fretwell, P.T. et Stonehouse, B. (2011). First recorded loss of an emperor penguin colony in the recent period of Antarctic regional warming: implications for other colonies. *PLoS ONE* 6(2): e14738. doi:10.1371/journal.pone.0014738.

Wienecke, B.C. et Pedersen, P. (2009). Population estimates of emperor penguins at Amanda Bay, Ingrid Christensen Coast, Antarctica. *Polar Record* 45:207-214.

Wienecke, B., Kirkwood, R. et Robertson, G. (2004). Pre-moult foraging trips and moult locations of Emperor penguins at the Mawson Coast. *Polar Biology* 27:83-91.

Wienecke, B.C. et Robertson, G. (1997). Foraging space of emperor penguins *Aptenodytes forsteri* in Antarctic shelf waters in winter. *Marine Ecology Progress* Series 159:249-263.

Willing, R.L. (1958). Feeding habits of emperor penguins. *Nature* 182:194-195.

Willing, R.L. (1958). Australian discoveries of emperor penguin rookeries in Antarctica during 1954-57. *Nature*, London 182:1393-1394.

Woehler, E.J. [compiler], Poncet, S. et International Council of Scientific Unions. Scientific Committee on Antarctic Research. Bird Biology Subcommittee, Scott Polar Research Institute. (1993). *The distribution and abundance of Antarctic and subantarctic penguins.* Scientific Committee on Antarctic Research (SCAR), Cambridge.

Woehler, E.J. *et. al.* et International Council of Scientific Unions. Scientific Committee on Antarctic Research, Bird Biology Subcommittee, Commission for the Conservation of Antarctic Marine Living Resources, National Science Foundation [U.S.]. (2001). *A statistical assessment of the status and trends of Antarctic and sub-Antarctic seabirds.* Scientific Committee on Antarctic Research (SCAR).

Woehler, E.J. et Johnstone, G.W. (1991). Status and conservation of the seabirds of the Australian Antarctic Territory Islands. In: *Seabird - status and conservation: a supplement.* International Council for Bird Preservation, Cambridge. Pp. 279-297.

Annexe 1. Historique des observations de la population de manchots empereurs à la baie Amanda, 1956-1997

Date	Nombre estimé de manchots présents dans la colonie	Observations	Référence
1956/57	5 000 oiseaux le long de la côte Ingrid Christensen	Référence générale, aucun recensement systématique	Korotkevich (1964)
Septembre 1957	1000-2000 oiseaux	Aucun recensement systématique, aucune distinction entre adultes et oisillons	Willing (1958)
1961	1 500 adultes	Référence non spécifiée, aucune date donnée, aucun recensement systématique effectué	ANARE dans Horne (1983)
29-30 septembre 1983	2 339 ± 69 oisillons, 2 448 ± 23 adultes	Adultes: recensement en masse de Budd (1961), oisillons: recensement en masse combine du groupe I et recensement indirect du groupe II (voir Budd 1961)	Cracknell (1986)
1987	9000?	Référence non spécifiée, aucune date, aucune spécification d'unité, aucun recensement systématique	ANARE dans Woehler et Johnstone (1991)
13 décembre 1992	5 500 – 6 000 oisillons	Oisillons en cinq groupes, estimation fondée sur grille	Todd (1999)
21 décembre 1996	1 000 – 5 000 oiseaux	Rough estimate from over flight	Todd (1999)
Novembre 1997	8 000 oisillons	Aucun recensement systématique, estimation approximative	J. Gallagher, communication personnelle, dans Giese et Riddle (1999).

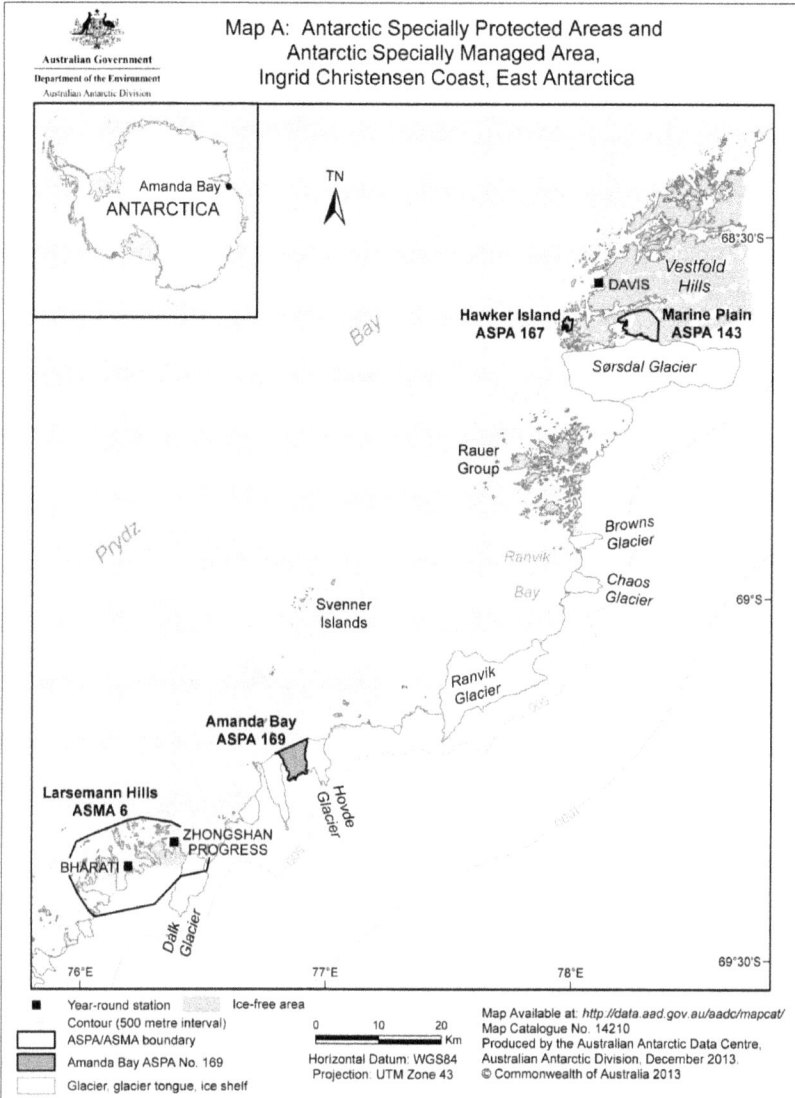

Map A: Antarctic Specially Protected Areas and Antarctic Specially Managed Area, Ingrid Christensen Coast, East Antarctica

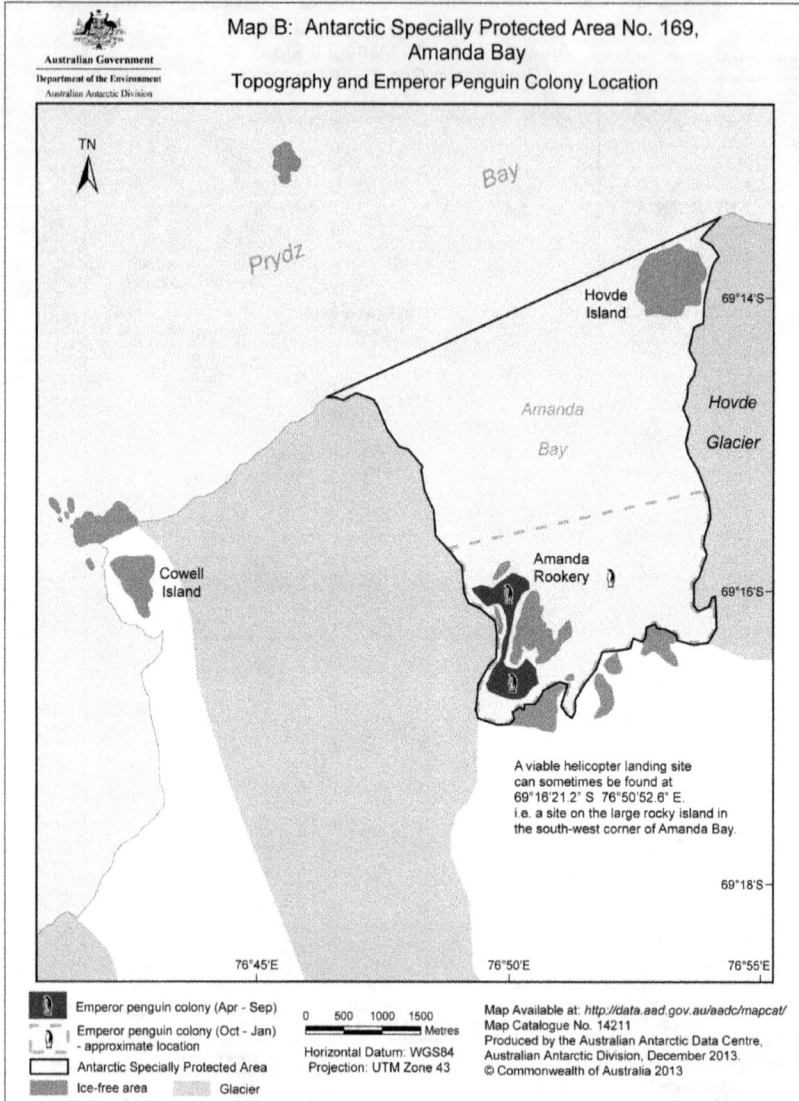

Map B: Antarctic Specially Protected Area No. 169, Amanda Bay
Topography and Emperor Penguin Colony Location

A viable helicopter landing site can sometimes be found at 69°16'21.2" S 76°50'52.6" E. i.e. a site on the large rocky island in the south-west corner of Amanda Bay.

Emperor penguin colony (Apr - Sep)
Emperor penguin colony (Oct - Jan) - approximate location
Antarctic Specially Protected Area
Ice-free area
Glacier

0   500   1000   1500 Metres
Horizontal Datum: WGS84
Projection: UTM Zone 43

Map Available at: *http://data.aad.gov.au/aadc/mapcat/*
Map Catalogue No. 14211
Produced by the Australian Antarctic Data Centre, Australian Antarctic Division, December 2013.
© Commonwealth of Australia 2013

Plan de gestion pour la
zone spécialement protégée de l'Antarctique n° 171

POINTE NAREBSKI, PENINSULE DE BARTON,
ILE DU ROI-GEORGE

Introduction

La pointe Narębski se trouve sur la côte sud-est de la péninsule de Barton, île du Roi-George. La zone est délimitée par les coordonnées 62°13' 40" S - 62°14' 23" S de latitude et 58°45' 25" O - 58°47' 00" O de longitude. Elle se distingue clairement par ses sommets montagneux aux limites nord et est et par son littoral sur la limite sud-ouest.

La topographie unique de la zone lui confère une beauté esthétique et des vues panoramiques exceptionnelles. Elle présente un intérêt particulier pour les recherches scientifiques portant sur les communautés biologiques terrestres très diversifiées et sur la complexité de l'écosystème. La couverture de mousses et de lichens est particulièrement étendue. Les communautés végétales les plus remarquables sont les associations de lichens et de tourbe de mousse dominées par les *Usnea-Himantormia.*La flore présente inclut une espèce de plante à fleurs (seules deux espèces de plantes à fleurs ont été découvertes jusqu'à présent en Antarctique), 51 espèces de lichens, 29 espèces de mousses, six espèces d'hépatiques et une espèce d'algue.

La présence de plus de 3 000 couples de manchots à jugulaire (*Pygoscelisantarcticus*) – la plus forte concentration de toute l'île du Roi-George – et de plus de 2 300 couples de manchots papous (*Pygoscelispapua*) constitue également une caractéristique remarquable (ministère de l'Environnement, 2013). On trouve également 16 autres espèces d'oiseaux. Parmi celles-ci, on trouve huit oiseaux nicheurs, à savoir le labbe brun (*Stercorariusantarcticuslonnbergi*), le labbe antarctique (*Stercorariusmaccormicki*), le goéland dominicain (*Larusdominicanus*), la sterne antarctique (*Sternavittata*), l'océanite de Wilson (*Oceanitesoceanicus*), l'océanite à ventre noir (*Fregettatropica*), le chionis blanc (*Chionis albus*) et le pétrel géant (*Macronectesgiganteus*).

La zone comprend en outre des systèmes de bassins hydrologiques, tels que des lacs et des criques, où l'on trouve bon nombre de tapis microbiens et d'algues diversifiés et constitués d'associations complexes d'espèces. Ces ressources d'eau douce sont essentielles à la survie des différentes formes de vie. La forte diversité biologique de la végétation terrestre et la complexité des habitats présents renforcent les valeurs potentielles à protéger dans la zone.

Dans le cadre du programme coréen de recherche en Antarctique, des scientifiques se sont rendus régulièrement dans la zone depuis les années 1980 pour en étudier la faune, la flore et la géologie. Cependant, au cours des dernières années, des visiteurs venus des stations avoisinantes se sont rendus dans la pointe Narębski dans des buts autres que la recherche scientifique, notamment pendant la saison de reproduction, ce qui a eu pour effet d'accroître la vulnérabilité aux intrusions humaines. Selon certaines études, l'île du Roi-George aurait tout le potentiel pour le développement d'activités touristiques (ASOC, 2007 & 2008 ; Peter *et al.*, 2005). Le nombre de visiteurs de la station du Roi Sejong est passé de moins de 20 personnes par an à la fin des années 1980 à plus de 110 ces dernières années.

La raison principale de la désignation de cette zone comme ZSPA (zone spécialement protégée de l'Antarctique) est la protection de ses valeurs écologiques, scientifiques et esthétiques contre les perturbations humaines.Par ailleurs, une protection et un suivi à long terme des diverses espèces et associations de la pointe Narębski ne manqueront pas de contribuer à l'élaboration de stratégies régionales et mondiales idoines de conservation des espèces et de fournir des données à comparer avec celles d'autres sites.

1. Description des valeurs à protéger

La pointe Narębski est essentiellement désignée zone spécialement protégée de l'Antarctique pour protéger ses valeurs écologiques exceptionnelles et faciliter les travaux de recherche scientifique en cours et prévus.

La zone offre des possibilités exceptionnelles pour mener des études scientifiques sur les communautés biologiques terrestres. Des activités de recherche scientifique, telles que la surveillance des colonies de manchots, y sont d'ailleurs menées par plusieurs pays depuis le début des années 80. Les résultats de ces recherches ont révélé le potentiel de la zone jusqu'à en faire un site de référence, surtout en ce qui concerne l'étude du changement climatique et des impacts des activités humaines.

La topographie unique de la zone ainsi que sa faune et sa flore abondante et variée lui donnent une valeur esthétique exceptionnelle. À titre d'exemple, nous citerons les sommets montagneux et les sommets les plus au sud. Ils offrent un paysage à couper le souffle.

Pour toutes les raisons énoncées ci-dessus, la zone doit être protégée et les perturbations causées par les activités humaines doivent être réduites au minimum, hormis pour les études occasionnelles de suivi de la végétation et des populations d'oiseaux et les études géologiques et géomorphologiques.

2. Buts et objectifs

La gestion de la pointe Narębski vise à :

- Éviter toute détérioration ou tout risque considérable de détérioration des valeurs de la zone en y évitant toute perturbation humaine inutile ;

- Permettre la réalisation de travaux de recherche scientifique qui ne peuvent pas être effectués ailleurs et assurer la continuité des études biologiques de longue durée en cours menées dans la zone ; et

- Protéger les valeurs esthétiques et scientifiques de la zone.

3. Activités de gestion

Les activités de gestion suivantes devraient être entreprises dans le but de protéger les valeurs de la zone :

- Le personnel accédant au site devra être informé du contenu du présent plan de gestion par le programme national auquel il appartient (ou par l'autorité compétente pertinente) ;

- Des panneaux indiquant l'emplacement et les limites de la zone, et en annonçant clairement les restrictions d'accès, seront placés aux endroits stratégiques délimitant la zone ;

- Tous les panneaux ainsi que les balises et les équipements scientifiques installés dans la zone doivent être bien fixés et maintenus en bon état ;

- Les conditions biologiques à l'intérieur de la zone devront faire l'objet d'un suivi approprié, notamment en ce qui concerne le recensement des populations de manchots et des autres espèces d'oiseaux ;

- Des visites seront effectuées selon les besoins (au moins une fois tous les cinq ans) pour s'assurer que la zone répond toujours aux buts pour lesquels elle a été désignée et pour s'assurer que les mesures de gestion et d'entretien sont appropriées ;

- Les programmes nationaux opérant dans la région sont encouragés à se consulter et à échanger des informations pour s'assurer que les activités réalisées dans la zone le sont conformément aux buts et objectifs du présent plan de gestion.

4. Durée de la désignation

La zone est désignée pour une durée indéterminée.

5. Cartes

Les cartes 1 à 6 figurent à l'Annexe II à la fin du présent plan de gestion.

- Carte 1 : Emplacement de la pointe Narębski par rapport à l'île du Roi-George et aux autres zones protégées existantes (ZGSA, ZSPA et SMH)

- Carte 2 : Limite de la ZSPA n° 171
- Carte 3 : Répartition des colonies aviaires et des sites de baignade des phoques à l'intérieur de la ZSPA n° 171
- Carte 4 : Répartition des communautés végétales à l'intérieur de la ZSPA n° 171
- Carte 5 : Détails géomorphologiques de la ZSPA n° 171
- Carte 6 : Voies d'accès à la ZSPA n° 171

6. Description de la zone

6(i) Coordonnées géographiques, bornage et caractéristiques du milieu naturel

La pointe Narębski se situe sur la côte sud-est de la péninsule de Barton, île du Roi-George, et la zone est délimitée par les coordonnées 62°13' 40" S - 62°14' 23" S de latitude et 58°45' 25" O - 58°47' 00" O de longitude. La zone est délimitée par des sommets montagneux au nord et à l'est et par le littoral au sud-ouest. Il est facile de reconnaître la limite sud-ouest à sa géomorphologie particulière. La zone n'inclut que la zone terrestre, zone de marnage exclue. La taille totale de la zone est d'environ 1 km².

La zone présente une faune et une flore riches, dont l'abondance est, dans le cas de certaines espèces, exceptionnelle. La couverture de mousses et de lichens est très étendue. Un grand nombre de manchots à jugulaire et de manchots papous sont présents, et on trouve dans la zone les aires de reproduction de huit autres espèces d'oiseaux, dont le pétrel géant. La couverture végétale très vaste et variée de la zone et la diversité des reliefs et des formes côtières, attribuable à la présence de différentes géologies ainsi qu'à un important système de fractures, fournissent une diversité de panoramas inhabituelle dans l'environnement antarctique.

Climat

Les données météorologiques pour la zone se limitent exclusivement aux observations effectuées à la station du Roi Sejong (1998-2013), à environ 2 km au nord-ouest de la pointe Narębski. Le climat est humide et relativement doux en raison d'un fort effet maritime. La température annuelle moyenne est de -1,8 °C (maximum 9,8 °C et minimum -23,1 °C), l'humidité relative est de 89 %, le total pluviométrique est de 597,2 mm et la couverture nuageuse est de 6,8 Octas. La vitesse moyenne du vent est de 7,1 m/s (37,6 m/s au maximum), essentiellement en provenance du nord-ouest et de l'est tout au long de l'année. Le nombre de blizzards enregistrés entre 2007 et 2013 atteint le nombre de 30,7 (durée totale moyenne : 332 heures).

Géologie

L'unité lithostratigraphique la plus basse de la péninsule de Barton est la formation de Sejong (Yoo*et al.*, 2001), considérée auparavant comme un membre volcanique inférieur. La formation de Sejong se répartit sur les falaises sud et sud-est de la péninsule de Barton (Lee *et al.*, 2002). Elle est composée pour l'essentiel d'éléments volcanoclastiques s'étendant doucement vers le sud et le sud-ouest. La formation de Sejong est recouverte de laves volcaniques mafiques à intermédiaires sur l'ensemble de la péninsule de Barton, y compris à l'intérieur de la zone. Il s'agit avant tout de roches plagioclasiquesphyriques ou de plagioclases et andésites -clinopyroxènes-phyriques de basalte, l'andésite massive étant plus rare. Certains tufs de lapilli épais s'intercalent dans les coulées de lave. La formation de Sejong est infiltrée par des filons mafiques, notamment par la pointe Narębski le long de la côte sud de la péninsule. Les sols de la péninsule se subdivisent en quatre séries en fonction du type de roche-mère, à savoir la granodiorite, l'andésite basaltique, le tuf de lapilli et la formation de Sejong (Lee *et al.*, 2004). Les sols ont généralement une faible teneur en matières organiques et en nutriments, à l'exception de ceux qui se trouvent à proximité de colonies d'oiseaux marins.

Manchots

Des colonies de manchots à jugulaire (*Pygoscelisantarcticus*) et de manchots papous (*Pygoscelispapua*) se répartissent sur les versants rocheux et les crêtes des collines de la pointe Narębski.

Le manchot à jugulaire est l'espèce reproductrice la plus représentée sur le site avec 3 157 couples recensés en 2013/14. Les manchots de cette espèce commencent à pondre leurs œufs au début du mois de novembre. L'incubation dure 32 à 43 jours en moyenne et on estime que la ponte et l'éclosion battent leur plein de la mi-novembre à la mi-décembre (Kim, 2002). Le nombre maximum de couples reproducteurs de manchots à jugulaire avait été estimé à 3 332 couples en 2012/13 (ministère de l'Environnement, 2013). Cependant, depuis 1989/90, le nombre de couples reproducteurs de manchots à jugulaire augmente peu à peu, et la population s'est maintenue entre 2 600 et 3 000 couples de 1994/95 à 2013/14 (Figure 1).

Les couples reproducteurs de manchots papous ont connu une croissance constante depuis 1984/85, où on en avait recensé pas moins de 500 couples. En 2013/14, le total de 2 378 couples avait été atteint (Figure 1). La période de ponte des manchots papous commence à la mi-octobre, la haute saison survenant à la fin octobre. L'incubation dure entre 33 et 40 jours et l'éclosion se produit début décembre (Kim, 2002).

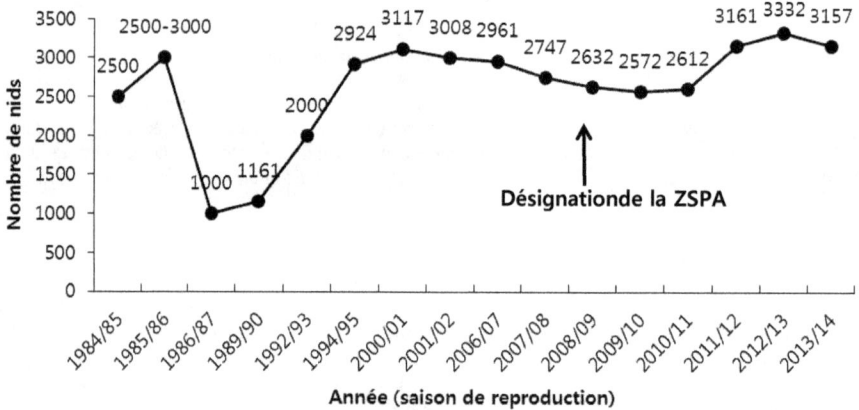

(A)

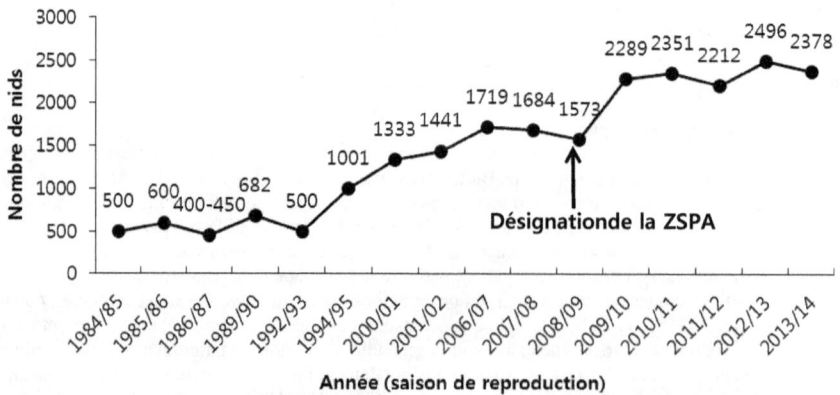

(B)

Figure 1. Population reproductrice (A) des manchots à jugulaire et (B) des manchots papous dans la pointe Narębski (Peter *et al.*, 1986 ;Rauscher*et al.*, 1987 ;Mönke&Bick, 1988 ;Yoon, 1990 ; MOST, 1993 ; MAF, 1997 ; Kim, 2002 ; MOE, 2007 ; MOE, 2011 ; MOE, 2012 ; MOE, 2013)

Autres oiseaux

Huit autres espèces d'oiseaux nicheurs ainsi que deux espèces de manchots sont présentes dans la zone : le labbe brun (*Stercorariusantarcticuslonnbergi*), le labbe antarctique (*Stercorariusmaccormicki*), le goéland dominicain (*Larusdominicanus*), la sterne antarctique (*Sternavittata*), le pétrel géant (*Macronectesgiganteus*), l'océanite de Wilson (*Oceanitesoceanicus*), l'océanite à ventre noir (*Fregettatropica*), et le chionis blanc (*Chionis albus*). En outre, huit espèces d'oiseaux non reproducteurs ont été observées dans la zone, notamment le manchot Adélie (*Pygoscelisadelie*), le gorfou doré (*Eudypteschrysolophus*), le cormoran impérial (*Leucocarbobransfieldensis*), la sterne arctique (*Sternaparadisaea*), le damier du cap (*Daptioncapense*), le pétrel antarctique (*Thalassoicaantarctica*), le pétrel des neiges (*Pagodromanivea*), et le fulmar argenté (*Fulmarusglacialoides*). On trouvera au Tableau 1 un résumé des estimations du nombre de nids par espèce.

Les labbes bruns et antarctiques se nourrissent d'œufs et de poussins de manchots, et quelques couples de labbes s'installent dans des sous-colonies de manchots qui leur servent d'aires d'alimentation en période de nidification (Trivelpiece*et al.*, 1980 ; Hagelin et Miller, 1997 ; Pezzo*et al.*, 2001 ; Hahn et Peter, 2003). Les labbes antarctiques nichant dans la zone ne dépendent pas des œufs ou des poussins de manchot pour nourrir leurs poussins. En revanche, les quatre couples de labbes bruns nichant dans la zone pendant la saison 2006/07 ont été observés en train d'occuper et de défendre leur propre aire d'alimentation dans les sous-colonies de manchots.

Deux couples de chionis blancs ont niché à proximité de la roquerie de manchots de la pointe Narębski (en 2006/07 et 2013/14). Les chionis blancs sont omnivores et cherchent leur nourriture parmi les colonies nicheuses d'oiseaux marins. Ils se nourrissent d'excréments et d'œufs de manchots ainsi que de poussins morts, et volent le krill aux manchots sur le site.

Tableau 1. Estimation du nombre de nids par espèce (2006/07 et 2013/14)

Espèce		Nombre de nids	
		2006/2007	2013/2014
Manchot papou	*Pygoscelispapua*	1719	2378
Manchot à jugulaire	*Pygoscelisantarcticus*	2961	3157
Labbe brun	*Stercorariusantarcticuslonnbergi*	4	7
Labbe antarctique	*Stercorariusmaccormicki*	27	-
Goéland dominicain	*Larusdominicanus*	6	-
Sterne de l'Antarctique	*Sternavittata*	41	-
Pétrel géant de l'Antarctique	*Macronectesgiganteus*	9	5
Océanite de Wilson	*Oceanitesoceanicus*	19	>10
Chionis blanc	*Chionis albus*	2	2

Végétation

L'essentiel des zones libres de glace de la péninsule de Barton est couvert d'une végétation relativement riche, dominée par les espèces cryptogamiques. La zone est caractérisée par une couverture de mousses et de lichens très importante. Les communautés végétales les plus présentes sont les associations de lichens dominants *Usnea-Himantormia* et de tourbe mousseuse dominée par l'espèce *Sanionia-Chorisodontium*. La communauté d'algues est dominée par l'algue verte d'eau douce *Prasiola crispa*, installée autour des colonies de manchots. La flore actuelle inclut une espèce de plante à fleurs de l'Antarctique, 51 espèces de lichens, 29 espèces de mousses, 6 espèces d'hépatiques et une espèce d'algue. Dans le cas des algues, seules les espèces constituant des concentrations détectables au niveau macroscopique ont été enregistrées. Aucune étude n'ayant été entreprise, aucune information relative à la présence de cyanobactéries et de mycobiotes dans la zone n'est disponible. La liste détaillée des espèces végétales présentes figure à l'Annexe I.

6(ii) Accès à la zone

L'accès à pied à la zone est possible le long de la côte ou par petite embarcation sans ancrage. Les voies d'accès et le site de débarquement sont indiqués sur la Carte 6.Les véhicules, quels qu'ils soient, sont interdits à l'intérieur de la zone. Des restrictions sont d'application dans la zone, et les conditions spécifiques s'y rapportant sont définies dans la section 7(ii) ci-dessous.

6(iii) Structures à l'intérieur et à proximité de la zone

Seul un abri est à signaler sur la côte sud-orientale de la zone. La station du Roi Sejong (République de Corée) située à 2 km au nord-ouest de la pointe Narębski est l'installation principale la plus proche.

6(iv) Emplacement des autres zones protégées à proximitéde la zone

- La ZGSA n° 1, baie de l'Amirauté, île du Roi-George, îles Shetland du Sud, se trouve à environ 8 km au nord-est.

- La ZSPA n° 125, péninsule Fildes, île du Roi-George, îles Shetland du Sud, se trouve à quelque 11 km à l'ouest.

- La ZSPA n° 128, rive occidentale de la baie de l'Amirauté, île du Roi-George, îles Shetland du Sud, se trouve à 17 km à l'est.

- La ZSPA n° 132, péninsule Potter, île du Roi-George, îles Shetland du Sud, se trouve à 5 km environ à l'est.

- La ZSPA n° 133, pointe Harmonie, île Nelson, îles Shetland du Sud, se trouve à environ 25 km au sud-ouest.

- La ZSPA n° 150, île Ardley, île du Roi-George, îles Shetland du Sud, se trouve à environ 9 km à l'ouest.

- La ZSPA n° 151, croupe du Lion, île du Roi-George, îles Shetland du Sud, se trouve à environ 35 km au nord-est.

- Le SMH n° 36, reproduction d'une plaque en métal érigée par Eduard Dallmann à l'anse Potter, île du Roi-George, se trouve à environ 5 km à l'est.

- Le SMH n° 50, plaque en commémoration de l'arrivée du navire de recherche ProfessorSiedlecki en février 1976, péninsule Fildes, île du Roi-George, se trouve à environ 10 km à l'ouest.

- Le SMH n° 51, tombe de W. Puchalski, artiste et producteur de documentaires, décédé le 19 janvier 1979, se trouve à environ 18 km au nord-est.

- Le SMH n° 52, monolithe érigé en mémoire de l'installation de la station de la Grande Muraille (Chine) le 20 février 1985, péninsule Fildes, île du Roi-George, se trouve à environ 10 km à l'ouest.

- Le SMH n° 82, plaque au pied du monument commémorant les signataires du Traité sur l'Antarctique et les API successives, se trouve à environ 12 km à l'ouest.

6(v) Zones spéciales à l'intérieur de la zone

Il n'y a aucune zone spéciale dans la zone.

7. Critères de délivrance des permis d'accès

7(i) Conditions générales pour l'obtention d'un permis

L'accès à la zone est interdit sauf sur présentation d'un permis délivré par les autorités nationales compétentes, comme le stipule l'Article 7 de l'Annexe V du Protocole au Traité sur l'Antarctique relatif à la protection de l'environnement.

Les critères de délivrance des permis d'accès à la zone sont les suivants :

* Ils ne sont délivrés qu'à des fins scientifiques qui ne peuvent pas être entreprises ailleurs ;

* Les actions autorisées ne mettent pas en péril le système écologique naturel de la zone ;

* Les actions autorisées sont conformes au présent plan de gestion ;

* Toutes les activités de gestion doivent venir appuyer les objectifs du plan de gestion ;

* Le permis, ou une copie autorisée, sera emporté à l'intérieur de la zone ;

* Les permis doivent être valables pour une période donnée et doivent identifier l'autorité compétente ;

* Un rapport de visite doit être remis à l'autorité nationale compétente nommée dans le permis.

7(ii) Accès à la zone et déplacements à l'intérieur de celle-ci

* L'accès à pied à la zone est possible le long de la côte ou par petite embarcation sans ancrage. Les voies d'accès et le site de débarquement sont indiqués sur la Carte 6.

* Les déplacements à pied doivent être effectués en prenant les précautions nécessaires afin de perturber au minimum la faune et la flore, et les visiteurs doivent, dans la mesure du possible, emprunter les sections rocheuses ou enneigées et veiller à ne pas perturber les lichens.

* Les véhicules, quels qu'ils soient, sont interdits à l'intérieur de la zone.

* L'exploitation d'aéronefs au-dessus de la zone devra, au minimum, respecter les dispositions de la Résolution 2 (2004), « Lignes directrices pour l'exploitation d'aéronefs à proximité de concentrations d'oiseaux ». En règle générale, aucun aéronef ne doit survoler la ZSPA à moins de 610 mètres d'altitude, sauf en cas d'urgence ou de sécurité aérienne. Ceci étant, les survols doivent être évités.

7(iii) Activités pouvant être menées dans la zone

* Les études scientifiques essentielles qui ne peuvent être satisfaites ailleurs et qui ne mettent pas en péril l'écosystème de la zone ;

* Les activités de gestion essentielles, y compris la surveillance et l'inspection ;

* Des restrictions pourraient s'appliquer à l'emploi d'outils à moteur et à toute activité susceptible de causer des nuisances sonores et de perturber les oiseaux nicheurs pendant la période de reproduction (du 1er octobre au 31 mars).

7(iv) Installation, modification ou retrait de structures

* Aucune structure ne sera construite dans la zone et aucun matériel n'y sera installé, sauf à des fins scientifiques ou de gestion précisées dans le permis.

* Tout le matériel scientifique installé dans la zone doit faire l'objet d'une autorisation dans le cadre d'un permis et indiquer clairement le pays chargé de la délivrance du permis, le nom du principal chercheur, l'année d'installation et la date d'enlèvement prévue. Tout l'équipement doit poser un risque minimum de pollution pour la zone ou de perturbation pour la faune et la flore.

* Il ne doit rester aucune trace des recherches après l'expiration du permis. S'il n'est pas possible d'achever un projet spécifique dans les délais autorisés, il convient de solliciter une prolongation autorisant la présence continue de tout élément dans la zone.

7 (v) Emplacement des camps

- Il est interdit de camper dans la zone, sauf en cas d'urgence ; en cas de besoin, l'utilisation de l'abri situé sur la côte à proximité de la limite est de la zone est vivement recommandée (cf. Carte 2).

7(vi) Restrictions relatives aux matériaux et organismes pouvant être introduits dans la zone

- Aucun animal et aucun organisme végétal ne seront introduits délibérément dans la zone.

- Aucun produit cru contenant de la volaille et aucun fruit et légume frais ne seront introduits dans la zone.

- Pour réduire le risque d'introductions microbiennes ou végétales de sols provenant d'autres sites antarctiques, notamment de la station, ou de régions extérieures à l'Antarctique, les chaussures et tout équipement (en particulier le matériel de prélèvement et les balises) devant être utilisés dans la zone doivent être minutieusement nettoyés avant leur introduction à l'intérieur de la zone (toute activité terrestre doit être conforme aux dispositions du « Code de conduite environnemental pour la recherche scientifique terrestre de terrain dans l'Antarctique »).

- Aucun herbicide ni pesticide ne sera introduit dans la zone. Tout autre produit chimique qui sera introduit en conformité avec le permis correspondant sera enlevé de la zone une fois achevée l'activité pour laquelle le permis a été délivré. L'utilisation et les types de produits chimiques doivent être documentés aussi clairement que possible au bénéfice d'autres chercheurs.

- Les combustibles, les produits alimentaires et tous les autres matériaux ne doivent pas être stockés dans la zone, sauf à des fins essentielles liées à une activité pour laquelle un permis a été délivré, sous réserve qu'ils soient stockés de manière sûre de façon à empêcher les animaux sauvages d'y accéder.

7(vii) Prélèvements ou perturbations nuisibles de la faune et la flore indigène

- Les prélèvements et les perturbations nuisibles sont interdits, sauf sur autorisation d'un permis, auquel cas le « Code de conduite du Comité scientifique pour la recherche en Antarctique (SCAR) pour l'utilisation d'animaux à des fins scientifiques dans l'Antarctique » constituera la norme minimale à respecter.

- Les informations sur le prélèvement ou les perturbations nuisibles seront échangées par le biais du système d'échange d'informations du Traité sur l'Antarctique.

7(viii) Collecte ou retrait de matériaux non introduits dans la zone par le titulaire du permis

- Des matériaux qui n'ont pas été introduits dans la zone par le détenteur du permis ne peuvent être collectés ou retirés de la zone que sur autorisation d'un permis, et ce en se limitant au minimum nécessaire pour répondre à des besoins scientifiques ou de gestion.

- Les matériaux d'origine humaine qui risquent de porter atteinte aux valeurs de la zone et qui n'ont pas été introduits dans la zone par le détenteur du permis ou pour lesquels aucune autre autorisation n'a été donnée, peuvent être retirés de n'importe quelle partie de la zone à moins que l'impact de leur enlèvement ne risque d'être plus grand que si ces matériaux étaient laissés sur place ; si tel est le cas, l'autorité compétente doit en être notifiée.

7(ix) Élimination des déchets

- Tous les déchets, y compris les déchets humains, doivent être retirés de la zone. Les déchets humains peuvent être jetés à la mer conformément aux dispositions de l'Article 5 de l'Annexe III du Protocole au Traité sur l'Antarctique relatif à la protection de l'environnement.

7(x) Mesures éventuellement nécessaires pour assurer la poursuite de la réalisation des buts et objectifs du plan de gestion

- Des permis peuvent être délivrés pour entrer dans la zone afin d'y réaliser des activités de suivi biologique et d'inspection du site, ce qui peut impliquer le prélèvement limité d'échantillons à des fins d'analyse scientifique, ou pour la mise en place et l'entretien de panneaux ou l'application de mesures de protection.

7(xi) Rapports de visites

Le titulaire principal de chaque permis délivré doit soumettre un rapport décrivant les activités menées dans la zone. Ces rapports doivent inclure les informations mentionnées dans le rapport de visite suggéré par le SCAR. Ils doivent être soumis à l'autorité nommée dans le permis dans les plus brefs délais, au plus tard dans les six mois qui suivent la visite. Ces rapports seront archivés pendant une durée indéterminée et mis à la disposition, s'ils en font la demande, des Parties intéressées, du SCAR, de la CCAMLR et du COMNAP, de telle sorte qu'ils puissent disposer de documents sur les activités humaines menées à l'intérieur de la zone afin d'en garantir la gestion adéquate.

8. Bibliographie

Aguirre, C.A. &Acero, J.M. (1995) Distribution and abundance of birds in the Errera Channel, Antarctic Peninsula during the 1992/93 breeding season. Mar. Ornithol. 23, 129-134.

ASOC (2007) Implementing the Madrid Protocol: A case study of Fildes Peninsula, King George Island, XXX ATCM/IP136.

ASOC (2008) Some land-based facilities used to support/manage Antarctic tourism in King George Island, XXXI ATCM/IP41.

Bednarek-Ochyra, H., Vana, R. & Lewis-Smith, R.I. (2000) The liverwort flora of Antarctica. Polish Academy of Sciences, Institute of Botany, Cracow.

Chang, S.K. (2004) Preliminary report on the ecology of the penguins observed in the cold years and a less cold year in the vicinity of King Sejong Station, King George Island off the Antarctic Peninsula. In : Annual report of environmental monitoring on human impacts at the King Sejong Station, Antarctica. KORDI, ECPP 03 102.

Esponda, C.M.G. Coria, N.R. &Montalti, D. (2000) Breeding birds at Halfmoon Island, South Shetland Islands, Antarctica, 1995/96. Mar. Ornithol. 28, 59-62.

Hagelin, J.C., and Miller, G.D. (1997) Nest-site selection in South polar skuas : Balancing nest safty and access to recources. Auk 114, 638-546.

Hahn, S., Peter, H-U., Quillfeldt, P. & Reinhardt, K. (1998) The birds of the Potter Peninsula, King George Island, South Shetland, Antarctica, 1965–1998, Mar. Ornithol. 26, 1-6.

Jablonski, B. (1984) Distribution and number of penguins in the region of King George Island, South Shetland Islands in the breeding season 1980/81. Polish Polar Research 5, 17-30.

Kim, D. (2002) Effect of variation in food supply on reproduction in Gentoo (*Pygoscelispapua*) and Chinstrap penguins (*P. antarctica*). p.195-222. In : Annual report of environmental monitoring on human impacts at the King Sejong Station, Antarctica. KORDI EC PP 01 001-B2.

Kim, J.H. Ahn, I.Y., Lee, K.S., Chung, H. & Choi, H.-G. (2007) Vegetation of Barton Peninsula in the neighbourhood of King Sejong Station (King George Island, Maritime Antarctic). Polar Biol. 30, 903-916.

Kim J.H., Chung, H., Kim, J.H., Yoo, J.C. &Ahn, I.Y. (2005) Nest distribution of skuas on Barton and Weaver peninsulas of the King George Island, the Antarctic. Ocean and Polar Research 27(4), 443-450.

KORDI (1998-2007) Annual Weather Report at King Sejong Station.

Lee, J.I., Hur, S.D., Yoo, C.M., Ueo, J.P., Kim, H., Hwang J., Choe, M.Y., Nam, S.H., Kim. Y., Park, B-K., Zheng X. &López- Martínez, J. (2002) Explanatory text of the geological map of Barton and Weaver Peninsulas, King George Island, Antarctica. Korea Ocean Research and Development Institute.

Lee YI, Lim HS & Yoon HI (2004) Geochemistry of soils of King George Island, South Shetland Islands, West Antarctica: implication for pedogenesis in cold polar regions. GeochimCosmochimActa 68, 4319–4333.

Lewis-Smith, R.I. and Poncet, S. (1985) New southernmost record for Antarctic flowering plants. Polar Record 22, 425-427.

López- Martínez, J., Serrano, E. & Lee, J.I. (2002) Geomorphological map of Barton and Weaver Peninsulas, King George Island, Antarctica. Korea Ocean Research and Development Institute.

Lumper, P., and Weidinger, K. (2000) Distribution, numbers and breeding of birds at the Northern Ice-free areas of Nelson Island, South Shetland Islands, 1990–1992. Mar. Ornithol. 28, 41-56.

Ministry of Environment (MOE) (2007) The fundamental study for designation of Antarctic Specially Protected Area. BSPN07030-71-3.

Ministry of Environment (MOE) (2011) Management of and monitoring on Antarctic Specially Protected Area . Ministry of Environment.

Ministry of Environment (MOE) (2012) Management of and monitoring on Antarctic Specially Protected Area (II). Ministry of Environment.

Ministry of Environment (MOE) (2013) Management of and monitoring on Antarctic Specially Protected Area (III). Ministry of Environment.

Ministry of Maritime Affairs and Fisheries (MAF) (1997) Overwintering Report of the 8th Korea Antarctic Research Program at King Sejong Station (November 1994-December 1995). BSE 520001-982-7.

Ministry of Science and Technology (MOST) (1989) A study on Natural Environment in the area around the Korea Antarctic Station, King George Island (II). BSPG00081-246-7.

Ministry of Science and Technology (MOST) (1992) The Research on Natural Environments and Resources of Antarctica. BSPG 00169-5-485-7.

Ministry of Science and Technology (MOST) (1993) Overwintering Report of the 4th Korea Antarctic Research Program at King Sejong Station (December 1991-December 1992). BSPN 00221-1-678-7.

Mönke, R. & Bick, A. (1988) FachlicherBerichtüber die Teilnahme der DDRBiologengruppean der 31. SowjetischenAntarktisexpedition (SAE), Station "Bellingshausen", King-George-Island (SüdshetlandInseln/Antarktis), Berlin, Potsdam.

Ochyra, R. (1998) The moss flora of King George Island Antarctica. Polish Academy of Sciences, W. Szafer Institute of Botany, Cracow.

Øvstedal, D.O. & Lewis-Smith. R.I. (2001) Lichens of Antarctica and South Georgia: a guide to their identification and ecology. Cambridge University Press, Cambridge, P. 411.

Peter, H.-U., Kaiser, M. &Gebauer, A. (1986) Reisebericht - Teil 2, WissenschaftlicheErgebnisse der Teilnahmean der 29. SowjetischenAntarktisexpeditionÜberwinterungsgruppe, Station Bellingshausen 21.11.1983-18.05. 1985, Berlin, Potsdam.

Peter, H.-U., Busser, C., Mustafa, O & Pfeiffer, S. (2005) Preliminary Results of the Research Project "Risk assessment for the Fildes Peninsula and Ardley Island and the development management plans for designation as ASMA (unpublished survey results presented at the Fildes meeting at INACH).

Pezzo, F.,Olmastroni, S., Corsolini, S., &Focardi, S. (2001) Factors affecting the breeding success of the south polar skua*Catharactamaccormicki* at Edmonson Point, Victoria Land, Antarctica. Polar Biol 24, 389-393.

Rauschert, M., Zippel, D. &Gruner, M. (1987) ReiseberichtTeil 2. FachlicherBerichtüber die Teilnahme der Biologengruppe der DDR an der 30. SowjetischenAntarktisexpedition (SAE), Station "Bellingshausen", King George Island (Südshetlandinseln/Antarktis), unveröffentl. Ber. Berlin, Potsdam.

Schroeter, B., Kappen, L. Green, T.G.A. &Seppelt, R.D. (1997) Lichens and the Antarctic environment : effect of temperature and water availability on phytosynthetisis. In Ecosystem processes in Antarctic ice-free landscapes, ed. W.B. Lyons, C. Howard-Williams & I. Hawes, pp. 103-117. Rotterdam, Balkema.

Shuford, W.D. & Spear, L.B. (1988) Survey of Breeding Penguins and other seabirds in the South Shetland Islands, Antarctica, January-February 1987. NOAA Technical Memorandum NMFS-F/NEC-59.

Takahashi, A., Kokubun N., Mori, Y. & Shin, H-C. (2008) Krill-feeding behaviour of gentoo penguins as shown by animal-borne camera loggers. Polar Biol. 31, 1291-1294.

Trivelpiece, W, Butler, R.G. &Volkman, N.J. (1980) Feeding territoties of brown skuas (*Catharactalonnbergi*). Auk 97, 669-676.

Trivelpiece, W.Z., Trivelpiece, S.G. &Volkman, N.J. (1987) Ecological segregation of adelie, gentoo, Chinstrap penguins at King George Island, Antarctica. Ecology 68, 351-361.

Yoon, M.B. (1990) Observation of birds around King Sejong Station during 1989/90 austral summer. In A study on Natural Environment in the Area Around the Korean Antarctic Station, King George Island (III). pp.433-459. MOST BSPG-00111-317-7.

Yoo, C.M., Choe, M.Y., Jo, H.R., Kim, Y. & Kim, K.H. (2001) Vocaniclastic sedimentation of the Sejong Formation (Late Paleocene-Eocene), Barton Peninsula, King George Island, Antarctica. Ocean and Polar Research, 23, 97-107.

Vaughan, D.G., Marshall, G.J., Connolley, W.M., King, J.C. &Mulvaney, R. (2001) Devil in the detail. Science 293, 1777-1779.

ANNEXE 1. Liste de la flore présente sur le site

Taxons

Lichens
Acrosporaaustroshetlandica (C.W. Dodge) Øvstedal
Bryoria sp.
Buelliaanisomera Vain.
Buelliarussa (Hue)Darb.
Caloplacalucens (Nyl.) Zahlbr.
Caloplacasublobulata (Nyl.) Zahlbr.
Cetrariaaculeata (Schreb.) Fr.
Cladonia borealis S. Stenroos
Cladonia chlorophaea (Flörke ex Sommerf.) Spreng.
Cladoniafurcata(Huds.) Schaer.
Cladoniagracilis (L.) Willd.
*Cladoniamerochlorophaea*var*novochlorophaea*Sipman
Cladoniapleurota (Flörke) Schaer.
Cladoniapyxidata (L.) Hoffm.
Cladoniascabriuscula(Delise) Nyl.
Haematommaerythromma(Nyl.) Zahlbr
Himantormialugubris (Hue.) I. M. Lamb
Hueacoralligera(Hue) C. W. Dodge & G. E. Baker
Lecaniabrialmontii(Vain.) Zahlbr.
Lecaniagerlachei (Vain.) Darb.
Lecanorapolytropa (Hoffm.) Rabenh.
Lecideacancriformis C.W. Dodge and G.E. Baker
*Lecidellacarpathica*Körb.
Massalongiacarnosa (Dicks.) Körb.
Ochlorechiafrigida (Sw.) Lynge
*Pannariaaustro-orcadensis*Øvstedal
*Pertusariaexcudens*Nyl.
Physciacaesia(Hoffm.) Fürnr.
Physciadubia(Hoffm.) Lettau
Physconiamuscigena (Ach.) Poelt
Placopsiscontourtuplicata I. M. Lamb
*Porpidiaaustrosheltandica*Hertel
Pseudophebepubescens (L.) M. Choisy
*Psoromacinnamomeum*Malme
Psoromahypnorum (Vahl) Gray
*Ramalinaterebrata*Hook f, & Taylor
Rhizocarpongeographicum (L.) DC.
Rhizoplacaaspidophora(Vain.) Redón
Rhizoplacamelanophthalma (Ram.) Leuckert&Poelt
Rinodinaolivaceobrunnea C.W. Dodge & G. B. Baker
Sphaerophorusglobosus (Huds.) Vain.
*Stereocaulonalpinum*Laurer
Tephromelaatra (Huds.) Hafellmer ex Kalb
Tremoleciaatrata(Ach.) Hertel
Turgidosculumcomplicatulum(Nyl.) J. Kohlm. & E. Kohlm
*Umbilicariaantarctica*Frey & I. M. Lamb
Umbilicariadecussata(Vill.) Zahlbr.
Usneaantarctica Du Rietz
Usneaaurantiaco-atra (Jacq.) Bory

Xanthoriacandelaria(L.) Th. Fr.
Xanthoriaelegans (Link) Th. Fr.

Mousses
*Andreaeadepressinervis*Cardot
*Andreaeagainii*Cardot
*Andreaearegularis*Müll. Hal.
Bartramia patens Brid.
*Bryumargenteum*Hedw.
*Bryumorbiculatifolium*Cardot& Broth.
Bryum pseudotriquetrum (Hedw.) C.F. Gaertn. et al.
Ceratodonpurpureus (Hedw.) Brid.
Chorisodontiumaciphyllum (Hook. f. &Wils.)
Dicranoweisiabrevipes (Müll. Hal.) Cardot
Dicranoweisiacrispula (Hedw.) Lindb. Ex Milde
Ditrichumhyalinum (Mitt.) Kuntze
*Ditrichumlewis-smithii*Ochyra
*Encalyptarhaptocarpa*Schwägr.
Hennediellaantarctica (Ångstr.) Ochyra&Matteri
Notoligotrichumtrichodon(Hook. f. Wils.)G. L. Sm.
Pohliadrummondii(Müll. Hal.) A. K. Andrews
Pohlianutans(Hedw.) Lindb.
Pohliawahlenbergii (Web. & Mohr) A. L. Andrews
Polytrichastrumalpinum (Hedw.) G. L. Sm.
*Polytrichumstrictum*Brid.
Racomitriumsudeticum (Funck) Bruch &Schimp.
Sanioniageorgico-uncinata (Müll. Hal.) Ochyra&Hedenäs
Sanioniauncinata (Hedw.) Loeske
Schistidiumantarctici(Card.) L. I. Savicz&Smirnova
Syntrichiafilaris (Müll. Hal.) Zand.
Syntrichiaprinceps (De Not.) Mitt.
Syntrichiasaxicola (Card.) Zand.
Warnstorfiasarmentosa (Wahlenb.) Hedenäs

Hépatiques
Barbilophoziahatcheri(A. Evans) Loeske
Cephaloziabadia (Gottsche) Steph.
Cephaloziellavarians (Gottsche) Steph.
Herzogobryumteres (Carrington & Pearson) Grolle
Lophoziaexcisa(Dicks.) Dumort.
*Pachyglossadisstifidolia*Herzog &Grolle

Algues
Prasiola crispa (Ligtf.) Menegh.

Plantes à fleurs
*Deschampsiaantarctica*Desv.

ANNEXE II. Cartes

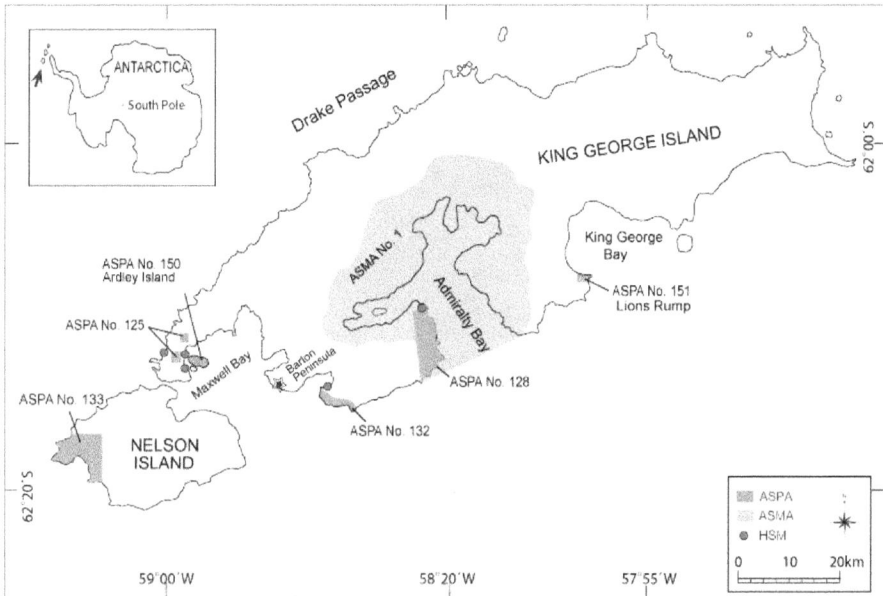

Carte 1 : Emplacement de la pointe Narębski (✦) par rapport à l'île du Roi-George et aux zones protégées existantes (ZSPA, ZGSA et SMH)

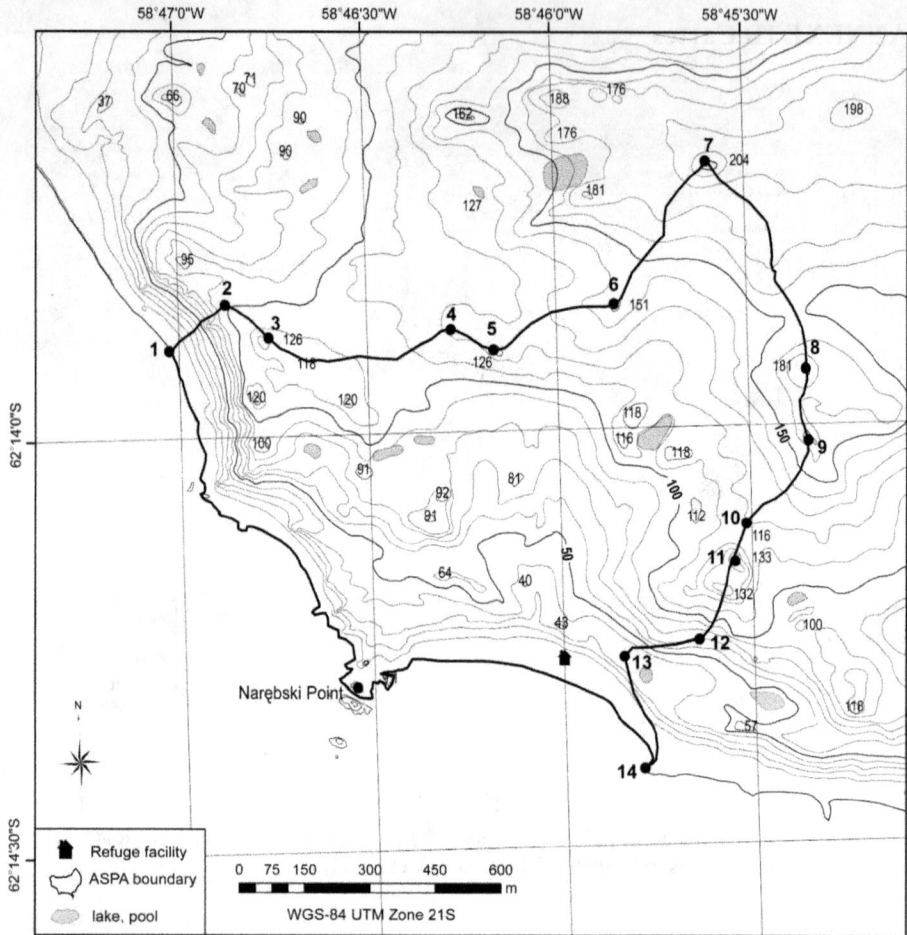

	Latitude	Longitude		Latitude	Longitude
1	62° 13'53.69" S	58° 47'01.31" O	9	62° 14'00.86" S	58° 45'20.85" O
2	62° 13'50.48" S	58° 46'52.37" O	10	62° 14'06.96" S	58° 45'30.62" O
3	62° 13'52.85" S	58° 46'45.84" O	11	62° 14'09.73" S	58° 45'33.08" O
4	62° 13'52.53" S	58° 46'16.62" O	12	62° 14'15.30" S	58° 45'38.87" O
5	62° 13'54.18" S	58° 46'09.53" O	13	62° 14'16.43" S	58° 45'50.37" O
6	62° 13'51.11" S	58° 45'50.64" O	14	62° 14'24.55" S	58° 45'48.00" O
7	62° 13'40.97" S	58° 45'35.60" O	NP	62° 14'18.17" S	58° 46'32.99" O
8	62° 13'55.95" S	58° 45'20.71" O			

Carte 2 : Limites de la ZSPA n° 171

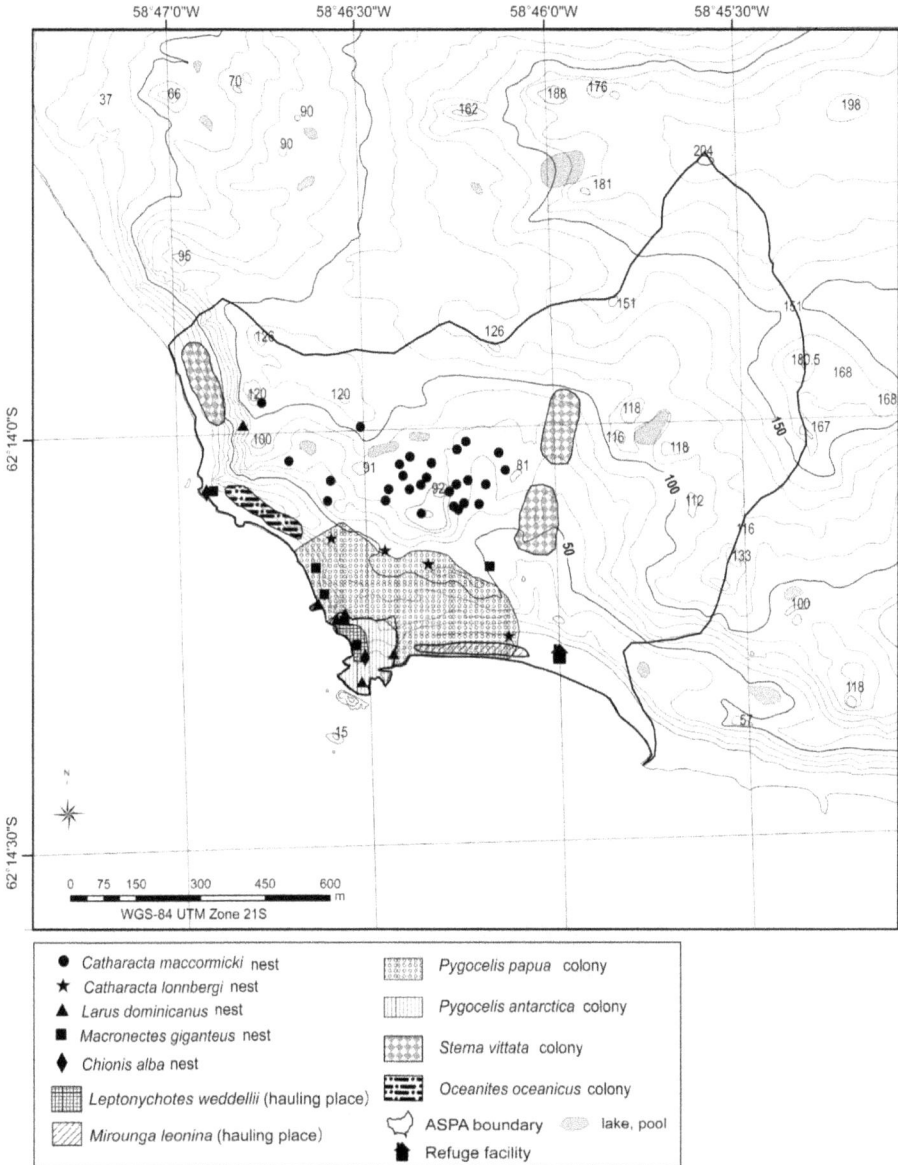

Carte 3 : Répartition des colonies aviaires et des sites de baignade des phoques à l'intérieur de la ZSPA n° 171

Carte 4 : Répartition des communautés végétales à l'intérieur de la ZSPA n° 171

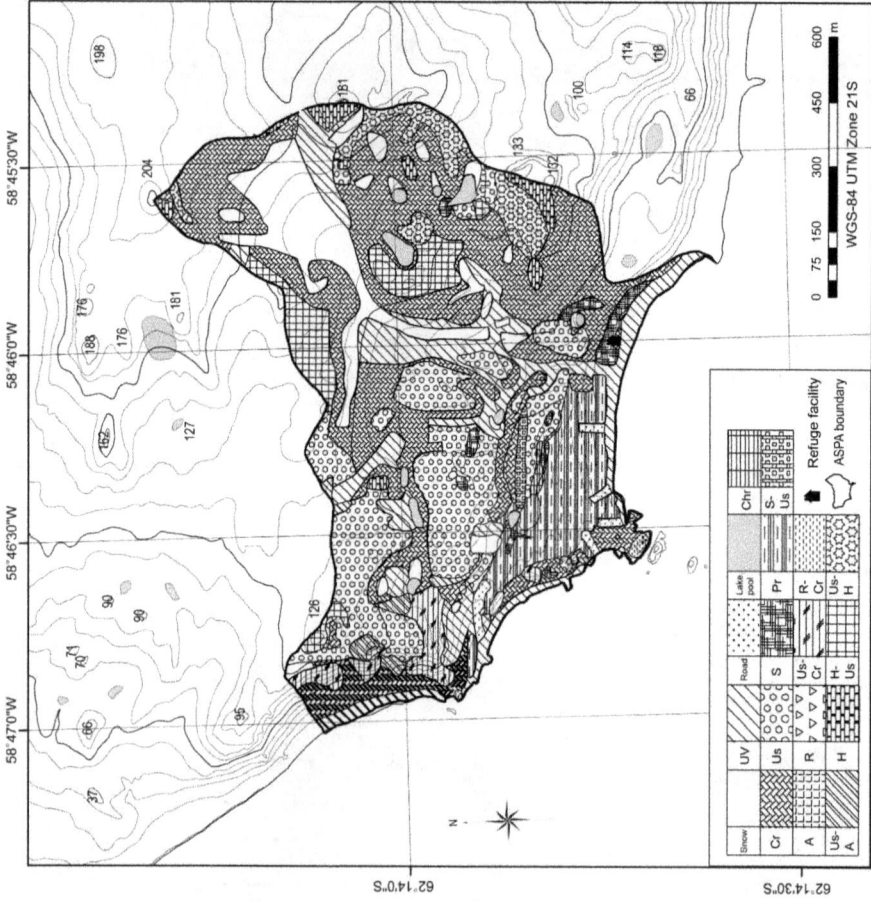

62°14'0"S

62°14'30"S

37   66   70   71   90   90   188   176   176   162   198   204   127   181   95   126   151   181   120   118   150   100   116   133   132   100   14   12   15   48   118   57

N

0   75   150   300   450   600   m

WGS-84 UTM Zone 21S

Legend

- Contours on rock
- Scarp
- Over-deepened basin
- Rock bar, riegel
- Roches moutonnees, abraded & plucked surfaces
- Lake, pool
- Seasonal streams
- Gorge
- Nivation niche
- Patterned ground
- Present-day beach & Holocene raised beaches
- Middle platforms and scarps
- Upper platforms and scarps
- Highest marine deposits
- Till, glacial deposit
- Stone stripes
- Gelifluction lobes
- Debris slope
- Stone stream
- Refuge facility
- ASPA boundary

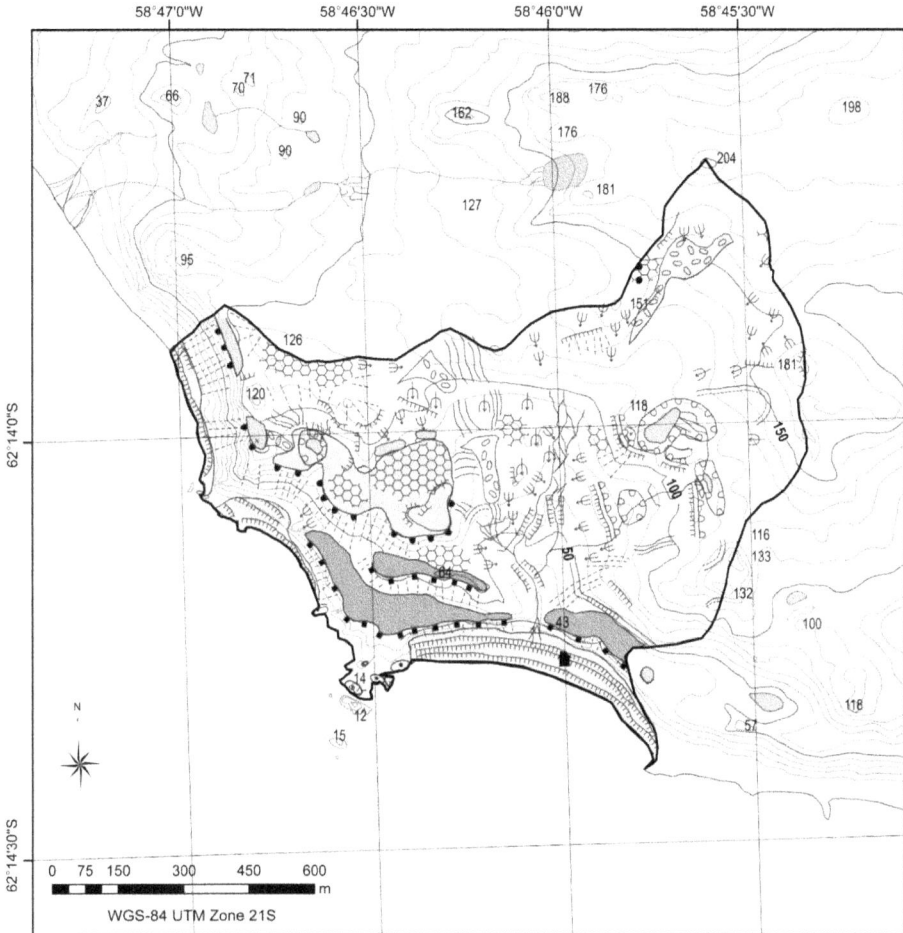

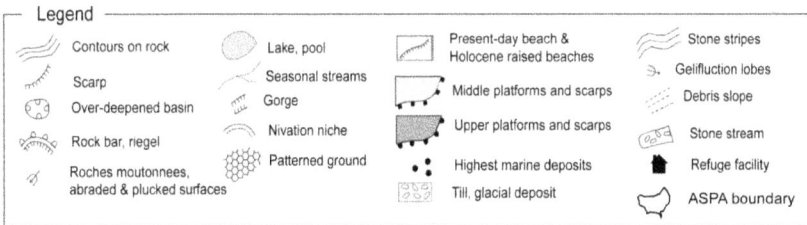

Carte 5 : Détails géomorphologiques de la ZSPA n° 171

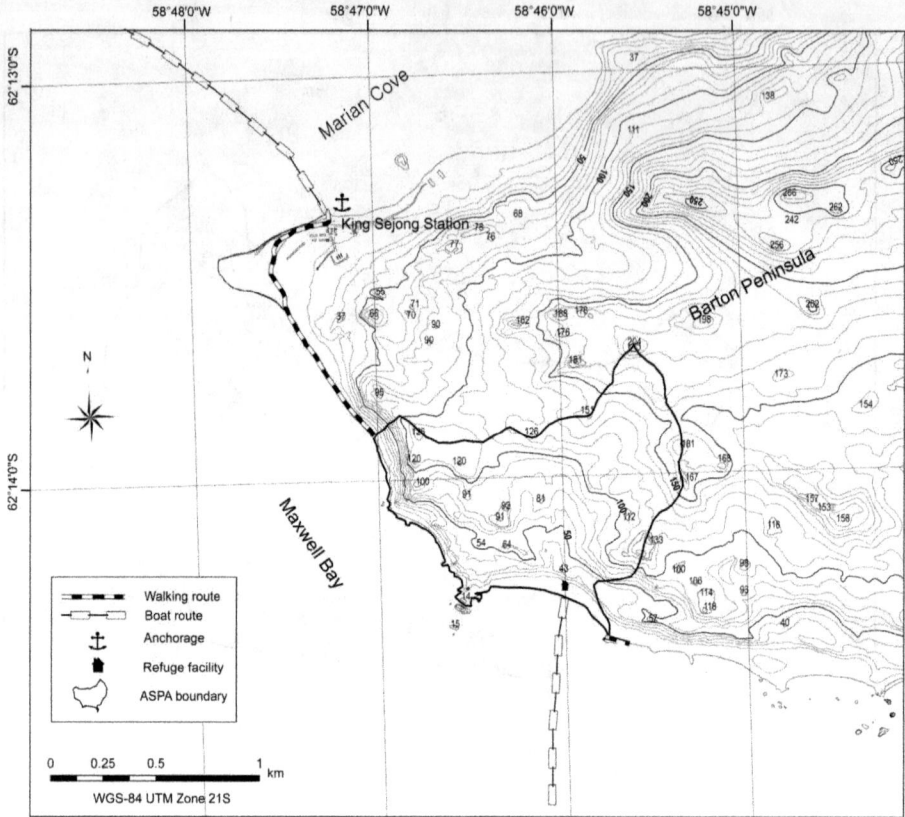

Carte 6 : Voies d'accès à la ZSPA n° 171

Plan de gestion de la Zone spécialement protégée de l'Antarctique n° 174,

STORNES, COLLINES LARSEMANN, TERRE PRINCESSE ELISABETH

Introduction

Stornes (69° 25' S, 76° 6' E), située sur la côte sud-est de la baie Prydz, sur la Terre Princesse Elisabeth en Antarctique oriental, est la plus grande péninsule des Collines Larsemann. Stornes. Elle figure déjà au sein de la Zone gérée spéciale de l'Antarctique (ZGSA) n° 6 des Collines Larsemann, dont la désignation a été rendue effective par la Mesure 2 (2007). Grâce au Plan de gestion initial de la ZGSA des Collines Larsemann, Stornes bénéficiait déjà du statut de Zone restreinte.

Stornes se démarque sur le plan géologique par la présence d'un développement unique de minéraux borosilicatés, telles que la boralsilite, la prismatine, la grandidiérite et d'un autre minéral phosphaté, la wagnérite phosphate. Ces assemblages de minéraux sont jugés extrêmement importants, à la fois en raison de leur variété et de leur étendue, mais aussi par l'abondante, mais extrêmement rare, présence de borosilicate de faciès granulite et de minéraux phosphatés. La désignation de cette zone comme ZSPA vise, en premier lieu, à protéger ses caractéristiques géologiques remarquables, et tout particulièrement, ses occurrences minérales rares ainsi que leurs inhabituelles roches hôtes. Cette protection permettra d'une part, de garantir la préservation de l'intégrité géologique et environnementale de ces occurrences minérales rares pour de futures études et d'autre part, de procéder éventuellement à de nouvelles découvertes d'espèces minérales en de nouveaux lieux.

Stornes est également l'un des deux seuls sites connus en bordure de l'Antarctique oriental où les sédiments fossilifères renferment des informations vieilles de quatre millions d'années sur l'environnement paléologique à une époque où la glace était moins épaisse.

La Zone est relativement proche de stations en activité et c'est pourquoi ses valeurs géologiques peuvent pâtir des dommages causés par les prélèvements excessifs ou non autorisés, ainsi que des recherches et des activités logistiques menées sur le terrain, notamment par l'emploi de véhicules et l'établissement d'infrastructures. Sa désignation comme ZSPA permettrait de garantir que cette zone aux richesses géologiques indéniables soit préservée et que des études sur l'environnement paléologique de l'Antarctique puissent y être menées.

La désignation de Stornes comme ZSPA garantirait également la protection de cette péninsule peu fréquentée, et donc faiblement perturbée, et permettrait d'en faire un site de référence afin établir de futures comparaisons avec d'autres secteurs des collines Larsemann où sont établies plusieurs stations de recherche.

Description des valeurs à protéger

Valeurs géologiques

À en juger par le vaste développement d'une série de minéraux borosilicatés (cinq espèces) et phosphatés (neuf espèces), Stornes est unique en son genre. Les borosilicates relativement rares que sont la prismatine et la grandidiérite figurent en abondance dans des cristaux et ségrégations spectaculaires d'une vaste zone, tandis que la wagnérite fluorphosphatée ferromagnésienne forme des nodules spectaculaires au niveau local et des grains microscopiques au niveau régional.

Stornes est le lieu de découverte de trois nouveaux minéraux : la boralsilite, un minéral boroné, ainsi que les minéraux phosphatés que sont la stornésite-(yttrium) et la tassiéite. En outre, c'est dans les collines Larsemann qu'ont été découverts les premiers échantillons de wagnérite polytypée ; en effet, la wagnérite se présente en ce lieu, sous deux formes cristallines distinctes ayant néanmoins la même formule chimique. De plus, les minéraux borosilicatés relativement rares que sont la prismatine, la grandidiérite, la dumortiérite et la wagnérite figurent dans des quantités inhabituelles ou sous forme de gros cristaux ; il n'existe que très peu d'endroits au monde capables de rivaliser avec les richesses minérales des collines Larsemann. La vulnérabilité de la Zone provient de l'abondance spectaculaire de ces minéraux mais aussi de la présence de la boralsilite, l'un des plus récents minéraux décrits et visibles à l'œil nu dans cette région.

Valeurs scientifiques

Les assemblages de borosilicate et de phosphate de Stornes sont jugés d'une extrême importance scientifique tant en raison de leur variété que de leur origine. L'une des grandes questions à résoudre par la recherche est de savoir quels processus géologiques ont favorisé une telle concentration de bore et de phosphore.

Les sédiments présents au nord-est de Stornes (par environ 69° 25' de latitude sud et 76° 00' de longitude est), abritent des foraminifères, des diatomées et des fragments de mollusques qui permettent de dater et d'envisager ce qu'était l'environnement paléologique il y 4 millions d'années (Ma), lorsque le volume de glace recouvrant l'Antarctique était moins important. Ce lieu est l'un des deux seuls sites connus d'Antarctique oriental à présenter des sédiments datés de cette époque. Les sédiments sont fins et friables et doivent donc être protégés de toute perturbation humaine pouvant porter préjudice à de futures recherches scientifiques.

L'inlandsis sur Stornes n'a presque aucun contact avec le plateau de l'Antarctique. Sa dimension (d'environ 2 km de diamètre), sa position et son isolement, en font un endroit accessible et privilégié pour réaliser des recherches glaciologiques au sein des collines Larsemann. Les techniques d'arpentage modernes permettent de réaliser ce genre d'observations. En raison de sa taille relativement modeste, le glacier ne présente pas trop d'inertie. Il sera donc rapidement impacté par les changements climatiques et en laissera transparaître les signes. Des études entreprises sur ce site associées à des observations de surveillance glaciologique réalisées dans d'autres oasis permettront de mieux appréhender la région.

Stornes a été jusqu'ici peu fréquentée et donc faiblement subi les conséquences des activités d'origine humaine. La désignation de cette zone comme ZSPA permet également d'en faire un site de référence pouvant être le lieu de futures comparaisons avec d'autres péninsules des collines Larsemann connaissant, pour leur part, une nette altération de leur environnement en raison de l'établissement et de l'activité des stations de recherche. À cette fin, la ZSPA englobe la plus vaste superficie possible de la péninsule et accueille la logistique nécessaire au bon fonctionnement des stations de recherches établies dans la région avant la création de la ZSPA et de la ZGSA.

1. Buts et objectifs

La gestion de la ZSPA vise à :

- éviter la dégradation des valeurs de la Zone, ou les préjudices éventuels, en empêchant les perturbations humaines injustifiées dues à l'accès non règlementé et aux prélèvements inadaptés des matériaux géologiques ;

- permettre la réalisation de travaux de recherche scientifique à condition qu'ils résultent de raisons impérieuses qui ne pourraient être satisfaites ailleurs ;

- préserver la Zone en en faisant un site de référence pour de futures études comparatives, en particulier avec les zones des collines Larsemann où sont établies des stations ; et

- permettre que soient effectuées des visites de gestion pour renforcer les objectifs du Plan de gestion.

2. Activités de gestion

Afin de protéger les valeurs de la Zone :

- des informations relatives à la ZSPA, y compris des copies du présent Plan de gestion, doivent être mises à la disposition des navires et équipements opérant dans la région ;

- les programmes nationaux, dont le personnel se trouve à proximité ou souhaite accéder ou survoler la Zone, doivent impérativement informer leurs équipes, des dispositions et contenus du présent Plan de gestion ;

- les bornes ou panneaux établis à l'intérieur de la Zone à des fins scientifiques ou de gestion doivent être solidement attachés, maintenus en bon état et enlevés lorsqu'ils ne sont plus nécessaires ;

- tous les matériaux ou équipements abandonnés doivent, autant que possible, être ramassés, dans la mesure où cela n'impliquerait pas d'impact négatif pour les valeurs de la Zone ;

- les Programmes antarctiques nationaux opérant dans la Zone doivent collaborer ensemble afin de s'assurer que les objectifs précités sont concrètement respectés ; et

- le Plan de gestion doit être réexaminé au moins une fois tous les cinq ans et mis à jour en conséquence par les Parties engagées dans les collines Larsemann (p. ex. celles faisant partie du Groupe de gestion de la ZGSA).

3. Période de désignation

La Zone est désignée pour une durée indéterminée.

4. Cartes

Carte A : Zone spécialement protégée de l'Antarctique n° 174, Collines Larsemann, Terre Princesse Elisabeth

Carte B : Zone spécialement protégée de l'Antarctique n° 174, Collines Larsemann, Terre Princesse Elisabeth, Géologie.

Spécifications de toutes les cartes : Référentiel géodésique : WGS84 ; projection : Mercator transverse universelle (UTM) Zone 43

5. Description de la Zone

5(i) Coordonnées géographiques, bornage et caractéristiques du milieu naturel :

Description générale

La ZSPA Stornes (69° 25' de latitude sud et 76° 6' de longitude est) se situe dans les Collines Larsemann, une zone côtière libre de glace du sud de la baie Prydz en Antarctique oriental. De superficie de 21,13 km², Stornes se trouve entre le fjord Thala et la baie de Wilcock. La ZSPA englobe la majorité de Stornes, ainsi que de petits promontoires non baptisés, situés au sud-ouest (voir Carte B). La Zone ne comprend aucune aire marine.

Les coordonnées géographiques de la Zone sont indiquées à l'Annexe 1. La Zone englobe la bande côtière (le long des bornes découvertes à marée basse) qui s'étend d'un point situé à l'ouest du fjord Thala par 76° 8' 29" de longitude est et 69° 25' 29" de latitude sud (point de délimitation n°1) à un autre point situé au sud de la pointe McCarthy par 76° 3' 22" de longitude est et 69°28'40" de latitude sud (point de délimitation n°25). Pour le reste, la délimitation de la Zone suit en grande partie la limite sud des affleurements rocheux situés entre les points mentionnés ci-dessus. Une indentation du littoral du côté est de la péninsule offre la possibilité de faire accoster ou atterrir des véhicules et d'accéder aux terres intérieures et à Broknes lorsque l'état des glaces ne permet pas d'utiliser les zones d'atterrissage et d'accostage et les routes des collines Larsemann privilégiées le reste du temps.

Dans la mesure du possible, la délimitation s'appuie sur les caractéristiques du milieu naturel (p. ex. bande côtière, courbes de niveau, affleurements rocheux) afin de faciliter la navigation sur le terrain.

Géologie

La région des collines Larsemann présente des roches volcaniques et sédimentaires déposées il y a entre 900 et 550 millions d'années. Stornes repose sur des métasédiments du Protérozoïque, des orthogneiss felsiques déformés, des granites du Paléozoïque inférieur et des pegmatites post-tectoniques. Les métasédiments du Protérozoïque, communément nommés Paragneiss Brattstrand, sont exposés le long d'un corridor orienté au nord-est traversant Stornes, ainsi qu'au sud et à l'est du dôme de glace Allison. Les métasédiments de Stornes comprennent un ensemble hétérogène de roches pélitiques, psammitiques et potentiellement volcanogènes qui se distinguent par un enrichissement inhabituel en bore (B) et phosphore (P) et abritent des minéraux renfermant du bore et du phosphore. Les Paragneiss Brattstrand précurseurs ont été déposés (il y a environ 950 à 1000 Ma) sur un « sous-sol » composé de roches cristallines du Mésoprotérozoïque tel l'Orthogneiss Søstrene (datant d'environ 1125 Ma), un orthogneiss mafique et felsique stratifié que l'on peut le plus fréquemment observer sur les îles situées au nord et nord-est de Stornes (à l'instar de l'Île McLeod, voir Carson and Grew, 2007). Au cours d'un événement tectanométamorphique majeur du Paléozoïque inférieur (il y a environ 530 à 515 Ma), les Paragneiss Brattstrand ont été tectoniquement transposés et mêlés à l'Orthogneiss felsique Blundell (apparus il y a environ 970 Ma), unité très largement présente au nord et au sud de Stornes. Un certain nombre de blocs de granite (tel le Granite Progress) ont également été mis en place lors de l'événement tectonométamorphique majeur du Paléozoïque inférieur (il y a environ 520 Ma) avant que des pegmatites felsiques planes post-tectoniques ne viennent se surajouter à ces structures.

Au nord-est de la Zone, les roches du socle sont recouvertes d'une couche discontinue redéployée de sédiments marins peu compacts comprenant de nombreux fragments de mollusques et de foraminifères benthiques (Quilty et al.,1990) et de diatomées bien conservés qui permettent d'effectuer une datation et une étude de l'environnement paléologique. Ces fossiles permettent de fournir des données sur l'âge de ces sédiments et les températures de l'époque.

Glaciologie

La péninsule comprend un petit glacier d'environ 2 km de diamètre qui est séparé et sans presque aucun point de contact avec le plateau. Sa position géographique, son isolement et sa taille en font un endroit aisément accessible et privilégié pour réaliser des recherches glaciologiques au sein des collines Larsemann.

Végétation

La macroflore terrestre des collines Larsemann est, au minimum, composée de 31 lichens, 6 mousses et 1 hépatique. Aucune étude systématique n'a été menée sur les algues et cyanobactéries terrestres et lacustres. Toutefois, il est possible d'observer de vastes espaces noircis principalement recouverts d'algues microscopiques et de cyanobactéries dans de nombreuses zones connaissant une fonte des neiges saisonnière. L'existence d'espaces abrités des vents et des agents abrasifs transportés par le vent (neige et sable) ainsi que les caractéristiques topographiques locales jouent un rôle important dans la détermination de la répartition et de l'abondance de la flore cryptogamique indigène. Des lits de mousse peuvent être observés dans des sites humides disséminés dans la Zone. La mousse sub-fossile (*Bryum pseudotriquetrum*) présente avant le dernier maximum glaciaire, a été recouverte de dépôts lacustres. La végétation, peu abondante et principalement composée de lichens, est surtout présente sur les versants et affleurements rocheux. D'un point de vue floristique, les collines Larsemann ressemblent aux autres affleurements de la côte Ingrid Christensen et des îles Rauer.

Climat

L'une des caractéristiques climatiques majeures des collines Larsemann est la persistance des forts vents catabatiques qui soufflent depuis le nord-est pendant la majeure partie de l'été. De décembre à février, les températures diurnes sont souvent supérieures à 4 °C et peuvent dépasser 10 °C, la moyenne mensuelle se situant légèrement au-dessus de 0 °C. En hiver, les températures mensuelles moyennes se situent entre -15 °C et -18 °C. La banquise côtière demeure importante tout au long de l'été, tandis que les fjords et les baies sont rarement libérés des glaces. Les précipitations neigeuses dépassent rarement 250 mm d'équivalent en eau par an. Le manteau neigeux est généralement plus épais et plus persistant sur Stornes que sur Broknes, en raison des vents dominants de nord-est et de la mer de glace pérenne retenue par les îles situées au large de Stornes.

Phoques

Les phoques de Weddell (*Leptonychotes weddelli*) sont nombreux sur les côtes des collines Larsemann. Ils viennent, dès le mois d'octobre, mettre bas sur la glace de mer adjacente aux îlots au nord-est de Broknes, et dès fin décembre, il est habituel de voir des groupes de phoques en mue échoués sur le littoral de Broknes, à proximité des stations et dans des crevasses de marée des fjords occidentaux. Au cours des campagnes aériennes effectuées pendant la période de mue, il a été possible d'observer des groupes de plus de 1 000 phoques, de nombreux groupes de taille importante (50 à 100 individus) échoués au fjord Thala et sur des radeaux de glace situés immédiatement à l'ouest de Stornes, et de nombreux petits groupes disséminés parmi les îles océaniques et les zones de glace au nord-est de Broknes. Des phoques mangeurs de crabe (*Lobodon carcinophagus*) et des léopards de mer (*Hydrurga leptonyx*) viennent parfois dans la zone.

Oiseaux de mer

Trois espèces d'oiseaux de mer, les Labbes de McCormick, les Pétrels des neiges et les océanites de Wilson se reproduisent dans la zone des collines Larsemann. Le nombre approximatif de couples reproducteurs ainsi que leurs emplacements à Broknes sont largement documentés, mais leur répartition dans le reste de la zone, y compris à Stornes, demeure incertaine.

Les Labbes de McCormick (*Catharacta maccormicki*) sont présents dans les collines Larsemann de mi-octobre à début avril et comptent 17 couples reproducteurs nichant sur Broknes ainsi qu'un nombre analogue d'oiseaux non nicheurs.

Les nids des Pétrels des neiges (*Pagodroma nivea*) et des océanites de Wilson (*Oceanites oceanicus*), généralement occupés d'octobre à février, se situent dans des fragments de socles rocheux abrités, des roches inclinées, des crevasses et éboulis de roches. Environ 850 à 900 couples de Pétrels des neiges et 40 à 50 couples d'océanites de Wilson vivent à Broknes ; les principales concentrations de Pétrels des neiges sont présentes à Crête Base, sur les affleurements rocheux proches du glacier Dålk à l'est et sur le plateau au sud.

Malgré l'exposition apparemment favorable du site pour la nidification, aucune colonie de manchots Adélie (Pygoscelis adeliae) en phase de reproduction n'est présente dans les collines Larsemann, peut-être en raison de la persistance de la glace de mer après la période d'éclosion des œufs. Toutefois, des oiseaux appartenant aux colonies d'archipels voisins, (situés entre les îles Svenner et Bolingen), viennent occasionnellement dans la zone pendant l'été et jusqu'à la période de mue.

Domaines environnementaux et régions biogéographiques

Stornes est l'une des rares ZSPA dont la désignation vise principalement à protéger ses valeurs géologiques (p. ex. ZSPA n°125 Péninsule Fildes, ZSPA n°147 Pointe Ablation, ZSPA n°148 Mont Flora et ZSPA n°168 Mont Harding) et la seule ZSPA désignée pour préserver essentiellement ses occurrences minérales. En se fondant sur l'Analyse des domaines environnementaux pour le continent Antarctique (Résolution 3 (2008)), Stornes fait partie du Domaine environnemental D - Géologique du littoral de l'Antarctique oriental. Selon, cette fois, les Régions de conservation biogéographique de l'Antarctique définies dans la Résolution 6 (2012), Stornes se situe au sein de la Région biogéographique d'Antarctique oriental.

5(ii) Accès à la zone

Une partie de la limite est de la ZSPA se situe à proximité d'une route du plateau qui peut être empruntée par les véhicules ayant atterri ou accosté près du point 1 (voir Carte B et ses coordonnées à l'Annexe 1), du côté ouest du fjord Thala. Les véhicules se dirigeant vers le plateau et passant le long de cette limite peuvent dévier vers l'ouest entre les points de délimitation 3 et 12, si cela est nécessaire pour éviter des dangers de navigation. Ils ne pourront néanmoins pénétrer à plus de 200 m à l'intérieur de la Zone et uniquement pour traverser des zones de glace ou de neige. Aucune autre raison ne peut motiver l'entrée de véhicules dans la Zone.

Il n'existe pas d'hélipad, de zones d'accostage en bateau, de points d'accès spécifiques, ni d'itinéraires piétonniers signalisés. Les accostages, les atterrissages et les survols sont permis mais doivent, dans la mesure du possible, contourner les lacs.

5(iii) Emplacement des structures situées àl' intérieur et à proximité de la Zone

Il n'y a aucune structure permanente à l'intérieur de la Zone.

La Zone se situe à environ 1.6 km au sud-ouest de la station Bharati (Inde) et 9.3 km au sud-ouest du versant oriental de Broknes où se situent les stations Zhongshan (Rép. pop. de Chine), Progress (Fédération de Russie) et Law-Racovita-Negoita (Australie et Roumanie).

Une cabane russe, située hors ZSPA par 69° 25' 27" de latitude sud et 76° 08' 25" de longitude est, est actuellement établie à Stornes du côté du fjord Thala.

5(iv) Emplacement d'autres zones protégées à proximité de la Zone

La Zone est totalement intégrée à la ZGSA n° 6, Collines Larsemann, Antarctique oriental (69°30'S, 76°19'58"E).

La ZSPA n° 169 Baie Amanda, Côte Ingrid Christensen, Terre Princesse Elisabeth, Antarctique oriental (69°15'S, 76°49'59.9"E.) se trouve à environ 27 km au nord-est.

5(v) Zones spéciales au sein de la Zone

Il n'y a aucune zone spéciale à l'intérieur de la Zone.

6. Critères de délivrance des permis d'accès

6(i) Conditions générales de délivrance de permis

L'accès à la Zone est interdit sauf si un permis a été délivré par les autorités nationales compétentes. Les conditions de délivrance d'un permis pour entrer dans la Zone sont les suivantes :

- un permis est délivré pour répondre à des missions scientifiques ne pouvant être effectuées ailleurs, ou pour des raisons majeures de gestion de la Zone ;
- les actions permises sont conformes au présent Plan de gestion ;
- les activités autorisées le sont si, via le mécanisme d'évaluation d'impact sur l'environnement, elles sont considérées comme concourant à la protection continue des valeurs scientifiques de la Zone ;
- les permis doivent être délivrés pour une durée donnée ;
- le permis doit être emporté à l'intérieur de la Zone ;

6(ii) Accès et déplacements à l'intérieur ou au-dessus de la Zone

Les véhicules sont interdits sauf dans les conditions décrites à la section 5(ii). Tous les déplacements, dans la Zone, doivent se faire à pied.

Le trafic piétonnier doit être maintenu au strict minimum et n'a pour but que de permettre d'assurer les activités autorisées ; toutes les mesures nécessaires devraient être prises pour éviter toute perturbation nuisible aux sédiments, à la végétation, aux affleurements et autres caractéristiques de valeur environnementale ou scientifique.

Tous les atterrissages et accostages, ainsi que les mouvements aériens opérés à proximité de la Zone doivent éviter de perturber la vie sauvage environnante. Les opérations de survol de la Zone doivent être réalisées conformément aux « Lignes directrices pour l'exploitation d'aéronefs à proximité des concentrations d'oiseaux dans l'Antarctique », établies par la Résolution 2 (2004). Les atterrissages et accostages dans la Zone doivent être restreints.

6(iii) Activités étant, ou pouvant être réalisées dans la Zone incluant des limitations temporelles et spatiales

Les activités pouvant être menées sont :

- les recherches scientifiques ne pouvant être entreprises en un autre lieu et qui ne sauront porter préjudice aux valeurs ayant donné lieu à a désignation de la Zone, ou à ses écosystèmes.
- surveillance glaciologique et
- les activités de gestion et de surveillance indispensables.

Les échantillonnages géologiques pratiqués en certains lieux doivent être, au minimum, réalisés en se conformant aux principes suivants :

- L'échantillonnage doit être exécuté en occasionnant le moins de perturbations possibles.
- L'échantillonnage doit être pratiqué avec modération et ne servir que les intérêts de la recherche en cours.

- Suffisamment de matériaux/spécimens doivent être laissés pour permettre à de futurs chercheurs d'appréhender le contexte dans lequel baigne ledit matériau.
- Les sites d'échantillonnage ne doivent pas êtres marqués (par de la peinture, des étiquetages, etc).
- Une fois le projet achevé, les spécimens doivent être conservés dans un lieu de stockage identifié.
- Des informations détaillées sur les coordonnées GPS des sites de prélèvements, sur le volume/poids et le type de matériaux collectés, et sur l'emplacement où les matériaux collectés seront entreposés devraient figurer dans les permis. Une copie de ces informations devrait également être envoyée au Groupe de gestion de la ZGSA n°6 Collines Larsemann dans le but de faciliter la révision du Plan de gestion et de permettre au Groupe de gestion de fournir des avis aux autres Parties sur l'existence de matériaux dans les dépôts géologiques, afin de réduire les échantillonnages nouveaux ou supplémentaires inutiles.

6(iv) Installation, modification ou enlèvement de structures

Aucune structure ou équipement scientifique ne doit être établi ou installé dans la Zone, hormis pour satisfaire des raisons scientifiques ou de gestion impérieuses. Les installations ou structures ne peuvent être conservés que pour un laps de temps déterminé, et uniquement sur délivrance d'un permis.

Toutes les structures, équipements scientifiques ou bornes installés au sein de la Zone doivent être clairement identifiés et mentionner le pays, le nom du principal chercheur ou de l'agence, l'année d'installation et la date prévue d'enlèvement.

Tous ces articles doivent être exempts d'organismes, de propagules (par ex. semences et œufs) ou de terre non stérile ; ils doivent être constitués de matériaux pouvant résister aux conditions environnementales et présentent un risque minime de contamination de la Zone.

L'installation, (y compris le choix du site), l'entretien, la modification ou l'enlèvement des structures ou équipements doivent être menés de façon à limiter autant que possible les perturbations apportées aux valeurs de la Zone.

Toute nouvelle installation ou structure ne doit pas faire doublon avec d'autres installations ou structures existantes.

Les structures et installations permanentes, à l'exception des bornes, sont interdites.

6(v) Emplacement des camps

Il n'est pas recommandé de camper afin de limiter les potentielles atteintes d'origine anthropique à la Zone. Si cela s'avère inévitable, le choix de terrains prévus à cet effet est fortement conseillé. Deux terrains ayant déjà abrité des campements se situent pour l'un, au nord du centre de Stornes par 69° 24' 13.1" de latitude sud et 76° 6' 10.6" de longitude est, et pour l'autre au Promontoire Priddy par 69° 25' 39.9" de latitude sud et 76° 1' 56.2" de longitude est. Le premier consiste en une aire alluvionnaire plate située entre deux lacs d'eau douce tandis que le second est établi sur une étroite plage contigüe à un sillon prélittoral.

6(vi) Restrictions sur les matériaux et organismes pouvant être introduits dans la Zone

Aucun animal, matériel végétal, micro-organisme ou sol non stérile ne doit être délibérément introduit dans la zone.

Des précautions doivent être prises pour éviter l'introduction accidentelle d'animaux, de matières végétales, de microorganismes et de terre non stérile qui proviennent d'autres régions différentes en termes biologiques (faisant partie de la zone du Traité sur l'Antarctique et au-delà) ; les dispositions relatives à la biosécurité applicables à la ZGSA n°6 Collines Larsemann sont également valables pour la ZSPA.

Les carburants et autres produits chimiques ne doivent pas être entreposés dans la Zone, hormis sur délivrance d'un permis. Ils doivent être stockés et manipulés de façon à limiter le risque d'introduction accidentelle dans l'environnement.

Tous les matériaux sont introduits dans la zone pour une période déterminée uniquement, et doivent être enlevés lorsque cette période est échue.

6(vii) Prélèvement de végétaux ou perturbations nuisibles à la faune et la flore

Les prélèvement de végétaux ou toutes perturbations nuisibles à la faune et la flore sont interdits, sauf s'ils sont d'une part, autorisés par un permis et d'autre part, conformes à l'Annexe II du Protocole au Traité sur l'Antarctique relatif à la protection de l'environnement. Tous prélèvements ou toutes perturbations nuisibles aux animaux, doivent se dérouler au minimum conformément aux dispositions du « Code de conduite pour l'utilisation d'animaux à des fins scientifiques dans l'Antarctique » établi par le SCAR.

6(viii) Ramassage ou enlèvement de toute chose n'ayant pas été apportée dans la Zone par le détenteur du permis

Le ramassage ou l'enlèvement de matériaux dans la Zone ne peut se faire que sur délivrance d'un permis et doit se limiter au minimum requis pour les activités menées à des fins scientifiques ou de gestion. Une fois l'étude achevée, tous les échantillons géologiques doivent être entreposés dans un établissement d'enseignement ou une organisation géologique nationale appropriés pour que d'autres puissent en bénéficier sans pour cela devoir en prélever de nouveaux dans la Zone. L'autorité nationale concernée doit établir un mémento géologique répertoriant les échantillons ainsi que les sites d'origine.

Tous matériaux d'origine anthropique susceptibles d'avoir un impact sur les valeurs de la Zone et n'ayant pas été introduit par le titulaire du permis ou toute autre personne autorisée, peuvent être enlevés dans la mesure où cet enlèvement n'entraînera pas de conséquences plus graves que de les laisser in situ. Dans ce cas, les autorités compétentes devront en être informées et donner leur accord.

6(ix) Élimination des déchets

Tous les déchets, y compris les déchets humains, doivent être retirés de la Zone.

6(x) Mesures nécessaires pour que les buts et objectifs du Plan de gestion continuent à être atteints

Les permis d'accès à la Zone peuvent être accordés pour :

- mener des activités de suivi et d'inspection dans la Zone ; celles-ci peuvent comprendre la collecte d'échantillons ou de données essentielles à l'analyse ou l'examen ;
- installer ou entretenir des panneaux de signalisation, des structures ou des équipements scientifiques ; et
- mener à bien des mesures de protection.

Tous les sites spécifiques où se déroulent des études sur le long terme doivent être correctement signalés et inscrits sur les cartes de la Zone. L'autorité nationale compétente délivrera les positions GPS obtenues pour le biais du Système de répertoire de données de l'Antarctique.

Afin de préserver les valeurs écologiques et scientifiques de la Zone et éviter toute introduction accidentelle, les visiteurs doivent prendre des mesures spéciales. Il est particulièrement important de veiller à ce qu'aucune introduction microbienne, animale et végétale issus des sols d'autres sites, stations comprises, ou des régions extérieures à l'Antarctique ne se produise. Dans la mesure du possible, il convient que les visiteurs s'assurent du nettoyage minutieux de leurs chaussures, vêtements, équipement de camping ou d'échantillonnage avant de pénétrer dans la Zone.

6(xi) Rapports de visite

Le principal titulaire de chaque permis délivré soumet dès que possible à l'autorité nationale compétente, un rapport décrivant les activités menées dans la Zone lors de chaque visite réalisée.

Ces rapports doivent inclure les renseignements identifiés dans le formulaire du rapport de visite inclus dans le « Guide pour la préparation des plans de gestion de zones spécialement protégées en Antarctique ». Si nécessaire, l'autorité nationale doit également transmettre un copie du rapport de visite aux Parties étant à l'initiative du Plan de gestion, afin de l'aider à la gestion de la Zone et dans la révision du Plan de gestion.

Les Parties doivent, dans la mesure du possible, déposer les originaux ou les copies de ces rapports dans une archive à laquelle le public pourra avoir accès afin de maintenir ainsi une archive d'usage. Cette archive pourra être utilisée à la fois lors de tout réexamen du plan de gestion et dans le cadre de l'organisation de l'utilisation scientifique du site.

7. Bibliographie

Andreev, M.P. (1990). Lichens of oazis of the East Antarctic. *Novosti Sistematiki Nizshikh Rastenii* **27**:93-95.

Andreev, M.P. (2006). Lichens of the Prydz Bay area (Eastern Antarctica). *Novosti Sistematiki Nizshikh Rastenii* **39**:188-198.

Andreev, M.P. (2006). Lichens from Prince Charles Mountains (Radok Lake area, Mac. Robertson Land). SCAR XXIX/COMNAP XVIII Hobart Tasmania. SCAR Open Science Conference 12-14 July. Scalop Symposium 13 July. Abstract volume. Hobart, Tasmania. P. 421.

Andreev, M.P. (2006). The lichen flora of oases of continental Antarctic, and the ecological adaptations of Antarctic lichens. *KSM Newsletter* **18**(s):24-28.

Andreev, M.P. (2006). The lichen flora of oases of continental Antarctic, and the ecological adaptations of Antarctic lichens. 2006 International Meeting of the Federation of Korean Microbiological Societies, October 19-20, 2006, Seoul, Korea. Abstracts. Seoul. Pp. 77-80.

Andreev, M.P. (2008). Lichens from Prince Charles Mountains (Radok Lake area), Mac. Robertson Land. Polar research – Arctic and Antarctic perspectives in the International Polar Year. SCAR/IASC IPY Open Science Conference. St. Petersburg, Russia, July 8–11. 2008. Abstract Volume. P. 205.

Carson, C.J. and Grew, E.S. (2007). *Geology of the Larsemann Hills Region, Antarctica.* First Edition (1:25 000 scale map). Geoscience Australia, Canberra.

Carson, C.J., Hand, M. and Dirks, P.H.G.M. (1995). Stable coexistence of grandidierite and kornerupine during medium pressure granulite facies metamorphism. *Mineral Magazine* **59**:327-339.

Grew, E.S. and Carson, C.J. (2007). A treasure trove of minerals discovered in the Larsemann Hills. *Australian Antarctic Magazine* **13**:18-19.

Grew, E.S., McGee, J.J., Yates, M.G., Peacor, D.R., Rouse, R.C, Huijsmans, J.P.P., Shearer, C.K., Wiedenbeck, M., Thost, D.E., and Su, S.-C. (1998). Boralsilite ($Al_{16}B_6Si_2O_{37}$): A new mineral related to sillimanite from pegmatites in granulite-facies rocks. *American Mineralogist* **83**:638-651.

Grew, E.S, Armbruster, T., Medenbach, O., Yates, M.G., Carson, C.J. (2006). Stornesite-(Y), (Y, Ca)$_2$Na$_6$(Ca,Na)$_8$(Mg,Fe)$_{43}$(PO$_4$)$_{36}$, the first terrestrial Mg-dominant member of the fillowite group, from granulite-facies paragneiss in the Larsemann Hills, Prydz Bay, East Antarctica. *American Mineralogist* **91**:1412-1424.

Grew, E.S, Armbruster, T., Medenbach, O., Yates, M.G., Carson, C.J. (2007). Chopinite, [(Mg,Fe)$_3$](PO$_4$)$_2$, a new mineral isostructural with sarcopside, from a fluorapatite segregation in granulite-facies paragneiss, Larsemann Hills, Prydz Bay, East Antarctica. *European Journal of Mineralogy* **19**:229-245.

Grew, E.S, Armbruster, T., Medenbach, O., Yates, M.G., Carson, C.J. (2007). Tassieite, (Na$_x$)Ca$_2$(Mg,Fe^{2+},Fe^{3+})$_2$(Fe^{3+},Mg)$_2$(Fe^{2+},Mg)$_6$(PO$_4$)$_6$(H$_2$O)$_2$, a new hydrothermal wicksite-group mineral in fluorapatite nodules from granulite-facies paragneiss in the Larsemann Hills, Prydz Bay, East Antarctica. *The Canadian Mineralogist* **45**:293-305.

Grew, E.S. and Carson, C.J. (2007) A treasure trove of minerals discovered in the Larsemann Hills. *Australian Antarctic Magazine* **13**:18-19.

Grew, E.S., Carson, C.J. Christy, A.G. and Boger, S.D. (in press). Boron- and phosphate-rich rocks in the Larsemann Hills, Prydz Bay, East Antarctica: Tectonic Implications. *Geological Society of London, Special Publications, Antarctic Thematic Set 2012, Volume I. Antarctica and Supercontinent Evolution.*

Grew, E.S., Christy, A.G. and Carson, C.J. (2006) A boron-enriched province in granulite-facies rocks, Larsemann Hills, Prydz Bay, Antarctica. *Geochimica et Cosmochimica Acta* **70***(18) Supplement, A217* [abstract].

Grew, E.S., Graetsch, H., Pöter, B., Yates, M.G., Buick, I., Bernhardt, H.-J., Schreyer, W., Werding, G., Carson, C.J. and Clarke, G.L. (2008). Boralsilite, $Al_{16}B_6Si_2O_{37}$, and "boron-mullite": compositional variations and associated phases in experiment and nature. *American Mineralogist* **93**:283-299.

McMinn, A. and Harwood, D. (1995). Biostratigraphy and palaeoecology of early Pliocene diatom assemblages from the Larsemann Hills, Eastern Antarctica. *Antarctic Science* **7**:115-116.

Peacor, D.R., Rouse, R.C. and Grew, E.S. (1999). Crystal structure of boralsilite and its relation to a family of boroaluminosilicates, sillimanite and andalusite. *American Mineralogist* **84**:1152-1161.

Quilty, P.G., Gillieson, D., Burgess, J., Gardiner, G., Spate, A., and Pidgeon, D. (1990). *Ammoelphidiella* and associated benthic foraminifera, Larsemann Hills, East Antarctica. *Journal of Foraminiferal Research* **20**:1-7.

Ren, L., Grew, E.S., Xiong, M., and Ma, Z. (2003). Wagnerite-*Ma5bc*, a new polytype of $Mg_2(PO_4)(F,OH)$, from granulite-facies paragneiss, Larsemann Hills, Prydz Bay, East Antarctica. *Canadian Mineralogist* **41**:393-411.

Ren, L., Zhao, Y, Liu X, Chen, T. (1992). Re-examination of the metamorphic evolution of the Larsemann Hills, East Antarctica. In: Y. Yoshida, K. Kaminuma and K. Shiraishi (Eds). *Recent Progress in Antarctic Earth Science*. Pp. 145-153. Terra Scientific Publishing Co., Tokyo.

Ren, L., Grew, E.S., Xiong, M. and Wang, Y. (2005). Petrological implication of wagnerite-*Ma5bc* in the quartzofeldspathic gneiss, Larsemann Hills, East Antarctica. *Progress in Natural Science* **15**:523-529.

Wadoski, E.R., Grew, E.S. and Yates, M.G. (2011). Compositional evolution of tourmaline-supergroup minerals from granitic pegmatites in the Larsemann Hills, East Antarctica. *The Canadian Mineralogist* **49**(1):381-405.

Wang, Y., Liu, D., Chung, S.L., Tong, L. and Ren, L. (2008). SHRIMP zircon age constraints from the Larsemann Hills region, Prydz Bay, for a late Mesoproterozoic to early Neoproterozoic tectono-thermal event in East Antarctica. *American Journal of Science* **308**:573–617.

Zhao, Y., Song, B., Wang, Y., Ren, L., Li, J. and Chen, T. (1992). Geochronology of the late granite in the Larsemann Hills, East Antarctica. In: Yoshida, Y., Kaminuma, K. and Shiraishi, K. (Eds). *Recent Progress in Antarctic Earth Science*. Pp.155-161. Terra Scientific Publishing Co., Tokyo.

Zhao, Y., Liu, X, Song, B., Zhang, Z., Li, J., Yao, Y. and Wang, Y. (1995). Constraints on the stratigraphic age of metasedimentary rocks from the Larsemann Hills, East Antarctica: possible implications for Neoproterozoic tectonics. *Precambrian Research* **75**:175-188.

Annexe 1 : Coordonnées géographiques de Stornes, Zone spécialement protégée de l'Antarctique n° 174

Point de délimitation	Longitude	Latitude	Point de délimitation	Longitude	Latitude
1	76° 8' 29" E	69° 25' 29" S	15	76° 8' 25" E	69° 26' 39" S
2	76° 8' 6" E	69° 25' 29" S	16	76° 8' 28" E	69° 26' 42" S
3	76° 7' 45" E	69° 25' 34" S	17	76° 8' 30" E	69° 26' 47" S
4	76° 5' 60" E	69° 26' 1" S	18	76° 8' 29" E	69° 26' 51" S
5	76° 5' 52" E	69° 26' 4" S	19	76° 8' 26" E	69° 26' 55" S
6	76° 5' 44" E	69° 26' 8" S	20	76° 8' 22" E	69° 26' 60" S
7	76° 5' 38" E	69° 26' 11" S	21	76° 8' 18" E	69° 27' 3" S
8	76° 5' 37" E	69° 26' 15" S	22	76° 8' 14" E	69° 27' 6" S
9	76° 5' 38" E	69° 26' 19" S	23	76° 8' 8" E	69° 27' 10" S
10	76° 5' 44" E	69° 26' 22" S	24	76° 3' 36" E	69° 28' 39" S
11	76° 5' 51" E	69° 26' 24" S	25	76° 3' 22" E	69° 28' 40" S
12	76° 6' 1" E	69° 26' 26" S	Elle s'oriente ensuite au nord-est en suivant le littoral jusqu'à la borne découverte par marée basse et rejoint le point de délimitation n° 1 (69° 25' 29" S, 76° 8' 29" E).		
13	76° 8' 12" E	69° 26' 36" S			
14	76° 8' 21" E	69° 26' 38" S			

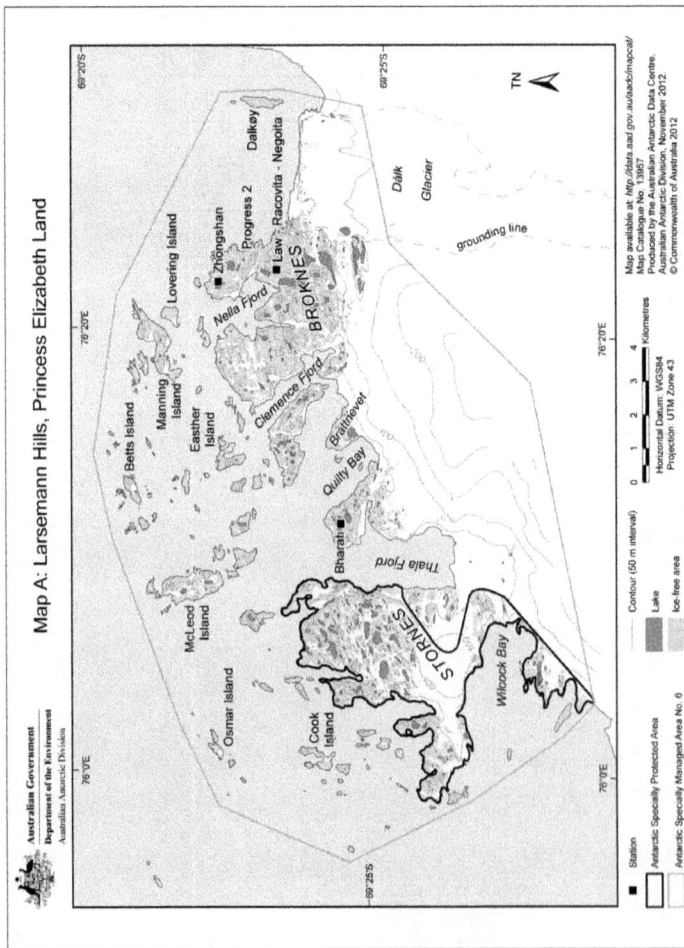

Map A: Larsemann Hills, Princess Elizabeth Land

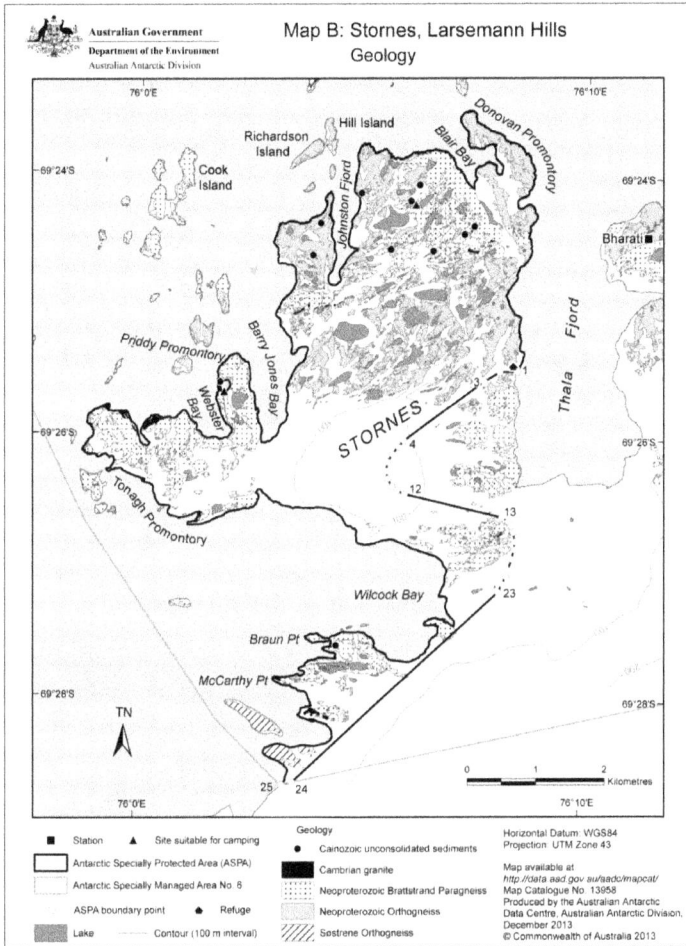

Map B: Stornes, Larsemann Hills
Geology

Plan de gestion pour
la Zone spécialement protégée de l'Antarctique n°175

ZONES GÉOTHERMIQUES DE HAUTE ALTITUDE DE LA RÉGION DE LA MER DE ROSS
(parties des sommets du Mont Erebus, sur l'île Ross, du Mont Melbourne et du Mont Rittman, au Nord de Terre Victoria)

Introduction

Il existe quelques sites isolés en Antarctique où la température de la surface du sol est plus élevée que la température de l'air ambiant en raison de l'activité géothermique. Des émissions de vapeur de fumerolles (brèches dans la croûte terrestre qui émettent de la vapeur et des gaz) se condensent pour former un approvisionnement en eau relativement régulier, lequel, avec les températures chaudes du sol, fournit un environnement propice à un assemblage unique et varié d'organismes. Ces sites sont rares et sont peu étendus: ils ne couvrent pas plus de quelques hectares sur le continent antarctique et les îles circumpolaires (ou les sites maritimes). La communauté biologique présente sur les sites continentaux géothermiques se situent en haute altitude et se distingue nettement des autres communautés présentes sur les sites géothermiques maritimes en raison des différences qui existent dans l'environnement abiotique.

Il existe trois sites géothermiques de haute altitude dans la région de la mer de Ross, qui abritent des communautés biologiques uniques. Il s'agit du sommet du Mont Erebus, sur l'île Ross, du Mont Melbourne et du Mont Rittman, au nord de Terre Victoria. Le seul autre site de haute altitude connu où l'on a constaté des activités fumaroliques se trouve sur le Mont Berlin, Terre Marie Byrd, Antarctique occidental, bien qu'aucune recherche biologique n'ait été menée sur ce site.

Les sites géothermiques sont sensibles à l'introduction de nouvelles espèces, en particulier par vecteurs humains, car ils présentent un environnement où peuvent se développer des organismes typiques de régions plus tempérées. Ces sites autrefois isolés font aujourd'hui l'objet de visites plus fréquentes menées à des fins scientifiques et récréatives et qui nécessitent un soutien logistique. Des espèces venant d'autres sites antarctiques, et localement non indigènes des sites géothermiques, ou des espèces venant d'autres régions que l'Antarctique, pourraient être introduites accidentellement dans la zone lors d'activités humaines. Les sites géothermiques de haute altitude sont également sensibles aux dommages physiques qui pourraient être causés au substrat par le piétinement ou par échantillonnage, car des perturbations de la structure du sol peuvent affecter l'emplacement et le débit des émissions de vapeur dans lesquelles vivent les communautés biologiques. La fragilité et la faible étendue de ces communautés biologiques accentuent la nécessité de les protéger.

La raison principale justifiant la désignation des sites géothermiques de haute altitude de la région de la mer de Ross comme Zone spécialement protégée de l'Antarctique tient à la volonté de protéger leurs valeurs écologiques remarquables, en particulier les communautés biologiques uniques présentes dans cet environnement où les facteurs sélectifs sont uniques et résultent de l'assemblage d'organismes qu'on ne trouve nulle part ailleurs dans le monde. Les communautés biologiques sont extrêmement sensibles à l'introduction d'espèces végétales, animales et de micro-organismes non indigènes ou de terre non-stérilisée provenant d'autres régions d'Antarctique ou de régions extérieures à l'Antarctique, ainsi qu'aux perturbations physiques liées au piétinement ou au suréchantillonnage causés par l'homme. Si la protection des valeurs écologiques remarquables (particulièrement les communautés biologiques) des sites géothermiques de haute altitude constitue la raison principale de leur désignation, la protection de leurs autres valeurs scientifiques, telles que la microbiologie, la botanique, la biologie terrestre, la géomorphologie et la géologie, n'en est pas moins importante.

La zone comprend trois sites géothermiques de haute altitude; la Tramway Ridge, au sommet du Mont Erebus (77° 31'S; 167° 06'E), trois emplacements d'activité géothermique au sommet du Mont Melbourne (74° 21'S; 164° 42'E), et le sommet du Mont Rittman (73° 28'S; 165° 37'E) (Carte A).

La Tramway Ridge, sur le Mont Erebus, était, à l'origine, désignée par la Recommandation XIII-8 (1985) comme Site présentant un intérêt scientifique particulier (SISP) n°11 sur proposition de la Nouvelle-Zélande en raison du fait que la zone abrite un écosystème inhabituel d'une valeur scientifique exceptionnelle pour les botanistes et les microbiologistes. Le plan de gestion a été examiné et adopté par la Mesure 2 (1995) et la Mesure 3 (1997). Le site a été redésigné Zone spécialement protégée de l'Antarctique (ZSPA) n°130 par la Décision 1 (2002). Le plan de gestion a été révisé et adopté par la Mesure 1 (2002). Il a été réexaminé et adopté sans aucune modification lors du Xe CPE (2007).

À l'origine, le sommet du Mont Melbourne a été désigné par la Recommandation XVI-5 (1987) comme SISP n°24 sur proposition de la Nouvelle-Zélande et de l'Italie en raison du fait que la zone comporte des sols géothermiques qui abritent une communauté biologique unique et variée. Au sein du SISP n°24, la crête Cryptogam a été désignée comme Zone spécialement protégée (ZSP) n°22 par la Recommandation XVI-8 (1991). Le SISP n°24 et la ZSP n°22 ont été redésignés comme ZSPA n°118a et 118b respectivement par la Décision 1 (2002). Un plan de Gestion fusionné désignant les deux zones comme ZSPA n°118 a été adopté par la Mesure 2 (2003), avec des Zones interdites et des Zones restreintes imposant des conditions d'accès plus strictes que dans l'ancienne ZSP n°22. Un plan de gestion révisé a été adopté par la Mesure 5 (2008).

Le Mont Rittmann a été découvert lors de la 4ème expédition italienne menée la saison 1988/89. Lors de la 6ème expédition italienne menée durant la saison 1991/92, des fumerolles et des sols réchauffés par l'activité géothermique ont été découverts dans un petit cratère volcanique. Le site n'a fait l'objet d'aucune désignation de protection précédemment.

Le Mont Erebus et le Mont Melbourne sont visités chaque année par des scientifiques de nombreuses disciplines ainsi qu'à des fins de gestion (par exemple concernant les bornes, les relais radio et les cabanes de terrain). Depuis sa découverte, le nombre de visites au Mont Rittman ne cesse de croître.

La Tramway Ridge, sur le Mont Erebus, se situe dans l'Environnement S - Géologique de McMurdo - Terre Victoria du Sud, d'après les Analyses des domaines environnementaux pour l'Antarctique (Résolution 3 (2008)) et dans la Région 9 - Terre Victoria du Sud, d'après les Régions de conservation biogéographiques de l'Antarctique (Résolution 6 (2012)). L'Environnement S comprend d'autres zones protégées : les ZSPA n°105, 116, 121, 122, 123, 124, 131, 137, 138, 154, 155, 156, 157, 158, 161 et 172 ainsi que la ZGSA n° 2.

Les Monts Melbourne et Rittman se situent tous deux dans l'Environnement U - Géologique du nord de Terre Victoria, d'après les Analyses des domaines environnementaux pour l'Antarctique, et dans la Région 8 - Nord de Terre Victoria, d'après par les Régions de conservation biogéographiques de l'Antarctique. L'Environnement U comprend d'autres zones protégées : les ZSPA n°106, 165 et 173.

Il s'agit ici de la seule ZSPA ou ZGSA désignée dans la région de la mer de Ross pour protéger des environnements géothermiques. Dans le système des zones protégées qui protègent un environnement géothermique, il n'existe qu'une seule autre ZSPA : la ZSPA n°140, Parties de l'île de la Déception, îles Shetland du Sud. Cependant, la ZSPA n°140 protège des communautés biologiques de l'Antarctique maritime qui diffèrent significativement des communautés biologiques de haute altitude.

La désignation de ces sites comme zone protégée renforce le système des zones protégées de l'Antarctique car la zone: (i) comprend les emplacements connus de sols antarctiques de haute altitude chauffés par l'activité géothermique résultant des caractéristiques physiques et chimiques de la zone, abrite des communautés biologiques qui sont uniques sur le plan régional et mondial, et (ii) est sensible aux perturbations humaines, particulièrement à l'introduction potentielle d'espèces non indigènes provenant de régions antarctiques biologiques distinctes ou de régions extérieures à l'Antarctique ou d'emplacements géothermiques différents sur un site spécifique, ainsi qu'aux dégâts causés par le piétinement et le suréchantillonnage. La taille de chaque site de la zone est suffisante pour assurer une protection appropriée des valeurs identifiées.

1. Description des valeurs à protéger

La région de la mer de Ross comporte de vastes zones volcaniques datant du Quaternaire et du Néogène supérieur. Toutefois, l'activité géothermique n'a jusqu'à présent pu être confirmée que sur trois sites : les Monts Erebus, Melbourne et Rittman. Des fumerolles (des brèches dans le sol dégageant de la vapeur) et un sol brûlant sont la manifestation en surface de l'activité géothermique des sites. Des tours de glace ou des pics de glace creux (des cheminées) peuvent se former autour des fumerolles en raison de la condensation et du gel de la vapeur d'eau et atteindre plusieurs mètres de diamètre et de hauteur. Des hummocks de glace et de neige sont également présents sur les sols chauffés par l'activité géothermique. D'autres zones de sols chauffés sont généralement libres de glace durant l'été et conservent une température en surface supérieure aux températures de l'air ambiant.

La plupart des zones de fumerolles et de sol chaud se situent sur ou à côté des caldeiras des sommets de chaque volcan, même si les zones d'activité de surface s'étendent en aval du versant nord-ouest du Mont Melbourne. Bien que ces zones dans la région de la mer de Ross soient isolées de la haute altitude des sommets volcaniques, l'environnement abrite des communautés biologiques constamment approvisionnées en eau (provenant de la vapeur condensée et de la fonte des neiges) et qui bénéficient de températures adaptées à leur développement ainsi que d'un abri (sous la glace et les hummocks de neige) les protégeant des conditions extrêmes. Au vu de l'isolation extrême et de l'ensemble des pressions de sélection naturelle, certains chercheurs pensent que ces habitats pourraient abriter certaines des premières formes de vie de la planète, dont bon nombre n'ont pas encore été décrites.

Les communautés végétales des sites géothermiques continentaux de haute altitude diffèrent fortement des autres sites géothermiques maritimes antarctiques et subantarctiques. Les communautés de la région de la mer de Ross sont dominées par les algues et par une faible diversité d'espèces par rapport à ce que l'on trouve dans les sites antarctiques maritimes. Ces derniers sont dominés par des bryophytes et par une forte diversité d'espèces de plusieurs groupes. Dans les sites géothermiques de la région de la mer de Ross, il n'y a pas de trace de diatomée ; par ailleurs, seule une forme de ce qui pourrait être un lichen, une sorte de croûte noirâtre non identifiée, a été découverte sur le Mont Melbourne. Douze espèces de bryophytes, d'algues et de protozoaires présentes dans ces zones n'ont jamais été observées ailleurs en Antarctique (Annexe 1, Tableau 1). Bien que ces zones soient situées dans la même région géographique, les communautés végétales des trois sites diffèrent ; cinq des douze espèces de bryophytes, d'algues et de protozoaires qui n'ont jamais été observées ailleurs en Antarctique n'étant présentes que sur un seul site dans la région de la mer de Ross (Annexe 1, Tableau 1).

Les particularités des micro-organismes présents dans ces communautés n'ont été que peu déterminées, voire pas déterminées. Toutefois, des études récentes ont commencé à dévoiler la présence de communautés microbiennes uniques et variées. Des études menées sur des extrémophiles (des organismes qui se développent dans les environnements physiques ou géochimiques extrêmes) sont primordiales pour comprendre l'évolution de la vie des premiers habitants de la Terre qui ont peut-être évolués dans des habitats extrêmes. Tous les micro-organismes identifiés sur ces sites ne sont pas des thermophiles (des organismes dont le taux de croissance est optimal lorsque les températures sont élevées, généralement comprises entre 45° et 122°C). Certains se développent de manière optimale à des températures mésophiles (températures modérées généralement comprises entre 20°C et 45°C. Cela met en lumière la vulnérabilité de ces communautés biologiques face aux perturbations physiques du substrat telles que le piétinement ou l'échantillonnage.

Alors que les conditions environnementales (par ex. l'approvisionnement régulier en eau libre, des températures propices au développement et une protection physique ou un abri contre le climat extrême) des trois sites géothermiques de haute altitude isolés dans la région de la mer de Ross paraissent semblables, les communautés biologiques diffèrent d'un site à l'autre. Cela pourrait s'expliquer par des différences de la composition physico-chimique des sols (par ex. le pH, la teneur en nutriments, la taille des grains de substrat, le taux d'humidité) qui pourraient influencer le développement d'assemblage d'espèces unique sur chaque site.

Autre hypothèse: ces environnements pourraient avoir été colonisés occasionnellement par des propagules viables disséminés par les vents à partir d'autres sites antarctiques ou d'îles circumpolaires, ou d'autres continents. Si elle reste rare, la dissémination peut toutefois donner lieu à la colonisation des sols par des propagules viables de quelques espèces disséminées sur chaque site. Ainsi, plusieurs souches isolées de *B. fumarioli* du Mont Rittman ont montré des similitudes notables avec des souches provenant des îles Candlemas, dans l'archipel Sandwich du Sud, alors que 5 600 km séparent les deux sites. L'hypothèse d'une colonisation à partir d'une source commune, et plus probablement à partir d'une dissémination par les vents de spores libérées, ou d'une contamination humaine potentielle a été avancée. Plus simplement, ces différences pourraient être simplement dues à des facteurs stochastiques.

Une augmentation de l'activité humaine dans les trois sites de la zone souligne la nécessité de mettre en place des mesures de protection appropriées afin de réduire l'introduction éventuelle de nouveaux organismes par vecteur humain.

Les communautés biologiques très inhabituelles des trois sites ont une valeur scientifique inestimable. Ces zones donnent un aperçu de la biogéographie et de la dispersion ainsi que de la physiologie des organismes en Antarctique évoluant dans des conditions inhabituelles. L'étendue géographique limitée des écosystèmes de la zone et la vulnérabilité des sites face à l'introduction d'espèces non indigènes provenant de régions biologiques antarctiques distinctes, de régions extérieures à l'Antarctique ou d'emplacements géothermiques différents sur un site spécifique ainsi qu'à la perturbation du sol est telle que la mise en place d'une gestion appropriée de ces sites est indispensable pour en assurer la protection à long terme.

2. Buts et objectifs

La gestion des zones géothermiques de haute altitude de la région de la mer de Ross vise à :

- Éviter toute détérioration ou tout risque de détérioration des valeurs de la zone en y évitant toute perturbation humaine inutile ;
- Éviter ou limiter l'introduction dans la zone de plantes, d'animaux, de micro-organismes et de terre non stérilisée non-indigènes provenant de régions biologiques antarctiques distinctes, de régions extérieures à l'Antarctique ou d'emplacements géothermiques différents sur un site spécifique;
- Préserver sur chacun des trois sites de la zone une partie de l'écosystème naturel en la désignant Zone interdite et en faisant une zone de référence pour les études scientifiques futures;
- Permettre des recherches scientifiques dans la zone, à condition qu'elles soient non seulement indispensables et ne puissent être satisfaites ailleurs mais également ne mettent pas en péril le système écologique naturel, et en particulier les communautés biologiques et la géologie des trois sites de la zone;
- Assurer que les communautés biologique et la géologie ne soient pas affectées par le suréchantillonnage ou la perturbation des sols dans la zone;
- Permettre des visites pour des raisons de gestion à l'appui des buts poursuivis par le plan de gestion.

3. Activités de gestion

Les activités de gestion ci-après seront réalisées pour protéger les valeurs de la zone :

- Des informations concernant l'emplacement des trois sites de la zone, indiquant les restrictions spécifiques qui s'y appliquent, seront mises en évidence et une copie du présent plan de gestion sera transmise aux stations des Programmes antarctiques nationaux et aux abris de recherche, de gestion ou de terrain situés à proximité des trois sites de la zone.
- Des panneaux ou des bornes indiquant l'emplacement des trois sites de la zone et affichant clairement les restrictions d'accès devront être placés dans des lieux appropriés aux limites de chaque site [et des Zones interdites] afin d'éviter toute entrée accidentelle.

- Les balises, panneaux ou autres structures érigés dans la zone à des fins scientifiques, de gestion ou de communication essentielles devront être solidement fixés, maintenus en bon état et retirés lorsqu'ils ne seront plus nécessaires.
- Des visites seront effectuées selon les besoins (au moins une fois tous les cinq ans) pour s'assurer que la zone répond toujours aux buts pour lesquels elle a été désignée et pour s'assurer que les activités de gestion sont appropriées;
- Les directeurs des programmes antarctiques nationaux en cours dans la région conduiront, des consultations entre eux pour veiller à ce que les activités de gestion susmentionnées soient mises en œuvre. Ils sont particulièrement encouragés à se consulter les uns les autres afin d'éviter tout échantillonnage excessif de matériaux biologiques ou pédologiques dans la zone. En outre, ils sont invités à envisager la mise en œuvre conjointe des lignes directrices visant à limiter l'introduction et la dispersion d'espèces non indigènes dans la zone et entre les trois sites de la zone.

4. Durée de désignation

La zone est désignée pour une durée indéterminée.

5. Cartes

Carte A: Emplacement des sites géothermiques de haute altitude dans la région de la mer de Ross Datum horizontal: WGS84, Projection stéréographique polaire antarctique. Source des données : Base Vector Data, Antarctic Digital Database Version 6.

Carte A1: ZSPA n°175 Tramway Ridge, Mont Erebus, carte topographique Datum horizontal: WGS72, Projection Camp Area. Datum vertical: Niveau moyen de la mer. Sources de données - données d'études: *Department of Survey and Land Information (DOSLI) Survey Plan 37/142 (Plan sourced from Land Information New Zealand (LINZ)); Contours and geothermally heated area*: Données fournies par *l'Université de Canterbury; Main map and inset overview diagram imagery: Digital Globe World View-2 Satellite* (résolution 0.5 m). Date d'imagerie: 23 janvier 2011. Imagerie fournie par le *Polar Geospatial Centre, Department of Earth Sciences, University of Minnesota;* Encart photographie du site: photographie terrestre du terrain chauffé par l'activité géothermique de la Tramway Ridge prise bas du versant face au nord. Image prise le 26 novembre 2010. Image fournie par l'*Université de Waikato*.

Carte A2: ZSPA n°175 crête Cryptogam et Versant géothermique, Mont Melbourne, carte topographique Datum horizontal: WGS84, Projection UTM Zone 58S Datum vertical: WGS84. Sources de données - Contours et zones protégées dérivées des données collectées durant l'étude de terrain menée le 17 novembre 2012 par LINZ; *Main map and inset overview diagram imagery: imagerie satellite DigitalGlobe GeoEye* (résolution 0,5 m) Date d'imagerie: 14 novembre 2011. Imagerie fournie par le *Polar Geospatial Centre, Department of Earth Sciences, University of Minnesota;* Encart photographie du site: photographie terrestre prise face au nord-est avec la crête Cryptogam à l'avant-plan. Image prise le 17 novembre 2012. Image fournie par Antarctica New Zealand.

Carte A2/1: ZSPA n°175 Versant nord-occidental, Mont Melbourne, carte topographique Datum horizontal: WGS84, Projection UTM Zone 58S Datum vertical: WGS84. Sources de données - *Main map and inset overview diagram imagery: Digital Globe World View-2 Satellite* (résolution 0,5 m)). Date d'imagerie: 14 novembre 2011. Imagerie fournie par le *Polar Geospatial Centre, Department of Earth Sciences, University of Minnesota;* Encart photographie du site: photographie terrestre du terrain chauffé par l'activité géothermique du versant nord-occidental prise face à l'est. Image prise en 2002. Image fournie par R. Bargagli et le PNRA (Programme national italien pour la recherche antarctique).

Carte A3: ZSPA n°175 Mont Rittman, carte topographique Datum horizontal: WGS72, Projection UTM Zone 58S Datum vertical: WGS84 ; Datum vertical : Sources de données - Contours et zones protégées dérivées des données collectées durant l'étude de terrain menée le 16 novembre 2012 par LINZ; *Main map: DigitalGlobe World View-1 satellite imagery* (résolution 0,5 m). Date d'imagerie: 3 mars 2009. Imagerie fournie par le *Polar Geospatial Centre, Department of Earth Sciences, University of Minnesota*; Encart photographie du site: photographie terrestre prise face au nord en direction du reste de la caldeira du Mont Rittma. Image prise le 16 novembre 2012. Image fournie par Antarctica New Zealand.

6. Description de la zone

6(i) Coordonnées géographiques, bornage et particularités naturelles

Cette ZSPA est composée de trois sites qui comprennent la Tramway Ridge, Sommet du Mont Erebus, trois endroits au sommet du Mont Melbourne et le sommet du Mont Rittman.

Crête Tramway, Mont Erebus
Description du site :
Le Mont Erebus, (77° 31'S, 167° 06'E) est le volcan le plus grand et le plus actif d'Antarctique et se situe sur l'île Ross (Carte A). Il culmine à une altitude de 3 794 mètres au-dessus du niveau de la mer. C'est un stratovolcan unique avec un lac de lave convectif de phonolite anorthose dans le cratère principal. Le type de roche prédominant, et le seul qui soit présent près du sommet, est la phonolite anorthose.

Les versants abrupts du cratère principal s'adoucissent en un vaste plateau à une altitude d'environ 3 200 – 3 500 mètres au-dessus du niveau de la mer, sauf sur les versants sud-occidentaux où la pente externe conserve un très fort dénivelé. La Tramway Ridge s'élève à environ 3 450 mètres au-dessus du niveau de la mer sur le versant nord-occidental du cratère principal (Carte 1; Encart 1). Le site est situé le long de cette crête à environ 1,5 kilomètre du cratère principal. C'est la zone la plus étendue de terrain chauffé par l'activité géothermique sur le sommet du Mont Erebus, même si les endroits où le sol est chauffé sont nombreux au sommet.

Le site se situe dans son ensemble sur une pente douce d'environ 5% avec une grande surface de terre libre de glace en forme de terrasses dont la hauteur verticale est d'environ 0,5 mètre et dont les flancs, plus abrupts, peuvent atteindre 30% de dénivelé. Les flancs abrupts en terrasses sont colonisés par la majorité de la végétation visible, et c'est depuis ces flancs que l'on peut apercevoir les émissions de vapeur. La végétation visible couvre environ 16 % du site. Des hummocks de glace de taille basse, d'environ 1 m de hauteur et formés là où la vapeur a gelé, sont répartis partout sur le site. Les températures du sol peuvent atteindre 75°C à 4 cm de profondeur.

Limites: La limite du site désigné est définie par un rectangle de 200 m sur 200,8 m, qui englobe la majorité des sols chauffés par l'activité géothermique situés au bas de la Tramway Ridge. La limite occidentale du site s'étend de l'extrémité de la limite nord-ouest aux coordonnées 77° 31' 01.853" S; 167° 06' 21.251" E (Point A) au sud jusqu'à l'extrémité de la limite sud-ouest à 77° 31' 08.327" S; 167° 06' 20.686" E (Point E). La limite s'étend alors vers l'est jusqu'à l'extrémité de la limite sud-est à 77° 31' 08.448" S; 167° 06' 50.521"E (Point D). Ensuite, la limite s'étend vers le nord jusqu'à l'extrémité de la limite nord-est à 77° 31' 01.976" S; 167° 06' 51.074"E (Point B) (Carte A1).

Le site est divisé en deux parties plus ou moins égales, la moitié nord étant déclarée Zone interdite (Carte A1). Les limites de la Zone interdite sont décrites à la section 6(v).

Les limites du site (indiquées par des bornes à chaque extrémité), la Zone interdite et les caractéristiques principales sont indiquées sur la Carte A1. Les points de démarcation de la zone et de la Zone interdite sont indiqués par une borne (Carte A1; Points A-F) et par une borne supplémentaire (Point H) situé le long de la limite sud de la Zone interdite. Deux bornes (G et H) ont été placées à l'écart afin que les personnes travaillant à l'intérieur de la ZSPA puissent distinguer la limite sud de la Zone interdite et éviter d'entrer dans la zone (Map A1; Tableau de coordonnées de la limite de la ZSPA). En insérant des drapeaux de bambou dans chaque borne, les limites du site et de la Zone interdite sont visibles pour les personnes travaillant dans la ZSPA.

Mont Melbourne

Description du site : Le Mont Melbourne (74° 21' S 164° 42' E) est un stratovolcan situé au nord de Terre Victoria, entre la baie Wood et la baie Terra Nova, sur la côte occidentale de la mer de Ross, et à environ 10 kilomètres à l'est du Glacier Campbell (Carte A). Il culmine à une altitude de 2 733 mètres au-dessus du niveau de la mer.

Le Mont Melbourne fait partie de la chaîne volcanique McMurdo qui est une ligne de volcans dormants et éteints qui s'étend le long de la côte de Terre Victoria. On pense que la région du Mont Melbourne date de la fin du Quaternaire et que l'éruption la plus récente a eu lieu il y a à peine 150 ans. Parmi les roches volcaniques, on trouve de la trachyte et de la trachyandésite sur la montagne même, et du basalte à sa base.

Le Mont Melbourne est un cône volcanique à angle faible presque parfait avec des zones étendues de sol chaud, de fumerolles et de tours de glace remarquables autour du cratère sommital et sur certaines parties supérieures de la montagne. La caldeira du sommet fait environ un kilomètre de diamètre et forme le névé d'un glacier en mouvement se dirigeant vers l'ouest. Plusieurs cônes de basalte et des monticules plus petits sont présents près de la base et sur les flancs de la montagne. Le terrain chauffé par l'activité géothermique se distingue par des sols vaporeux libres de neige ou par des fumerolles et des tours ou des pics de glace qui peuvent atteindre un mètre de hauteur. Les températures du sol chauffé atteignent jusqu'à 50°C à quelques centimètres de profondeur.

Limites: Le site est constitué de trois endroits, deux sur le cratère principal du sommet (Carte A2) et un troisième sur le versant nord-ouest de la montagne (Carte A2/1). Sur le bord sud-est du cratère principal du sommet du Mont Melbourne, il y a deux endroits désignés adjacents.

Le premier, la crête Cryptogam, est une crête en forme de croissant constituée de zones de sols non chauffés couverts de neige, de sols chauffés par l'activité géothermique et libres de neige et de hummocks de glace qui couvrent les émissions de vapeur qui s'étendent sur 40 m dans toutes les directions à partir de la ligne de crête.

La limite occidentale du site s'étend à partir de l'extrémité de la limite nord-ouest aux coordonnées 74° 21' 20.389" S; 164° 41' 31.652" E (Point 1A) vers le sud, sur environ 50 m, jusqu'à l'extrémité de la limite sud-ouest à 74° 21' 22.096" S; 164° 41' 32.551" E (Point 1N). La limite s'étend alors vers l'est en suivant la forme de croissant de la crête Cryptogam jusqu'aux points non bornés à 74° 21' 21.383" S; 164° 41' 38.254" E (Point 1M); 74° 21' 20.840" S; 164° 41' 45.230" E (Point 1L); 74° 21' 21.220" S; 164° 41' 49.934" E (Point 1K); 74° 21' 21.815" S; 164° 41' 54.574" E (Point 1J); 74° 21' 22.588" S; 164° 41' 58.044" E (Point 1I) puis jusqu'à l'extrémité de la limite sud-est à 74° 21' 24.103" S; 164° 42' 00.579" E (Point 1H). La limite s'étend ensuite vers le nord à l'extrémité de la limite nord-est à 74° 21' 23.355" S; 164° 42' 07.010"E (Point 1G). La limite nord s'étend alors vers l'ouest en suivant la forme de croissant de la crête Cryptogam en passant par les points non bornés à 74° 21' 21.523" S; 164° 42' 03.989" E (Point 1F); 74° 21' 20.117" S; 164° 41' 57.869" E (Point 1E); 74° 21' 19.307" S; 164° 41' 51.137" E (Point 1D); 74° 21' 19.153" S; 164° 41' 45.329" E (Point 1C); 74° 21' 19.650" S; 164° 41' 37.695" E (Point 1B) jusqu'à l'extrémité de la limite nord-est (Point 1A) (Carte A2). Les limites nord et sud se situent toutes deux sous la crête libre de glace.

La crête Cryptogam est divisée en deux parties, la partie occidentale étant une Zone interdite (Carte A2). Les limites de la Zone interdite sont décrites à la section 6(*v*).

Le deuxième endroit (Versant géothermique), sur le bord sud-est du cratère principal du sommet du Mont Melbourne, est adjacent à la crête Cryptogam et est un versant qui s'étend jusqu'au bord oriental du cratère sommital (Carte A2; Encart 2). L'activité géothermique est clairement visible sur le versant de la colline, car des crevasses et des tours de glaces s'étendent sur le bord abrupt de la caldera, d'environ 50 m de large (Carte A2). La limite nord du site s'étend à partir de l'extrémité de la limite nord-ouest aux coordonnées 74° 21' 13.740" S; 164° 42' 01.816" E (Point 2A) vers le sud sur environ 50 m jusqu'à l'extrémité de la limite sud-ouest à 74° 21' 15.620" S; 164° 42' 03.474" E (Point 2D). La limite s'étend ensuite à l'est en remontant le versant jusqu'à l'extrémité de la limite sud-est aux coordonnées 74° 21' 14.567" S; 164° 42' 12.729" E (Point 2C), puis vers le nord jusqu'à l'extrémité de la limite nord-est à 74° 21' 12.865" S; 164° 42' 08.972" E (Point 2B) (Carte A2).

Le troisième endroit (Versant nord-ouest) se trouve sur les versants nord-ouest du volcan (Carte A2/1) à environ 1,5 km au nord-ouest de la crête Cryptogam. L'activité géothermique est clairement visible car une ligne de tours de glace et de petites parcelles de terre nue s'étend du nord-ouest vers le sud-est le long du bord d'une falaise escarpée. Les limites de l'endroit n'ont pas été établies sur le terrain mais obtenues via imagerie satellite. La limite nord du site s'étend à partir de l'extrémité de la limite nord-ouest aux coordonnées 74° 21' 00" S; 164° 39' 02" E (Point 3A) pour descendre le long du versant vers le sud sur environ 50 m jusqu'à l'extrémité de la limite sud-ouest à 74° 21' 11" S; 164° 39' 02" E (Point 3D). La limite s'étend ensuite à l'est jusqu'à l'extrémité de la limite sud-est aux coordonnées 74° 21' 11" S; 164° 42' 05" E (Point 3C), puis remonte le versant vers le nord jusqu'à l'extrémité de la limite nord-est à 74° 21' 00" S; 164° 40' 05" E (Point 3B) (Carte A2).

Mount Rittmann

Description du site : Le Mont Rittman (73° 28'S, 165° 37'E) est situé dans la chaîne Mountaineer sur le côté gauche du glacier Aviator, entre le glacier Pilot et le sommet du glacier Icebreaker au nord de la Terre Victoria (Carte A3). Il culmine à une altitude de 2600 mètres au-dessus du niveau de la mer et se trouve à 103 kilomètres environ au nord du Mont Melbourne et à environ 50 km de la côte.

Des fumerolles et un sol chaud sont présents sur un seul affleurement au sommet du Mont Rittman dans une caldeira mineure à 2 000 mètres environ au-dessus du niveau de la mer. Le site est entièrement entouré de glace bleue (Carte A3; Encart). Le site est formé d'une pente abrupte instable et accidentée de 300 mètres de large environ et de 80 mètres de haut (Carte A3). Le sol est formé de roches pyroclastiques et de débris volcaniques dans une matrice sablonneuse.

Deux zones libres de glace adjacentes sont situées au centre du site. Les zones d'hummocks de glace et de tours de glace généralement situées sur les bords des zones libres de glace et le long du bord de la caldeira sont dominées par des sols libres de glace chauffés par l'activité géothermique et des fumerolles. Le sol situé autour des fumerolles est couvert d'une efflorescence blanchâtre et des parcelles de mousses sont visibles sur la surface du sol de ces zones. La température du sol en surface varie entre 50 et 63°C à 10 centimètres de profondeur. Le côté occidental du site est couvert de glace, mais l'activité géothermique est rendue visible le long du bord de la caldeira par la présence de tours de glace et de vapeurs se dégageant du sol.

Limites: Le site comprend la totalité de la caldeira visible du Mont Rittman. L'extrémité de la limite la plus à l'ouest se trouve sur le bord occidental de la caldeira à 73° 28' 18.797"S; 165° 36' 43.851"E (Point A). La limite suit ensuite le bord de la caldeira vers l'est jusqu'aux points non bornés à 73° 28' 16.818" S; 165° 36' 54.698" E (Point B); 73° 28' 16.290" S; 165° 37' 00.144" E (Point C); 73° 28' 16.405" S; 165° 37' 04.438" E (Point D); 73° 28' 17.655" S; 165° 37' 12.235" E (Point E); 73° 28' 18.024" S; 165° 37' 14.468" E (Point F); 73° 28' 19.823" S; 165° 37' 16.943" E (Point G); 73° 28' 20.628" S; 165° 37' 20.089" E (Point H); 73° 28' 21.530" S; 165° 37' 21.567" E (Point I) jusqu'à l'extrémité de la limite la plus à l'ouest à 73° 28' 22.015" S; 165° 37' 23.817" E (Point J).

La limite descend ensuite le versant vers le sud jusqu'à l'extrémité de la limite sud-est à 73° 28' 23.436" S; 165° 37' 20.540" E (Point K). Ensuite, elle poursuit au fond de la pente escarpée sous la caldeira et les zones libres de glace jusqu'aux points non bornés à 73° 28' 22.414" S; 165° 37' 17.302" E (Point L); 73° 28' 20.945" S; 165° 37' 13.936" E (Point M); 73° 28' 19.430" S; 165° 37' 08.865" E (Point N); 73° 28' 18.558" S; 165° 37' 03.457" E (Point O); 73° 28' 18.722" S; 165° 37' 56.296" E (Point P); 73° 28' 19.778" S; 165° 36' 50.065" E (Point Q), puis remonte le versant jusqu'à l'extrémité de la limite la plus à l'ouest (Point A).

La zone orientale libre de glace est déclarée Zone interdite (Carte A3). Les limites de la Zone interdite sont décrites dans la section 6(*v*).

6(ii) Accès à la zone

Les conditions d'accès applicables à tous les sites sont décrites à la section 7*(ii)*. Les conditions d'accès spécifiques à chaque site sont décrites ci-après.

Tramway Ridge, Mont Erebus
- Au vu de l'altitude élevée de la Tramway Ridge, les hélicoptères ne doivent pas être trop chargés.
- Un site a été désigné pour l'atterrissage d'hélicoptères à environ 250 m au nord-ouest du site à 77° 31' 00" S; 167° 05' 48" E, sur lequel l'hélicoptère peut atterrir à proximité des cabanes Erebus supérieure (77° 30' 37.857"S; 167° 08' 48.5736"E) ou inférieure (77° 31' 32.6172"S; 167° 08' 12.8688"E) (Carte A1; Encart 1) du Programme antarctique des États-Unis (USAP).
- Lors des déplacements entre les cabanes supérieures et inférieures, il est vivement conseillé d'emprunter l'itinéraire désigné pour les motoneiges et, dans le mesure du possible, de rester à 200 m de la limite du site (Carte A1; Encart 1)/
- L'accès au site se fait principalement à la Borne D (Carte A1; Encart 2).

Mont Melbourne
- Un site a été désigné pour l'atterrissage d'hélicoptères à environ 40 m de la crête Cryptogam à 74° 21' 24.6" S; 164° 41' 56.0" E. Un site d'atterrissage alternatif se trouve au sommet du Mont Melbourne à 74° 20' 57.7"S; 164° 41' 28.9"E (Carte A2 et A2/1; Encart 1).

Mount Rittmann
- Le site est un versant abrupt instable entouré de glace bleue. Les hélicoptères ne sont autorisés à atterrir qu'aux endroits sûrs, sur la glace bleue. Par mesure de sécurité, si un hélicoptère atterrit face à un versant, il doit, dans la mesure du possible, atterrir à au moins 100 m de la limite des sites. Par mesure de sécurité, si un hélicoptère atterrit au-dessus d'un versant, il doit, dans la mesure du possible, atterrir à au moins 25 m de la limite du site (bord de la caldeira) Carte A3).

6(iii) Emplacement de structures à l'intérieur de la zone et à proximité

Crête Tramway, Mont Erebus
- Il existe sept bornes de démarcation définissant les extrémités de la limite ainsi que la limite sud de la Zone interdite (Carte A1; Tableau des coordonnées de la limite de la ZSPA). Un drapeau de bornage, attaché à un piquet, peut être fixé sur les bornes afin d'indiquer la zone et d'éviter toute entrée accidentelle dans la zone ou dans la Zone interdite.
- Il y a trois bornes adjacentes au site (Carte 1; Tableau des coordonnées des bornes).
- Les cabanes Erebus supérieures et inférieures se situent respectivement à environ 1 km au nord-est (3400 m au-dessus du niveau de la mer) et au sud-est (3612 m au-dessus du niveau de la mer) du site (Carte A1; Encart).

Mont Melbourne
- Il existe deux bornes. La borne MM01 est une borne métallique fixée dans la roche et est adjacente à l'Emplacement 2. La borne MM02 est un tube métallique fixé dans un socle en béton et est adjacente à l'Emplacement 1 (Tableau des coordonnées des bornes; Carte A2).
- Les Programmes nationaux en activité dans la zone entretiennent un certain nombre d'installations (stations météorologiques, antenne radio, et expérimentations scientifiques) sur le plus haut sommet du Mont Melbourne (Carte A2; Encart 1).

Mount Rittmann
- Deux bornes sont présentes le long de la limite nord-est au-dessus du bord de la caldeira (Carte A3; Tableau de coordonnées des bornes). Les deux bornes sont des indicateurs métalliques fixés dans la roche.

6(iv) Emplacement d'autres zones protégées à proximité

Tramway Ridge, Mont Erebus
Les zones protégées les plus proches de la Tramway Ridge, Mont Erebus, se trouvent sur l'île Ross (Carte A), il s'agit de :.

- ZSPA n° 116 : Vallée New College, plage Caughley, cap Bird, à 37 km au nord nord-ouest.
- ZSPA n°156 : Baie Lewis, Mont Erebus, île Ross, à 14 km au nord.
- ZSPA n°124 : Cap Crozier, île Ross, à 54 km à l'est.
- ZSPA n°122 : Hauteurs Arrival, Péninsule de Pointe Hut, île Ross et ZSPA n°158: Pointe Hut; île Ross se trouvent respectivement à 35 km et à 38 km au sud.
- ZSPA n°155 : Cap Evans, île Ross, à 21 km au sud-ouest.
- ZSPA n°121 : Cap Royds, île Ross et ZSPA no 157: la Baie Lewis, Cap Royds, île Ross sont à 23 km à l'ouest.

Mont Melbourne
Les zones protégées les plus proches de Mont Melbourne se trouvent à la baie Terra Nova :

- ZSPA n°161 : Baie Terra Nova, mer de Ross, à 45 km au sud-est.
- ZSPA n°165 : Pointe Edmonson, Baie Wood, mer de Ross, à 22 km à l'est.
- ZSPA n°173 : Cap Washington et Baie Silverfish, au nord de la baie Terra Nova, mer de Ross, à 34 km au sud.

Mount Rittmann
Le Mont Rittman se trouve à 103 km au nord du Mont Melbourne. Il n'y a pas de zone protégée dans un rayon de 100 km à partir de Mont Rittman (Carte A).

6(v) Zones spéciales à l'intérieur de la zone

L'accès à la Zone interdite de chacun des trois sites de la zone restera strictement interdit jusqu'au moment où une révision du plan de gestion sera convenue pour en permettre l'accès.

Tramway Ridge, Mont Erebus
La moitié nord du site (Carte A1) est déclarée Zone interdite afin de préserver une partie du site à titre de site de référence pour de futures études scientifiques, alors que la moitié sud de celui-ci (semblable du point de vue biologique, des caractéristiques et du caractère) reste ouverte à la recherche scientifique.

La limite sud de la Zone interdite est définie par une ligne partant du 77° 31' 05.103" S; 167° 06' 20.968" E (Point F) au 77° 31' 05.224" S; 167° 06' 50.792" E (Point C) qui coupe la zone en deux. Les trois autres limites de la Zone interdite sont définies par les limites de la zone, la limite partant du Point C (77° 31' 05.224"S; 167° 06' 50.792"E "E) au Point B (77° 31' 01.967"S; 167° 06' 51.074"E); la limite nord partant du Point B au Point A (77° 31' 01.853"S; 167° 06' 21.251"E); et la limite occidentale reliant le Point a au Point F.

La limite sud de la Zone interdite est plus ou moins visible au sol en suivant l'extension vers l'ouest de la ligne de crête sud de la partie inférieure de la Tramway ridge. Les bornes (G, H et C) rendent clairement visible la limite coupant la zone en deux.

Sommet du Mont Melbourne

Sur les 100 m les plus à l'ouest de la crête Cryptogam (Emplacement 1: Carte A2) s'étend une Zone interdite, ainsi désignée afin de protéger la parcelle la plus étendue de végétation et de préserver une partie du site à titre de site de référence pour de futures études scientifiques, le reste de la crête Cryptogam et les emplacements 2 et 3 restant ouverts à la recherche scientifique.

La limite occidentale du site s'étend de l'extrémité de la limite nord-ouest aux coordonnées 74° 21' 20.389" S; 164° 41' 31.652" E (Point 1A) vers le sud sur environ 50 m jusqu'à l'extrémité de la limite sud-ouest à 74° 21' 22.096" S; 164° 41' 32.551" E (Point 1N). La limite s'étend ensuite à l'est en suivant la forme de croissant de la crête Cryptogam jusqu'aux points non bornés à 74° 21' 20.840" S; 164° 41' 45.230" E (Point 1L), puis vers le nord jusqu'à l'extrémité de la limite nord-est à 74° 21' 19.153" S; 164° 41' 45.329" E (Point 1C) (Carte A2).

La Zone interdite est clairement identifiable grâce à la variation de la pente de la crête, qui s'adoucit au fur et à mesure qu'elle monte.

Mount Rittmann

Sur les trois endroits du site chauffés par l'activité géothermique (Carte A3), celui se trouvant le plus à l'est est déclaré Zone interdite afin de préserver une partie du site à titre de site de référence pour de futures études scientifiques, alors que le reste du site (semblable du point de vue biologique, des caractéristiques et du caractère) reste ouvert à la recherche scientifique.

La limite occidentale du site s'étend de l'extrémité nord-ouest de la limite au bord de la caldeira aux coordonnées 73° 28' 17.655" S; 165° 37' 12.235" E (Point E) vers le sud et descend la pente escarpée sur environ 80 m jusqu'à l'extrémité sud-ouest de la limite à 73° 28' 19.430" S; 165° 37' 08.865" E (Point N). La limite s'étend alors vers l'est en suivant le fond du versant jusqu'à l'extémité sud-est de la limite à 73° 28' 20.945" S; 165° 37' 13.936"E (Point M). Ensuite, la limite remonte le versant vers le nord à l'extrémité nord-est de la limite à 73° 28' 19.823" S; 165° 37' 16.943"E (Point G) (Carte A3).

7. Critères de délivrance de permis d'accès

TOUTES LES DISPOSITIONS RELATIVES AUX PERMIS D'ACCÈS S'APPLIQUENT AUX TROIS SITES

7(i) Conditions générales pour l'obtention d'un permis
L'accès aux trois sites de la zone est interdit sauf sur délivrance d'un permis par une autorité nationale compétente. Les critères de délivrance de permis d'accès à la zone sont les suivants :

- le permis est délivré pour des raisons scientifiques impérieuses qui ne peuvent être satisfaites ailleurs ou pour des raisons essentielles à la gestion de la zone ;
- les actions autorisées ne porteront pas atteinte aux communautés biologiques ni aux valeurs écologiques et scientifiques de la zone;
- les activités autorisées sont conformes au présent plan de gestion ;
- l'accès aux Zones interdites doit être interdit ;
- toutes les activités de gestion visent la réalisation des buts et objectifs du présent plan de gestion ;
- le permis, ou une copie, doit être emmené dans la zone, ainsi qu'une copie de toutes les cartes pertinentes du Plan de gestion.

7(ii) Accès à la zone et déplacements à l'intérieur de celle-ci
- L'accès au sommet de chaque volcan se fait généralement en hélicoptère.
- L'atterrissage des hélicoptères sur les trois sites de la zone est strictement interdit.
- Les hélicoptères doivent atterrir sur les sites d'atterrissage désignés à l'extérieur des trois sites de la zone (cf. section 6*(ii)* ou les cartes A1, A2 et A3).

- Les hélicoptères peuvent atterrir ailleurs que sur les sites d'atterrissage désignés uniquement qu'en cas d'urgence.
- Il faut éviter le survol ou le surplace des hélicoptères au-dessus des zones libres de glace des trois sites de la zone, sauf pour des raisons scientifiques ou de gestion essentielles, auquel cas les hélicoptères doivent impérativement voler à au moins 50 mètres au-dessus de la surface du sol.
- L'usage de grenades fumigènes pour hélicoptères est interdit à l'intérieur des trois sites de la zone.
- L'usage de véhicules (par ex. de motoneiges) est interdit à l'intérieur des trois sites de la zone.
- Seules les personnes expressément autorisées et munies d'un permis sont autorisées à entrer dans la zone.
- Les déplacements à l'intérieur des trois sites de la zone doivent se faire à pied.
- Les titulaires d'un permis doivent être conscients que le fait de marcher dans la zone peut compacter le sol, altérer les gradients des températures (ce qui peut changer les taux d'émission de vapeur), et briser de fines couches de glace qui peuvent se former sur un sol géothermique, et, par conséquent, causer des dommages au sol et au biote qui se trouve en dessous. La présence de surfaces de glace ou de neige ne garantit pas la présence d'un sentier: tous les efforts raisonnables doivent donc être entrepris pour limiter les effets liés à la marche. La circulation piétonne doit être maintenue au minimum absolu nécessaire en accord avec les objectifs de toute activité autorisée.
- Les titulaires d'un permis doivent, en outre, éviter de marcher dans les zones de végétation ou sur le sol humide qui se trouvent sur les terrains libres de glace ou sur les terrains parsemés de hummocks de glace et doivent également, dans la mesure du possible, éviter de marcher sur les sols géothermiques chauds.
- Les titulaires d'un permis sont fortement encouragés à recenser les données GPS de tous les déplacements effectués dans la zone et de les soumettre à l'autorité nationale compétente par le biais du rapport de visite (cf. section 7*(x)*).
- Les titulaires d'un permis ne doivent intervenir (forer, échantillonner, endommager) sur aucune structure de glace, à moins qu'un permis les autorise à le faire.

7(iii) Activités pouvant être menées dans la zone

Les activités qui peuvent être menées à l'intérieur de la zone sont les suivantes :

- Les études scientifiques essentielles qui ne peuvent être satisfaites ailleurs et qui ne mettent pas en péril les communautés biologiques et les valeurs scientifiques ou écologiques de la zone;
- Les activités de gestion essentielles, y compris celles de suivi et d'inspection.

7(iv) Installation, modification ou enlèvement de structures

- Aucune nouvelle structure (par ex. des panneaux ou des bornes) ne doit être érigée dans la zone et aucun équipement scientifique ne doit y être installé, sauf pour des activités scientifiques ou de gestion essentielles dont la durée est prédéfinie, conformément à un permis.
- Les balises, structures ou équipement scientifique installés dans la zone doivent être clairement signalés par pays, nom du responsable principal ou de l'agence de recherche, année d'installation et date prévue de l'enlèvement.
- Tous ces éléments doivent être stérilisés avant leur installation afin de s'assurer qu'ils ne contiennent pas d'organisme, de propagule et de terre non-stérilisée et doivent être formés de matériaux résistants aux conditions environnementales et présentant un risque minimal de contamination ou de dommage pour les valeurs de la zone.
- L'enlèvement de matériel ou de structure spécifique pour lequel le permis est arrivé à expiration sera à la charge de l'autorité qui a délivré le permis original et constituera l'une des conditions de la délivrance de ce permis.

7(v) Emplacement des camps

- Il est interdit de camper dans la zone.
- Le campement nécessaire au travail sur la Tramway Ridge, Mont Erebus, doit être installé près des cabanes Erebus supérieure (77° 30' 37.857"S; 167° 08' 48.5736"E) ou inférieure (77° 31' 32.6172"S; 167° 08' 12.8688"E) existantes (Cartes A1; Encart 1).

- Il est déconseillé de camper dans un rayon de 100 m des trois emplacements de Mont Melbourne et de Mont Rittman.
- Il n'est autorisé de camper que sur un sol couvert de glace.

7(vi) Restrictions relatives aux matériaux et organismes pouvant être introduits dans la Zone

Pour éviter de compromettre les valeurs écologiques, et en particulier les communautés biologiques uniques, pour lesquelles la zone est protégée, les restrictions suivantes sont appliquées à toutes les activités entreprises dans la zone :

- Il est interdit d'introduire délibérément tout animal, forme végétale, micro-organisme ou terre non-stérilisée dans la zone.
- Afin d'assurer le respect des valeurs écologiques de la zone, des précautions particulières doivent être prises contre l'introduction accidentelle de végétaux, d'animaux, de micro-organismes ou de terre non-stérilisée provenant d'autres sites antarctiques, y compris de sites ou d'endroits compris dans la zone, de stations, de régions extérieures à l'Antarctique, de l'un des trois sites ou entre les trois sites de la zone, et ce conformément aux mesures décrites à la section *7(x)*.
- Tout le matériel d'échantillonnage et les balises introduits dans la zone doivent être nettoyés et stérilisés.
- Dans la mesure du possible, les chaussures et autres équipements utilisés ou introduits dans la zone (y compris les sacs et les sacs à dos) doivent être minutieusement nettoyés avant d'entrer dans la zone.
- Les visiteurs se déplaçant entre les trois sites de la zone veilleront particulièrement à ce que les matériels et équipements utilisés sur un site soient nettoyés ou stérilisés avant de se déplacer vers un autre site, ce afin d'éviter d'introduire des espèces dans ces sites similaires sur les plans physique et climatique, mais différents biologiquement. En outre, la diversité microbienne pouvant varier sur de courtes distances, les visiteurs se déplaçant d'un site géothermique à l'autre devront prendre les mêmes précautions.
- Aucun carburant ni aliment ne doit être amené dans la zone.
- Aucun équipement ni matériel ne doit être stocké dans la zone.
- Tous les autres produits chimiques, y compris les radionucléides ou les isotopes stables, qui peuvent être introduits à des fins de gestion ou à des fins scientifiques précisées dans un permis, seront enlevés de la zone au plus tard avant la fin de l'activité pour laquelle le permis a été délivré.
- Tous les matériaux ne peuvent être introduits dans la zone que pour une période déterminée et doivent être enlevés de la zone au plus tard à la fin de ladite période.
- D'autres mesures visant à réduire le risque de transfert d'espèces non indigènes peuvent être trouvées dans le Manuel sur les espèces non indigènes du CPE (Édition 2011) et dans la Listes de vérification pour les gestionnaires de la chaîne d'approvisionnement des programmes antarctiques nationaux du COMNAP/SCAR.

7(vii) Prélèvement de végétaux, capture d'animaux ou perturbations nuisibles de la faune et la flore

- Le prélèvement de végétaux et la capture d'animaux ou perturbations nuisibles à la faune et la flore sont interdits sur ces sites, sauf sur délivrance d'un permis conforme à l'Annexe II au Protocole au Traité sur l'Antarctique relatif à la protection de l'environnement.

7(viii) Collecte ou enlèvement de matériaux non introduits dans la zone par le titulaire du permis

- Des matériaux peuvent être ramassés ou enlevés de la zone uniquement avec un permis et ils doivent être limités au minimum nécessaire pour répondre à des besoins scientifiques ou des besoins de gestion. Un permis ne sera pas délivré s'il y a lieu de croire que l'échantillonnage envisagé impliquerait de prélever, d'enlever ou d'endommager de telles quantités de sol, de sédiments, de faune et de flore que la distribution ou l'abondance à l'intérieur de la zone en serait gravement affectée.
- Les débris d'origine humaine qui risquent de porter atteinte aux valeurs de la zone et qui n'ont pas été introduits dans la zone par le détenteur du permis ou pour lesquels aucune autre autorisation n'a été donnée, peuvent être enlevés de n'importe quelle partie de la zone à moins que l'impact de leur

enlèvement ne risque d'être plus élevé que si les matériaux étaient laissés sur place; si tel est le cas, l'autorité compétente doit en être notifiée.

7(ix) Élimination des déchets
- Tous les déchets, y compris les déchets humains, seront enlevés de la zone.

7(x) Mesures nécessaires pour faire en sorte que les buts et objectifs du plan de gestion continuent à être atteints
Des permis d'accès à la zone peuvent être délivrés pour:
- mener des activités de suivi et d'inspection de la zone, qui peuvent inclure le prélèvement d'un petit nombre d'échantillons ou de données à des fins d'analyses ou d'audit;
- ériger ou entretenir des panneaux, structures ou équipements scientifiques; ou
- mener des activités de gestion.

Afin de maintenir les valeurs écologiques et scientifiques dérivées de l'isolement de la zone et de l'impact relativement faible de l'homme sur celle-ci, les visiteurs devront prendre des précautions particulières contre les introductions, en particulier lorsqu'ils visiteront plusieurs des trois sites de la zone sur la même saison. Une préoccupation particulière entoure les introductions venant:

- des zones thermiques, antarctiques et non antarctiques ;
- des zones géothermiques de sites situés à la même altitude qui ne sont pas compris dans la zone;
- des déplacements entre les trois sites de la zone;
- des sols de tout autre site antarctique, y compris des sites situés à proximité des stations ; et
- des sols des régions situées en dehors de l'Antarctique.

À cet égard, les visiteurs devront prendre les mesures suivantes afin de limiter le risque d'introductions :

- Tout matériel d'échantillonnage ou de bornage introduit dans la zone devra être stérilisé et maintenu en conditions stériles avant utilisation à l'intérieur de la zone. Dans la mesure du possible, les chaussures et autres équipements utilisés ou introduits dans la zone (y compris les sacs et les sacs à dos) doivent être minutieusement nettoyés ou stérilisés et maintenus en conditions stériles avant d'entrer dans la zone;
- La stérilisation doit être effectuée par une méthode reconnue, telle que les UV, l'autoclave ou le lavage des superficies avec de l'éthanol en solution aqueuse à 70 %.
- Le port de vêtements protecteurs stériles est exigé. Les vêtements protecteurs seront adaptés pour pouvoir travailler à des températures de -20°C ou inférieures et comprendront, au minimum, des combinaisons stériles couvrant bras, jambes et corps et des gants stériles pouvant être enfilés par-dessus les gants classiques. Les protections stériles jetables pour les pieds ne sont pas adaptées à la surface de scories et ne doivent pas être utilisées. En lieu et place, toutes les chaussures doivent être soigneusement brossées pour enlever les particules du sol et lavées avec une solution d'éthanol à 70%.
- L'intérieur et l'extérieur des hélicoptères doivent être nettoyés, dans la mesure du possible, avant de se rendre dans la zone ou d'en partir, et avant chaque déplacement entre les trois sites de la zone.

7(xi) Rapports de visites
Le titulaire principal du permis délivré sera tenu de soumettre à l'autorité nationale compétente un rapport pour chaque visite de la zone dans les plus brefs délais et, au plus tard, dans les six mois suivants la fin de la visite. Ces rapports doivent contenir, le cas échéant, les catégories d'informations mentionnées dans le formulaire de rapport de visite repris dans le Guide révisé pour l'élaboration des plans de gestion des zones spécialement protégées de l'Antarctique, présenté à l'Annexe II de la Résolution 2 (2011) et disponible sur le site du Secrétariat du Traité sur l'Antarctique (www.ats.aq) et, dans la mesure du possible, les données GPS de tous les déplacement à l'intérieur de la zone. Le rapport doit spécifier lequel des trois sites de la zone a été visité.

Le cas échéant, l'autorité nationale doit envoyer une copie du rapport de visite à la Partie qui a proposé le plan de gestion pour qu'elle puisse l'utiliser à des fins de bonne gestion de la zone ou d'examen du plan de gestion.

8. Bibliographie

Allan, R.N., Lebbe, L., Heyrman, J., De Vos, P., Buchanan, C.J. et Logan, N.A. 2005. *Brevibacillus levickii* sp. nov. and *Aneurinibacillus terranovensis* sp. nov., two new thermoacidophiles isolated from geothermal soils of northern Victoria Land, Antarctica. Revue internationale de microbiologie systématique et évolutive 55 : 1039-1050.

Armienti, P. et Tripodo, A. 1991. Petrography and chemistry of lavas and comagmatic xenoliths of Mount Rittmann, a volcano discovered during the IV Italian expedition in northern Victoria Land (Antarctica). Memorie della Società Geologica Italiana 46 : 427-451.

Bargagli, R., Broady, P.A. and Walton, D.W.H. 1996. Preliminary investigation of the thermal biosystem of Mount Rittmann fumaroles (northern Victoria Land, Antarctica). Science en Antarctique 8(2) : 121-126.

Bargagli, R., Skotnicki, M.L., Marri, L., Pepi, M., Mackenzie, A. et Agnorelli, C. 2004. New record of moss and thermophilic bacteria species and physicochemical properties of geothermal soils on the north-west slope of Mt. Melbourne (Antarctica). Polar Biology 27: 423-431.

Bonaccorso, A., Maione, M., Pertusati, P.C., Privitera, E. et Ricci, C.A. 1991. Fumarolic activity at Mount Rittmann volcano (northern Victoria Land, Antarctica). Memorie della Società Geologica Italiana 46 : 453-456.

Broady, P.A. 1984. Taxonomic and ecological investigations of algae on steam-warmed soil on Mt. Erebus, Ross Island, Antarctica. Phycologia 23: 257-271.

Broady, P.A. 1993. Soils heated by volcanism. Pages 413-432 in E.I. Friedmann (ed.), Antarctic microbiology. New York, Wiley-Liss.

Broady, P.A., Given, D., Greenfield, L.G. et Thompson, K. 1987. The biota and environment of fumaroles on Mt. Melbourne, northern Victoria Land. Polar Biology 7: 97-113.

Greenfield, L.G. 1983. Thermophilic fungi and actinomycetes from Mt. Erebus and a fungus pathogenic to *Bryum antarcticum* at Cape Bird. New Zealand Antarctic Record 4(3): 10-11.

Hudson, J.A. et Daniel, R.M. 1988. Enumeration of thermophilic heterotrophs in geothermally heated soils from Mount Erebus, Ross Island, Antarctica. Applied and Environmental Microbiology 54: 622-624.

Hudson, J.A., Daniel, R.M. et Morgan, H.W. 1988. Isolation of a strain of *Bacillus schlegelii* from geothermally heated Antarctic soil. FEMS Microbiology 51(1): 57-60.

Hudson, J.A., Daniel, R.M. et Morgan, H.W. 1989. Acidophilic and thermophilic Bacillus strains from geothermally heated Antarctic soil. Littérature de microbiologie FEMS 60: 279-282.

Imperio, T., Viti, C. And Marri, L. 2008. *Alicyclobacillus pohliae* sp. Nov., a Thermophilic, endospore forming bacterium isolated from geothermal soil of the north west slope of Mount Melbourne (Antarctica). International Journal of Systematic and Evolutionary Microbiology 58: 221-225.

Janetschek, H. 1963. On the terrestrial fauna of the Ross Sea area, Antarctica. Insectes pacifiques 5 : 305-311.

LeMasurier, W.E. et Wade, F.A. 1968. Fumarolic activity in Marie Byrd Land, Antarctica. Science 162 : 352.

Lesser, M.O., Barry, T.M et Banaszak, A.T. 2002. Effects of UV radiation on a chlorophyte alga (*Scenedesmus* sp.) isolated from the fumarole fields of Mt. Erebus, Antarctica. Journal of Phycology 38: 473-481.

Logan, N.A., Lebbe, L., Hoste, B., Goris, J., Forsyth, G., Heyndrickx, M., Murray, B.L., Syme, N., Wynn-Williams, D.D. et De Vos, P. 2000. Aerobic endospore-forming bacteria from geothermal environments in northern Victoria Land, Antarctica, and Candlemas Island, South Sandwich archipelago, with the proposal of *Bacillus fumarioli* sp. nov. International Journal of Systematic and Evolutionary Microbiology 50: 1741-1753.

Logan, N. et Allan, R.N. 2008. Aerobic endospore forming bacteria from Antarctic geothermal soils. Pages 155-175. Dans: Dion, P. et Nautiyal, C.S. (Eds.). Microbiology of Extreme Soils. Springer Verlang Berlin Heidelberg.

Lyon, G.L. et Giggenbach, W.F. 1974. Geothermal activity in Victoria Land, Antarctica. New Zealand Journal of Geology and Geophysics 17(3): 511-521.

Melick, D., Broady, P.A. et Rowan, K.S. 1991. Morphological and physiological characteristics of a non-heterocystous strain of *Mastigocladus laminosus* Cohn from fumarolic soils on Mount Erebus, Antarctica. Polar Biology 11:81-89.

Nathan, S. et Schulte, F.J., 1967. Recent thermal and volcanic activity on Mount Melbourne, northern Victoria Land, Antarctica. New Zealand Journal of Geology and Geophysics 10: 422-430.

Nicolaus, B., Marsiglia, F., Esposito, E., Tricone, A., Lama, L., Sharp, R., Di Prisco, G. et Gambacarta, A. 1991. Isolation of five strains of thermophilic eubacteria in Antarctica. Polar Biology 11: 425-429.

Nicolaus, B., Lama, L., Esposito, E., Manca, M.C., Di Prisco, G. et Gambacorta, A. 1996. *Bacillus thermoantarcticus* sp. nov. from Mount Melbourne, Antarctica: a novel thermophilic species. Polar Biology 16: 101-104.

Nicolaus, B., Improta, R., Manca, M.C., Lama, L., Esposito, E. et Gambacorta, A. 1998. Alicyclobacilli from an unexplored geothermal soil in Antarctica: Mount Rittmann. Polar Biology 19: 133-141.

Nicolaus, B., Lama, L., Esposito, E., Bellitti, M.R., Improta, R., Panico, A. et Gambacorta, A. 2000. Extremophiles in Antarctica. Italian Journal of Zoology 1: 169-174.

Nicolaus, B., Manca, M.C., Lama, L., Esposito, E. et Gambacorta, A. 2001. Lipid modulation by environmental stresses in two models of extremophiles isolated from Antarctica. Polar Biology 24: 1-8.

Nicolaus, B., Lama, L. et Gambacorta, A. 2002. Thermophilic Bacillus isolates from Antarctic environments. Pages 47-63 in Berkeley, R., Heyndrickx, M., Logan, N. et De Vos, P. (eds.), Applications and systematic of Bacillus and relatives. Balckwell Publishing.

Pepi, M., Agnorelli, C. et Bargagli, R. 2005. Iron demand by Thermophilic and mesophilic bacteria isolated from an Antarctic geothermal soil. Biometals 18(5): 529-536.

Poli, A., Esposito, E., Lama, L., Orlando, P., Nicolaus, G., deAppolonia, F., Gambacorta, A. et Nicolaus, B. 2006. *Anoxybacillus amylolyticus* sp. nov., a thermophilic amylase producing bacterium isolated from Mount Rittmann (Antarctica). Microbiologie systématique et appliquée 29 : 300-307.

Skotnicki, M.L., Selkirk, P.M., Broady, P., Adam, K.D. et Ninham, J.A. 2001. Dispersal of the moss *Campylopus pyriformis* on geothermal ground near the summits of Mount Erebus and Mount Melbourne, Victoria Land, Antarctica. Antarctic Science 13(3): 280-285.

Skotnicki, M.L., Bargagli, R. et Ninham, J.A. 2002. Genetic diversity in the moss *Pohlia nutans* on geothermal ground of Mount Rittmann, Victoria Land, Antarctica. Polar Biology 25: 771-777.

Soo, R.M., Wood, S.A., Grzymski, J.J., McDonald, I.R. et Cary, S.C. 2009. Microbial biodiversity of thermophilic communities in hot mineral soils of Tramway Ridge, Mount Erebus, Antarctica. Microbiologie environnementale 11(3) : 715-728.

Smith, G.H. 1992. Distribution and ecology of the testate rhizopod fauna of the continental Antarctic zone. Polar Biology 12: 629-634.

Ugolini, F.A. et Starkey, R.L. 1966. Soils and micro-organism from Mt. Erebus, Antarctica. Nature 211 : 440-441.

Vickers, C.J. 2012. Investigating the physiological and metabolic requirements of the Tramway Ridge microbial community, Mount Erebus, Antarctica. MSc thesis, University of Waikato, New Zealand.

ANNEXE 1 : Description spécifique des communautés biologiques de chaque site géothermique.

Tramway Ridge, Mont Erebus

Située à 1,5 km au nord-ouest du cratère principal du Mont Erebus, on trouve une zone géothermique légèrement pentue et libre de glace connue sous le nom de Tramway Ridge (Carte A1). Les températures du sol enregistrées à 4 cm de profondeur atteignent jusqu'à 75°C. Les lithosols du site chauffés par la vapeur fournissent un habitat inhabituel d'une étendue limitée. La chaleur géothermique, les sols acides et l'approvisionnement régulier inhabituel d'humidité dû à la condensation de la vapeur créent des conditions très différentes des autres sols antarctiques.

La végétation n'est composée que d'une seule espèce de bryophyte et d'une variété d'algue qui diffèrent de celles qu'on retrouve dans d'autres sites géothermiques de haute altitude. De nombreux champignons ont également été signalés mais aucune étude détaillée n'a été menée. La variété unique de mousse *Campylopus pyriformis* est inhabituelle, en ceci qu'elle ne semble pas produire de feuilles et qu'elle demeure à un stade protonématal (une chaîne de cellules en forme de filament). *C. pyriformis* est largement connue dans les régions tempérées nord et sud du monde, dont l'Australie, l'Afrique du Sud et la Nouvelle-Zélande. Cette espèce n'a été recensée à aucun autre endroit de l'Antarctique continental hormis au Mont Melbourne, où elle se présente sous la forme de petits coussins de gamétophytes feuillés adultes atteignant jusqu'à 4 cm² et formant des populations couvrant des aires allant jusqu'à 200 cm², avec une couverture végétale de près de 70%.

La présence de la végétation dépend de la température de surface des zones. Le sol le plus chaud, de 35°C environ à 60°C, est colonisé par des enchevêtrements de cyanobactéries bleu-vert foncés et rougeâtres-marrons, tandis que les surfaces plus froides de 10 à 30 °C environ sont dominées par des croûtes vertes de chlorophytes coccoïdes et de mousse protonème. Le sol nu, dépourvu de toute végétation macroscopiquement visible, a une température comprise entre 0 et 20 °C. La présence d'une cyanobactérie thermophile est particulièrement remarquable car il s'agit d'une variété inhabituelle de la cyanobactérie des sources d'eau chaude, *Mastigocladus laminosus*, qui est courante dans le reste du monde. La présence de micro-invertébrés dans les sols demeure incertaine. Une étude antérieure a établi la présence de protozoaires rhizopodes et de rotifères bdelloïdes, bien qu'aucune étude ultérieure ne l'ait confirmée.

Lors d'études antérieures portant sur les communautés bactériennes présentes sur Tramway Ridge, on est parvenu, grâce à des techniques de culture classiques, à cultiver un nombre limité de nouvelles bactéries thermophiles du genre *Clostridia* et *Bacillus*. Les trois espèces de bactéries découvertes au Mont Erebus (*Bacillus schlegelii*, *Alicyclobacillus acidocaldarius* (anciennement *Bacillus acidocaldarius*) et *Thermoanaerobacter thermohydrosulfuricus* (anciennement *Clostridium thermohydrosulfuricum*)) n'ont pas été décelées dans les échantillons prélevés aux Monts Melbourne et Rittman (Tableau 2). Certaines souches halophiles (organismes vivant dans de fortes concentrations en sel) ont également été isolées à partir d'échantillons de sols provenant de la Tramway Ridge et ont des caractéristiques phénotypiques des *Micrococcus*.

De nouvelles techniques (des méthodes indépendantes de culture fondée sur la génétique) ont été utilisées sur ce site pour définir la diversité microbienne. Des analyses montrent une claire délinéation dans la structure des communautés bactériennes et cyanobactérienne entre les micro-organismes vivant près des fumerolles et celles vivant plus loin. La température du sol, le pH, la teneur en carbone et le taux d'humidité des sites aux températures les plus élevées proches des fumerolles diffèrent fortement des sites éloignés des fumerolles, propices à des organismes aux caractéristiques physiologiques uniques. Une analyse phylogénétique a identifié la présence et la ramification exceptionnellement profonde de séquences de bactéries qui mutaient en des souches microbiennes connues, laissant penser que les sols de la Tramway Ridge constituent un habitat unique et atypique pour la vie microbienne et comporte plusieurs groupes bactériens qu'il reste encore à décrire. La diversité des archées semble faible avec une homologie de séquences élevée et des souches d'archées de subsurface profonde et distante connues, ce qui semble indiquer que les espèces présentes sur la Tramway Ridge sont issues d'anciennes lignées.

Mont Melbourne:

L'activité géothermique sur le Mont Melbourne se concentre dans deux zones: au bord du cratère principal du sommet, et sur le versant nord-occidental de la montagne. Sur le cratère principal du sommet, il y a deux endroits à l'intérieur de la zone. Sur le bord sud du cratère principal du sommet du Mont Melbourne, on trouve une crête en forme de croissant et libre de glace, connue sous le nom de crête Cryptogam (Emplacement 1: Carte A2). Les sols chauds s'étendent à cet endroit sur environ 110 mètres de la crête. Les zones de sols chauffés par l'activité géothermique sont caractérisées par des zones libres et des hummocks de glace et de neige qui peuvent atteindre 1 m de hauteur. À côté de la crête Cryptogam, on trouve un versant (dénommé le Versant géothermique) qui mène au bord oriental du cratère sommital (Emplacement 2: Carte A2). Le terrain se distingue par des crevasses et des tours de glace qui s'étendent jusqu'au bord escarpé de la caldeira. Sur les versants nord-occidentaux du volcan, on trouve une ligne de tours de glace s'étendant du nord-ouest au sud-est et de petites parcelles de terre nue qui occupe un tiers de l'endroit sur ce site (Carte A2/1).

Les températures du sol à ces endroits sont généralement comprises entre 30 et 50°C à plusieurs centimètres de profondeur. La survie de la végétation n'est possible que par la présence de petites gouttes d'eau formées par la condensation de la vapeur, qui favorisent l'humidité des sols et constituent une source d'eau pour la végétation.

Ces zones géothermiques favorisent un assemblage biologique d'espèces unique qui diffère par rapport aux deux autres sites géothermiques de haute altitude situés dans la région de la mer de Ross. Le biote comprend (i) des algues (11 espèces) dans les croûtes et les tapis qui recouvrent le petit substrat, (ii) des bryophytes (deux espèces de mousses et une d'hépatique), et (iii) un protozoaire. Beaucoup de ces espèces ne sont pas d'origine locale et auraient probablement été disséminées par les vents à partir d'endroits extérieurs à l'Antarctique. On a pu observer une association de lichens composant des croûtes noires sur de petites superficies de sol chaud. Les parties du sol les plus chaudes de la crête Cryptogam présentent des parcelles vert-jaunâtre de mousse *Campylopus pyriformis*, ainsi que d'hépatique *Cephaloziella varians* et de croûtes d'algues tirant sur le marron. La présence inhabituelle de tourbe peu profonde apporte la preuve d'une croissance de bryophytes sur plusieurs décennies au moins. Les sporophytes *C. pyriformis* n'ont pas encore été observés au Mont Melbourne, ce qui indique qu'ils se reproduisent de manière asexuée par la dissémination des propagules végétatives. Une analyse génétique de la population a montré qu'une seule colonisation a probablement eu lieu et a été suivie de plusieurs mutations. Après comparaison avec des échantillons de *C. pyriformis* prélevés au Mont Erebus, à 350 kilomètres au sud du Mont Melbourne, on a découvert des éléments prouvant que les deux populations étaient étroitement liées et se sont disséminées entre les zones de sols chauds. Seuls des parcelles de mousse sporadiques ont été observées sur le Versant géothermique (Emplacement 2). Le protozoaire amiboïde *Corythion dubium* a été observé sous forme de coquilles vides dans les substrats minéraux et parmi les bryophytes. Ces espèces ne sont pas courantes en Antarctique continental et n'ont été observées que sur un seul autre site sur la Terre Victoria. De nombreux champignons ont également été signalés mais aucune étude détaillée n'a été menée.

La description du biote de Mont Melbourne se concentre principalement sur la crête Cryptogam (Emplacement 1). Des recherches plus récentes menées sur le biote du versant nord-occidental (Emplacement 3) n'ont montré aucune différence notable parmi la flore alguaire qui, de manière générale, est moins développée que celle de la crête Cryptogam. Cependant, une troisième espèce de bryophyte *Pohlia nutans* a été observée à cet endroit, une espèce proche des populations découvertes au Mont Rittman et absente de la crête Cryptogam. En outre, différentes populations de bactéries ont été identifiées dans deux zones distinctes d'activité géothermique sur le Mont Melbourne, alors qu'elles ne sont distantes que de quelques kilomètres.

Lors d'études microbiennes antérieures menées sur des échantillons prélevés à la crête Cryptogam (Emplacement 1), on a isolé de nouvelles espèces de bactéries thermophiles telles que *Bacillus thermoantarcticus* (désormais *thermantarcticus*), *Bacillus* (désormais *Alicyclobacillus*) *acidocaldarius* et *Bacillus fumarioli*. Des études ultérieures menées sur les sols du versant nord-occidental (Emplacement 3) ont permis d'identifier des souches thermophiles de *Alicyclobacillus* sp. et trois bactéries mésophiles, *Micrococcus* sp., *Paenibacillus validus* et *Paenibacillus apiaries*. Deux nouvelles espèces supplémentaires ont été identifiées récemment sur le versant nord-occidental, *Alicyclobacillus pohliae* sp. nov et *Brevibacillus levickii*, dont aucune n'a été observée sur la crête Cryptogam alors que, durant la même étude, une nouvelle espèce du genre *Aneurinibacillus* a été isolée de la crête Cryptogam, et pas du versant nord-occidental. Le nom *Aneurinibacillus terranovensis* sp. nov. a été proposé (Tableau 2).

Au vu de la présence unique de certaines espèces à certains endroits du Mont Melbourne, les études se sont concentrées sur le métabolisme des différentes espèces et sur les caractéristiques pédologiques, et ont envisagé que les caractéristiques physico-chimiques des sols chauffés par l'activité géothermique influencent la colonisation et la dissémination des micro-organismes et des mousses sur ce site.

Mount Rittmann

Alors que la répartition des centres volcaniques de la région a été observée durant plusieurs expéditions menées au nord de Terre Victoria, le Mont Rittman n'a été découvert qu'à la fin des années 1980. À l'est du front du glacier Aviator, un petit cratère du Mont Rittman est visible, sous la forme d'un affleurement en forme de croissant sur un versant accidenté, instable et escarpé, pratiquement vertical, (d'environ 300 m de large sur 80 m de haut) et entouré de glace bleue (Carte A3). Les températures du sol enregistrées à 10 cm de profondeur oscillent entre 50 et 63°C.

Comme sur Tramway Ridge, le Mont Erebus et les trois sites du Mont Melbourne, le biote est composé de bryophytes et d'un large éventail d'algues et de protozoaires qui diffèrent de ceux trouvés sur les sites géothermiques de haute altitude, et également d'autres communautés végétales de zones de plus basse altitude (Tableau 1). Une seule espèce de bryophyte, *Pohlia nutans*, est présente en colonies éparses de petites pousses, de un à 2 mm de long, entre lesquelles on distingue le sol. Il s'agit d'une espèce cosmopolite, présente en Europe, en Asie, en Afrique, en Australasie et dans un certain nombre d'endroits en Antarctique, dont le Mont Melbourne, mais pas au Mont Erebus. Les sporophytes n'ont pas encore été observés et il semble que *P. nutans* se reproduise de manière asexuée. Une analyse génétique a montré que la population présente au Mont Rittman jouit d'une faible diversité génétique et semble être issue d'une seule immigration qui a été suivie par des mutations, comme cela a été le cas pour le *C. pyriformis* sur le Mont Melbourne. Un large éventail d'algues a été mis en culture et identifié, alors que des observations directes d'échantillons originaux au microscope n'avaient révélé que la présence de quelques algues. Lors de l'observation des cultures dans le but de trouver des algues, deux protozoaires ont été découverts, un petit rhizopode nu, de forme kystique, et un flagellé ressemblant à *Bodo sp.*, ; ils n'ont pas été découverts sur le Mont Melbourne ni sur le Mont Erebus.

Des études microbiennes menées sur des échantillons prélevés sur le Mont Rittman ont isolé des souches thermophiles acidophiles (organismes supportant les conditions acides) appartenant au genre *Alicyclobacillus* et au genre thermophile *Anoxybacillus*. Les liens génétiques entre les souches isolées d'*Alicyclobacillus* laissent penser que les souches peuvent être liées à l'espèce *A. acidocaldarius* ou être suffisamment différentes pour former une nouvelle sous-espèce, pour laquelle le nom *Alicyclobacillus acidocaldarius* subspp. *rittmannii* a été proposé. Les caractéristiques de la souche isolée d'*Anoxybacillus* constituent une nouvelle espèce pour laquelle le nom *Anoxybacillus amylolyticus* sp. nov. a été proposé. Deux espèces de bactéries, *Aneurinibacillus terranovensis* et *Bacillus fumarioli*, ont été isolées à partir d'échantillons prélevés sur la crête Cryptogam sur le Mont Melbourne et le Mont Rittman, mais n'ont pu être isolées du versant nord-ouest du Mont Melbourne, alors que les deux sites du Mont Melbourne sont à 1,5 km de distance et que le Mont Melbourne et le Mont Rittman sont à environ 103 km de distance.

Tableau 1: Flore et faune du sol fumarolique sur les sites géothermiques de haute altitude dans la région de la mer de Ross.

Taxon	Mont Erebus [a]	Mont Melbourne [b]	Mont Rittmann [c]
Bryophytes			
Campylopus pyriformis[†] (Moss)	+	+	
Pohlia nutans (Mousse)		+	+
Cephaloziella exiliflora[‡] (Hépatique)		+	
Algues - Cyanobactérie			
Aphanocapsa elachista[†]	+	+	
Gloeocapsa magma[‡]		+	
Phormidium fragile	+	+	
cf. Phormidium fragile			+
Tolypothrix bouteillei[‡]		+	
Mastigocladus laminosus[†]	+	+	+
M. laminosus non-hétérocystique	+		
Stigonema ocellatum[†‡]		+	
Nostoc sp.			+
Algue - Chlorophyte			
Bracteacoccus cf. mineur	+		
Chlorella emersonii[†]	+	+	
Chlorella emersonii[†]	+		
Chlorella cf. protothecoides			+
Chlorella reisiglii	+		
Chlorella cf. reisiglii			+
Chlorella cf. reniformis[†]		+	+
Chlorella saccharophila[†‡]	+		
Coccomyxa curvata[‡]	+		
Coccomyxa gloeobotrydiformis	+	+	
Coccomyxa cf. gloeobotrydiformis			+
Coenocystis oleifera	+	+	
Coenocystis cf. oleifera			+
Oocystis minuta	+		
cf. Oocystis minuta			+
Pseudococcomyxa simplex	+	+	
cf. Pseudococcomyxa simplex			+
Scotiellopsis terrestris[†]	+		
Scotiellopsis cf. terrestris			+
cf. Lyngbya sp.[†‡]			+
Scenedesmus sp.[‡]	+		
Protozoaire			
Corythion dubium[‡]		+	
Petit rhizopode nu de formation kystique			+
Flagelle *cf. Bodo sp.*			+

Taxon	Mont Erebus [a]	Mont Melbourne [b]	Mont Rittmann [c]
Protozoaire rhizopode	+		
Rotifère bdelloïde	+		
Champignon			
Aspergillus sp.	+	+	
Chaetomium sp.		+	
Cryptococcus sp.		+	
Dématiacée sp. inconnue	+		
Malbranchea pulchella var. *sulfurea*		+	
Mucor sp.	+		
Myceliophthora thermophila		+	
Neurospora sp.	+		
Paecilomyces sp.		+	
Penicillium sp.	+		
Champignon inconnu	+		
Actinomycètes			
Streptomyces coelicolor[†]	+	+	
Thermoactinomyces vulgaris	+		
Thermomonospora sp.[†]	+	+	

[a] Broady, 1984; Ugolini et Starkey, 1966; Hudson et Daniel, 1988; Skotnicki *et al.*, 2001; Janetschek, 1963
[b] Broady *et al.*, 1987; Nicolaus *et al.*, 1991; Lesser *et al.*, 2002
[c] Skotnicki *et al.*, 2002; Bargagli *et al.*, 1996 (L'identification des espèces est expérimentale car les isolats n'ont pas été établis pour une étude plus détaille).
Aucun autre recensement en Antarctique.
Aucun autre recensement sur Terre Victoria.

Tableau 2: Diversité bactérienne du sol fumarolique sur les sites géothermiques de haute altitude dans la région de la mer de Ross.

Espèces de genre	Mont Erebus	Mont Melbourne	Mont Rittman	Référence
+Bactérie thermophile				
Bacille				
- *Bacillus schlegelii*	+			Hudson et Daniel, 1988
- *Bacillus thermoantarcticus*		+		Hudson *et al.*, 1988
- *Bacillus fumarioli*		+	+	Nicolaus *et al.*, 1996 Logan *et al.*, 2000
Alicyclobacillus				
- *Alicyclobacillus acidocaldarius* (anciennement *Bacillus acidocaldarius)*	+			Hudson et Daniel, 1988
- *Alicyclobacillus acidocaldarius* subsp. *rittmannii*			+	Nicolaus *et al.*, 1998 ;
- *Alicyclobacillus sp.*		+	+	Pepi *et al.*, 2005 ; Bargagli *et al.*, 2004 Nicolaus *et al.*. 1998 :
- *Alicyclobacillus pohliae*		+		Imperio *et al.*, 2008
Aneurinibacillus				
- *Aneurinibacillus terranovensis*		+	+	Allan *et al.*, 2005
Anoxybacillus				
- *Anoxybacillus amylolyticus*			+	Poli *et al.*, 2006
Brevibacillus				
- *Brevibacillus levickii*		+		Allan *et al.*, 2005
Themoanaerobacter				
- *Thermoanaerobacter thermohydrosulfuricus* (anciennement *Clostridium thermohydrosulfuricum*)	+			Hudson et Daniel, 1988
Bactérie mésophile				
- *Micrococcus sp.*	+	+		Nicolaus *et al.*, 2000 ; Nicolaus *et al.*, 2001 ;
- *Paenibacillus validus*		+		Pepi *et al.*, 2005 ; Bargagli *et al.*, 2004
- *Paenibacillus apiarius*		+		Pepi *et al.*, 2005 ; Bargagli *et al.*, 2004

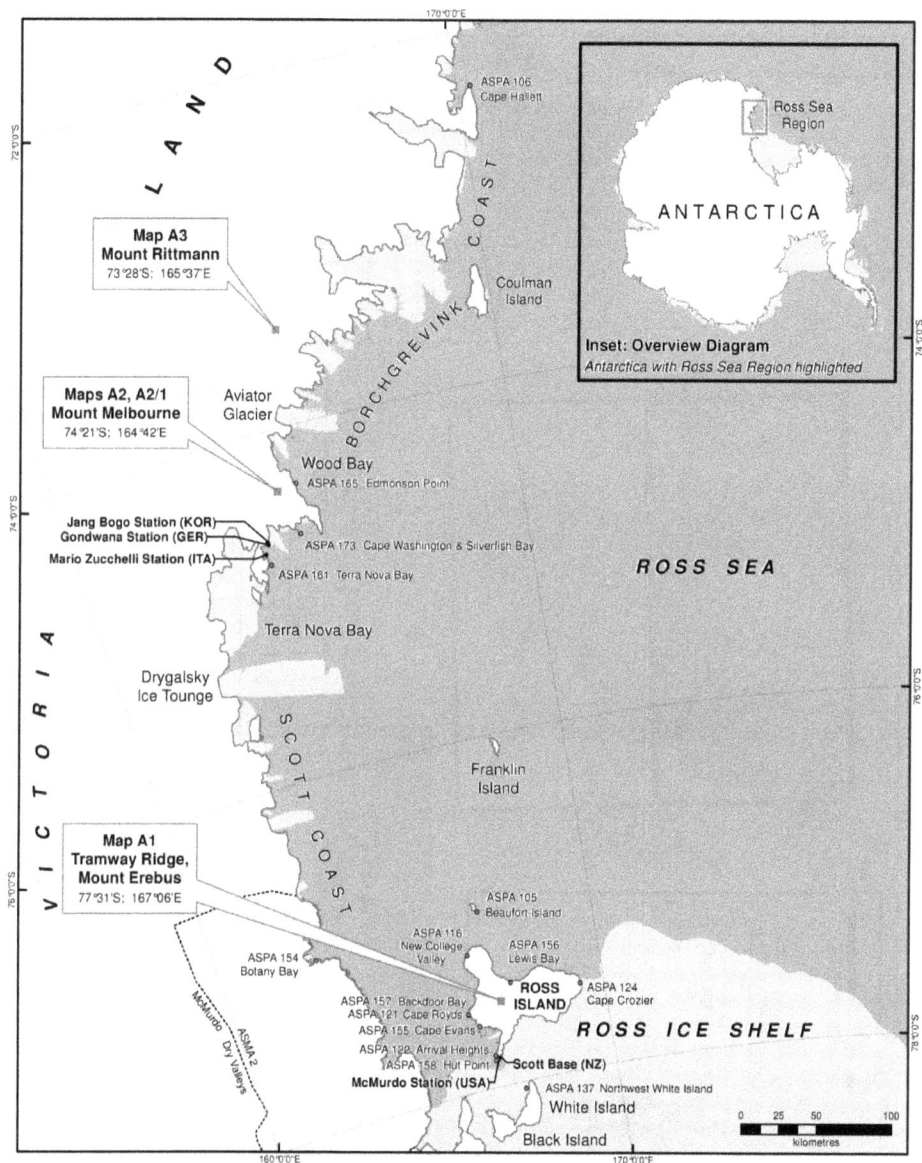

Map A - High Altitude Geothermal Sites of the Ross Sea Region
Location Diagram

Map Information:
Version 1.5 - 9 May 2014 (final).
Horizontal Datum: WGS84, Antarctica Polar Stereographic Projection.
True north is coincident with lines of longitude.

Data Sources:
Base Vector Data: Antarctic Digital Database Version 6.

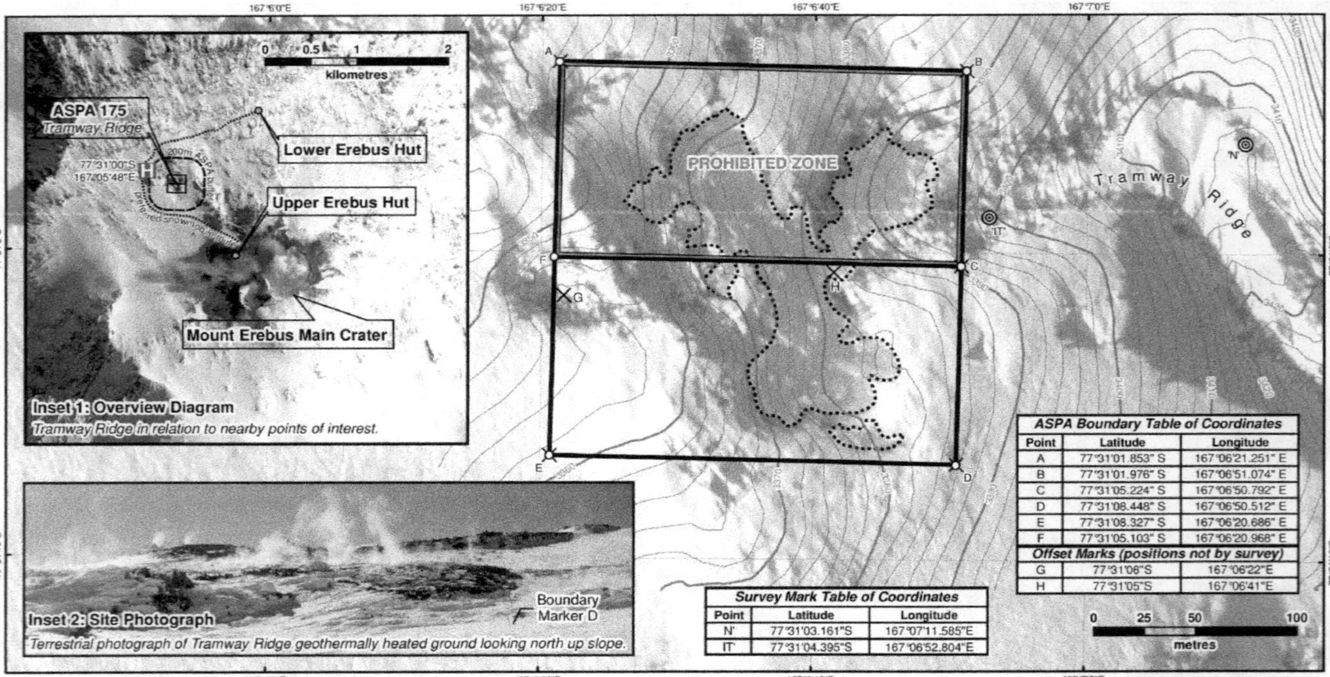

Map A1 - ASPA 175: High Altitude Geothermal Sites of the Ross Sea Region
Tramway Ridge, Mount Erebus Topographical Map

ASPA Boundary Table of Coordinates

Point	Latitude	Longitude
A	77°31'01.853" S	167°06'21.251" E
B	77°31'01.976" S	167°06'51.074" E
C	77°31'05.224" S	167°06'50.792" E
D	77°31'08.448" S	167°06'50.512" E
E	77°31'08.327" S	167°06'20.686" E
F	77°31'05.103" S	167°06'20.965" E

Offset Marks (positions not by survey)

G	77°31'06"S	167°06'22"E
H	77°31'05"S	167°06'41"E

Survey Mark Table of Coordinates

Point	Latitude	Longitude
N	77°31'03.161"S	167°07'11.585"E
TT	77°31'04.395"S	167°06'52.804"E

○ Survey Mark

○ ASPA Boundary Point

✕ Boundary Marker (approx.)

▭ ASPA Boundary

▢ Prohibited Zone Boundary

⌇ Contour ~ 10-metre interval

⌇ Contour ~ 2-metre interval

Ⓗ Helicopter Landing Site

⌇ Geothermally Heated Ground (approx. & subject to change)

Inset 1: Overview Diagram
Tramway Ridge in relation to nearby points of interest.

Inset 2: Site Photograph
Terrestrial photograph of Tramway Ridge geothermally heated ground looking north up slope.

Map Information:
Version 1.7 – 9 May 2014 (final).
Horizontal Datum: WGS72, Camp Area Projection.
Vertical Datum: Mean Sea Level.
Satellite Imagery: orthorectified without ground-truthing.

Data Sources:
Survey Data: DOSLI Survey Plan 37/142.
Contours & Geothermally Heated Area: University of Canterbury.
Main Map & Overview Diagram Imagery: Digital Globe WorldView-2 Satellite (0.5 m resolution).
Site Photograph: University of Waikato.

ASPA Boundary Table of Coordinates

Point	Latitude	Longitude
2A	74° 21' 13.740" S	164° 42' 01.816" E
2B	74° 21' 12.865" S	164° 42' 08.972" E
2C	74° 21' 14.567" S	164° 42' 12.729" E
2D	74° 21' 15.620" S	164° 42' 03.474" E

Survey Mark Table of Coordinates

Point	Latitude	Longitude
MM01	74° 42' 13.880" S	164° 42' 13.557" E
MM02	74° 21' 26.428" S	164° 42' 01.776" E

ASPA Boundary Table of Coordinates

Point	Latitude	Longitude
1A	74° 21' 20.389" S	164° 41' 31.652" E
1B	74° 21' 19.650" S	164° 41' 37.695" E
1C	74° 21' 19.153" S	164° 41' 45.329" E
1D	74° 21' 19.307" S	164° 41' 51.137" E
1E	74° 21' 20.117" S	164° 41' 57.869" E
1F	74° 21' 21.523" S	164° 42' 03.989" E
1G	74° 21' 23.355" S	164° 42' 07.010" E
1H	74° 21' 24.103" S	164° 42' 00.579" E
1I	74° 21' 22.588" S	164° 41' 58.044" E
1J	74° 21' 21.815" S	164° 41' 54.574" E
1K	74° 21' 21.220" S	164° 41' 49.934" E
1L	74° 21' 20.840" S	164° 41' 45.230" E
1M	74° 21' 21.383" S	164° 41' 38.254" E
1N	74° 21' 22.096" S	164° 41' 32.561" E

Location 2
Geothermal Slope

Location 1
Cryptogam Ridge

PROHIBITED ZONE

74°21'24.6"S
164°41'56.0"E

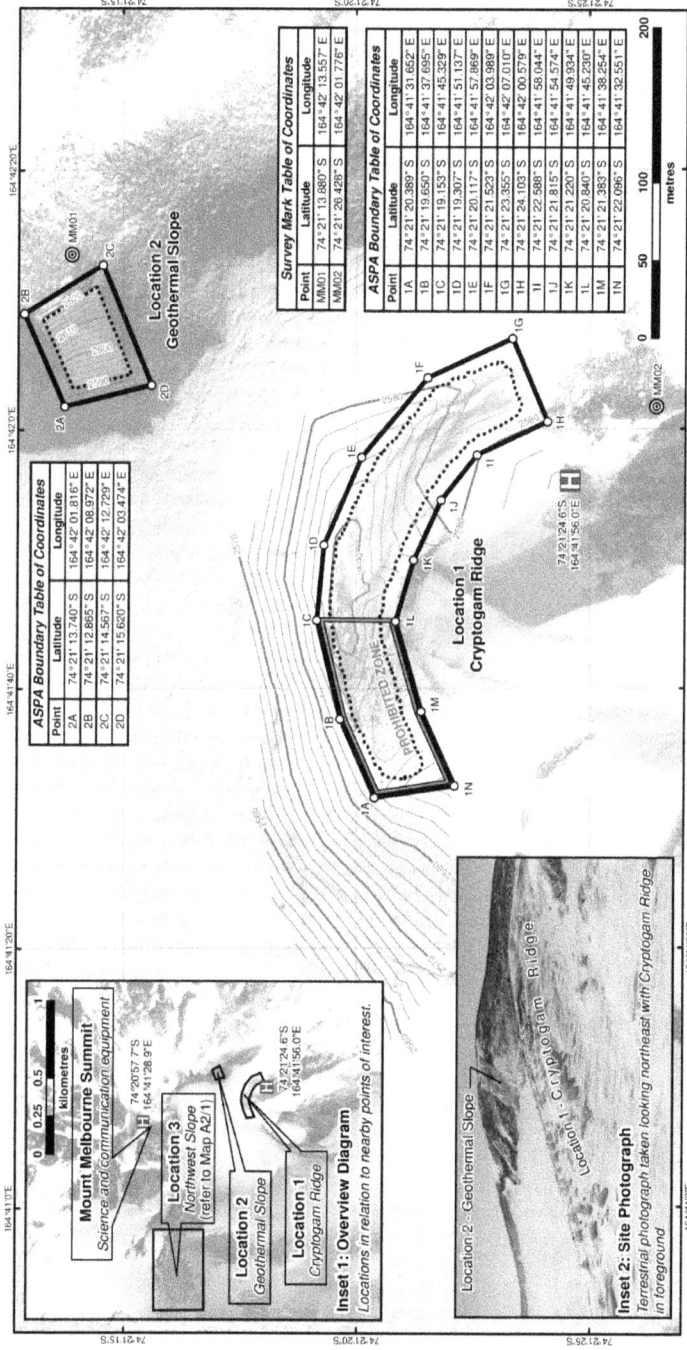

Map A2 - ASPA 175: High Altitude Geothermal Sites of the Ross Sea Region
Cryptogam Ridge and Geothermal Slope, Mount Melbourne Topographical Map

◎ Survey Mark
○ ASPA Boundary Point (unmarked)
◻◻ ASPA Boundary
◻◻ Prohibited Zone Boundary

⌁⌁ Contour – 10-metre interval
⌁⌁ Contour – 2-metre interval
H Helicopter Landing Site
▢ Geothermally Heated Ground (approx. & subject to change)

N

metres
0   50   100   200

Map Information:
Version 1.6 - 9 May 2014 (final).
Horizontal Datum: WGS84, UTM Zone 58 Projection.
Vertical Datum: WGS84.
Satellite Imagery: orthorectified without ground-truthing.

Data Sources:
Survey Data: Obtained by field survey 17 November 2012.
Main Map & Overview Diagram Imagery: Digital Globe GeoEye Satellite (0.5 m resolution).
Site Photograph: Antarctica New Zealand.

Inset 1: Overview Diagram

Mount Melbourne Summit
Science and communication equipment

Location 3
Northwest Slope
(refer to Map A2/1)

74°20'57.7"S
164°41'28.9"E

Location 2
Geothermal Slope

Location 1
Cryptogam Ridge

74°21'24.6"S
164°41'56.0"E

kilometres
0 0.25 0.5 1

Locations in relation to nearby points of interest.

Inset 2: Site Photograph

Location 2 - Geothermal Slope

Location 1 - Cryptogam Ridge

Terrestrial photograph taken looking northeast with Cryptogam Ridge in foreground

Survey Mark Table of Coordinates

Point	Latitude	Longitude
MR01	73°28'20.402" S	165°37'19.232" E
MR02	73°28'20.096" S	165°37'31.624" E

ASPA Boundary Table of Coordinates

Point	Latitude	Longitude
A	73°28'18.797" S	165°36'43.851" E
B	73°28'16.818" S	165°36'54.698" E
C	73°28'16.290" S	165°37'00.144" E
D	73°28'16.405" S	165°37'04.438" E
E	73°28'17.655" S	165°37'12.235" E
F	73°28'18.024" S	165°37'14.468" E
G	73°28'19.823" S	165°37'16.943" E
H	73°28'20.628" S	165°37'20.089" E
J	73°28'21.580" S	165°37'21.567" E
K	73°28'22.015" S	165°37'23.817" E
L	73°28'23.436" S	165°37'20.540" E
M	73°28'22.414" S	165°37'17.302" E
N	73°28'20.945" S	165°37'13.936" E
O	73°28'19.430" S	165°37'08.865" E
P	73°28'18.558" S	165°37'03.457" E
Q	73°28'18.722" S	165°36'56.296" E
	73°28'19.778" S	165°36'50.065" E

PROHIBITED ZONE

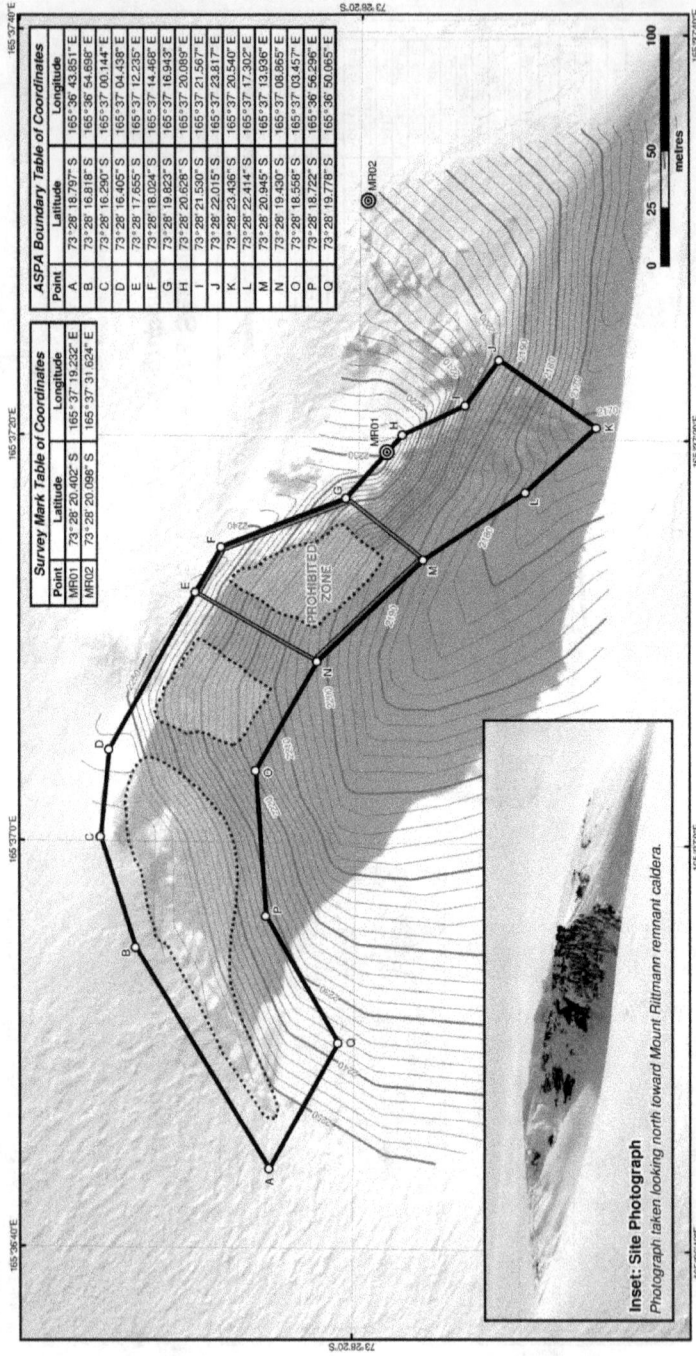

Map A3 - ASPA 175: High Altitude Geothermal Sites of the Ross Sea Region
Mount Rittmann Topographical Map

Inset: Site Photograph
Photograph taken looking north toward Mount Rittmann remnant caldera.

◎ Survey Mark

○ ASPA Boundary Point (unmarked)

▭ ASPA Boundary

▭ Prohibited Zone Boundary

〜2010〜 Contour ~ 10-metre interval

〜〜〜 Contour ~ 2-metre interval

⬡ Geothermally Heated Ground (approx. & subject to change)

Map Information:
Version 1.5 - 9 May 2014 (final).
Horizontal Datum: WGS84. UTM Zone 58 Projection.
Vertical Datum: WGS84.
Satellite Imagery: orthorectified with limited ground-truthing.

Data Sources:
Survey Data: Obtained by field survey 16 November 2012.
Main Map & Overview Diagram Imagery: Digital Globe WorldView-1 Satellite (0.5 m resolution).
Site Photograph: Antarctica New Zealand.

232

Survey Mark Table of Coordinates

Point	Latitude	Longitude
MR01	73° 28' 20.402" S	165° 37' 19.232" E
MR02	73° 28' 20.098" S	165° 37' 31.624" E

ASPA Boundary Table of Coordinates

Point	Latitude	Longitude
A	73° 28' 18.797" S	165° 36' 43.851" E
B	73° 28' 16.818" S	165° 36' 54.698" E
C	73° 28' 16.290" S	165° 37' 00.144" E
D	73° 28' 16.405" S	165° 37' 04.438" E
E	73° 28' 17.655" S	165° 37' 12.235" E
F	73° 28' 18.024" S	165° 37' 14.468" E
G	73° 28' 19.823" S	165° 37' 16.943" E
H	73° 28' 20.628" S	165° 37' 20.089" E
I	73° 28' 21.530" S	165° 37' 21.567" E
J	73° 28' 22.015" S	165° 37' 23.817" E
K	73° 28' 23.436" S	165° 37' 20.540" E
L	73° 28' 22.414" S	165° 37' 17.302" E
M	73° 28' 20.945" S	165° 37' 13.936" E
N	73° 28' 19.430" S	165° 37' 08.865" E
O	73° 28' 18.558" S	165° 37' 03.457" E
P	73° 28' 18.722" S	165° 36' 56.296" E
Q	73° 28' 19.778" S	165° 36' 50.065" E

PROHIBITED ZONE

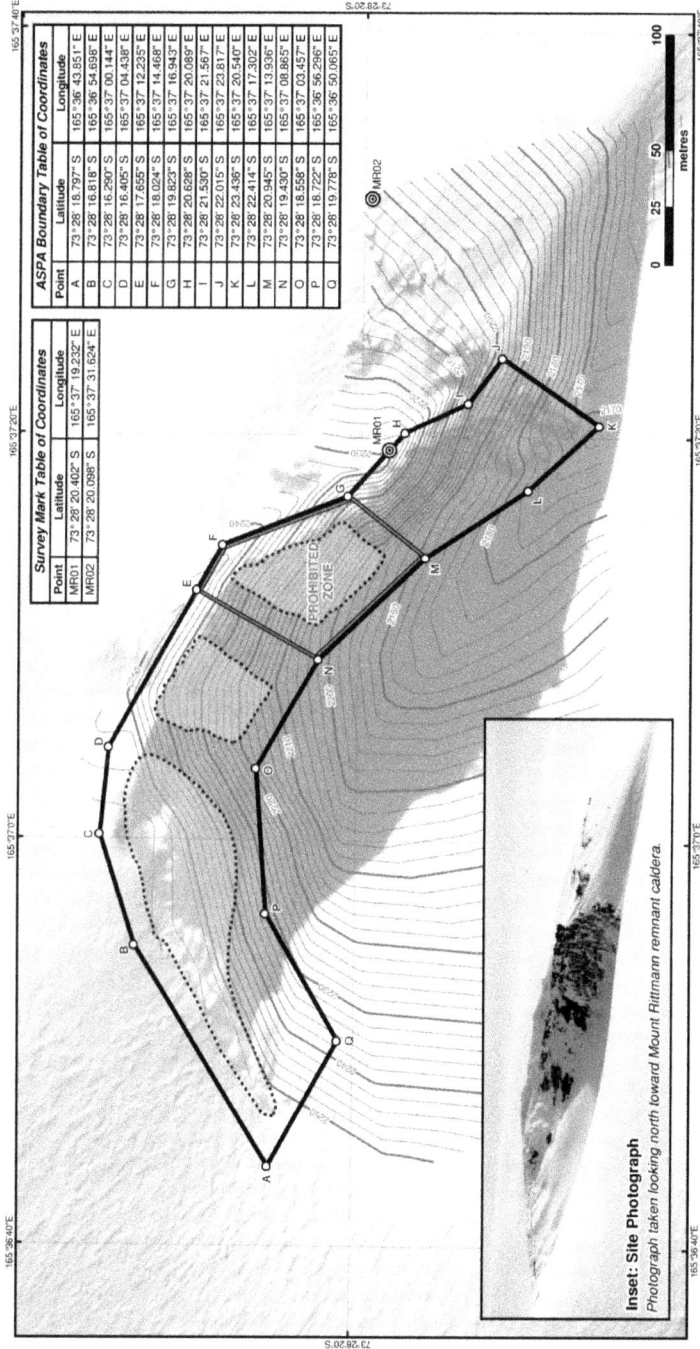

Map A3 - ASPA 175: High Altitude Geothermal Sites of the Ross Sea Region
Mount Rittmann Topographical Map

Inset: Site Photograph
Photograph taken looking north toward Mount Rittmann remnant caldera.

Map Information:
Version 1.5 - 9 May 2014 (final).
Horizontal Datum: WGS84, UTM Zone 58 Projection
Vertical Datum: WGS84.
Satellite Imagery: orthorectified with limited ground-truthing.

Data Sources:
Survey Data: Obtained by field survey 16 November 2012.
Main Map & Overview Diagram Imagery: Digital Globe WorldView-1 Satellite (0.5 m resolution).
Site Photograph: Antarctica New Zealand.

⊚ Survey Mark

○ ASPA Boundary Point (unmarked)

ASPA Boundary

Prohibited Zone Boundary

Contour – 10-metre interval

Contour – 2-metre interval

Geothermally Heated Ground (approx. & subject to change)

0   25   50   100
metres

233

Plan de gestion pour la Zone gérée spéciale de l'Antarctique n°1

Baie de l'Amirauté, île du Roi George

Introduction

La baie de l'Amirauté se situe sur l'île du Roi George, îles Shetland du Sud, à environ 125 km de la pointe nord de la péninsule antarctique (Fig. 1). Sa désignation comme Zone gérée spéciale de l'Antarctique (ZGSA) a pour but principal de protéger ses valeurs environnementales, historiques, scientifiques et esthétiques remarquables. C'est au XIXe siècle et au début du XXe que la baie de l'Amirauté a été visitée pour la première fois par des chasseurs de phoques et de baleines, et des vestiges de l'époque y sont encore présents. La zone se distingue par un magnifique panorama montagneux glaciaire, des caractéristiques géologiques variées, d'abondantes aires de reproduction d'oiseaux marins et de mammifères, des populations marines variées, et des habitats de plantes terrestres. Depuis près de quatre décennies, cinq pays mènent des recherches scientifiques coordonnées dans la baie de l'Amirauté. Les études consacrées aux manchots ont été réalisées sans interruption dans la zone depuis 1976 et sont, à cet égard, les plus longues jamais menées en Antarctique. La baie de l'Amirauté présente également l'une des séries historiques les plus longues de données météorologiques collectées pour la Péninsule antarctique, considérée comme l'une des zones de la planète les plus sensibles aux changements climatiques.

La zone inclut les environnements situés à l'intérieur de trois domaines définis dans les Analyses des domaines environnementaux pour l'Antarctique: l'Environnement A - Géologie du nord de la péninsule antarctique; l'Environnement E - Péninsule antarctique, île Alexander et les principaux champs de glace; et l'Environnement G - îles au large des côtes de la péninsule antarctique (Résolution 3 (2008)). Dans les Régions de conservation biogéographiques de l'Antarctique (RCBA), la zone est classée RCBA 3 - Nord-ouest de la péninsule antarctique (Résolution 6 (2012)).

La zone, qui inclut les parties terrestres et marines comprises à l'intérieur du bassin hydrologique glaciaire de la baie de l'Amirauté, est considérée comme étant suffisamment grande pour que les valeurs décrites ci-dessous soient protégées de manière appropriée.

La baie de l'Amirauté est devenue un site d'activités humaines qui évoluent et se diversifient sans cesse, deviennent plus complexes et engendrent par conséquent une situation de gestion conflictuelle. Au cours des trente dernières années, de nouvelles stations y ont été installées, le nombre annuel de visiteurs a augmenté, passant de quelques centaines de personnes à plus de 3 000, et des activités de pêche au krill commerciale ont été menées dans la zone durant la saison 2009-2010. L'amélioration de la planification et de la coordination des activités existantes et à venir permettront d'éviter ou de réduire le risque d'interférence mutuelle et d'atténuer les impacts sur l'environnement, et fournira ainsi des méthodes plus efficaces pour la conservation des particularités très précieuses qui caractérisent la zone.

Cinq Parties consultatives (Brésil, Équateur, États-Unis d'Amérique, Pérou et Pologne) mènent des programmes de recherche dans la région. La Pologne et le Brésil y exploitent deux stations d'hivernage (Pologne : station Henryk Arctowski à la pointe Thomas ; Brésil : station antarctique Comandante Ferraz dans la péninsule Keller). Le Pérou et les États-Unis d'Amérique ont deux stations saisonnières (Pérou : station Machu Picchu à la pointe Crepin ; États-Unis d'Amérique : Campement Copacabana au sud de la pointe Llano). L'Équateur a un abri à la pointe Hennequin. Plusieurs petites installations amovibles et permanentes se trouvent à d'autres endroits.

La zone comprend une ZSPA (ZSPA n°128, rive occidentale de la baie de l'Amirauté, anciennement SISP n°8) et un Site et monument historique (n°51: Tombe de Puchalski) à la station Arctowski. Sept tombes dans la péninsule Keller font l'objet d'une protection spéciale.

Outre de nombreux scientifiques, du personnel de soutien et des expéditions de recherche, de plus en plus de touristes visitent la baie de l'Amirauté, principalement dans le cadre d'expéditions à bord de navires de croisière ou de yachts privés.

Un plan de gestion visant à désigner la baie de l'Amirauté et ses environs (ci-après nommés la « zone ») comme Zone gérée spéciale de l'Antarctique (ZGSA) conformément à l'Annexe V du Protocole au Traité sur l'Antarctique relatif à la protection de l'environnement (ci-après nommé le « protocole ») a été conjointement proposé par le Brésil et la Pologne, avec le concours de l'Équateur et du Pérou, et volontairement adopté par les PCTA à la XXᵉ RCTA (Utrecht, 1996). En 2006, une version révisée du plan de gestion a été présentée et approuvée par le Comité pour la protection de l'environnement, qui a désigné la zone comme ZGSA n°1 (Mesure 2, IXᵉ CPE– XXIXᵉ RCTA, 2006, Édimbourg). Ce plan de gestion révisé a été préparé conformément au « Guide pour la préparation des plans de gestion des zones spécialement protégées en Antarctique » (Résolution 2, XIVᵉ CPE – XXXIVᵉ RCTA, 2011, Buenos Aires).

1.Description des valeurs à protéger

i. Valeurs esthétiques

La baie de l'Amirauté présente des valeurs physiographiques et esthétiques fondamentales, étant l'un des exemples les plus typiques de baie/fjord dans les îles Shetland du Sud. Les zones libres de glace à l'intérieur de la baie ont été formées par de récentes plages de galets et de cailloux surélevées, des moraines récentes et subrécentes, des péninsules montagneuses, des îlots rocheux, des saillies et des nunataks. La topographie du terrain est fortement influencée par des processus marins côtier, nival et glaciaire. Avec les particularités géologiques de la zone, ces processus viennent renforcer la grande beauté du paysage.

ii. Valeurs environnementales

La zone de la baie de l'Amirauté est représentative des écosystèmes terrestres, limnétiques, côtiers, proches du littoral, pélagiques et des fonds de fjords de l'île du Roi George. La flore est principalement composée de 300 espèces de lichens, d'environ 60 espèces de mousses et de nombreuses algues également, ainsi que de deux espèces de plantes vasculaires (*Deschampsia antarctica* et *Colobanthus quitensis*) (Annexe A). Les associations végétales sont accompagnées d'une grande diversité de micro-organismes du sol. Vingt-quatre espèces d'oiseaux et six espèces de pinnipèdes ont été répertoriées dans la zone, mais seules quatorze espèces d'oiseaux et trois espèces de pinnipèdes s'y reproduisent (Annexe C, Fig. 5 et 6). L'écosystème marin de la baie reflète en grande partie les conditions environnementales générales qui règnent dans les îles Shetland du Sud. La communauté benthique de la plateforme de la baie de l'Amirauté se distingue par la grande richesse des espèces qui s'y trouvent et la grande diversité de leurs assemblages. Des algues géantes (particulièrement *Himantothallus* sp.), associées à une faune très variée, sont présentes non loin de la zone côtière, entre 15 m et 30 m de profondeur, à plusieurs endroits de la baie (Annexe B). Un site unique, le rocher Napier, situé à l'entrée de la baie, abrite une faune d'invertébrés benthiques particulièrement riche et grandement diversifiée. Les poissons sont représentés par quinze espèces de *Nototheniidae*.

iii. Valeurs scientifiques

La baie de l'Amirauté présente un intérêt scientifique remarquable, en particulier pour la recherche biologique et géoscientifique. L'île du Roi George a été découverte en 1908, et a depuis été occasionnellement visitée par des chasseurs de baleines, des marins et des scientifiques. Des études géologiques plus importantes ont été menées par des scientifiques britanniques de la Base « G » sur la péninsule Keller, baie de l'Amirauté, entre 1948-1960. Plusieurs expéditions scientifiques ont également été menées plus tard. Par ailleurs, diverses activités scientifiques continues ont été entreprises dans la zone depuis les années 1970, avec le soutien de la station polonaise Henryk Arctowski, de la station brésilienne Comandante Ferraz et du Programme antarctique des États-Unis d'Amérique à la ZSPA n°128, rive occidentale de la baie de l'Amirauté. Des travaux de recherche ont eu lieu par intermittence durant les saisons estivales antarctiques à la station péruvienne Machu Picchu (pointe Crepin) et à l'abri équatorien (pointe Hennequin).

Les principaux sujets de recherche sur le terrain et en laboratoire aux stations polonaise et brésilienne sont la biologie marine et terrestre, y compris la physiologie et l'adaptation des poissons et du krill de l'Antarctique, la taxonomie et l'écologie de la faune benthique, les plantes vasculaires, les mousses et les lichens, l'écologie marine et terrestre, la migration et la dispersion des oiseaux ainsi que la microbiologie. Un projet de recherche de longue durée sur la biologie et la dynamique des populations d'oiseaux (principalement les manchots *Pygoscelid* et les grands labbes *Catharacta*) est mené par le Programme antarctique des États-Unis d'Amérique depuis 1976. Cette étude s'inscrit dans le cadre du Programme de contrôle de l'écosystème de la CCAMLR. Un programme de recherche visant à suivre l'herbe non indigène *Poa annua* à proximité de la station Arctowski dans la ZSPA n°128 est mené depuis 1985. Le suivi à long terme des relevés de températures atmosphériques et de l'air entrepris par des chercheurs brésiliens montre une augmentation de la température moyenne de l'air de 1,1 °C entre 1956 et 2000. Cette augmentation des températures est liée à un recul des fronts glaciaires de 12 % au cours de la même période. Sur l'île du Roi George, le front des glaciers de vallée a reculé d'1 km depuis 1956. Le recul des glaciers dans les parties extérieures et centrales de la baie de l'Amirauté dévoile de nouvelles zones côtières libres de glace, pouvant être utilisées comme sites de reproduction par certaines espèces de phoques. La surface des zones libres de glace a triplé au cours des 20 dernières années, créant ainsi des conditions propices au développement d'habitats et à la succession écologique. Des recherches phytosociologiques et la cartographie de la végétation dans les zones qui sont devenues libres de glace en raison du recul des glaciers sont en cours.

En raison de températures plus élevées, la durée de la glace de mer d'hiver dans la région diminue, ce qui a des répercussions sur les zones de frai et de croissance du krill (*Euphausia superba*). La diminution de la population de krill serait liée à l'augmentation de salpes (*Salpa thompson*). Ces changements parmi des espèces clés ont de sérieuses implications sur le réseau trophique de l'île du Roi George.

Au cours des 30 dernières années, le nombre de manchots a diminué dans la zone - les manchots adélie (*Pygoscelis adeliae*) et les manchots à jugulaire (*Pygoscelis antarctica*) ont connu une diminution totale d'environ 57% et la population de manchots papou (*Pygoscelis papua*) a augmenté d'environ 64% depuis la désignation de la ZGSA. Le nombre d'otaries à fourrure varie par cycles pluriannuels. Les populations d'éléphants de mer sont restées stables, tandis que les populations de phoques de Weddell et de phoques crabiers ont baissé.

D'autres études menées dans la zone concernent la géologie et la paléontologie, la glaciologie et la paléoclimatologie de la calotte glaciaire de l'île du Roi George ainsi que la sédimentation glaciomarine dans la baie de l'Amirauté. Des roches de l'île du Roi George datant du Paléogène et du Néogène témoignent d'une importante transition climatique et environnementale à l'échelle mondiale, où l'effet de serre a laissé place à une période glaciaire, qui a culminé lors du passage de l'Éocène à l'Oligocène. Les meilleures données relatives à la première glaciation du Cénozoïque dans l'hémisphère sud viennent des recherches stratigraphiques, lithologiques et paléontologiques menées sur l'île du Roi George, résumées dans une carte géologique réalisée par Birkenmajker en 2002. La base de ces formations rocheuses datant de l'Éocène constituent la roche-mère de la ZGSA n° 1 et se poursuit jusqu'au bout de l'île vers l'est avec des roches plus jeunes, témoignant de glaciations au cours de l'Oligocène et du Miocène.

Les valeurs scientifiques supplémentaires à relever d'un point de vue paysager, y compris les attributs géologiques et géomorphologiques, sont les suivantes :

• L'île présente des formes de relief dans des zones libres de glace, qui résultent de l'érosion proglaciaire et éolienne. Sous l'action de la mer, des formations de bandes de plage le long du littoral se sont développées, plusieurs d'entre elles s'élevant jusqu'à 20 m au-dessus du niveau de la mer du fait d'un ajustement isostatique survenu au cours de l'Holocène.

• La présence de sites fossilifères datant de l'Éocène inférieur et moyen aux pointes Ulmann et Hennequin, à la péninsule Keller, à l'anse Ezcurra, le long de la zone côtière, derrière la station Arctowski, sur la moraine Blaszczyk et à la colline Read est d'une importance scientifique capitale. Du bois fossilisé d'Araucaria, de *Nothofagus* ainsi que des empreintes de feuilles de plantes supérieures et de ptéridophytes sont couramment observés et bien conservés.

• Des paléosols bien conservés datant d'époques qui remontent à 20 MA sont présents, leur formation témoignant de paléoclimats tempérés à subtropicaux, et revêtent une grande importance scientifique. Ces caractéristiques peuvent être observées à la pointe Plaza, à Copacabana et à la pointe Hennequin.

• Du pergélisol est généralement présent sur les versants nord à des altitudes supérieures à 30 m, et est absent ou sporadique en-dessous de ce niveau. La baie de l'Amirauté constitue une zone clé pour le suivi du pergélisol dans l'archipel des îles Shetland ainsi que pour sa représentativité des zones intérieures des baies bien protégées dans un climat maritime antarctique.

Un observatoire du magnétisme terrestre et sismologique était exploité de manière hivernale à la station Arctowski entre 1978 et 1994, et un programme de recherche visant à suivre la structure du champ électrique terrestre a été lancé à la station en 2013. Des études relatives à la chimie atmosphérique, au géomagnétisme, à l'ionosphère et à l'astrophysique sont menées à la station Ferraz depuis 1984. Une station météorologique a été exploitée à Arctowski entre 1977 et 2000, et une autre l'est depuis 1984 à la station Ferraz, ce qui permet de collecter des données fondamentales et d'appuyer les opérations logistiques. Des travaux de recherche sur les vents dans la couche supérieure de l'atmosphère ont été réalisés à la station Machu Picchu à l'aide d'un radar MST. Depuis 2006, un projet de recherche de longue durée sur le plancton marin, la biodiversité du macrobenthos et la qualité de l'environnement marin dans l'anse Mackellar est en cours. Une étude des anomalies liées à la réduction de la couche d'ozone a également été mise en place.

Les stations Arctowski et Ferraz ont toutes deux accueilli des scientifiques de nombreux pays (Allemagne, Amérique du Nord, Argentine, Belgique, Bulgarie, Chili, Espagne, Italie, Nouvelle-Zélande, Pays-Bas, Pérou, République Tchèque, Russie, Ukraine, Uruguay et d'autres). Une longue tradition de coopération entre les scientifiques polonais et brésiliens existe en ce qui concerne la baie de l'Amirauté et les îles Shetland du Sud dans leur ensemble. Les deux pays ont collaboré lors de la dernière Année polaire internationale (2007-2008) dans le cadre du Recensement de la vie marine en Antarctique, et ont rassemblé des données benthiques marines couvrant les 30 dernières années de manière exhaustive.

Une étude détaillée de l'état de l'environnement dans la zone est en cours à la station Ferraz depuis 2002, et inclut l'analyse d'une série de paramètres biotiques et abiotiques. Le Brésil a créé l'Institut national de science et technologie pour la recherche environnementale en Antarctique (INCT-APA, en portugais) en 2008, afin de garantir la continuité d'un programme de suivi et d'autres études environnementales. Une base de données environnementales et biologiques a été établie pour appuyer les évaluations des tendances atmosphériques, océaniques et terrestres. Les résultats contribueront au suivi des activités humaines dans la zone ainsi qu'à la mise en œuvre de stratégies de gestion de l'environnement de la ZGSA.

iv. Valeurs historiques

La présence de ports profonds abrités et de plages accessibles a permis le développement précoce d'activités dans la baie de l'Amirauté. La baie offrait une protection pour les navires dans la zone durant les périodes de chasse à la baleine et au phoque durant le XIXe siècle et le début du XXe, et des vestiges de cette époque existent encore aujourd'hui (par exemple, un vieux baleinier dans la péninsule Keller et une collection de harpons à baleine à la station Arctowski). Des ossements de baleine, patrimoine subsistant de cette époque, jonchent les plages et font partie du panorama.

La zone a été visitée par la deuxième expédition antarctique française « Pourquoi Pas? » emmenée par le Dr J.B. Charcot (1908-10), ainsi que par D. Ferguson (1913-14), un géologue qui prit part à une expédition britannique de chasse à la baleine. Publiés entre 1910 et 1921, des rapports sur les minéraux et les roches collectés durant ces expéditions figurent au nombre des premières publications relatives aux sciences de la Terre consacrées à la baie de l'Amirauté et aux îles Shetland du Sud. Les célèbres voyages britanniques Discovery en 1934 et 1937 ont permis de collecter d'autres roches ainsi que des plantes et des animaux de la zone. Les résultats publiés entre 1948 et 1964 ont grandement contribué aux connaissances géologiques de la baie de l'Amirauté. L'Argentine a installé en 1948 une cabane-refuge dans la péninsule Keller (démantelée depuis) et les travaux menés en 1953 par des géologues argentins dans la baie de l'Amirauté ont essentiellement porté sur les plantes fossiles du Tertiaire.

La base britannique « G », dans la péninsule Keller, a été installée en 1947 pour constituer un centre d'observations météorologiques et de recherche glaciologique et géologique dans la zone. Elle a été fermée en 1961 et démantelée ensuite.

Une petite cabane, Campo Bove, a été construite dans l'anse Ezcurra en 1957 par l'expédition italienne emmenée par Giacomo Bove. Elle a été démantelée en mars 1976.

v. Valeurs pédagogiques et touristiques

La baie de l'Amirauté attire particulièrement les touristes en raison de son accessibilité, sa biodiversité et de la présence de stations scientifiques. Par conséquent, les sites d'intérêt écologique et les installations scientifiques de la zone sont fréquemment visités par des touristes et des participants à des expéditions non gouvernementales, qui ont donc l'occasion de se familiariser avec l'environnement et les activités scientifiques internationales en Antarctique.

Il est important de promouvoir activement la sensibilisation et l'éducation à la science antarctique dans les pays qui mènent des travaux de recherche scientifique dans la zone. Les manchots et le krill peuvent être facilement observés et sont considérés comme des espèces emblématiques de l'Antarctique. La prise d'images et de vidéos présente un fort potentiel pédagogique. La promotion et la simplification de l'intégration de la science antarctique à tous les niveaux d'études, et la sensibilisation du public et des médias à l'importance des études en Antarctique s'inscrivent dans la stratégie de conservation de l'Antarctique (voir la synthèse du plan stratégique 2011-2016 du SCAR, http://www.scar.org/treaty/atcmxxxiv/ATCM34_ip054_e.pdf). En outre, étant une région où les effets du changement climatique sont clairement visibles, la zone est considérée comme un laboratoire à ciel ouvert et permet de susciter l'intérêt et d'encourager la formation de chercheurs en début de carrière (Stratégie de renforcement des capacités, d'éducation et de formation du SCAR, Rapport n° 27, 2006).

2. Buts et objectifs

Le but du présent plan de gestion est de conserver et de protéger l'environnement unique et remarquable de la baie de l'Amirauté en gérant et en coordonnant les activités humaines dans la zone, afin d'assurer la protection à long terme de ses valeurs, d'éviter tout conflit d'intérêts et d'encourager la coopération.

Les objectifs spécifiques du plan de gestion de la zone sont les suivants:

• sauvegarder la recherche scientifique à long terme dans la zone tout en assurant la gestion de l'environnement;

• protéger d'importantes particularités physiographiques ainsi que les valeurs biologiques, écologiques, scientifiques, historiques et esthétiques exceptionnelles de la zone;

• gérer les conflits d'intérêt potentiels et réels entre différentes activités, y compris scientifiques, de logistique, touristiques ainsi que celles liées à la pêche commerciale;

• concourir à la planification et à la coordination des activités humaines dans la zone;

• veiller à ce que toutes les activités d'exploitation marine soient coordonnées avec les activités de recherche scientifique et autres qui se déroulent dans la zone, et qu'elles soient reposent sur une approche de précaution;

• éviter ou limiter les risques d'interférence mutuelle et les impacts cumulatifs sur les milieux marins et terrestres;

• améliorer le niveau d'assistance mutuelle et de coopération entre les Parties qui sont dans la zone;

• encourager la communication et la coopération entre les utilisateurs de la zone en diffusant les informations relatives à la zone et les dispositions s'y appliquant;

• limiter l'introduction potentielle d'espèces non indigènes lors des activités humaines et lors de la gestion de toute espèce non indigène déjà présente dans la zone;

• gérer les visites dans la zone et sensibiliser les visiteurs à l'importance de ses valeurs écologiques et scientifiques.

3. Activités de gestion

Les activités de gestion suivantes sont à mettre en œuvre afin de remplir les objectifs du présent plan de gestion:

• Les Parties qui mènent des programmes de recherche dans la zone doivent constituer un Groupe de gestion de la baie de l'Amirauté en vue de:

◦ réviser le fonctionnement et la mise en œuvre du plan de gestion ;

◦ assurer un suivi de la zone afin d'y évaluer les sources potentielles d'impacts sur l'environnement, y compris les impacts cumulatifs;

◦ faire office de forum pour faciliter la communication entre ceux qui travaillent dans la zone ou la visitent, et afin de résoudre les conflits éventuels;

◦ encourager la diffusion d'informations relatives au présent plan de gestion auprès de ceux qui travaillent dans la zone ou la visitent;

◦ promouvoir et encourager la coordination des activités entre ceux qui travaillent dans la zone ou la visitent afin d'en protéger les valeurs importantes;

◦ promouvoir et encourager la coopération entre les Programmes antarctiques nationaux qui mènent des activités de suivi de l'environnement dans la zone afin de développer une évaluation environnementale conjointe de la zone;

◦ tenir à jour un registre des activités menées dans la zone ;

• Les Parties membres du Groupe de gestion devront se consulter en vue de:

◦ désigner une personne chargée de coordonner la mise en œuvre du plan de gestion dans la zone (coordinateur de la ZGSA). La désignation a une durée de cinq ans et se fait par roulement. Les tâches du coordinateur de la ZGSA sont les suivantes : (i) Coordonner l'échange d'informations entre les Parties concernant les activités réalisées dans la ZGSA, et les analyser afin d'identifier les doublons et les non-conformités éventuels par rapport aux objectifs du présent plan de gestion. (ii) Informer les Parties et, le cas échéant, le Secrétariat de la CCAMLR, de tout incident qui pourrait avoir un impact sur l'environnement ou sur les activités de recherche dans la zone.

• Les Parties membres du Groupe de gestion doivent se réunir une fois par an ou lorsque c'est nécessaire pour discuter des questions relatives à la gestion de la zone. Les autres Parties et organisations actives dans la zone peuvent être invitées à participer aux discussions.

• Les programmes nationaux antarctiques qui opèrent dans la zone ainsi que tous les autres visiteurs sont tenus de mener leurs activités en conformité avec le Code de conduite général joint au présent plan de gestion.

• Dans la mesure du possible, des bornes définissant les limites des zones protégées déjà existantes et d'autres zones présentant un intérêt écologique ou scientifique – identifiées au présent plan de gestion –et avertissant les visiteurs de la nature des zones doivent être installées et enlevées lorsqu'elles ne sont plus nécessaires.

• Les voyagistes et les autres organisations prévoyant des activités dans la zone doivent préalablement consulter les Programmes nationaux antarctiques y opérant afin de s'assurer que ces activités ne présentent aucun risque pour les valeurs importantes de la zone.

• Les Programmes nationaux qui mènent des recherches dans la zone doivent consulter les autres Parties qui y ont des installations et/ou des structures abandonnées afin d'évaluer leur réutilisation potentielle. Des plans de conservation doivent être élaborés dans le cas où une installation semble avoir une valeur historique. Si ce n'est pas le cas, des plans doivent être élaborés pour assurer un enlèvement conforme aux dispositions de l'Annexe III au Protocole relatif à la protection de l'environnement sur l'élimination et la gestion des déchets.

• Les Parties exploitant des installations de façon saisonnière ou permanente dans la zone sont invitées à se consulter et, dans la mesure du possible, à coordonner leur plan d'urgence dans le cas de déversement d'hydrocarbure ou d'autres accidents éventuels, afin de mettre sur pied un plan multi-opérateurs englobant l'ensemble de la zone.

• Les Programmes nationaux antarctiques, les voyagistes et les autres organisations menant des activités dans la zone doivent chercher à limiter au maximum le risque d'introduction d'espèces non indigènes. Toute espèce non indigène présente dans la zone doit faire systématiquement l'objet d'un suivi, et des politiques relatives à son confinement et/ou à son éradication doivent être établies en priorité.

• Les Programmes antarctiques nationaux opérant dans la zone doivent s'assurer que leur personnel a été préalablement informé des dispositions du présent plan de gestion et, en particulier, du Code de conduite des visiteurs (Annexe E) et des Directives scientifiques et environnementales (Annexe F) qui s'appliquent à la zone.

• Les voyagistes qui se rendent dans la zone doivent s'assurer que leur personnel, leur équipage et leurs passagers sont préalablement informés et conscients des dispositions du présent plan de gestion et du Code de conduite des visiteurs (Annexe E).

• Des copies du présent plan de gestion et des documents complémentaires, tels que les cartes et les annexes, doivent être conservés dans les stations et les abris de la zone et doivent être mis à la disposition de toutes les personnes dans la zone.

•Des visites doivent être effectuées selon les besoins (au moins une fois tous les cinq ans) pour évaluer l'efficacité du plan de gestion et pour s'assurer que ses dispositions sont respectées.

4. Durée de la désignation

La zone est désignée pour une durée indéterminée.

5. Cartes

Figure 1 : Emplacement de la ZGSA n°1 sur l'île du Roi George, Péninsule antarctique.

Figure 2 : Zone gérée spéciale de l'Antarctique, baie de l'Amirauté – ZGSA n°1.

Figure 3 : Emplacement des zones scientifiques.

Figure 4 : Zone de suivi permanent de l'environnement (INCT-APA, Brésil).

Figure 5 : Flore (zones colonisées) et oiseaux (sites de présence).

Figure 6 : Principaux sites de reproduction des oiseaux.

Figure 7 : Zone visiteurs – station Comandante Ferraz

Figure 8 : Zone visiteurs – station Henryk Arctowski

Figure 9 : Zones d'installations – station Machu Picchu

6. Description de la zone

6(i) Coordonnées géographiques, bornage et caractéristiques du milieu naturel

Description générale

La baie de l'Amirauté est un vaste fjord, situé sur la côte sud de l'île du Roi George, la plus grande île de l'archipel des îles Shetland du Sud, au large de la côte nord-ouest de la Péninsule antarctique, dont elle est séparée par le détroit de Bransfield (Fig. 1). La baie se caractérise par une hétérogénéité des fonds marins extrêmement marquée. Elle est entourée de différents types de paysages, tels que des côtes peuplées de roqueries de manchots et de colonies de phoques, des vastes marges proglaciaires, des landes à lichens, des marécages, des prairies ou des terres de roches stériles. Une zone d'environ 360 km² qui comprend la baie de l'Amirauté et la région environnante est désignée comme Zone gérée spéciale de l'Antarctique afin d'y gérer des activités humaines pour assurer la protection des valeurs scientifiques, environnementales, historiques et esthétiques de la zone.

ZGSA n°1 : la baie de l'Amirauté, île du Roi George (62°01'21" S – 62°14'09" S / 58°15'05" O – 58°41'02" O) inclut les zones terrestres et marines situées immédiatement à l'intérieur du bassin hydrologique glaciaire de cette baie (Figure 2). En outre, elle inclut la ZSPA n°128, rive occidentale de la baie de l'Amirauté, dont une partie se trouve à l'extérieur de l'aire du bassin hydrologique. Un Site et monument historique, SMH n° 51 Tombe de Puchalski, se situe au sein de la zone.

La zone est délimitée par une ligne s'étendant du sud de la pointe Telefon (62°14'09,3" S, 58°28'00" O) au sommet La Tour (58°28'48" O, 62°12'55" S), puis jusqu'au pic Jardine (58°29'54" O, 62°10'03" S), tout en traversant la division glaciaire du champ de glace Warszawa. De là, elle suit cette division à l'ouest de l'anse Ezcurra, direction nord-est pour englober les anses Mackellar et Martel, puis vers le sud par l'aiguille Ternyck (62°04'52,6" S, 58°15'24,1" O) jusqu'au cap Syrezol (62°11'38,4" S, 58°16'29,6" O) sur la côte est de la baie de l'Amirauté. Les eaux de la baie de l'Amirauté et d'une petite partie du détroit de Bransfield, au nord d'une ligne droite s'étendant entre le cap Syrezol et la pointe Telefon, sont également incluses dans la ZGSA. Il n'existe pas de borne fixe de délimitation de la zone, mais des bornes délimitant la ZGSA seront placées aux points d'arrivée adéquats sur terre.

La superficie totale révisée de la ZGSA n°1 est de 360 km², dont 194 km² sont recouverts de glace, notamment 138 km² des eaux de la baie de l'Amirauté et 7 km² du détroit de Bransfield (Admiralty Chart n° 6258, 1968, London; Polish Chart Admiralty Bay, King George Island, 1:50,000, Battke, S, Warszawa, 1990; ZSPA n°128: Western Shore of Admiralty Bay, King George Island, 1:12 500, éd. Department of Antarctic Biology, Polish Academy of Sciences, Pudełko R., 2002; Brazilian Chart n°25121, Baía do Almirantado, 1:40,000, 1984, Rio de Janeiro; Braun *et al.* 2001a et b ; Arigony-Neto, 2001). Environ 90 % de la surface terrestre à l'intérieur de la ZGSA proposée sont recouverts de glace, les zones libres de glace représentant environ 37 km².

Caractéristiques des sciences de la Terre

Le bassin hydrologique glaciaire est essentiellement formé par la principale calotte glaciaire de l'île du Roi George qui s'écoule du nord, de l'est et de l'ouest vers la cuvette de la baie de l'Amirauté. En amont de la baie, cette calotte se déverse dans trois anses : Ezcurra, Mackellar et Martel. Des glaciers émissaires fortement crevassés descendent vers la mer pour devenir des glaciers de marée ou des glaciers flottants.

La géomorphologie est dominée par un relief d'érosion et de dépôts glaciaires, de crêtes morainiques récentes et plus vieilles, de moraines de fonds plates, de vallées glaciaires rocheuses et de dépôts de sable, de galets et de cailloux formant des plages récentes et des terrasses marines surélevées. De rares assemblages de toundra ont déjà été décrits dans la zone côtière influencée par les oiseaux, les phoques et les embruns, ainsi que dans les écosystèmes intérieurs qui manquent de nutriments. Des unités pédologiques appropriées (issus de modèles taxonomiques diversifiés) ont été proposées pour cet écosystème. Cependant, aucune cartographie écologique de la zone n'a été menée jusqu'à présent. Des écosystèmes terrestres particulièrement riches et diversifiés se sont développés autour des roqueries de manchots. Les profils parentaux des sols ornithogéniques de l'Antarctique marin se sont formés à la suite de la phosphatisation, qui est un processus de formation du sol, et ont été observés sur plusieurs sites le long de la côte. Des affleurements de roches ignées d'andésite basaltique présents autour de la baie de l'Amirauté, où s'intercalent des plantes fossiles comprenant des dépôts sédimentaires, terrestres et localement glaciaires, témoignent de la formation de la cryosphère et de l'évolution cénozoïque d'un arc insulaire volcanique. Des séquences rocheuses volcaniques, pyroclastiques et sédimentaires datant de l'Éocène témoignent des changements environnementaux qui ont précédé la glaciation de l'Oligocène. Les premières signes avant-coureurs d'un refroidissement ont été découverts dans de la tillite provenant de l'anse Harve (62°10'44.7" S, 58°32'00.6" O) et dateraient de la glaciation alpine de l'Éocène.

Climat

Le climat de la zone est typique de celui de l'Antarctique maritime. Étudié en s'appuyant sur la base de données collectées pendant plus de 25 ans à la station polonaise Arctowski et à la station brésilienne Comandante Ferraz, le microclimat local se caractérise par une température annuelle moyenne d'environ – 1,8 °C (- 2,1 ± 1,0 °C, déterminée à partir de données provenant de l'île de la Déception et mesurée à la base britannique « G » et aux stations Bellingshausen et Ferraz, de 1944 à 2010) et une vitesse annuelle moyenne du vent de l'ordre de 6,5 m s-¹ (6,0 ± 1,2 m s-¹, mesurée à la base « G » et aux stations Bellingshausen et Ferraz, de 1986 à 2010). Les précipitations annuelles moyennes atteignent 508,5 mm, le degré d'humidité est de 82 % et la pression atmosphérique de 991 hPa (991,6 ± 1,3 hPa, déterminés à partir de données provenant de l'île de la Déception, et mesurés à la base britannique « G » et aux stations Bellingshausen et Ferraz, de 1948 à 2010). La température annuelle moyenne des eaux de la baie de l'Amirauté varie entre – 1,8 ° et + 4 °C, ces eaux étant bien mélangées par les marées et fortement influencées par les courants en provenance de la partie occidentale du détroit de Bransfield. Actuellement, de nombreuses études indirectes menées sur les échantillons de sédiments prélevés dans la baie de l'Amirauté ont pour objectif de déterminer les fluctuations du climat dans le temps.

Habitat d'eau douce

La région de la ZGSA n°1 ne comporte aucun lac important, bien que de nombreux petits étangs et ruisseaux soient présents, principalement sur les côtes sud et sud-ouest de la baie de l'Amirauté. Les ruisseaux contiennent des mousses ainsi que différentes algues et cyanobactéries. La faune d'eau douce, que l'on trouve dans les petits étangs, les bancs de mousse et les ruisseaux, est composée de protozoaires, de rotifères, de nématodes, de tardigrades, de collemboles (*Cryptopygus antarticus* et *Friesea grisea*), et de seulement deux espèces de crustacés (*Branchinecta gainii* et *Pseudoboeckella poppei*).

Depuis peu, on porte une grande attention à la lagune qui se forme depuis 30 ans sur le devant du glacier Écologie (62°11'00.0" S, 58°28'00.0" W) en recul. La lagune a permis le développement d'une grande variété d'environnements, allant du ruisseau d'eau douce de glacier aux eaux de mer. Plusieurs lagunes semblables se sont développées le long de la côte de la baie de l'Amirauté durant l'important recul des glaciers survenus lors de la dernière palynozone de l'Holocène supérieur.

Flore

Dans les zones libres de glace adjacentes de la baie de l'Amirauté, la répartition des communautés végétales est étroitement liée aux géoformes ainsi qu'à la présence d'oiseaux et de terre. Partout où les conditions édaphiques sont favorables, les mousses forment des bancs qui contiennent également des formations de lichens et de champignons. Les mycobiotes lichénisés se limitent aux fragments et affleurements rocheux, parfois associés aux colonies d'oiseaux. Les aires côtières sont les aires les plus abondamment couvertes, dont la flore se compose essentiellement de formations de tapis de mousses. À proximité de la station brésilienne Ferraz se trouvent deux de ces aires qui sont, l'une comme l'autre, d'une longueur de près de 300 m. La pointe Hennequin comporte également de vastes zones de tapis de mousses. Au fur et à mesure qu'on monte en altitude, on peut voir pousser des lichens crustacés et des mousses directement sur les roches prédominantes des affleurements rocheux alors visibles. Les algues vertes *Prasiola crispa* occupent des zones à fortes concentrations de nutriments, non loin des sites de reproduction d'oiseaux, et une vaste faune leur est associée. La liste des espèces figure aux Annexes A et B.

Oiseaux

Quatorze espèces d'oiseaux se reproduisent à l'intérieur de la zone. Trois manchots *Pygoscelis* se reproduisant de manière sympatrique représentent 91 % du total et jusqu'à 95 % de la biomasse des communautés d'oiseaux en phase de reproduction. D'autres oiseaux de mer se reproduisent dans la zone. Le pétrel géant (*Macronectes giganteus);* le cormoran impérial *(Phalacrocorax atriceps bransfieldensis);* les labbes brun et antarctique (*Stercorarius antarcticus, Stercorarius maccormicki* and *Catharacta chilensis);* l'océanite de Wilson (*Oceanites oceanicus);* l'océanite à ventre noir (*Fregeta tropica);* le damier du cap *(Daption capense);* le goéland dominicain (*Larus dominicanus);* la sterne couronnée (*Sterna vittata*) et le chionis blanc (*Chionis albus).* Les aires de la ZSPA n°128, rive occidentale de la baie de l'Amirauté, cap Vaureal, île Chabrier, île

Shag et les environs, sont les lieux de reproduction aviaire les plus importants de la baie de l'Amirauté. Au cap Vaureal, on trouve 50% de la population de pétrels géants de la zone, tandis qu'on trouve sur l'île Shag tous les nids de cormorans impériaux, qui partagent leur territoire avec les manchots à jugulaire (*Pygoscelis antarcticus*). La pointe Hennequin et la péninsule Keller sont les lieux de reproduction privilégiés des *Stercorarius maccormicki*, où l'on trouve 90% des couples nicheurs. Pour les *S. lonnbergi*, les régions qui présentent une forte concentration de manchots, comme la ZSPA n°128, sont les plus importantes. Un couple nicheur hybride de *C. chilensis* et de *Stercorarius maccormicki* a été observé à la pointe Hennequin.

Deux espèces, auparavant classées comme étant sporadiques, sont devenues fréquentes : *Aptenodytes patagonicus* et *Eudyptes chrysocome*. L'*A. patagonicus* est observé chaque année à la station Arctowski et on l'a observé à deux reprises à la péninsule Keller. L'*E. chrysocome* est également observé chaque année depuis 2004 au rocher Chabrier et est toujours accompagné d'un spécimen d'*Eudyptes chrysolophus*. La liste des espèces figure à l'Annexe C.

Mammifères

La zone accueille six espèces de pinnipèdes (Annexe C). Le phoque crabier (*Lobodon carcinophagus*) est le mammifère que l'on aperçoit le plus fréquemment durant l'hiver. En été, ce sont les éléphants de mer (*Mirounga leonina*) et les otaries à fourrure (*Arctocephalus gazella*) qui sont les espèces les plus fréquentes et les plus nombreuses. Aux périodes pendant lesquelles les zones couvertes de glace diminuent, on peut observer de nombreux phoques crabiers dans la zone, particulièrement dans la région d'Ezcurra. Relativement rares autrefois, les otaries à fourrure ont vu leur nombre augmenter ces dernières années. Les éléphants de mer et les phoques de Weddell (*Leptonychotes weddelli)* se reproduisent dans la zone. On peut y voir des léopards de mer (*Hydrurga leptonyx*) tout au long de l'année, en nombre variable. Les phoques de Ross (*Ommatophoca rossi*) sont rarement observés dans la zone. La baleine à bosse (*Megaptera novaeangliae*) est le cétacé que l'on y voit le plus souvent durant l'été, bien que l'épaulard (*Orcinus orca*) et le petit rorqual (*Balaenoptera bonaerensis*) soient également observés parfois.

Écologie marine

La fluctuation saisonnière de l'état de l'écosystème marin dépend du courant marin, des courants de marée et des changements biologiques saisonniers. Au cours des dernières années, on a constaté une floraison estivale inhabituellement précoce (dominée par les diatomées) survenue après la fonte de la banquise hivernale recouvrant la baie de l'Amirauté durant tout l'hiver (il s'agit d'une situation inhabituelle car la baie n'est généralement pas gelée en permanence durant l'hiver). Des études détaillées ont été menées sur l'environnement et le phytoplancton dans le cadre des projets internationaux de l'UE, ClicOPEN IPY et IMCOAST, et les résultats sont synchronisés pour toute la région.

Habituellement, les algues pluricellulaires, principalement les *Heterokontophyta*, les *Chrophophyta* et les *Rhodophyta*, caractérisent la communauté des petits fonds marins jusqu'à 50-60 m de profondeur. À l'exception de la patelle (*Nacella concinna*), l'épifaune est pratiquement absente dans la zone de marnage. Le benthos vagile est abondant, avec une très grande variété et densité d'amphipodes. En deçà de 4 à 5 m, les substrats sont généralement sableux et dominés par des isopodes, en particulier par le genre *Serolis*. Les espèces vagiles, telles que *Sterechinus*, *Neobuccinum* et *Parborlasia*, deviennent dominantes à mesure qu'on descend en profondeur. Dans les eaux plus profondes, sur un substrat boueux et plus stable, les organismes sessiles comprennent des éponges, des anémones, le bivalve *Laternula elliptica* et des tuniciers, ainsi que des concentrations très denses d'échinodermes comme *Amphioplus acutus*, *Ophionotus victoriae* et *Odontaster validus*. Au nombre des invertébrés détritivores figurent *Labidiaster annulatus*, *Gliptonotus antarcticus*, *Parborlasia corrugatus*, *Odontaster validus* et *Neobuccinum eatoni*. Au total, près de 1 300 espèces benthiques ont été reconnues dans la baie de l'Amirauté, notamment des diatomées (157), des foraminifères (135), des macroalgues (55), des invertébrés (> 400 espèces) et des poissons démersaux (30). Les espèces trouvées dans la zone sont en grande partie les mêmes que celles observées sur des substrats similaires à d'autres endroits de la région, ce qui indique que la faune benthique de la Péninsule antarctique et des zones apparentées est homogène. Les poissons sont représentés par quinze Nototheniidae, principalement *Notothenia rossii*, *N. neglecta*, *N. gibberifrons*, *N. coriiceps*, *Nototheniops nudifrons*, *Trematodus newnesi*, *T.*

borchgrewincki et *Pleuragramma antarcticum*, deux espèces de Channichthydae, des Hapagiferidae et des Zoarcidae. La liste des espèces figure aux Annexes B et D.

Activités humaines et impact

Depuis l'institution de la ZGSA, les activités humaines dans la zone se rapportent à des travaux de recherche scientifique, à des activités logistiques liées à la science, et au tourisme. La pêche au krill a récemment débuté dans la zone. Des navires appartenant aux Parties nationales ou affrétés par ces dernières apportent une assistance scientifique et logistique.

La base « G », la première station permanente sur l'île du Roi George, a été construite par la Grande-Bretagne en 1947 dans la péninsule Keller. En 1948, une cabane-refuge a été installée par l'Argentine dans la même région. La base « G » a été fermée en 1961 puis démantelée, tout comme la cabane argentine. Au cours de l'été 1975-1976, une expédition italienne d'alpinistes a construit une petite cabane (campement Bove) sur les rives de l'anse Ezcurra dans la Vallée italienne. Le campement a été démantelé en mars 1976.

Durant ces dix dernières années, le nombre de navires de tourisme a fluctué de 13 à 25, et le nombre de touristes de 3 000 à 5 700 par été austral. Les touristes atterrissent généralement à la station Arctowski ou Ferraz pour visiter les installations, se balader le long de la côte, et parfois faire de courtes croisières en Zodiac. Au cours des 5 dernières années, des yachts privés ont commencé à visiter la baie de l'Amirauté (3-4 yachts par saison).

Une espèce non indigène d'herbe (*Poa annua*) a été recensée durant l'été 1985-1986 à la station Arctowski. Depuis lors, de petites populations ont été observées en plusieurs endroits autour de la station et, en 2008/2009, sur des moraines libres de glace du glacier Écologie (emplacement approximatif 62°10'7"S, 58°27'54"O). En 2009/2010, une banque de graines du sol de *Poa annua* a été découverte près de la station Arctowski. La forte variabilité génétique présente dans la zone indique que plusieurs phénomènes d'immigration distincts d'origines différentes, notamment d'Europe et d'Amérique du Sud, ont eu lieu. En 2009, des propagules et du pollen de la joncacée non indigène *Juncus bufonius* ont été trouvés à un endroit situé au nord-ouest de la limite de la ZSPA n°128. En 2007-2010, des recherches extensives (dans le cadre du projet international « *Aliens in Antarctica* ») ont été menées à la station Arctowski pour évaluer les chemins par lesquels les espèces non indigènes peuvent arriver à la station.

Toute forme de pêche de poissons est actuellement interdite dans la région de la Péninsule antarctique occidentale (sous-zone statistique de la CCAMLR n°48.1) en vertu de la Mesure de conservation 32-02 de la CCAMLR (CCAMLR 2012a). La pêche au krill a eu lieu au cours de la saison 2009-2010 dans la baie de l'Amirauté, le total des prises de krill déclaré pour cette période s'élevant à 11 500 tonnes (CCAMLR 2012b). En 2013, la CCAMLR a décidé que toute proposition visant à mener des activités de pêche commerciale à l'intérieur de la ZGSA devrait être soumise à l'examen de la CCAMLR et que les activités décrites dans cette proposition ne pourraient être menées qu'avec l'accord préalable de la CCAMLR (CCAMLR-XXXII, Hobart 2013, paragraphe 5.83).

6(ii) Accès à la zone

L'accès à la zone se fait par navire ou par yacht, et plus rarement par hélicoptère. Les conditions d'accès spécifiques sont décrites dans la section 7(i).

6(iii) Structures à l'intérieur de la zone

Actuellement, il y a dans la zone deux stations de recherche permanentes (la station Henryk Arctowski et la station Comandante Ferraz) exploitées en hiver, trois stations/installations de recherche saisonnières (la station Machu Picchu, le campement Copacabana et l'abri de la pointe Hennequin), et plusieurs structures mineures (des vestiges historiques, des abris d'urgence, des campements permanents).

(a) Principales structures permanentes et campements dans la zone (Figure 2) :

• *Station Henryk Arctowski (Pologne)* : 62°09′34′′S - 58°28′15′′O

La station a été construite en 1977 à la pointe Thomas, dans le but d'y mener des travaux de recherche scientifique et des opérations logistiques associées dans le cadre du Programme antarctique polonais. Depuis cette date, la station a toujours été une station d'hivernage. Elle comporte des dortoirs pour 14 personnes en hiver et jusqu'à 25 en été, des laboratoires biologiques, météorologiques et géophysiques, des entrepôts, un petit hôpital, des réservoirs de carburant à double paroi d'une capacité totale de plus de 1 000 tonnes, des hangars pour embarcations et véhicules terrestres, etc. La station est dotée de deux aires d'atterrissage pour hélicoptères.

• *Station Comandante Ferraz (Brésil)* : 62°05'07''S - 58°23'32''O

La station a été construite en 1984 sur la côte est de la péninsule Keller dans le but de réaliser des travaux de recherche scientifique et les opérations logistiques associées dans le cadre du Programme antarctique brésilien. Son exploitation hivernale a débuté en 1986. Durant l'été 2012, un accident a détruit 70% de la station Ferraz. Actuellement, deux abris, quelques laboratoires isolés, 10 réservoirs de carburant (d'une capacité de 300 000 litres de diesel arctique), deux modules de collecte d'eau douce, et les modules d'urgence antarctique (MAE en portugais) visant à appuyer les opérations brésiliennes et la construction d'une nouvelle station sont disponibles. Les MAE sont composés de 38 modules (qui peuvent accueillir 60 personnes) et qui incluent un laboratoire, des dortoirs, un système de traitement des eaux usées, un système de stockage des déchets solides, des générateurs diesel, etc.

•*Station Machu Picchu (Pérou)* : 62°05'30''S - 58°28'30''O

La station a été construite en 1988 à la pointe Crepin, anse Mackellar. Actuellement, elle n'est exploitée que de manière saisonnière. Cette station se compose de huit modules en métal, comprenant deux dortoirs, une cuisine/salle à manger, un local pour le groupe électrogène, un laboratoire scientifique, une aire de gestion des déchets, un local d'urgence et un local technique. La station est dotée d'une aire d'atterrissage portable pour hélicoptères.

• *Campement Copacabana (États-Unis d'Amérique)* : 62°10'45''S - 58°26'49''O

Il s'agit d'une station d'été composée de trois cabanes en bois pouvant accueillir 4 à 6 personnes, située dans le sud de la pointe Llano. Elle est utilisée chaque été depuis sa construction en 1977 comme base terrestre pour le Programme de recherche sur les oiseaux marins (États-Unis d'Amérique), en étroite collaboration avec la station Arctowski.

• *Abri à la pointe Hennequin (équateur)* : 62° 07' 16''S - 58° 23' 42''O

Cet abri a été construit en 1989 et est, depuis lors, utilisé de temps à autre pendant l'été. Il s'agit d'un point d'appui logistique très important pour les chercheurs qui mènent des activités dans cette région.

(b) Abris d'urgence dans la zone (Fig. 2)

•Trois abris d'urgence brésiliens (Abri I - 62°05'16" S, 58°23'43" O, Abri II - 62°04'24" S, 58°25'10" O, Abri Ipanema - 62°05'10" S, 58°25'3'' O), et le module scientifique brésilien sur la péninsule Keller (62°05'28'' S, 58°24'15'' O);

• un abri polonais à la pointe Demay servant de campement durant l'été (62°13'2,9''S, 58°26'32,27" O);

• un abri polonais (cabane de type « Apple ») dans la Vallée italienne servant de campement durant l'été (62°10'32.3" S, 58°0'49.0" O).

(c) vestiges historiques dans la zone

• SMH no 51 Tombe de Puchalski près de la station Arctowski (62°13'S 58°28'O) (Fig. 2);

• vestiges de la cabane italienne Campo Bove dans la vallée italienne, anse Ezcurra (62°10'32.3" S,

58°30'49.0" O);

- vestiges d'un vieux baleinier à la station Ferraz, péninsule Keller (62°05'1.0" S, 58°23'30.0" O);

- squelette entier de baleine à la station Ferraz, péninsule Keller (62°05'1.0" S, 58°23'30.0" O);

- barils en bois datant de l'époque de la chasse à la baleine à la pointe Barrel (62°10'00.0" S, 58°35'00.0" O), anse Ezcurra;

- une collection de harpons à baleine ramassés sur les rives de la baie de l'Amirauté et exposés à la station Arctowski;

- un groupe de sept croix et tombes sur la péninsule Keller. Quatre de ces tombes sont des tombes britanniques avec des croix érigées à la mémoire de membres d'expéditions britanniques qui ont péri en mer et sur la glace. Trois croix ont été érigées en l'honneur de membres des forces armées brésiliennes décédés, deux d'entre elles rendant hommage aux militaires brésiliens morts dans l'incendie de la station Ferraz;

- une croix en bois à la colline Flagstaff (62°04'52.8" S, 58°24'14.0" O) sur la péninsule Keller.

6(iv) Zones d'accès restreint et gérées à l'intérieur de la zone

Trois types de zones de gestion (installations, scientifiques et visiteurs) sont désignés dans la zone.

    a.   Zones d'installations

Les Zones d'installations sont désignées de façons à ce que les installations permanentes et semi-permanentes de la zone soient regroupées à des endroits définis afin de limiter l'impact humain sur les valeurs importantes de la zone. Les Zones d'installations existantes dans la zone sont répertoriées à la section 6(iii) intitulée Structures à l'intérieur de la zone (Fig. 2).

La désignation de nouvelles Zones d'installations doit être occasionnelle et répondre à des objectifs scientifiques et de logistique clairs. Dans la mesure du possible, les nouvelles installations doivent être érigées au sein des Zones d'installations existantes. Les Parties opérant dans la zone sont invitées à partager leurs infrastructures.

    b.   Zones scientifiques

Les Zones scientifiques sont établies pour protéger les valeurs scientifiques et écologiques importantes de la zone contre les perturbations humaines. Ces zones présentent un intérêt scientifique/écologique considérable puisqu'il s'agit de sites de reproduction et/ou de concentrations d'oiseaux et/ou de mammifères, d'aires d'alimentation pour les oiseaux et les mammifères marins, de sites au couvert végétal typique, et de divers habitats marins. Certaines de ces zones, comme le rocher Chabrier et le cap Vaureal, sur la rive orientale de la baie de l'Amirauté, présentent une grande pertinence car elles constituent le seul site de reproduction des cormorans impériaux, des manchots et des pétrels géants, à l'extérieur de la ZSPA n°128, rive occidentale de la baie de l'Amirauté.

Les activités dans toutes les zones doivent être menées avec grande précaution pour éviter ou limiter les perturbations des espèces sauvages, le piétinement de la végétation et l'interférence avec les travaux de recherche en cours.

Zones scientifiques désignées dans la zone (voir Fig. 3, 5 et 6):

A - Lacs d'eau douce autour des stations Arctowski et Ferraz: exemple d'environnement d'eau douce;

B - Vallée italienne (2°10'32.3" S, 58°30'49.0" O): concentration de phoques;

C - Ile Dufayel/anse Ezcurra (62°09'59.4" S, 58°33'29.5" O): concentration de phoques;

D - Station Machu Picchu (62°05'30" S, 58°28'30" O): sites de reproduction de sternes antarctiques et de labbes antarctiques;

D - Pointe Crepin (62°05'28.6" S, 58°28'09.5" O): concentration de phoques et site de reproduction de *Sterna vittata*;

E - Zone nord-ouest de la station Ferraz: concentration de phoques;

F - Zone occidentale de la station Ferraz: concentration de phoques;

G - Zone côtière de l'abri n° 1 (Station Ferraz) à la pointe Plaza (pointe sud de la péninsule Keller, 62°05'27.4" S, 58°24'18.9" O): concentration de phoques et de manchots, site de reproduction du *Larus dominicanus*;

H - Iapnema, côte sud-ouest de la péninsule Keller, emplacement approximatif (62°05'S, 58°26'O): site de reproduction du *Larus dominicanus*, présence de bancs de végétation;

I - Zone côtière jusqu'à 7 m à l'intérieur des terres, nord de la colline de la base « G », au-dessus de la station Ferraz: présence de bancs de végétation;

J - Colline des Croix sur le flanc nord de la station Ferraz, péninsule de Keller (62°05'07" S, 58°23'32" O): concentrations de sternes;

K - Saillie Ullman (anse Martel) (62°04'39.4" S, 58°20'34.5" O): concentration de phoques;

L - Pointe Hennequin (62°07'24.9" S, 58°23'52.3" O): concentration de phoques et localisation de fossiles de plante;

M - Cap Vaureal (62°10'49" S, 58°17'19.5" O) - Rocher Chabrier (62°11'00" S, 58°19'00" O): site de reproduction des manchots, des pétrels géants et des cormorans impériaux;

N - Eaux marines peu profondes jusqu'à 100 m face à : la ZSPA n°128, anses Martel, Mackellar et Ezcurra; Rocher Napier (62°10'00.9" S, 58°26'22.7" O) et anse Monsimet (62°10'49.2" S, 58°33'07.8" O): communautés benthiques variées, expériences scientifiques et concentrations de diverses espèces de poissons adultes et juvéniles;

P - Zone située entre la station Arctowski et la ZSPA no 128 : présence de bancs de végétation;

R - Zone côtière de l'abri n°2 (côte sud-ouest de la péninsule Keller, emplacement approximatif 62°04'20.0" S, 58°25'30.0" O) au sud-est du glacier Domeyco (62°04'00.0" S, 58°25'00.0" O): site de reproduction le plus important de *Larus dominicanus* de la péninsule Keller, concentration de *Sterna vittata*, présence de bancs de végétation;

S - Suivi environnemental à long terme (voir Fig. 4) - Programme de suivi brésilien opérationnel depuis 2002, recourant à de l'équipement d'échantillonnage à distance (petit carottier à boîte), aux véhicules marins téléopérés (ROV) pour l'imagerie et à la plongée sous-marine. Les stations d'échantillonnage ont été sélectionnées en prenant en compte la zone d'impact potentiel de la station Ferraz et trois ou quatre autres stations de référence. Coordonnées approximatives:

62°05'03.78"S, 58°23'12.18"O (profondeur 20-30 m)

62°05'59.94"S, 58°23'34.93"O (profondeur 20-30 m)

62°05'09.00"S, 58°20'59.20"O (profondeur 20-30 m)

62°04'26.00"S, 58°25'24.70"O (profondeur 20-30 m)

62°05'44.76"S, 58°21'48.52"O (profondeur 100 m)

62°06'03.99"S, 58°25'92.33"O (profondeur 100 m)

62°06'63.11"S, 58°27'11.33"O (profondeur 100 m)

62°06'74.74"S, 58°26'21.06"O (profondeur 300 m)

62°07'69.40"S, 58°24'62.52"O (profondeur 300 m)

62°08'87.72"S, 58°23'30.66"O (profondeur 300 m)

62°09'53.22"S, 58°24'27.68"O (profondeur 500 m)

62°10'15.76"S, 58°23'03.80"O (profondeur 500 m)

62°10'74.74''S, 58°23'20.08''O (profondeur 500 m)

Des lignes directrices spécifiques relatives à la conduite à adopter dans les Zones scientifiques sont présentées à l'Annexe F (Directives scientifiques et environnementales).

c. Zones visiteurs

Les Zones visiteurs sont désignées pour gérer les activités des touristes, des expéditions non-gouvernementales et des scientifiques et du personnel des Programmes antarctiques nationaux lorsqu'ils mènent des visites à titre récréatif dans la zone.

Les itinéraires existants à proximité des stations Arctowski et Ferraz réservés aux visiteurs sont présentés aux Fig. 7 et 8. Ces itinéraires permettent d'observer la faune et les installations des stations tout en limitant les perturbations pour les activités de la station et l'environnement, et en évitant toute dégradation des habitats. À l'avenir, des itinéraires réservés aux touristes pourraient être établis à la station Macchu Picchu et au campement Ecuador.

La visite des stations Arctowski et Ferraz est possible avec l'accord préalable du chef de station compétent.

Concernant les visites des modules de laboratoire isolés, des abris et de la zone située derrière la station Ferraz: elles doivent se faire par petits groupes et en compagnie d'un membre du personnel de la station.

Des lignes directrices spécifiques relatives à la conduite à adopter dans les Zones visiteurs sont présentées à l'Annexe E (Code de conduite des visiteurs).

6(v)

Emplacement d'autres zones protégées dans la zone

Les zones ci-après sont actuellement désignées au sein de la ZGSA proposée :

• *ZSPA n° 128 (rive occidentale de la baie de l'Amirauté) :* 62°09'46''S – 62°14'10''S - 58°25'15''O – 58°29'58''O

C'est dans cette zone que le Programme antarctique des États-Unis d'Amérique a mené des études à long terme sur la biologie aviaire et que l'Académie des sciences polonaise a mené des recherches biologiques intensives. Elle figure entièrement au sein de la ZGSA n°1. Une partie de la limite occidentale de la zone (de la pointe Telefon au champ de glace Warszawa - 62°12'S, 58°29'O) est commune à la ZSPA n°128.

•*Site historique n° 51, à la station Arctowski : 62°10'S - 58°28'O:*

Il s'agit de la tombe de Wlodzimierz Puchalski, un photographe et producteur de films documentaires sur la nature, décédé le 19 janvier 1979. Une croix de bronze est établie sur une colline au sud de la station Arctowski, près du dernier endroit où travaillait le photographe. La croix est en fait une sculpture monumentale, ornée d'images artistiques de la faune perçue par l'objectif d'un appareil photo. Sa réalisation revient au célèbre artiste Bronislaw Chromy, un ami proche de Wlodzimierz Puchalski.

6(vi). Emplacement d'autres zones protégées dans la zone ou à proximité

- La ZSPA n°125, Péninsule Fildes, île du Roi George (du 25 mai) et la ZSPA n°150 île Ardley, baie Maxwell, île du Roi Georges (du 25 mai) se situent à environ 27 km à l'ouest de la zone.
- La ZSPA n°132, péninsule Potter, île du Roi George (du 25 mai) se trouve à environ 15 km à l'ouest de la zone.
- La ZSPA n°151, croupe du Lion, île du Roi George, se trouve à environ 20 km à l'est de la zone (voir Fig. 1).

7. Code de conduite général

Le Code de conduite général est un outil proposé pour gérer les activités dans la zone et pour indiquer la marche à suivre dans le cadre des opérations logistiques et de recherche en cours et à venir menées par les Parties, les voyagistes et les autres organisations opérant dans la zone. Un Code de conduite des visiteurs et des Directives scientifiques et environnementales figurent aux Annexes E et F.

7(i) Accès à la zone et déplacements à l'intérieur et au-dessus de celle-ci

L'accès à la zone se fait par navire ou par yacht, et plus rarement par hélicoptère. Il n'y a pas d'aire d'atterrissage pour les aéronefs à voilure fixe dans la zone.

• Aucune restriction relative au passage des navires dans la zone n'est d'application, mais le mouillage ne peut se faire dans les parties des Zones scientifiques ou dans les zones de suivi environnemental (Fig. 3 et 4). Si le mouillage à proximité de la station Ferraz est indispensable, il doit se faire face à la station au 62°05,111 S, 58°22,565 S (profondeur 50-60 m) ou entre la pointe Botany et la saillie Ullman au 62°05,735 S, 58°20,968 O (emplacement approximatif);

• Aucune restriction concernant le débarquement de petites embarcations sur les plages situées en dehors de la ZSPA n°128 n'est d'application. Durant les débarquements, il faut veiller à ne pas perturber les oiseaux et les phoques. Il convient de faire preuve d'une extrême prudence lors des tentatives d'atterrissage dans les zones où des roches immergées sont présentes. Les sites d'atterrissage recommandés pour les personnes visitant les stations de la baie de l'Amirauté sont répertoriés à la Fig. 3;

• Les opérations de survol par des aéronefs à voilure fixe et les hélicoptères doivent impérativement se conformer aux « Lignes directrices pour les aéronefs à proximité des concentrations d'oiseaux » figurant à la Résolution 2 (2004). Le survol des colonies fauniques doit être évité dans toute la zone. Des restrictions de survol spécifiques sont d'application dans la ZSPA n°128 et sont indiquées au présent plan de gestion.

• Les sites d'atterrissage d'hélicoptères sont les suivants: station Arctowski (62°09′34′′S, 58°28′15′′W), station Ferraz (62°05′07″ S, 58°23′32″W), station Machu Picchu (62°05′30″ S, 58°28′30″ W). L'atterrissage au campement Copacabana, qui se trouve au sein de la ZSPA n°128, est interdit sauf en cas d'urgence.

• Sauf en cas d'urgence ou durant les inspections effectuées en vertu de l'Article VII du Traité sur l'Antarctique, les hélicoptères assurant le transport de scientifiques et de visiteurs à destination et en provenance des stations Arctowski, Ferraz et Machu Picchu ainsi que du campement Ecuador doivent notifier bien à l'avance l'heure prévue de leur arrivée au chef de station/campement concerné. Ils doivent atterrir uniquement sur les aires d'atterrissage d'hélicoptères indiquées à chacune des stations. Il n'y a pas d'installation de ravitaillement en carburant aux stations ;

• Les déplacements sur terre à l'intérieur de la zone doivent de préférence se faire à pied, mais des véhicules terrestres peuvent être utilisés à des fins scientifiques ou logistiques dans certaines zones d'installations (Station Arctowski - de la pointe Thomas à la pointe Shag, station Ferraz - de l'enceinte principale de la station aux abris de la péninsule Keller, et aux laboratoires modulaires isolés situés autour de l'enceinte principale, station Machu Picchu - dans l'enceinte principale de la station) ;

• Des motoneiges peuvent être utilisées à des fins scientifiques ou logistiques dans les parties glacées de la zone, et dans toute la zone durant l'hiver ;

• L'utilisation de véhicules terrestres est réglementée par les chefs de stations, et doit se faire en veillant à perturber le moins possibles la faune, le sol et les zones de végétation. Il faut utiliser, dans la mesure du possible, les sentiers déjà existants ;

• Dans la mesure du possible, les déplacements à l'intérieur des Zones scientifiques sont réservés qu'aux seules personnes menant des activités de recherche scientifique ou de soutien logistique essentiel. Tous les déplacements doivent s'effectuer avec prudence pour réduire au minimum les perturbations causées aux animaux, aux sols et aux aires de végétation ;

• Les touristes et les autres visiteurs se déplaçant à l'intérieur des zones visiteurs des stations Arctowski et Ferraz doivent, dans la mesure du possible, emprunter les itinéraires indiqués aux Figures 7 et 8. Ces itinéraires permettent d'observer la faune et la flore, tout en limitant les impacts sur l'environnement ;

• Des lignes directrices spécifiques visant à réglementer l'accès aux Zones scientifiques et les déplacements à l'intérieur de celles-ci figurent à l'Annexe F. Des lignes directrices réglementant l'accès à la ZSPA n°128 et les déplacements à l'intérieur de celle-ci figurent au présent plan de gestion.

7 (ii) Activités pouvant être menées dans la zone qui ne porteront pas atteinte aux valeurs de la zone et qui sont compatibles avec le Code de conduite :

• Les recherches scientifiques ou le soutien logistique aux recherches scientifiques qui ne mettront pas en péril les valeurs de la zone;

• les visites touristiques ou les expéditions privées compatibles avec les dispositions du présent plan de gestion, les Directives scientifiques et environnementales et le Code de conduite des visiteurs;

• les activités de gestion, y compris l'entretien ou l'enlèvement d'installations et le suivi de la mise en œuvre du présent plan de gestion ;

• Activités audiovisuelles, artistiques, pédagogiques ou toute autre visite officielle au titre des programmes nationaux.

• L'exploitation commerciale de la faune et de la flore marine, qui doit se faire en coordination avec les activités de recherche et autres qui sont en cours, et qui pourrait donner lieu à l'élaboration d'un plan et de lignes directrices visant à garantir que les activités d'exploitation ne présentent aucun risque significatif pour les autres valeurs importantes de la zone.

Toutes les activités dans la zone doivent être menées de manière à limiter les impacts sur l'environnement. Les lignes directrices spécifiques relatives à la façon de mener des activités dans la zone, y compris dans les zones scientifiques, figurent aux Annexes E et F, et dans le plan de gestion de la ZSPA n°128, rive occidentale de la baie de l'Amirauté.

7(iii) Installation, modification ou enlèvement de structures

L'installation de nouvelles stations/nouveaux abris et leurs modifications, ou l'enlèvement d'installations déjà existantes ou d'autres installations dans la zone ne doivent se faire qu'après consultation avec les Parties qui mènent des programmes de recherche dans la zone, et ce en conformité avec les dispositions de l'Article 8 et de l'Annexe 1 du Protocole relatif à la protection de l'environnement et du présent plan de gestion, d'une manière qui ne porte pas atteinte aux valeurs de la zone. Les installations existantes et les sites d'installations doivent être réutilisés autant que faire se peut, et le partage des installations entre les Programmes antarctiques nationaux est encouragé.

Dans la mesure du possible, aucune structure permanente ou semi-permanente ne doit être érigée en dehors des Zones d'installations, à moins qu'elle ne soit petite et ne présente aucun danger significatif pour les valeurs significatives de la zone.

Le matériel scientifique installé dans la zone doit être clairement identifié par pays, nom du chercheur principal, coordonnées des personnes à contacter et date d'installation. Ces objets ne doivent pas contenir d'organisme, de propagule (par ex. semence, œuf) ou de terre non-stérilisée et doivent être formés de matériaux résistants aux conditions environnementales et présentant un risque minimal de contamination ou de dommage pour les valeurs de la zone. Tout le matériel et tous les matériaux associés doivent être enlevés lorsqu'ils ne sont plus utilisés.

Avant la construction de nouvelles installations dans la zone, les Programmes antarctiques nationaux doivent échanger des informations par le biais du coordinateur de la ZGSA dans le but de partager les installations déjà existantes et d'ainsi limiter l'établissement de nouvelles structures.

7(iv) Emplacement des camps

Les campements doivent être installés aussi loin que possible sur des sites ne comportant aucune végétation, tels que les champs de cendres arides, les versants ou les plages, ou encore sur une épaisse couche de neige ou de glace lorsque les conditions le permettent, et doivent également éviter les sites de reproduction et de concentration des mammifères et des oiseaux. Les sites antérieurement occupés doivent être réutilisés, si possible.

L'emplacement des campements doit être enregistré et l'échange d'informations doit se faire par le biais du coordinateur de la ZGSA.

7(v) Prélèvement de végétaux et capture d'animaux ou perturbations nuisibles à la faune et la flore

Toute capture ou perturbation nuisible à la faune et la flore indigènes est interdite, sauf avec un permis délivré conformément aux dispositions de l'Article 3 de l'Annexe V au Protocole au Traité sur l'Antarctique relatif à la protection de l'environnement. Dans le cas de captures ou de perturbations nuisibles d'animaux, le *Code de conduite du SCAR pour l'utilisation d'animaux à des fins scientifiques dans l'Antarctique* doit être utilisé comme norme minimale.

La capture d'organismes marins à des fins scientifiques doit être limitée au minimum strictement nécessaire pour atteindre l'objectif de la recherche. Les méthodes invasives telles que le dragage, l'accaparement, le chalutage, etc. doivent être utilisées de manière modérée et avec grande précaution.

Les opérations sismiques doivent être évitées, en particulier si elles impliquent l'utilisation d'explosifs. L'échantillonnage géologique des sédiments des fonds marins, en particulier dans les eaux peu profondes, doit être effectué avec le plus grand soin de manière à limiter les impacts négatifs sur l'environnement ou l'interférence avec d'autres travaux de recherche scientifique sur l'écologie benthique en cours.

Les coordonnées des sites sur lesquels sont utilisées des méthodes invasives doivent être enregistrées, et l'échange d'informations doit se faire par le biais du coordinateur de la ZGSA.

L'exploitation de la faune et de la flore marines doit être effectuée conformément aux dispositions du présent plan de gestion et en tenant dûment compte des valeurs scientifiques et environnementales importantes de la zone. Toute personne prévoyant de mener des activités d'exploitation commerciale des ressources marines dans la zone doit d'abord soumettre sa proposition à la CCAMLR. Les activités décrites dans la proposition ne peuvent être entreprises qu'avec l'approbation préalable de la CCAMLR.

7(vi) Restrictions sur les matériaux et organismes pouvant être introduits dans la zone

Toutes les activités dans la zone doivent être préparées de manière à éviter l'introduction d'espèces non indigènes ou leur transfert entre les différents sites de l'Antarctique.

Aucun animal, aucune matière végétale et aucun microorganisme vivant ne doit être délibérément introduit dans la zone, sauf sur délivrance d'un permis conforme à l'Annexe II au Protocole au Traité sur l'Antarctique relatif à la protection de l'environnement.

Le Manuel sur les espèces non indigènes (Résolution 6, 2011) doit être employé afin de limiter les risques d'introductions accidentelles.

Les Programmes antarctiques nationaux, les voyagistes et les organisations opérant dans la zone doivent informer tous les visiteurs (scientifiques, personnel des stations, équipage des navires, membres des tour-opérateurs, touristes, etc.) des risques liés à l'introduction accidentelle d'espèces non indigènes et des méthodes utilisées pour réduire la probabilité de ce type d'introduction.

Les Programmes antarctiques nationaux, les voyagistes et les organisations opérant dans la zone doivent, dans la mesure du possible, limiter l'importation dans la zone de bois, sable, agrégat et gravier non traités.

Les Programmes antarctiques nationaux, les voyagistes et les organisations opérant dans la zone doivent, dans la mesure du possible, contrôler les cargaisons, la nourriture et l'équipement amenés dans la zone afin de déceler la présence d'espèces non indigènes et de propagules. Les Programmes antarctiques nationaux doivent également inspecter périodiquement les installations de la zone.

Les visiteurs doivent prendre des précautions particulières contre l'introduction d'espèces non indigènes. Dans toute la mesure possible, les chaussures, les vêtements de dessus, les sacs à dos, ainsi que tout autre équipement utilisé ou apporté dans la zone, doivent être minutieusement nettoyés avant d'entrer dans la zone. Les personnes visitant les sites où l'espèce d'herbe non indigène *Poa anuua* est présente doivent être particulièrement vigilantes.

Au vu du niveau élevé de benthos marin endémique présent en Antarctique, les Programmes antarctiques nationaux, les voyagistes et les organisations opérant dans la zone doivent veiller, dans la mesure du possible, à limiter les risques d'introduction de larves d'invertébré marin dans les eaux de lest. Les Directives d'ordre pratique pour l'échange d'eau de lest (Résolution 3, 2006) doivent être consultées.

Les volailles parées doivent être dépourvues de maladies ou d'infections avant leur arrivée dans la zone et, lorsqu'elles sont introduites dans la zone à des fins alimentaires, toutes les parties et les déchets de volailles doivent être totalement retirés de la zone, incinérés, ou bouillis suffisamment longtemps pour tuer les éventuelles bactéries infectieuses ou les virus. Il faut veiller à ce que la faune ne soit pas en contact avec la nourriture ou les déchets de nourriture.

Si des espèces non indigènes sont observées dans la zone, les autorités compétentes doivent en être notifiées, et un rapport doit être soumis au coordinateur de la ZGSA et au Groupe de gestion de la ZGSA.

Ce dernier, ainsi que les autres Parties et organisations, doivent, le cas échéant, procéder à un échange d'informations concernant la découverte et la répartition de toute espèce non indigène dans la zone, les résultats des programmes de suivi, et les méthodes appliquées pour limiter le risque de leur introduction accidentelle. Des politiques de confinement ou d'éradication d'espèces non indigènes doivent être débattues et élaborées dès que possible.

7 (vii). Ramassage ou enlèvement de toute chose qui n'a pas été apportée dans la zone

Les matériaux ne doivent être ramassés et enlevés de la zone qu'à des fins scientifiques, de gestion ou pédagogiques, et doivent se limiter au minimum nécessaire pour répondre à ces besoins.

Des souvenirs, en particulier les roches, les minéraux, les fossiles, les œufs, la flore et la faune, ou tout autre matériau, n'ayant pas été apportés dans la zone par le visiteur, ne peuvent ni être ramassés ni être enlevés de la zone.

L'enlèvement de matériaux du site tels que les déchets sur les plages, ou des vestiges ou objets abandonnés lors d'activités antérieures peut être autorisé. Les vestiges et les objets historiques ne peuvent être enlevés qu'à des fins scientifiques indispensables. Les spécimens morts ou pathologiques de la faune ou de la flore ne doivent être enlevés qu'à des fins scientifiques, avec un permis spécifique, car ils servent de nourriture aux mammifères et aux oiseaux.

7 (viii) Élimination des déchets

L'élimination des déchets produits par les programmes de recherche scientifique, le tourisme et toutes les autres activités gouvernementales et non gouvernementales menés dans la ZGSA doit s'effectuer conformément aux dispositions de l'Annexe III au Protocole au Traité sur l'Antarctique relatif à la protection de l'environnement.

Tous les déchets, autres que les déchets liquides ménagers et humains, doivent être enlevés de la zone. Les déchets d'origine humaine et les déchets liquides ménagers peuvent être enlevés de la zone ou jetés à la mer.

7(ix) Rapports de visites

Des rapports relatifs aux activités menées dans la zone qui ne sont pas déjà soumises aux critères d'élaboration de rapport doivent, autant que possible, être soumis au coordinateur de la ZGSA. Celui-ci doit les conserver et les communiquer aux Parties intéressées.

8. Échange d'informations avancé

Les Parties opérant dans la zone doivent, dans la mesure du possible, procéder à un échange d'informations relatives à leurs activités par le biais du coordinateur de la ZGSA dans le but de faciliter une plus grande coordination entre leurs programmes de recherche respectifs, d'élargir la coopération et de limiter les impacts cumulatifs éventuels.

Les Parties qui ont l'intention de mener, de soutenir ou d'autoriser des travaux de recherche ou d'autres activités dans la zone sont priées d'informer le plus tôt possible le coordinateur de la ZGSA des activités auxquelles elles envisagent de se livrer. Le coordinateur doit communiquer les informations au Groupe de gestion et aux autres Parties intéressées. Des copies des permis délivrés pour autoriser l'accès à une zone protégée désignée à l'intérieur de la ZGSA doivent également être fournies au coordinateur de la ZGSA. Celui-ci doit tenir à jour un registre des notifications et apporter des informations s'il y a lieu.

Toutes les expéditions d'ONG ou de touristes (affiliées ou non à l'IAATO) prévoyant de mener des activités dans la zone doivent, dans la mesure du possible, fournir préalablement les détails des visites prévues au coordinateur de la ZGSA.

Toute personne prévoyant de mener des activités d'exploitation des ressources marines dans la zone doit, dans la mesure du possible, préalablement informer le coordinateur de la ZGSA de l'emplacement, de la durée et du caractère de ces activités. L'exploitation commerciale spécifiée dans la proposition ne peut être entreprise qu'après les procédures de révision désignées par la CCAMLR.

9. Documents complémentaires et bibliographie sélective

Manuel sur les espèces non indigènes Résolution 6 (2011) – XXXIVe RCTA – XIVe CPE, Buenos Aires (disponible uniquement en anglais sur: *http://www.ats.aq/documents/atcm34/ww/atcm34_ww004_e.pdf*)

Lignes directrices pour les aéronefs à proximité des concentrations d'oiseaux en Antarctique. Résolution 2 (2004) – XXVIIe RCTA – VIIe CPE, Le Cap (disponible sur: http://www.ats.aq/documents/recatt/Att224_f.pdf)

Listes de vérification pour les gestionnaires de la chaîne d'approvisionnement des programmes antarctiques nationaux pour la réduction du risque de transfert d'espèces non-indigènes du COMNAP / SCAR - XXXIVe RCTA/ XIVe CPE, Buenos Aires (disponible sur https://www.comnap.aq/Shared%20Documents/checklistsbrochure.pdf)

Directives d'ordre pratique pour l'échange d'eau de lest dans la Zone du Traité sur l'Antarctique. Résolution 3 (2006) - XXIXe RCTA - IXe CPE, Édimbourg (disponible sur: *http://www.ats.aq/documents/recatt/att345_f.pdf*)

Code de conduite du Comité scientifique pour la recherche en Antarctique (SCAR) pour l'utilisation d'animaux à des fins scientifiques (disponible en anglais sur: http://www.scar.org/treaty/atcmxxxiv/ATCM34_ip053_e.pdf)

Code de conduite environnemental du SCAR pour la recherche scientifique terrestre en Antarctique. (disponible sur http://www.scar.org/researchgroups/lifescience/Code_of_Conduct_Jan09.pdf).

Lignes directrices générales pour les visiteurs de l'Antarctique. Résolution 3 (2011) – XXXIVe RCTA – XIVe CPE, Buenos Aires (disponible sur: http://www.ats.aq/documents/recatt%5Catt483_f.pdf)

A proposal prepared by Brazil and Poland, in coordination with Ecuador and Peru, that Admiralty Bay, King George Island South Shetland Islands be designated as an Antarctic Specially Managed Area (ASMA) 1996. Agenda item 20a XX ATCM WP 15 (Rev).

Guide to the Preparation of Management Plans for Antarctic Specially Protected Areas, appended to

Resolution 2 (1998) of Antarctic Treaty Consultative Meeting XXII.

Final Report of the Twelfth Antarctic Treaty Special Consultative Meeting. The Haque, 11-15 September 2000 Management Plan for Site of Special Scientific Interest N° 8 (ASPA 121), Western shore of Admiralty Bay, King George Island, South Shetland islands, 68-73.

Rapport final de la douzième Réunion consultative extraordinaire du Traité sur l'Antarctique. The Haque, 11-15 September 2000 Management Plan for Site of Special Scientific Interest No.34. (ASPA 151) Lions Rump, King George Island, South Shetland Islands, 95-102.

ALBUQUERQUE, M.P.; VICTORIA, F.C.; SCHUNEMANN, A.L.; PUTZKE, J.; GUNSKI, R.J.; SEIBERT, S.; PETRY, M.V.; PEREIRA, A.B. 2012. Plant Composition of Skuas Nests at Hennequin Point, King George Island, Antarctica. American Journal of Plant Sciences 3: 688-692.

ANGIEL, P.J.; KORCZAK M. 2008. Comparison Of Population Size of Penguins Concerning Present And Archive Data From ASPA 128 and ASPA 151 (King George Island). Scientific Committee on Antarctic Research (SCAR), International Arctic Science Committee (IASC), Polar Research. In St. Petersburg, Russia. 8 - 11 juillet 2008: SCAR/IASC IPY. Conférence scientifique publique.

•AUGUSTYNIAK-KRAM, A.; CHWEDORZEWSKA, K.J.; KORCZAK-ABSHIRE, M.; OLECH, M.; LITYŃSKA-ZAJĄC, M. 2013. An analysis of fungal propagules transported to the *Henryk Arctowski* Stadion. Polish Polar Research, 34, 269-278

•AQUINO, F.E.; FERRON, F.A.; SIMÕES, J.C.; SETZER, A.W. 2001. Série temporal de temperatura média em superfície na Ilha Rei George. Revista do Departamento de Geografia/USP 14: 25-32.

•BATTKE, Z.; MARSZ A.; PUDEŁKO, R. 2001. Procesy deglacjacji na obszarze SSSI No. 8 i ich uwarunkowania klimatyczne oraz hydrologiczne (zatoka Admiralicji, Wyspa Króla Jerzego, Szetlandy Południowe). Problemy Klimatologii Polarnej 11: 121–135.

•BÍCEGO, M.C.; ZANARDI-LAMARDO, E.; WEBER, R.R. 2003. Four-year of dissolved/dispersed petroleum hydrocarbons on surface waters of Admiralty Bay, King George Island, Antarctica. Revista Brasileira de Oceanografia 51: 33-38.

BIRKENMAJER, K. 2001. Geological results of the Polish Antarctic Expeditions (part XIII). Studia Geologica Polonica 118.

•BIRKENMAJER K. 2002 Retreat of Ecology Glacier, Admiralty Bay, King George Island (South Shetland Islands, West Antarctica), 1956-2001. Bulletin. of the Polish Academy of Sciences 50,1: 15-29.

BIRKENMAJER, K. 2003. Admiralty Bay King George Island, South Shetland Islands, West Antarctica. Geological Cross-sections and geological mao. Studia Geologica Polonica 120.

•BIRKENMAJER, K. 2008. Geological results of the Polish Antarctic Expeditions (part XV). Studia Geologica Polonica 128.

•BIRKENMAJER, K.; GAZDZICKI, A.; KRAJEWSKI, A.; PRZYBYCIN, A.; SOLECKI, A.; TATUR, A.; YOON IL. 2005. First Cenozoic glaciers in West Antarctica. Pol. Polar Res 26,1: 3-12.

•BRANCO, J.O.; COSTA, E.S.; ARAUJO, J.; DURIGON, E., ALVES, M.A.S. 2009. Kelp gulls, *Larus dominicanus* (Aves: Laridae), breeding in Keller Peninsula, King George Island, Antarctic Peninsula. Zoologia (Curitiba, Impresso) 26: 562-566.

•CAMPOS, L.S.; BARBOZA, C.A.M.; BASSOI, M.; BERNARDES, M.; BROMBERG, S.; CORBISIER, T.; FONTES, R.C.; GHELLER, P.F.; HAJDU, E.; KAWALL, H.G.; LANGE, P.K.; LANNA, A.M.; LAVRADO, H.P.; MONTEIRO, G.C.S.; MONTONE, R.; MORALES, T.; MOURA, R.B.; NAKAYAMA, C.R.; OACKES, T.; PARANHOS, R.; PASSOS, F.D.; PETTI, M.A.V.; PELLIZARI, V.H.; REZENDE, C.E.; RODRIGUES, M.; ROSA, L.H.; SECCHI, E.; TENENBAUM, D.R.; YONESHIGUE-VALENTIN, Y. 2013. Environmental processes, biodiversity and changes in Admiralty Bay, King George Island, Antarctica. Dans: VERDE, C.; DI PRISCO, G. (eds). Adaptation and evolution in marine environments - The impact of global change on biodiversity, Vol.2. Series "From Pole to Pole", Springer-Verlag Berlin Heidelberg: 127-156.

•CAMPOS, L.S.; MONTONE, R.C.; MOURA, R.B.; YONESHIGUE-VALENTIN, Y.; KAWALL, H.G.; CONVEY, P. 2013. Anthropogenic impacts on sub-Antarctic and Antarctic islands and the adjacent marine environments In: VERDE, C.; DI PRISCO, G. (eds) Adaptation and evolution in marine environments - The impact of global change on biodiversity, Vol.2. Series "From Pole to Pole", Springer-Verlag Berlin Heidelberg: 177-203.

•CCAMLR. 2012a. Schedule of Conservation Measures in force 2012/2013 season. CCAMLR, Hobart, Australia.

•CCAMLR. 2012b. Statistical Bulletin Vol. CCAMLR, Hobart, Australia.

•CHWEDORZEWSKA, K.J. 2008. *Poa annua* L. in Antarctic: searching for the source of introduction. Polar Biology 31: 263-268.

•CHWEDORZEWSKA, K.; KORCZAK-ABSHIRE, M.; OLECH M.; LITYŃSKA-ZAJĄC, M.; AUGUSTYNIUK-KRAM, A. 2013. Alien invertebrates transported accidentally to the Polish Antarctic Station in cargo and on fresh food. Polish Polar Research, 34, 55-66

•CIAPUTA, P.; SALWICKA, K. 1997. Tourism at Antarctic Arctowski Station 1991-1997. Policies for better management. Polish Polar Research 18(3-4): 227-239.

•CIAPUTA, P.; SIERAKOWSKI K. 1999. Long-term population changes of Adelie, chinstrap, and gentoo penguins in the regions of SSSI No. 8 and SSSI No. 34, King George Island, Antarctica. Polish Polar Research 20 (4): 355-365.

•CORBISIER, T.N.; PETTI, M.A.V.; SKOWRONSKI, R.S.P.; BRITO, T.A.S. 2004. Trophic relationships in the nearshore zone of Martel Inlet (King George Island, Antarctica): 13C stable isotope analysis. Polar Biology 27 (2): 75-82.

•COSTA, E.S.; ALVES, M.A.S. 2008. The breeding birds of Hennequin Point: an ice-free area of Almiralt Bay (Antarctic Specially Managed Area), King George Island, Antarctic. Revista Brasileira de Ornitologia, 16: 137-141.

•DANI, N.; SIMÕES, J.C.; ARIGONY NETO, J.; AHLERT, S.A. 2004. Geographical Information System applied to the Antarctic Specially Managed Area (ASMA) of Admiralty Bay. Terra Nostra 4: 349-350.

•ECHEVERRÍA, C.A.; LAVRADO, H.P.; CAMPOS, L. S.; PAIVA, P.C. 2009. A new mini box corer for sampling muddy bottoms in Antarctic shallow waters. Brazilian Archives of Biology and Technology 52: 629-636.

•FILGUEIRAS, V.L.; CAMPOS, L. S.; LAVRADO, H.P.; FRENSEL, R.; POLLERY, R. C. G. 2007. Vertical distribution of macrobenthic infauna from the shallow sublittoral zone of Admiralty Bay, King George Island, Antarctica. Polar Biology 11: 1439-1447.

•FRASER, R.W.; HOFMANN, E.E. 2003. A predatoe's perspective on casual links between climate change, physical forcing and ecosystem response. Mar. Ecol. Prog. Series, 265: 1-15.

•HARRIS, C.M. 1991. Environmental management on King George Island, South Shetland Islands, Antarctica. Polar Record 27, n 16: 1-24.

•HEADLAND, R.K.; KEAGE, P.L. 1985. Environmental management on King George Island, South Shetland Islands, Antarctica. Polar Record 22 (140): 475-484.

•JAŻDŻEWSKI, K.; DE BROYER, C.; PUDLARZ, M.; ZIERLIŃSKI, D. 2001. Seasonal fluctuations of vagile benthos in the uppermost sublittoral of a maritime Antarctic fjord. Polar Biology 24: 910-917.

•KEJNA, M. 1999. Air temperature on King George Island, South Shetlands, Antarctica. Polish Polar Research 20, 3: 183-201.

•KITTEL, P. 2001. Inventory of whaling objects on the Admiralty Bay shores (King George Island, South Shetland Islands) in the years 1996-1998. Polish Polar Research: 45-70.

•KORCZAK-ABSHIRE, M.; LEES, A.C.; JOJCZYK, A. 2011. First documented record of Barn Swallow

Hirundo rustica in the Antarctic. Polish Polar Research 32 (4): 355-360.

●KORCZAK-ABSHIRE, M.; CHWEDORZEWSKA, K.J.; WĄSOWICZ. P.; BENDAREK, P. 2012. Genetic structure of declining chinstrap penguin (Pygoscelis antarcticus) populations from South Shetland Islands (Antarctica). Polar Biology 35, Issue 11: 1681-1689.

●KULESZ, J. 1999. Ichthyofauna of lagoons of the Admiralty Bay (King George Island, Antarctica) in 1997. Polish Archives of Hydrobiology 46, 2: 173-184.

●LANGE, P.K.; TENENBAUM, D.R.; BRAGA, E.S.; CAMPOS, L. S. 2007. Microphytoplankton assemblages in shallow waters at Admiralty Bay (King George Island, Antarctica) during the summer 2002-2003. Polar Biology 30: 1483-1492.

●LAPAG – Laboratório de Pesquisas Antárticas e Glaciológicas. 2003. CD-Room. Projeto Integração de dados ambientais da área AAEG da Baía do Almirantado. Porto Alegre.UFRGS.

●LITYŃSKA-ZAJĄC M.; CHWEDORZEWSKA, K.; OLECH, M.; KORCZAK-ABSHIRE, M.; AUGUSTYNIUK-KRAM, A. 2012. Diaspores and phyto-remains accidentally transported to the Antarctic Station during three expeditions. Biodiversity and Conservation 21: 3411-3421.

●LYNCH, H.J.; NAVEEN, R.; FAGAN, W.F. 2008. Censuses of penguin, blue-eyed shag, *Phalacrocorax atriceps*, and southern giant petrel, *Macronectes giganteus* populations on the Antarctic Peninsula, 2001-2007. Mar. Ornithology, 36: 83-97.

●MAJEWSKI, W. 2005. Benthic foraminiferal distribution and ecology in Admiralty Bay, King George Island, West Antarctica. Polish Polar Research, vol. 26, no. 3, pp. 159–214, 2005.

●MAJEWSKI, W.; LECROQ, B.; SINNIGER. F.; PAWŁOWSKI, J. 2007.Monothalamous foraminifera from Admiralty Bay, King George Island, West Antarctica. Polish Polar Research, 28, 187–210.

●MAJEWSKI, W.; OLEMPSKA, E. 2005. Recent ostracods from Admiralty Bay, King George Island, West Antarctica. Polish Polar Research, 26,1 13-36, 187–210.

●MAJEWSKI, W.; TATUR, A. 2009. *Criboelphdium webbi* sp. Nov.: A new Antarctic foraminifer species for detecting climate changes in sub Recent glacier – proximal sediments. Antarctic Science 21,5: 439-448

●MARTINS, C.C.; VENKATESAN, M.I.; MONTONE, R.C. 2002. Sterols and linear alkyl benzenes in marine sediments from Admiralty Bay, Antarctica. Antarctic Science 14 (3): 244-252.

●MARTINS, C.C.; BÍCEGO, M.C.; TANIGUCHI, S.; MONTONE, R.C. 2004. Aliphatic (Ahs) and Aromatic Hydrocarbons (PAHs) in surface sediments in Admiralty Bay, King George Island, Antarctica: A regional survey of organic contaminants resulting from human activity. Antarctic Science 16 (2): 117-122.

●MONTONE, R.C.; TANIGUCHI, S.; WEBER, R.R. 2003. PCBs in the atmosphere of King George Island, Antarctica. The Science of the Total Environment 308: 167-173.

●MONTONE, R.C.; MARTINS, C.C.; BÍCEGO, M.C.; TANIGUCHI, S.; SILVA, D.A.M.; CAMPOS, L.S.; WEBER, R.R. 2010. Distribution of sewage input in marine sediments around a maritime Antarctic research station indicated by molecular geochemical indicators. Science of the Total Environment 408: 4665–4671.

●MONTONE, R.C.; ALVAREZ, C.E.; BÍCEGO, M.C.; BRAGA, E.S.; BRITO, T.A.S.; CAMPOS, L.S.; FONTES, R.F.C.; CASTRO, B.M.; CORBISIER, T. N.; EVANGELISTA, H.; FRANCELINO, M.; GOMES, V.; ITO, R.G.; LAVRADO, H.P.; LEME, N.P. ; MAHIQUES, M.M.; MARTINS, C. C.; NAKAYAMA, C. R.; NGAN, P.V.; PELLIZARI, V.H.; PEREIRA, A.B.; PETTI, M.A. V.; SANDER, M.; SCHAEFER, C.E.G.R.; WEBER, R.R. 2013. Chapter 9- Environmental Assessment of Admiralty Bay, King George Island, Antarctica. Dans: VERDE, C.; DI PRISCO, G. (Eds.). Adaptation and Evolution in Marine Environments 157, Vol. From Pole to Pole. From Pole to Pole. Springer-Verlag Berlin Heidelberg: 157-175.

●MORGAN, F.; BARKER, G.; BRIGGS, C.; PRICE, R.; KEYS, H. 2007. Environmental Domains of Antarctica Version 2.0 Final Report, Manaaki Whenua Landcare Research New Zealand Ltd. 89 pp.

●NAVEEN, R.; FORREST, S.C.; DAGIT R.G.; BLIGHT, L.K.; TRIVELPIECE, W.Z.; TRIVELPIECE, S.G.

2000. Census of penguin, blue-eyed shag, and southern giant petrel populations in the Antarctic Peninsula region, 1994-2000. Polar Record, 36: 323-334.

•NONATO, E.F.; BRITO, T.A.S.; PAIVA, P.C.D.; PETTI, M.A.V.; CORBISIER, T. N. 2000. Benthic megafauna of the nearshore zone of Martel Inlet (King George Island, South Shetland Islands, Antarctica): depth zonation and underwater observations. Polar Biology 23: 580-588.

•et Uhle, M. 1996. Human impact on terrestrial ecosystems in west Antarctic. Proceed. Of the NIPR Symp. Polar Biology 9: 299-306.

•OLECH M.; CHWEDORZEWSKA, K.J. 2011. The first appearance and establishment of an alien vascular plant in natural habitats on the forefield of a retreating glacier in Antarctica. Antarctic Science 23: 153-154.

•OLECH, M. 2002. Plant communities on King George Island. Geoecology of Antarctic Ice-Free Coastal Landscapes: 215-231.

•OLECH, M,; MASSALSKI, M.. 2001. Plant colonization and community development on the Sphinx Glacier forefield. Geographia 25: 111–119.

•OSYCZKA, P.; MLECZKO, P.; KARASIŃSKI, D.; CHLEBICKI, A. 2012. Timber transported to Antarctica: a potential and undesirable carrier for alien fungi and insects. Biological Invasions 14: 15-20.

•PUDEŁKO, R. 2007. Orthophotomap Western Shore of Admiralty Bay, King George Island, South Shetland Islands. Warsaw, Poland: Dept. Antarctic Biology PAS.

•PUTZKE, J.; PEREIRA, A.B. 1990. Mosses of King George Island, Antarctica. Pesquisa Antartica Brasileira 2 (1): 17-71.

•PRESLER, P.; FIGIELSKA, E. 1997. New data on the Asteroidea of Admiralty Bay, King George Island, South Shetland Islands. Polish Polar Research 18 (2): 107-117.

•PRUSZAK, Z. 1980. Currents circulation of water of Admiralty Bay (region of Arctowiski Station on King George Island). Polish Polar Research 1: 55-74.

•RAKUSA-SUSZCZEWSKI, S. 1995. The hydrography of Admiralty Bay and its inlets, coves and lagoons (King George Island, Antarctica). Polish Polar Research 16: 61-70.

•RAKUSA-SUSZCZEWSKI, S. 1996. Spatial and seasonal variability of temperature and salinity in Bransfield Strait and Admiralty Bay, Antarctica. Polish Polar Research 17: 29-42.

•RAKUSA-SUSZCZEWSKI, S. 2002. King George Island – South Shetland Islands, Maritime Antarctic Ecological Studiem, vol. 154. Beyer, L.; Bolter, M. (eds.) Geoecology of Antarctic Ice-Free Coastal Landscapes. Sprinter-Verlag Berlin Heidelberg: 23-39.

•ROBAKIEWICZ, M.; RAKUSA-SUSZCZEWSKI, S. 1999. Aplication of 3D Circulation Model on Admiralty Bay. Polish Polar Research 1.

•SALWICKA, K.;SIERAKOWSKI, K.. 1998. Seasonal numbers of five species of seals in Admiralty Bay (South Shetland Islands, Antarctica). Polish Polar Research 3-4: 235-247.

•SALWICKA, K.; RAKUSA-SUSZCZEWSKI, S. 2002. Long-term Monitoring of Antarctic pinnipeds in Admiralty Bay (south Shetlands, Antarctica). Acta Theriologica 47 (4): 443-457.

•SANDER, M.; CARNEIRO, A.P.B.; MASCARELLO, N.E.; SANTOS, C.R.; COSTA, E.S.; BALBÃO, T.C. 2006. Distribution and status of the kelp gull, *Larus dominicanus* Lichtenstein (1823), at Admiralty Bay, King George Island, South Shetland, Antarctica. Polar Biology 29: 902-904.

•SANDER, M.; COSTA, E.S.; SANTOS, C.R.; PEREIRA, A.B. 2004. Colônias de Aves e Comunidades Vegetais da Península Keller, Ilha Rei George, Antártica. In: V Simpósio Argentino y 1º Latino Americano sobre investigaciones Antárticas, Livro de resumos.

•SANTOS, I.R.; SILVA FILHO, E.V.; SCHAEFER, C.G.R; ALBUQUERQUE FILHO, M. R.; CAMPOS, L. S. 2005. Heavy metals contamination in coastal sediments and soils near the Brazilian Antarctic Station, King

George Island. Marine Pollution Bulletin 50: 185-194.

•SCAR'S Summary of Strategic Plan 2011-2016. Disponível em: http://www.scar.org/strategicplan2011/SCAR_Strat_Plan_2011-16.pdf. Acesso em 07 de março de 2013.

•SCAR strategy for capacity building. Education and training Report 27. 2006. Disponível em: http://www.scar.org/strategicplan2011/CBETplan.pdf. Acesso em 07 de março de 2013.

•SCHAEFER, C.E.G.R.; FRANCELINO, M.R.; SIMAS, F.N.B.; ALBUQUERQUE FILHO, M.R. (eds) 2004. Ecossistemas Costeiros e Monitoramento Ambiental da Antártica Marinha. NEPUT, Viçosa, Minas Gerais, 192 pg.

•SICIŃSKI, J.; JAŻDŻEWSKI, K.; DE BROYER, C.; PRESLER, P.; LIGOWSKI, R.; NONATO, E.F.; CORBISIER, T.N.; PETTI, M.A.V.; BRITO, T.A.S.; LAVRADO, H.P.; BŁAŻEWICZ-PASZKOWYCZ, M.; PABIS, K.; JAŻDŻEWSKA, A.; CAMPOS, L.S. 2011. Admiralty Bay Benthos Diversity - A census of a complex polar ecosystem. Deep Sea Research Part II: Topical Studies in Oceanography 58 (1-2): 30-48.

•SIMÕES, J.C.; DANI, N.; BREMER, U.F.; AQUINO, F.E; ARIGONY NETO, J. 2004. Small cirque glaciers retreat on Keller Peninsula, Admiralty Bay, King George Island, Antarctica. Pesquisa Antártica Brasileira 4: 49-56.

•TATUR, A. 2002 Ornithogenic Ecosystems in Maritime Antarctic – Formation, Development and Disintegration Ecological Studies Vol.154. Beyer, L.; Bolter, M. (eds). Geoecology of Antarctic Ice-Free Coastal Landscapes. Springer-Verlag Berlin Heidelber.

•TERAUDS, A.; CHOWN, S.L.; MORGAN, F.; PEAT, H.J.; WATTS, D.J.; KEYS H.; CONVEY, P.; BERGSTROM D.M. 2012. Conservation biogeography of the Antarctic. Diversity Distrib., 18: 762-741.

•WEBER, R.R.; MONTONE, R.C. 2006. Rede 2 - Gerenciamento ambiental na Baía do Almirantado, Ilha Rei George, Antártica. Technical Report, Universidade de São Paulo, 252 pp.

•WHYTE, L.G.; SCHULTZ, A.; VAN BEILEN, J.B.; LUZ, A.P.; PELLIZARI, V.; LABBÉ, D.; GREER, C.W. 2002. Prevalence of Alkane Monooxygenase Genes in Arctic and Antarctic Hydrocarbon-Contaminated and Pristine Soils. FEMS Microbial Ecology 41(2): 141-5.

•WÓDKIEWICZ, M.; GALERA, H., CHWEDORZEWSKA, K.J.; GIEŁWANOWSKA, I.; OLECH, M. 2013. Diaspores of the introduced species *Poa annua* L. in soil samples from King George Island (South Shetlands, Antarctica). Arctic, Antarctic and Alpine Research, 45, 415-419

•YONESHIGUE-VALENTIN, Y.; DALTO, A.G.; LAVRADO, H.P. 2009. Annual Activity Report 2009. Annual Activity Report of National Institute for Science and Technology Antarctic Environmental Research. Instituto Nacional de Ciência e Tecnologia Antártico de Pesquisas Ambientais (INCT – APA). São Carlos: Editora Cubo.

•YONESHIGUE-VALENTIN, Y.; DALTO, A.G, LAVRADO, H.P. 2010. Annual Activity Report 2010. Annual Activity Report of National Institute for Science and Technology Antarctic Environmental Research. Instituto Nacional de Ciência e Tecnologia Antártico de Pesquisas Ambientais (INCT – APA). São Carlos: Editora Cubo.

•YONESHIGUE-VALENTIN, Y.; DALTO, A.G, LAVRADO, H.P. 2011. Annual Activity Report 2011. Annual Activity Report of National Institute for Science and Technology Antarctic Environmental Research. Instituto Nacional de Ciência e Tecnologia Antártico de Pesquisas Ambientais (INCT – APA). São Carlos: Editora Cubo.

•YONESHIGUE-VALENTIN, Y.; DALTO, A.G, LAVRADO, H.P., 2012. Annual Activity Report 2011. Annual Activity Report of National Institute for Science and Technology Antarctic Environmental Research. Instituto Nacional de Ciência e Tecnologia Antártico de Pesquisas Ambientais (INCT – APA). São Carlos: Editora Cubo.

•ZDANOWSKI, M.K.; WĘGLEŃSKI, P. 2001. Ecophysiology of soil bacteria in the vicinity of Henry Arctowski Station, King George Island, Antarctica. Soil Biology and Biochemistry 33: 819-829.

Annexe A

Liste de contrôle préliminaire des plantes des zones libres de glace adjacentes à la baie de l'Amirauté, île du Roi George

ANGIOSPERMES

POACEAE

Deschampsia antarctica Desv.

CARYOPHYLLACEAE

Colobanthus quitensis (Kunth) Bartl.

MOUSSES

AMBLYSTEGIACEAE

Orthotheciella varia (Hedw.) Ochyra

Sanionia uncinata (Hedw.) Loeske

S. georgico-uncinata (Mull Hal..) Ochyra & Hedenas

Warnstorfia laculosa (Müll. Hal.) Ochyra & Matteri

Warnstorfia sarmentosa (Wahlenb.) Hedenäs

ANDREAEACEAE

Andreaea depressinervis Card.

Andreaea gainii Card.

Andreaea regularis Muell.

BARTRAMIACEAE

Bartramia patens Brid.

Conostomum magellanicum Sull.

BRACHYTHECIACEAE

Brachythecium austrosalebrosum (Müll. Hal.) Kindb.

Brachythecium glaciale B.S.G.

BRYACEAE

Bryum amblyodon Müll. Hal.

Bryum argenteum Hedw.

Bryum orbiculatifolium Card. et Broth.

Bryum pallescens Schleich. ex Schwaegr.

Bryum pseudotriquetrum (Hedw.) Schwaegr.

Pohlia cruda (Hedw.) Lindb.

Pohlia drummondii (Müll. Hal.) A. L. Andrews in Grout

Pohlia nutans (Hedw.) Lindb.

Pohlia wahlenbergii (Web. Et Mohr.) Andrews

DICRANACEAE

Anisothecium cardotii (R. Br. ter.) Ochyra

Chorisodontium aciphyllum (Hook. f. et. Wills.) Broth.

Kiaeria pumila (Mitt. in Hook. f.) Ochyra – very rare.

DITRICHACEAE

Ceratodon purpureus (Hedw.) Brid.

Distichum capillaceum (Hedw.) B.S.G.

Ditrichum hyalinum (Mitt.) Kuntze

Ditrichum lewis-smithii Ochyra

ENCALYPTACEAE

Encalypta rhaptocarpa Schwaegr.

GRIMMIACEAE

Grimmia reflexidens Müll. Hal.

Racomitrium sudeticum (Funck) Bruch & Schimp. in BSG.

Schistidium amblyophyllum (Müll. Hal.) Ochyra & Hertel

Schistidium antactici (Card.) L. I. Savicz & Smirnova

Schistidium cupulare (Müll. Hal.) Ochyra

Schistidium falcatum (Hook. f. at Wils.) B. Bremer

Schistidium halinae Ochyra

Schistidium occultum (Müll. Hal.) Ochyra & Matteri

Schistidium rivulare (Brid.) Pobp.

Schistidium steerei Ochyra

Schistidium urnulaceum (Müll. Hal.) B. G. Bell.

HYPNACEAE

Hypnum revolutum (Mitt.) Lindb.

Platydictya jungermannioides (Brid.) Crum

MEESIACEAE
Meesia uliginosa Hedw.

ORTHOTRICHACEAE
Muelleriella crassifolia (Hook. f. et Wils.) Dus.

POLYTRICHACEAE
Polytrichastrum alpinum (Hedw.) G. L. Smith
Polytrichum strictum Brid.
Polytrichum juniperinum Hedw.
Polytrichum piliferum Hedw.

POTTIACEAE
Dydimodon gelidus Card.
Hennediella antarctica (Angstr.) Ochyra & Matteri
Hennediella heimii (Hedw.) Zand.
Stegonia latifolia (Schwaegr. in Schult.) Vent in Broth.
Syntrichia filaris (Müll. Hal.) Zand.
Syntrichia princeps (De Not.) Mitt.
Syntrichia saxicola (Card.) Zand.

SELIGERACEAE
Dicranoweisia brevipes (Müll. Hal.) Card..
Dicranoweisia crispula (Hredw.) Milde
Dicranoweisia grimmiaceae (Müll. Hal.) Broth.

ALGUES
ALGUES CONTINENTALES MACROSCOPIQUES
Prasiola crispa (Lightfoot) Menegh

ALGUES CONTINENTALES MICROSCOPIQUES
Bacillariophyceae

Coscinodiscales
Orthoseira cf. *dendroteres* (Ehrenberg) Crawford

Naviculales

Amphora veneta Kützing

Achnanthes lanceolata (Brébisson) Grunow

Achnanthes marginulata Grunow

Caloneis cf. *silicula* (Ehrenberg) Cleve

Caloneis cf. *schumanniana* (Grunov) Cleve

Cocconeis sp.,

Fragilaria bidens Heiberg

Fragilaria capucina Desmazieres

Fragilaria construens f. *binodis* (Ehrenberg) Hustedt

Fragilaria pinnata Ehrenberg

Gomphonema parvulum (Kützing) Kützing

Hantzschia amphioxys (Ehrenberg) Grunow

Luticola muticopsis (Van Heurck) D. G. Mann

Luticola mutica var. *ventricosa (*Kützing) Cleve et Grunow

Navicula cf. *bryophila* Petersen

Navicula elginensis (Gregory) Ralfs

Navicula glaciei Van Heurck,

Navicula phyllepta Kützing

Nitzschia agnita Hustedt

Nitzschia cf. *fontifuga* Cholnoky

Nitzschia frustulum (Kützing) Grunow

Nitzschia gracilis Hantzsch

Nitzschia homburgiensis Lange-Bertalot

Nitzschia cf. *hybrida* Grunow

Nitzschia inconspicua Grunow

Nitzschia perminuta (Grunow) M. Pergallo

Opephora olsenii Moeller

Pinnularia borealis Ehrenberg

Pinnularia ignobilis (Krasske) Cleve-Euler

Pinnularia microstauron (Ehrenberg) Cleve

Stauroneis cf. *anceps* Ehrenberg

Stauroneis cf. *simulans* (Donkin) R. Ross.

CHAMPIGNONS MACROSCOPIQUES

Omphalina antarctica Sing.

Galerina moelleri Bas.

LICHENS ET CHAMPIGNONS LICHÉNICOLES

Acarospora macrocyclos Vain.

Alectoria minuscula – Lindsay

Arthopyrenia maritima Øvstedal

Arthrorhaphis citrinella (Ach.) Poelt

Austrolecia antarctica Hertel

Bacidia stipata Lamb

Biatorella antarctica Murray

Bryonora castanea (Hepp) Poelt

Bryoria chalybeiformis (L.) Brodo et D. Hawksw.

Buellia anisomera Vain.

Buellia augusta Vain.

Buellia cladocarpiza Lamb

Buellia coniops (Wahlenb. in Ach.) Th. Fr.

Buellia granulosa (Darb.) Dodge

Buellia latemarginata Darb.

Buellia papillata (Sommerf.) Tuck.

Buellia perlata (Hue) Darb.

Buellia pycnogonoides Darb.

Buellia russa (Hue) Darb.

Buellia subpedicillata (Hue) Darb.

Caloplaca amniospila

Caloplaca athallina Darb.

Caloplaca buelliae Olech & Søchting

Caloplaca cirrochrooides (Vain.) Zahlbr.

Caloplaca citrina (Hoffm.) Th. Fr.

Caloplaca iomma Olech & Søchting

Caloplaca millegrana

Caloplaca psoromatis Olech & Søchting

Caloplaca regalis (Vain.) Zahlbr.

Caloplaca siphonospora Olech & Søchting

Caloplaca sublobulata (Vain.) Zahlbr.

Caloplaca tetraspora (Nyl.) H. Oliv.

Caloplaca tiroliensis Zahlbr.

Candelaria murrayi (Dodge) Poelt

Candelariella hallettensis (Murray) Øvstedal

Candelariella vitellina (Hoffm.) Müll. Arg.

Carbonea vorticosa (Flörke) Hertel

Catapyrenium daedaleum (Kremp.) Stein

Catapyrenium lachneum (Ach.) R. Sant.

Catillaria corymbosa (Hue) Lamb

Cladonia cariosa (Ach.) Spreng.

Cladonia furcata (Huds.) Schrader

Cladonia phyllophora Ehrh. ex Hoffm.

Cladonia pyxidata (L.) Hoffm.

Coelocaulon aculeatum (Schreber) Link

Coelocaulon epiphorellum (Nyl. in Crombie) Kärnef.

Cystocoleus ebeneus (Dillwyn) Thwaites

Dermatocarpon intestiniforme (Körb.) Hasse

Haematomma erythroma (Nyl.) Zahlbr.

Himantormia lugubris (Hue) Lamb

Hypogymnia lugubris (Pers.) Krog

Hypogymnia lububris (Pers.) Krog f. *compactior* (Zahlbr.) D. C. Linds.

Japewia tornoensis (Nyl.) Tønsberg

Lecania brialmontii (Vain.) Zahlbr.

Lecania gerlachei (Vain.) Zahlbr.

Lecanora dispersa (Pers.) Sommerf.

Lecanora expectans Darb.

Lecanora physciella (Darb.) Hertel

Lecanora polytropa (Hoffm.) Rabenh.

Lecidea assimilata Nyl.

Lecidea atrobrunnea (Ramond ex Lam. et DC.) Schaer.

Lecidea lapicida (Ach.) Ach.

Lecidea sarcogynoides Körb.

Lecidea sciatrapha Hue

Lecidella aff. *carpathica* Körb.

Lecidella stigmatea (Ach.) Hertel et Leuckert

Lecidella wulfenii (Hepp) Körb.

Leptogium puberulum Hue

Massalongia carnosa (Dicks.) Körb.

Mastodia tesselata Auct.

Megaspora verrucosa (Ach.) Hafellner

Microglaena antarctica Lamb

Ochrolechia frigida (Sw.) Lynge

Ochrolechia parella (L.) A. Massal.

Pannaria hookeri (Borrer ex Sm.) Nyl.

Parmelia saxatilis (L.) Ach.

Physcia caesia (Hoffm.) Fürnr.

Physcia dubia (Hoffm.) Lettau

Physcia cf. *wainioi* Räs.

Physconia muscigena (Ach.) Poelt

Placopsis contortuplicata Lamb

Poeltidea perusta (Nyl.) Hertel et Hafellner

Polyblastia gothica Th. Fr.

Porpidia albocaerulescens (Wulfen) Hertel et Knoph

Porpidia crustulata (Ach.) Hertel et knoph

Pseudephebe minuscula (Nyl. ex Arnold) Brodo et D. Hawksw.

Pseudephebe pubescens (L.) Choisy

Pseudevernia pubescens

Psoroma hypnorum (Vahl) Gray

Ramalina terebrata Hook et Tayl.

Rhizocarpon geminatum Körb.

Rhizocarpon geographicum (L.) DC.

Rhizocarpon polycarpon (Hepp) Th. Fr.

Rhizoplaca aspidophora (Vain.) Redón

Rhizoplaca melanophthalma (DC. in Lam. et DC.) Leuck. et Poelt

Rinodina deceptionis Lamb

Rinodina mniaraea (Ach.) Körb.

Rinodina petermanii (Hue) Darb.

Rinodina turfacea (Wahlenb.) Körb.

Sphaeorophorus fragilis (L.) Pers.

Sphaeorophorus globosus (Hudson) Vain.

Sphaeorophorus cfr. *melanocarpus* (Sw.) DC.

Staurothele gelida (Hook & Tayl.) Lamb

Stereocaulon alpinum Laurer ex Funck

Stereocaulon glabrum (Müll. Arg.) Vain.

Tephromela atra (Hudson) Hafellner

Thelocarpon cyaneum Olech et Alstrup

Tremolecia atrata (Ach.) Hertel

Umbilicaria aprina Nyl.

Umbilicaria cfr. *cristata* Dodge et Baker

Umbilicaria decussata (Vill.) Zahlbr. –

Umbilicaria propagulifera (Vain.) Llano

Umbilicaria rufidula (Hue) Filson

Usnea acromelana Stirton

Usnea antarctica Du Rietz

Usnea aurantiaco-atra (Jacq.) Bory

Verrucaria ceuthocarpa Wahlenb.

Verrucaria cylindrophora Vain.

Verrucaria dispartita Vain.

Verrucaria elaeoplaca Vain.

Verrucaria psycrophila Lamb

Verrucaria tesselatula Nyl.

Xanthoria candelaria (L.) Th. Fr.

Xanthoria elegans (Link.) Th. Fr.

ANNEXE B
Liste de contrôle des macroalgues de
la baie de l'Amirauté, île du Roi George

RHODOPHYTA
Bangiales
Bangiaceae
Porphyra plocamiestris R.W. Ricker
Pyropia endiviifolia (A.Gepp & E.Gepp) H.G. Choi & M.S. Hwang

Hildenbrandiales
Hildenbrandiaceae
Hildenbrandia lecannellieri Hariot

Bonnemaisoniales
Bonnemaisoniaceae
Delisea pulchra (Greville) Montagne

Palmariales
Palmariaceae
Palmaria decipiens (Reinsch) R.W. Ricker
Palmaria georgica (Reinsch) R.W. Ricker

Ceramiales
Wrangeliaceae
Georgiella confluens (Reinsch) Kylin
Delesseriaceae
Delesseria lancifolia J. Agardh
Delesseria salicifolia Reisch
Microrhinus carnosus (Reinsch) Skottsberg
Myriogramme manginii (Gain) Skottsberg
Neuroglossum delesseriae (Reinsch) M.J. Wynne
Phycodrys antartica (Skottsberg) Skottsberg
Phycodrys austrogeorgica Skottsberg
Phycodrys quercifolia (Bory) Skottsberg
Rhodomelaceae

Picconiella plumosa (Kylin) J. De Toni

Gigartinales

Cystocloniaceae

Acanthococcus antarcticus J.D. Hooker et Harvey

Gigartinaceae

Gigartina skottsbergii Setchell & N.L. Gardner

Iridaea cordata (Turner) Bory de Saint-Vincent

Sarcothalia papillosa (Bory) Leister

Kallymeniaceae

Callophyllis atrosanguinea (J.D.Hooker & Harvey) Hario

Callophylis pinnata Setchell & Swezy

Phyllophoraceae

Gymnogongrus antarcticus Skottsberg

Gymnogongrus turquetii Hariot

Gracilariales

Gracilariaceae

Curdiea racovitzae Hariot

Halymeniales

Halymeniaceae

Pachymenia orbicularis (Zanardini) Setchell & N.L. Gardner

Plocamiales

Plocamiaceae

Plocamium cartilagineum (L) P.S. Dixon

Plocamium hookeri Harvey

Rhodymeniales

Rhodymeniaceae

Rhodymenia coccocarpa (Montagne) M.J.Wynne

CHLOROPHYTA

Chaetophorales

Chaetophoraceae

Endophyton atroviride O´Kelly

Ulotrichales

Gomontiaceae

Monostroma hariotii Gain

Ulotrichaceae

Protomonostroma undulatum (Wittrock) K.L.Vinogradova

Ulothrix australis Gain

Ulothrix flacca (Dillwyn) Thuret

Ulvales

Kornmanniaceae

Blidingia minima (Nägeli ex Kützing) Kylin

Ulvaceae

Ulva bulbosa (Suhr) Hariot

Ulva compressa Linnaeus

Ulva intestinalis Linnaeus

Prasiolales

Prasiolaceae

Prasiola crispa (Lightfoot) Kützing

Prasiola sp.

Acrosiphoniales

Acrosiphoniaceae

Acrosiphonia arcta (Dillwyn) J. Agardh

Urospora penicilliformis (Roth) Areschoug

Cladophorales

Cladophoraceae

Chaetomorpha sp

HETEROKONTHOPHYTA

Syringodermatales

Syringodermataceae

Syringoderma australe Levring

Fucales

Seirococcaceae
Cystosphaera jacquinotii (Montagne) Skottsberg

Ectocarpales
Chordariaceae
Haplogloia moniliformis Ricker
Haplogloia andersonii (Farlow) Levring
Elachista antarctica Skottsberg
Acinetosporaceae
Geminocarpus austrogeorgiae Skottsberg
Geminocarpus geminatus (Hooker & Harvey) Skottsberg
Pylaiella littoralis (L.) Kjellman
Adenocystaceae
Adenocystis utricularis (Bory) Skottsberg
Scytosiphonaceae
Petalonia fascia (O. F. Müller) Kuntze

Desmarestiales
Desmarestiaceae
Desmarestia anceps Montagne
Desmarestia antarctica R.L. Moe & P.C. Silva
Desmarestia confervoides (Bory) M.E. Ramírez & A.F. Peters
Desmarestia menziesii J Agardh
Himantothallus grandifolius (A and E Gepp) Zinova
Phaeurus antarcticus Skottsberg

Ascoseirales
Ascoseiraceae
Ascoseira mirabilis Skottsberg

Annexe C

Faune répertoriée dans la baie de l'Amirauté, île du Roi George

Oiseaux recensés dans la baie de l'Amirauté

Espèces se reproduisant :

Pygoscelis adeliae

Pygoscelis papua

Pygoscelis antarctica

Macronectes giganteus

Daption capense

Oceanites oceanicus

Fregetta tropica

Phalacrocorax bransfieldensis

Chionis alba

Catharacta maccormicki

Catharacta lonnbergi

Catharacta chilensis

Larus dominicanus

Sterna vittata

Espèces ne se reproduisant pas

Fréquentes:

Aptenodytes patagonicus

Eudyptes chrysolophus

Edyptes chrysocome

Fulmarus glacialoides

Pagodroma nivea

Sterna paradisaea

Sporadiques :

Aptenodytes forsteri

Spheniscus magellanicus

Talassarche melanophris

Phoebetria fusca

Phoebetria palpebrata

Thalassoica Antarctica

Halobaena caerulea

Pachyptila desolata

Bubulcus ibis

Cygnus melanocoryphus

Anas sibilatrix

Anas georgica

Calidris fuscicollis

Steganopus tricolor

Hirundo rustica

Pinnipèdes recensés dans la baie de l'Amirauté :

Espèces se reproduisant :

Mirounga leonina

Leptonychotes weddelli

Arctocephalus gazelle (only two cases)

Espèces ne se reproduisant pas

Fréquentes:

Arctocephalus gazella

Hydrurga leptonyx

Lobodon carcinophagus

Sporadiques :

Ommatophoca rossi (deux visites)

Cétacés recensés dans la baie de l'Amirauté :

Megaptera novaeangliae

Balaenoptera bonaerensis

Orcinus orca

Annexe D

Invertébrés marins, foraminifères benthiques marins et ostracodes recensés à la baie de l'Amirauté, île du Roi George

Une liste mise à jour des invertébrés marins antarctiques est disponible sur le site Internet ABBED - Admiralty Bay Benthos Diversity Database (www.abbed.uni.lodz.pl/). Cette base de données a été créée par la Pologne, la Belgique et le Brésil, durant l'Année polaire internationale (2007-2009).

La liste des foraminifères benthiques marins (Majewski 2005, Majewski et al. 2007, Majewski et Tatur 2009) et des ostracodes (Majewski et Olempska 2005) est disponible en ligne dans les documents mentionnés.

Annexe E

Code de conduite des visiteurs

Le présent code de conduite a été établi à l'intention des voyagistes commerciaux (affiliés ou non à l'IAATO), des expéditions privées et des scientifiques et personnels des Programmes antarctiques nationaux lorsqu'ils se rendent dans la baie de l'Amirauté pour y effectuer des visites récréatives.

• Tous les visiteurs doivent prendre connaissance des dispositions des Lignes directrices générales pour les visiteurs de l'Antarctique (Résolution 3, (2011)) et s'y conformer.

• Les voyagistes doivent transmettre leurs horaires de visite au coordinateur de la ZGSA avant leur visite dans la zone. Le Groupe de gestion de la ZGSA doit diffuser cette information auprès des Programmes antarctiques nationaux opérant dans la zone.

• La visite des stations Arctowski et Ferraz est possible avec l'accord préalable du chef de station compétent. Les visites des laboratoires modulaires isolés, des abris et de la zone située à l'arrière de la station Ferraz doivent se faire par petits groupes et avec un accompagnateur de la station ainsi qu'avec l'accord préalable du chef de la station.

• Les visites doivent respecter la Mesure 15 de la Recommandation XVIII-1(2009) relative au « Débarquement de personnes de navires à passagers », à la Résolution 7 (2009) relative aux « Principes généraux du tourisme en Antarctique » et à la Résolution 3 (2011) relatives aux « Lignes directrices générales pour les visiteurs de Antarctique ». Les visiteurs doivent être informés des principes du présent Code de conduite ainsi que du plan de gestion de la ZGSA.

• Les voyagistes sont invités à transmettre leurs itinéraires aux Programmes antarctiques nationaux utilisant des navires de soutien dans la zone afin d'éviter que deux navires ne se rendent simultanément sur le même site sans le savoir.

• Les opérateurs de navires de croisière doivent veiller à ce que pas plus de 100 passagers soient à terre au même moment et à ce qu'il y ait au moins un membre du personnel de l'expédition par groupe de 20 passagers.

• Les membres des expéditions non-gouvernementales et touristiques, ainsi que le personnel des Programmes antarctiques nationaux en visite récréative aux stations Arctowski et Ferraz doivent emprunter les itinéraires indiqués aux Figures 7 et 8. Ces itinéraires permettent d'observer la faune et les installations des stations tout en limitant les perturbations pour les activités de la station et l'environnement, et en évitant toute dégradation des habitats.

• Pour éviter les impacts sur l'environnement, la perturbation des espèces sauvages et l'interférence avec les travaux de recherche scientifique en cours, le débarquement ou l'accès aux Zones scientifiques énumérées dans la section 6(iv) (Fig. 3, 5 et 6) n'est pas autorisé, sauf en cas d'urgence.

• Tous les déplacements à terre doivent être effectués avec précaution afin de limiter la perturbation des animaux, du sol et des aires de végétation, ou encore du matériel scientifique. Le visiteur doit :

◦ éviter de marcher sur des plantes telles que les mousses et les lichens.

◦ maintenir une distance adéquate avec les oiseaux ou les phoques, qui soit sûre et ne les perturbe pas. En règle générale, cette distance doit être de cinq mètres. Dans la mesure du possible, une distance d'au moins quinze mètres doit être maintenue en présence d'otaries à fourrure.

◦ laver les bottines et nettoyer les vêtements, les sacs, les trépieds et les bâtons de marche avant de débarquer, afin d'éviter les introductions d'organismes biologiques.

◦ ne pas laisser de détritus.

° ne pas prendre de souvenirs biologiques ou géologiques, ni toucher aux objets.

° ne pas écrire ni dessiner de graffitis sur les structures artificielles ou les surfaces naturelles.

° ne pas toucher ni déranger les instruments ou repères scientifiques.

° ne pas toucher ni déranger des dépôts de terrain ou d'autres matériels entreposés par les Programmes antarctiques nationaux.

ANNEXE F

Directives scientifiques et environnementales

Au cours des 60 dernières années, la baie de l'Amirauté et ses régions côtières sont devenues un site important pour la réalisation de travaux de recherche scientifique, impliquant de nombreuses équipes de recherche de spécialités différentes, qui y travaillent chaque année. Ces directives recommandent un code de conduite élaboré dans le but de protéger les valeurs environnementales, scientifiques, historiques et esthétiques de la zone pour les générations futures.

- Toutes les activités scientifiques et logistiques entreprises dans la zone doivent être préparées de telle sorte qu'elles limitent l'impact humain sur les valeurs de la zone;

- Les recherches scientifiques susceptibles de perturber les oiseaux nicheurs ou les mammifères marins doivent être menées avec précaution et uniquement pour répondre à des besoins scientifiques indispensables; dans le cas de captures ou de perturbations nuisibles d'animaux, le *Code de conduite du SCAR pour l'utilisation d'animaux à des fins scientifiques dans l'Antarctique* doit être utilisé comme norme minimale.

- La collecte de spécimens (p. ex. des pierres, des fossiles, des objets historiques, etc.) est interdite, sauf à des fins scientifiques ou pédagogiques autorisées par les permis adéquats.

- La taille des échantillons de matériaux biologiques ou non biologiques doit, autant que possible, se limiter au minimum;

- Les sites d'expérimentation ou de suivi à long terme doivent, dans la mesure du possible, être clairement identifiés et les informations y afférentes doivent être échangées par le biais du coordinateur de la ZGSA;

- Des mesures strictes doivent être prises pour éviter l'introduction ou la prolifération d'espèces non indigènes;

- Les personnes se déplaçant dans la zone doivent veiller à limiter les perturbations des animaux, des sols et des aires de végétation; dans la mesure du possible, elles doivent utiliser les sentiers existants;

- Le recours aux hélicoptères et aux véhicules terrestres doit être minimal et n'est jamais autorisé -sauf en cas d'urgence- près des sites de reproduction ou de concentration des oiseaux ou des mammifères marins;

- Les campements doivent être installés aussi loin que possible, sur des sites ne comportant pas de végétation, et doivent également éviter les concentrations de mammifères et d'oiseaux ainsi que les lieux ou ceux-ci se reproduisent. Les sites antérieurement occupés doivent être réutilisés, si possible. L'emplacement des campements doit être enregistré et l'échange d'informations doit se faire par le biais du coordinateur de la ZGSA.

- Les travaux de recherche scientifique dans les Zones scientifiques doivent être menés avec une vigilance particulière, en évitant et en limitant les impacts sur l'environnement;

- Les visites et les activités menées dans les Zones scientifiques doivent être répertoriées (surtout le type et la quantité des échantillonnages), et les informations doivent être échangées par le biais du coordinateur de la ZGSA;

- L'accès aux Zones scientifiques désignées pour la présence d'oiseaux nicheurs doit être restreint pendant la période allant du 1er octobre au 15 avril aux personnes qui mènent des activités de recherche scientifique, de suivi ou d'entretien essentiels.

- L'accès aux Zones scientifiques désignées pour la présence de bancs de végétation doit être restreint durant la saison estivale aux personnes qui mènent des activités de recherche scientifique, de suivi ou d'entretien essentiels.

- L'accès à la Zone scientifique située sur la colline des Croix, sur le flanc nord de la station Ferraz, désignée en raison de la concentration de sternes, doit être restreint pendant la période allant du 1er octobre au 31 décembre aux personnes qui mènent des activités de recherche scientifique, de suivi ou des opérations essentielles pour la station;

- Les activités de recherche dans les Zones scientifiques désignées dans les eaux marines peu profondes doivent, dans la mesure du possible, éviter ou limiter le recours aux méthodes invasives (dragage, accaparement, chalutage, etc.). Les coordonnées des sites sur lesquels sont utilisées des méthodes invasives doivent être enregistrées, et l'échange d'informations doit se faire par le biais du coordinateur de la ZGSA.

ZGSA n° 1 : Baie de l'Amirauté

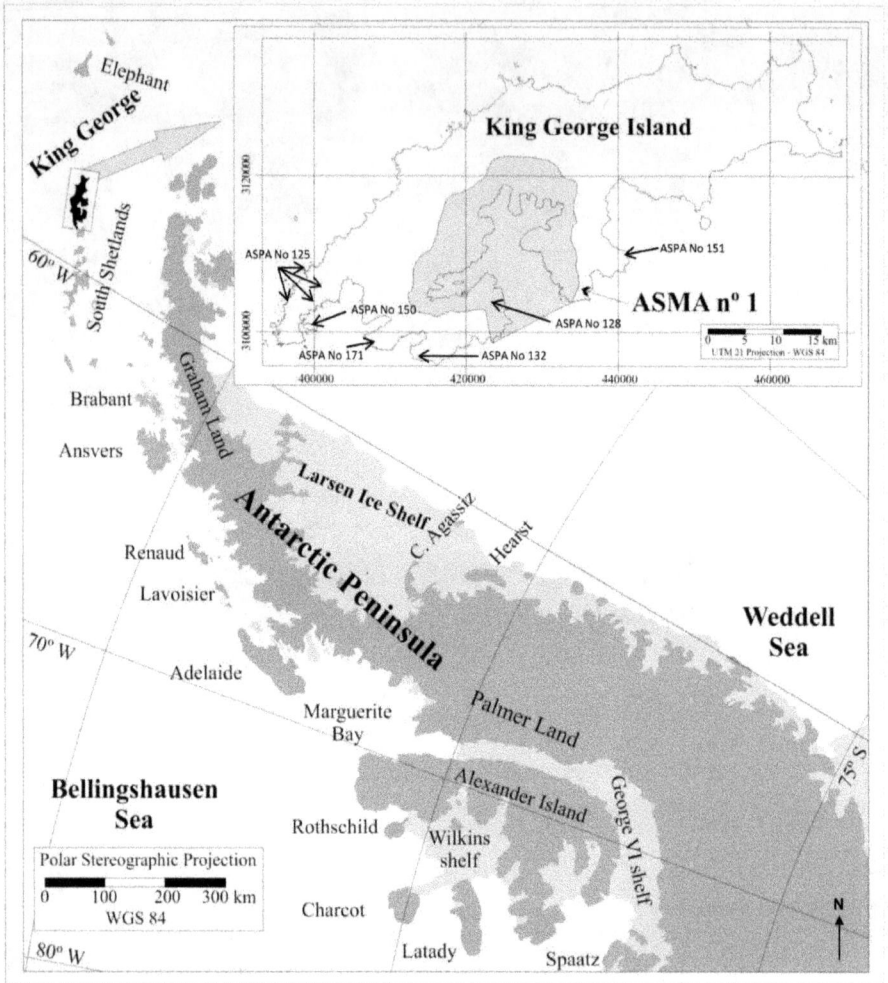

Fig. 1. Location of ASMA No 1 on King George Island, Antarctic Peninsula

ZGSA n° 1 : Baie de l'Amirauté

Fig. 2. Admiralty Bay Antarctic Specially Protected Area – ASMA No 1

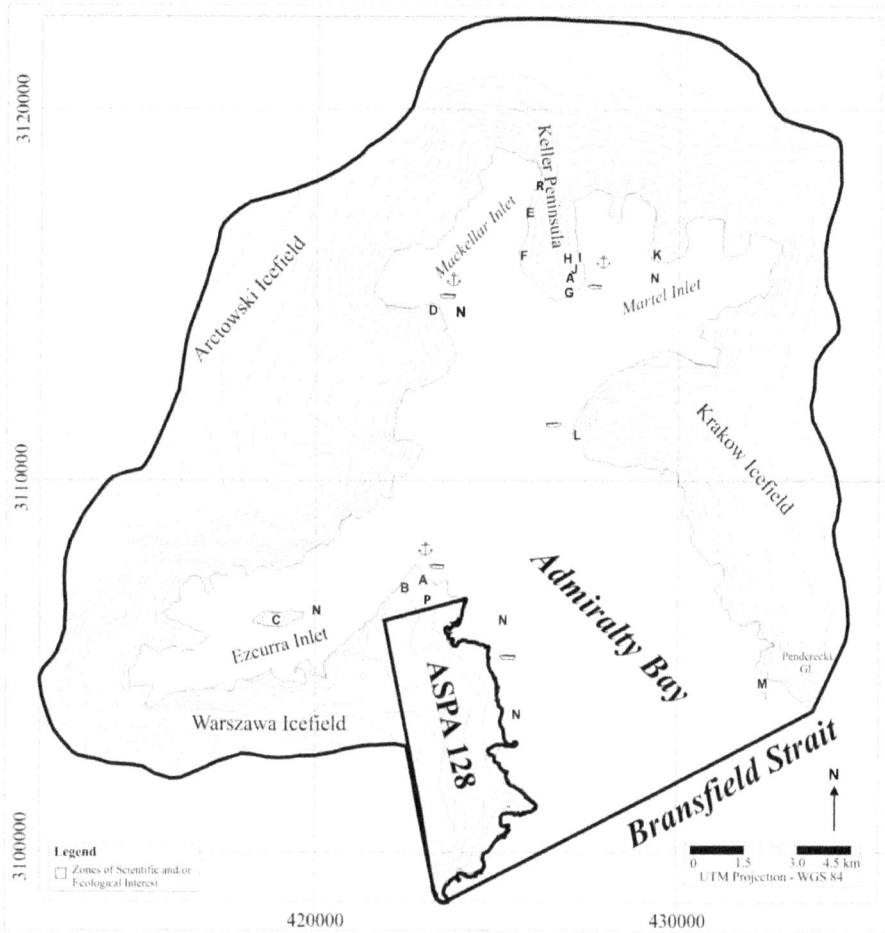

Fig. 3. Location of Scientific Zones (see 6(iv) Restricted and managed zones in the Area)

⌒ small boat landing site

⚓ anchorage

▬ ASMA boundary

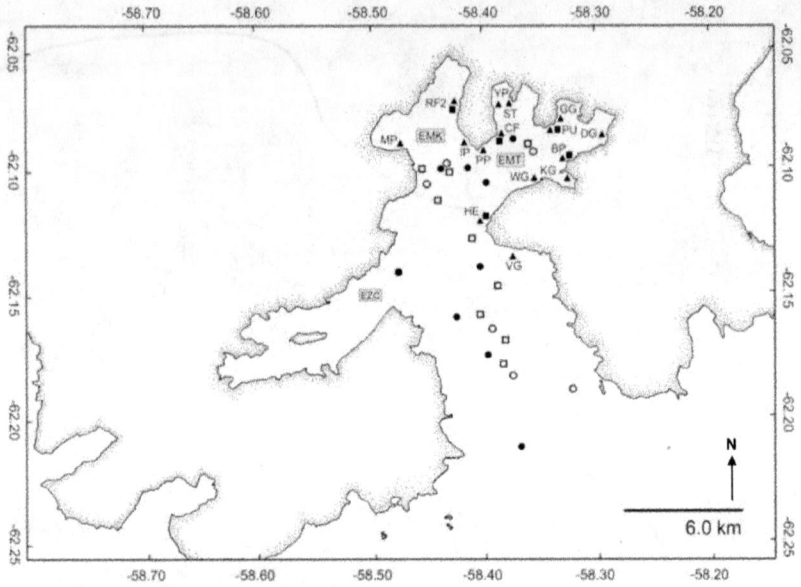

Fig. 4. Long-term Environmental Monitoring (INCT-APA, Brazil)

▲   Imaging stations

●   Stations sampled with a box-corer (2008-2009)

○   Stations sampled with a box-corer (2009-2010)

■   Stations sampled with dredge (2008-2009)

□   Stations sampled with dredge (2009-2010)

EFC – Ezcurra Inlet, EMK – Mackellar Inlet, EMT – Martel Inlet

ZGSA n° 1 : Baie de l'Amirauté

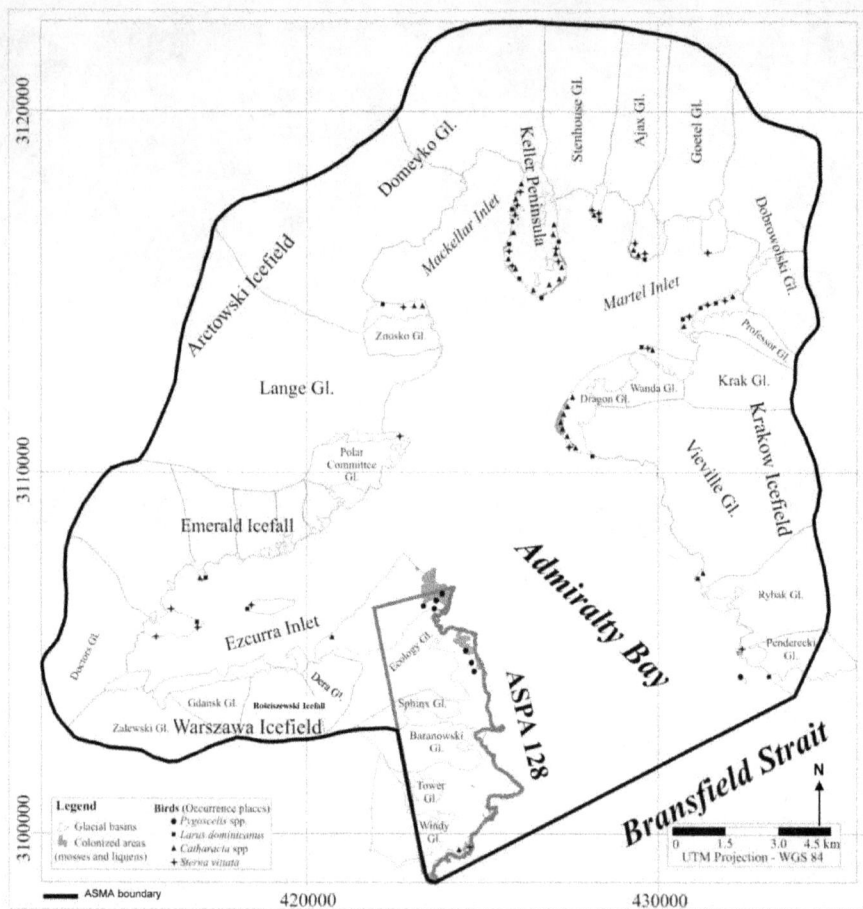

Fig. 5. Flora (colonized areas) and Birds (occurence sites)

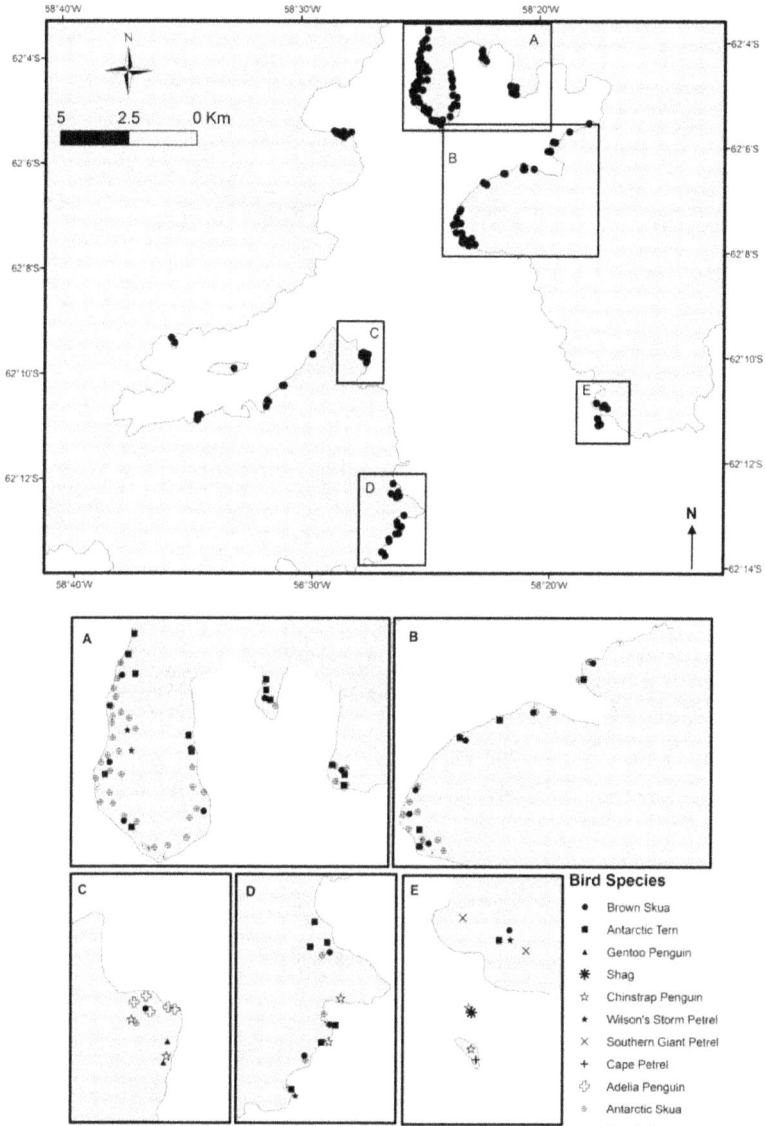

Fig. 6. Main birds breeding sites

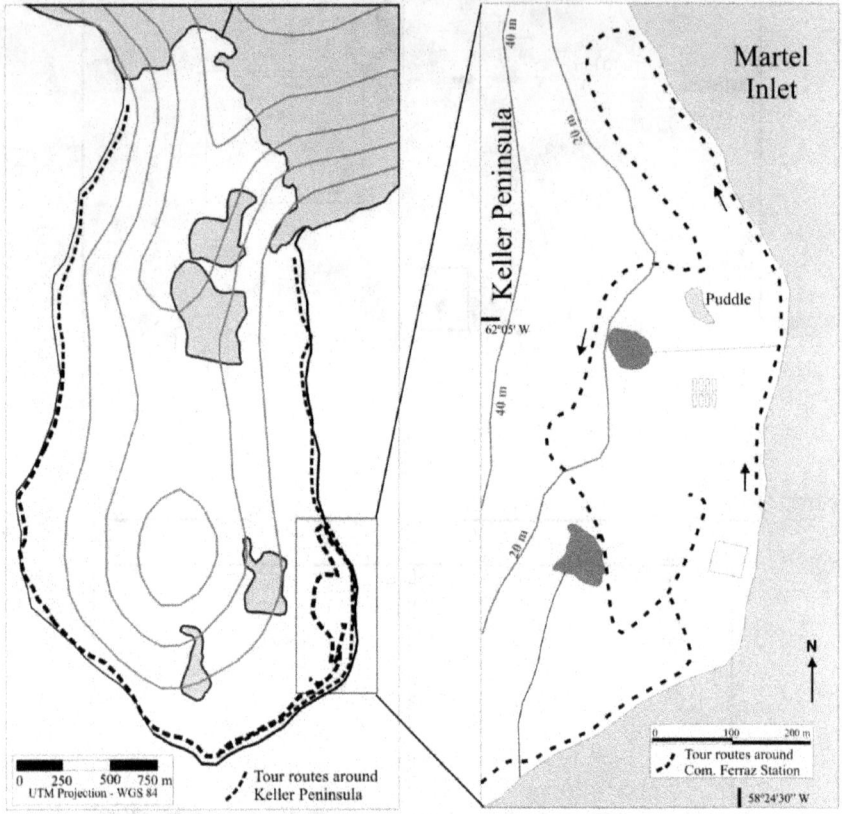

Fig. 7. Visitor Zone – Comandante Ferraz Station

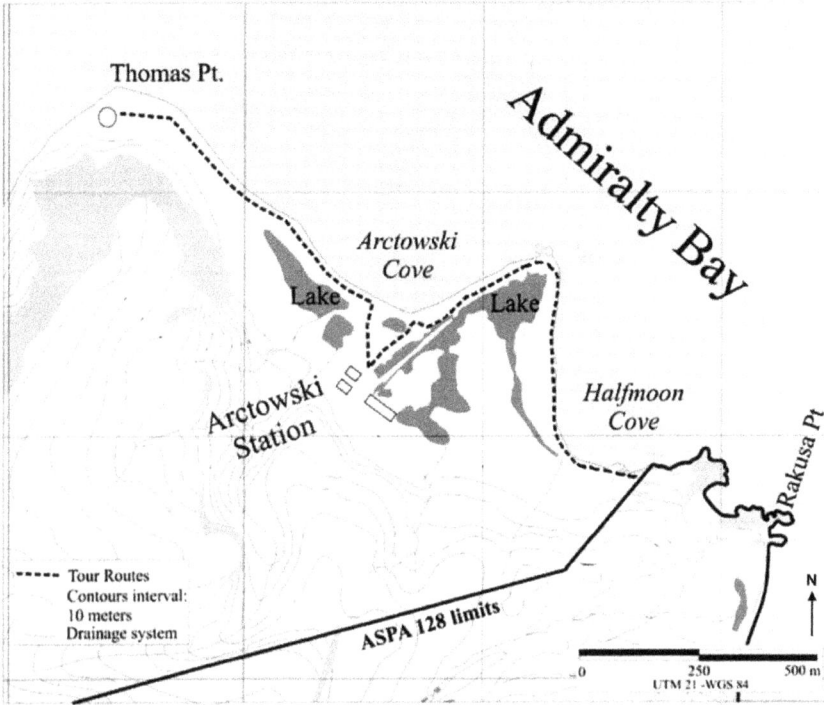

Fig. 8. Visitor Zone – Henryk Arctowski Station

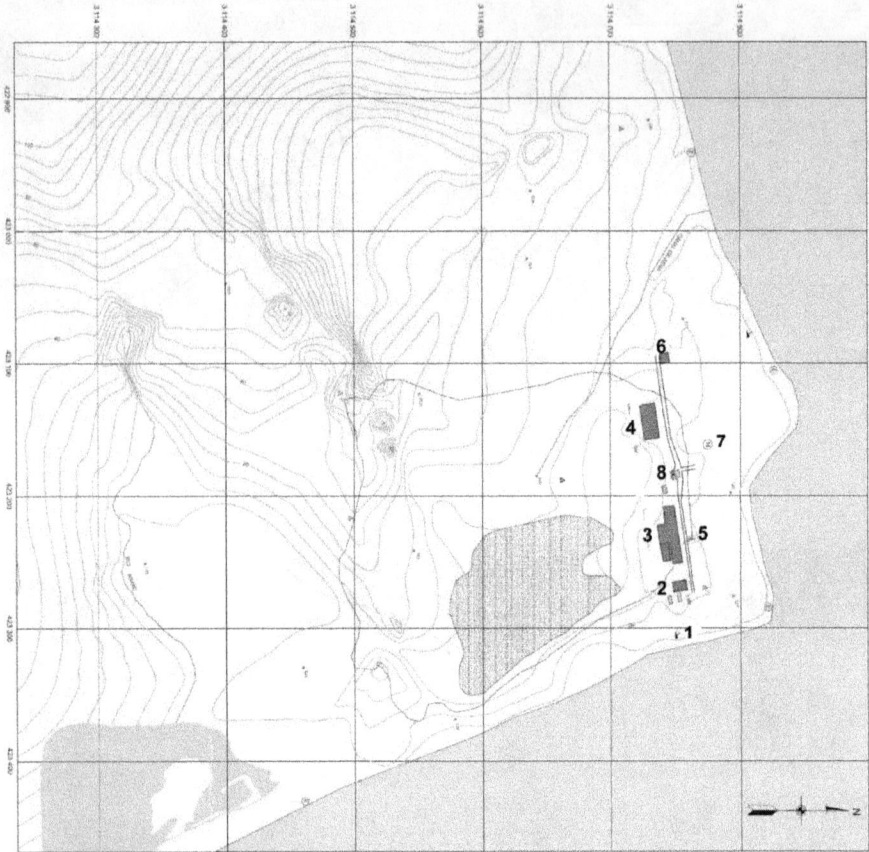

1.Disembarkation point
2.Scientific Laboratory
3.Dining room/Kitchen
4.Generator room/ Maintenance room/Wate treatment building
5.Living quarters
6.Emergency refuge
7.Portable helicopter pad
8.Flag

Fig. 9. Facilities Zone – Machu Picchu Station

Collines Larsemann, Antarctique oriental
Zone gérée spéciale de l'Antarctique
Plan de gestion

Table des matières

1. Introduction

Les collines Larsemann sont une zone libre de glace d'environ 40 km² et constituent l'oasis côtière la plus méridionale dans la région de la baie Prydz, Antarctique oriental. Les zones côtières libres de glace sont rares en Antarctique, d'où l'importance de la région des collines Larsemann en termes environnementaux, scientifiques et logistiques.

Les collines Larsemann ont été désignées Zone gérée spéciale de l'Antarctique (ZGSA) en 2007, en réponse à une proposition conjointe de l'Australie, la Chine, l'Inde, la Roumanie et la Fédération de Russie. La raison principale de la désignation était de promouvoir la coordination et la coopération entre les Parties dans la planification et la conduite d'activités dans la région, dans l'optique d'atteindre de meilleurs résultats en matière de protection de l'environnement.

Le plan de gestion original de la ZGSA n°6 des collines Larsemann a été adopté sur le fondement de la Mesure 2 (2007). La première révision du plan a été menée en 2013.

1.1 Géographie

Les collines Larsemann sont situées environ à mi-chemin entre les collines Vestfold et la plate-forme glaciaire d'Amery, sur la côte Sud-est de la baie Prydz, Terre Princesse Elizabeth, Antarctique oriental (69° 30' de latitude Sud, 76°19'58" de longitude Est) (Carte A). La zone libre de glace se compose de deux grandes péninsules (Stornes et Broknes), de quatre petites péninsules et d'environ 130 îles côtières. La péninsule la plus à l'est, celle de Broknes, est de surcroît divisée en deux versants, un versant occidental et un versant oriental, par le fjord Nella. Les zones libres de glace les plus proches sont les îles Bølingen (69°31'58" de latitude Sud, 75°42' de longitude Est), à 25 km au Sud-ouest, et les îles Rauer (68°50'59" de latitude Sud, 77°49'58" de longitude Est) à 60 km au Nord-est.

1.2 Présence humaine

1.2.1 Historique des visites

La zone des collines Larsemann a été initialement cartographiée en 1935, par une expédition norvégienne menée par le capitaine Klarius Mikkelsen. De brèves visites ont été effectuées par diverses Nations au cours des 50 années suivantes ; toutefois, ce n'est qu'à partir du milieu des années 1980 que la zone a connu des interventions humaines notables ou soutenues. La zone a connu un rapide développement d'infrastructures entre 1986 et 1989 : une station de recherche d'été australienne (base Law), une station de recherche chinoise (Zhongshan) et deux stations de recherche russes (alors identifiées comme Progress I et Progress II) ont été créées à environ 3 km les unes des autres, à l'Est de Broknes. Une piste d'atterrissage de 2 000 mètres pour aéronefs à skis a également été exploitée par la Russie sur le plateau glaciaire au Sud de Broknes, et plus de 100 vols intracontinentaux s'y sont posés durant cette période. La base Law est actuellement utilisée de façon saisonnière en tant que station Law-Racovita-Negoita en coopération avec la Fondation antarctique roumaine. Les stations Zhongshan et Progress (anciennement Progress II) sont utilisées toute l'année, tout comme la station Bharati, qui a été créée par l'Inde en 2012/2013.

1.2.2 Science

Les travaux de recherche basés dans les stations sont menés dans les domaines suivants : météorologie, sismologie, géomagnétique, chimie atmosphérique, localisation GPS (système de positionnement universel), physique atmosphérique, cosmophysique et physiologie humaine. Les recherches de terrain menées dans les collines Larsemann portent sur la géologie, la géomorphologie, sciences du Quaternaire, la glaciologie, l'hydrologie, la limnologie, l'écologie, la géoécologie, la biologie, ainsi que des études sur la biodiversité (notamment moléculaire), la biotechnologie et les impacts des activités humaines.

1.2.3 Visites touristiques

Des navires de tourisme visitent de manière épisodique la zone depuis 1992. Ils offrent des excursions à la demi-journée à l'occasion desquelles les passagers sont transportés à terre par hélicoptère et visitent ensuite à pied la zone qui accueille les stations, les lacs, les colonies d'oiseaux et les autres éléments caractéristiques de la région orientale de Broknes.

1.2.4 Activités futures

La poursuite des activités humaines dans les collines Larsemann est favorisée par sa localisation littorale et un paysage libre de glace. Les Parties qui interviennent déjà dans la zone entendent y poursuivre leurs activités, comme en témoignent les projets de développement et de redéveloppement des équipements des stations ainsi que la mise en place de traversées vers l'intérieur des terres depuis la zone. Une attention particulière sera portée, pour les cinq prochaines années, à l'amélioration des routes, en particulier le nivellement proposé de la crête sur la route reliant Progress à l'aérodrome.

1.3 Durée de la désignation

La ZGSA est désignée pour une durée indéterminée. Le plan de gestion sera révisé au moins tous les cinq ans.

2. Valeurs de la zone

La région de la baie Prydz comporte plusieurs affleurements rocheux et îles océaniques qui constituent une proportion importante de la zone libre de glace du littoral antarctique oriental. Les collines Larsemann, qui forment une zone libre de glace d'environ 40 km² constituent l'oasis côtière la plus méridionale (69°30' de latitude sud) dans ce secteur géographique, et la seconde par sa taille après les collines Vestfold (environ 410 km²), situées à 110 km au Nord-est. Ces oasis côtières sont particulièrement rares en Antarctique. De ce fait, les collines Larsemann constituent un lieu biogéographique remarquable en termes de valeurs environnementales, scientifiques et logistiques.

2.1 Valeurs environnementales et scientifiques

Une bonne partie des recherches scientifiques menées dans les collines Larsemann dépend de l'état relativement peu perturbé du milieu naturel ; c'est pourquoi la protection des valeurs scientifiques contribuera largement à la connaissance et à la protection des nombreuses valeurs environnementales de la zone.

Les collines Larsemann, dont la géologie diffère notablement de celle des autres affleurements de la région de la baie Prydz, offrent une fenêtre géologique exceptionnelle sur l'histoire de l'Antarctique. Les nombreuses caractéristiques géologiques et géomorphologiques exposées donnent de précieuses indications sur la formation des paysages et l'histoire de la calotte de glace polaire. Nombre de ces caractéristiques sont hautement vulnérables aux perturbations physiques.

La péninsule Broknes est une des rares zones côtières de l'Antarctique qui est demeurée en partie libre de glace durant la dernière glaciation et les sédiments qui s'y sont déposés contiennent des archives biologiques et paléoclimatiques datant d'environ 130 000 ans.

Les péninsules Stornes et Brattenvet sont exceptionnelles du point de vue de leur vaste développement de séries de minéraux borosilicatés et phosphatés, scientifiquement notables pour leur variété et leur origine. Les recherches en cours tâchent de repérer les processus géologiques qui ont à ce point concentré du boron et du phosphore. Stornes abrite également quantité de foraminifères, des diatomées et des mollusques bien préservés. Les valeurs géologiques exceptionnelles de Stornes, et sa valeur en tant que site de référence pour Broknes — qui est plus sévèrement touché — bénéficient de la protection de la Zone spécialement protégée de l'Antarctique (ZSPA) n° 174.

Les collines Larsemann abritent plus de 150 lacs. Bien que quelques-uns des lacs les plus scientifiquement importants se trouvent sur la partie orientale de Broknes, les lacs des collines Larsemann sont collectivement reconnus comme l'une des caractéristiques écologiques les plus remarquables de la ZGSA. Les lacs sont extrêmement précieux du fait de leurs écosystèmes naturels relativement simples. Étant susceptibles de subir des modifications physiques, chimiques et biologiques, une gestion des activités humaines à l'échelle de l'ensemble du bassin versant s'impose pour protéger leurs valeurs scientifiques. Les champs de neige et ruisseaux de ces bassins versants représentent en outre des lieux importants de mesure des processus hydrologiques naturels, ainsi que de toute expansion des impacts anthropiques.

Le microclimat relativement clément et la présence d'eau douce en été sont par ailleurs propices à des formes de vie antarctique. Des pétrels des neiges, des pétrels de Wilson (océanites de Wilson) et des labbes antarctiques se reproduisent dans la zone, et des phoques de Weddell viennent se reproduire et muer sur les berges. Les mousses, les lichens et les couches de cyanobactéries sont très communs, et on en trouve d'importantes concentrations dans certains endroits. La relative facilité d'accès à ces sites biologiques en fait un trait caractéristique particulièrement précieux et vulnérable de la zone.

Étant donné l'histoire courte, concentrée et bien documentée des interventions humaines dans la zone, les collines Larsemann fournissent également d'excellentes possibilités pour l'étude et la mesure des impacts humains.

2.2 Valeurs logistiques

En tant que site des stations permanentes de trois programmes nationaux antarctiques, la ZGSA des collines Larsemann constitue une importante base de soutien logistique pour l'accès à la région méridionale de la baie Prydz et à l'intérieur de l'Antarctique, notamment à la station Kunlun au Dome A (Chine), à Vostok (Russie) et à la région des montagnes Grove. L'Australie et la Chine ont entrepris de grandes traversées à l'intérieur des terres avec le soutien de leurs installations dans les collines Larsemann. Ces dernières années, la Russie a transféré sa base de ravitaillement de la station Vostok, et cela, de la station Mirny aux collines Larsemann.

2.3 État naturel et valeurs esthétiques

Stornes, les petites péninsules et les îles côtières portent moins de signes d'une présence humaine qu'ailleurs dans la ZGSA. La ZGSA présente une valeur esthétique notable avec ses collines dénudées et accidentées, entrecoupées par les lacs et les fjords et, à l'arrière-plan, le glacier Dålk, les îles côtières, les icebergs et le plateau; ces éléments justifient sa protection.

3. Buts et objectifs

Les collines Larsemann sont désignées en tant que ZGSA afin de protéger leur environnement en favorisant la coordination et la coopération entre les Parties pour la planification et la conduite d'activités humaines dans la zone.

En adoptant ce plan de gestion, les Parties s'engagent à :

- fournir à tous les visiteurs, notamment le personnel participant aux programmes nationaux de recherche, les visiteurs occasionnels reliés à ces programmes et les participants aux activités non gouvernementales, des lignes directrices sur la manière de mener leurs activités ;
- minimiser les impacts cumulatifs et autres sur l'environnement en encourageant la communication et en veillant conjointement et de manière cohérente à la protection de l'environnement à l'occasion de leurs activités de recherche et de soutien ;
- minimiser les perturbations physiques, la contamination chimique et les impacts biologiques dans la région, principalement par une utilisation raisonnée des véhicules ;
- empêcher la contamination de l'environnement en appliquant des pratiques rigoureuses de gestion des déchets, de manipulation et de stockage des substances dangereuses ;
- mettre en œuvre les mesures nécessaires pour protéger l'environnement de l'introduction involontaire ou la dispersion d'espèces non indigènes;
- maintenir l'état naturel et les valeurs esthétiques de la zone ;

- préserver la possibilité de réaliser des recherches scientifiques en s'attachant à ne pas compromettre les valeurs scientifiques de la zone ; et,
- améliorer la compréhension des processus naturels à l'œuvre dans la zone, notamment en menant des programmes conjoints de suivi et d'enregistrement de données.

4. Description de la zone

4.1 Géographie et lignes de démarcation de la zone

La ZGSA comprend la zone libre de glace et les îles côtières collectivement appelées collines Larsemann (voir la Carte A) ainsi que le plateau adjacent. La ZGSA englobe les terres :

depuis les 69°23'20" de latitude sud et 76°31'0" de longitude est, à l'est de la pointe sud de Dalkoy, puis à partir de là,

au nord à 69°22'20" de latitude sud et 76°30'50"de longitude est, au nord de Dalkoy

au nord-ouest à 69°20'40" de latitude sud et 76°21'30" de longitude est, au nord de l'île Striped

au nord-ouest à 69°20'20" de latitude sud et 76°14'20" de longitude est, au nord-est de l'île Betts

au sud-ouest à 69°20'40" de latitude sud et 76°10'30" de longitude est, au nord-ouest de l'île Betts

au sud-ouest à 69°21'50" de latitude sud et 76°2'10" de longitude est, au nord-ouest de l'île Osmar

au sud-ouest à 69°22'30" de latitude sud et 75°58'30" de longitude est, à l'ouest de l'île Osmar

au sud-ouest à 69°24'40"de latitude sud et 75°56'0" de longitude est, à l'ouest de l'île Mills

au sud-est à 69°26'40" de latitude sud et 75°58'50" de longitude est, au sud de Xiangsi Dao

au sud-est à 69°28'10" de latitude sud et 76°1'50" de longitude est, au sud-ouest de pointe McCarthy

au sud-est à la côte, à 69°28'40" de latitude sud et 76°3'20" de longitude est

au nord-est à 69°27'32" de latitude sud et 76°17'55" de longitude est, au sud du site de la piste d'atterrissage russe

au sud-est à 69°25'10" de latitude sud et 76°24'10" de longitude est, sur le versant ouest du glacier Dålk

au nord-est à 69°24'40" de latitude sud et 76°30'20" de longitude est, sur le flanc est du glacier Dålk, et

au nord-est pour revenir à 69°23'20" de latitude sud et 76°31'0" de longitude est.

L'objectif est de gérer conformément au présent Plan de gestion la conduite de toutes les activités humaines notables menées dans les collines Larsemann.

Aucune borne de délimitation artificielle n'a été installée.

4.2 Climat

L'une des caractéristiques climatiques majeures des collines Larsemann est la présence de vents catabatiques forts et persistants qui soufflent depuis le nord-est pendant la majeure partie de l'été. De décembre à février, les moyennes des températures de jour sont souvent supérieures à 4 °C et peuvent dépasser 10 °C, la moyenne mensuelle se situant légèrement au-dessus de 0°C. En hiver, les températures mensuelles moyennes se situent entre – 15 °C et – 18 °C. Les précipitations neigeuses dépassent rarement 250 mm d'équivalent eau par an. Le manteau neigeux est généralement plus épais et plus persistant sur Stornes que sur Broknes. La banquise côtière demeure importante tout au long de l'été, tandis que les fjords et les baies sont rarement libérés des glaces.

4.3 Caractéristiques naturelles

4.3.1 Géologie

Les collines Larsemann (et les îles Bolingen et les promontoires de Brattstrand voisins) sont différentes d'autres parties de la baie Prydz, en raison principalement de l'absence de digues ferromagnésiennes et de vastes corps de charnockites. Les expositions de socle rocheux dans les collines Larsemann se composent de roches volcanogéniques et sédimentaires supracrustales qui se sont métamorphosées dans des conditions de faciès à granulite (800–860˚C, 6–7 kbar au maximum) durant l'ère paléozoïque « panafricaine » (~500-550 Ma). Les conditions métamorphiques ont été suivies d'une décompression. Les roches ont été soumises à une forte fusion ainsi qu'à plusieurs épisodes de déformation et elles ont été l'objet d'une intrusion par plusieurs générations de pegmatites et de granites. Les roches supracrustales reposent sur un socle d'orthogneiss à orthopyroxène de l'ère protérozoïque, ou elles en émanent peut-être.

4.3.2 Géomorphologie

La forme allongée des caractéristiques topographiques à grande échelle des collines Larsemann est le résultat de couches compositionnelles, de plis et de failles (linéaments) dans le socle rocheux métamorphique. Le paysage est disséqué par de vastes fjords et vallées structurellement contrôlés en V d'une profondeur dépassant rarement 100 m à terre ; la plus longue est de 3 km (baie Barry Jones). La hauteur maximale au-dessus du niveau de la mer est de 162 m (pic Blundell).

La côte est généralement formée d'un socle rocheux et les seules plages se trouvent au fond des fjords ou dans des baies protégées et isolées. On trouve plusieurs exemples de lacs de barrage, accompagnés de gorges et de cônes alluviaux. Les îles océaniques sont probablement des roches moutonnées, isolées par le niveau actuel de la mer.

Les reliefs sculptés par les vents sont nombreux – même si les fragments de sel et de glace contribuent très largement au décollement des particules – tandis que le vent a essentiellement un rôle de transport. Les reliefs périglaciaires sont également fréquents, mais ni très abondants, ni très développés.

Le solum est quasiment inexistant du fait de l'absence des processus chimiques et biologiques de formation des sols. Les dépôts superficiels sont communs, mais limités aux zones basses ; ils comprennent des graviers de congère, des matériaux déposés par les vents, des éboulis et des dépôts fluviatiles. Des sols très minces (moins de 10 cm) peuvent également être trouvés en association avec des lits de mousse épars et des concentrations discontinues de lichens. Dans divers endroits, on trouve une couche de permafrost entre 20 et 70 cm en dessous de la surface.

Sur le versant nord-est de Stornes, aux environs du 69"31'48 " de latitude sud et du 76º07 de longitude est, se trouve un affleurement constitué de sédiments marins post-dépôt du Pliocène (4,5 – 3,8 Ma) pouvant atteindre 40 cm d'épaisseur. Ces sédiments occupent une étroite terrasse à environ 55 mètres au-dessus du niveau de la mer, et ont permis le développement de foraminifères abondants et bien préservés, ainsi que de diatomées et de mollusques assez bien préservés.

Sur Broknes, des zones qui sont demeurées libres de glace d'un bout à l'autre du Dernier maximum glaciaire contiennent des dépôts de sédiments (dans les lacs) qui enregistrent les changements climatiques, biologiques et écologiques couvrant le dernier cycle glaciaire.

4.3.3 Lacs et champs de neige

Les collines Larsemann comptent plus de 150 lacs de salinité (eau douce à légèrement saline) et de taille variables, depuis des mares superficielles à de vastes bassins creusés par la glace ; la plupart sont toutefois de petite taille (5 000 – 30 000 m²) et peu profonds (2 à 5 mètres). Les lacs sont gelés en surface pendant l'hiver, et la plupart dégèlent en été pendant des périodes pouvant aller jusqu'à deux mois, ce qui permet aux vents catabatiques de les brasser en profondeur. La plupart des lacs sont alimentés par l'eau de fonte, et certains présentent des ruisseaux et des décharges constamment alimentés durant l'été qui abritent des crustacés, des diatomées et des rotifères. Ces cours d'eau sont particulièrement visibles sur Stornes.

La petite taille des bassins versants et leurs eaux quasi-pures rendent les collines Larsemann particulièrement vulnérables aux impacts résultant des activités humaines. Des études ont mis en évidence une modification de la chimie des eaux, de l'apport en éléments nutritifs, de l'eau de fonte et de la sédimentation dans plusieurs lacs du versant est de Broknes, à proximité immédiate de la station et du réseau de transit. Si les impacts dus à l'activité humaine sont évidents dans ces lacs, la majorité des autres lacs de Broknes et du reste de la zone ne semble globalement pas avoir été modifiéé.

Les lacs sur la partie orientale de Broknes ont l'archive sédimentaire la plus longue parmi tous les lacs de surface de l'Antarctique. Il semblerait que la banquise n'ait pas progressé au-delà du lac Nella et qu'elle n'ait pas raclé le lac Progress de telle sorte que ces lacs et les lacs vers l'extrémité nord de la péninsule sont d'une très grande utilité pour les milieux scientifiques.

La superficie des champs de neige des collines Larsemann ont augmenté d'une valeur estimée à 11% durant les 50 dernières années. Pendant l'été, un réseau hydrographique temporaire se forme à partir de la fonte des champs de neige et des glaciers. Les ruisseaux charrient de l'eau, des ions, des matières en suspension et des polluants vers les bassins versants, les lacs et les baies.

4.3.4 Biote des lacs et des cours d'eau

Le phytoplancton est principalement composé de nanoflagellés autotrophiques, bien que l'on trouve des dinoflagellés dans de nombreux lacs, et qu'un desmide du genre *Cosmarium* soit très présent dans au moins un lac. Les nanoflagellés sont plus souvent hétérotrophiques qu'autotrophiques – bien que la diversité des espèces soit peu importante (trois à quatre espèces seulement sont présentes dans la plupart des lacs). Ils sont particulièrement abondants dans les lacs de faible profondeur (Parphysomonas est très commun). Des ciliés sont présents en petits nombres, le strombidium étant l'espèce la plus commune. On trouve également une espèce d'holyophyra dans la plupart des lacs. Les rotifères sont sporadiquement présents dans plusieurs lacs, tandis que le cladocère daphniopsis studeri est commun, quoiqu'en petit nombre.

La plus évidente caractéristique biotique observée dans la quasi-totalité des lacs sont les vastes tapis bleu vert de cyanobactéries qui se sont accumulés depuis le retrait des glaces, datant en certains endroits de non moins de 130 000 années. Ces tapis de cyanobactéries atteignent des épaisseurs exceptionnelles, pouvant aller jusqu'à 1,5 m, et que l'on ne trouve pas d'ordinaire dans les autres systèmes dulcicoles de l'Antarctique. Ils sont également très répandus dans les cours d'eau et les zones d'infiltration. Les tapis contiennent des cyanobactéries endémiques à l'Antarctique et à la région de la baie Prydz, ainsi que des ensembles de diatomées qui se différencient nettement des autres régions de l'Antarctique. Les plus vieux tapis préservés dans le versant oriental de Broknes contiennent des espèces de diatomées n'ayant pas été repérées ailleurs sur le continent. Environ 40% des taxons de diatomées d'eau douce et saumâtre des collines Larsemann sont endémiques à l'Antarctique ou à la baie Prydz.

4.3.5 Oiseaux de mer

Les océanites de Wilson (*Oceanites oceanicus*), les labbes antarctiques (*Catharacta maccormicki*) et les pétrels des neiges (*Pagodroma nivea*) se reproduisent dans les collines Larsemann. Si le nombre approximatif de couples reproducteurs ainsi que leurs emplacements à Broknes sont largement documentés, leur répartition dans le reste de la zone demeure quant à elle incertaine.

Des labbes antarctiques sont présents dans la zone de la mi-octobre au début du mois d'avril ; environ 17 couples en phase de reproduction nichent sur Broknes, ainsi qu'un nombre analogue d'oiseaux qui ne sont pas en phase de reproduction. Les nids de pétrel des neiges et d'océanites de Wilson logés dans des fragments abrités du socle rocheux, des crevasses, des pentes rocheuses et des éboulis sont généralement occupés d'octobre à février. Environ 850 à 900 couples de pétrels des neiges et 40 à 50 couples d'océanites de Wilson vivent à Broknes ; les principales concentrations de pétrels des neiges sont présentes à Crête Base, sur les affleurements rocheux proches du glacier Dålk à l'est et sur le plateau au sud.

Malgré l'exposition apparemment favorable du site pour la nidification, aucune colonie de manchots Adélie (*Pygoscelis adeliae*) en phase de reproduction n'est présente aux collines Larsemann, peut-être à cause de la persistance de la glace de mer après la période d'éclosion des œufs. Toutefois, des oiseaux appartenant aux colonies d'archipels voisins, (situés entre les îles Svenner et Bolingen), viennent occasionnellement dans la zone pendant l'été et jusqu'à la période de mue. Les manchots empereurs (*Aptenodytes forsteri*) visitent également parfois la zone.

4.3.6 Phoques

Les phoques de Weddell (*Leptonychotes weddelli*) sont nombreux sur les côtes des collines Larsemann ; dès le mois d'octobre, ils viennent mettre bas sur la glace de mer où ils séjournent également pendant la période de mue, de la fin décembre à mars. Ils viennent mettre bas sur la glace de mer adjacente aux îlots au nord-est de Broknes, et il est habituel de voir des groupes de phoques en mue échoués sur le littoral de Broknes, à proximité des stations et dans les crevasses de marée des fjords occidentaux. Durant les campagnes aériennes effectuées pendant la mue, on a observé des groupes de plus de 1 000 phoques, de nombreux groupes de taille importante (50 à 100 individus) échoués au fjord Thala et sur des radeaux de glace immédiatement à l'ouest de Stornes, et de nombreux petits groupes disséminés parmi les îles océaniques et les zones de glace au nord-est de Broknes. Des phoques mangeurs de crabe (*Lobodon carcinophagus*) et des léopards de mer (*Hydrurga leptonyx*) viennent parfois dans la zone.

4.3.7 Microfaune

Cinq genres de tardigrades terrestres (*Hypsibius, Minibiotus, Diphascon, Milnesium et Pseudechiniscus*) qui comprennent six espèces ont été observés dans des lieux associés à la végétation. Les lacs et cours d'eau offrent un ensemble d'habitats abritant une faune riche et variée. Dix-sept espèces de rotifères, trois tardigrades, deux arthropodes, des protozoaires, un plathelminthe et des nématodes ont été signalés. Le cladocère Daphniopsis studeri, l'une des espèces de crustacés dulcicoles que l'on sait présent dans les lacs du continent antarctique, a été identifié dans la plupart des lacs des collines Larsemann ; il s'agit du plus gros animal présent dans ce système, qui est actuellement limité à la région de la baie Prydz et aux îles subantarctiques dans la province du sud de l'océan Indien. Il fut continuellement présent dans le versant oriental de Broknes durant le Dernier maximum glaciaire, ce qui indique que Broknes a fait office d'un important refuge glaciaire pour les biotes antarctiques lors d'un ou plusieurs cycles glaciaires complets.

4.3.8 Végétation terrestre

L'échantillonnage des zones côtières depuis les collines Vestfold jusqu'aux collines Larsemann met en évidence une uniformité relative de la flore de la côte Ingrid Christensen qui se limite à une répartition analogue de bryophytes, de lichens et d'algues terrestres. La nature du socle rocheux, et la direction des vents dominants dans la zone de la baie Prydz contribuent sans doute au fait que moins de 1 % des collines Larsemann ait un couvert végétal.

La vie terrestre, notamment les mousses, les lichens et les invertébrés associés, est essentiellement présente à l'intérieur des terres. Cependant, de larges lits de mousse ont été signalés dans des sites abrités des grandes îles à Stornes (notamment Kolløy et Sigdøy), associés aux sites de mue des manchots Adélie et aux nunataks du sud-ouest. Sept espèces de mousse ont été positivement identifiées dans la région : *Bryum pseudotriquetum*, la plus abondante, *Grimmia antarctici, Grimmia lawiana, Ceratodon pupureus, Sarconeurum glaciale, Bryum algens* et *Bryum argentum*.

La flore bryophyte comprend également une espèce d'hépatique(*Cephaloziella exiliflora*), trouvée sur un affleurement sans nom au sud de Stornes et qui n'a été signalée que dans quatre autres endroits de la région antarctique. La couverture de lichens est extrêmement vaste au nord-est de Stornes et de la crête Law, sur Broknes. La flore de lichens de la région comprend au moins 25 espèces positivement identifiées. Des études entreprises dans des endroits proches de la côte Ingrid Christensen laissent à penser que les collines Larsemann pourraient abriter près de 200 taxons algaires d'eau douce et 100 à 120 taxons fongiques.

4.4 Impacts humains

Une période d'intense activité humaine, depuis 1986, a provoqué des changements notables de l'environnement local, notamment sur le versant est de Broknes et la péninsule entre le fjord Thala et la baie Quilty. La construction de la station, des installations associées et des routes d'accès a entraîné des dégradations physiques de la surface libre de glace. La fracturation des roches et l'exposition de la couche de permafrost due au passage répété des véhicules ont causé une érosion de surface et modifié le réseau de drainage. Des déversements accidentels d'hydrocarbures, la collecte de l'eau et le rejet des eaux usées sur place ont provoqué une contamination chimique de certains lacs et sols. Les prélèvements d'eau pour le fonctionnement de la station ont réduit les volumes d'eau des lacs à Broknes.

Des espèces de flores introduites ont été détectées (et enlevées), et divers éléments historiques attestent l'ingestion d'aliments d'origine humaine par les espèces sauvages. Les déchets balayés par le vent ainsi que des perturbations de surface dues à la fréquence des piétinements restent problématiques.

Stornes, les petites péninsules et les îles côtières ont été moins fréquemment visitées et sont donc moins perturbées. Maintenir les lieux dans cet état de préservation, et minimiser les impacts ailleurs, est une priorité pour la gestion des collines Larsemann.

4.5 Accès à la zone

4.5.1 Accès terrestre

15 km de routes non goudronnées constituées de matériaux locaux ont été construites sur le versant oriental de Broknes. Une route de 6,7 km relie notamment chaque station à Broknes et au plateau continental au sud. Cette route suit la voie la plus appropriée pour éviter les bassins versants des lacs et les pentes abruptes. Elle comporte quatre sections particulièrement raides : une crête d'environ 0,5 km au sud de Zhongshan ; une série de pentes raides entre Progress et Law-Racovita-Negoita ; le segment qui traverse la pente à l'ouest du lac Sibthorpe ; et l'ascension du plateau à proximité du glacier Dålk. Le dernier kilomètre de route avant d'arriver au plateau à proprement parler est jalonné de piquets plantés tous les 50 à 100 mètres. Il existe d'autres routes dans la zone même des stations Zhongshan et Progress, ainsi qu'une courte route d'accès qui relie Law-Racovita-Negoita à la route principale. Le passage des véhicules sur les aires libres de glace à l'intérieur de la zone est limité à ces routes.

La glace de mer perdure entre les fjords ainsi qu'entre le littoral et les nombreuses îles côtières jusqu'à la fin de l'été. Les conditions de la glace sont variables sur les marges orientales et occidentales de la ZGSA en raison de la présence de glaciers. Il convient d'en tenir compte lors de tout déplacement sur la glace de mer. En hiver, il est possible d'accéder à Zhongshan et à Progress par la glace de mer en empruntant la plage située à l'ouest de Zhongshan (69°22'30" de latitude sud et 76°21'33" de longitude est) et celle adjacente à Progress (69°22'44" de latitude sud et 76°23'36" de longitude est), en fonction des conditions hautement variables de la glace. Depuis la glace de mer, on peut accéder à la route principale au sud de la section abrupte située au sud de Progress, soit en empruntant la baie la plus à l'est du fjord Nella (69°22'58" de latitude sud et 76°22'44" de longitude est), soit en passant par l'anse des phoques (69°23'6" de latitude sud et 76°23'49" de longitude est).

On peut accéder aux collines Larsemann par le plateau de glace, depuis Davis située à environ 330 km au nord-est, ou depuis Mawson à l'ouest en suivant la route de traverse du glacier Lambert (environ 2 200 km). La route jalonnée de piquets s'oriente au nord à partir d'un repère situé au point de latitude sud 69°55'33" et de longitude est 76°29'49" et poursuit ensuite vers le nord le long d'une série de repères constitués de piquets et de fûts, pour ensuite rejoindre la principale route d'accès sur le versant oriental de Broknes.

4.5.2 Accès maritime

Aucune aire de mouillage ou zone d'accostage n'est désignée dans la zone en raison des conditions variables de la glace de mer. Les navires mouillent généralement à environ 5 milles nautiques, en fonction des conditions de glace. Cependant, des navires affrétés par l'Inde se sont toutefois approchés jusqu'à 50 m du site de Bharati. Les principaux sites utilisés sont:

- la baie située à environ 250 mètres au nord-nord-est de Zhongshan, par 69°22'12" de latitude sud et 76°22'15" de longitude est ; elle consiste en une ouverture d'environ 15 mètres entre des affleurements rocheux et une vaste zone plane à terre permettant les opérations terrestres avec des véhicules ;

- la plage adjacente à Progress (69°22'44" de latitude sud et 76°23'53" de longitude est) ; et,

- la plage située à l'ouest de Zhongshan, qui ouvre sur fjord Nella (69°22'30" de latitude sud et 76°21'25" de longitude est).

Il est difficile voire impossible d'accéder à la berge orientale de Broknes en raison des débris de glace qui sont parfois présents sur plusieurs centaines de mètres au large où ils sont repoussés par les vents dominants de nord-est. Les hélicoptères sont donc le seul moyen fiable et rapide de transporter des personnes et des vivres à terre.

4.5.3 Accès aérien

Les sites désignés pour l'atterrissage et l'avitaillement des hélicoptères doivent être utilisés en priorité pour les opérations héliportées habituelles.

Il existe deux aires bétonnées d'atterrissage des hélicoptères à Zhongshan : (69°22'44" de latitude sud et 76°21'32" de longitude est). L'aire la plus au sud est de 15 mètres de diamètre; une carte de l'Antarctique y est peinte. La seconde aire, située à environ 25 m au nord, est de 20 m de diamètre. Les hélicoptères lourds (notamment Ka-32) atterrissent généralement sur la plus grande aire, tandis que les aéronefs plus légers (Dauphins et Écureuils) atterrissent sur l'aire située au sud. L'approche se fait généralement depuis le versant occidental de Zhongshan, depuis la direction du lac vers les principaux bâtiments, en descendant progressivement au dessus du lac. Les pilotes doivent éviter de réduire leur altitude dans la partie sud du lac, où des radars utilisés pour les études physiques sur la haute atmosphère sont installés une colline de 58 m.

Progress dispose de deux aires d'atterrissage pour hélicoptères. L'un des deux sites est une zone plane (environ 20 m x 20 m) de terre nue et dégagée, à proximité d'un important dépôt de carburant en fûts de 200 litres. L'autre site d'atterrissage est bétonné, et est situé au nord-ouest du plus grand bâtiment de la station (carte E).

Bharati dispose d'une aire d'atterrissage d'hélicoptère bétonnée, située à 69°24.40' de latitude sud, 76°11.59' de longitude est, à l'ouest du bâtiment principal de la station, à une altitude de 38,5 m.

L'aire d'atterrissage à Law-Racovita-Negoita (69°23'20" de latitude sud et 76°22'55" de longitude est) est une zone plane située à environ 60 mètres à l'est de la base. Les hélicoptères atterriraient normalement face aux vents dominants du nord-est.

De petits aéronefs à voilure fixe, sur skis ou roues, ont de temps à autre été utilisés dans la région et peuvent être exploités sur la glace de mer adjacente aux stations bien que les conditions de la glace varient durant l'année ; en outre, il est préférable de limiter les opérations à la zone du plateau du fait de la proximité des colonies de faune sauvage. Des atterrissages ont été effectués à proximité du site de l'ancienne piste russe et du site proposé pour la piste de neige compactée, à 69°25'59" de latitude sud et 76°10'25" de longitude est. Les vents dominants de nord-est et la légère élévation de surface laissent à penser qu'il est préférable de décoller et d'atterrir depuis le nord-est.

4.5.4 Accès piétonnier

Aucune restriction n'est imposée à l'accès piétonnier dans la ZGSA, mais il convient de respecter les dispositions du Code de conduite environnemental ci-joint (voir à l'appendice 1). Il convient d'emprunter les routes établies afin de minimiser les perturbations physiques de la surface terrestre et empêcher la formation de nouvelles pistes. Lorsqu'il n'existe aucune modification apparente de surface, il convient d'emprunter la voie la plus directe entre deux points, en essayant de ne pas suivre systématiquement la même trajectoire et en évitant la végétation et les autres éléments vulnérables, tels que les abords des lacs et les zones d'infiltration.

4.6 Emplacement des structures dans la zone et à proximité

4.6.1 Zhongshan (République populaire de Chine)

Zhongshan est située à la pointe nord-est du versant oriental de Broknes à 69°22'24" de latitude sud et 76°22'40" de longitude est, et à une altitude d'environ 11 mètres au-dessus du niveau de la mer. La station a été créée durant l'été 1988-1989 et a été constamment exploitée depuis lors, pour les besoins du programme permanent de recherche scientifique du programme Antarctique chinois. Ainsi qu'il a été indiqué précédemment, Zhongshan fait aussi office de base de soutien logistique pour la station Kunlun et pour des recherches scientifiques dans d'autres zones de l'intérieur des terres, comme les montagnes Grove et la plate-forme glaciaire d'Amery. De ce fait, Zhongshan constitue un centre de soutien important pour les activités de recherches de la Chine à l'intérieur des terres antarctiques.

Infrastructure de la station

La station, qui a une capacité d'accueil maximale de 76 personnes, accueille environ 60 personnes en été et 20 à 25 personnes en hiver. Elle est composée de sept bâtiments principaux et de plusieurs bâtiments de moindre importance (Carte D). On accède à Zhongshan par véhicule depuis la route principale sur le plateau, et un réseau de routes relie les principaux bâtiments de la station. Deux aires d'atterrissage bétonnées pour hélicoptère sont situées à l'ouest du bâtiment principal (voir la section 4.5.3).

Électricité, livraison et stockage de carburant

La station est alimentée en électricité par des génératrices au diesel. En fonction de l'état de la glace de mer, le carburant est transféré par barge ou par pipeline depuis le navire et entreposé dans des citernes de vrac situées à l'extrémité sud de la station. Chaque année, 200 à 300 mètres cubes de carburant sont livrés à la station.

Afin d'éviter les activités liées au stockage et transport d'hydrocarbures nuisibles pour l'environnement en Antarctique, une nouvelle installation de stockage d'hydrocarbures a été construite à Zhongshan en 2011. Elle est située sur le versant oriental de la station, dans la zone jouxtant Progress. Cette installation peut stocker autour de 500 t de carburant et contient en outre un équipement de prévention de déversements d'hydrocarbures. L'ancien système de stockage d'hydrocarbures est régulièrement vérifié et entretenu. Il sera déplacé dans la zone du nouvel équipement de stockage d'hydrocarbures pour réduire l'encombrement dans la station et augmenter la sécurité de ses opérations.

Eau et eaux usées

L'eau nécessaire au refroidissement des génératrices et aux installations sanitaires est puisée dans un grand lac situé immédiatement à l'ouest de la station. Les eaux usées sont utilisées pour la chasse d'eau des toilettes après un traitement dans la centrale. Les eaux noires sont collectées et traitées dans la station d'épuration, puis déversées dans l'océan après avoir transité par une série de citernes d'épuration alimentées par gravité.

Gestion des déchets solides

Les déchets combustibles sont stockés à part et brûlés dans un incinérateur diesel à haute température. Du fait du volume de déchets produits, l'incinérateur doit être mis en route en moyenne tous les trois à quatre jours. Les cendres sont collectées et entreposées afin d'être renvoyées en Chine. Les déchets non combustibles sont triés, entreposés au sud de la centrale électrique et évacués par bateau.

Véhicules

Les véhicules sont utilisés dans la zone de la station elle-même et pour transporter des matériaux vers d'autres sites du versant est de Broknes. L'entretien des véhicules, des génératrices et autres équipements est fait à la centrale ou dans l'atelier des véhicules. Les huiles usagées sont renvoyées en Chine.

Réapprovisionnement

Le réapprovisionnement intervient généralement une fois l'an, en été. Les marchandises sont amenées à terre par barges ou par des traîneaux tractés par les véhicules de traverse.

Communications

Les communications orales avec la Chine se font principalement par radio HF, par INMARSAT, et de plus en plus par le Broadband Global Area Network (BGAN). Le BGAN est devenu le principal outil de communication pour l'envoi et la réception des appels téléphoniques, des télécopies, des courriels et des données scientifiques. La radio HF sert à communiquer dans la zone de la baie Prydz, tandis que la VHF est utilisée pour les communications locales. Une liaison radiotéléphonique permet également de contacter la station Davis (et d'appeler n'importe où dans le monde depuis cette station) ; elle est utilisée pour la diffusion quotidienne des données météorologiques. Un système de communication satellite de type VSAT (terminal à très petite ouverture) a également été installé. Il établit une communication continue, 24/24h, entre la station et la Chine, fournissant des services de communication orale, écrite et de données. Les communications Iridium sont réservées aux urgences.

Science

Les programmes scientifiques menés à Zhongshan sont principalement opérées depuis la station; ils comprennent météorologie, surveillance de la couche d'ozone, physique de la haute atmosphère, observations de l'activité aurorale, observations géomagnétiques (certaines en coopération avec le programme antarctique australien), observations gravimétriques, sismologie, traitement de l'imagerie satellitaire générée par le satellite en orbite polaire de la NOAA, chimie atmosphérique, télédétection, mesures GPS et physiologie humaine. Les travaux de recherche réalisés l'été à l'intérieur des terres comprennent les évaluations environnementales, le suivi de la neige et de la glace, des sols, de l'eau de mer, des eaux douces, des mousses, des lichens, de la faune et de la flore sauvage, la géologie, la glaciologie et les écosystèmes de la glace de mer. Des traversées ont également été entreprises à l'intérieur des terres en vue d'études géologiques, géodésiques, glaciologiques et sur les météorites.

4.6.2 Progress (Russie)

La station Progress est située sur le versant oriental de Broknes, à environ 1 km au sud de Zhongshan, au point 69°21'57" de latitude sud et 76°20'59" de longitude est. La station a été créée en 1988 sur un plateau situé à 300 mètres du littoral occidental de la baie Dålk La station a été occupée de manière intermittente, fermée durant l'été 1993-1994, et rouverte durant l'été 1997-1998. Elle est utilisée depuis lors comme base de recherche permanente. La station a une capacité d'accueil de 100 personnes pendant l'été.

Infrastructure de la station

Le complexe de la station principale contient:

- un bâtiment de trois étages de bureaux et d'hébergement pouvant accueillir 50 personnes (25 personnes pendant l'hiver, lorsqu'une chambre individuelle est allouée à chaque personne), cinq laboratoires scientifiques (météorologique, océanographique sec et "humide", d'imagerie satellite, et d'études géophysiques et hydrobiologiques), de salles de séjour, un bureau de station, un centre d'information-radio, un service médical, une cuisine, un entrepôt alimentaire, une salle à manger/cantine, une salle de sport, un sauna, des cabines de douches et toilettes, et

- un centre d'observation radio-électronique pour le suivi des orbites de la constellation de satellites du système de positionnement GLONASS et le suivi géodésique des mouvements tectoniques de la croûte terrestre par les systèmes satellites GPS et GLONASS, un pavillon géomagnétique, un radar pour le suivi de l'état de la glace côtière et des icebergs ainsi que pour le contrôle du trafic aérien des hélicoptères et des aéronefs volant à basse altitude.

La station a récemment été rénovée à l'intérieur des limites existantes de la station; les bâtiments rénovés sont équipés de systèmes de traitement des déchets. Une fois achevé le programme de reconstruction, les vieux bâtiments et les vieilles installations seront démolis et enlevés de la zone du Traité sur l'Antarctique. Les routes existantes seront essentiellement utilisées pour accéder au site.

L'accès par véhicule se fait par la route principale depuis le plateau, et le réseau de routes reliant les principaux bâtiments de la station. La station Progress dispose de deux aires d'atterrissage pour hélicoptères, dont l'une est réservée à la livraison de carburants (voir section 4,5.3). L'autre hélisurface est équipée d'éclairage, d'aide à la navigation et de contrôle du trafic aérien.

Progress est en outre équipée d'un système de sécurité GPS permettant de suivre les déplacements du personnel et des véhicules dans un rayon de 100 km autour de la station, les affichant sur un cadran de la salle radio.

Électricité, livraison et stockage de carburant

La station présente un systèmes d'alimentation électrique, composé d'une centrale diesel-électrique d'une capacité totale de 900 kW, d'un garage pour l'entretien et la réparation de jusqu'à huit transporteurs, d'une chaudière automatique pour le chauffage de la station fonctionnant aux carburants et lubrifiants usagés, d'un système de traitement des eaux usées contenant des distillateurs d'eau et des systèmes de purification et d'utilisation pour toutes les eaux usées que génèrent les différents équipements de la station, ainsi que des ateliers de réparation.

Les installations de stockage de carburant d'aviation et de diesel comportent quinze cuves à double paroi de 75 m³, un casier métallique pour le stockage des carburants et lubrifiants en barils, une hélisurface pour la livraison de carburants, ainsi qu'un pipeline de carburant relié à la centrale.

Alimentation en eau

L'eau de boisson est puisée dans un petit lac au nord-ouest de la station en été, et pendant l'hiver dans le lac Progress proche du plateau. Dans les deux cas, l'eau est transportée jusqu'à la station par citerne et stockée dans une grande cuve adjacente au bâtiment principal. Dans les années passées, de l'eau douce a également été obtenue par fusion de la glace de mer et de petits icebergs proches de la station. L'eau de lavage est produite grâce à une unité de dessalement par osmose inverse, qui utilise l'eau légèrement saumâtre du lac Stepped.

Gestion des déchets

Les déchets non combustibles de petite taille sont séparés et compactés pour leur retrait ultérieur. Les déchets combustibles et les déchets domestiques sont brûlés dans un incinérateur à haute température. Les eaux usées provenant du bâtiment principal sont traitées par une unité biologique et déversées dans la baie. Le bâtiment de la centrale électrique, de l'atelier et du garage est également équipé d'une unité de traitement des eaux usées. Les vieux bâtiments, plus petits, ne disposent pas d'unités de traitement des eaux usées ; les déchets humains sont stockés dans des fûts qui sont ensuite renvoyés en Russie.

Les déchets métalliques sont stockés sur la plage voisine de la station avant d'être renvoyés en Russie.

Véhicules

Progress est la principale base de transport pour le soutien aux traversées à l'intérieur des terres, notamment les traversées vers la station Vostok. Non moins de douze transporteurs "Kässbohrer Pisten Bully Polar 300" sont utilisés à cette fin.

D'autres types de véhicules sont aussi utilisés à proximité de la station pour la collecte de l'eau, le transfert du carburant et des déchets ainsi que pour acheminer le personnel et l'équipement jusqu'à la station Progress I et le plateau. Certains véhicules sont stationnés à Progress I, et certains véhicules de l'aérodrome sont stationnés dans un avant-poste au sud. Plusieurs gros véhicules non utilisés sont également entreposés à l'ouest de la zone principale de la station Progress.

Réapprovisionnement

Le réapprovisionnement est opéré grâce au RV *Akademik Fedoro*, pendant l'été (de décembre à mars). Les lourds chargements livrés par bateau sont transportés sur les glaces de formation rapide à Progress 4, une zone de débarquement, puis sont ensuite transportés à Progress. Les autres marchandises sont transférées par des hélicoptères Kamov Ka-32.

Communications

Les communications HF permettent de communiquer avec les autres stations russes. La VHF est utilisée par les aéronefs locaux, les navires et les opérations de terrain. Les systèmes INMARSAT B et C et Iridium permettent de contacter la Russie et, à l'occasion, les autres stations russes.

Science

La station Progress a principalement pour objet de servir de base de soutien aux opérations de recherches géologiques et glaciologiques menées à l'intérieur des terres. Des observations géomagnétiques, hydrologiques, météorologiques ainsi qu'un suivi de la glace de mer sont aussi réalisés.

4.6.3 Bharati (Inde)

Bharati est située entre le fjord Thala et la baie Quilty, à l'est de Stornes, à 69°24.41' de latitude sud et 76°11.72' de longitude est, à environ 35 m au dessus du niveau de la mer. La station a été créée durant l'été 2012-2013 pour les besoins du programme permanent de recherche scientifique du programme Antarctique indien. Elle est accessible par bateau par la baie Quilty, mais ne dispose pas d'un accès direct vers l'intérieur des terres par véhicule pendant l'été. Pendant l'hiver, le plateau est accessible par des passages sur des glaces de formation rapide.

Infrastructure de la station

Bharati comprend un bâtiment polyvalent, d'un camp satellite et de plusieurs modules containérisés de plus petite taille. Le bâtiment principal peut accueillir 47 personnes. Un réseau de routes relie les principaux bâtiments de la station. Une aire d'atterrissage bétonnée pour hélicoptère est située à l'ouest du bâtiment principal (voir la section 4.5.3).

Électricité, livraison et stockage de carburant

L'électricité est fournie par trois unités génératrices d'électricité et de chaleur combinées, alimentées au diesel, et installées dans le bâtiment principal. Le carburant pour ces unités provient d'un réservoir journalier jouxtant la centrale, qui à son tour extrait automatiquement du carburant du parc de carburants le long de pipelines résistants aux fuites, sur une distance de près de 300 m.

Le carburant Jet-A1 est acheminé annuellement du bateau au parc de carburants, via un tuyau de caoutchouc renforcé résistant aux fuites. Le parc de carburants contient 13 containers citernes à double-coque d'une capacité de 24 000 L chacun. Il est situé près du rivage à 69°24.31' de latitude sud, 76°11.84' de longitude est, et à une altitude de 20 m. Il est équipé de capteurs de fuites d'hydrocarbures et d'équipements de prévention.

La livraison de carburants aux unités génératrices d'électricité et de chaleur, et à l'hélisurface pour les hélicoptères et les véhicules se fait à travers un réseau de pipelines, et est contrôlée automatiquement par un système de gestion de bâtiment centralisé basé sur un micro-processeur. Bharati utilise du GPL pour la cuisine, grâce à des bouteilles de gaz de 10 à 14 kg.

Gestion de l'eau et des déchets

L'eau de mer est extraite de la baie de Quilty (côte orientale) à une profondeur d'environ 12 mètres, par des pompes submersibles, avant d'être acheminée vers le bâtiment principal via un réseau de pipelines isolés sur une distance d'environ 300 m. L'eau de mer est versée dans une centrale à osmose inverse. L'eau filtrée est ensuite re-minéralisée et utilisée pour la boisson, le lavage, etc.

Les eaux usées sont recyclées et utilisées pour les chasses d'eau. L'eau issue de la cuisine passe par des séparateurs d'huile, puis rejoint les eaux usées des toilettes. Ces eaux sont alors filtrées et traitées biologiquement. L'eau de qualité suffisante pour la baignade (selon les normes européennes) est rejetée dans la baie Quilty, environ 100 m en aval du point de captage d'eau. Tous les déchets liquides, y compris venant de la cuisine, passent à travers un séparateur d'huile et autres filtres. Les produits restants sont récupérés dans des fûts de 200 L.

Les déchets solides sont séparés entre biodégradables et non-biodégradables, puis stockés dans des fûts de 200 L, pour évacuation.

Logistique

Les véhicules à chenilles - Pisten Bullies et scooters de neiges - servent au transport du personnel et des matériaux autour de la station. L'entretien des véhicules, des génératrices et autres équipements est fait dans l'atelier des véhicules. Les huiles usées sont récupérées et renvoyées en Inde.

Le réapprovisionnement intervient généralement une fois l'an, en été. Jusqu'à la mi-décembre, les chargements sont transportés à terre à l'aide de Pisten Bullies et de tracteurs sur les glaces de formation rapide. Après la fonte des glaces de formation rapide, les trajets se font à l'aide de barges à fond plat pour le transport de cargaisons.

Communications

Les communications HF permettent de communiquer avec stations voisines. La VHF est utilisée par les aéronefs locaux, les navires et les opérations de terrain. Le système Iridium à interface ouverte offre une connectivité avec le reste du monde via la télécopie et le téléphone.

Science

Bien que la station soit devenue opérationnelle pour la première fois en mars 2012, les travaux scientifiques débutèrent en 2005. Ils comprennent les évaluations environnementales, le suivi de la glace et de la neige, des sols, de l'eau de mer, des eaux douces, des mousses, des lichens, de la faune et de la flore sauvage, la géologie, la glaciologie et les écosystèmes de la glace de mer. Des observations géomagnétiques et GPS ont commencé en 2007.

4.6.4 Law-Recovita-Negoita (Australie-Roumanie)

Law-Racovita-Negoita est située à l'extrémité sud du versant oriental de Broknes, à environ 1 km au sud de la station Progress et à 2 km au sud de la station Zhongshan, par 69°23'16" de latitude sud et 76°22'47" de longitude est. La base a été créée pendant l'été 1986-1987.

Infrastructure de la station

Law-Racovita-Negoita se compose d'un bâtiment polyvalent préfabriqué, de cinq cabanes en fibre de verre et d'un petit bloc sanitaire. Tous les déchets produits sont enlevés.

Électricité, livraison et stockage de carburant

L'alimentation électrique est assurée par une petite génératrice à essence qui n'est mise en route que pour charger les batteries, etc. Un petit panneau solaire monté sur le toit des cabanes permet de recharger les batteries des radios HF et VHF. On a recours au gaz pour cuisiner et chauffer le bâtiment principal.

Eau

En été, l'eau de boisson et de lavage provient généralement de la fusion de la neige recueillie sur un amoncellement proche. L'eau de boisson est également parfois collectée dans un petit lac adjacent à la section de route qui relie Law-Racovita-Negoita à la route principale entre la zone nord-est de Broknes et le plateau.

Logistique

Law-Racovita-Negoita peut être assistée par hélicoptère depuis Davis, des stations situées dans les environs immédiats et depuis les navires qui ravitaillent ces installations. Des quads sont parfois stationnés à Law-Racovita-Negoita. Ils sont utilisés sur des routes d'accès désignées en soutien des programmes scientifiques estivaux.

Communications

Law-Racovita-Negoita est équipée de radios HF et VHF.

Science

Les projets de recherche d'été portent sur l'histoire glaciaire de la zone, la géologie, la géomorphologie, l'hydrologie, la limnologie et la biologie ainsi que sur l'étude des impacts humains.

4.6.5 Piste d'atterrissage sur neige compactée et installations connexes (Russie)

Le site prévu pour la piste d'atterrissage se trouve à environ 5 km au sud de la station Progress ; il est orienté sud-ouest, nord-est, de 69°25'43" de latitude sud et 76°20'36" de longitude est, à 69°26'51" de latitude sud et 76°17'18" de longitude est ; l'accès se fait à partir du plateau libre de glace et par le début de la route de traverse vers l'intérieur des terres.

Une piste d'atterrissage sur neige compactée de 3000 m de long et 60 m de large convient aux aéronefs lourds à roues. Le complexe de piste contient des modules containers sur patins, à savoir une centrale électrique à diesel, une station de contrôle du trafic aérien (avec des équipements d'accès à internet, à la radio et à la météorologie), des installations permettant de loger six personnes; et enfin, à l'extrémité, une station météorologique automatique.

4.6.6 Structures de moindre importance

Progress I (Russie) – 69°24'02"S, 76°24'07"E

Installation placée sur la route reliant la station à l'aérodrome, Progress I accueillait 16 personnes en hiver en 1987 et 1988. Elle a été partiellement démantelée et enlevée en 1991-1992. Progress I sert aujourd'hui de lieu pour la formation des traversées à l'intérieur des terres. Un bâtiment en état demeure encore sur le site ; il est également utilisé pour entreposer les équipements et les fûts de carburant destinés à la construction de la piste russe. Des fourgons et des traîneaux chinois ainsi qu'un dépôt de fûts de carburant destiné aux véhicules de traverse sont entreposés dans le voisinage immédiat de la station. L'Australie garde également un dépôt de carburant d'aviation dans la zone, à 69°23'56" et latitude sud et 76°24'37" de longitude est. Une autre cabane russe et une aire de stockage des véhicules de construction de la piste sont situés sur l'affleurement rocheux le plus méridional, à l'ouest de la route jalonnée de piquets qui mène au plateau, environ 1 km après la station Progress I (69°24'43" de latitude sud et 76°24'35" de longitude est).

Progress II (Russie) – 69°23'01"S, 76°22'26"E

Progress II est un refuge permettant les recherches océanographiques et hydrobiologiques saisonnières dans le fjord Nella.

Progress III (Russie) – 69°24'25"S, 76°24'14"E

Progress III est un campement dédié aux recherches géophysiques dans l'atmosphère. La camp est composé d'une piste d'atterrissage pour Antonov An-2, et de logements pour les membres d'équipages et les équipes d'aviation et de géophysique.

Progress IV (Russie) – 69°25'27"S, 76°08'25"E

Progress IV est un site sur la lisière orientale de la ZSPA Stornes, utilisée pour le largage de cargaisons lourdes livrées depuis les navires sur les glaces de formation rapide. Il existe une issue sur neige de ce site vers le plateau et l'aérodrome.

Site de suivi

Un site de suivi à long terme a été créé en 1990 à environ 250 mètres au nord-est de Law-Racovita-Negoita, afin de mesurer le dérasement de surface causé par l'abrasion éolienne et l'haloclastie. Le site est situé sur des gneiss jaunes exposés à forte granulométrie et se compose de 24 sites soumis à une micro-érosion et signalés par des cercles de peinture jaune. Le site ne doit pas être traversé à pied pour ne pas perturber les mesures de l'érosion naturelle. (L'utilisation de peinture ou d'autres moyens de marquage permanents doit être découragée, et il est préférable de procéder à des relevés GPS.)

Monuments

Un cairn de roches érigé le 8 février 1958 pour commémorer la première visite d'une expédition australienne de recherche antarctique aux collines Larsemann se trouve au point le plus élevé de l'île Knuckey (69°23'12" de latitude sud et 76°3'55" de longitude est), à environ 1,1 km au nord-ouest de Stornes. Sur le cairn, une note donne le nom des membres de cette expédition.

La tombe de Skurihin Andrei, un Russe membre d'une expédition décédé le 7 juillet 1998 se trouve sur la colline qui surplombe la côte nord de l'anse des phoques à 69°22'58" de latitude sud et 76°23'49" de longitude est. Le site comprend une pierre tombale et un coffret en acier; il est entouré d'un rail métallique à faible hauteur.

Un mémorial au vice-président du service arctique et antarctique chinois se trouve sur le versant nord de la colline, à la pointe la plus au nord de la côte orientale de Broknes, au nord de Zhongshan. Le monument en ciment abrite une partie des cendres du vice-président.

Cache

Une très petite cache à nourriture est conservée dans un coffre en plastique au sommet du pic Blundell, sur Stornes (69°6'14" de latitude sud et 76°6'14" de longitude est), qui est le pic le plus élevé des collines Larsemann.

4.7 Emplacement d'autres zones protégées à proximité

La ZSPA n° 174 Stornes se situe à l'intérieur de la ZGSA. Un permis est nécessaire pour entrer dans la ZSPA et y réaliser des activités. Ce permis doit être délivré conformément au plan de gestion de la ZSPA.

La ZSPA n° 169 Baie Amanda (69°15' de latitude sud, 76°49'59.9" de longitude est) se trouve à 22 km au nord-est des collines Larsemann. De la même façon, un permis est nécessaire pour entrer dans la ZSPA et y réaliser des activités; permis qui doit être délivré conformément au plan de gestion de la ZSPA.

5. Autres zones situées à l'intérieur de la zone

Toutes les activités entreprises à l'intérieur de la ZGSA seront conformes aux dispositions du Protocole au Traité sur l'Antarctique relatif à la protection de l'environnement et du Code de conduite environnemental annexé à ce plan de gestion. En outre, deux zones concourent à satisfaire les objectifs de gestion de la zone.

5.1 Aire des installations

La construction des bâtiments des stations et des infrastructures associées est à l'origine des principaux impacts qu'a subis l'environnement des collines Larsemann. Ces impacts sont cependant principalement limités à la zone des stations et aux routes d'accès qui les relient. Étant donné que les lacs sont reconnus comme étant la principale caractéristique écologique de la zone et qu'ils sont vulnérables aux impacts des activités humaines entreprises dans les limites de leur bassin versant, une gestion à l'échelle du bassin versant tout entier constitue le meilleur moyen de gérer les activités menées dans la ZGSA. Les stations sont assez bien regroupées à Broknes; la plupart des infrastructures sont situées dans des bassins de drainage qui se déversent en mer.

Pour préserver cette situation, une aire réservée aux installations a été définie dans les limites de la ZGSA (carte B) ; elle couvre la majeure partie du versant oriental de Broknes. L'aire des installations est délimitée par le glacier Dålk à l'est, la mer au nord, la côte ou la limite occidentale des bassins versants concernés à l'ouest, et le plateau de glace, y compris la piste d'atterrissage et la route d'accès, au sud. Dans la ZGSA, les infrastructures seront généralement limitées aux zones déjà perturbées dans l'aire des installations. La construction de nouvelles infrastructures ailleurs peut être envisagée sous réserve d'une justification scientifique et/ou logistique adéquate.

5.2 Zone magnétiquement calme

Plusieurs magnétomètres sont utilisés à Zhongshan. Une zone circulaire de 80 mètres de rayon est définie autour des capteurs des magnétomètres à induction situés dans la ravine au nord de la station, à 69°22'12" de latitude sud et 76°22'8" de longitude est ; une autre zone d'un rayon de 80 mètres est définie autour du réseau de magnétomètres situé à l'ouest et des lacs d'approvisionnement en eau ; elle est centrée par 69°22'22" de latitude sud et 76°21'46" de longitude est. Tous les matériaux ferreux doivent être exclus de ces zones pour ne pas perturber les mesures du champ magnétique. Il faut également obtenir une autorisation avant d'entrer. L'Inde prévoie une zone magnétiquement calme à Grovnes.

6. Activités de gestion

Les communications entre les Parties, entre le personnel de terrain et entre le personnel de terrain et leurs bureaux nationaux sont nécessaires à la bonne mise en œuvre du plan de gestion de la ZGSA. Ainsi, les Parties conduisant des programmes de recherche dans la zone s'engagent à maintenir de bonnes communications au niveau de leurs programmes nationaux et sur le terrain. Des discussions annuelles visant à faire le point sur l'exécution du plan de gestion auront lieu en parallèle des réunions annuelles du Conseil des directeurs de programmes antarctiques nationaux.

Les chefs des stations concernées se réuniront également chaque année (si la logistique le permet) et resteront en contact verbaltout au long de l'année pour discuter des questions portant sur la gestion de la région des collines Larsemann.

6.1 Logistique et installations

- Toute nouvelle construction d'infrastructures et de pistes dans les zones libres de glace sera limitée à la portion du versant oriental de Broknes déjà perturbée par les activités humaines et délimitée par la zone des installations (voir la section 5.1) à moins qu'un endroit à l'extérieur de la zone ne soit justifié pour des raisons scientifiques et/ou logistiques appropriées. Cette restriction ne s'appliquera pas aux infrastructures qui seront installées pour garantir la sécurité des ouvriers sur le terrain.

- Une évaluation d'impact sur l'environnement sera réalisée conformément à l'article 8 du Protocole relatif à la protection de l'environnement avant de construire ou de modifier des structures. Les Parties qui proposeront de mener ces activités informeront les autres Parties conduisant des programmes de recherche dans la zone.

- L'utilisation conjointe d'infrastructures devra être favorisée plutôt que la construction de nouvelles installations.

- Les impacts potentiels des structures artificielles sur la vie sauvage et les valeurs esthétiques seront pris en considération et ramenés au minimum en limitant les nouvelles structures, dans la mesure du possible, aux zones déjà perturbées et en les construisant là où elles sont les moins visibles depuis les zones alentours. Des recherches pourront être nécessaires pour mieux évaluer les impacts avant d'entreprendre toute activité de construction.

- De nouvelles aires de stockage du carburant seront si possible entourées d'un mur de contention et implantées à l'extérieur des bassins versants. Le bien-fondé de la localisation actuelle des zones de stockage de carburant sera discuté avant la prochaine révision prévue du plan.

- Les routes empruntées par les véhicules dans des conditions non conformes aux objectifs de ce plan de gestion devront être fermées et la zone touchée devra si possible être remise en état.

- Il conviendra d'examiner les possibilités de coopération en matière de transfert de personnel, de vivres et de carburant.

- Les activités de gestion et d'évacuation des déchets seront conformes, au minimum, aux dispositions énoncées à l'annexe II du Protocole de Madrid.

- Les déchets et les équipements abandonnés seront enlevés de la zone du Traité sur l'Antarctique à la première occasion.

- Les Parties conduisant des programmes de recherche dans la zone élaboreront conjointement des plans d'intervention d'urgence en cas d'incident susceptible de porter atteinte à l'environnement.

- Tous les efforts devront être engagés pour collecter régulièrement et occasionnellement les déchets emportés par le vent.

- Tous les équipements présents sur le terrain devront être périodiquement examinés en vue de leur éventuel enlèvement ou de leur protection intérimaire contre les vents ou autres risques.

- La remise en état des sites abandonnés ou modifiés devra être envisagée et réalisée lorsque nécessaire.

6.2 Espèces introduites

- Les Parties menant des activités dans les collines Larsemann devront:

  o Éduquer le personnel, y compris les entrepreneurs, sur les risques potentiels posés à l'environnement à travers l'introduction d'espèces non indigènes.

  o S'assurer que le personnel pénétrant dans la ZGSA porte des chaussures propres, par exemple, à travers les procédures de nettoyage de bottes (à accomplir de préférence avant son départ pour l'Antarctique) ou l'octroi de nouvelles chaussures.

  o Éviter l'apport de sable non traité, de granulat et de gravier dans la ZGSA.

  o Recueillir et incinérer ou retirer de la région tout sol ou toute matière biologique trouvés dans la cargaison.

  o Retirer de la région ou maintenir au sein des bâtiments de la station tout sol non stérile ayant été introduit dans la ZGSA.

  o Rappeler au personnel des programmes du protocole de Madrid l'obligation de n'apporter aucun sol non stérile en Antarctique, ni de cultiver des plantes ou d'en importer à des fins décoratives.

  o Maintenir toute plante cultivée à des fins de consommation dans l'enceinte des bâtiments de la station.

  o Favoriser l'incinération ou le rapatriement des déchets alimentaires.

  o Empêcher les animaux sauvages d'accéder aux aliments et aux déchets alimentaires de la station.

o Développer des protocoles visant à éviter la contamination biologiques, ou les contaminations croisées, des lacs de la zone, en particulier ceux situés en dehors des aires d'installations.

o Entreprendre la surveillance des espèces introduites.

o Partager des informations sur la découverte de toute espèce non indigène introduite lors d'opérations de programmes et persistante dans la Zone, afin d'obtenir des conseils scientifiques et logistiques, pour mettre en œuvre au besoin des actions d'éradication ou de confinement.

o Mettre conjointement en œuvre ces mesure, lorsque nécessaire.

6.3 Perturbations de la faune et flore sauvages

• Toutes les activités prévues et engagées dans la zone devront tenir compte des distances à respecter par rapport aux espèces de faune et de flore.

6.4 Gestion des données

• Les Parties conduisant des programmes de recherche dans la zone élaboreront et développeront conjointement une base de données où seront consignées des métadonnées ainsi que toute information pertinente sur la gestion, afin de faciliter la planification et la coordination des activités. Ce partage de donnés inclura des informations géographiques, avec l'ajout de toponymes régionaux à la gazette administrative du SCAR (*Composite Gazetteer of Antarctica)*.

• Des efforts seront engagés pour développer la connaissance des valeurs environnementales de la ZGSA et les impacts des activités humaines sur ces valeurs, et pour appliquer ces connaissances à la gestion de l'environnement de la ZGSA.

6.5 Science

• Les travaux de recherche scientifique seront coordonnés et menés en coopération chaque fois que possible.

6.6 Suivi

• Les Parties conduisant des programmes de recherche dans la zone entreprendront ensemble des activités pour évaluer l'efficacité de ce plan de gestion.

6.7 Monuments

• Les activités seront gérées de manière à préserver les monuments existants lorsque cela paraît souhaitable.

• Il est interdit d'ériger de nouveaux cairns ou monuments à l'extérieur de l'aire d'installations.

6.8 Échange d'informations

• Pour favoriser la coopération et la coordination des activités dans la ZGSA, éviter les répétitions inutiles et faciliter l'examen des impacts cumulés, les Parties opérant dans la zone devront :

   • distribuer aux autres Parties des informations détaillées sur toute activité susceptible d'avoir une incidence sur l'exécution de ce plan de gestion (c'est-à-dire les propositions relatives à l'interruption ou au démarrage d'activités de recherche, les propositions de construction de nouvelles installations, les informations concernant les visites non gouvernementales, etc.) ; et,

   • remettre des rapports au Comité pour la protection de l'environnement sur les évolutions notables de la mise en œuvre de ce plan de gestion.

• Les autres Parties envisageant de conduire des activités dans la région, y compris les groupements intergouvernementaux, devront en informer au moins l'une des Parties implantées dans la ZGSA afin de respecter l'esprit, les buts et les objectifs de ce plan de gestion.

Appendice 1 Code de conduite environnementale

Ce Code de conduite a pour objet de fournir des lignes directrices générales visant à minimiser les impacts environnementaux dans les collines Larsemann, notamment les impacts résultant d'activités entreprises à distance des stations.

Principes généraux

- L'environnement antarctique est hautement vulnérable aux impacts des activités humaines et sa capacité de régénération naturelle est globalement moindre que celle des environnements des autres continents ; il conviendra d'en tenir compte lorsque des activités sont entreprises sur le terrain.

- Tout ce qui est amené sur le terrain doit en être enlevé. C'est notamment le cas des déchets humains et de tout corps étranger difficile à ramasser et à enlever. Les paquetages seront réduits au minimum avant de quitter la station.

- La collecte ou la perturbation de tout spécimen biologique ou géologique ou de tout artefact fait de la main de l'homme ne pourra intervenir qu'avec une autorisation préalable à cet effet et, si nécessaire, conformément aux conditions d'un permis.

- Les informations relatives aux activités de terrain (par exemple les sites d'échantillonnage, l'emplacement des camps, les dépôts, les déversements d'hydrocarbures, les repères, les équipements, etc.), y compris les coordonnées des programmes nationaux, devront être soigneusement enregistrées puis transférées à la base de données sur la gestion de la zone.

Déplacements

- Certaines communautés biologiques et formations géologiques sont particulièrement fragiles, même lorsqu'elles sont dissimulées sous la neige. Il faut être vigilant et les éviter lors des déplacements à l'intérieur de la zone.

- Les déplacements en véhicule et en hélicoptère doivent être limités au strict minimum afin de minimiser les émissions atmosphériques, la formation de pistes et les perturbations physiques de la surface terrestre, les impacts sur des communautés biologiques, les perturbations imposées aux espèces sauvages et les risques de déversements d'hydrocarbures. Le survol des lacs devrait être évité.

- L'utilisation des véhicules est limitée à la glace de mer, aux zones du plateau et aux routes libres de glace désignées. L'accès aux installations ne doit se faire qu'en empruntant les routes existantes.

- Prévoir et faire usage des véhicules en tenant compte des distances à respecter par rapport aux espèces de faune et de flore identifiées dans ce Code.

- Réapprovisionner totalement les véhicules autres équipements en carburant avant de quitter la station pour éviter d'avoir à se ravitailler sur le terrain.

- Il faut prévoir les activités afin d'éviter d'avoir à se ravitailler en carburant ou à vidanger l'huile par vent fort ou dans des zones où les déversements accidentels d'hydrocarbures aboutiraient dans les lacs, sur la végétation ou dans d'autres zones sensibles. Seuls des bidons équipés de pistolets ou de becs de distribution devront être utilisés.

- Lors des déplacements à pied, il convient d'utiliser chaque fois que possible les pistes existantes et les points de passage désignés.

- Il faut s'assurer d'éviter de créer de nouvelles pistes. S'il n'existe pas de piste, il convient d'emprunter la voie la plus directe tout en évitant les zones couvertes de végétation et les formations géologiques fragiles, telles que les éboulis, les sédiments, le lit des cours d'eau et les berges des lacs.

Espèces sauvages

- Il ne faut pas nourrir les animaux.

- Il convient de tenir compte des distances à respecter par rapport aux espèces de faune et de flore (se référer au tableau).

- Lors des déplacements à pied à proximité d'espèces sauvages, il convient de garder le silence, de se déplacer lentement et de rester proche du sol. Il faut s'écarter si les espèces montrent des signes de perturbation.

Distances à respecter en approchant à pied des espèces sauvages

Espèces	Distance (mètres)
Pétrels géants et albatros en phase de reproduction ou de nidification	100 m
Manchots empereurs (en colonie, regroupés, en phase de mue, avec des œufs ou des oisillons)	50 m
Toutes les autres espèces de manchots (en colonie, en phase de mue, avec des œufs ou des oisillons).	30 m
Prions, pétrels, labbes en nidation Phoques avec leurs petits ou bébés phoques isolés	20 m
Manchots et phoques adultes hors de la période de reproduction	5 m

Distances à respecter en approchant les espèces sauvages avec de petits véhicules(par exmple quads et motoneiges)

Toutes les espèces de faune et de flore	150 m

Distances à respecter en approchant les espèces sauvages avec des véhicules chenillés

Toutes les espèces de faune et de flore	250 m

Distances à respecter en approchant les espèces sauvages avec des aéronefs

Oiseaux	**Distance verticale** *Hélicoptères monomoteur* 2 500 pieds (environ 750 mètres) *Hélicoptères bimoteur* 5 000 pieds (environ 1 500 mètres) **Distance horizontale** ½ mille nautique (environ 930 mètres)
Phoques	**Distance verticale et horizontale** Hélicoptères monomoteur 2500 pieds (environ 750 mètres)

	Hélicoptères bimoteur
	5000 pieds (environ 1500 mètres)
	Avion bimoteur à voilure fixe
	2500 pieds (environ 750 mètres)

Camps

- Dans la mesure du possible, il faut utiliser les moyens d'hébergement existants.
- Les camps seront dressés sur des sites aussi éloignés que possible de la berge des lacs, des cours d'eau, des sites couverts de végétation et des espèces sauvages afin d'éviter toute contamination et/ou perturbation.
- Les vivres et les équipements doivent toujours être solidement arrimés pour éviter d'être dispersés par les animaux et emportés en cas de vents forts.
- Tous les déchets produits dans les camps devront être ramassés, y compris les déchets humains et les eaux ménagères, et ramenés à la station en vue de leur traitement et de leur évacuation.
- Des génératrices solaires ou éoliennes devront être utilisées dans la mesure du possible pour minimiser l'utilisation de carburant.

Travaux de terrain

- Tous les vêtements et équipements doivent être soigneusement nettoyés avant leur introduction en Antarctique et avant tout déplacement entre les sites d'échantillonnage afin d'éviter les risques de contamination, de contamination croisée, d'introduction et de propagation d'organismes exotiques.
- Il est interdit d'ériger des cairns, et l'utilisation d'autres objets pour marquer les sites devra être limitée au minimum. Ces repères devront être enlevés une fois les travaux achevés.
- Lorsque la collecte d'échantillons est autorisée, il convient de respecter la taille d'échantillon spécifiée au permis et de procéder à l'échantillonnage dans les endroits les moins visibles.
- Il faut utiliser une toile de protection pour les échantillonnages de sol et reboucher les trous pour éviter l'érosion éolienne et la dispersion de sédiments profonds.
- Les produits chimiques et les hydrocarbures doivent être manipulés avec grand soin ; on veillera à se munir des matériaux nécessaires pour récupérer et absorber les déversements accidentels.
- Il convient de limiter au minimum l'utilisation d'eau et de produits chimiques liquides susceptibles de contaminer la composition isotopique et chimique de la glace des lacs et des glaciers.
- Nettoyez scrupuleusement tous les équipements de prélèvements d'eau et de sédiments afin d'éviter les contaminations croisées entre les lacs.
- Pour éviter la contamination des lacs ou les effets toxiques sur les biotes de surface, il faut éviter de réintroduire dans le milieu naturel des volumes d'eau importants provenant de zones inférieures de la colonne d'eau. Les surplus d'eau ou de sédiments devront être ramenés à la station pour y être traités et évacués.
- Il faut sécuriser l'équipement d'échantillonnage et ne laisser dans la glace aucun objet susceptible d'entraîner une contamination ultérieure.
- Il est interdit de se laver, de nager ou de plonger dans les lacs. Ces activités risquent de contaminer la masse d'eau et de perturber physiquement la colonne d'eau, les délicates communautés microbiennes et les sédiments.

Remarque : Les lignes directrices énoncées dans ce Code de conduite environnemental ne s'appliquent pas en cas d'urgence.

Appendice 2 : Coordonnées des programmes nationaux

Australie

Division australienne de l'Antarctique (Australian Antarctic Division AAD)

Channel Highway

Kingston

Tasmanie 7050

Australie

Téléphone :	+61 03 6232 3209
Télécopie :	+61 03 6232 3357
Courriel :	Tony.Fleming@aad.gov.au
	Sandra.Potter@aad.gov.au

République populaire de Chine

Administration arctique et antarctique chinoise

1 Fuxingmenwai Street

Beijing 100860

République populaire de Chine

Téléphone :	+86 10 6803 6469
Télécopie :	+86 10 6801 2776
Courriel :	chinare@263.net.cn

Inde

Centre national pour la recherche antarctique et océanique

Sada, Vasco-da-Gama

Goa 403 804

Inde

Téléphone :	+91 832 2525 501
Télécopie :	+91 832 2525 502
	+91 832 2520 877
Courriel :	director@ncaor.org

Fédération de Russie

Expédition antarctique russe

Institut russe de recherche scientifique pour l'Arctique et l'Antarctique

38 Bering Street

199397 St Petersbourg

Russie

Téléphone :	+7 812 337 3205
Télécopie :	+7 812 337 3205
Courriel :	lukin@aari.ru
	pom@aari.ru

Appendice 3 : Bibliographie et ouvrages de référence sur les collines Larsemann

Antony, R., Krishnan, K.P., Thomas, S., Abraham, W.P. *and* Thamban, M. (2009). Phenotypic and molecular identification of *Cellulosimicrobium cellulans* isolated from Antarctic snow. *Antonie van Leeuwenhoek International Journal of General and Molecular Microbiology* 96(4):627.

Antony, R., Mahalinganathan, K., Krishnan, K.P. *and* Thamban, M. (2011). Microbial preference for different size classes of organic carbon: A study from Antarctic snow. *Environmental Monitoring and Assessment* DOI 10.1007/s10661-011-2391-1.

Antony, R., Mahalinganathan, K., Thamban, M. *and* Nair, S. (2011). Organic carbon in Antarctic snow: spatial trends and possible sources. *Environmental Science and Technology* 45(23):9944–9950, DOI: 10.1021/es203512t.

Antony, R., Thamban, M., Krishnan, K.P. *and* Mahalinganathan, K. (2010). Is cloud seeding in coastal Antarctica linked to biogenic bromine and nitrate variability in snow? *Environmental Research Letters* 5:014009, doi:10.1088/1748-9326/5/1/014009.

Asthana, R., Shrivastava, P.K., Beg, M.J. *and* Jayapaul, D. (2013). Grain size analysis of lake sediments from Schirmacher Oasis (Priyadarshini) and Larsemann Hills, East Antarctica. *Twenty Fourth Indian Antarctic Expedition 2003-2005, Ministry of Earth Sciences Technical Publication* No. 22, pp. 175-185.

Beg, M.J. *and* Asthana, R. (2013). Geological studies in Larsemann Hills, Ingrid Christensen Coast, East Antarctica. *Twenty Fourth Indian Antarctic Expedition 2003-2005, Ministry of Earth Sciences Technical Publication* No. 22 pp. 363-367.

Bian, l., Lu, L. et Jia, P. (1996). Characteristics of ultraviolet radiation in 1993-1994 at the Larsemann Hills, Antarctica. *Antarctic Research (édition chinoise)* 8(3):29-35.

Burgess, J., Carson, C., Head, J. et Spate, A. (1997). not heavily glaciated during the last glacial maximum. *The Antarctic Region:* Geological Evolution and Processes. Pp. 841-843.

Burgess, J. et Gillieson, D. (1988). On the thermal stratification of freshwater lakes in the Snowy Mountains, Australia, and the Larsemann Hills, Antarctica. Search. *Search* 19(3):147-149.

Burgess, J. S. et Kaup, E. (1997). Some aspects of human impacts on lakes in the Larsemann Hills, Princess Elizabeth Land, Eastern Antarctica. Dans : Lyons, W., Howard-Williams, C. and Hawes, I. (eds.). Ecosystem Processes in Antarctic Ice-free Landscapes. A.A. Balkema Publishers, Rotterdam. Pp. 259-264.

Burgess, J.S., Spate, A.P. *and* Norman, F.I. (1992). Environmental impacts of station development in the Larsemann Hills, Princess Elizabeth Land, Antarctica. *Journal of Environmental Management* 36:287-299.

Burgess, J.S., Spate, A.P. *and* Shevlin, J. (1994). The onset of deglaciation in the Larsemann Hills, East Antarctica. *Antarctic Science* 6(4):491-495.

Carson, C.J. *and* Grew, E.S. (2007). *Geology of the Larsemann Hills Region, Antarctica.* First Edition (1:25 000 scale map). Geoscience Australia, Canberra.

Carson, C.J., Dirks, P.G.H.M., Hand, M., Sims, J.P. *and* Wilson, C.J.L. (1995). Compressional and extensional tectonics in low-medium pressure granulites from the Larsemann Hills, East Antarctica. *Geological Magazine* 132(2):151-170.

Carson, C.J., Dirks, P.H. G.M. *and* Hand, M. (1995). Stable coexistence of grandidierite and kornerupine during medium pressure granulite facies metamorphism. *Mineralogical Magazine* 59:327-339.

Carson, C. J., Fanning, C.M. *and* Wilson, C.J. L. (1996). Timing of the Progress Granite, Larsemann Hills: additional evidence for Early Palaeozoic orogenisis within the east Antarctic Shield and implications for Gondwana assembly. *Australian Journal of Earth Sciences* 43:539-553.

China (1996). Oil spill contingency plan for Chinese Zhongshan Station in Antarctica. *Information Paper #87, ATCM XXI*, Christchurch, New Zealand.

Cromer, L., Gibson, J.A.E., Swadling, K.M. *and* Hodgson, D.A. (2006). Evidence for a lacustrine faunal refuge in the Larsemann Hills, East Antarctica, during the Last Glacial Maximum. *Journal of Biogeography*, 33, 1314-1323.

Dartnall, H.J.G. (1995). Rotifers, and other aquatic invertebrates from the Larsemann Hills, Antarctica. *Papers and Proceedings of the Royal Society of Tasmania* 129:17-23.

Dirks, P.H.G.M., Carson, C.J. *and* Wilson, C.J.L. (1993). The deformational history of the Larsemann Hills, Prydz Bay: The importance of the Pan-African (500 Ma) in East Antarctica. *Antarctic Science* 5(2):179-192.

Ellis-Evans, J.C., Laybourn-Parry, J., Bayliss, P.R. *and* Perriss, S.J. (1998). Physical, chemical and microbial community characteristics of lakes of the Larsemann Hills, Continental Antarctica. *Archiv fur Hydrobiologia* 141(2):209-230.

Ellis-Evans, J.C., Laybourn-Parry, J., Bayliss, P.R. *and* Perriss, S.T. (1997). Human impact on an oligotrophic lake in the Larsemann Hills. Dans : Battaglia, B., Valencia, J. and Walton, D.W.H. (Eds.). *Antarctic communities: Species, structure and survival*. Cambridge University Press, Cambridge, UK. Pp. 396-404.

Fedorova, I.V., Savatyugin, L.M., Anisimov, M.A. *and* Azarova, N.S. (2010). Change of the Schirmacher oasis hydrographic net (East Antarctic, Queen Maud Land) under deglaciation conditions. *Ice and Glacier* 3(111):63-70.

Fedorova, I.V., Verkulich, S.R., Potapova, T.M. *and* Chetverova, A.A. (2011). Postglacial estimation of the Schirmacher oasis lakes (East Antarctic) on the basis of hydrologo-geochemical and paleogeographical investigation. Dans : Kotlyakov, V.M. (Ed.). *Polar Cryosphere and Land Hydrology*. Pp. 242-251.

Gasparon, M. (2000). Human impacts in Antarctica: trace element geochemistry of freshwater lakes in the Larsemann Hills, East Antarctica. *Environmental Geography* 39(9):963-976.

Gasparon, M., Lanyon, R., Burgess, J.S. *and* Sigurdsson, I.A. (2002). The freshwater lakes of the Larsemann Hills, East Antarctica: chemical characteristics of the water column. *ANARE Research Notes* 147: 1-28.

Gasparon, M. *and* Matschullat, J. (2006). Geogenic sources and sink trace metals in the Larsemann Hills, East Antarctica: Natural processes and human impact. *Applied Geochemistry* 21(2):318-334.

Gasparon, M. *and* Matschullat, J. (2006). Trace metals in Antarctic ecosystems: Results from the Larsemann Hills, East Antarctica. *Applied Geochemistry* 21(9):1593-1612.

Gibson, J.A.E. *and* Bayly, I.A.E. (2007). New insights into the origins of crustaceans of Antarctic lakes. *Antarctic Science* 19(2):157-164.

Gibson, J.A.E., Dartnall, H.J.G. *and* Swadling, K.M. (1998). On the occurrence of males and production of ephippial eggs in populations of *Daphniopsis studeri* (Cladocera) in lakes in the Vestfold and Larsemann Hills, East Antarctica. Biologie polaire 19:148-150.

Gillieson, D. (1990). Diatom stratigraphy in Antarctic freshwater lakes. *Quaternary Research in Antarctica: Future Directions*, 6-7 December 1990. Pp. 55-67.

Gillieson, D. (1991). An environmental history of two freshwater lakes in the Larsemann Hills, Antarctica. *Hydrobiologia* 214:327-331.

Gillieson, D., Burgess, J., Spate, A. et Cochrane, A. (1990). An atlas of the lakes of the Larsemann Hills, Princess Elizabeth Land, Antarctica. *ANARE Research Notes* 74:1-73.

Goldsworthy, P.M., Canning, E.A. *and* Riddle, M.J. (2002). Contamination in the Larsemann Hills, East Antarctica: is it a case of overlapping activities causing cumulative impacts? Dans : Snape, I. and Warren, R. (Eds). *Proceedings of the 3rd International Conference: Contaminants in Freezing Ground. Hobart, 14-18 April 2002*, pp. 60-61.

Goldsworthy, P.M., Canning, E.A. *and* Riddle, M.J. (2003). Soil and water contamination in the Larsemann Hills, East Antarctica. *Polar Record* 39(211):319-337.

Grew, E.S., McGee, J.J., Yates, M.G., Peacor, D.R., Rouse, R.C, Huijsmans, J.P.P., Shearer, C.K., Wiedenbeck, M., Thost, D.E. *and* Su, S.-C. (1998). Boralsilite ($Al_{16}B_6Si_2O_{37}$): A new mineral related to sillimanite from pegmatites in granulite-facies rocks. *American Mineralogist* 83:638-651.

Grew, E.S, Armbruster, T., Medenbach, O., Yates, M.G. *and* Carson, C.J. (2006). Stornesite-(Y), (Y, Ca)$\Box_2Na_6$(Ca,Na)$_8$(Mg,Fe)$_{43}$(PO$_4$)$_{36}$, the first terrestrial Mg-dominant member of the fillowite group, from granulite-facies paragneiss in the Larsemann Hills, Prydz Bay, East Antarctica. *American Mineralogist* 91:1412-1424.

Grew, E.S, Armbruster, T., Medenbach, O., Yates, M.G. *and* Carson, C.J. (2007). Chopinite, [(Mg,Fe)$_3\Box$](PO$_4$)$_2$, a new mineral isostructural with sarcopside, from a fluorapatite segregation in granulite-facies paragneiss, Larsemann Hills, Prydz Bay, East Antarctica. *European Journal of Mineralogy* 19:229-245.

Grew, E.S, Armbruster, T., Medenbach, O., Yates, M.G. *and* Carson, C.J. (2007). Tassieite, (Na,$\Box$)Ca$_2$(Mg,Fe^{2+},Fe^{3+})$_2$(Fe^{3+},Mg)$_2$(Fe^{2+},Mg)$_2$(PO$_4$)$_6$(H$_2$O)$_2$, a new hydrothermal wicksite-group mineral in fluorapatite nodules from granulite-facies paragneiss in the Larsemann Hills, Prydz Bay, East Antarctica. *The Canadian Mineralogist* 45:293-305.

Grew, E.S., Graetsch, H., Pöter, B., Yates, M.G., Buick, I., Bernhardt, H.-J., Schreyer, W., Werding, G., Carson, C.J. *and* Clarke, G.L. (2008). Boralsilite, Al$_{16}$B$_6$Si$_2$O$_{37}$, and "boron-mullite": compositional variations and associated phases in experiment and nature. *American Mineralogist* 93:283-299.

He, J. *and* Chen, B. (1996). Vertical distribution and seasonal variation in ice algae biomass in coastal sea ice off Zhongshan Station, East Antarctica. *Antarctic Research (Chinese)* 7(2):150-163.

Hodgson, D.A., Noon, P.E., Vyvermann, W., Bryant, C.L., Gore, D.B., Appleby, P., Gilmour, M., Verleyen, E., Sabbe, K., Jones, V.J., Ellis-Evans, J.C. *and* Wood, P.B. (2001). Were the Larsemann Hills ice-free through the Last Glacial Maximum? *Antarctic Science* 13(4):440-454.

Hodgson, D.A., Verleyen, E., Sabbe. K., Squier, A.H., Keely, B.J., Leng, M.J., Saunders, K.M. *and* Vtyverman, W. (2005). Late Quaternary climate-driven environmental change in the Larsemann Hills, East Antarctica, multi-proxy evidence from a lake sediment core. *Quaternary Research* 64:83-99.

Jawak, S.D. *and* Luis, A.J. (2011). Applications of WorldView-2 satellite data for Extraction of Polar Spatial Information and DEM of Larsemann Hills, East Antarctica . International Conference on Fuzzy Systems and Neural Computing. Pp. 148-151

Kaup, E. *and* Burgess, J.S. (2002). Surface and subsurface flows of nutrients in natural and human impacted lake catchments on Broknes, Larsemann Hills, Antarctica. *Antarctic Science* 14(4):343-352.

Krishnan, K.P., Sinha, R.K., Kumar, K., Nair, S. *and* Singh, S.M. (2009). Microbially mediated redox transformation of manganese (II) along with some other trace elements: a case study from Antarctic lakes. Biologie polaire 32:1765-1778.

Li, S. (1994). A preliminary study on aeolian landforms in the Larsemann Hills, East Antarctica. *Antarctic Research (Chinsese edition)* 6(4):23-31.

Mahalinganathan, K., Thamban, M. Laluraj, C.M. *and* Redkar, B.L. (2012). Relation between surface topography and sea-salt snow chemistry from Princess Elizabeth Land, East Antarctica. *The Cryosphere* 6:505-515.

Marchant, H. J., Bowman, J., Gibson, J., Laybourn-Parry, J. *and* McMinn, A. (2002). Aquatic microbiology: the ANARE perspective. Dans : Marchant, H.J., Lugg, D.J. and Quilty, P.G. (Eds). *Australian Antarctic Science: The first 50 years of ANARE*. Australian Antarctic Division, Hobart. Pp. 237-269.

McMinn, A. et Harwood, D. (1995). Biostratigraphy and palaeoecology of early Pliocene diatom assemblages from the Larsemann Hills, eastern Antarctica. *Antarctic Science* 7(1):115-116.

Miller, W.R., Heatwole, H., Pidgeon, R.W.J. *and* Gardiner, G.R. (1994). Tardigrades of the Australian Antarctic territories: the Larsemann Hills East Antarctica. *Transactions of the American Microscopical Society* 113(2):142-160.

Pahl, B.C., Terhune, J.M. *and* Burton, H.R. (1997). Repertoire and geographic variation in underwater vocalisations of Weddell Seals (*Leptonychotes weddellii*, Pinnipedia: Phocidae) at the Vestfold Hills, Antarctica. *Australian Journal of Zoology* 45:171-187.

Quilty, P.G. (1990). Significance of evidence for changes in the Antarctic marine Environment over the last 5 million years. Dans : Kerry, K. R. and Hempel, G. (eds.). *Antarctic Ecosystems: Ecological change and conservation*. Springer-Verlag, Berlin: Pp. 3-8.

Quilty, P.G. (1993). Coastal East Antarctic Neogene sections and their contribution to the ice sheet evolution debate. Dans : Kennett, J. P. and Warnke, D. (eds.). *The Antarctic Paleo environment: A perspective on global change. Antarctic Research Series* 60:251-264.

Quilty, P.G., Gillieson, D., Burgess, J., Gardiner, G., Spate, A. *and* Pidgeon, R. (1990). Ammophidiella from the Pliocene of Larsemann Hill, East Antarctica. *Journal of Foraminiferal Research* 20(1):1-7.

Ren, L., Zhao, Y., Liu, X. *and* Chen, T. (1992). Re-examination of the metamorphic evolution of the Larsemann Hills, East Antarctica. Dans : Yoshida, Y., Kaminuma, K. and Shiraishi, K. (Eds). *Recent Progress in Antarctic Earth Science*. Terra Scientific Publishing, Tokyo, Japan. Pp.145-153.

Ren, L., Grew, E.S., Xiong, M. *and* Ma, Z. (2003). Wagnerite-*Ma*5*bc*, a new polytype of $Mg_2(PO_4)(F,OH)$, from granulite-facies paragneiss, Larsemann Hills, Prydz Bay, East Antarctica. *The Canadian Mineralogist* 41:393-411.

Riddle, M.J. (1997). The Larsemann Hills, at risk from cumulative impacts, a candidate for multi-nation management. *Proceedings of the IUCN Workshop on Cumulative Impacts in Antarctica*. Washington DC, USA. 18-21 septembre 1996. Pp. 82-86.

Russie (1999). Initial Environmental Evaluation Compacted Snow Runway at the Larsemann Hills. *Information Paper #79 Corr.2, ATCM XXIII*, Lima, Peru.

Sabbe, K., Verleyen, E., Hodgson, D.A. *and* Vyvermann, W. (2003). Benthic diatom flora of freshwater and saline lakes in the Larsemann Hills and Rauer Islands (East Antarctica). *Antarctic Science* 15:227-248.

Seppelt, R.D. (1986). Bryophytes of the Vestfold Hills. Dans : Pickard, J. (Ed.) *Antarctic Oasis: Terrestrial environments and history of the Vestfold Hills*. Academic Press, Sydney. Pp. 221-245.

Shrivastava, P.K., Asthana, R., Beg, M.J. and Singh, J. (2009). Climatic fluctuation imprinted in quartz grains of lake sediments from Schirmacher Oasis and Larsemann Hills area, East Antarctica. *Indian Journal of Geosciences* 63(1):81 – 87.

Shrivastava, P.K., Asthana, R., Beg, M.J. and Ravindra, R. (2011). Ionic characters of lake water of Bharati Promontory, Larsemann Hills, East Antarctica. *Journal of the Geological Society of India* 78(3):217-225.

Singh, A.K., Jayashree, B., Sinha, A.K., Rawat, R., Pathan, B.M. *and* Dhar, A. (2011). Observation of near conjugate high latitude substorm and their low latitude implications. *Current Science 101*(8):1073-1078.

Singh, A.K., Sinha, A.K., Rawat, R., Jayashree, B., Pathan, B.M. *and* Dhar, A. (2012). A broad climatology of very high latitude substorms. *Advances in Space Research* 50(11):1512-1523.

Singh, S.M., Nayaka, S. and Upreti, D.K. (2007). Lichen communities in Larsemann Hills, East Antarctica. *Current Science* 93(12):1670-1672.

Spate, A. P., Burgess, J. S. *and* Shevlin, J. (1995). Rates of rock surface lowering, Princess Elizabeth Land, Eastern Antarctica. *Earth Surface Processes and Landforms* 20:567-573.

Stuwe, K. et Powell, R. (1989). Low-pressure granulite facies metamorphism in the Larsemann Hills area, East Antarctica: Petrology and tectonic implications for the evolution of the Prydz Bay area. *Journal of Metamorphic Geology* 7(4):465-483.

Stuwe, K., Braun, H.M. *and* Peer, H. (1989). Geology and structure of the Larsemann Hills area, Prydz Bay, East Antarctica. *Australian Journal of Earth Sciences* 36:219-241.

Thamban, M. *and* Thakur, R.C. (2013). Trace metal concentrations of surface snow from Ingrid Christensen Coast, East Antarctica – Spatial variability and possible anthropogenic contributions. *Environmental Monitoring and Assessment* 184(4):2961-2975.

Thamban, M., Laluraj, C.M., Mahalinganathan, K., Redkar, B.L., Naik, S.S. *and* Shrivastava, P.K. (2010). Glacio-chemistry of surface snow from the Ingrid Christensen Coast, East Antarctica, and its environmental implications. *Antarctic Science* 22(4):435–441.

Wadoski, E.R., Grew, E.S. *and* Yates, M.G. (2011). Compositional evolution of tourmaline-supergroup minerals from granitic pegmatites in the Larsemann Hills, East Antarctica. *The Canadian Mineralogist* 49:381-405.

Walton, D. H., Vincent, W. F., Timperley, M.H., Hawes, I. *and* Howard-Williams, C. (1997). Synthesis: Polar deserts as indicators of change. Dans : Lyons, Howard-Williams et Hawes (eds.). *Ecosystem Processes in Antarctic Ice-free Landscapes*. Balkema, Rotterdam. Pp. 275-279.

Wang, Z. (1991). Ecology of Catharacta maccormicki near Zhongshan Station in Larsemann Hills, East Antarctica. *Antarctic Research (édition chinoise)* 3(3):45-55.

Wang, Z. *and* Norman, F.I. (1993). Foods of the south polar skua *Catharacta maccormicki* in the Larsemann Hills, East Antarctica. Biologie polaire 13:255-262.

Wang, Z. *and* Norman, F.I. (1993). Timing of breeding, breeding success and chick growth in south polar skuas (*Catharacta maccormicki*) in the Eastern Larsemann Hills. *Notornis* 40(3):189-203.

Wang, Z., Norman, F.I., Burgess, J.S., Ward, S.J., Spate, A.P. *and* Carson, C.J. (1996). Human influences on breeding populations of south polar skuas in the eastern Larsemann Hills, Princess Elizabeth Land, East Antarctica. *Polar Record* 32(180):43-50.

Wang, Y., Liu, D., Chung, S.L., Tong, L. and Ren, L. (2008). SHRIMP zircon age constraints from the Larsemann Hills region, Prydz Bay, for a late Mesoproterozoic to early Neoproterozoic tectono-thermal event in East Antarctica. *American Journal of Science* 308:573–617.

Waterhouse, E.J. (1997). Implementing the protocol on ice free land: The New Zealand experience at Vanda Station. Dans : Lyons, Howard-Williams et Hawes (eds.). *Ecosystem processes in Antarctic ice-free landscapes*. Balkema, Rotterdam. Pp. 265-274.

Whitehead, M.D. *and* Johnstone, G.W. (1990). The distribution and estimated abundance of Adelie penguins breeding in Prydz Bay, Antarctica. *Proceedings of the NIPR Symposium on Polar Biology* 3:91-98.

Woehler, E.J. *and* Johnstone, G.W. (1991). Status and conservation of the seabirds of the Australian Antarctic Territory. *ICBP Technical Publications* 11:279-308.

Zhao, Y., Liu, X, Song, B., Zhang, Z., Li, J., Yao, Y. and Wang, Y. (1995). Constraints on the stratigraphic age of metasedimentary rocks from the Larsemann Hills, East Antarctica: possible implications for Neoproterozoic tectonics. *Precambrian Research* 75:175-188.

Zhao, Y., Song, B., Wang, Y., Ren, L., Li, J. *and* Chen, T. (1992). Geochronology of the late granite in the Larsemann Hills, East Antarctica. Dans : Yoshida, Y., Kaminuma, K. and Shiraishi, K. (Eds). *Recent Progress in Antarctic Earth Science*. Terra Scientific Publishing Co., Tokyo. Pp. 155-161.

Appendice 4 : Cartes des collines Larsemann

Carte A. Topographie et caractéristiques physiques
Carte B. Aires de gestion et aires libres de glace
Carte C. Détail de la partie nord de Broknes
Carte D. Station Zhongshan
Carte E. Station Progress

Il est possible de se procurer des cartes détaillées de la région via le site Internet de l'Australian Antarctic Data Centre à :
http://aadc-maps.aad.gov.au/aadc/mapcat/search_mapcat.cfm
(Références des cartes # 13130 et 13135)

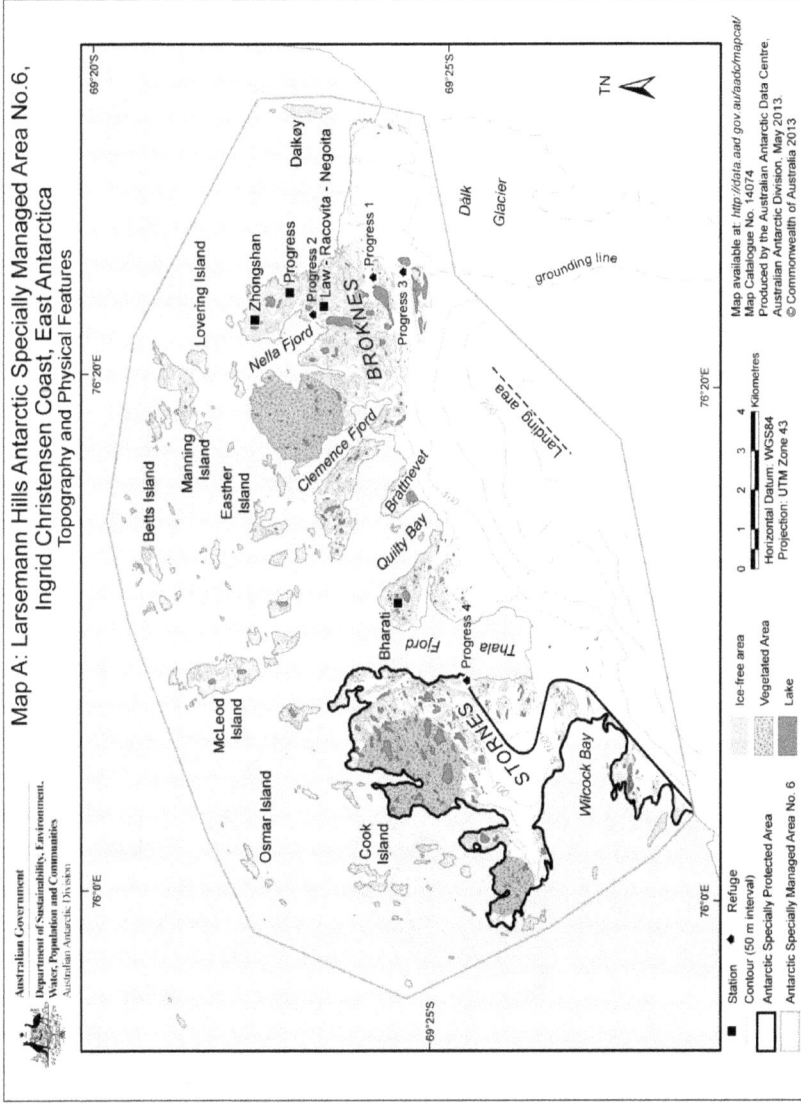

Map A: Larsemann Hills Antarctic Specially Managed Area No.6,
Ingrid Christensen Coast, East Antarctica
Topography and Physical Features

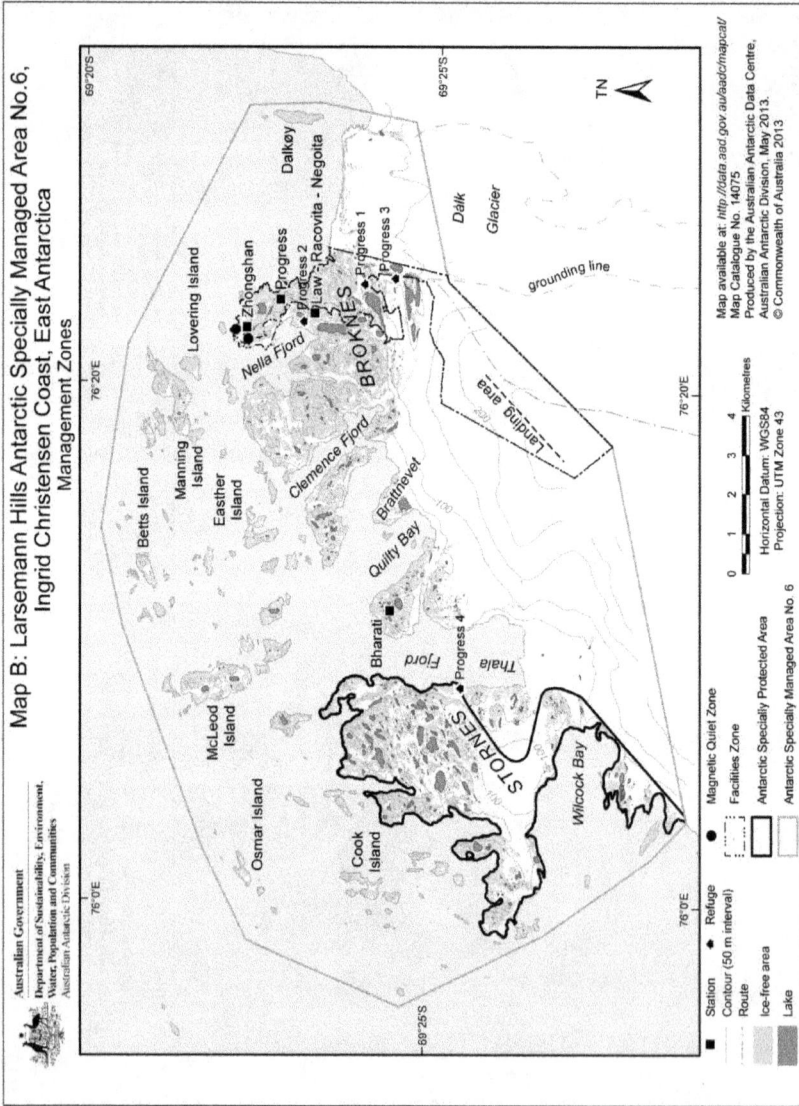

Map B: Larsemann Hills Antarctic Specially Managed Area No.6, Ingrid Christensen Coast, East Antarctica Management Zones

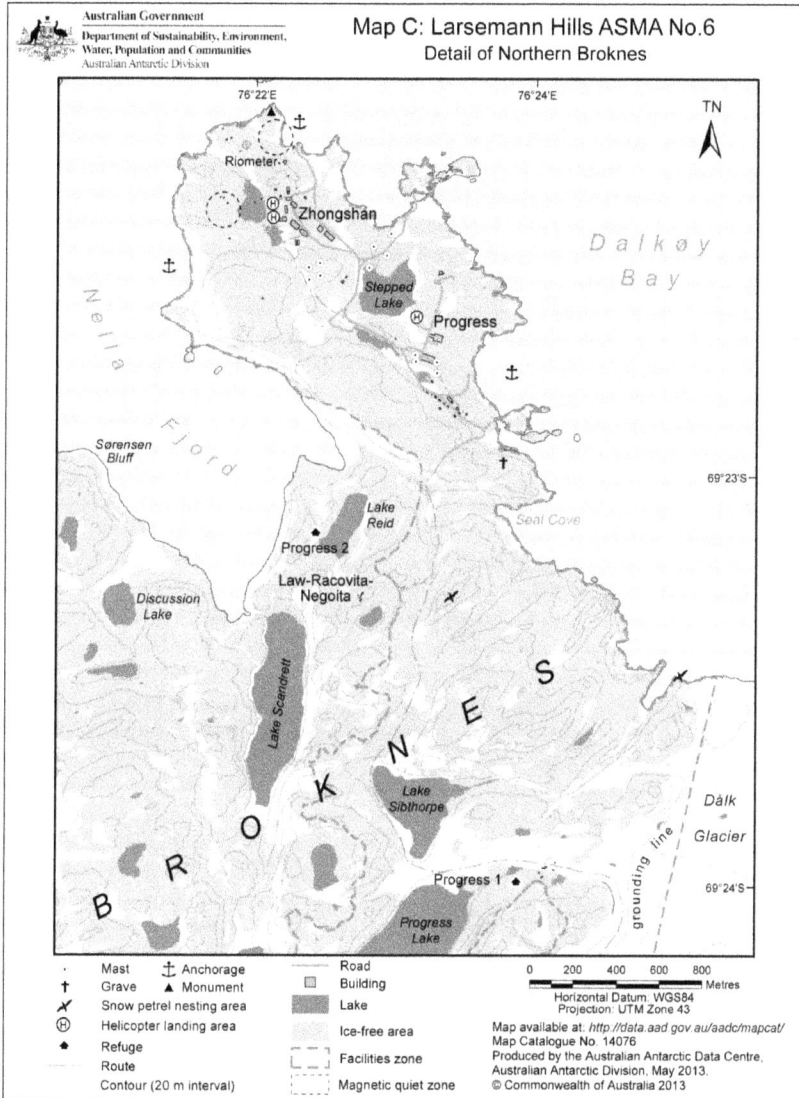

Map C: Larsemann Hills ASMA No.6
Detail of Northern Broknes

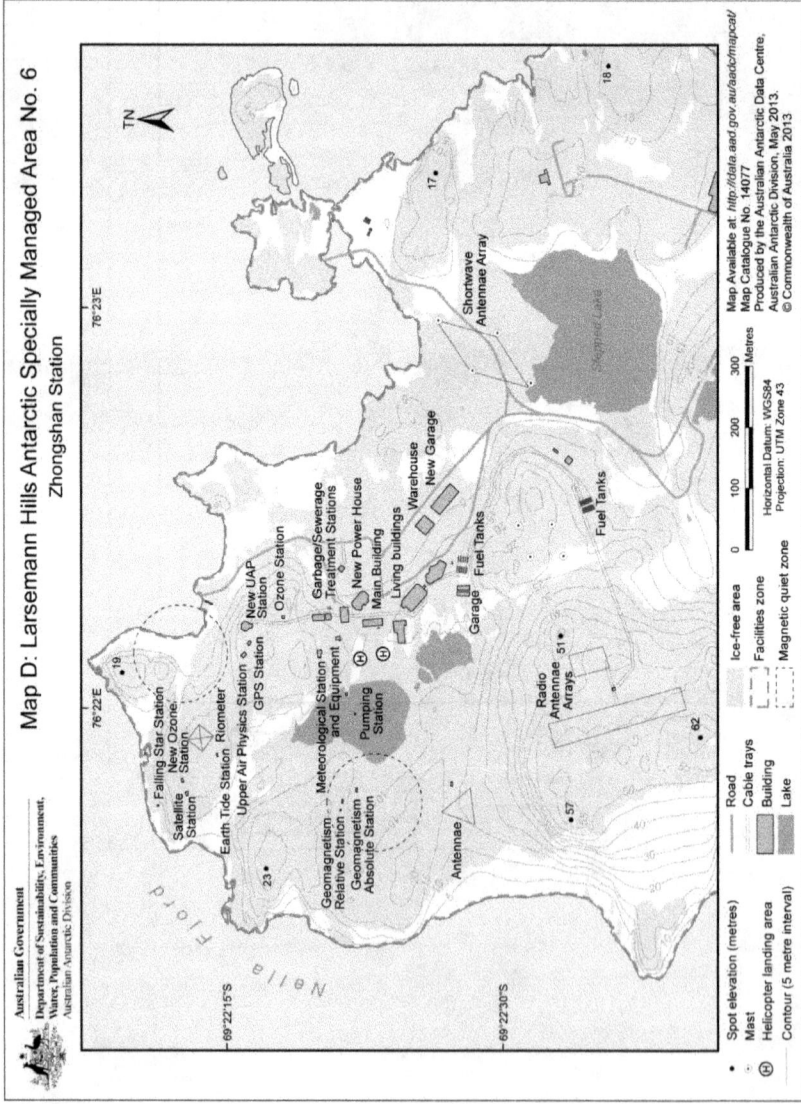

Map D: Larsemann Hills Antarctic Specially Managed Area No. 6
Zhongshan Station

Australian Government
Department of Sustainability, Environment,
Water, Population and Communities
Australian Antarctic Division

**Map E: Larsemann Hills Antarctic Specially
Managed Area No. 6**
Progress Station

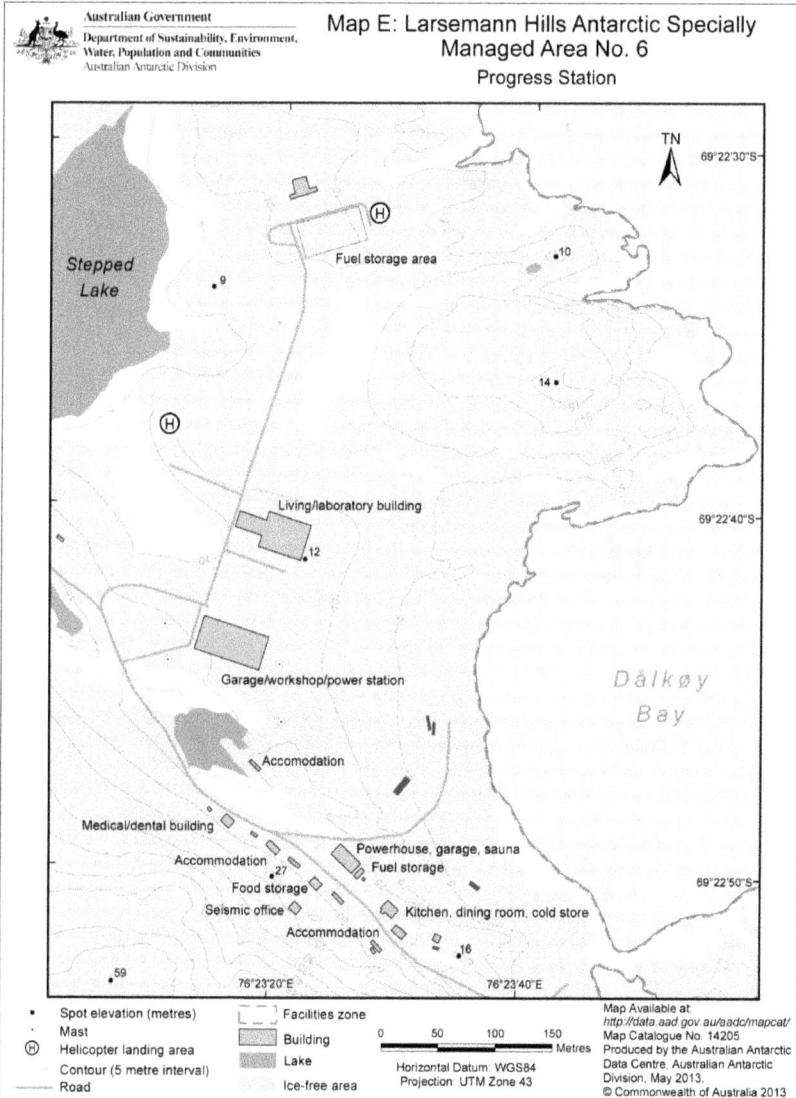

TN
69°22'30"S

Stepped
Lake

(H)

Fuel storage area

• 9

• 10

14 •

(H)

Living/laboratory building

69°22'40"S

• 12

Garage/workshop/power station

Dâlkøy
Bay

Accomodation

Medical/dental building

Accommodation
27

Powerhouse, garage, sauna
Fuel storage

69°22'50"S

Food storage

Seismic office

Kitchen, dining room, cold store

Accommodation

• 16

• 59

76°23'20"E

76°23'40"E

•	Spot elevation (metres)
·	Mast
(H)	Helicopter landing area
	Contour (5 metre interval)
	Road

	Facilities zone
	Building
	Lake
	Ice-free area

0   50   100   150
Metres

Horizontal Datum: WGS84
Projection: UTM Zone 43

Map Available at:
http://data.aad.gov.au/aadc/mapcat/
Map Catalogue No. 14205
Produced by the Australian Antarctic
Data Centre, Australian Antarctic
Division, May 2013.
© Commonwealth of Australia 2013

PARTIE III

Discours d'ouverture et de clôture et rapports

1. Rapports par les dépositaires et les observateurs

Rapport du Gouvernement dépositaire du Traité sur l'Antarctique et de son Protocole au titre de la Recommandation XIII-2

Document d'information soumis par les Etats-Unis

Le présent rapport couvre les évènements liés au Traité sur l'Antarctique et à son Protocole relatif à la protection de l'environnement.

Au cours de l'année écoulée, aucune adhésion n'a été enregistrée pour le Traité sur l'Antarctique ni pour son Protocole relatif à la protection de l'environnement. Il y a cinquante (50) Parties au Traité et trente-cinq (35) Parties au Protocole.

Les pays suivants ont fourni une notification afin d'informer qu'ils avaient nommé comme arbitres les personnes indiquées ci-après, conformément à l'article 2 (1) de l'appendice du Protocole relatif à la protection de l'environnement :

Bulgarie	Mme Guenka Beleva	30 juillet 2004
Chili	Ambassadeur María Teresa Infante	Juin 2005
	Ambassadeur Jorge Berguño	Juin 2005
	Dr. Francisco Orrego	Juin 2005
Finlande	Ambassadeur Holger Bertil Rotkirch	14 juin 2006
Inde	Professeur Upendra Baxi	6 octobre 2004
	M. Ajai Saxena	6 octobre 2004
	Dr. N. Khare	6 octobre 2004
Japon	Juge Shunji Yanai	18 juillet 2008
République de Corée	Professeur Park Ki Gab	21 octobre 2008
Etats-Unis	Professeur Daniel Bodansky	1 mai 2008
	M. David Colson	1 mai 2008

La liste des Parties au Traité et au Protocole, des recommandations et mesures, et leur adoption, accompagne le présent document.
Date de l'action la plus récente : 1er mars 2012

Traité sur l'Antarctique

Fait :   à Washington, le 1er décembre 1959

Entrée en vigueur: le 23 juin 1961
Conformément à l'Article XIII, le Traité a été soumis à la ratification des États signataires et il est ouvert à l'adhésion de tout État membre des Nations Unies, ou de tout autre État qui pourrait être invité à adhérer au Traité avec le consentement de toutes les Parties contractantes, dont les représentants sont habilités à participer aux réunions mentionnées à l'Article IX du Traité ; les instruments de ratification et les instruments d'adhésion seront déposés près le gouvernement des États-Unis d'Amérique. À l'issue du dépôt des instruments de ratification par tous les États signataires, le Traité est entré en vigueur pour ces États et pour les États qui avaient déposé des instruments d'adhésion au Traité. Le Traité est ensuite entré en vigueur pour tout État adhérent au dépôt de ses instruments d'adhésion.

Légende: (aucune marque) = ratification; a = accession; d = succession; w = retrait ou action équivalente

Participant	Signature	Consentement à être lié		Autre action	Notes
Afrique du Sud	1er décembre 1959	21 juin 1960			
Allemagne		5 février 1979	a		i
Argentine	1er décembre 1959	23 juin 1961			
Australie	1er décembre 1959	23 juin 1961			
Autriche		25 août 1987.	a		
Bélarus		27 décembre 2006	a		
Belgique	1er décembre 1959	26 juillet 1960			
Brésil		16 mai 1975	a		
Bulgarie		11 septembre 1978	a		
Canada		4 mai 1988	a		
Chili	1er décembre 1959	23 juin 1961			
Chine		8 juin 1983	a		
Colombie		31 janvier 1989	a		
Corée (ROK)		28 novembre 1986	a		
Corée (RPDC)		21 janvier 1987	a		
Cuba		16 août 1984	a		
Danemark		20 mai 1965	a		
Équateur		15 septembre 1987	a		
Espagne		31 mars 1982	a		
Estonie		17 mai 2001	a		
États-Unis d'Amérique	1er décembre 1959	18 août 1960			
Fédération de Russie	1er décembre 1959	2 novembre 1960			ii
Finlande		15 mai 1984	a		
France	1er décembre 1959	16 septembre 1960			
Grèce		8 janvier 1987	a		
Guatemala		31 juillet 1991	a		
Hongrie		27 janvier 1984	a		

Inde		19 août 1983	a		
Italie		18r mars 1981	a		
Japon	1er décembre 1959	4 août 1960			
Malaisie		31 octobre 2011.	a		
Monaco		31 mai 2008	a		
Norvège	1er décembre 1959	24 août 1960			
Nouvelle-Zélande	1er décembre 1959	1er novembre 1960			
Pakistan		1er mars 2012	a		
Papouasie-Nouvelle-Guinée		1er mars 1981	d		iii
Pays-Bas		30 mars 1967	a		iv
Pérou		10 avril 1981	a		
Pologne		8 juin 1961	a		
Portugal		29 janvier 2010	a		
Roumanie		15 septembre 1971	a		v
République Tchèque		1er janvier 1993	d		vi
République slovaque		1er janvier 1993	d		vii
Royaume-Uni	1er décembre 1959	31 mai 1960			
Suède		24 avril 1981	a		
Suisse		15 novembre 1990	a		
Turquie		24r janvier 1996	a		
Ukraine		28 octobre 1992	a		
Uruguay		11 janvier 1980	a		viii
Venezuela		24 mars 1999	a		

---

[i] L'Ambassade de la République fédérale d'Allemagne à Washington a transmis au Département d'État une note diplomatique, datée du 2 octobre 1990, dont voici la teneur :

« L'Ambassade de la République fédérale d'Allemagne présente ses compliments au Département d'État et a l'honneur d'informer le gouvernement des États-Unis d'Amérique, en sa qualité de gouvernement dépositaire du Traité sur l'Antarctique que, par le biais de l'adhésion de la République démocratique allemande à la République fédérale d'Allemagne prenant effet le 3 octobre 1990, les deux États allemands s'uniront pour former un seul État souverain qui, en tant que Partie contractante au Traité sur l'Antarctique, restera lié par les dispositions du Traité et soumis à ces recommandations adoptées lors des 15 réunions consultatives que la République fédérale d'Allemagne a approuvées. À partir de la date de l'unité allemande, la République fédérale d'Allemagne agira sous la désignation de l' « Allemagne » dans le cadre du Système [A]ntarctique.
«L'Ambassade serait reconnaissante au gouvernement des États-Unis d'Amérique de bien vouloir informer toutes les parties contractantes au Traité sur l'Antarctique du contenu de cette note.
« L'Ambassade de la République fédérale d'Allemagne saisit cette occasion pour renouveler au Département d'État les assurances de sa plus haute considération. »

Avant l'unification, la République démocratique allemande a déposé le 19 novembre 1974 un instrument d'adhésion au Traité, accompagné d'une déclaration, dont une traduction en anglais a été réalisée par le Département d'État, et dont voici la teneur:

« La République démocratique allemande estime que le paragraphe 1 de l'Article XIII du Traité est incohérent avec le principe selon lequel tous les États dont les politiques sont guidées par les principes et les objectifs de la Charte des Nations Unies ont le droit de devenir parties aux traités qui touchent l'intérêt de tous les États. »

À la suite de quoi, le 5 février 1979, la République fédérale d'Allemagne a déposé un instrument d'adhésion au Traité, accompagné d'une déclaration, dont une traduction en anglais a été réalisée par l'Ambassade de la République fédérale d'Allemagne, et dont voici la teneur:

« Monsieur le Secrétaire,
"Par le dépôt ce jour de l'instrument d'adhésion au Traité sur l'Antarctique signé à Washington le 1er décembre 1959, j'ai l'honneur de déclarer, au nom de la République fédérale d'Allemagne, que le jour où l'entrée en vigueur du Traité prendra effet pour la République fédérale d'Allemagne, elle prendra également effet pour Berlin (Ouest), soumise aux devoirs et responsabilités de la République française, du Royaume-Uni de Grande Bretagne et d'Irlande du Nord et des États-Unis d'Amérique, y compris ceux concernant le désarmement et la démilitarisation.
« Veuillez accepter, Excellence, l'expression de ma plus haute considération. »

[ii] Le Traité a été signé et ratifié par l'ancienne Union des Républiques socialistes soviétiques. Dans une note datée du 13 janvier 1992, la Fédération de Russie a informé le gouvernement des États-Unis d'Amérique qu'elle « continue d'exercer les droits et d'exécuter les obligations découlant des accords internationaux signés par l'Union des Républiques socialistes soviétiques. »

[iii] Date de dépôt de notification de la succession de la Papouasie-Nouvelle-Guinée; effective le 16 septembre 1975, date de son indépendance.

[iv] L'instrument d'adhésion au Traité déposé par les Pays-Bas signale que l'adhésion concerne le Royaume en Europe, le Suriname et les Antilles néerlandaises.

Le Suriname est devenu un état indépendant le 25 novembre 1975.

L'ambassade du Royaume des Pays-Bas à Washington a transmis au Département d'État une note diplomatique, datée du 9 janvier 1986, dont voici la teneur:

« L'Ambassade du Royaume des Pays-Bas présente ses compliments au Département d'État et a l'honneur de demander l'attention du Département, en sa qualité de dépositaire du Traité sur l'Antarctique, sur les points ci-après.
Depuis le 1er janvier 1986, l'île d'Aruba -appartenant auparavant aux Antilles néerlandaises- jouit d'une autonomie interne effective en tant que pays au sein du Royaume des Pays-Bas. Par conséquent, le Royaume des Pays-Bas est constitué, depuis le 1er janvier 1986, de trois pays, à savoir: Les Pays-Bas proprement dits, les Antilles néerlandaises et Aruba.
« L'événement susmentionné ne concernant qu'un changement des relations constitutionnelles internes au Royaume des Pays-Bas, le Royaume continuera, en vertu du droit international, d'être le sujet principal avec lequel les traités sont conclus et le changement précité n'aura aucune conséquence sur le droit international concernant les traités conclus par le Royaume, dont l'application (des traités) a été étendue aux Antilles néerlandaises et Aruba.
« Ces traités restent donc d'application pour Aruba, qui jouit de manière effective depuis le 1er janvier 1986 d'un nouveau statut de pays autonome au sein du Royaume des Pays-Bas.
Par conséquent, le [Traité sur l'Antarctique] auquel le Royaume des Pays-Bas est partie, et qui [a] été étendu aux Antilles néerlandaises, s'appliquera à partir du 1er janvier 1986 aux trois pays qui composent le Royaume des Pays-Bas.
L'Ambassade serait reconnaissante que les Parties concernées soient notifiées des informations susmentionnées.
« L'Ambassade du Royaume des Pays-Bas saisit cette occasion pour renouveler au Département d'État, les assurances de sa plus haute considération. »

L'ambassade du Royaume des Pays-Bas à Washington a transmis au Département d'État une note diplomatique, datée du 6 octobre 2010, dont voici la teneur des parties les plus pertinentes:

« Le Royaume des Pays-Bas est actuellement composé de trois parties: les Pays-Bas, les Antilles néerlandaises et Aruba. Les Antilles néerlandaises sont composées des îles de Curaçao, Saint-Martin, Bonaire, Saint-Eustache et Saba.
Le 10 octobre 2010, les Antilles néerlandaises cesseront d'exister de manière effective au sein du Royaume des Pays-Bas.
À partir de cette date, le Royaume sera composé de quatre parties : Les Pays-Bas, Aruba, Curaçao et Saint-Martin.
Curaçao et Saint-Martin jouiront d'un gouvernement autonome au sein du Royaume, à l'instar d'Aruba et, jusqu'au 10 octobre 2010, ce sera également le cas des Antilles néerlandaises.
« Ces changements constituent une modification des relations constitutionnelles internes du Royaume des Pays-Bas. En conséquence de quoi, le Royaume des Pays-Bas demeure le sujet de droit international avec lequel les accords sont conclus. La modification de la structure du Royaume n'affectera par conséquent pas la validité des accords

internationaux ratifiés par le Royaume pour les Antilles néerlandaises; ces accords seront toujours d'application pour Curaçao et Saint-Martin.

« Les autres îles qui, jusqu'à présent, ont fait partie des Antilles néerlandaises - Bonaire, Saint-Eustache et Saba - feront partie des Pays-Bas, constituant ainsi la "partie caraïbe des Pays-Bas". Les accords qui s'appliquent actuellement aux Antilles néerlandaises continueront également de s'appliquer à ces îles ; cependant, c'est maintenant au gouvernement des Pays-Bas qu'il revient de mettre en œuvre ces accords. »

[v] L'instrument d'adhésion au Traité déposé par la Roumanie a été accompagné par une note de l'Ambassadeur de la République socialiste de Roumanie aux États-Unis d'Amérique, datée du 15 septembre 1971, dont voici la teneur:

« Monsieur le Secrétaire,

« À l'occasion du dépôt de l'instrument d'adhésion de la République socialiste de Roumanie au Traité sur l'Antarctique, signé à Washington le 1er décembre 1959; j'ai l'honneur de vous informer que:

« Le Conseil d'État de la République socialiste de Roumanie déclare que les dispositions du premier paragraphe de l'Article XIII du Traité sur l'Antarctique sont contraires au principe selon lequel les traités multilatéraux dont les buts et objectifs concernent la communauté internationale dans son ensemble doivent être ouverts à une participation universelle. »

« Je vous demande, M. le Secrétaire, de bien vouloir transmettre le texte de l'instrument d'adhésion de la Roumanie au Traité sur l'Antarctique à toutes les parties concernées, ainsi que le texte de cette lettre reprenant la déclaration susmentionnée du gouvernement roumain.

Je saisis cette occasion pour vous renouveler, M. le Secrétaire, l'assurance de ma plus haute considération. »

Des exemplaires de la lettre de l'Ambassadeur et de l'instrument d'adhésion de la Roumanie au Traité ont été transmis aux parties au Traité sur l'Antarctique par le biais de la note circulaire du Secrétaire d'État, datée du 1er octobre 1971.

[vi] Date effective de succession par la République tchèque. La Tchécoslovaquie a déposé un instrument d'adhésion au Traité le 14 juin 1962. Le 31 décembre 1992, à minuit, la Tchécoslovaquie a cessé d'exister et a été succédée par deux états séparés et indépendants, la République tchèque et la République slovaque.

[vii] Date effective de succession par la République slovaque. La Tchécoslovaquie a déposé un instrument d'adhésion au Traité le 14 juin 1962. Le 31 décembre 1992, à minuit, la Tchécoslovaquie a cessé d'exister et a été succédée par deux états séparés et indépendants, la République tchèque et la République slovaque.

[viii] L'instrument d'adhésion au Traité déposé par l'Uruguay a été accompagné d'une déclaration, dont une traduction en anglais a été réalisée par le Département d'État et dont voici la teneur:

« Le gouvernement de la République orientale d'Uruguay estime que, par son adhésion au Traité sur l'Antarctique signé à Washington (États-Unis d'Amérique) le 1er décembre 1959, elle contribue à affirmer les principes relatifs à l'utilisation pacifique de l'Antarctique, à l'interdiction de toute explosion nucléaire ou de l'élimination de tout déchet radioactif dans cette zone, à la liberté de recherche scientifique en Antarctique au service de l'humanité, et à la coopération internationale dans le but d'atteindre ces objectifs, fixés dans ledit Traité.

« Dans le cadre de ces principes, l'Uruguay propose, par le biais d'une procédure fondée sur le principe d'égalité juridique, de créer un statut général et définitif pour l'Antarctique dans lequel, dans le respect des droits des États reconnus par le droit international, les intérêts de tous les États impliqués dans la communauté internationale dans son ensemble seraient considérés comme équitables.

« La décision du gouvernement uruguayen d'adhérer au Traité sur l'Antarctique se fonde non seulement sur l'intérêt que l'Uruguay, à l'instar des membres de la communauté internationale, porte à l'Antarctique, mais également sur l'intérêt spécial, direct et substantiel qui provient de son emplacement géographique, son littoral atlantique s'ouvrant sur le continent antarctique, de l'influence sur son climat qui en résulte, de l'écologie et de la biologie marine, des liens historiques qui remontent aux premières expéditions lancées pour explorer ce continent et ses eaux et également des obligations souscrites conformément au Traité interaméricain d'assistance réciproque qui inclut une partie du territoire antarctique dans la zone décrite à l'Article 4, en vertu duquel l'Uruguay partage la responsabilité de la défense de la région.

« En communiquant sa décision d'adhérer au Traité sur l'Antarctique, le gouvernement de la République orientale de l'Uruguay déclare qu'il réserve ses droits en Antarctique, conformément au droit international. »

PROTOCOLE AU TRAITÉ SUR L'ANTARCTIQUE SUR LA PROTECTION DE L'ENVIRONNEMENT
Signé à Madrid le 4 octobre 1991*

États l'Annexe V	Date de Signature	Date de dépôt de la ratification, d'acceptation (A) ou d'approbation (AA)	Date de dépôt d'adhésion	Date d'entrée en vigueur	Date d'acceptation ANNEXE V**	Date d'entrée en vigueur de
PARTIES CONSULTATIVES						
Afrique du Sud	4 oct 1991	3 août 1995		14 jan 1998	14 juin 1995 (B)	24 mai 2002
Allemagne	4 oct 1991	25 nov 1994		14 jan 1998	25 nov 1994 (A) / 1 sept 1998 (B)	24 mai 2002
Argentine	4 oct 1991	28 oct 1993 [3]		14 jan 1998	8 sep 2000 (A) / 4 août 1995 (B)	24 mai 2002
Australie	4 oct 1991	6 avr 1994		14 jan 1998	6 avr 1994 (A) / 7 juin 1995 (B)	24 mai 2002
Belgique	4 oct 1991	26 avr 1996		14 jan 1998	26 avr 1996 (A) / 23 oct 2000 (B)	24 mai 2002
Brésil	4 oct 1991	15 août 1995		14 jan 1998	20 mai 1998 (B)	24 mai 2002
Bulgarie			21 avr 1998	21 mai 1998	5 mai 1999 (AB)	24 mai 2002
Chili	4 oct 1991	11 jan 1995		14 jan 1998	25 mars 1998 (B)	24 mai 2002
Chine	4 oct 1991	2 août 1994		14 jan 1998	26 jan 1995 (AB)	24 mai 2002
Équateur	4 oct 1991	4 jan 1993		14 jan 1998	11 mai 2001 (A) / 15 nov 2001 (B)	24 mai 2002
États-Unis	4 oct 1991	17 avr 1997		14 jan 1998	17 avr 1997 (A) / 6 mai 1998 (B)	24 mai 2002
Espagne	4 oct 1991	1 juillet 1992		14 jan 1998	8 déc 1993 (A) / 18 fév 2000 (B)	24 mai 2002
Fédération de Russie	4 oct 1991	6 août 1997		14 jan 1998	19 juin 2001 (B)	24 mai 2002
Finlande	4 oct 1991	1 nov 1996 (A)		14 jan 1998	1 nov 1996 (A) / 2 avr 1997 (B)	24 mai 2002
France	4 oct 1991	5 fév 1993 (AA)		14 jan 1998	26 avr 1995 (B) / 18 nov 1998 (A)	24 mai 2002
Inde	2 juil 1992	26 avr 1996		14 jan 1998	24 mai 2002 (B)	24 mai 2002
Italie	4 oct 1991	31 mars 1995		14 jan 1998	31 mai 1995 (A) / 11 fév 1998 (B)	24 mai 2002
Japon	29 sep 1992	15 déc 1997 (A)		14 jan 1998	15 déc 1997 (AB)	24 mai 2002
Nouvelle-Zélande	4 oct 1991	22 déc 1994		14 jan 1998	21 oct 1992 (B)	24 mai 2002
Norvège	4 oct 1991	16 juin 1993		14 jan 1998	13 oct 1993 (B)	24 mai 2002
Pays-Bas	4 oct 1991	14 avr 1994 (A) [6]		14 jan 1998	18 mars 1998 (B)	24 mai 2002

Rapport final de la XXXVIIe RCTA

	4 oct 1991	8 mars 1993		14 jan 1998		24 mai 2002
Pérou	4 oct 1991	8 mars 1993		14 jan 1998	8 mars 1993 (A) 17 mars 1999 (B)	24 mai 2002
Pologne	4 oct 1991	1 nov 1995		14 jan 1998	20 sept 1995 (B)	24 mai 2002
Rép. de Corée	2 juil 1992	2 jan 1996		14 jan 1998	5 juin 1996 (B)	24 mai 2002
Rép. tchèque	1 jan 1993	25 août 2004 [4]		24 sep 2004		
Royaume-Uni	4 oct 1991	25 avr 1995 [5]		14 jan 1998	21 mai 1996 (B)	24 mai 2002
Suède	4 oct 1991	30 mars 1994		14 jan 1998	30 mars 1994 (A) 7 avr 1994 (B)	24 mai 2002
Ukraine			25 mai 2001	24 juin 2001	25 mai 2001 (A)	24 mai 2002
Uruguay	4 oct 1991	11 jan 1995		14 jan 1998	15 mai 1995 (B)	24 mai 2002

** Ceci marque soit la date d'acceptation de l'Annexe V soit la date d'approbation de la Recommandation XVI-10
(A) Acceptation de l'Annexe V (B) Approbation de la Recommandation XVI-10

-2-

États l'Annexe V	Date de Signature	Ratification Acceptation ou Approbation	Date de dépôt d'adhésion	Date d'entrée en vigueur	Date d'acceptation ANNEXE V**	Date d'entrée en vigueur de
PARTIES NON-CONSULTATIVES						
Autriche	4 oct 1991					
Bélarus			16 juil 2008	15 août 2008		
Canada	4 oct 1991	13 nov 2003		13 déc 2003		
Colombie	4 oct 1991					
Cuba	2 juil 1992					
Danemark						
Estonie						
Grèce	4 oct 1991	23 mai 1995		14 jan 1998		
Guatemala						
Hongrie	4 oct 1991					
Malaisie						
Monaco			1 juil 2009	31 juil 2009		
Pakistan			1 mars 2012	31 mars 2012		
Papouasie-Nouvelle Guinée						
Portugal						
Roumanie	4 oct 1991	3 fév 2003		5 mars 2003	3 fév 2003	5 mars 2003
Rép. slovaque[1,2]	1 jan 1993					
RPD de Corée	4 oct 1991					
Suisse	4 oct 1991					
Turquie						
Venezuela						

* Signé à Madrid le 4 octobre 1991 ; puis, à Washington jusqu'au 3 octobre 1992.
Le Protocole entrera en vigueur initialement le trentième jour suivant la date de dépôt des instruments de ratification, d' acceptation, d'approbation ou d'adhésion par tous les États qui sont Parties consultatives au Traité sur l'Antarctique à la date à laquelle le présent Protocole a été adopté. (Article 23). (Article 23)

** Adopté à Bonn le 17 octobre 1991, lors de la XVIe Réunion consultative sur l'Antarctique.

343

1. Signé pour la République fédérative tchèque et slovaque le 2 octobre 1992 - la Tchécoslovaquie accepte la compétence de la Cour internationale de Justice et du Tribunal arbitral en matière de règlement des différends conformément à l'article 19, paragraphe 1. Le 31 décembre 1992, à minuit, la Tchécoslovaquie a cessé d'exister et a été remplacé par deux États séparés et indépendants, la République tchèque et la République slovaque.

2. Date d'entrée en vigueur de la succession à l'égard de la signature par la Tchécoslovaquie qui est soumise à la ratification par la République tchèque et la République slovaque.

3. Accompagné d'une déclaration, avec une traduction informelle fournie par l'ambassade de l'Argentine, il est libellé comme suit : « La République argentine déclare que dans la mesure où le Protocole au Traité sur l'Antarctique relatif à la protection de l'environnement est un accord complémentaire du Traité sur l'Antarctique et que son article 4 respecte pleinement ce qui a été indiqué dans l'article IV, paragraphe 1, alinéa a) dudit Traité, aucune de ses dispositions ne doit être interprétée ou appliquée comme affectant ses droits, sur la base de titres juridiques, d'actes de possession, contiguïté et continuité géologique dans la zone du 60e parallèle sud, dans laquelle elle a proclamé et maintenu sa souveraineté ».

4. Accompagné d'une déclaration, avec une traduction informelle fournie par l'ambassade de la République tchèque, il est libellé comme suit : « La République tchèque reconnaît la compétence de la Cour internationale de Justice et du Tribunal arbitral conformément à l'article 19, paragraphe 1 du Protocole sur la protection de l'environnement au Traité sur l'Antarctique, signé à Madrid le 4 octobre 1991.

5. Ratification au nom de : Royaume-Uni de Grande-Bretagne et Irlande du Nord, le bailliage de Jersey, le bailliage de Guernesey, l'île de Man, Anguilla, les Bermudes, le Territoire britannique de l'Antarctique, les îles Caïmans, les îles Falkland, Montserrat, Sainte-Hélène et dépendances, Géorgie du Sud et les îles Sandwich du Sud, les îles Turques et Caïques et les îles Vierges britanniques.

6. L'acceptation est pour le Royaume en Europe. Au moment de son acceptation, le Royaume des Pays-Bas a déclaré qu'il choisit les deux moyens de règlement des différends mentionnés à l'article 19, paragraphe 1 du Protocole, à savoir la Cour internationale de Justice et le Tribunal arbitral.

Le 27 octobre 2004, le Royaume des Pays-Bas a déposé une déclaration acceptant le protocole pour les Antilles néerlandaises avec une déclaration confirmant qu'il choisit les deux moyens de règlement des différends mentionnés à l'article 19, paragraphe 1 du Protocole.

- L'ambassade royale des Pays-Bas à Washington a transmis au Département d'État une note diplomatique datée du 6 octobre 2010, dont la partie pertinente se lit comme suit :

- « Le Royaume des Pays-Bas est actuellement composé de trois parties : les Pays-Bas, les Antilles néerlandaises se composent des îles de Curaçao, Saint-Martin, Bonaire, Saint-Eustache et Saba.

- « Avec effet au 10 octobre 2010, les Antilles néerlandaises cesseront d'exister en tant que partie du Royaume des Pays-Bas. À partir de cette date, le Royaume se composera de quatre parties : les Pays-Bas, Aruba, Curaçao et Saint-Martin. Curaçao et Saint-Martin jouiront d'une autonomie interne au sein du Royaume, à l'instar d'Aruba et, jusqu'au 10 octobre 2010, les Antilles néerlandaises en feront de même.

- « Ces changements constituent une modification des relations constitutionnelles internes au sein du Royaume des Pays-Bas. Le Royaume des Pays-Bas restera, par conséquent, soumis au droit international par lequel des accords seront conclus. La modification de la structure du Royaume n'affectera donc pas la validité des accords internationaux ratifiés par le Royaume pour les Antilles néerlandaises ; ces accords continueront de s'appliquer à Curaçao et à Saint-Martin.

- « Les autres îles qui jusqu'à présent faisaient partie des Antilles néerlandaises – Bonaire, Saint-Eustache et Saba – feront partie des Pays-Bas, constituant ainsi « la partie caribéenne des Pays-Bas ». Les accords qui s'appliquent actuellement aux Antilles néerlandaises continueront également de s'appliquer à ces îles ; toutefois, le gouvernement des Pays-Bas sera désormais responsable de la mise en œuvre de ces accords ».

Département d'État,

Washington, 27 mars 2014.

344

Approbation des mesures, telles que notifiées au gouvernement des États-Unis d'Amérique, en rapport avec l'avancement des principes et objectifs du Traité de l'Antarctique.

	16 Recommandations adopté lors de la première réunion (Canberra 1961) — **Approuvé**	10 Recommandations adopté lors de la deuxième réunion (Buenos Aires 1962) — **Approuvé**	11 Recommandations adopté lors de la troisième réunion (Bruxelles 1964) — **Approuvé**	28 Recommandations adopté lors de la quatrième réunion (Santiago 1966) — **Approuvé**	9 Recommandations adopté lors de la cinquième réunion (Paris 1968) — **Approuvé**	15 Recommandations adopté lors de la sixième réunion (Tokyo 1970) — **Approuvé**
Afrique du Sud	TOUTES	TOUTES	TOUTES	TOUTES	TOUTES	TOUTES
Allemagne (1981)+	TOUTES	TOUTES	TOUTES (sauf 8)	TOUTES (sauf 16 à 19)	TOUTES (sauf 6)	TOUTES (sauf 9)
Argentine	TOUTES	TOUTES	TOUTES	TOUTES	TOUTES	TOUTES
Australie	TOUTES	TOUTES	TOUTES	TOUTES	TOUTES	TOUTES
Belgique	TOUTES	TOUTES	TOUTES	TOUTES	TOUTES	TOUTES
Brésil (1983)+	TOUTES	TOUTES	TOUTES	TOUTES	TOUTES	TOUTES (sauf 10)
Bulgarie (1998)+						
Chili	TOUTES	TOUTES	TOUTES	TOUTES	TOUTES	TOUTES
Chine (1985)+	TOUTES	TOUTES	TOUTES	TOUTES	TOUTES	TOUTES (sauf 10)
Équateur (1990)+						
Espagne (1988)+	TOUTES	TOUTES	TOUTES	TOUTES	TOUTES	TOUTES
États-Unis d'Amérique	TOUTES	TOUTES	TOUTES	TOUTES	TOUTES	TOUTES
Finlande (1989)+						
France	TOUTES	TOUTES	TOUTES	TOUTES	TOUTES	TOUTES
Inde (1983)+	TOUTES	TOUTES	TOUTES (sauf 8***)	TOUTES (sauf 18)	TOUTES	TOUTES (sauf 9 et 10)
Italie (1987)+	TOUTES	TOUTES	TOUTES	TOUTES	TOUTES	TOUTES
Japon	TOUTES	TOUTES	TOUTES	TOUTES	TOUTES	TOUTES
Norvège	TOUTES	TOUTES	TOUTES	TOUTES	TOUTES	TOUTES
Nouvelle-Zélande	TOUTES	TOUTES	TOUTES	TOUTES	TOUTES	TOUTES
Pays-Bas (1990)+	TOUTES (sauf 11 et 15)	TOUTES (sauf 3, 5, 8 et 10)	TOUTES (sauf 3, 4, 6 et 9)	TOUTES (sauf 20, 25, 26 et 28)	TOUTES (sauf 1, 8 et 9)	TOUTES (sauf 15)
Pérou (1989)+	TOUTES	TOUTES	TOUTES	TOUTES	TOUTES	TOUTES
Pologne (1977)+	TOUTES	TOUTES	TOUTES	TOUTES	TOUTES	TOUTES
Rép. Tchèque (2014)+						
République de Corée (1989)+	TOUTES	TOUTES	TOUTES	TOUTES	TOUTES	TOUTES
Russie	TOUTES	TOUTES	TOUTES	TOUTES	TOUTES	TOUTES
Suède (1988)+	TOUTES	TOUTES	TOUTES	TOUTES	TOUTES	TOUTES
U.K.	TOUTES	TOUTES	TOUTES	TOUTES	TOUTES	TOUTES
Uruguay (1985)+	TOUTES	TOUTES	TOUTES	TOUTES	TOUTES	TOUTES

* IV-6, IV-10, IV-12, et V-5 fini par VIII-2

*** Acceptée en tant que directive intérimaire

+ Année où le statut consultatif à été atteint. Acceptation par l'État tenu d'appliquer les recommandations ou les mesures des réunions à partir de cette année.

Rapport final de la XXXVIIe RCTA

Approbation des mesures, telles que notifiées au gouvernement des États-Unis d'Amérique, en rapport avec l'avancement des principes et objectifs du Traité de l'Antarctique.

	9 Recommandations adopté lors de la septième réunion (Wellington 1972) Approuvé	14 Recommandations adopté lors de la huitième réunion (Oslo 1975) Approuvé	6 Recommandations adopté lors de la neuvième réunion (Londres 1977) Approuvé	9 Recommandations adopté lors de la dixième réunion (Washington 1979) Approuvé	3 Recommandations adopté lors de la onzième réunion (Buenos Aires 1981) Approuvé	8 Recommandations adopté lors de la douzième réunion (Canberra 1983) Approuvé
Afrique du Sud	TOUTES	TOUTES	TOUTES	TOUTES	TOUTES	TOUTES
Allemagne (1981)+	TOUTES (sauf 5)	TOUTES (sauf 2 et 5)	TOUTES	TOUTES	TOUTES	TOUTES
Argentine	TOUTES	TOUTES	TOUTES	TOUTES	TOUTES	TOUTES
Australie	TOUTES	TOUTES	TOUTES	TOUTES	TOUTES	TOUTES
Belgique	TOUTES	TOUTES	TOUTES	TOUTES	TOUTES	TOUTES
Brésil (1983)+	TOUTES (sauf 5)	TOUTES	TOUTES	TOUTES	TOUTES	TOUTES
Bulgarie (1998)+						
Chili	TOUTES	TOUTES	TOUTES	TOUTES	TOUTES	TOUTES
Chine (1985)+	TOUTES (sauf 5)	TOUTES	TOUTES	TOUTES	TOUTES	TOUTES
Équateur (1990)+						
Espagne (1988)+	TOUTES	TOUTES	TOUTES	TOUTES (sauf 1 et 9)	TOUTES (sauf 1)	TOUTES
États-Unis d'Amérique	TOUTES	TOUTES	TOUTES	TOUTES	TOUTES	TOUTES
Finlande (1989)+						
France	TOUTES	TOUTES	TOUTES	TOUTES	TOUTES	TOUTES
Inde (1983)+	TOUTES	TOUTES	TOUTES	TOUTES (sauf 1 et 9)	TOUTES	TOUTES
Italie (197)+	TOUTES (sauf 5)	TOUTES	TOUTES	TOUTES (sauf 1 et 9)		
Japon	TOUTES	TOUTES	TOUTES	TOUTES	TOUTES	TOUTES
Norvège	TOUTES	TOUTES	TOUTES	TOUTES	TOUTES	TOUTES
Nouvelle-Zélande	TOUTES	TOUTES	TOUTES	TOUTES	TOUTES	TOUTES
Pays-Bas (1990)+	TOUTES	TOUTES	TOUTES (sauf 3)	TOUTES (sauf 9)	TOUTES (sauf 2)	TOUTES
Pérou (1989)+	TOUTES	TOUTES	TOUTES	TOUTES	TOUTES	TOUTES
Pologne (1977)+	TOUTES	TOUTES	TOUTES	TOUTES	TOUTES	
Rép. Tchèque (2014)+						
République de Corée (1989)+	TOUTES	TOUTES	TOUTES	TOUTES	TOUTES	TOUTES
Russie	TOUTES	TOUTES	TOUTES	TOUTES	TOUTES	TOUTES
Suède (1988)+	TOUTES	TOUTES	TOUTES	TOUTES	TOUTES	TOUTES
U.K.	TOUTES	TOUTES	TOUTES	TOUTES	TOUTES	TOUTES
Uruguay (1985)+	TOUTES	TOUTES	TOUTES	TOUTES	TOUTES	TOUTES

* IV-6, IV-10, IV-12, et V-5 fini par VIII-2

*** Acceptée en tant que directive intérimaire

+ Année où le statut consultatif a été atteint. Acceptation de l'État tenu d'appliquer les recommandations ou les mesures des réunions à partir de cette année.

Approbation des mesures, telles que notifiées au gouvernement des États–Unis d'Amérique, en rapport avec l'avancement des principes et objectifs du Traité de l'Antarctique.

	16 Recommandations adopté lors de la treizième réunion (Bruxelles 1985) — Approuvé	10 Recommandations adopté lors de la quatorzième réunion (Rio de Janeiro 1987) — Approuvé	22 Recommandations adopté lors de la quinzième réunion (Paris 1989) — Approuvé	13 Recommandations adopté lors de la seizième réunion (Bonn 1991) — Approuvé	4 Recommandations adopté lors de la dix-septième réunion (Venise 1992) — Approuvé	1 Recommandation adopté lors de la dix-huitième réunion (Kyoto 1994) — Approuvé
Afrique du Sud	TOUTES	TOUTES	TOUTES (sauf 3, 8,10,11 et 22)	TOUTES	TOUTES	TOUTES
Allemagne (1981)+	TOUTES	TOUTES	TOUTES	TOUTES	TOUTES	TOUTES
Argentine	TOUTES	TOUTES	TOUTES	TOUTES	TOUTES	TOUTES
Australie	TOUTES	TOUTES	TOUTES	TOUTES	TOUTES	TOUTES
Belgique	TOUTES	TOUTES	TOUTES	TOUTES	TOUTES	TOUTES
Brésil (1983)+	TOUTES	TOUTES	TOUTES	TOUTES	TOUTES	TOUTES
Bulgarie (1998)+				XVI-10		
Chili	TOUTES	TOUTES	TOUTES	TOUTES	TOUTES	TOUTES
Chine (1985)+	TOUTES	TOUTES	TOUTES	TOUTES	TOUTES	TOUTES
Équateur (1990)+				XVI-10		
Espagne (1988)+	TOUTES	TOUTES	TOUTES (sauf 1 à 4, 10 et 11)	TOUTES	TOUTES	TOUTES
États-Unis d'Amérique	TOUTES	TOUTES	TOUTES	TOUTES	TOUTES	
Finlande (1989)+	TOUTES	TOUTES	TOUTES	TOUTES	TOUTES	TOUTES
France	TOUTES	TOUTES	TOUTES	TOUTES	TOUTES	TOUTES
Inde (1983)+	TOUTES	TOUTES	TOUTES	TOUTES	TOUTES	TOUTES
Italie (197)+	TOUTES	TOUTES	TOUTES	TOUTES	TOUTES	TOUTES
Japon	TOUTES	TOUTES	TOUTES	TOUTES (sauf 1, 3 à 9,12 et 13)	TOUTES (sauf 1, 2 et 4)	TOUTES
Norvège	TOUTES	TOUTES	TOUTES	TOUTES	TOUTES	TOUTES
Nouvelle-Zélande	TOUTES	TOUTES	TOUTES (sauf 22)	TOUTES	TOUTES	TOUTES
Pays-Bas (1990)+	TOUTES	TOUTES (sauf 9)	TOUTES (sauf 22)	TOUTES (sauf 13)	TOUTES	TOUTES
Pérou (1989)+			TOUTES	TOUTES	TOUTES	TOUTES
Pologne (1977)+	TOUTES	TOUTES	TOUTES			TOUTES
Rép. Tchèque (2014)+						
République de Corée (1989)+	TOUTES	TOUTES	TOUTES (sauf 1 à 11,16,18 et 19)	TOUTES (sauf 12)	TOUTES (sauf 1)	TOUTES
Royaume-Uni	TOUTES	TOUTES (sauf 2)	TOUTES (sauf 3, 4,8,10 et 11)	TOUTES (sauf 4, 6, 8 et 9)	TOUTES	TOUTES
Russie	TOUTES	TOUTES	TOUTES	TOUTES	TOUTES	TOUTES
Suède (1988)+	TOUTES		TOUTES	TOUTES	TOUTES	TOUTES
Uruguay (1985)+	TOUTES	TOUTES	TOUTES	TOUTES	TOUTES	TOUTES

* IV-6, IV-10, IV-12, et V-5 fini par VIII-2
*** Acceptée en tant que directive intérimaire
+ Année où le statut consultatif a été atteint. Acceptation de l'État tenu d'appliquer les recommandations ou les mesures des réunions à partir de cette année.

Rapport final de la XXXVIIe RCTA

Approbation des mesures, telles que notifiées au gouvernement des États-Unis d'Amérique, en rapport avec l'avancement des principes et objectifs du Traité de l'Antarctique.

	5 Mesures adopté lors de la dix-neuvième réunion (Seoul 1995) Approuvé	2 Mesures adopté lors de la vingtième réunion (Utrecht 1996) Approuvé	5 Mesures adopté lors de la vingt-et-unième réunion (Christchurch 1997) Approuvé	2 Mesures adopté lors de la vingtième-deuxième réunion (Tromso 1998) Approuvé	1 Mesure adopté lors de la vingtième-troisième réunion (Lima 1999) Approuvé
Afrique du Sud	TOUTES	TOUTES	TOUTES	TOUTES	TOUTES
Allemagne (1981)+	TOUTES	TOUTES	TOUTES	TOUTES	TOUTES
Argentine	TOUTES	TOUTES	TOUTES	TOUTES	TOUTES
Australie	TOUTES	TOUTES	TOUTES	TOUTES	TOUTES
Belgique	TOUTES	TOUTES	TOUTES	TOUTES	TOUTES
Brésil (1983)+	TOUTES	TOUTES	TOUTES	TOUTES	TOUTES
Bulgarie (1998)+					
Chili	TOUTES	TOUTES	TOUTES	TOUTES	TOUTES
Chine (1985)+	TOUTES	TOUTES	TOUTES	TOUTES	TOUTES
Équateur (1990)+					
Espagne (1988)+	TOUTES	TOUTES	TOUTES	TOUTES	TOUTES
États-Unis d'Amérique	TOUTES	TOUTES	TOUTES	TOUTES	TOUTES
Finlande (1989)+	TOUTES	TOUTES	TOUTES	TOUTES	TOUTES
France	TOUTES	TOUTES	TOUTES	TOUTES	TOUTES
Inde (1983)+	TOUTES	TOUTES	TOUTES	TOUTES	TOUTES
Italie (197?)+	TOUTES	TOUTES	TOUTES	TOUTES	TOUTES
Japon	TOUTES (sauf 2 et 5)	TOUTES (sauf 1)	TOUTES (sauf 1, 2 et 5)		
Norvège	TOUTES	TOUTES	TOUTES	TOUTES	TOUTES
Nouvelle-Zélande	TOUTES	TOUTES	TOUTES	TOUTES	TOUTES
Pays-Bas (1990)+	TOUTES	TOUTES	TOUTES	TOUTES	TOUTES
Pérou (1989)+	TOUTES	TOUTES	TOUTES	TOUTES	TOUTES
Pologne (1977)+	TOUTES	TOUTES	TOUTES	TOUTES	TOUTES
Rép. Tchèque (2014)+					
République de Corée (1989)+	TOUTES	TOUTES	TOUTES	TOUTES	TOUTES
Royaume-Uni	TOUTES	TOUTES	TOUTES	TOUTES	TOUTES
Russie	TOUTES	TOUTES	TOUTES	TOUTES	TOUTES
Suède (1988)+	TOUTES	TOUTES	TOUTES	TOUTES	TOUTES
Uruguay (1985)+	TOUTES	TOUTES	TOUTES	TOUTES	TOUTES

« + Année où le statut consultatif a été atteint. Acceptation de l'État tenu d'appliquer les recommandations ou les mesures des réunions à partir de cette année. »

1. Rapports par les dépositaires et les observateurs

Approbation des mesures, telles que notifiées au gouvernement des États-Unis d'Amérique, en rapport avec l'avancement des principes et objectifs du Traité de l'Antarctique.

	2 Mesures adopté lors de la douzième réunion extraordinaire (La Haye 2000) Approuvé	3 Mesures adopté lors de la vingt-quatrième réunion (Saint-Pétersbourg 2001) Approuvé	1 Mesure adopté lors de la vingtième-cinquième réunion (Varsovie 2002) Approuvé	3 Mesures adopté lors de la vingtième-sixième réunion (Madrid 2003) Approuvé	4 Mesures adopté lors de la vingtième-septième réunion (Cape Town 2004) Approuvé
Afrique du Sud	TOUTES	TOUTES	TOUTES	TOUTES	TOUTES
Allemagne (1981)+	TOUTES	TOUTES	TOUTES	TOUTES	XXVII-1 *, XXVII-2 *, XXVII-3 **
Argentine				XXVI-1, XXVI-2 *, XXVI-3 **	XXVII-1 *, XXVII-2 *, XXVII-3 **
Australie	TOUTES	TOUTES	TOUTES	XXVI-1, XXVI-2 *, XXVI-3 **	XXVII-1 *, XXVII-2 *, XXVII-3 **
Belgique	TOUTES	TOUTES	TOUTES	TOUTES	TOUTES
Brésil (1983)+	TOUTES	TOUTES	TOUTES	TOUTES	XXVII-1, XXVII-2, XXVII-3
Bulgarie (1998)+				TOUTES	XXVII-1 *, XXVII-2 *, XXVII-3 **
Chili	TOUTES	TOUTES	TOUTES	XXVI-1, XXVI-2 *, XXVI-3 **	TOUTES
Chine (1985)+	TOUTES	TOUTES	TOUTES	TOUTES	TOUTES
Équateur (1990)+			*	XXVI-1, XXVI-2 *, XXVI-3 **	XXVII-1 *, XXVII-2 *, XXVII-3 **
Espagne (1988)+			*	XXVI-1, XXVI-2 *, XXVI-3 **	XXVII-1 *, XXVII-2 *, XXVII-3 **
États-Unis d'Amérique	TOUTES	TOUTES		XXVI-1, XXVI-2 *, XXVI-3 **	XXVII-1 *, XXVII-2 *, XXVII-3 **
Finlande (1989)+	TOUTES	TOUTES	*	XXVI-1, XXVI-2 *, XXVI-3 **	XXVII-1 *, XXVII-2 *, XXVII-3 **; XXVII-4
France	TOUTES (sauf SATCM XII-2)	TOUTES	*	XXVI-1, XXVI-2 *, XXVI-3 **	XXVII-1, XXVII-2 *, XXVII-3,; XXVII-4
Inde (1983)+	TOUTES	TOUTES	TOUTES	XXVI-1, XXVI-2 *, XXVI-3 **	XXVII-1 *, XXVII-2 *, XXVII-3 **
Italie (1987)+			*		XXVII-1 *, XXVII-2 *, XXVII-3 **
Japon	TOUTES	TOUTES	*	TOUTES	XXVII-4
Norvège	TOUTES	TOUTES	*	XXVI-1, XXVI-2 *, XXVI-3 **	XXVII-1 *, XXVII-2 *, XXVII-3 **; XXVII-3 **,
Nouvelle-Zélande	TOUTES	TOUTES	TOUTES	TOUTES	XXVII-4
Pays-Bas (1990)+	TOUTES	TOUTES	TOUTES	TOUTES	TOUTES
Pérou (1989)+	TOUTES	TOUTES	TOUTES	XXVI-1, XXVI-2 *, XXVI-3 **	XXVII-1 *, XXVII-2 *, XXVII-3 **
Pologne (1977)+		TOUTES	TOUTES	TOUTES	TOUTES
Rép. Tchèque (2014)+					
République de Corée (1989)+	TOUTES	TOUTES	*	XXVI-1, XXVI-2 *, XXVI-3 **	XXVII-1 *, XXVII-2 *, XXVII-3 **; XXVII-4
Royaume-Uni	TOUTES (sauf SATCM XII-2)	TOUTES (sauf XXIV-3)	TOUTES	TOUTES	XXVII-1 *, XXVII-2 *, XXVII-3 **; XXVII-4
Russie	TOUTES	TOUTES	TOUTES	XXVI-1, XXVI-2, XXVI-3 **	XXVII-1 *, XXVII-2, XXVII-3 **
Suède (1988)+	TOUTES	TOUTES	TOUTES	TOUTES	XXVII-1 *, XXVII-2 *, XXVII-3 **
Ukraine (2004)+					XXVII-1 *, XXVII-2 *, XXVII-3 **
Uruguay (1985)+	TOUTES	TOUTES	*	XXVI-1, XXVI-2 *, XXVI-3	XXVII-1 *, XXVII-2 *, XXVII-3,

XXVII-4

« + Année où le statut consultatif à été atteint. Acceptation de l'État tenu d'appliquer les recommandations ou les mesures des réunions à partir de cette année. »

* Les plans de gestion annexés à la présente mesure sont réputés approuvés conformément à l'article 6 (1) de l'annexe V du Protocole sur la protection de l'environnement au Traité sur l'Antarctique et à la mesure ne spécifiant pas une méthode d'approbation différente.

** La liste révisée et mise à jour des sites et monuments historiques annexée à la présente mesure est réputée approuvée conformément à l'article 8 (2) de l'annexe V du Protocole sur la protection de l'environnement au Traité sur l'Antarctique et à la mesure ne spécifiant pas une méthode d'approbation différente.

Approbation des mesures, telles que notifiées au gouvernement des États-Unis d'Amérique, en rapport avec l'avancement des principes et objectifs du Traité de l'Antarctique.

	5 Mesures adopté lors de la vingtième-huitième réunion (Stockholm 2005) **Approuvé**	4 Mesures adopté lors de la vingtième-neuvième réunion (Édinbourg 2006) **Approuvé**	3 Mesures adopté lors de la trentième réunion (New Delhi 2007) **Approuvé**	14 Mesures adopté lors de la trente-et-unième réunion (Kiev 2008) **Approuvé**
Afrique du Sud	XXVIII-2 *, XXVIII-3 *, XXVIII-4 *, XXVIII-5 **	TOUTES	XXX-1 *, XXX-2 *, XXX-3 **	XXXI-1 - XXXI-14 *
Allemagne (1981)+	XXVIII-2 *, XXVIII-3 *, XXVIII-4 *, XXVIII-5 **	XXIX-1 *, XXIX-2 *, XXIX-3 **, XXIX-4 ***	XXX-1 *, XXX-2 *, XXX-3 **	XXXI-1 - XXXI-14 *
Argentine	XXVIII-2 *, XXVIII-3 *, XXVIII-4 *, XXVIII-5 **	XXIX-1 *, XXIX-2 *, XXIX-3 **, XXIX-4 ***	XXX-1 *, XXX-2 *, XXX-3 **	XXXI-1 - XXXI-14 *
Australie	XXVIII-2 *, XXVIII-3 *, XXVIII-4 *, XXVIII-5 **	XXIX-1 *, XXIX-2 *, XXIX-3 **, XXIX-4 ***	XXX-1 *, XXX-2 *, XXX-3 **	XXXI-1 - XXXI-14 *
Belgique	TOUTES sauf la mesure 1	TOUTES	TOUTES	XXXI-1 - XXXI-14 *
Brésil (1983)+	TOUTES sauf la mesure 1	XXIX-1 *, XXIX-2 *, XXIX-3 **, XXIX-4 ***	XXX-1 *, XXX-2 *, XXX-3 **	XXXI-1 - XXXI-14 *
Bulgarie (1998)+	XXVIII-2 *, XXVIII-3 *, XXVIII-4 *, XXVIII-5 **	XXIX-1 *, XXIX-2 *, XXIX-3 **, XXIX-4 ***	XXX-1 *, XXX-2 *, XXX-3 **	XXXI-1 - XXXI-14 *
Chili	TOUTES sauf la mesure 1	XXIX-1 *, XXIX-2 *, XXIX-3 **, XXIX-4 ***	XXX-1 *, XXX-2 *, XXX-3 **	XXXI-1 - XXXI-14 *
Chine (1985)+	XXVIII-2 *, XXVIII-3 *, XXVIII-4 *, XXVIII-5 **	XXIX-1 *, XXIX-2 *, XXIX-3 **, XXIX-4 ***	XXX-1 *, XXX-2 *, XXX-3 **	XXXI-1 - XXXI-14 *
Équateur (1990)+	XXVIII-2 *, XXVIII-3 *, XXVIII-4 *, XXVIII-5 **	XXIX-1 *, XXIX-2 *, XXIX-3 **, XXIX-4 ***	XXX-1 *, XXX-2 *, XXX-3 **	XXXI-1 - XXXI-14 *
Espagne (1988)+	XXVIII-1, XXVIII-2 *, XXVIII-3 *, XXVIII-4 *, XXVIII-5 **	XXIX-1 *, XXIX-2 *, XXIX-3 **, XXIX-4 ***	XXX-1 *, XXX-2 *, XXX-3 **	XXXI-1 - XXXI-14 *
États-Unis d'Amérique	XXVIII-2 *, XXVIII-3 *, XXVIII-4 *, XXVIII-5 **	XXIX-1 *, XXIX-2 *, XXIX-3 **, XXIX-4 ***	XXX-1 *, XXX-2 *, XXX-3 **	XXXI-1 - XXXI-14 *
Finlande (1989)+	XXVIII-1, XXVIII-2 *, XXVIII-3 *, XXVIII-4 *, XXVIII-5 **	XXIX-1 *, XXIX-2 *, XXIX-3 **, XXIX-4 ***	XXX-1 *, XXX-2 *, XXX-3 **	XXXI-1 - XXXI-14 *
France	XXVIII-2 *, XXVIII-3 *, XXVIII-4 *, XXVIII-5 **	XXIX-1 *, XXIX-2 *, XXIX-3 **, XXIX-4 ***	XXX-1 *, XXX-2 *, XXX-3 **	XXXI-1 - XXXI-14 *
Inde (1983)+	XXVIII-2 *, XXVIII-3 *, XXVIII-4 *, XXVIII-5 **	XXIX-1 *, XXIX-2 *, XXIX-3 **, XXIX-4 ***	XXX-1 *, XXX-2 *, XXX-3 **	XXXI-1 - XXXI-14 *
Italie (1987)+	XXVIII-2 *, XXVIII-3 *, XXVIII-4 *, XXVIII-5 **	XXIX-1 *, XXIX-2 *, XXIX-3 **, XXIX-4 ***	XXX-1 *, XXX-2 *, XXX-3 **	XXXI-1 - XXXI-14 *
Japon	XXVIII-1, XXVIII-2 *, XXVIII-3 *, XXVIII-4 *, XXVIII-5 **	XXIX-1 *, XXIX-2 *, XXIX-3 **, XXIX-4 ***	XXX-1 *, XXX-2 *, XXX-3 **	XXXI-1 - XXXI-14 *
Norvège	XXVIII-1, XXVIII-2 *, XXVIII-3 *, XXVIII-4 *, XXVIII-5 **	XXIX-1 *, XXIX-2 *, XXIX-3 **, XXIX-4 ***	XXX-1 *, XXX-2 *, XXX-3 **	XXXI-1 - XXXI-14 *
Nouvelle-Zélande	TOUTES sauf la mesure 1	TOUTES	TOUTES	TOUTES
Pays-Bas (1990)+	XXVIII-1, XXVIII-2 *, XXVIII-3 *, XXVIII-4 *, XXVIII-5 **	TOUTES	TOUTES	TOUTES
Pérou (1989)+	TOUTES	XXIX-1 *, XXIX-2 *, XXIX-3 **, XXIX-4 ***	XXX-1 *, XXX-2 *, XXX-3 **	XXXI-1 - XXXI-14 *
Pologne (1977)+		TOUTES	TOUTES	XXXI-1 - XXXI-14 *
Rép. Tchèque (2014)+				
République de Corée (1989)+	XXVIII-2 *, XXVIII-3 *, XXVIII-4 *, XXVIII-5 **	XXIX-1 *, XXIX-2 *, XXIX-3 **, XXIX-4 ***	XXX-1 *, XXX-2 *, XXX-3 **	XXXI-1 - XXXI-14 *
Royaume-Uni	XXVIII-1, XXVIII-2 *, XXVIII-3 *, XXVIII-4 *, XXVIII-5 **	XXIX-1 *, XXIX-2 *, XXIX-3 **, XXIX-4 ***	XXX-1 *, XXX-2 *, XXX-3 **	XXXI-1 - XXXI-14 *
Russie	XXVIII-2 *, XXVIII-3 *, XXVIII-4 *, XXVIII-5 **	XXIX-1 *, XXIX-2 *, XXIX-3 **, XXIX-4 ***	XXX-1 *, XXX-2 *, XXX-3 **	XXXI-1 - XXXI-14 *
Suède (1988)+	XXVIII-1, XXVIII-2 *, XXVIII-3 *, XXVIII-4 *, XXVIII-5 **	XXIX-1 *, XXIX-2 *, XXIX-3 **, XXIX-4 ***	XXX-1 *, XXX-2 *, XXX-3 **	XXXI-1 - XXXI-14 *
Ukraine (2004)+	XXVIII-2 *, XXVIII-3 *, XXVIII-4 *, XXVIII-5 ***	XXIX-1 *, XXIX-2 *, XXIX-3 **, XXIX-4 ***	XXX-1 *, XXX-2 *, XXX-3 **	XXXI-1 - XXXI-14 *
Uruguay (1985)+	XXVIII-2 *, XXVIII-3 *, XXVIII-4 *, XXVIII-5 **	XXIX-1 *, XXIX-2 *, XXIX-3 **, XXIX-4 ***	XXX-1 *, XXX-2 *, XXX-3 **	XXXI-1 - XXXI-14 *

« + Année où le statut consultatif a été atteint. Acceptation de l'État tenu d'appliquer les recommandations ou les mesures des réunions à partir de cette année. »

* Plans de gestion annexés à la présente mesure réputés approuvés conformément à l'article 6 (1) de l'annexe V du Protocole sur la protection de l'environnement au Traité sur l'Antarctique et à la mesure ne

Rapport final de la XXXVIIIe RCTA

spécifiant pas une méthode d'approbation différente.

** Liste révisée et mise à jour des sites et monuments historiques annexée à la présente mesure réputée approuvée conformément à l'article 8 (2) de l'annexe V du Protocole sur la protection de l'environnement au Traité sur l'Antarctique et à la mesure ne spécifiant pas une méthode d'approbation différente.

*** Modification de l'appendice A de l'annexe II du Protocole sur la protection de l'environnement au Traité sur l'Antarctique réputée approuvée conformément à l'article 9(1) de l'annexe II du Protocole sur la protection de l'environnement au Traité sur l'Antarctique et à la mesure ne spécifiant pas une méthode d'approbation différente.

352

Approbation des mesures, telles que notifiées au gouvernement des États-Unis d'Amérique, en rapport avec l'avancement des principes et objectifs du Traité de l'Antarctique.

	16 Mesures adopté lors de la trente-deuxième réunion (Baltimore 2009) Approuvé	15 Mesures adopté lors de la trente-troisième réunion (Punta del Este 2010) Approuvé	12 Mesures adopté lors de la trente-quatrième réunion (Buenos Aires 2011) Approuvé	11 Mesures adopté lors de la trente-cinquième réunion (Hobart 2012) Approuvé	21 Mesures adopté lors de la trente-sixième réunion (Bruxelles 2013) Approuvé
Afrique du Sud	XXXII-1 - XXXII-13* and XXXII-14**	XXXIII-1 - XXXIII-14* and XXXIII-15**	XXXIV-1 - XXXIV-10* and XXXIV-11 - XXXIV-12**	XXXV-1 - XXXV-10* and XXXV-11**	XXXVI-1 - XXXVI-17* and XXXVI-18 - XXXVI-21**
Allemagne (1981)+	XXXII-1 - XXXII-13* and XXXII-14**	XXXIII-1 - XXXIII-14* and XXXIII-15**	XXXIV-1 - XXXIV-10* and XXXIV-11 - XXXIV-12**	XXXV-1 - XXXV-10* and XXXV-11**	XXXVI-1 - XXXVI-17* and XXXVI-18 - XXXVI-21**
Argentine	XXXII-1 - XXXII-13* and XXXII-14**	XXXIII-1 - XXXIII-14* and XXXIII-15**	XXXIV-1 - XXXIV-10* and XXXIV-11 - XXXIV-12**	XXXV-1 - XXXV-10* and XXXV-11**	XXXVI-1 - XXXVI-17* and XXXVI-18 - XXXVI-21**
Australie	XXXII-1 - XXXII-13* and XXXII-14**	XXXIII-1 - XXXIII-14* and XXXIII-15**	XXXIV-1 - XXXIV-10* and XXXIV-11 - XXXIV-12**	XXXV-1 - XXXV-10* and XXXV-11**	XXXVI-1 - XXXVI-17* and XXXVI-18 - XXXVI-21**
Belgique	XXXII-1 - XXXII-13* and XXXII-14**	XXXIII-1 - XXXIII-14* and XXXIII-15**	XXXIV-1 - XXXIV-10* and XXXIV-11 - XXXIV-12**	XXXV-1 - XXXV-10* and XXXV-11**	XXXVI-1 - XXXVI-17* and XXXVI-18 - XXXVI-21**
Brésil (1983)+	XXXII-1 - XXXII-13* and XXXII-14**	XXXIII-1 - XXXIII-14* and XXXIII-15**	XXXIV-1 - XXXIV-10* and XXXIV-11 - XXXIV-12**	XXXV-1 - XXXV-10* and XXXV-11**	XXXVI-1 - XXXVI-17* and XXXVI-18 - XXXVI-21**
Bulgarie (1998)+	XXXII-1 - XXXII-13* and XXXII-14**	XXXIII-1 - XXXIII-14* and XXXIII-15**	XXXIV-1 - XXXIV-10* and XXXIV-11 - XXXIV-12**	XXXV-1 - XXXV-10* and XXXV-11**	XXXVI-1 - XXXVI-17* and XXXVI-18 - XXXVI-21**
Chili	XXXII-1 - XXXII-13* and XXXII-14**	XXXIII-1 - XXXIII-14* and XXXIII-15**	XXXIV-1 - XXXIV-10* and XXXIV-11 - XXXIV-12**	XXXV-1 - XXXV-10* and XXXV-11**	XXXVI-1 - XXXVI-17* and XXXVI-18 - XXXVI-21**
Chine (1985)+	XXXII-1 - XXXII-13* and XXXII-14**	XXXIII-1 - XXXIII-14* and XXXIII-15**	XXXIV-1 - XXXIV-10* and XXXIV-11 - XXXIV-12**	XXXV-1 - XXXV-10* and XXXV-11**	XXXVI-1 - XXXVI-17* and XXXVI-18 - XXXVI-21**
Équateur (1990)+	XXXII-1 - XXXII-13* and XXXII-14**	XXXIII-1 - XXXIII-14* and XXXIII-15**	XXXIV-1 - XXXIV-10* and XXXIV-11 - XXXIV-12**	XXXV-1 - XXXV-10* and XXXV-11**	XXXVI-1 - XXXVI-17* and XXXVI-18 - XXXVI-21**
Espagne (1988)+	XXXII-1 - XXXII-13* and XXXII-14**	XXXIII-1 - XXXIII-14* and XXXIII-15**	XXXIV-1 - XXXIV-10* and XXXIV-11 - XXXIV-12**	XXXV-1 - XXXV-10* and XXXV-11**	XXXVI-1 - XXXVI-17* and XXXVI-18 - XXXVI-21**
États-Unis d'Amérique	XXXII-1 - XXXII-13* and XXXII-14**; XXXII-1 - XXXII-13* and XXXII-14**;	XXXIII-1 - XXXIII-14* and XXXIII-15**	XXXIV-1 - XXXIV-10* and XXXIV-11 - XXXIV-12**	XXXV-1 - XXXV-10* and XXXV-11**	XXXVI-1 - XXXVI-17* and XXXVI-18 - XXXVI-21**
Finlande (1989)+	XXXII-1 - XXXII-13* and XXXII-14**; XXXII-16	XXXIII-1 - XXXIII-14* and XXXIII-15**	XXXIV-1 - XXXIV-10* and XXXIV-11 - XXXIV-12**	XXXV-1 - XXXV-10* and XXXV-11**	XXXVI-1 - XXXVI-17* and XXXVI-18 - XXXVI-21**
France	XXXII-15	XXXIII-1 - XXXIII-14* and XXXIII-15**	XXXIV-1 - XXXIV-10* and XXXIV-11 - XXXIV-12**	XXXV-1 - XXXV-10* and XXXV-11**	XXXVI-1 - XXXVI-17* and XXXVI-18 - XXXVI-21**
Inde (1983)+	XXXII-1 - XXXII-13* and XXXII-14**	XXXIII-1 - XXXIII-14* and XXXIII-15**	XXXIV-1 - XXXIV-10* and XXXIV-11 - XXXIV-12**	XXXV-1 - XXXV-10* and XXXV-11**	XXXVI-1 - XXXVI-17* and XXXVI-18 - XXXVI-21**
Italie (1987)+	XXXII-1 - XXXII-13* and XXXII-14**; XXXII-1 - XXXII-13* and XXXII-14**; XXXII-15	XXXIII-1 - XXXIII-14* and XXXIII-15**	XXXIV-1 - XXXIV-10* and XXXIV-11 - XXXIV-12**	XXXV-1 - XXXV-10* and XXXV-11**	XXXVI-1 - XXXVI-17* and XXXVI-18 - XXXVI-21**
Japon	XXXII-1 - XXXII-13* and XXXII-14**	XXXIII-1 - XXXIII-14* and XXXIII-15**	XXXIV-1 - XXXIV-10* and XXXIV-11 - XXXIV-12**	XXXV-1 - XXXV-10* and XXXV-11**	XXXVI-1 - XXXVI-17* and XXXVI-18 - XXXVI-21**
Norvège	XXXII-1 - XXXII-13* and XXXII-14**	XXXIII-1 - XXXIII-14* and XXXIII-15**	XXXIV-1 - XXXIV-10* and XXXIV-11 - XXXIV-12**	XXXV-1 - XXXV-10* and XXXV-11**	XXXVI-1 - XXXVI-17* and XXXVI-18 - XXXVI-21**
Nouvelle-Zélande	XXXII-1 - XXXII-13* and XXXII-14**	XXXIII-1 - XXXIII-14* and XXXIII-15**	XXXIV-1 - XXXIV-10* and XXXIV-11 - XXXIV-12**	XXXV-1 - XXXV-10* and XXXV-11**	XXXVI-1 - XXXVI-17* and XXXVI-18 - XXXVI-21**

Rapport final de la XXXVIIè RCTA

		TOUTES		TOUTES	
Pays-Bas (1990)+	XXXII-1 - XXXII-13 and XXXII-14		XXXIV-1 - XXXIV-10* and XXXIV-11 - XXXIV-12**		XXXVI-1 - XXXVI-17* and XXXVI-18 - XXXVI-21**
Pérou (1989)+	XXXII-1 - XXXII-13* and XXXII-14**	XXXIII-1 - XXXIII-14* and XXXIII-15**	XXXIV-1 - XXXIV-10* and XXXIV-11 - XXXIV-12**	XXXV-1 - XXXV-10* and XXXV-11**	XXXVI-1 - XXXVI-17* and XXXVI-18 - XXXVI-21**
Pologne (1977)+ Rép. Tchèque (2014)+	XXXII-1 - XXXII-13* and XXXII-14**	XXXIII-1 - XXXIII-14* and XXXIII-15**	XXXIV-1 - XXXIV-10* and XXXIV-11 - XXXIV-12**	XXXV-1 - XXXV-10* and XXXV-11**	XXXVI-1 - XXXVI-17* and XXXVI-18 - XXXVI-21**
République de Corée (1989)+	XXXII-1 - XXXII-13* and XXXII-14**	XXXIII-1 - XXXIII-14* and XXXIII-15**	XXXIV-1 - XXXIV-10* and XXXIV-11 - XXXIV-12**	XXXV-1 - XXXV-10* and XXXV-11**	XXXVI-1 - XXXVI-17* and XXXVI-18 - XXXVI-21**
Royaume-Uni	XXXII-1 - XXXII-13* and XXXII-14**; XXXII-15 - XXXII-16	XXXIII-1 - XXXIII-14* and XXXIII-15**	XXXIV-1 - XXXIV-10* and XXXIV-11 - XXXIV-12**	XXXV-1 - XXXV-10* and XXXV-11**	XXXVI-1 - XXXVI-17* and XXXVI-18 - XXXVI-21**
Russie	XXXII-1 - XXXII-13* and XXXII-14**	XXXIII-1 - XXXIII-14* and XXXIII-15**	XXXIV-1 - XXXIV-10* and XXXIV-11 - XXXIV-12**	XXXV-1 - XXXV-10* and XXXV-11**	XXXVI-1 - XXXVI-17* and XXXVI-18 - XXXVI-21**
Suède (1988)+	XXXII-1 - XXXII-13* and XXXII-14**	XXXIII-1 - XXXIII-14* and XXXIII-15**	XXXIV-1 - XXXIV-10* and XXXIV-11 - XXXIV-12**	XXXV-1 - XXXV-10* and XXXV-11**	XXXVI-1 - XXXVI-17* and XXXVI-18 - XXXVI-21**
Ukraine (2004)+	XXXII-1 - XXXII-13* and XXXII-14**	XXXIII-1 - XXXIII-14* and XXXIII-15**	XXXIV-1 - XXXIV-10* and XXXIV-11 - XXXIV-12**	XXXV-1 - XXXV-10* and XXXV-11**	XXXVI-1 - XXXVI-17* and XXXVI-18 - XXXVI-21**
Uruguay (1985)+	XXXII-1 - XXXII-13* and XXXII-14**; XXXII-15	XXXIII-1 - XXXIII-14* and XXXIII-15**	XXXIV-1 - XXXIV-10* and XXXIV-11 - XXXIV-12**	XXXV-1 - XXXV-10* and XXXV-11**	XXXVI-1 - XXXVI-17* and XXXVI-18 - XXXVI-21**

« + Année où le statut consultatif a été atteint. Acceptation de l'État tenu d'appliquer les recommandations ou les mesures des réunions à partir de cette année. »

* Plans de gestion annexés aux présentes mesures réputées approuvées conformément à l'article 6 (1) de l'annexe V du Protocole sur la protection de l'environnement au Traité sur l'Antarctique et à la mesure ne spécifiant pas une méthode d'approbation différente.

** Modifications et/ou additions à la liste des sites et monuments historiques réputées réputées approuvées conformément à l'article 8(2) de l'annexe V du Protocole sur la protection de l'environnement au Traité sur l'Antarctique et à la mesure ne spécifiant pas une méthode d'approbation différente.

Bureau du conseiller juridique adjoint des traités
Département d'État
Washington, le 27 mars 2014.

Rapport du Gouvernement dépositaire de la Convention sur la conservation de la faune et de la flore marines de l'Antarctique (CCAMLR)

Document d'information présenté par l'Australie

Résumé

L'Australie, en sa qualité de dépositaire de la *Convention sur la conservation de la faune et de la flore marines de l'Antarctique* de 1980, soumet un rapport sur le statut de la convention.

Contexte

En sa qualité de dépositaire de la *Convention sur la conservation de la faune et de la flore marines de l'Antarctique* de 1980 (ci-après dénommée la « Convention »), l'Australie a le plaisir de faire rapport à la trente-septième Réunion consultative du Traité sur l'Antarctique (XXXVIIe RCTA) sur le statut de cette convention.

L'Australie tient à informer les Parties au Traité sur l'Antarctique qu'il n'y a eu aucune activité dépositaire depuis la trente-sixième Réunion consultative du Traité sur l'Antarctique (XXXVIe RCTA)

Un exemplaire de la liste des membres de la Convention est disponible par le biais d'internet, sur la base de données des traités australiens, à l'adresse suivante :

http://www.austlii.edu.au/au/other/dfat/treaty_list/depository/CCAMLR.html

Cette liste est également disponible, sur demande, auprès du Secrétariat chargé des traités du Ministère australien des Affaires étrangères et du Commerce extérieur. Les demandes peuvent être transmises par le truchement des missions diplomatiques australiennes.

Rapport soumis par le Gouvernement dépositaire de la Convention pour la protection des phoques de l'Antarctique, en application de la Recommandation XIII-2, paragraphe 2(D)

Rapport soumis par le Royaume-Uni

Nouveaux signataires de la Convention pour la protection des phoques de l'Antarctique (CCAS)

Aucune demande d'adhésion à la CCAS n'a été reçue depuis le précédent rapport ; RCTA XXXVI / document d'information IP013.

À la suite d'une demande formulée par l'Espagne en 2012, toutes les Parties contractantes ont confirmé, en application des dispositions de l'article 12 de la Convention, que le gouvernement espagnol est formellement invité à déposer un instrument d'adhésion. Le Royaume-Uni en a informé le gouvernement espagnol le 25 mars 2013. Cependant, l'Espagne n'a, à ce jour, déposé aucun instrument d'adhésion auprès du Royaume-Uni. L'Espagne adhérerait formellement à la Convention 30 jours après avoir déposé un instrument d'adhésion auprès du Royaume-Uni.

La liste complète des premiers pays signataires de la Convention, ainsi que de ceux qui y ont adhéré par la suite, est jointe à ce rapport (Annexe A).

Résultat annuel de la CCAS 2012/2013

L'Annexe B répertorie toutes les captures et mises à mort de phoques de l'Antarctique par les Parties signataires de la CCAS pour la période allant du 1er mars 2012 au 28 février 2013. Toutes les captures ont été signalées pour des besoins de recherche scientifique.

Nouveau résultat annuel de la CCAS

Il est à nouveau rappelé aux Parties contractantes à la Convention que l'échange d'informations, visé au paragraphe 6(a) de l'Annexe de la Convention, pour la période allant du 1er mars 2013 au 28 février 2014, doit être effectué avant le **30 juin 2014**. Les Parties à la CCAS devraient soumettre leurs résultats, y compris ceux portant la mention « néant », au Royaume-Uni et au SCAR. Le Royaume-Uni exhorte toutes les Parties à envoyer leurs résultats dans les délais.

Le rapport de la CCAS pour la période 2013/2014 sera présenté lors de la XXXVIIIe RCTA une fois que le délai de juin 2014 relatif à l'échange d'informations aura expiré.

PARTIES À LA CONVENTION POUR LA PROTECTION DES PHOQUES DE L'ANTARCTIQUE (CCAS)

Londres, 1er juin – 31 décembre 1972
(La Convention est entrée en vigueur le 11 mars 1978)

Situation	Date de signature	Date de dépôt (Ratification ou Acceptation)
Afrique du Sud	9 juin 1972	15 août 1980
Argentine[1]	9 juin 1972	7 mars 1978
Australie	5 octobre 1972	1er juillet 1987
Belgique	9 juin 1972	9 février 1978
Chili[1]	28 décembre 1972	1er février 1980
États-Unis d'Amérique[2]	28 juin 1972	19 janvier 1977
France[2]	19 décembre 1972	19 février 1975
Japon	28 décembre 1972	28 août 1980
Norvège	9 juin 1972	10 décembre 1973
Royaume-Uni[2]	9 juin 1972	10 septembre 1974[3]
Russie[1,2,4]	9 juin 1972	8 février 1978

ADHÉSIONS

Situation	Date de dépôt de l'instrument d'adhésion
Allemagne[1]	30 septembre 1987
Brésil	11 février 1991
Canada	4 octobre 1990
Italie	2 avril 1992
Pakistan	25 mars 2013
Pologne	15 août 1980

[1] Déclaration ou réservation
[2] Objection
[3] L'instrument de ratification incluait les îles anglo-normandes et l'île de Man
[4] Anciennement : URSS

RAPPORT ANNUEL DE LA CCAS 2012/2013

Résumé du rapport en application de l'article 5 et de l'Annexe à la Convention : Capture et mise à mort de phoques durant la période allant du 1er mars 2012 au 28 février 2013.

Partie contractante	Phoques de l'Antarctique capturés	Phoques de l'Antarctique tués
Afrique du Sud	0	0
Allemagne	0	0
Argentine	317 (a)	0
Australie	0	0
Belgique	0	0
Brésil	0	0
Canada	0	0
Chili	73 (b)	0
États-Unis d'Amérique	1575(d)	2(e)
Fédération de Russie	Information pas encore reçue	
France	53 (c)	0
Italie	0	0
Japon	0	0
Norvège	0	0
Pologne	0	0
Royaume-Uni	0	0

(a) **6** éléphants de mer mâles adultes, **44** éléphants de mer jeunes et adultes de sexe inconnu **197** bébés éléphants de mer du sud, **16** éléphants de mer du sud jeunes et adultes recapturés, **6** léopards de mer, **48** phoques non spécifiés (combinaison de léopards de mer, phoques de Weddell, phoques crabiers).

(b) **24** otaries à fourrue femelles, **15** éléphants de mer du sud, **16** phoques de Weddell, **15** léopards de mer, **3** phoques crabiers.

(c) **8** phoques de Weddell adultes ou juvéniles et **45** jeunes phoques de Weddell.

(d) **228** phoques de Weddell femelles adultes, **122** phoques de Weddell mâles adultes, **14** phoques de Weddell adultes de sexe inconnu, **1** jeune phoque de Weddell femelle, **2** jeunes phoques de Weddel mâles, **4** jeunes phoques de Weddell de sexe inconnu, **314** bébés phoques de Weddell, **278** bébés phoques de Weddell mâles, **33** bébés phoques de Weddell de sexe inconnu, **29** phoques de Weddell d'âge et de sexe inconnu, **41** otaries à fourrure antarctiques adultes, **9** jeunes otaries à fourrure antarctiques, **442** Abébés otaries à fourrure antarctique, **21** léopards de mer adultes, **1** jeune otarie à fourrure antarctique, **11** éléphants de mer du sud adultes et **25** bébés éléphants de mer du sud.

(e) **1** décès de bébé phoque de Weddell mâle, inclus dans la période de référence (et dans les chiffres relatifs aux captures) et **1** décès de phoque de Weddell femelle adulte, non inclus dans la période de référence (ni dans les résultats 2011-2012 de la CCAS). Ces deux décès étaient apparemment dûs à des causes naturelles qui se sont manifestées après la capture.

Toutes les captures ont été signalées pour des besoins de recherche scientifique.

Rapport du Gouvernement dépositaire de l'Accord sur la conservation des albatros et des pétrels (ACAP)

Document d'information présenté par l'Australie

Résumé

L'Australie, en sa qualité de dépositaire de *l'Accord sur la conservation des albatros et des pétrels* de 2001, soumet un rapport sur le statut de cet accord.

Contexte

En sa qualité de dépositaire de *l'Accord sur la conservation des albatros et des pétrels* de 2001 (ci-après dénommé l' « Accord »), l'Australie a le plaisir de faire rapport à la trente-septième Réunion consultative du Traité sur l'Antarctique (XXXVIIᵉ RCTA) sur le statut de l'Accord.

L'Australie tient à informer les Parties au Traité sur l'Antarctique qu'aucun État n'a adhéré à l'Accord depuis la trente-sixième Réunion consultative du Traité sur l'Antarctique (XXXVIᵉ RCTA).

Un exemplaire de la liste des membres de l'Accord est disponible par le biais d'internet, sur la base de données des traités australiens, à l'adresse suivante :

http://www.austlii.edu.au/au/other/dfat/treaty_list/depository/consalbnpet.html

Cette liste est également disponible sur demande auprès du Secrétariat chargé des traités du Ministère australien des Affaires étrangères et du Commerce extérieur. Les demandes peuvent être transmises par le truchement des missions diplomatiques australiennes.

Rapport de l'Observateur de la CCAMLR à la trente-septième Réunion Consultative du Traité sur l'Antarctique

Résumé du rapport de la trente-deuxième réunion de la Commission [1]

Hobart, Australie
Du 23 octobre au 1 novembre 2013

1.   La trente-deuxième réunion annuelle de la Commission pour la conservation de la faune et la flore marines de l'Antarctique (XXXIIe réunion de la CCAMLR) était présidée par M. Leszek Dybiec (Pologne). 25 membres, les Pays-Bas, Vanuatu et des représentants d'ONG et de l'industrie y ont participé. Une copie du rapport de la XXXIIe réunion de la CCAMR est disponible sur le lien suivant

ÉTAT DE LA CONVENTION

2.   L'Australie, le dépositaire de la Convention, a informé que la République du Panama a adhéré à la Convention le 20 Mars 2013. La Convention est entrée en vigueur pour le Panama le 19 avril 2013. La composition de la Commission reste inchangée.

MISE EN ŒUVRE ET CONFORMITÉ

3.   La Commission a approuvé une révision de son système de documentation des captures et a décidé de lancer un appel d'offres pour un nouveau système de surveillance des navires. Elle a mis en œuvre avec succès une procédure d'évaluation de la conformité pour la première fois et a approuvé une liste de navires INN des parties non contractantes (http://www.ccamlr.org/en/compliance/illegal-unreported-and-unregulated-iuu-fishing).

FINANCES ET ADMINISTRATION

4.   La Commission a approuvé les efforts en cours pour élaborer une stratégie de financement durable. Elle a demandé que le Secrétariat examine son plan stratégique actuel (2012-2014) et le révise, le cas échéant, pour s'appliquer à la période 2015-2017 afin d'être examiné lors de la XXXIIe réunion de la CCAMLRI.

COMITÉ SCIENTIFIQUE

Ressources de krill

5.   En 2012/13, cinq membres ont péché 217 000 tonnes de krill dans les sous-zones, 48.1 (154 000 tonnes), 48.2 (31 000 tonnes) et 48,3 (32 000 tonnes)[2]. En comparaison, la capture totale

---

[1] Préparé par le Secrétariat de la CCAMLR
[2] Les chiffres des captures de toute l'industrie de la pêche depuis la conclusion de la XXXIIe réunion de la CCAMLR pour tenir compte des chiffres provisoires de la fin de saison (30 novembre 2013)

déclarée en 2011/12 était de 161 0000 tonnes de krill péchées dans les sous-zones 48.1 (76 000 tonnes), 48.2 (29 000 tonnes) et 48.3 (56 000 tonnes). (SC-CCAMLR-XXXII, Tableau 2).

6.   Les notifications de la pêche au krill en 2013/14 ont été reçues de six membres et de 19 navires, tous dans la zone 48 (SC-CAMLR-XXXII, paragraphe 3.3) ; il n'y a aucune notification pour les pêcheries exploratoires de krill.

7.   La Commission a pris note de la réévaluation, par le Comité scientifique, du plan de travail et du calendrier de mise en œuvre d'un processus de gestion rétroactif des informations en ce qui concerne la gestion de la pêche au krill. Elle s'est félicitée de la création de nouveaux sites CEMP par la Pologne et l'Ukraine et de la collaboration avec l'industrie de la pêche au krill en ce qui concerne la collecte de données acoustiques et la recherche écologique sur les navires commerciaux.

Ressources de poisson

8.   En 2012 /13, 11 Membres ont pêché la légine (*Dissostichus eleginoides* et/ou *D. mawsoni*) dans les sous-zones 48.3, 48.4, 48.6, 58.6, 58.7, 88.1 et 88.2 et les divisions 58.4.1, 58.4.2, 58.4.3a, 58.5.1 et 58.5.2 ; les membres ont également mené une pêche d'exploration du *Dissostichus* spp. dans la sous-zone 48.5 et la division 58.4.4b. La capture totale déclarée de *Dissostichus* spp. était de 12 900. Par comparaison, la capture totale déclarée de légine en 2011/12 n'était que de 14 702 tonnes (SC-CAMLR- XXXII, Tableau 2). La Commission a pris note que, durant 2013, le Secrétariat avait fermé les pêcheries de légine des sous-zones 48.4N, 88.1 et 88.2 comme les limites de capture avaient été atteintes.

9.   La Commission a pris note de l'occurrence de captures de *D. eleginoides*, à l'extérieur de la zone de la Convention, y compris des régions en dehors des ZEE, signalées par les membres à l'aide de CDS, (SC-CAMLR- XXXII, tableau 3).

10.   En 2012 /13, deux membres ont ciblé des poissons-antarctiques (*Champsocephalus gunnari*) dans la sous-zone 48.3 et un membre les a ciblé dans la division 58.5.2 ; cette espèce a également été signalée comme une prise accessoire lors de la pêche au krill. La capture totale déclarée de *C. gunnari* était de 2 000 tonnes ; en comparaison, la prise totale déclarée de poissons-antarctiques en 2011/12 était de 1 011 tonnes (SC-CAMLR- XXXII, tableau 1).

Pêcheries exploratoires

11.   Sept membres ont présenté des notifications pour des pêcheries exploratoires dans les divisions 58.4.1, 58.4.2 et 58.4.3a et les sous-zones 48.6, 88.1 et 88.2 (SC-CAMLR-XXXII, paragraphe 3.145). Quatre membres ont soumis des notifications pour mener une pêche d'exploration dans les zones fermées des divisions 58.4.4a et 58.4.4b et les sous-zones 48.2 et 48.5. Aucune notification de projet de nouvelle pêcherie n'a été soumise pour 2013/14. Ces notifications ont été approuvées par la Commission, avec une révision des limites des prises définie dans les Mesures de conservation adoptées lors de la XXXIIe réunion de la CCAMLR (http://www.ccamlr.org/en/document/publications/schedule-conservation-measures-force-2013/14)

Capture accessoire de poissons et d'invertébrés

12.   Parmi les recommandations du Comité scientifique concernant la capture accessoire figure la nécessité d'examiner la capture accessoire de poisson dans l'ensemble de la flottille de pêche au krill pour les navires utilisant les différents types de chaluts et la mise en place d'une approche de gestion durable fondée sur le risque pour l'impact des pêcheries de légine sur les raies.

Évaluation et prévention de la mortalité accidentelle

13.   La Commission a pris note de l'avis général du Comité scientifique sur la mortalité accidentelle des oiseaux de mer et des mammifères marins (SC-CAMLR-XXXII, paragraphes 4.1 et 4.4), en particulier le total des mortalités extrapolées des oiseaux de mer dans la zone de la Convention qui ont atteint 141 (le plus bas rapporté à ce jour).

Pêche de fond et écosystèmes marins vulnérables

14.   La Commission a noté que :

(i)   aucune VME n'a été ajoutée au registre des VME en 2013. Il n'y a quarante-six VME dans le registre : Sous-zones 48.1 (22 VME), 48.2 (13 VME) et 88.1 (9 VME), et division 58.4.1 (2 VME). Ces VME ont été observés à l'aide de photographies *in situ* et d'échantillonnage benthique.

(ii)   il y avait cinq notifications de rencontres avec des VME potentiels avec les pêches exploratoires de fond en 2012/13 avec une nouvelle zone de risque de VME déclaré dans la sous-zone 88.1 en 2013 (SC-CAMLR-XXXII, annexe 6, paragraphe 7.13 ; CCAMLR-XXXII/BG/06 Rev. 1), et un total de 64 zones à risque VME fermées à la pêche depuis l'introduction de cette mesure de conservation en 2008/09.

Aires marines protégées

15.   La Commission a noté les progrès vers un système représentatif des AMP dans la zone de la Convention en ce qui concerne le domaine 1 (Ouest de la péninsule antarctique–Sud de l'arc de la Scotia), les travaux préparatoires dans les domaines 3 (mer de Weddell) et la partie sud du Domaine 4 (Bouvet–Maud) jusqu'à 20° E. La Commission s'est félicitée de la proposition d'un atelier international en avril 2014 à Bremerhaven, en Allemagne, pour faire avancer les travaux scientifiques sur un AMP de la mer de Weddell. La Commission a également noté que la Norvège a entrepris des discussions préliminaires sur la possibilité d'un processus de planification AMP autour de l'île Bouvet (partie sud du domaine 4).

16.   La Commission a noté la considération par le Comité scientifique des zones gérées spéciales de l'Antarctique (ZGSA) est des aires spéciales protégées de l'Antarctique (ASPA) dans la zone de la Convention et a convenu que les conseils de la CCAMLR à la RCTA, pour que ces conseils puissent être inclus dans la prise de décision, étaient conforme à l'esprit de coopération et d'harmonisation entre la CCAMLR et la RCTA.

Changements climatiques

17.   La Commission a demandé que ce sujet soit une priorité de l'ordre du jour de la réunion de l'an prochain.

Questions administratives

18.   Dr Anna Panasiuk-Chodnicka, de l'Université de Gdansk, en Pologne, a été choisie pour recevoir une bourse d'études de la CCAMLR en 2013.   Elle est le quatrième récipiendaire de cette bourse.   Les lauréats précédents sont du Chili, de l'Argentine et de la Chine.

SYSTÈME INTERNATIONAL D'OBSERVATION SCIENTIFIQUE

19.   La Commission a noté que SISO a été revue en 2013 et qu'une étude détaillée des résultats de la revue serait faite entre les sessions et présentée lors de sa réunion en 2014

MESURES DE CONSERVATION

Propositions d'AMP et de zones spéciales

20.   S'appuyant sur les discussions qui ont eu lieu lors de la réunion spéciale de la Commission à Bremerhaven, Allemagne, du 11 au 16 juillet 2013, l'Australie, la France et l'Union européenne ont présenté une proposition révisée afin d'établir un système représentatif des AMP dans le domaine de la planification Est de l'Antarctique (EARSMPA; CCAMLR -XXXII/34 Rev. 1) et la Nouvelle-Zélande et les États-Unis ont présenté une proposition révisée pour la mise en place d'un AMP dans la région de la mer de Ross (XXXIIe réunion de la CCAMLR/27).   La XXXIIe réunion de la CCAMLR a examiné un large éventail de problèmes associés aux deux propositions, y compris :
- Le préambule
- Les limites et coordonnées
- La durée et les périodes de revues
- Les dispositions pour la pêche et les autres activités
- Les accords de recherches et de surveillance, et
- La relation avec le cadre général de la mise en place des AMP de la CCAMLR.

21.   La Commission a été incapable de parvenir à un consensus quant à la mise en œuvre des deux propositions d'AMP.

Délivrance des licences et obligations de contrôle des parties contractantes

22.   La Commission approuve l'avis du SCIC de réviser le CM 10-02 visant à améliorer les critères de délivrance des licences et des obligations de contrôle des parties contractantes concernant leurs navires opérant dans la zone de la Convention et a décidé que des numéros OMI devraient être obligatoires pour tous les navires opérant dans la zone de la Convention .

23.   À la suite des discussions ayant eu lieu dans le groupe de travail sur les opérations de recherche et de sauvetage mis en place par la XXXVe réunion de la RCTA, la Commission a décidé d'exiger la mise à disposition des détails de communication des navires afin de faciliter l'utilisation du VMS de la CCAMLR lorsqu'il s'agit d'appuyer les opérations de recherche et de sauvetage dans la zone de la Convention et en vue d'un protocole d'accord à développer entre la CCAMLR et les centres de coordination de sauvetage maritime pour simplifier la coordination de ces efforts.

L'inspection portuaire des navires de pêche

24.   La Commission approuve l'avis du SCIC de modifier le CM 10-03 afin d'exiger la mise à disposition obligatoire des rapports d'inspection portuaire à l'État membre du pavillon du navire inspecté.

Questions générales concernant la pèche

Notifications

25.   La Commission a révisé les exigences relatives aux notifications de la pêche au krill de façon à ce qu'elles fournissent des informations plus détaillées sur le traitement du krill et la configuration des filets ainsi que sur les dispositifs d'exclusion de mammifères utilisés à bord des navires (annexe 21-03/A) et a davantage renforcé l'obligation de déclaration de l'estimation du poids vif de krill capturé (annexe 21-03/B). Les exigences en matière de notification ont également été élargies pour inclure des informations sur la collecte des données acoustiques (SC-CAMLR-XXX, paragraphe 2.10).

26.   La Commission a adopté des mesures de conservation concernant les saisons de pêche, les zones fermées, l'interdiction de la pêche, les limites des prises accessoires, les limites des prises, les besoins de recherche concernant les données des pêches exploratoires pauvres et la gestion des activités de pêche en cas d'inaccessibilité en raison de la couverture de glace aux pêcheries de légine australe (*D. eleginoides),* de la légine antarctique (*D. mawsoni)* et de poisson-atlantique *(Champsocephalus gunnari)* gérées par la CCAMLR.

27.   Les mesures de conservation et résolutions adoptées lors de la XXXIIe réunion de la CCAMLR ont été publiées dans la *Liste officielle des mesures de conservation en vigueur 2013/14* *http://www.ccamlr.org/en/conservation-and-management/conservation-measures*

MISE EN ŒUVRE DES OBJECTIFS DE LA CONVENTION

Suivi de l'examen de performance de la CCAMLR de 2008

28.   La Commission a décidé de lancer un processus pour évaluer la portée potentielle d'une deuxième évaluation de la performance de la CCAMLR.

COOPÉRATION AVEC LE SYSTÈME DU TRAITÉ SUR L'ANTARCTIQUE ET DES ORGANISATIONS INTERNATIONALES

Coopération avec le SCAR

29.   La Commission a pris note de l'avis du Comité scientifique sur les avantages d'une approche plus stratégique de la relation entre la CCAMLR et le SCAR et, en particulier, des résultats d'une réunion du Groupe d'action entre le SCAR et la CCAMLR à Bruxelles, en Belgique, associée à la XXXVIe réunion de la RCTA.

AUTRES QUESTIONS

Date et lieu de la prochaine réunion

30.   La trente-troisième réunion se tiendra au siège de la CCAMLR, Hobart du 20 au 31 octobre 2014. La trente-troisième réunion du Comité scientifique se tiendra à Hobart du 20 au 24 octobre 2014.

Rapport annuel 2013-2014 du Comité scientifique pour la recherche en Antarctique (SCAR)

1. Historique

Le Comité scientifique pour la recherche en Antarctique (SCAR) est un organe scientifique interdisciplinaire et non-gouvernemental du Conseil international pour la science (CIUS). Il participe, en qualité d'observateur, au Traité sur l'Antarctique et à la Convention-cadre des Nations unies sur les changements climatiques.

Le SCAR joue le rôle de principal facilitateur et coordinateur indépendant et non-gouvernemental, et sa mission est d'encourager l'excellence dans la recherche et la science relatives à l'Antarctique et à l'océan austral. Deuxièmement, il incombe au SCAR de fournir au système du Traité sur l'Antarctique et à d'autres décideurs politiques des conseils scientifiques de qualité et indépendants, y compris concernant l'utilisation de la science en vue d'identifier les tendances émergentes et de sensibiliser les décideurs à ces questions.

2. Introduction

Les recherches scientifiques du SCAR renforcent les efforts nationaux en permettant aux chercheurs de chaque pays de collaborer dans le cadre de programmes scientifiques à grande échelle afin d'atteindre des objectifs difficilement réalisables par un seul pays. Les membres du SCAR comptent actuellement les académies scientifiques issues de 37 pays et 9 unions scientifiques du CIUS.

La réussite du SCAR dépend de la qualité et des délais de ses résultats scientifiques. Une description des programmes de recherche et des résultats scientifiques du SCAR est disponible sur le site : www.scar.org. Un autre document, qui accompagne celui-ci, expose les principaux articles scientifiques récents qui ont été publiés depuis les dernières assises du Traité.

Le SCAR présente dans un bulletin électronique trimestriel les questions scientifiques ou autres pertinentes au SCAR. Il suffit d'écrire à l'adresse électronique à : info@scar.org, pour recevoir ce bulletin trimestriel. Outre son site (www.scar.org), le SCAR est également présent sur Facebook, LinkedIn, Google+ et Twitter.

3. Principales activités du SCAR durant la période 2013-2014

Dans cet article, nous mettons en évidence des exemples d'activités du SCAR que nous croyons être d'un intérêt particulier pour les Parties du Traité. Pour plus de renseignements, veuillez consulter le site www.scar.org. .

État de l'écosystème antarctique (AntEco) www.scar.org/srp/anteco

Ce programme de recherche scientifique se focalise sur les modèles de biodiversité des environnements terrestres, limnologiques, glaciaires et marins des régions de l'Antarctique, du Subantarctique et de l'océan austral, afin de fournir des connaissances scientifiques sur la biodiversité pouvant servir à des fins de conservation et de gestion. Ce programme produira principalement des recommandations concernant la gestion et la conservation de l'Antarctique.

Seuils de l'Antarctique – résilience et adaptation de l'écosystème (AnT-ERA) www.scar.org/srp/ant-era

Le programme de recherche scientifique d'AnT-ERA examine les processus biologiques actuellement à l'œuvre dans les écosystèmes antarctiques afin de définir leurs seuils et par là même déterminer leur résistance et leur résilience face aux changements. Les processus de l'écosystème polaire jouent un rôle central, car ils éclairent le débat écologique au sens plus large quant à la nature de la stabilité et des changements qui se produisent dans les écosystèmes. Ce programme a pour but de déterminer la probabilité de bouleversements cataclysmiques ou « points de basculement » dans les écosystèmes antarctiques.

Changements climatiques en Antarctique au 21ᵉ siècle (AntClim²¹) www.scar.org/srp/antclim21

Le programme de recherche scientifique d'AntClim[21] a pour but de fournir des prévisions régionales de meilleure qualité sur les éléments clés de l'atmosphère, l'océan et la cryosphère antarctiques sur la période des 20 à 200 années à venir, et de comprendre les réactions des systèmes physiques et biologiques face aux facteurs de forçage d'origine naturelle et anthropique. Les paléo-reconstructions de plusieurs périodes temporelles déterminées, reconnues comme des analogues passées pour les prévisions climatiques à venir, serviront à valider les performances du modèle pour la région antarctique.

Phénomène d'acidification de l'océan Austral *www.scar.org/ssg/physical-sciences/acidification*

SCAR fera la synthèse des connaissances scientifiques sur l'acidification de l'océan Austral. Le groupe d'action responsable de cette tâche est composé d'une équipe internationale pluridisciplinaire d'experts sur l'acidification de l'océan représentant les domaines de la chimie du carbonate marin, la modélisation globale et régionale, l'écologie marine, l'écotoxicologie/la physiologie et la paléo-océanographie. Le rapport final sera publié en Août 2014 et des exemplaires seront mis à la disposition des parties du Traité.

Valeurs du géopatrimoine *www.scar.org/ssg/geosciences/geoheritage*

Un nouveau groupe d'action sur les valeurs du patrimoine géologique, de la conservation et de la gestion a été formé par le SCAR. Dans ce contexte, les « valeurs » géologiques examineront des aspects tels que les localités minérales ou fossiles uniques ainsi que les reliefs ou affleurements de signification particulière. Les résultats des discussions tenues lors du traité seront pris en compte quand les termes de référence et le futur plan de travail de ce groupe seront discutés au cours des réunions d'affaires du SCAR en août 2014.

Informatique de la biodiversité de l'Antarctique *www.scar.org/ssg/life-sciences/abi*

L'informatique de la biodiversité est l'application des techniques informatiques à l'information de la biodiversité pour améliorer la gestion, la présentation, la découverte, l'exploration et l'analyse. Ce groupe d'experts s'occupera de la coordination des activités de l'informatique de la biodiversité dans toute l'organisation du SCAR à des fins de recherche, de gestion, de conservation et de surveillance ainsi que de la promotion d'un accès libre et ouvert.

Contamination de l'environnement en Antarctique *www.scar.org/ssg/life-sciences/eca*

Les principaux objectifs du groupe d'action contre la contamination de l'environnement en Antarctique sont l'analyse et la comparaison des projets de recherche nationaux, la coordination des études sur la contamination de l'environnement dans les régions polaires et l'identification de nouveaux thèmes de recherches sur le sujet.

Balance de la Masse de glace et niveau des mers *www.scar.org/ssg/physical-sciences/ismass*

Le groupe d'experts du SCAR/ASC/CliC sur la masse de la calotte glaciaire et le niveau des mers vise à améliorer l'estimation du bilan de masse des calottes glaciaires et leur contribution au niveau de la mer, à faciliter la coordination des différents efforts internationaux axés sur ce domaine de recherche, à proposer des orientations pour la recherche future dans ce domaine, à intégrer les observations et les efforts de modélisation, ainsi que la distribution et l'archivage des données correspondantes, et à attirer une nouvelle génération de scientifiques dans ce domaine de recherche.

Météorologie opérationnelle dans l'Antarctique *www.scar.org/ssg/physical-sciences/opmet*

Ce groupe d'experts se concentre sur l'établissement de liens entre les groupes travaillant dans le même domaine de la météorologie opérationnelle en Antarctique, en particulier l'OMM EC-PORS (groupe d'experts pour l'observation polaire, la recherche et les services).

Télédétection *www.scar.org/ssg/life-sciences/remotesensing*

Le groupe d'action du SCAR pour la télédétection a été établi avec le nom complet de « Développement d'une approche de télédétection satellite de l'ensemble de l'Antarctique pour surveiller les populations d'oiseaux et d'animaux », dans le but d'aborder la question de « la surveillance des animaux avec la télédétection ».

Système d'observation de l'océan Austral www.soos.aq

Le Système d'observation de l'océan Austral (SOOS) de SCAR/SCOR a pour mission de mettre en place un système d'observation pluridisciplinaire afin de fournir des observations continues de l'océan Austral. Un bureau international des projets du système d'observation de l'océan Austral, établi en Australie avec l'appui de l'Institut des études marines et de l'Antarctique de l'université de Tasmanie à Hobart et Antarctica New Zealand, appuient la mise en œuvre du SOOS.

Changement climatique en Antarctique et environnement www.scar.org/othergroups/acce

Les propriétés climatiques, physiques et biologiques de l'Antarctique et de l'océan Austral sont étroitement associées à d'autres éléments de l'environnement mondial par le biais des océans et de l'atmosphère. En 2009, SCAR a publié un important rapport sur le changement climatique en Antarctique et l'environnement et a apporté, depuis, des mises à jour annuelles. Veuillez consulter la publication spécifique à propos du Changement climatique en Antarctique et l'environnement

Aperçu de l'horizon scientifique sur initiative du SCAR www.scar.org/horizonscanning/

Suite à l'appel aux utilisateurs (crowdsourcing) sur de plus de 850 questions scientifiques uniques et la nomination de près de 500 scientifiques par la communauté du SCAR, la 1ère session du SCAR traitant de l'aperçu de l'horizon scientifique de l'Antarctique et de l'océan Austral a rassemblé plus de 70 des plus grands spécialistes scientifiques de l'Antarctique, des décideurs politiques et des visionnaires du monde (y compris de nombreux scientifiques en début de carrière) à Queenstown, Nouvelle-Zélande, en avril cette année. Leur mission était d'identifier les questions scientifiques les plus importantes, qui seront ou devraient être abordées par la recherche scientifique dans et à partir des régions polaires australes au cours des deux prochaines décennies. Les résultats obtenus aideront à aligner les programmes, projets et moyens internationaux dans l'optique de faciliter efficacement la recherche scientifique dans l'Antarctique et l'océan austral dans les années à venir. Un rapport complet sera soumis à la réunion du traité de 2015.

Conservation de l'Antarctique au 21e siècle www.scar.org/antarctic-treaty-system/scats

Le SCAR, en association avec plusieurs partenaires, est en train de développer une nouvelle stratégie intitulée « Conservation en Antarctique au 21e siècle ». Cette activité devra encourager tous les intervenants de la région à participer. L'approche adoptée sera structurée de manière à être en harmonie avec le Protocole au Traité sur l'Antarctique relatif à la protection de l'environnement ainsi qu'avec le plan de travail quinquennal du Comité pour la protection de l'environnement (CPE). La stratégie de conservation de l'Antarctique est étroitement associée au portail des environnements de l'Antarctique. Veuillez consulter également le livre blanc de COMNAP-SCAR intitulé « Stratégie de conservation de l'Antarctique : Description de l'atelier sur la portée des solutions pratiques ». Notez qu'un « colloque renversé » à propos de la conservation se tiendra au cours de la conférence scientifique ouverte du SCAR en août 2014, en tant que partie intégrante de ce processus.

Gestion des données sur l'Antarctique www.scar.org/data-products

SCAR favorise l'accès libre et gratuit aux données et informations sur l'Antarctique en facilitant des pratiques d'archivage ouvertes et accessibles, par le biais de ses comités permanents travaillant sur la gestion de données de l'Antarctique (SCADM) et l'information géographique de l'Antarctique (SCAGI). SCAR possède également plusieurs produits utiles pour la Communauté de l'Antarctique.

4. Bourses et prix du SCAR

Afin d'élargir les capacités de ses membres, le SCAR a mis en œuvre plusieurs programmes de récompense (www.scar.awards) :

- *Les postes d'enseignant-chercheur du SCAR/COMNAP* se focalisent sur de jeunes scientifiques et ingénieurs spécialistes de l'Antarctique afin de construire de nouveaux liens tout en renforçant les capacités et la coopération internationales dans la recherche sur l'Antarctique. Les postes d'enseignant-chercheur sont en cours de lancement en tandem avec les Bourses de la CCAMLR.

- *Le prix Martha T Muse pour la science et les politiques en Antarctique,* parrainé par la Fondation Tinker, est une récompense sans restriction de 100 000 dollars conférée à un individu dans les domaines de la science ou des politiques en Antarctique. Pour plus de détails, veuillez consulter le site : www.museprize.org.
- *Le Programme du professeur invité du SCAR* permet aux scientifiques en début et milieu de carrière d'entreprendre de courtes visites dans une structure dans un pays membre du SCAR ou qui est dirigé par celui-ci, en qualité de formateur ou parrain.

5. SCAR reçoit le Prix Biodiversité de la fondation du Prince Albert II de Monaco en 2013

SCAR a reçu le Prix Biodiversité de la fondation du Prince Albert II de Monaco en 2013 en reconnaissance de sa contribution à la science et de son travail pour améliorer notre compréhension de l'environnement.

6. Prochaines réunions du SCAR

Plusieurs réunions importantes du SCAR sont en projet (www.scar.org/events/), notamment :

- *XXXIIIᵉ réunion du SCAR et la conférence scientifique publique* se tiendra du 22 août au3 septembre 2014 à Auckland, en Nouvelle-Zélande. La conférence scientifique publique du SCAR se tiendra du 25 au 29 août. Pour plus de détails, veuillez consulter le site : http://www.scar2014.com.
- *XIIᵉ Colloque international sur les géosciences appliquées à l'Antarctique de 2015 (ISAES)* se tiendra du 13 au17 juillet 2015 à Goa, en Inde. http://www.ncaor.gov.in/files/ISAES-2015Flyer1.pdf

Rapport annuel 2013 du Conseil des directeurs des programmes antarctiques nationaux (COMNAP)

Le COMNAP est l'organisation de programmes antarctiques nationaux où se retrouvent notamment les directeurs de ces programmes, c'est-à-dire les responsables nationaux chargés de la planification, l'exécution et la gestion du soutien à l'activité scientifique en Antarctique pour le compte de leurs gouvernements respectifs, qui sont tous des Parties contractantes au Traité sur l'Antarctique.

Le COMNAP a été institué en septembre 1988: il marque donc son 25ème anniversaire cette année (2013). À cette occasion, le COMNAP a publié « Histoire de la coopération en Antarctique: 25 ans du Conseil des directeurs des programmes antarctiques nationaux ». Des exemplaires ont été distribués gratuitement aux membres du COMNAP ainsi qu'à des bibliothèques, et un exemplaire a été placé dans le casier de chaque délégation RCTA. Des exemplaires supplémentaires sont disponibles sur demande.

Le programme antarctique national de la République tchèque s'est vu accordé l'adhésion au COMNAP en 2013. Le COMNAP est ainsi devenu une association internationale ayant pour membres les 29 programmes antarctiques nationaux des Parties consultatives suivantes: Afrique du Sud, Allemagne, Argentine, Australie, Belgique, Brésil, Bulgarie, Chili, Chine, Équateur, Espagne, États-Unis d'Amérique, Fédération de Russie, Finlande, France, Inde, Italie, Japon, Norvège, Nouvelle-Zélande, Pays-Bas, Pérou, Pologne, République de Corée, République tchèque, Royaume-Uni, Suède, Ukraine et Uruguay. Le programme antarctique national du Bélarus a actuellement le statut d'observateur.

La mission du COMNAP, selon ses Statuts, consiste à formuler et promouvoir les meilleures pratiques en matière de gestion de l'appui à la recherche scientifique en Antarctique. Le Conseil s'emploie à apporter de la valeur aux efforts des programmes antarctiques nationaux en servant de forum où formuler des pratiques permettant de donner plus d'efficience aux activités tout en veillant au respect de l'environnement, en favorisant et en promouvant les partenariats internationaux et en offrant opportunités et systèmes pour l'échange d'informations.

Le COMNAP s'efforce de fournir au Système du Traité sur l'Antarctique des conseils techniques pratiques, objectifs et apolitiques qu'il tire d'un grand vivier d'experts spécialistes de l'Antarctique appartenant aux divers programmes antarctiques nationaux. Une liste exhaustive des documents du COMNAP peut être consultée dans le document d'information IP 7 de la XXXIVè RCTA intitulé *Review of COMNAP Working Papers and Information Papers presented to the ATCM 1988 – 2011.*

La banquise de la mer antarctique gagne en épaisseur dans certaines régions côtières antarctiques, tandis que dans d'autres régions le réchauffement implique des modifications de ces zones et des infrastructures y étant associées. Ces conditions changeantes compliquent l'apport en approvisionnement et en personnel des stations des programmes antarctiques nationaux. Elles menacent par conséquent la production en temps voulus des résultats scientifiques en antarctique. De tels enjeux appellent un besoin de coopération. Cette coopération a lieu chaque année dans des conditions planifiées, à travers des MA de longue date ou selon les exigences scientifiques et d'opérations à court terme. La coopération est également parfois nécessaire pour faire face à une situation imprévue. L'étude du COMNAP relative à la coopération internationale démontre avec force la présence d'une coopération internationale de haut niveau au sein des programmes antarctiques nationaux.

Le COMNAP a participé à diverses réunions durant les douze derniers mois en qualité d'observateur invité. Il souhaite à cet égard remercier le CCAMLR, le FARO, le CHA et l'IAATO. Le Président et le Secrétaire exécutif du COMNAP ont également participé au « SCAR Horizon Scan Retreat », à l'instar de plusieurs directeurs de programmes antarctiques nationaux. Le COMNAP a été heureux de participer au parrainage du SCAR en soutien du processus de suivi des tendances « Horizon Scan ».

COMNAP a tenu son assemblée générale annuelle en juillet 2013 à Séoul (République de Corée), organisée par le KOPRI. Dr Heinrich Miller (AWI) et Mme Michelle Rogan-Finnemore continuent d'assumer leurs fonctions respectives de Président et de Secrétaire exécutive.

Principales réalisations du COMNAP en 2013

L'ouvrage du COMNAP

Afin de marquer son 25è anniversaire, le COMNAP a publié « Histoire de la coopération en Antarctique: 25 ans du Conseil des directeurs des programmes antarctiques nationaux » (ISBN 978-0-473-24776-8). Cet ouvrage décrit la précieuse contribution que l'organisation a apportée à la communauté antarctique. Son auteur, Gillian Wratt (ancien président du COMNAP), l'a rédigé dans l'optique d'en faire une référence des travaux réalisés par le CONMAP durant son histoire relativement courte.

Atelier d'évaluation COMNAP sur les défis de la conservation en Antarctique

John Shears (BAS) et Kevin Hughes (BAS) ont fixé, au nom du COMNAP et du SCAR, cet atelier à Cambridge (les 24 et 25 septembre 2013) afin d'identifier des réponses pratiques des programmes antarctiques nationaux aux défis de conservation de l'Antarctique (voir Chown et al., 2012). L'atelier visait à l'obtention de résultats contribuant à l'élaboration d'une Stratégie de Conservation pour l'Antarctique par le SCAR. Le rapport final de l'atelier se trouve dans le document d'information conjoint COMNAP-SCAR de cette RCTA. Un atelier ouvert sur les défis de la conservation aura lieu au SCAR OSC le 26 août 2014 à Auckland, en Nouvelle-Zélande.

Atelier brise-glace

Heinrich Miller (président du COMNAP) a convoqué l'atelier brise-glace du CONMAP du 21 au 23 octobre 2013 au Cap, en Afrique du Sud. L'atelier ouvert s'est tenu à bord du nouveau navire de recherche et d'expédition *S.A. Agulhus II*, grâce au généreux soutien organisationnel du SANAP. L'atelier a permis aux programmes antarctiques nationaux de débattre des exigences et projets relatifs aux nouveaux brise-glaces. Le document d'information COMNAP « Atelier brise-glace » présenté lors de cette réunion offre de plus amples renseignements sur ce sujet.

Atelier sur le Système d'observation de l'Océan austral (SOOS)

Rob Wooding (AAD) a convoqué l'atelier COMNAP SOOS le 7 juillet 2013, en marge de l'AGA CONMAP à Séoul, en République de Corée, avec le soutien de Louise Newman (bureau des projets SOOS). Plusieurs conférenciers furent présents, dont Oscar Schofield (États-Unis), Andrew Constable (Australie) et Anna Wahlin (Suède). Les programmes antarctiques nationaux ont par ailleurs communiqué des présentations détaillées de leurs priorités en science de la mer, de leurs calendriers de navigation et de leurs capacités en navires. Les présentations sont disponibles ici: www.comnap.aq/Publications/SitePages/Home.aspx. À la suite de l'atelier et des discussions tenues lors de l'AGA COMNAP, le CONMAP a mis sur pied un « Groupe de réflexion SOOS » afin que les programmes antarctiques nationaux échangent les informations potentiellement utiles au projet SOOS.

Bourse de recherche en études antarctiques du COMNAP

Le COMNAP a établi la bourse de recherche en études antarctiques en 2011. Pour l'année 2013, le COMNAP a pu octroyer une bourse complète à Charlotte Havermans (Belgique) pour entreprendre des recherches à l'AWI concernant l'impact des changements environnementaux sur l'amphipode *Themisto gaudichaudii*. Le COMNAP et le SCAR ont accordé chacun une demi-bourse à Luis Rodriguez (Espagne) pour travailler à l'AAD sur la modélisation de niches comme outil d'évaluation des risques d'invasion des plantes vasculaires antarctiques. Le COMNAP et le SCAR ont convenu de renouveler l'octroi de bourses en 2014. Ces deux organisations travaillent également en collaboration avec le CCAMLR dans la promotion de leurs bourses d'études. Les candidatures pour ces trois programmes sont d'ores et déjà ouvertes, et le lauréat de la bourse de recherche en études antarctiques du COMNAP sera présenté en août 2014 lors de l'AGA CONMAP à Christchurch, en Nouvelle-Zélande. Pour les rapports du COMNAP sur les bénéficiaires du programme de bourses, voir : www.comnap.aq/SitePages/fellowships.aspx.

Produits et outils COMNAP

Page internet du système global de recherche et de sauvetage (SAR) :

Conformément à la Résolution 4 (2013) de la RCTA adoptée suite aux débats de la RCTA SAR-WG, le COMNAP a créé une page internet SAR en consultation avec les Centres de coordination des opérations de sauvetage (RCC): www.comnap.aq/membersonly/SitePages/SAR.aspx. Consulter également le document d'information COMNAP de cette réunion intitulé « *COMNAP SAR Website Update* ».

Déclaration d'accidents, d'incidents et de quasi-accidents (AINMR)

L'échange d'informations sur les problèmes rencontrés en Antarctique a toujours eu lieu. La toute première RCTA avait convenu, dans sa Recommandation I-VII traitant de l'échange d'informations sur les problèmes logistiques qu'il en soit ainsi (à compter du 30 avril 1962). Les assemblées générales annuelles du COMNAP constituent pour ses membres une occasion pour échanger ces informations. En outre, un outil en ligne et complet, appelé Système AINMR, est opérationnel et est accessible dans l'espace réservé aux membres sur le site du COMNAP. Le principal objectif d'AINMR est de recueillir des informations sur des incidents qui ont eu, ou qui auraient pu avoir des conséquences graves ; et/ou mettre en évidence les enseignements à tirer ; et/ou informer sur des évènements rares ou inédits. Les rapports détaillés sur les accidents peuvent être également postés sur le site afin d'être étudiés et débattus. Les programmes antarctiques nationaux peuvent par cette voie profiter de leurs expériences respectives à l'effet de réduire les risques de conséquences graves dans le cadre de leurs activités en Antarctique.
www.comnap.aq/membersonly/AINMR/SitePages/Home.aspx.

Système de localisation des navires du COMNAP (SPRS)

Le SPRS (www.comnap.aq/sprs) est un outil facultatif et volontaire conçu pour échanger des informations sur les opérations des navires relevant des programmes antarctiques nationaux. Son objectif principal est de faciliter la collaboration. Il peut également contribuer de façon utile à la sécurité grâce à la transmission des informations qu'il recueille aux RCC qui couvrent la région antarctique, venant ainsi compléter les sources d'autres systèmes nationaux et internationaux en activité. L'information sur le positionnement du navire est fournie par email et peut être affichée graphiquement sur Google Earth. Cette saison, 21 navires en moyenne s'en sont servis pour communiquer régulièrement leur position lors de leurs voyages en Antarctique.

Manuel d'information de vol en Antarctique (AFIM)

AFIM est un guide d'informations aéronautiques publié par le COMNAP pour servir d'outil de sécurité de la navigation aérienne en Antarctique, suite à la Recommandation XV-20 de la RCTA et mise à jour en Résolution 1 (2013). Le COMNAP a entamé une période d'essai d'une version AFIM électronique. La mise à jour de l'outil se poursuivra en y insérant l'information reçue des programmes antarctiques nationaux. La dernière révision de l'outil AFIM a été finalisée et distribuée aux usagers le vendredi 21 février 2014.

Manuel des opérateurs de télécommunications en Antarctique (ATOM)

ATOM résulte de l'évolution du manuel des pratiques de télécommunications auquel fait allusion la Recommandation X-C de la RCTA intitulée « Amélioration des télécommunications dans l'Antarctique et collecte et distribution des données météorologiques antarctiques ». Les membres de COMNAP et du SAR ont accès à la toute dernière version (février 2014), disponible sur le site Web du Conseil.

Pour plus d'informations voir www.comnap.aq ou email info@comnap.aq.
 Consulter également l'annexe 1 et l'annexe 2 de ce rapport annuel.

Appendix 1. COMNAP officers, projects and expert groups

Executive Committee (EXCOM)

The COMNAP Chair and Vice-Chairs are elected officers of COMNAP. The elected officers plus the Executive Secretary, compose the COMNAP Executive Committee as follows:

Position	Officer	Term expires
Chair	Heinrich Miller (AWI) heinrich.miller@awi.de	AGM 2014
Vice-Chairs	Hyoung Chul Shin (KOPRI) hcshin@kopri.re.kr	AGM 2016
	John Hall (BAS) jhal@bas.ac.uk	AGM 2016
	Juan Jose Dañobeitia (CSIC) jjdanobeitia@cmima.csic.es	AGM 2014
	Brian Stone (USAP/NSF) bstone@nsf.gov	AGM 2014
	Jose Olmedo (INAE) jolmedo@midena.gob.ec	AGM 2015
Secrétaire exécutif	Michelle Rogan-Finnemore michelle.finnemore@comnap.aq	

Table 1 – COMNAP Executive Committee.

Projects

Project	Project Manager	EXCOM officer (oversight)
Antarctic Flight Information Manual (AFIM) – Implementation of new format	Paul Morin	Brian Stone
Antarctic Glossary	Valery Lukin	John Hall
Antarctic Peninsula Advanced Science Information (APASI)	Jose Retamales	Heinrich Miller
Conservation Challenges	John Hall	Heinrich Miller
Fuel Tank Automated Warning System	Oleksandr Kuzko	Brian Stone
Hydroponics Survey (Update)	Sandra Potter	Hyoung Chul Shin
SAR Webpage Development	Michelle Rogan-Finnemore	Heinrich Miller
Suppliers Database	David Blake	Juan Jose Dañobeitia
Symposium "Success through International Cooperation"	John Hall	Heinrich Miller
Telemedicine Workshop	Jeff Ayton	John Hall
Waste Water Workshop	Sandra Potter/Jose Retamales	Hyoung Chul Shin

Table 2 – COMNAP Projects currently in progress.

Expert Groups

Expert Group (topic)	Expert Group leader	EXCOM officer (oversight)
Air	Giuseppe De Rossi	Brian Stone
Energy & Technology	David Blake	Juan Jose Dañobeitia
Environment	Sandra Potter	Hyoung Chul Shin
Medical	Jeff Ayton	John Hall
Outreach	Eva Gronlund	EXCOM All
Safety	Henrik Tornberg	Jose Olmedo
Science	Jose Retamales	Heinrich Miller
Navigation maritime	Miguel Ojeda	Juan Jose Dañobeitia
Training	Veronica Vlasich	Brian Stone

Table 3 – COMNAP Expert Groups.

Appendix 2. Meetings

Previous 12 months

7 July 2013, COMNAP SOOS Workshop (jointly convened with SCAR), Seoul, Republic of Korea.

8–10 July 2013, COMNAP Annual General Meeting (COMNAP XXV), hosted by KOPRI, Seoul, Republic of Korea.

25–26 September 2013, Antarctic Conservation Challenges Scoping Workshop (jointly convened with SCAR), Cambridge, UK.

24 and 27 September 2013, COMNAP EXCOM Meeting, BAS, Cambridge, UK.

21–23 October 2013, COMNAP Icebreaker Workshop, (onboard) SA Agulhas II, Capetown, South Africa.

Upcoming 12 months

24 August, COMNAP SCAR joint Executive Meeting, Auckland, New Zealand.

25 August 2014, COMNAP Symposium "Success through International Co-operation", Auckland, New Zealand.

26 August 2014, Antarctic Conservation Challenges Symposium (jointly with SCAR), Auckland, New Zealand.

27–29 August 2014, COMNAP Annual General Meeting (COMNAP XXVI), hosted by Antarctica New Zealand, Christchurch, New Zealand (includes a Safety Workshop and Waste Water Workshop on 28 August 2014).

2. Rapports d'experts

Rapport de l'Antarctic and Southern Ocean Coalition

1. Introduction

L'ASOC est ravie d'être présente à Brasilia à l'occasion de la XXXVIIe Réunion consultative du Traité sur l'Antarctique. Ce rapport décrit brièvement les travaux de l'ASOC réalisés au cours de l'année dernière, et expose certaines questions clés pour cette RCTA.

Le Secrétariat de l'ASOC est basé à Washington, D.C. (États-Unis d'Amérique), et son site internet est le suivant : http://www.asoc.org. L'ASOC comporte 24 groupes membres de plein droit dans 10 pays, ainsi que des groupes d'appui dans ces derniers et plusieurs autres pays. Les campagnes de l'ASOC sont menées par des équipes d'experts en Afrique du Sud, en Allemagne, en Argentine, en Australie, en Chine, en Corée du Sud, en Espagne, aux États-Unis d'Amérique, en France, au Japon, en Norvège, en Nouvelle-Zélande, aux Pays-Bas, au Royaume-Uni, en Russie, et en Ukraine.

2. Activités intersession

Depuis la XXXVIe RCTA, l'ASOC et les représentants de ses groupes membres ont participé activement aux discussions intersessions tenues aux forums de la RCTA et du CPE, notamment : des GCI pour le renforcement de la coopération en Antarctique (modérés par le Chili) ; l'exercice de la compétence dans la zone du Traité sur l'Antarctique (modéré par la France) ; des discussions sur des projets d'EGIE pour deux nouvelles stations proposées (modérées l'une par l'Australie, l'autre par les États-Unis); le changement climatique (modéré par le Royaume-Uni et la Norvège) ; des discussions informelles sur le tourisme et les risques liés à l'introduction d'organismes non indigènes (modérées par l'Allemagne) ; ainsi que des discussions informelles sur la surveillance des valeurs sauvages des ZSPA pour les Plans de gestion révisés (modérées par la Fédération de Russie). L'ASOC a par ailleurs suivi les GCI restants.

En outre, l'ASOC et les représentants de ses groupes membres ont assisté à nombre de réunions concernant la protection de l'environnement en Antarctique, notamment la réunion intersession de la CCAMLR à Bremerhaven, la XXXIIe Réunion de la CCAMLR, les organes subsidiaires à Bonn et la 19e conférence des Parties à la Convention-cadre des Nations unies sur les changements climatiques (CCNUCC), le dixième World Wilderness Congress ainsi que diverses réunions de l'Organisation maritime internationale liées au Code polaire. L'ASOC a également participé au tour d'horizon scientifique du SCAR, auquel les experts de l'ASOC ont contribué par des questions de recherche sur des problématiques essentielles.

3. Documents pour la XXXVIIe RCTA

L'ASOC a présenté 7 Documents d'information. Ces documents abordent des questions clés relatives à l'environnement, et exposent des recommandations à l'attention de la RCTA et du CPE qui permettront de contribuer à une protection de l'environnement et à une conservation de l'Antarctique plus efficaces.

Rapport 2014 sur le Changement climatique en Antarctique (IP 68) : l'ASOC a résumé certains résultats de recherches liées au changement climatique ayant été publiés durant la période intersessions. Ces résultats s'ajoutent aux nombreuses données déjà présentes pour confirmer l'impact considérable qu'a le changement climatique sur l'Antarctique ; impact qui est voué à se poursuivre. Bien que le changement climatique constitue un problème mondial, les Parties consultatives au Traité sur l'Antarctique ont la capacité unique de soulever les questions liées à l'Antarctique dans d'autres espaces de discussions sur les changements climatiques, parallèlement aux actions entreprises dans le cadre du Système du Traité sur l'Antarctique — en particulier le financement des recherches à venir.

Résolution antarctique au 10e World Wilderness Congress (IP 69) : le dixième World Wilderness Congress s'est tenu en octobre 2013 à Salamanque, en Espagne. Des professionnels issus de gouvernements locaux, régionaux et nationaux, des acteurs indigènes non gouvernementaux nationaux et internationaux, des étudiants et des chercheurs se sont réunis afin d'échanger sur la manière dont leurs programmes et communautés protègent la vie sauvage. Les délégués WILD10 adoptèrent une résolution sur l'Antarctique. Les membres du congrès réaffirmèrent leurs engagements à prendre des mesures pour protéger l'ensemble de la Zone du Traité sur l'Antarctique comme espace sauvage, d'ici 2016 — le 25e anniversaire de la signature du Protocole — et ils convinrent d'adopter des mesures concrètes afin d'empêcher l'augmentation future de l'empreinte humaine en Antarctique. Nous prions instamment les Parties de prendre des mesures pratiques afin d'appliquer cette résolution.

Gestion des navires dans la Zone du Traité sur l'Antarctique (IP 70) : dans ce document, l'ASOC se penche sur trois incidents de navires ayant récemment eu lieu dans l'océan Austral. Ces incidents éclairent les précédentes recommandations de l'ASOC relatives à l'importance de rapports détaillés sur les incidents de navires, pour permettre la mise en place de nouvelles politiques et règlementations. Le document illustre en outre l'importance d'étendre les études hydrographiques dans la région, ainsi que de restreindre l'accès aux zones ne disposant que de faibles données d'études, et ce, jusqu'à ce que des données hydrographiques mises à jour soient disponibles. Le document poursuit en évaluant certains aspects du Code polaire, en demandant qu'une attention particulière soit portée au renforcement de ce Code avant son adoption, prévue courant 2014.

Gérer l'empreinte humaine, protéger la nature à l'état sauvage : une voie à suivre (IP 71) : l'environnement antarctique est soumis à un éventail varié d'impacts anthropiques. Prenant acte de cet état de fait, le CPE s'est engagé à s'efforcer de soutenir la gestion de l'empreinte humaine et de la protection de la nature à l'état sauvage et, par là, des caractéristiques exceptionnelles du continent. Au cours des dernières années, les Parties ont réalisé un travail remarquable sur ces questions, et présenté au CPE des documents fondamentaux. Le CPE a souligné l'importance de la prise en compte de ces questions en temps voulu, en incluant des éléments pertinents dans son plan de travail. Dans ce document, nous parcourons ce travail et recommandons de prochaines étapes pour une action immédiate, afin que le CPE puisse réaliser des progrès sur ces questions en temps utiles — soit avant les célébrations du 25e anniversaire du Protocole, en 2016.

Impacts antarctiques à court terme du carbone noir et réduction des polluants climatiques de courte durée (IP 72) : les modélisations passées sur l'impact des polluants climatiques de courte durée n'ont pas inclus l'Antarctique, principalement en raison de l'éloignement de la région des grandes sources anthropiques de carbone noir. Un rapport récent, copublié en novembre 2013 par la Banque mondiale et l'organisation membre de l'ASOC « International Cryosphere Climate Institute » (ICCI) dévoila qu'une part surprenante du climat antarctique profite des réductions de carbone noir et de méthane, équivalant à environ deux tiers de celles de l'Arctique. L'ASOC prie instamment les Parties consultatives au Traité de mener des inventaires des sources d'émission de carbone noir en Antarctique, conformément au modèle du Conseil de l'Arctique, ainsi que de travailler à réduire le carbone noir et les autres polluants climatiques de courte durée provenant d'autres sources de l'hémisphère sud.

Nouvelles stations antarctiques : sont-elles justifiées ? (IP 73) : se basant sur plusieurs évaluations issues de la littérature évaluée par des pairs, ce document d'information met en opposition les résultats des recherches scientifiques des Parties consultatives au Traité sur l'Antarctique de 1980-2004 avec les infrastructures existantes en 2004. En pratique, aucune relation fondamentale n'apparaît entre le nombre de stations antarctiques opérées par une Partie donnée, et les résultats des recherches scientifiques menées par cette Partie. Les rapports d'inspection officiels de 2004-2014 semblent corroborer cette évaluation. Dans ce contexte, l'ASOC fournit également plusieurs suggestions pratiques pour l'amélioration de la coopération internationale, de la science en termes qualitatifs et quantitatifs, de la réduction des impacts sur l'environnement ; et recommande que toute alternative à la construction d'une nouvelle station soit au préalable considérée avec attention.

La calotte glaciaire de l'Antarctique occidental dans le cinquième rapport d'évaluation du Groupe intergouvernemental sur l'évolution du climat (GIEC) : menace majeure, incertitude majeure (IP 74) : ce document d'information se penche sur l'un des sujets d'évaluation du GIEC les plus incertains et les plus cruciaux à l'échelle mondiale : l'élévation du niveau de la mer, en particulier la contribution des calottes glaciaires et surtout la calotte glaciaire instable de l'Antarctique occidental. Eu égard à l'information contenue dans ce rapport, notamment une plus grande projection de l'élévation du niveau de la mer, l'ASOC encourage toutes les Parties consultatives au Traité à cesser de ressasser des « débats » sur le changement climatique et à commencer à mettre en œuvre des stratégies de gestion de la réduction dans l'Antarctique qui soient pratiques et proactives. En outre, les programmes de recherche antarctiques soutiennent certaines des plus importantes recherches menées sur le climat. L'ASOC recommande de soutenir les recherches sur le climat à leur niveau actuel, ou à un niveau supérieur.

4. *Autres questions importantes pour la XXXVIIe RCTA*

Tourisme : le développement d'une stratégie de long terme pour la gestion du tourisme reste extrêmement important. L'ASOC exhorte les Parties à se concentrer sur le tourisme pris dans son ensemble, parallèlement à la prise en compte de nouveaux problèmes, notamment l'utilisation des UAV. Considérant la nature dynamique du tourisme commercial, la RCTA ne peut s'appuyer uniquement sur la tenue de nouvelles discussions liées à certains aspects du tourisme, après que de nouvelles modalités de tourisme aient été établies (résultant par exemple de nouvelles activités, de nouveaux moyens de transport ou de nouveaux lieux). Des discussions stratégiques doivent au contraire être tenues en amont des nouvelles évolutions.

Protection de l'espace marin dans la Zone du Traité sur l'Antarctique : nombre des débats tenus ici contiennent une dimension marine qui exige une attention de la RCTA, conformément aux exigences du Protocole, et venant s'ajouter au travail mené parallèlement par la CCAMLR — notamment à travers le développement d'un réseau de Zones marines protégées. Une meilleure harmonisation du travail de ces deux organes (ainsi que le CPE et la SC-CAMLR) verra son importance augmenter dans les années à venir, en raison des pressions croissantes sur l'environnement marin, à la fois à l'échelon local, régional et mondial.

Bioprospection : du point de vue de l'ASOC, il est crucial que la RCTA renforce ses connaissances sur l'étendue des prospections biologiques en Antarctique, et sur leurs impacts sur la recherche scientifique et la coopération, ainsi que sur l'environnement.

Plan de travail stratégique pluriannuel : afin de faire face aux problèmes actuels et émergents en Antarctique, les Parties au Traité doivent adopter une approche stratégique et proactive. Un plan de travail stratégique pluriannuel doit être développé et mis efficacement en œuvre, aussi rapidement que possible.

5. *Remarques finales*

L'Antarctique traverse une période critique. C'est le moment pour la RCTA de gérer les questions actuelles et émergentes de façon stratégique. L'ASOC prie instamment les Parties consultatives au Traité d'agir vite et de manière décisive sur toutes les questions liées à la protection de l'environnement antarctique, afin de s'assurer que la dernière grande région à l'état sauvage du monde soit entièrement protégée.

Rapport de l'Organisation hydrographique international

Etat de l'hydrographie et de la cartographie marine dans les eaux antarctiques

Introduction

L'Organisation hydrographique internationale (OHI) est une organisation intergouvernementale consultative et technique. Elle comprend 82 Etats membres. Chaque Etat est en principe représenté par le directeur de son service hydrographique national.

L'OHI coordonne au niveau mondial l'établissement des normes pour les données hydrographiques et la fourniture de services hydrographiques à l'appui de la sécurité de la navigation et de la protection et de l'utilisation durable de l'environnement marin. L'objectif principal de l'OHI est d'assurer que toutes les mers, tous les océans et toutes les eaux navigables du globe soient hydrographiés et cartographiés.

Qu'est-ce que l'hydrographie ?

L'hydrographie est la branche des sciences appliquées traitant du mesurage et de la description des éléments physiques des océans, des mers, des zones côtières, des lacs et des fleuves, ainsi que de la prédiction de leur changement dans le temps, essentiellement dans l'intérêt de la sécurité de la navigation et à l'appui de toutes les autres activités maritimes, incluant le développement économique, la sécurité et la défense, la recherche scientifique et la protection environnementale.

Importance de l'hydrographie dans l'Antarctique

Les informations hydrographiques sont une condition sine qua non du développement d'activités humaines réussies et durables, du point de vue de l'environnement, dans les mers et les océans. Malheureusement, on dispose de peu, voire d'aucune information hydrographique, pour de nombreuses parties du monde, particulièrement dans l'Antarctique.

Etat de l'hydrographie et de la cartographie dans l'Antarctique

Plus de 90% des eaux antarctiques ne sont pas hydrographiés. Des zones importantes ne sont pas cartographiées, et lorsqu'elles le sont, les cartes sont d'une utilité limitée du fait du manque d'informations de profondeur fiables. L'échouement de navires opérant en dehors de routes précédemment empruntées dans l'Antarctique n'est pas rare.

L'hydrographie dans les eaux antarctiques est onéreuse et problématique. Ceci est dû aux états de mer difficiles et imprévisibles, aux saisons courtes pour effectuer les levés et à la lourdeur de la logistique nécessaire pour les navires et les équipements. Il n'y a aucun signe d'améliorations significatives du niveau des levés hydrographiques exécutés dans l'Antarctique. En effet, les rapports à l'OHI indiquent que les activités hydrographiques parrainées par les gouvernements dans l'Antarctique sont en diminution du fait des pressions financières et des priorités nationales concurrentes.

> Le fait que plus de 90% des eaux antarctiques ne soient pas hydrographiés devrait être un sujet de préoccupation pour la RCTA.

Commission hydrographique de l'OHI sur l'Antarctique

La Commission hydrographique de l'OHI sur l'Antarctique (CHA de l'OHI) est destinée à améliorer la qualité, la couverture et la disponibilité des cartes marines et des autres informations et services hydrographiques couvrant la région. La CHA comprend 23 Etats membres de l'OHI (Argentine, Australie, Brésil, Chili, Chine, Equateur, France, Allemagne, Grèce, Inde, Italie, Japon, République de Corée, Nouvelle-Zélande, Norvège, Pérou, Fédération de Russie, Afrique du Sud, Espagne, Royaume-Uni, Uruguay, Etats-Unis, Venezuela) ; tous sont parties au Traité sur l'Antarctique et sont donc directement représentés à la RCTA.

La CHA de l'OHI travaille en étroite collaboration avec les organisations parties prenantes. Les organisations suivantes participent à la CHA et à ses activités : ATS, COMNAP, IAATO, SCAR, OMI, et COI.

La 13ème réunion annuelle de la CHA de l'OHI s'est tenue en Espagne, en décembre 2013. La CHA a examiné les progrès de la cartographie marine et de l'hydrographie et a mis à jour son programme de production coordonnée des cartes marines et des ouvrages associés.

Etat des levés hydrographiques dans l'Antarctique

La majeure partie des eaux antarctiques demeure non hydrographiée. Peu de levés systématiques y ont été effectués. Ceux-ci sont essentiellement centrés sur certaines bases antarctiques et autour de la péninsule antarctique.

Etat des cartes marines de l'Antarctique

Cartes papier. 71 des 111 cartes papier prévues dans le cadre du plan de cartes internationales de l'OHI ont été publiées. Il est prévu de publier 18 autres cartes au cours des deux prochaines années.

Cartes électroniques de navigation (ENC). Conformément aux prescriptions internationales (SOLAS), les ENC sont maintenant exigées pour la navigation sur tous les navires à passagers et sur un nombre croissant de navires d'autres types. A ce jour, seulement 87 ENC ont été publiées pour l'Antarctique sur environ 170 ENC qui seraient nécessaires.

La production des ENC pour l'Antarctique est sérieusement gênée par le manque de données, le mauvais état des cartes papier correspondantes ainsi que par les priorités de production et financières des Etats qui se sont portés volontaires pour produire les ENC.

Options réalistes pour améliorer l'hydrographie et la cartographie marine dans l'Antarctique

Compte tenu de l'insuffisance des données de profondeurs disponibles pour que les cartes marines des eaux antarctiques soient fiables et servent de référence, l'OHI, *via* sa CHA, considère qu'une approche multipartite et multidisciplinaire est nécessaire afin d'obtenir des données de profondeur appropriées et compléter les opérations de levés traditionnelles, systématiques et entièrement règlementées.

Levés hydrographiques traditionnels à haute résolution à l'aide de bâtiments hydrographiques et d'aéronefs spécialisés

Les bâtiments hydrographiques et les aéronefs spécialisés fournissent des données de profondeur de la plus haute qualité et d'une grande fiabilité pour la cartographie marine et d'autres applications spécifiques, mais leur déploiement est par nature coûteux. Pour cette raison, il est préférable que des navires, des embarcations ou des aéronefs spécialisés soient déployés dans des zones dites à haute priorité qui ont déjà fait l'objet d'une forme d'évaluation aux fins de confirmer leur potentiel en tant que routes de navigation ou à d'autres fins particulières.

Appui de contrats commerciaux

Un nombre accru de services hydrographiques nationaux dans le monde ont recours à des contrats commerciaux pour renforcer leurs propres efforts. Ces sous-traitants recueillent des données de profondeur de haute qualité pour le compte des gouvernements à l'aide de bâtiments hydrographiques et d'aéronefs équipés de système laser aéroporté (lidar). Le lidar est utilisé avec succès dans la région arctique.

En 2013, la CHA de l'OHI a adopté une Déclaration qui reconnaît et encourage une coopération à bénéfices réciproques entre les fournisseurs de prestations hydrographiques commerciales et les gouvernements.

Le recours à des sous-traitants utilisant des capteurs aéroportés pour les levés bathymétriques constitue une option attrayante et économique dans les régions telles que l'Antarctique, particulièrement s'il est soutenu par les moyens existants des Etats membres participant à la RCTA.

La bathymétrie participative

Les données de profondeur recueillies par ce qu'il est convenu d'appeler des *navires occasionnels* relèvent de la «*bathymétrie participative* ». Selon sa qualité et sa fiabilité, la bathymétrie participative peut être utilisée pour confirmer les données cartographiques existantes, déterminer les nouvelles priorités en levés hydrographiques ou parfois améliorer directement la carte elle-même. Des quantités limitées de données de bathymétrie participative ont été recueillies, la plupart autour de la péninsule antarctique où la majorité des navires commerciaux, y compris les navires de croisière, opèrent. Ceci a été réalisé en coopération avec plusieurs partenaires gouvernementaux, industriels et particuliers, dont l'IAATO.

En outre, il existe diverses initiatives commerciales participatives, particulièrement dans le secteur halieutique. Les données de ces programmes commerciaux doivent être mises à disposition pour améliorer les cartes marines.

L'OHI considère que le recueil participatif de données de profondeur devrait être étendu à toutes les parties du monde. L'OHI propose d'élargir le programme OHI-COI de cartographie océanique de la GEBCO en dotant le centre de données de l'OHI pour la bathymétrie numérique (DCDB) de la capacité d'accepter la bathymétrie participative de sources libres (non commerciales). Ceci facilitera le recueil participatif de données et permettra aux Services hydrographiques d'accéder aux données afin d'améliorer les cartes. L'OHI a déjà identifié à cet effet un équipement embarqué de coût minimal.

La RCTA souhaitera peut-être examiner les différentes manières d'encourager ou d'exiger que tous les navires armés et gérés à titre professionnel opérant en Antarctique effectuent, à un coût marginal, des sondages en transit pour contribuer à l'amélioration des cartes marines.

En outre,

La RCTA souhaitera peut-être examiner les différentes manières d'encourager le concept de recueil de données environnementales, multidisciplinaires et polyvalentes en utilisant des plates-formes d'observation communes.

Bathymétrie par satellite

En eau claire, il est possible de déterminer la profondeur et d'autres paramètres de la colonne d'eau jusqu'à environ 20 mètres en analysant l'imagerie de capteurs multi-spectraux par satellite. L'OHI encourage de nouveaux développements de cette technique qui est beaucoup moins onéreuse que les levés traditionnels et, le cas échéant, est une option économique pour identifier les zones non navigables. Toutefois, il est peu probable de pouvoir remplacer les mesures de profondeur à partir d'un navire ou d'un aéronef ou celles exigées pour la sécurité de la navigation (par exemple, dans les zones réglementées ou de pilotage) où la profondeur d'eau est critiques pour la sécurité de la navigation.

Au cours des années, des quantités significatives de données de profondeur ont été recueillies dans le cadre d'études scientifiques plus vastes en Antarctique mais l'existence des données n'est pas connue ou n'a pas été portée à la connaissance du service hydrographique concerné pour améliorer les cartes marines. Des investigations sont nécessaires pour localiser ces données potentiellement utiles et y accéder.

La RCTA pourrait souhaiter examiner les manières de faciliter l'accès aux données de profondeur recueillies dans le cadre des activités scientifiques en Antarctique, quelle que soit la nationalité du navire ou de l'équipe scientifique.

Conclusion

L'état de l'hydrographie et de la cartographie marine en Antarctique est source des risques importants pour la sécurité de la navigation et empêche de mener à bien la plupart des activités qui se déroulent dans les mers et les océans environnants.

Un grand nombre d'Etats membres de l'OHI, *via* leur service hydrographiques, tentent d'améliorer cette situation. Toutefois, les ressources sont limitées et il ne semble pas y avoir grand espoir d'améliorations importantes à brève échéance à moins qu'une nouvelle politique ne soit adoptée par les gouvernements et par la RCTA.

Il existe un certain nombre de **Recommandations** de la RCTA sur les questions opérationnelles qui concernent directement l'hydrographie et la cartographie marine (voir RCTA XXVII – WP1 - Examen des recommandations de la RCTA sur les questions organisationnelles). Toutes les options d'améliorations proposées par l'OHI sont en phase avec ces recommandations.

L'OHI souhaiterait voir la RCTA et ses gouvernements membres agir positivement vis-à-vis de ses propres recommandations sur les questions opérationnelles et, en particulier, examiner les mesures pratiques liées :

- aux obligations des navires d'effectuer des sondages en transit et de restituer les données de profondeur observées à l'autorité cartographique concernée ;
- à la promotion d'initiatives incluant un soutien hydrographique commercial pour élargir les programmes de levés nationaux, de la RCTA et de la CHA de l'OHI;
- au concept de recueil de données multidisciplinaires et polyvalentes à l'aide de plates-formes d'observation communes ; et
- à l'accès des Services hydrographiques à l'ensemble des données de profondeur déjà recueillies dans le cadre des activités scientifiques réalisées en Antarctique.

———

Rapport 2013-14 de l'Association internationale des organisateurs de voyages dans l'Antarctique

Conformément à l'Article III (2) du Traité sur l'Antarctique

Introduction

L'association internationale des organisateurs de voyages en Antarctique (IAATO) a le plaisir de soumettre son rapport d'activité à la XXXVII⁰ RCTA, en vertu du paragraphe 2 de l'Article III du Traité sur l'Antarctique.

L'IAATO continue de concentrer ses activités de façon à appuyer sa mission qui est de défendre, promouvoir et professer les expéditions du secteur privé sures et respectueuses de l'environnement en Antarctique en assurant :

- Une gestion quotidienne efficace des activités de ses membres dans l'Antarctique ;
- Une diffusion pédagogique, y compris une coopération scientifique ; et
- L'élaboration et la promotion des bonnes pratiques touristiques en Antarctique.

Pour obtenir de plus amples renseignements concernant la mission, les activités principales et les développements récents de l'IAATO, consultez la *fiche des données* 2014-15, et le site Internet suivant : www.iaato.org. www.iaato.org.

Adhésion à l'IAATO et activité des membres

L'IAATO comprend 118 membres, associés et affiliés. Il existe des bureaux des membres de l'IAATO partout dans le monde, représentant 61 % des Parties consultatives du Traité sur l'Antarctique et transportant chaque année vers l'Antarctique des ressortissants de la quasi-totalité des Parties au Traité.

En raison du calendrier de la XXXVII⁰ RCTA, il n'a pas été possible de compiler ou d'analyser les données statistiques des rapports de visite pour la juste saison 2013-2014 venant juste de se conclure. Toutefois, les données préliminaires indiquent que la situation générale est similaire à celle prévue dans la publication IP103 de la XXXVI⁰ RCTA, intitulée « *Présentation de l'IAATO de la saison touristique 2012-2013 en Antarctique et estimations préliminaires pour la saison 2013-2014* ».

Il est prévu que l'information détaillée de la saison 2013-14, y compris les précisions sur l'utilisation du site de débarquement, sera disponible en Juin 2014. Il sera affiché sur le site Web de l'IAATO (www.iaato.org) dans la section lignes directrices et ressources *(Guidelines and Resources)*, sous-section Statistiques du tourisme *(Tourism Statistics)*.

Des statistiques touristiques sont fournies dans le document IP45 de la présente RTCA, intitulé « *Aperçu de l'IAATO du tourisme en Antarctique : Estimations préliminaires pour 2014-15* ». Ces chiffres ne reflètent que les visiteurs voyageant avec les opérateurs membres de l'IAATO. Pour voir la liste des membres de l'IAATO et d'autres statistiques sur leurs activités, consulter ***www.iaato.org***.

Travaux récents et activités

Plusieurs initiatives ont été entreprises durant cette année, notamment :

- Renforcement de la gouvernance d'entreprise de l'Association et de la robustesse des institutions. Cela comprend l'examen des politiques relatives aux ententes et à la responsabilité, la création d'un nouveau rôle d'assistant pour les communications et les opérations au sein du Secrétariat et le transfert du siège de Providence à Newport au Rhode Island.

- En février 2014, deux opérateurs IAATO ont conduit un exercice de communication dans une situation de sauvetage et de recherche en partenariat avec MRCC Ushuaia et l'IAATO. Les détails de l'exercice peuvent être trouvés dans le document *SAR Communication Exercise: Argentina – IAATO* IP79 de la XXXVIIe RCTA (Argentine et IAATO)

- Le programme d'observation des quais pour les yachts de l'IAATO, une nouvelle composante du programme d'observation amélioré de l'association, a été testé avec succès. C'est la première fois que des observations réelles de l'exploitation des yachts de l'IAATO ont eu lieu.

- L'évaluation en ligne du personnel sur le terrain et le programme de certification continuent d'évoluer, en intégrant les commentaires provenant d'un sondage auprès du personnel sur le terrain. Au total 383, membres de personnel ont maintenant passé avec succès au moins l'une de leurs évaluations, dont 243 qui ont réussi au cours de la dernière saison. Cela reflète une participation accrue de 17% et 13% respectivement. En outre, le bulletin du personnel de terrain de l'IAATO, contenant les nouvelles et les mises à jour en provenance de tout le continent, continue de créer un forum pour le personnel sur le terrain leur permettant d'examiner les problèmes communs, les défis et les possibilités, incluant le partage des meilleures pratiques et les discussions sur le leadership situationnel et l'évaluation des risques.

- Un examen complet des lignes directrices concernant la faune ainsi que le lavage de bottes et la décontamination a été entrepris, incluant la recherche de conseils d'experts indépendants sur les techniques de gestion.

- Le document d'information de l'IAATO, intitulé « *Comprendre le changement climatique en Antarctique* », que les membres peuvent distribuer à leurs clients, a été mise à jour pour prendre en compte les dernières informations sur le rapport ACCE du SCAR. Par ailleurs, une liste d'actions que les membres de l'IAATO peuvent entreprendre pour réduire leur empreinte carbone a été distribuée à tous les opérateurs.

- L'amélioration des informations hydrographiques à titre d'essai et selon les circonstances, effectuée par quelques armateurs de paquebots, membre de l'IAATO s'est poursuivie. Les initiatives comprennent :

    1. Un projet d'appel à contribution bénévole conjointement avec les services hydrographiques et les prestataires de services privés ; et

    2. Un effort de collaboration entre un membre de l'IAATO et le service hydrographique français (SHOM), qui a arpenté, préparé puis produit sept cartes de canaux et d'ancrages auparavant mal cartographiés de la péninsule.

- Les comités exécutifs, d'accréditation et marins de l'IAATO se sont tous réunis au cours de l'année pour faire avancer les travaux sur des initiatives telles que le programme d'observations améliorées et les processus d'examen d'incidents.

- Des collaborations avec l'homologue septentrional de l'IAATO, l'association entre les opérateurs de croisière et d'expédition dans l'Arctique (AECO), sur les questions d'intérêt commun, comprenant la formation du personnel de terrain, la sécurité et les questions environnementales.

Réunion annuelle et participation de l'IAATO à d'autres réunions en 2013-14

Les membres du Secrétariat et les représentants des membres de l'IAATO ont participé à des réunions internes et externes, en créant des liens avec les Programmes antarctiques nationaux et les organisations gouvernementales, scientifiques et environnementales.

- Représentation au XXVe COMNAP à Séoul en Corée (juillet 2013). L'IAATO est très favorable à une bonne coopération et collaboration entre ses membres et les programmes antarctiques nationaux.

- IAATO s'est félicité de la possibilité de participer au cours de formation à la navigation dans les glaces du CIMAR chilien, à Valparaiso au Chili au mois d'octobre 2013.

- En décembre 2013, un représentant de l'Association a pris part à la 13e réunion de l'Organisation hydrographique internationale / Commission hydrographique sur l'Antarctique (OHI/CHA) à Cadiz, Espagne. L'IAATO continue de soutenir vigoureusement le travail que mène la CHA et poursuivra sa collaboration avec cette dernière ainsi qu'avec l'OHI concernant l'élaboration d'un programme de collecte de données hydrographiques par les usagers.

- En tant que conseiller de Cruise Lines International Association (CLIA), l'IAATO continue d'être actif dans le développement du Code polaire obligatoire de l'Organisation maritime internationale (OMI), grâce à sa participation dans les diverses réunions des comités et des sous-comités et les groups de travail de l'IMO MSC et du MEPC.

- La 25e réunion de l'IAATO se tiendra du 27 au 29 mai 2014, à Providence, Rhode Island, États-Unis. Outre les initiatives citées ci-dessus, la réunion prendra aussi en considération :
    - le développement d'une base de données des incidents, accidents et quasi-accidents, potentiellement en liaison avec l'AECO. ;
    - les lignes directrices pour l'utilisation de drones ou quadricoptères télécommandés destinés la photographie aérienne ; et
    - une session spéciale sur la gestion de la croissance du tourisme.

Immédiatement après la 25e réunion de l'IAATO, un atelier d'une demi-journée se tiendra sur le tourisme d'aventure, couvrant à la fois les activités dans les zones reculées et celles nouvelles ou additionnelles qui ont lieu à partir de navires traditionnels ou de voiliers de plaisance. L'atelier comprendra une discussion de groupe, rassemblant une variété d'opérateurs et de représentants des Parties au Traité, et des groupes restreints dédiés au passage en revue d'études de cas spécifiques du point de vue de la gestion des risques et des considérations environnementales.

Comme pour les années précédentes, les représentants des parties du traité seront invités à se joindre à l'une des sessions ouvertes durant la réunion de l'IAATO et à l'atelier qui suivra. Des informations supplémentaires peuvent être trouvées à l'adresse : *http://iaato.org/iaato-25th-annual-meeting*.

Surveillance de l'environnement

L'IAATO continue de fournir des renseignements détaillés sur les activités de ses membres en Antarctique à la RCTA et au CPE. Comme indiqué ci-dessus, les données statistiques pour la saison 2013-14 seront disponibles en juin 2014 et accessibles sur le site Web de l'IAATO.

L'IAATO continue de travailler en collaboration avec des institutions scientifiques en particulier en ce qui concerne la surveillance environnementale et la sensibilisation éducative. Cela inclut le travail avec l'Antarctic Site Inventory, le Lynch Lab de Stoney Brook University et la Société Zoologique de Londres/l'université d'Oxford. En outre, les opérateurs de l'IAATO notent les observations des navires de pêche en vue d'un rapport subséquent à la CCAMLR pour appuyer le travail de lutte contre la pêche INN.

L'IAATO se réjouit de toute forme de collaboration avec d'autres organisations.

Incidents dans le secteur du tourisme durant la saison 2013-2014

L'IAATO continue d'appliquer une politique de divulgation des incidents afin d'assurer que les risques sont compris et les leçons qui s'imposent ont été tirées pour tous les opérateurs antarctiques. À ce jour, les incidents impliquant des opérateurs de l'IAATO qui ont été signalés au cours de la saison 2013-14 comprennent :

- En novembre, une série de trois évacuations sanitaires en passant par la baie Maxwell a impliqué un soutien supplémentaire des programmes antarctiques nationaux, deux provenant de la base Bellingshausen (RAE) et un de la station Grande Muraille (CHINARE). L'IAATO et les opérateurs du membre concerné sont reconnaissants de l'aide fournie. Suite à ces événements, un rappel à propos de l'importance de l'autosuffisance a été envoyé à tout le personnel sur le terrain. Des évacuations ultérieures ont été réalisées sans l'aide des Programmes antarctiques nationaux.

- Au cours d'une expédition de la traversée du Pôle Sud à ski, les pratiques décrites dans le permis de gestion des déchets n'ont pas été suivies. L'opérateur IAATO soutenant l'expédition a eu des discussions avec l'US-NSF et les participants de l'expédition. En outre, un nettoyage des déchets a été effectué lors une expédition ultérieure. L'incident sera examiné lors de la 25e réunion de l'IAATO avec l'intention de développer des pratiques plus strictes.

- Le 20 Février, le MV *Orion* a rencontré un problème technique au niveau du système de refroidissement du moteur. Le navire a utilisé les systèmes auxiliaires jusqu'à ce que le problème soit résolu quelques heures plus tard. Il n'y eu aucune menace sur la vie ou l'environnement.

Soutien aux activités scientifiques et de conservation

Au cours de la saison 2013-2014, les membres de l'IAATO ont transporté, à un coût économique ou à titre gracieux, plus de 125 membres du personnel scientifique, d'assistance et de conservation, ainsi que leurs matériels et équipements entre les stations, les sites de recherches et les ports d'accès. Cela comprenait :

- Les transferts de scientifiques entre les stations ;
- Les évacuations médicales non-urgentes ;
- Le prélèvement d'échantillons scientifiques et autres collectes de données pour les programmes de recherche (tous autorisés) ;
- Le transport de matériel scientifique de / vers les stations.

Des rapports préliminaires indiquent que les opérateurs membres de l'IAATO et leurs passagers ont également fait don de plus de 440 000 dollars américains aux organisations scientifiques et de conservation actives en Antarctique et dans la région subantarctique (notamment, Save the Albatross, Antarctic Heritage Trust, Last Ocean, Mawson's Huts Foundation, Oceanites et World Wildlife Fund).

Au cours des neuf dernières années, ces dons se sont élevés à près de 3,5 millions de dollars US.

Avec nos remerciements

L'IAATO se félicite de l'opportunité de travailler en coopération avec les Parties au Traité sur l'Antarctique, le COMNAP, le SCAR, la CCAMLR, l'OHI/CHA, l'ASOC et d'autres, en vue de protéger à long terme l'Antarctique.

PARTIE IV

Documents additionnels de la XXXVIIè RCTA

1. Résumé de la conférence du SCAR

Conférence du SCAR : "Retour vers le futur: Climats antarctiques passés, histoire de la couverture de glace et leur importance pour la compréhension des tendances futures"

C. Escutia, Conseil de recherche espagnol, Grenade, Espagne
& le Comité de pilotage PAIS du SCAR

La glace polaire est une composante importante du système climatique moderne et influe à l'échelle mondiale sur le niveau de la mer, la circulation océanique, le transfert thermique, la productivité marine et l'albédo planétaire. La glaciation de l'Antarctique remonte à ~34 millions d'années, alors que la glace continentale permanente à grande échelle dans l'hémisphère nord n'a commencé à se former qu'il y a ~3 millions d'années. L'étude des carottes de glace prélevées dans la calotte glaciaire antarctique a permis d'effectuer de grandes avancées dans la compréhension de la variabilité naturelle du climat des 800 000 dernières années et donne un aperçu des réactions futures de la Terre au forçage anthropique. Cependant, les corrélations entre (i) les températures enregistrées, le CO2, le volume de la couverture de glace (et le niveau de mer équivalent) et (ii) les mécanismes responsables des cycles glaciaires-interglaciaires (par ex., le rôle du CO2 atmosphérique) n'ont pas encore été pleinement mises au jour.

Au vu de l'augmentation actuelle des gaz à effet de serre atmosphériques, qui engendre une hausse rapide des températures à l'échelle mondiale (GIEC, 2013), les études relatives aux dynamiques et à la stabilité des climats polaires et de la couverture de glace sont prioritaires dans les programmes de recherche. Les valeurs les plus faibles de CO2 atmosphérique et de températures prévues pour la fin du siècle présentées dans le rapport AR5 du GIEC (2013) ne sont pas survenues sur notre planète depuis plus de 5 millions d'années (avant la formation des couvertures de glace arctiques), et les valeurs les plus élevées sont survenues pour la dernière fois avant même la formation des couvertures de glace antarctiques. L'Antarctique et ses rivages constituent par conséquent le seul endroit où prélever les informations de longue durée nécessaires à la compréhension de la réaction des couvertures de glace face aux forçages climatiques passés et de leur réaction future.

L'objectif général du Programme de recherche scientifique du SCAR PAIS (Past Antarctic Ice Sheet Dynamics) est d'améliorer la fiabilité des prédictions concernant les réactions du niveau de la mer et de la couverture de glace aux changements climatiques et au réchauffement de l'océan futurs. À cette fin, le PAIS entend améliorer la compréhension de la vulnérabilité des couvertures de glace de l'est, de l'ouest et de la péninsule antarctique aux nombreuses conditions océaniques et climatiques. Les cycles d'études couvrent de vastes périodes incluant les climats « à effet de serre » plus chauds qu'aujourd'hui, et des périodes de réchauffement et de recul des couvertures de glace plus récents durant les terminaisons glaciaires. Les recherches du PAIS se fondent sur des intégrations et des comparaisons croisées de données-modèles, et sur la compilation de données de transects « glace vers abysse », s'échelonnant de l'intérieur de la couverture de glace jusque dans les profondeurs de la mer. Le concept d'un tel jeu de données de transect permettra de recouper les données relatives aux carottes de glace, à l'évolution historique de la couverture de glace située à proximité, au large et éloignée, ainsi que les données se rapportant au niveau de la mer, dressant ainsi un tableau sans précédent des variations passées de la géométrie et du volume de la couverture de glace, ainsi que et des interactions couverture de glace-océan.

2. Liste des documents

2. Liste des documents

Documents de travail								
No.	Points de l'ordre du jour	Titre	Soumis par	A	F	R	E	Pièces jointes
WP001	CPE 3	Plan de travail quinquennal du CPE adopté à la réunion CPE XVI à Bruxelles	France					Plan de travail quinquennal du CPE
WP002	RCTA 12	Principales recommandations thématiques à l'issue de 10 années de rapports d'inspection établis en vertu du Traité sur l'Antarctique	Royaume-Uni Australie France Allemagne Pays-Bas Fédération de Russie Afrique du Sud Espagne Suède					
WP003	CPE 9a	Plan de gestion révisé de la Zone spécialement protégée n° 139 Pointe Biscoe, Île Anvers, Archipel Palmer	Etats-Unis d'Amérique					ASPA 139 Map 1 ASPA 139 Map 2 ASPA 139 Map 3 ZSPA 139 Plan de gestion révisé
WP004	RCTA 11 CPE 10a	Rapport sur la discussion informelle concernant le tourisme et le risque lié à l'introduction d'organismes non indigènes	Allemagne					
WP005	CPE 8b	Les véhicules aériens sans pilote (UAV) et leurs impacts environnementaux potentiels	Allemagne Pologne					
WP006	CPE 9a	Plan de gestion révisé pour la zone spécialement protégée de l'Antarctique n°113 île Litchfield, port Arthur, île Anvers, archipel Palmer	Etats-Unis d'Amérique					ASPA 113 Map 1 ASPA 113 Map 2 ZSPA 113 Plan de gestion révisé
WP007	CPE 9a	Plan de gestion révisé pour la zone spécialement protégée n° 121, cap Royds, île Ross	Etats-Unis d'Amérique					ASPA 121 Map 1 ASPA 121 Map 2 ZSPA 121 Plan de gestion révisé
WP008	CPE 7	Rapport du GCI sur le changement climatique	Norvège Royaume-Uni					GCI sur le changement climatique : Examen des avancées réalisées au regard des recommandations de la RETA Matrice sur le Changement Climatique (MCC)
WP009	RCTA 15 CPE 13	Activités éducatives et informatives associées	Brésil Belgique					

Documents de travail								
No.	**Points de l'ordre du jour**	**Titre**	**Soumis par**	**A**	**F**	**R**	**E**	**Pièces jointes**
		aux Réunions consultatives du Traité sur l'Antarctique (RCTA)	Bulgarie Portugal Royaume-Uni					
WP010	CPE 3	Portail des environnements de l'Antarctique: Rapport d'étape	Nouvelle-Zélande Australie Belgique Norvège SCAR	📄	📄	📄	📄	
WP011	CPE 9a	Révision de la zone spécialement protégée de l'Antarctique (ZSPA) n° 142 - Svarthamaren	Norvège	📄	📄	📄	📄	ZSPA 142 Plan de gestion révisé
WP012	RCTA 17	Évaluation de la prospection biologique en Antarctique	Belgique	📄	📄	📄	📄	
WP013	RCTA 11 CPE 8b	Activités de campement côtier menées par les organisations non gouvernementales	Etats-Unis d'Amérique Norvège	📄	📄	📄	📄	Attachment A - Questions. Attachment B - Summary of Responses
WP014	CPE 11	Progrès en matière d'élaboration de modèles numériques d'élévation pour les zones spécialement protégées et gérées	Etats-Unis d'Amérique	📄	📄	📄	📄	Annex – Supporting Figure (High resolution)
WP015	CPE 9a	Rapport sur la discussion informelle concernant la proposition d'une nouvelle Zone gérée spéciale à la station antarctique chinoise Kunlun, Dôme A	Chine	📄	📄	📄	📄	
WP016	CPE 8a	Le projet d'évaluation environnementale complète pour la construction et l'exploitation de la nouvelle station de recherche chinoise, Terre Victoria, Antarctique	Chine	📄	📄	📄	📄	Draft CEE New Chinese Research Station. SOMMAIRE NON TECHNIQUE
WP017	CPE 11	Application des recommandations de l'étude du CPE sur le tourisme	Australie Nouvelle-Zélande Norvège Royaume-Uni Etats-Unis d'Amérique	📄	📄	📄	📄	
WP018	CPE 9a	Révision du plan de gestion de la zone spécialement protégée de l'Antarctique (ZSPA) n°169 Baie Amanda, Côte Ingrid Christensen, Terre Princesse-Élizabeth, Antarctique de l'Est	Australie Chine	📄	📄	📄	📄	ASPA 169 Map A ASPA 169 Map B ZSPA 169 Plan de gestion révisé

Documents de travail								
No.	Points de l'ordre du jour	Titre	Soumis par	A	F	R	E	Pièces jointes
WP019	CPE 9a	Révision du plan de gestion de la zone spécialement protégée de l'Antarctique (ZSPA) n° 136 Péninsule Clark, Côte Budd, Terre de Wilkes, Antarctique de l'Est	Australie	🗎	🗎	🗎	🗎	ASPA 136 Map A ASPA 136 Map B ASPA 136 Map C ASPA 136 Map D ZSPA n° 136 Plan de gestion révisé
WP020	RCTA 5	Zones marines protégées dans le Système du Traité sur l'Antarctique	Fédération de Russie	🗎	🗎	🗎	🗎	
WP021	CPE 9a	Plan de gestion révisé pour la Zone gérée spéciale de l'Antarctique (ZGSA) n° 6 collines Larsemann, Antarctique oriental	Australie Chine Inde Fédération de Russie	🗎	🗎	🗎	🗎	ASMA 6 Map A ASMA 6 Map B ASMA 6 Map C ASMA 6 Map D ASMA 6 Map E Plan de gestion révisé de la ZGSA n°6
WP022	CPE 8a	Construction et exploitation de la Station bélarusse de recherche en Antarctique au Mont Vechernyaya, Terre d'Enderby. Projet d'évaluation globale d'impact sur l'environnement	Belarus	🗎	🗎	🗎	🗎	Draft Comprehensive Environmental Evaluation Résumé non technique
WP023	CPE 9c	Lignes directrices pour les visites de l'île Horseshoe : Projet de révision	Royaume-Uni	🗎	🗎	🗎	🗎	Lignes directrices pour les visites de l'île Horseshoe – Projet de révision
WP024	CPE 8b	Améliorations pour la procédure d'évaluation d'impact sur l'environnement en Antarctique	Royaume-Uni	🗎	🗎	🗎	🗎	
WP025	CPE 9a	Le statut de la zone spécialement protégée de l'Antarctique n° 114 île Coronation du Nord, îles Orcades du Sud	Royaume-Uni	🗎	🗎	🗎	🗎	
WP026	CPE 9a	Plan de gestion révisé de la zone spécialement protégée de l'Antarctique n° 124 Cape Crozier, île de Ross	Etats-Unis d'Amérique	🗎	🗎	🗎	🗎	ASPA 124 Map 1 ASPA 124 Map 2 ZSPA n° 124 Plan de gestion révisé
WP027	CPE 8a	Rapport du groupe de contact intersessions ouvert sur le projet d'EGIE pour la « Construction et l'exploitation de la station antarctique bélarusse de recherche au mont Vechernyaya, terre	Australie	🗎	🗎	🗎	🗎	

Documents de travail

No.	Points de l'ordre du jour	Titre	Soumis par	A	F	R	E	Pièces jointes
		Enderby »						
WP028	CPE 6	Activités de nettoyage de l'Antarctique : liste de contrôle pour l'évaluation préliminaire de sites	Australie					Liste de contrôle pour l'évaluation préliminaire des sites
WP029	CPE 8b	Révision des lignes directrices pour les évaluations d'impact sur l'environnement en Antarctique	Australie					
WP030	CPE 9a CPE 9c	Proposition de modification des mesures de gestion des cabanes Mawson et de cap Denison	Australie					ASPA 162 Map A ASPA 162 Map B ASPA 162 Map C Guide révisé du visiteur des cabanes Mawson et du cap Denison, Antarctique de l'Est. Revised Visitor Site Guide for Mawson's Huts and Cape Denison – Texts for maps Revised Visitor Site Guide for Mawson's Huts and Cape Denison - Hut´s interior Revised Visitor Site Guide for Mawson's Huts and Cape Denison - Hut´s picture Revised Visitor Site Guide for Mawson's Huts and Cape Denison - Map 2 Revised Visitor Site Guide for Mawson's Huts and Cape Denison - Revised Map 1 ZSPA n° 162 Plan de gestion révisé
WP031	CPE 9a	Groupe subsidiaire sur les plans de gestion – Rapport sur les travaux intersessions 2013/14	Norvège					ASPA 175 Ross Sea Geoghermal Map A2-1 ASPA 175 Ross Sea Geothermal Map A1 ASPA 175 Ross Sea Geothermal Map A2 ASPA 175 Ross Sea Geothermal Map A3 Attachment A - ASPA 141 Map 1 Attachment A - ASPA 141 Map 2 Attachment A - ASPA 141 Map 3

No.	Points de l'ordre du jour	Titre	Soumis par	A	F	R	E	Pièces jointes
		Documents de travail						
								Attachment B - ASPA Stornes Draft Map A Attachment B - ASPA Stornes Draft Map B Attachment C - ASPA 128 Map 1 Attachment C - ASPA 128 Map 2 Attachment E - ASMA 1 Figure 1 Attachment E - ASMA 1 Figure 2 Attachment E - ASMA 1 Figure 3 Attachment E - ASMA 1 Figure 4 Attachment E - ASMA 1 Figure 5 Attachment E - ASMA 1 Figure 6 Attachment E - ASMA 1 Figure 7 Attachment E - ASMA 1 Figure 8 Attachment E - ASMA 1 Figure 9 Pièce jointe A — ZSPA 141 – Plan de gestion révisé Pièce jointe B — ZSPA Stornes – Projet de plan de gestion Pièce jointe C — ZSPA 128 – Plan de gestion révisé Pièce jointe E — ZGMA 1 – Plan de gestion révisé ZSPA 175 Plan de gestion pour les zones géothermiques de la mer de Ross
WP032	RCTA 11	Cadre pour de futures discussions portant sur les expériences et les défis identifiés par les autorités compétentes et concernant les différents types de tourisme et d'activités non gouvernementales	Norvège	🔖	🔖	🔖	🔖	
WP033	CPE 9f	Questions et réflexions générales et initiales: Besoin et développement de procédures relatives à la désignation de ZSPA et de ZGSA	Norvège	🔖	🔖	🔖	🔖	

Documents de travail

No.	Points de l'ordre du jour	Titre	Soumis par	A	F	R	E	Pièces jointes
WP034	CPE 8b	EPIE ou EGIE : comment choisir ?	France Belgique					
WP035	CPE 9f	Système de Zones protégées de l'Antarctique : protection des caractéristiques géologiques exceptionnelles	Royaume-Uni Argentine Australie Espagne					
WP036	CPE 9f	Surveillance de la couverture végétale des Zones spécialement protégées de l'Antarctique à l'aide de la télédétection par satellite : une étude pilote	Royaume-Uni					
WP037	RCTA 5	Rapport final du Groupe de contact intersession sur l'exercice de la juridiction dans la zone du Traité sur l'Antarctique	France					
WP038	RCTA 6	Rapport final du Groupe de contact intersession sur la mise en place d'un glossaire des termes et expressions utilisés par la RCTA	France					Draft Glossary
WP039	CPE 9e	Le concept de "valeurs exceptionnelles" dans l'environnement marin, en vertu de l'Annexe V du Protocole	Belgique France					
WP040	RCTA 14 CPE 7	Promotion de la surveillance coordonnée des changements climatiques en Antarctique	Etats-Unis d'Amérique Norvège Royaume-Uni					
WP041	RCTA 13	Priorités scientifiques stratégiques des recherches en Antarctique menées par les Pays-Bas	Pays-Bas					
WP042	RCTA 10	Promotion de la poursuite du développement du Code polaire	Etats-Unis d'Amérique					
WP043	CPE 8a	Rapport du Groupe de contact intersessions à composition non limitée créé pour examiner le projet d'EGIE relatif à la «	Etats-Unis d'Amérique					

Documents de travail								
No.	Points de l'ordre du jour	Titre	Soumis par	A	F	R	E	Pièces jointes
		Proposition de construction et d'exploitation d'une nouvelle station de recherche chinoise à Terre Victoria, Antarctique »						
WP044	RCTA 11	Vers une évaluation des activités touristiques en fonction du risque	Etats-Unis d'Amérique					Appendix – "Assessing Risks and Abating Hazards"
WP045	RCTA 10	GCI Questions opérationnelles : Renforcer la coopération pour les levés hydrographiques et la cartographie des eaux de l'Antarctique	Etats-Unis d'Amérique					
WP046	CPE 7	Essai Antarctique de l'Outil WWF de Planification de la Conservation : Evaluation Rapide de la Résilience de l'Ecosystème Circumarctique (RACER)	Royaume-Uni Allemagne Norvège Espagne					
WP047 rev.1	CPE 3	Activités de sensibilisation à l'occasion du 25e anniversaire de la signature du Protocole sur la protection de l'environnement du Traité de l'Antarctique	Argentine Chili					
WP048	RCTA 11	Entrée en vigueur de la Mesure 4 (2004)	France Royaume-Uni Chili Finlande Pays-Bas Nouvelle-Zélande Afique du Sud					
WP049	RCTA 11 RCTA 16	La question des navires de tourisme sous pavillons d'Etats tiers dans la zone du Traité	France					
WP050	RCTA 11	Reprise du groupe de contact intersessions sur les marathons et les événements sportifs de grande ampleur en Antarctique	Chili					
WP051	RCTA 10 CPE 8b	Considérations sur l'utilisation des systèmes d'aéronef sans pilote (UAS) pour la recherche, la surveillance et l'observation dans	Etats-Unis d'Amérique					

Documents de travail								
No.	**Points de l'ordre du jour**	**Titre**	**Soumis par**	**A**	**F**	**R**	**E**	**Pièces jointes**
		l'Antarctique						
WP052	CPE 9a	Révision du plan de gestion pour la zone spécialement protégée de l'Antarctique (ZSPA) no 150, île Ardley (péninsule Ardley), baie Maxwell, île du roi Georges	Chili					ZSPA 150 – Plan de gestion révisé
WP053	RCTA 10	Opérations de recherche et de sauvetage en Antarctique. Comprendre les hypothèses liées à la planification	Etats-Unis d'Amérique					
WP054	CPE 9a	Révision du Plan de gestion de la Zone spécialement protégée de l'Antarctique (ZSPA) n°125 Péninsule Fildes et île du Roi-George	Chili					Plan de gestion révisé de la ZSPA n°125
WP055	RCTA 16	Examen des conditions de l'échange d'information	Australie					
WP056	RCTA 5	Rapport du Groupe de contact intersessions sur la coopération en Antarctique	Chili					
WP057	CPE 9f	Contributions à la protection des fossiles en Antarctique	Argentine					
WP058 rev.1	CPE 9a	Révision du plan de gestion pour la zone spécialement protégée de l'Antarctique n° 171 : pointe Narebski, péninsule Barton, île du Roi-Georges	Corée République de					ZSPA 171 – Plan de gestion révisé
WP059	CPE 9f	Discussions informelles intersessions sur le besoin de surveillance des valeurs des ZSPA en rapport avec les révisions du Plan de Gestion des ZSPA	Fédération de Russie					

Documents d'information								
No.	Points de l'ordre du jour	Titre	Soumis par	A	F	R	E	Pièces jointes
IP001	RCTA 10	Joint SANAP / MRCC SAR Exercise	Afique du Sud	⬇				
IP002	RCTA 15	The mission and objectives of the recently established Polar Educators International (PEI)	Portugal Belgique Brésil Bulgarie	⬇				
IP003	RCTA 4 CPE 5	Rapport annuel 2013 du Conseil des directeurs des programmes antarctiques nationaux (COMNAP)	COMNAP	⬇	⬇	⬇	⬇	
IP004 rev.1	RCTA 4	Rapport soumis à la XXXVIIe Réunion consultative du Traité sur l'Antarctique par le Gouvernement dépositaire de la Convention pour la protection des phoques de l'Antarctique, en application de la Recommandation XIII-2, paragraphe 2(D)	Royaume-Uni	⬇	⬇	⬇	⬇	
IP005	RCTA 10	XXXVII Antarctic Operation (OPERANTAR XXXII)	Brésil	⬇				
IP006	RCTA 13	Reconstruction Project of the Brazilian Antarctic Station	Brésil	⬇				
IP007	CPE 6	Remediation Plan for the Brazilian Antarctic Station area	Brésil	⬇				
IP008	CPE 11	Persistent organic pollutants (POPs) in Admiralty Bay - Antarctic Specially Managed Area (ASMA 1): Bioaccumulation and temporal trend	Brésil	⬇				
IP009	RCTA 13	An action plan for the Brazilian Antarctic science over the next 10 years	Brésil	⬇				
IP010	CPE 5	Rapport de l'observateur du SC-CAMLR à la dix-septième réunion du Comité pour la protection de l'environnement	CCAMLR	⬇	⬇	⬇	⬇	

Documents d'information								
No.	**Points de l'ordre du jour**	**Titre**	**Soumis par**	**A**	**F**	**R**	**E**	**Pièces jointes**
IP011	RCTA 13 CPE 10c	Antarctic Conservation Strategy: Scoping Workshop on Practical Solutions	COMNAP SCAR	📄				Antarctic Conservation for the 21st Century: Scoping Workshop on Practical Solutions Final Report (ver 13 January 2014).
IP012	CPE 11	Developing a New Methodology to Analyse Site Sensitivities	Australie Nouvelle-Zélande Norvège Royaume-Uni Etats-Unis d´Amérique	📄				
IP013	RCTA 4 CPE 5	Rapport annuel 2013-2014 du Comité scientifique pour la recherche en Antarctique (SCAR)	SCAR	📄	📄	📄	📄	
IP014	RCTA 13 CPE 11	Report on the 2013-2014 activities of the Southern Ocean Observing System (SOOS)	SCAR	📄				
IP015	RCTA 10 RCTA 4	Rapport de l'Organisation hydrographique internationale. Etat de l'hydrographie et de la cartographie marine dans les eaux antarctiques	OHI	📄	📄	📄	📄	
IP016	RCTA 11 RCTA 16 CPE 9b	Décision du tribunal correctionnel de Paris du 6 février 2014 relative à la conduite d'activités non-gouvernementales non autorisées dans la zone du Traité et aux dégradations commises sur le SMH n°62 Wordie House	France	📄	📄	📄	📄	
IP017	RCTA 4	Rapport de l'Observateur de la CCAMLR à la trente-septième Réunion Consultative du Traité sur l'Antarctique	CCAMLR	📄	📄	📄	📄	
IP018	CPE 9c	Site Guidelines: mapping update	Royaume-Uni Etats-Unis d´Amérique Argentine Australie	📄				Map of Brown Bluff Map of Orne harbour
IP019	CPE 10c	Use of hydroponics by national Antarctic programs	COMNAP	📄				
IP020	RCTA 10	COMNAP Icebreaker Workshop	COMNAP	📄				Icebreaker Workshop Participants List; Icebreaker

Documents d'information									
No.	Points de l'ordre du jour	Titre	Soumis par	A	F	R	E	Pièces jointes	
								Workshop Schedule.	
IP021	RCTA 10	Transfert des Stations de Parodi et Huneeus vers le glacier de l'Union	Chili	📄	📄	📄	📄		
IP022	CPE 9f	Antarctic Specially Protected Areas protecting geological features: a review	Royaume-Uni	📄					
IP023	CPE 10a	Colonisation status of known non-native species in the Antarctic terrestrial environment (updated 2014)	Royaume-Uni	📄					
IP024	CPE 9f	Antarctic Specially Protected Areas: compatible management of conservation and scientific research goals	Royaume-Uni Espagne	📄				Area protection in Antarctica: How can conservation and scientific research goals be managed compatibly? Hughes et al.	
IP025	CPE 9b	The 1912 Ascent of Mount Erebus by members of the Terra Nova Expedition: the location of additional campsites and further information on HSM 89	Royaume-Uni Nouvelle-Zélande Etats-Unis d'Amérique	📄					
IP026	CPE 10c	Remote sensing: emperor penguins breeding on ice shelves	Royaume-Uni Etats-Unis d'Amérique	📄					
IP027 rev.1	RCTA 11 CPE 9c	Antarctic Site Inventory: 1994-2014	Etats-Unis d'Amérique	📄					
IP028	CPE 11	Informe de monitoreo ambiental en Base O'Higgins Temporada 2013	Chili				📄		
IP029	RCTA 4 CPE 7	WMO-led developments in Meteorological (and related) Polar Observations, Research and Services	OMM	📄					
IP030	RCTA 5	On the need for alignment in the Use and Provision of Polar Meteorological (and related) Observations, Research and Services	OMM	📄					
IP031	RCTA 10	Antarctic Flight Information Manual (AFIM) - An update on	COMNAP	📄				Proposed new page lay-out of the AFIM	

Documents d'information

No.	Points de l'ordre du jour	Titre	Soumis par	A	F	R	E	Pièces jointes
		the status of the reformatting						
IP032	RCTA 10	Update on Search and Rescue (SAR) Website	COMNAP	📄				
IP033	RCTA 13	Australia's Antarctic Strategic Science Priorities	Australie	📄				Executive summary of the Australian Antarctic Science Strategic Plan 2011-12 to 2020-21
IP034	RCTA 13	Japan's Antarctic Research Highlights 2013–14	Japon	📄				
IP035	CPE 13	COMNAP Waste Water Management Workshop Information	COMNAP	📄				
IP036	CPE 8b	Establishment and Beginning of Pilot Operation of the 2nd Korean Antarctic Research Station "Jang Bogo" at Terra Nova Bay	Corée République de	📄				
IP037	CPE 8a	The Draft Comprehensive Environmental Evaluation for the construction and operation of the New Chinese Research Station, Victoria Land, Antarctica	Chine	📄				Full Draft CEE of the new Chinese station in Antarctica (19 MB)
IP038	CPE 11	Proposed Long-Term Environmental Monitoring at Bharati Station (LTEM-BS)	Inde	📄				
IP039	RCTA 14 CPE 7	SCAR engagement with the United Nations Framework Convention on Climate Change (UNFCCC)	SCAR	📄				
IP040	RCTA 4	Rapport du Gouvernement dépositaire du Traité sur l'Antarctique et de son Protocole au titre de la Recommandation XIII-2	Etats-Unis d´Amérique	📄	📄	📄	📄	Liste de recommandations/ mesures et leur adoption Tableau relatif au statut concernant le Protocole Tableau relatif au statut concernant le Traité sur l'Antarctique
IP041	RCTA 15	Joint Chile and United States Antarctic Educational Expedition for High School Students and	Etats-Unis d´Amérique Chili	📄			📄	Figure 1 in high resolution Figure 2 in high resolution

Documents d'information								
No.	**Points de l'ordre du jour**	**Titre**	**Soumis par**	**A**	**F**	**R**	**E**	**Pièces jointes**
		Teachers: a Pilot Program						
IP042	CPE 10c	Developing general guidelines for operating in geothermal environments	Nouvelle-Zélande SCAR Royaume-Uni Etats-Unis d´Amérique	🗎				
IP043	CPE 9f	McMurdo Dry Valleys ASMA Management Group Report	Nouvelle-Zélande Etats-Unis d´Amérique	🗎				ASMA No. 2 Map 1: Overview ASMA No.2 McMurdo Dry Valleys: boundary and zones Attachment 2: ASMA No. 2 Map 2: Overview Central Dry Valleys Attachment 3: ASMA No. 2 Map 8: Lake Bonney, Taylor Valley Attachment 4: ASMA No. 2 Map 17: Mount Feather – Beacon Valley Attachment 5: ASMA No. 2 Map 18: Don Juan Pond, Wright Valley Attachment 6: ASMA No. 2 Management Group Work Plan
IP044	RCTA 4	Rapport 2013-14 de l'Association internationale des organisateurs de voyages dans l'Antarctique	IAATO	🗎	🗎	🗎	🗎	
IP045 rev.1	RCTA 11	IAATO Overview of Antarctic Tourism: 2013-14 Season and Preliminary Estimates for 2014-15 Season	IAATO	🗎				
IP046	RCTA 15 CPE 13	COMNAP Practical Training Modules: Module 1 – Environmental Protocol	COMNAP	🗎				COMNAP Training Module 1 – Environmental Protocol (ver 1)
IP047	RCTA 13 CPE 13	International Scientific and Logistic Collaboration in Antarctica	COMNAP	🗎				
IP048	RCTA 11	The SV "Infinity", Ross Sea February 2014	Nouvelle-Zélande	🗎				
IP049	RCTA 5 CPE 9e	The role of the Antarctic Treaty Consultative Meeting in protecting the marine environment	Pays-Bas	🗎				

Documents d'information

No.	Points de l'ordre du jour	Titre	Soumis par	A	F	R	E	Pièces jointes
		through marine spatial protection						
IP050	RCTA 10	Operational Ice Information around Antarctica	Allemagne	📄				
IP051	RCTA 4	Rapport du Gouvernement dépositaire de l'Accord sur la conservation des albatros et des pétrels (ACAP)	Australie	📄	📄	📄	📄	
IP052	RCTA 4	Rapport du Gouvernement dépositaire de la Convention sur la conservation de la faune et de la flore marines de l'Antarctique (CCAMLR)	Australie	📄	📄	📄	📄	
IP053	RCTA 9	Implementation of Annex VI of the Protocol on Environmental Protection to the Antarctic Treaty: A South African update	Afique du Sud	📄				
IP054	CPE 8a	The Initial Responses to the Comments on the Draft CEE for the construction and operation of the New Chinese Research Station, Victoria Land, Antarctica	Chine	📄				Annex 1: Responses to the Comments on China's draft CEE Annex 2: A list of main research fields of Chinese new station on the Victoria Land Antarctica Annex 3: CFD simulation - risk analysis of wind resistance and snow accumulation on the form of the buildings Annex 4: introduction of Magnetic Pyrolysis Furnace
IP055	RCTA 11	Data Collection and Reporting on Yachting Activity in Antarctica in 2013-14	Royaume-Uni IAATO	📄				
IP056	CPE 8b	Initial Environmental Evaluation for the realization of a new access road to Enigma Lake Twin Otter Runway at Mario Zucchelli Station, Terra Nova Bay, Ross	Italie	📄				

Documents d'information								
No.	**Points de l'ordre du jour**	**Titre**	**Soumis par**	**A**	**F**	**R**	**E**	**Pièces jointes**
		Sea, Antarctica						
IP057	CPE 8b	Towards the realization of a gravel runway in Terra Nova Bay: results of the 2013-2014 survey campaign	Italie	📄				
IP058	CPE 9f	Proposal to afford greater protection to an extremely restricted endemic plant on Caliente Hill (ASPA 140 – sub-site C), Deception Island	Espagne	📄				
IP059	RCTA 11 CPE 9c	National Antarctic Programme use of locations with Visitor Site Guidelines in 2013-14	Royaume-Uni Argentine Australie Etats-Unis d'Amérique	📄				
IP060	RCTA 14 CPE 7	Antarctic Climate Change and the Environment – 2014 Update	SCAR	📄				
IP061	RCTA 10	Status report on the development of the International Code for ships operating in Polar Waters (Polar Code)	OMI	📄				
IP062	RCTA 5	Strengthening Support for the Protocol on Environmental Protection to the Antarctic Treaty	Australie France Espagne	📄				
IP063	CPE 8b	Results of drilling operations for the study of the lower part of the glacier in deep borehole at Vostok station in the season 2013-2014	Fédération de Russie	📄		📄		
IP064	CPE 8b	Study of the water column of the Subglacial Lake Vostok	Fédération de Russie	📄		📄		Study of the water column of the subglasial Lake Vostok. Initial Environmental Evaluation
IP065	RCTA 10	Ice incident with the Russian vessel "Akademik Shokalsky" in the season 2013-2014	Fédération de Russie	📄		📄		
IP066	RCTA 10	On rendering urgent medical aid by doctors of Russian Antarctic stations to personnel of foreign Antarctic expeditions and ship crews	Fédération de Russie	📄		📄		

Documents d'information

No.	Points de l'ordre du jour	Titre	Soumis par	A	F	R	E	Pièces jointes
IP067	CPE 9f	Report of the Antarctic Specially Managed Area No. 6 Larsemann Hills Management Group	Australie Chine Inde Fédération de Russie	📄				
IP068	RCTA 14 CPE 7	Antarctic Climate Change Report Card 2014	ASOC	📄				
IP069	CPE 9d	Antarctic Resolution at the 10th World Wilderness Congress	ASOC	📄				Antarctic Resolution
IP070	RCTA 10	Management of Vessels in the Antarctic Treaty Area	ASOC	📄				
IP071 rev.1	CPE 9d	Managing Human Footprint, Protecting Wilderness: A Way Forward	ASOC	📄				
IP072	RCTA 14 CPE 7	Near-term Antarctic Impacts of Black Carbon and Short-lived Climate Pollutant Mitigation	ASOC	📄				
IP073	RCTA 13 CPE 8b	New Antarctic stations: Are they justified?	ASOC	📄				
IP074	RCTA 14 CPE 7	The West Antarctic Ice Sheet in the Fifth Assessment Report of the Intergovernmental Panel on Climate Change (IPCC): a key threat, a key uncertainty	ASOC	📄				
IP075	RCTA 10 CPE 13	Amery Ice Shelf helicopter incident	Australie	📄				
IP076	RCTA 13 RCTA 4	Malaysia's Activities and Achievements in Antarctic Research and Diplomacy	Malasia	📄				
IP077	RCTA 11	Management of tourism in Antarctica – an IAATO perspective	IAATO	📄				
IP078	RCTA 11	Adventure Tourism: Activities undertaken by IAATO Members	IAATO	📄				
IP079	RCTA 10	SAR Communication Exercise: Argentina - IAATO	Argentine IAATO	📄			📄	
IP080	RCTA 5	L'exercice de la	Belgique	📄	📄	📄	📄	

Documents d'information								
No.	**Points de l'ordre du jour**	**Titre**	**Soumis par**	**A**	**F**	**R**	**E**	**Pièces jointes**
		juridiction nationale sur les actifs en Antarctique						
IP081	RCTA 13	Norwegian Antarctic research	Norvège	📄				
IP082	CPE 11	Site Sensitivity Analysis approach utilized in the Svalbard context	Norvège	📄				
IP083	CPE 10a	Record of two species of non-native birds at 25 de Mayo island, South Shetland Islands	Argentine	📄			📄	
IP084	RCTA 11	Preliminary report on Antarctic tourist flows and cruise ships operating in Ushuaia during the 2013/2014 Austral summer season	Argentine	📄			📄	
IP085	CPE 10c	Estimation of the breeding population of Emperor Penguin, Aptenodytes forsteri, at Snow Hill Island (Isla Cerro Nevado), northeast of the Antarctic Peninsula	Argentine	📄			📄	
IP086	CPE 9c	Politique de gestion du tourisme pour la Station scientifique Carlini	Argentine	📄	📄		📄	Politique de gestion du tourisme pour la Station scientifique Carlini
IP087	RCTA 11	Areas of tourist interest in the Antarctic Peninsula and South Orkney Islands (Islas Orcadas del Sur) region. 2013/2014 Austral summer season	Argentine	📄			📄	
IP088	RCTA 11	Non-commercial pleasure and/or sport vessels which travelled to Antarctica through Ushuaia during the 2013/2014 season	Argentine	📄			📄	
IP089	RCTA 11	An account of optional activities offered by the Antarctic tour operators that operated through Ushuaia during the 2013-2014 Austral summer season	Argentine	📄			📄	
IP090	RCTA 13	Scientific activities in Terra Nova Bay: a	Italie	📄				

413

Documents d'information

No.	Points de l'ordre du jour	Titre	Soumis par	A	F	R	E	Pièces jointes
		brief overview of the Italian National Antarctic Program						
IP091	RCTA 10	An update on the Antarctic Polar View sea ice information service	Royaume-Uni	📄				
IP092	RCTA 10	Search and Rescue cases in the Antarctic Peninsula Area. Season 2013 / 2014. MRCC Chile	Chili	📄			📄	
IP093	RCTA 15	Proyecto A: Residencias artísticas en la Antártica	Chili				📄	
IP094 rev.1	CPE 7	Antarctic trial of WWF's Rapid Assessment of Circum-Arctic Ecosystem Resilience (RACER) Conservation Planning Tool – methodology and trial outcomes	Royaume-Uni	📄				RACER Trial Report: Annexes 1 - 7. RACER Trial Report: Appendix 1
IP095	RCTA 10	Akademik Shokalskiy incident	Australie	📄				
IP096	RCTA 13	Overview of Czech Research Activites in Antarctica in 2013-2014	République tchèque	📄				
IP097	CPE 4	CEP XVII – Work done during the intersession period	France	📄				
IP098	CPE 9f	Romanian Activities Associated with the Antarctic Specially Managed Area No.6 Larsemann Hills Management Group	Roumanie	📄				
IP099	RCTA 10	Contribution of the Joint Antarctic Naval Patrol to the maritime and environmental protection operations in the Antarctic area	Chili Argentine	📄			📄	
IP100	RCTA 4	Rapport de l'Antarctic and Southern Ocean Coalition	ASOC	📄	📄	📄	📄	

Documents du Secrétariat								
No.	Points de l'ordre du jour	Titre	Soumis par	A	F	R	E	Pièces jointes
SP001 rev.4	RCTA 3 CPE 2	XXXVIIe RCTA et CPE XVII Ordre du jour et calendrier de travail	STA					Plan de travail stratégique pluriannuel de la RCTA - Décision 5 (2013), Annexe
SP002	RCTA 6	Rapport du Secrétariat 2013/2014	STA					Annexe 1 : Rapport financier vérifié 2012/2013 Annexe 2: Rapport financier provisoire 2013/2014 Annexe 3 : Contributions reçues par le Secrétariat du Traité sur l'Antarctique 2013/2014
SP003 rev.1	RCTA 6	Programme du Secrétariat pour l'exercice 2014/2015	STA					Annexe 1: Rapport provisoire de l'exercice financier 2013/2014, budget de l'exercice financier 2014/2015, budget prévisionnel de l'exercice financier 2015/2016 Annexe 2: Barème de contributions 2015/2016 Annexe 3: Grille des salaires 2014/2015
SP004	RCTA 6	Profil budgétaire quinquennal 2014 - 2018	STA					Profil budgétaire quinquennal 2014 - 2018
SP005	CPE 8b	Liste annuelle des évaluations préliminaires (EPIE) et globales (EGIE) d'impacts sur l'environnement établies entre le 1er avril 2013 et le 31 mars 2014	STA					
SP007	RCTA 16 RCTA 7 CPE 4	Plan de travail stratégique pluriannuel de la RCTA : rapport du Secrétariat sur les exigences en matière d'échange d'informations et sur le Système électronique d'échange d'informations	STA					
SP008	RCTA 10	Plan de travail stratégique pluriannuel de la RCTA : Compilation des	STA					

Documents du Secrétariat								
No.	Points de l'ordre du jour	Titre	Soumis par	A	F	R	E	Pièces jointes
		recommandations de la RCTA en matière de sécurité						
SP009	RCTA 11	Plan de travail stratégique pluriannuel de la RCTA : Résumé des discussions et décisions de la RCTA sur le tourisme terrestre et le tourisme d'aventure	STA	📄	📄	📄	📄	
SP010	RCTA 6	Rapport sur les démarches relatives à un système alternatif de rémunérations et de salaires	STA	📄	📄	📄	📄	
SP011	RCTA 9	Réédition WP27 CPE XVI : Réparation des dégâts causés à l'environnement : Rapport du Groupe de contact intersessions	STA	📄	📄	📄	📄	
SP013	CPE 2	CEP XVII Summary of Papers	STA	📄				
SP014 rev.2	RCTA 16 RCTA 17 RCTA 5 RCTA 6 RCTA 7 RCTA 9	WG on Legal and Institutional Matters - Summary of papers	STA	📄				
SP015 rev.2	RCTA 10 RCTA 12 RCTA 13 RCTA 14 RCTA 15	WG on Operational Matters - Summary of Papers	STA	📄				
SP016	RCTA 11	WG on Tourism and Non-governmental Activities - Chairman's Proposed Agenda and Summary of Papers	STA	📄				
SP017 rev.1	RCTA 1	List of Registered Delegates	STA	📄				

Documents de référence								
No.	**Points de l'ordre du jour**	**Titre**	**Soumis par**	**A**	**F**	**R**	**E**	**Pièces jointes**
BP001	RCTA 13	Brazilian automatic remote modules in the West Antarctic Ice Sheet	Brésil	📄				
BP002	RCTA 13	Scientific advances of the Brazilian oceanographic research in the Southern Ocean and its vicinity	Brésil	📄				
BP003	RCTA 13	The geological record of the transition from greenhouse to icehouse (Eocene to Oligocene) in Western Antarctica	Brésil	📄				
BP004	RCTA 13	National Institute of Science and Technology of the Cryosphere	Brésil	📄				
BP005	RCTA 13	National Institute for Science and Technology – Antarctic Environmental Research (INCT-APA): Five-Year Highlights	Brésil	📄				
BP006	RCTA 13	Conférence du SCAR: « Retour vers le futur : Climats antarctiques passés, histoire de la couverture de glace et leur importance pour la compréhension des tendances futures »	SCAR	📄	📄	📄	📄	
BP007 rev.1	CPE 9f	Monitoring and Management Report of Narębski Point (ASPA No. 171) during the past 5 years (2009-2014)	Corée République de	📄				
BP008	RCTA 13	Scientific & Science-related Collaborations with Other Parties During 2013-2014	Corée République de	📄				
BP009	RCTA 4 CPE 5	The Scientific Committee on Antarctic Research (SCAR). Selected Science Highlights for 2013/14	SCAR	📄				
BP010	CPE 12	Recommendations of the Inspection Teams to Maitri Station and their Implementation	Inde	📄				
BP011	CPE 9a	Initiation of a review of ASPA 104: Sabrina Island, Northern Ross Sea, Antarctica	Nouvelle-Zélande	📄				

Documents de référence								
No.	**Points de l'ordre du jour**	**Titre**	**Soumis par**	**A**	**F**	**R**	**E**	**Pièces jointes**
BP012	RCTA 13	New Zealand Antarctic and Southern Ocean Science: Directions and Priorities 2010 - 2020	Nouvelle-Zélande	▣				New Zealand Antarctic & Southern Ocean Science: Directions and Priorities 2010 - 2020
BP013	CPE 13	Progress on the development of a new waste water treatment facility at Australia's Davis station	Australie	▣				
BP014	CPE 5	Antarctica New Zealand Membership of the International Union for Conservation of Nature (IUCN)	Nouvelle-Zélande	▣				
BP015	RCTA 13	Digital upgrade of SuperDARN radar at SANAE IV 2013/2014	Afique du Sud	▣				
BP016	RCTA 10 RCTA 13	Compilación de la producción cartográfica antártica española	Espagne				▣	
BP017	CPE 11	Remote sensing of environmental changes on King George Island (South Shetland Islands): establishing a new monitoring program	Pologne	▣				
BP018	CPE 6	Tareas de Gestión Ambiental en la Base Belgrano II	Argentine				▣	
BP019	RCTA 13	Vigésimo Segunda Expedición Científica del Perú a la Antártida (ANTAR XXII)	Pérou				▣	
BP020	RCTA 13	Agenda Nacional de Investigación Científica Antártica 2014 – 2016 (ANTARPERU)	Pérou				▣	

3. Liste des participants

3. Liste des participants

PARTICIPANTS: PARTIES CONSULTATIVES:				
PARTIE	NOM	POSTE	DATE D'ARRIVÉE	DATE DE DÉPART
Afrique du Sud	Dwarika, Yolande	Déléguée	26/04/2014	08/05/2014
Afrique du Sud	Jacobs, Carol	Représentant au CPE	26/04/2014	04/05/2014
Afrique du Sud	Malefane, Nthabiseng	Suppléant	27/04/2014	08/05/2014
Afrique du Sud	Mbete, Mphakama Nyangweni	Chef de délégation	07/05/2014	07/05/2014
Afrique du Sud	Mphepya, Jonas	Délégué	27/04/2014	08/05/2014
Afrique du Sud	Siko, Gilbert	Conseiller	28/04/2014	07/05/2014
Afrique du Sud	Skinner, Richard	Délégué	27/04/2014	08/05/2014
Afrique du Sud	Solomons, Milicent	Délégué	26/04/2014	04/05/2014
Afrique du Sud	Valentine, Henry	Délégué	27/04/2014	08/05/2014
Allemagne	Gaedicke, Christoph	Délégué	27/04/2014	02/05/2014
Allemagne	Hain, Stefan	Déléguée	27/04/2014	07/05/2014
Allemagne	Herata, Heike	Représentant au CPE	26/04/2014	07/05/2014
Allemagne	Heyn, Andrea	Déléguée	27/04/2014	07/05/2014
Allemagne	Kuhbier, Bernd	Délégué	27/04/2014	08/05/2014
Allemagne	Läufer, Andreas	Délégué	27/04/2014	02/05/2014
Allemagne	Liebschner, Alexander	Délégué	28/04/2014	02/05/2014
Allemagne	Lindemann, Christian	Délégué	26/04/2014	04/05/2014
Allemagne	Miller, Heinrich	Délégué	27/04/2014	06/05/2014
Allemagne	Ney, Martin	Chef de délégation	27/04/2014	30/04/2014
Allemagne	Nixdorf, Uwe	Délégué	27/04/2014	02/05/2014
Allemagne	Schueller, Dirk Gerhard	Délégué	27/04/2014	08/05/2014
Allemagne	Schulz, Christian	Suppléant	27/04/2014	08/05/2014
Argentine	Adad, Gabriel Carlos	Conseiller	28/04/2014	08/05/2014
Argentine	Conde Garrido, Rodrigo	Délégué	28/04/2014	07/05/2014
Argentine	Coria, Nestor	Délégué	26/04/2014	08/05/2014
Argentine	Giudici, Tomás Martín	Délégué	26/04/2014	08/05/2014
Argentine	López Crozet, Fausto	Chef de délégation	26/04/2014	08/05/2014
Argentine	Memolli, Mariano A.	Représentant au CPE	26/04/2014	08/05/2014
Argentine	Ortúzar, Patricia	Déléguée	26/04/2014	08/05/2014
Argentine	Rodríguez Lamas, Ezequiel	Délégué	26/04/2014	08/05/2014
Argentine	Vereda, Marisol	Conseillère	28/04/2014	08/05/2014
Argentine	Vlasich, Verónica	Déléguée	26/04/2014	08/05/2014
Australie	Compton, Peta	Déléguée	27/04/2014	07/05/2014
Australie	Cooper, Katrina	Chef de délégation	25/04/2014	08/05/2014
Australia	Devlin, Quinton	Délégué	27/04/2014	07/05/2014
Australie	Fleming, Tony	Suppléant	25/04/2014	04/05/2014
Australie	Goldsworthy, Lyn	Conseillère	25/04/2014	06/05/2014
Australie	Lawless, Patrick	Délégué	27/04/2014	07/05/2014
Australie	Lendels, Lizzie	Déléguée	27/04/2014	07/05/2014
Australie	McIvor, Ewan	Représentant au CPE	25/04/2014	08/05/2014
Australie	Mundy, Jason	Délégué	25/04/2014	08/05/2014
Australie	Press, Tony	Conseiller	25/04/2014	09/05/2014
Australie	Scott-Kemmis, Cary	Déléguée	25/04/2014	08/05/2014
Australie	Tracey, Phillip	Délégué	25/04/2014	08/05/2014
Australie	Trousselot, Chrissie	Conseillère	26/04/2014	08/05/2014
Belgique	Chemay, Frédéric	Représentant au CPE	26/04/2014	08/05/2014
Belgique	Hottat, Sophie	Conseillère	29/04/2014	07/05/2014
Belgique	Touzani, Rachid	Délégué	28/04/2014	05/05/2014
Belgique	Vancauwenberghe, Maaike	Déléguée	27/04/2014	03/05/2014
Belgique	Vanden Bilcke, Christian	Chef de délégation	26/04/2014	08/05/2014
Belgique	Wilmotte, Annick	Déléguée	27/04/2014	04/05/2014
Brésil	Abdenur, Adriana Erthal	Conseiller	28/04/2014	07/05/2014
Brésil	Azeredo, Raphael	Chef de délégation	28/04/2014	07/05/2014
Brésil	Bello Chimos, Cinthya	Déléguée	28/04/2014	07/05/2014

PARTICIPANTS: PARTIES CONSULTATIVES:				
PARTIE	NOM	POSTE	DATE D'ARRIVÉE	DATE DE DÉPART
Brésil	Boechat de Almeida, Barbara	Délégué	28/04/2014	07/05/2014
Brésil	Brandão Cavalcanti, Roberto	Conseiller	27/04/2014	07/05/2014
Brésil	Brasil, Paula Rassi	Délégué	28/04/2014	07/05/2014
Brésil	Buss de Souza, Ronald	Conseiller	28/04/2014	07/05/2014
Brésil	Câmara, Paulo	Conseiller	28/04/2014	07/05/2014
Brésil	Cardia Simões, Jefferson	Conseiller	28/04/2014	07/05/2014
Brésil	Chaim Mattos, Bianca	Déléguée	28/04/2014	07/05/2014
Brésil	Costa, Siddhartha	Déléguée	28/04/2014	07/05/2014
Brésil	Cruz-Kaled, Andrea	Délégué	28/04/2014	07/05/2014
Brésil	Delduque de Medeiros, Marcos F.	Délégué	21/04/2014	07/05/2014
Brésil	Duleba, Wânia	Conseiller	28/04/2014	07/05/2014
Brésil	Faria de Mattos, Leonardo	Délégué	28/04/2014	07/05/2014
Brésil	Faria Oliveira., Áthila	Délégué	21/04/2014	07/05/2014
Brésil	Fontes Faria, Maria Rita	Suppléante	28/04/2014	07/05/2014
Brésil	Gonçalves, Paulo Rogério	Conseiller	28/04/2014	07/05/2014
Brésil	Ibañez de Novion, Henry-Philippe	Délégué	28/04/2014	07/05/2014
Brésil	Legracie Júnior, José Renato	Délégué	28/04/2014	07/05/2014
Brésil	Leite, Marcio Renato	Délégué	21/04/2014	07/05/2014
Brésil	Lemmertz, Heloisa	Conseillère	28/04/2014	07/05/2014
Brésil	Luna, Vera	Conseillère	30/04/2014	07/05/2014
Brésil	Machado Calaço, Rachel	Déléguée	28/04/2014	07/05/2014
Brésil	Madeira, Acir	Conseiller	28/04/2014	07/05/2014
Brésil	Madruga, Jaqueline Leal	Déléguée	28/04/2014	07/05/2014
Brésil	Marcondes de Carvalho, José Antonio	Président de la RCTA	27/04/2014	07/05/2014
Brésil	Montone, Rosalinda	Conseillère	28/04/2014	07/05/2014
Brésil	Moraes, Osvaldo	Délégué	28/04/2014	07/05/2014
Brésil	Morais Paranaguá, Marcus Henrique	Conseiller	28/04/2014	07/05/2014
Brésil	Moreira Sales de Menezes, Mariana	Déléguée	28/04/2014	07/05/2014
Brésil	Nobre, Carlos	Délégué	28/04/2014	07/05/2014
Brésil	Oliveira Caldas, Anderson	Délégué	21/04/2014	07/05/2014
Brésil	Oliveira Costalunga, Ana Lucia	Déléguée	28/04/2014	07/05/2014
Brésil	Palazzi, Giovanna	Conseillère	28/04/2014	07/05/2014
Brésil	Pellizari, Vivian	Conseillère	29/04/2014	07/05/2014
Brésil	Penna Firme Horna, Luciane	Déléguée	28/04/2014	07/05/2014
Brésil	Portella Sampaio, Daniela	Conseillère	28/04/2014	07/05/2014
Brésil	Quitéria Souza dos Santos Gouvea, Ludmila	Déléguée	28/04/2014	07/05/2014
Brésil	Ramos de Alencar da Costa, Felipe Augusto	Délégué	28/04/2014	07/05/2014
Brésil	Resende de Assis, Luis Guilherme	Conseiller	05/05/2014	07/05/2014
Brésil	Rocha-Campos, Antonio Carlos	Conseiller	28/04/2014	07/05/2014
Brésil	Rodrigues, Marcos Silva	Délégué	21/04/2014	07/05/2014
Brésil	Sodré Polejack, Andrei de Abreu	Délégué	28/04/2014	07/05/2014
Brésil	Sousa Picolo, Kenia Dias	Délégué	28/04/2014	07/05/2014
Brésil	Souza Della Nina, Clarissa	Déléguée	28/04/2014	07/05/2014
Brésil	Suarez Sampaio, Carlos Hugo	Conseiller	28/04/2014	07/05/2014
Brésil	Teixeira, Antonio José	Délégué	21/04/2014	07/05/2014
Brésil	Trotte-Duhá , Janice Romaguera	Déléguée	28/04/2014	07/05/2014
Brésil	Valentin, yocie	Conseiller	28/04/2014	07/05/2014
Brésil	Vieira Carneiro, José Eduardo	Délégué	21/04/2014	07/05/2014
Bulgarie	Jivkov, Christo	Suppléant	24/04/2014	08/05/2014
Bulgarie	Kuchev, Yuriy	Délégué	24/04/2014	08/05/2014
Bulgarie	Mateev, Dragomir	Délégué	24/04/2014	08/05/2014
Bulgarie	Petrova, Elena	Déléguée	24/04/2014	08/05/2014
Bulgarie	Pimpirev, Christo	Représentant au CPE	24/04/2014	08/05/2014
Bulgarie	Popova, Anna	Déléguée	24/04/2014	29/04/2014

PARTICIPANTS: PARTIES CONSULTATIVES:				
PARTIE	NOM	POSTE	DATE D'ARRIVÉE	DATE DE DÉPART
Bulgarie	Raytchev, Rayko	Chef de délégation	24/04/2014	08/05/2014
Bulgarie	Romanska, Tsvety	Déléguée	24/04/2014	08/05/2014
Bulgarie	Yotov, Valeri	Suppléant	24/04/2014	08/05/2014
Canada	Taillefer, David	Chef de délégation	27/04/2014	03/05/2014
Chili	Barticevic, Elías	Conseiller	28/04/2014	07/05/2014
Chili	Berguño, Francisco	Chef de délégation	26/04/2014	07/05/2014
Chili	Berguño, Fernando	Délégué	28/04/2014	07/05/2014
Chili	Cariceo, Yanko	Conseiller	28/04/2014	07/05/2014
Chili	Casiccia, Claudio	Conseiller	28/04/2014	07/05/2014
Chili	Chomali, Jaime	Délégué	28/04/2014	07/05/2014
Chili	Durand, Jorge	Conseiller	28/04/2014	07/05/2014
Chili	Espinoza, Patricio	Conseiller	28/04/2014	07/05/2014
Chili	Ferrada, Luis Valentín	Conseiller	28/04/2014	07/05/2014
Chili	Figueroa, Miguel	Conseiller	28/04/2014	07/05/2014
Chili	Foxon, Javier	Personnel HCS	21/04/2014	07/05/2014
Chili	Gamboa, César	Délégué	27/04/2014	07/05/2014
Chili	Iturriaga, Javier	Conseiller	28/04/2014	07/05/2014
Chili	Madrid, Santiago	Conseiller	28/04/2014	07/05/2014
Chili	Mayorga, Pedro	Conseiller	28/04/2014	07/05/2014
Chili	Mella, Leopoldo	Conseiller	28/04/2014	07/05/2014
Chili	Pizarro, Cristián	Conseiller	28/04/2014	07/05/2014
Chili	Retamales, José	Suppléant	28/04/2014	07/05/2014
Chili	Vallejos, Verónica	Représentante au CPE	28/04/2014	03/05/2014
Chili	Velásquez, Ricardo	Conseiller	28/04/2014	07/05/2014
Chine	Gao, Feng	Chef de délégation	26/04/2014	08/05/2014
Chine	Han, Zixuan	Délégué	26/04/2014	08/05/2014
Chine	Lu, Zhibo	Représentant au CPE	26/04/2014	08/05/2014
Chine	Qu, Tanzhou	Délégué	26/04/2014	08/05/2014
Chine	Sun, Bo	Conseiller	26/04/2014	08/05/2014
Chine	Wei, Long	Délégué	26/04/2014	08/05/2014
Chine	Wu, Chenqi	Délégué	26/04/2014	08/05/2014
Chine	Zhang, Tijun	Conseiller	26/04/2014	08/05/2014
Chine	Zhuo, Li	Délégué	26/04/2014	08/05/2014
Corée (ROK)	Ahn, In-Young	Représentant au CPE	27/04/2014	03/05/2014
Corée (ROK)	Chung, Rae-kwang	Délégué	26/04/2014	03/05/2014
Corée (ROK)	Chung, Hosung	Déléguée	27/04/2014	03/05/2014
Corée (ROK)	Kim, Yeadong	Délégué	26/04/2014	01/05/2014
Corée (ROK)	Kim, Ji Hee	Déléguée	27/04/2014	03/05/2014
Corée (ROK)	Rhee, Zha-hyoung	Chef de délégation	26/04/2014	03/05/2014
Corée (ROK)	Seo, Young-min	Déléguée	26/04/2014	07/05/2014
Corée (ROK)	Shin, Hyoung Chul	Déléguée	27/04/2014	06/05/2014
Corée (ROK)	Son, Eun-jung	Déléguée	26/04/2014	02/05/2014
Équateur	Bonifaz Arboleda, Pablo A.	Conseiller	05/05/2014	07/05/2014
Équateur	Córdova Montero, Maria Soledad	Chef de délégation	05/05/2014	07/05/2014
Équateur	Olmedo Morán, José	Suppléant	27/04/2014	30/05/2014
Équateur	Ruiz Xomchuk, Veronica	Conseillère	28/04/2014	07/05/2014
Équateur	Valenzuela, María José	Déléguée	05/05/2014	07/05/2014
Espagne	Catalan, Manuel	Représentant au CPE	26/04/2014	08/05/2014
Espagne	Muñoz de Laborde Bardin, Juan Luis	Chef de délégation	26/04/2014	08/05/2014
Espagne	Puig Marco, Roser	Conseillère	25/04/2014	07/05/2014
Espagne	Ramos, Sonia	Déléguée	26/04/2014	08/05/2014
États-Unis d'Amérique	Bloom, Evan T.	Chef de délégation	26/04/2014	07/05/2014
États-Unis d'Amérique	Edwards, David	Conseiller	29/04/2014	07/05/2014
États-Unis d'Amérique	Falkner, Kelly	Conseiller	27/04/2014	02/05/2014
États-Unis d'Amérique	Hahs, Ona	Conseillère	27/04/2014	07/05/2014
États-Unis d'Amérique	Hamady, Li Ling	Conseillère	27/04/2014	07/05/2014

PARTICIPANTS: PARTIES CONSULTATIVES:				
PARTIE	NOM	POSTE	DATE D'ARRIVÉE	DATE DE DÉPART
États-Unis d'Amérique	Jones, Christopher	Délégué	28/04/2014	07/05/2014
États-Unis d'Amérique	Karentz, Deneb	Conseillère	27/04/2014	03/05/2014
États-Unis d'Amérique	McGinn, Nature	Conseillère	27/04/2014	07/05/2014
États-Unis d'Amérique	Naveen, Ron	Conseiller	27/04/2014	06/05/2014
États-Unis d'Amérique	O'Reilly, Jessica	Conseiller	27/04/2014	07/05/2014
États-Unis d'Amérique	Penhale, Polly A.	Représentante au CPE	26/04/2014	07/05/2014
États-Unis d'Amérique	Rudolph, Lawrence	Conseiller	27/04/2014	07/05/2014
États-Unis d'Amérique	Stone, Brian	Conseiller	27/04/2014	07/05/2014
États-Unis d'Amérique	Toschik, Pamela	Conseillère	27/04/2014	08/05/2014
États-Unis d'Amérique	Trice, Jessica	Conseillère	27/04/2014	07/05/2014
États-Unis d'Amérique	Watters, George	Conseillère	27/04/2014	07/05/2014
États-Unis d'Amérique	Wheatley, Victoria	Conseillère	27/04/2014	08/05/2014
Fédération de Russie	Alexey, Egoskin	Conseiller	28/04/2014	07/05/2014
Fédération de Russie	Chernysheva, Larisa	Déléguée	26/04/2014	08/05/2014
Fédération de Russie	Gonchar, Dmitry	Chef de délégation	26/04/2014	08/05/2014
Fédération de Russie	Konyashkina, Natalia	Déléguée	26/04/2014	08/05/2014
Fédération de Russie	Lukin, Valery	Représentant au CPE	26/04/2014	10/05/2014
Fédération de Russie	Pomelov, Victor	Délégué	25/04/2014	09/05/2014
Fédération de Russie	Voevodin, Andrey	Délégué	25/04/2014	09/05/2014
Finlande	Mähönen, Outi	Représentant au CPE	26/04/2014	03/05/2014
Finlande	Valjento, Liisa	Chef de délégation	25/04/2014	08/05/2014
France	Belna, Stéphanie	Représentante au CPE	27/04/2014	05/05/2014
France	Bolot, Pascal	Délégué	29/04/2014	02/05/2014
France	Choquet, Anne	Conseillère	30/04/2014	07/05/2014
France	Frenot, Yves	Représentant au CPE	25/04/2014	07/05/2014
France	Guyomard, Ann-Isabelle	Déléguée	27/04/2014	06/05/2014
France	Guyonvarch, Olivier	Chef de délégation	26/04/2014	08/05/2014
France	Jagour, Mathieu	Délégué	28/04/2014	07/05/2014
France	Lebouvier, Marc	Représentant au CPE	25/04/2014	07/05/2014
France	Mayet, Laurent	Délégué	27/04/2014	07/05/2014
France	Rocard, Michel	Délégué	27/04/2014	30/04/2014
France	Runyo, Fabienne	Suppléante	27/04/2014	07/05/2014
Inde	Chaturvedi, Sanjay	Délégué	02/05/2014	08/05/2014
Inde	Mohan, Rahul	Délégué	02/05/2014	08/05/2014
Inde	Rajan, Sivaramakrishnan	Chef de délégation	26/04/2014	08/05/2014
Inde	Rao, Koteswara	Délégué	26/04/2014	07/05/2014
Inde	Sharma, R K	Délégué	02/05/2014	08/05/2014
Inde	Tiwari, Anoop	Délégué	26/04/2014	08/05/2014
Italie	Mecozzi, Roberta	Déléguée	28/04/2014	07/05/2014
Italie	Sgrò, Eugenio	Chef de délégation	28/04/2014	08/05/2014
Italie	Tomaselli, Maria Stefania	Déléguée	28/04/2014	07/05/2014
Italie	Torcini, Sandro	Représentant au CPE	28/04/2014	07/05/2014
Japon	Hirano, Jun	Délégué	27/04/2014	07/05/2014
Japon	Shiraishi, Kazuyuki	Délégué	29/04/2014	05/05/2014
Japon	Takahashi, Kazuhiro	Chef de délégation	27/04/2014	07/05/2014
Japon	Takeda, Sayako	Délégué	28/04/2014	07/05/2014
Japon	Tanaka, Kenichiro	Déléguée	27/04/2014	08/05/2014
Japon	Teramura, Satoshi	Délégué	27/04/2014	07/05/2014
Japon	Watanabe, Kentaro	Délégué	26/04/2014	08/05/2014
Norvège	Askjer, Angela Lahelle-Ekholdt	Déléguée	29/04/2014	07/05/2014
Norvège	Eikeland, Else Berit	Chef de délégation	29/04/2014	07/05/2014
Norvège	Gaalaas, Siv Christin	Déléguée	29/04/2014	06/05/2014
Norvège	Halvorsen, Svein Tore	Délégué	27/04/2014	03/05/2014
Norvège	Hodne Steen, Sissel	Délégué	28/04/2014	07/05/2014
Norvège	Korsvoll, Marie Helene	Déléguée	30/04/2014	07/05/2014
Norvège	Njaastad, Birgit	Représentante au CPE	26/04/2014	07/05/2014

PARTICIPANTS: PARTIES CONSULTATIVES:				
PARTIE	NOM	POSTE	DATE D'ARRIVÉE	DATE DE DÉPART
Norvège	Strengehagen, Mette	Suppléante	27/04/2014	02/05/2014
Norvège	Wiig, Aud Marit	Déléguée	28/04/2014	07/05/2014
Norvège	Winther, Jan-Gunnar	Délégué	28/04/2014	02/05/2014
Nouvelle-Zélande	Beggs, Peter	Délégué	26/04/2014	08/05/2014
Nouvelle-Zélande	Dempster, Jillian	Chef de délégation	26/04/2014	08/05/2014
Nouvelle-Zélande	Gilbert, Neil	Représentant au CPE	26/04/2014	08/05/2014
Nouvelle-Zélande	Kendall, Rachel	Déléguée	26/04/2014	08/05/2014
Nouvelle-Zélande	MacKay, Don	Conseiller	29/04/2014	08/05/2014
Nouvelle-Zélande	Morgan, Fraser	Conseiller	26/04/2014	03/05/2014
Nouvelle-Zélande	Poirot, Ceisha	Déléguée	26/04/2014	08/05/2014
Nouvelle-Zélande	Smithyman, Alex	Délégué	27/04/2014	07/05/2014
Nouvelle-Zélande	Stent, Danica	Déléguée	26/04/2014	08/05/2014
Nouvelle-Zélande	Weeber, Barry	Conseiller	27/04/2014	08/05/2014
Pays-Bas	Bastmeijer, Kees	Conseiller	28/04/2014	07/05/2014
Pays-Bas	Elstgeest, Marlynda	Conseiller	27/04/2014	07/05/2014
Pays-Bas	Hernaus, Reginald	Représentant au CPE	28/04/2014	06/05/2014
Pays-Bas	Lefeber, René J.M.	Chef de délégation	26/04/2014	07/05/2014
Pays-Bas	Peijs, Martijn	Conseiller	28/04/2014	07/05/2014
Pérou	Bayona Medina, Jorge	Chef de délégation	28/04/2014	07/05/2014
Pérou	Espino Sanchez, Marco Antonio	Délégué	28/04/2014	07/05/2014
Pérou	Menezes, Raul	Déléguée	28/04/2014	07/05/2014
Pérou	Palacios, Carlos	Déléguée	28/04/2014	07/05/2014
Pérou	Rios, Carlos	Déléguée	28/04/2014	07/05/2014
Pologne	Kidawa, Anna	Déléguée	28/04/2014	03/05/2014
Pologne	Marciniak, Konrad	Suppléant	28/04/2014	02/05/2014
Pologne	Misztal, Andrzej	Chef de délégation	02/05/2014	07/05/2014
Pologne	Tatur, Andrzej	Délégué	28/04/2014	07/05/2014
République Tchèque	Havlik, Jiri	Chef de délégation	28/04/2014	07/05/2014
République Tchèque	Kapler, Pavel	Délégué	26/04/2014	02/05/2014
République Tchèque	Nyvlt, Daniel	Représentant au CPE	26/04/2014	02/05/2014
République Tchèque	Smuclerova, Martina	Suppléante	27/04/2014	07/05/2014
République Tchèque	Venera, Zdenek	Représentant au CPE	27/04/2014	07/05/2014
Royaume-Uni	Burgess, Henry	Représentant au CPE	26/04/2014	09/05/2014
Royaume-Uni	Clarke, Rachel	Déléguée	27/04/2014	03/05/2014
Royaume-Uni	Cowan, Caroline	Déléguée	27/04/2014	08/05/2014
Royaume-Uni	Downie, Rod	Conseiller	28/04/2014	02/05/2014
Royaume-Uni	Ford, Andrew	Délégué	27/04/2014	08/05/2014
Royaume-Uni	Francis, Jane	Déléguée	26/04/2014	05/05/2014
Royaume-Uni	Hughes, Kevin	Délégué	27/04/2014	03/05/2014
Royaume-Uni	Khan, Akbar	Délégué	26/04/2014	09/05/2014
Royaume-Uni	Nogueira, Thais	Déléguée	27/04/2014	08/05/2014
Royaume-Uni	Rumble, Jane	Chef de délégation	26/04/2014	09/05/2014
Royaume-Uni	Shears, John	Délégué	27/04/2014	09/05/2014
Suède	Euren Hoglund, Lisa	Chef de délégation	27/04/2014	07/05/2014
Suède	Josefsson Lazo, Pernilla	Déléguée	28/04/2014	07/05/2014
Suède	Linquist, Johanna	Déléguée	28/04/2014	07/05/2014
Suède	Selberg, Cecilia	Représentante au CPE	28/04/2014	07/05/2014
Ukraine	Liashenko , Oleksii	Conseiller	25/04/2014	10/05/2014
Ukraine	Tronenko, Rostyslav	Chef de délégation	25/04/2014	10/05/2014
Uruguay	Blanco, Marcelo	Délégué	27/04/2014	07/05/2014
Uruguay	Abdala, Juan	Représentante au CPE	27/04/2014	06/05/2014
Uruguay	Fajardo, Alberto	Suppléant	26/04/2014	08/05/2014
Uruguay	Gorosito Pereira, Pablo Ricardo	Délégué	27/04/2014	07/05/2014
Uruguay	Lluberas, Albert	Délégué	26/04/2014	08/05/2014
Uruguay	Romano, Claudio	Chef de délégation	26/04/2014	08/05/2014
Uruguay	Vignali, Daniel	Conseillère	27/04/2014	08/05/2014

PARTICIPANTS: PARTIES NON-CONSULTATIVES				
PARTIE	**NOM**	**POSTE**	**DATE D'ARRIVÉE**	**DATE DE DÉPART**
Bélarus	Kakareka, Sergey	Délégué	28/04/2014	07/05/2014
Colombie	Cedeño, Alvaro	Délégué	28/04/2014	07/05/2014
Colombie	Fernández Restrepo, Luis Ricardo	Délégué	28/04/2014	07/05/2014
Colombie	García, Miriam	Déléguée	27/04/2014	10/05/2014
Colombie	Kecan, Diana	Déléguée	28/04/2014	07/05/2014
Colombie	Mikan, Sandra Lucía	Déléguée	04/05/2014	10/05/2014
Colombie	Molano, Mauricio	Déléguée	27/04/2014	08/05/2014
Colombie	Montenegro Coral, Ricardo	Chef de délégation	05/05/2014	07/05/2014
Grèce	Kalaitzakis, Dimitris	Conseiller	28/04/2014	07/05/2014
Grèce	Panagiotidis, Georgios	Conseiller	28/04/2014	07/05/2014
Malaisie	Abd Rahman, Mohd Nasaruddin	Délégué	27/04/2014	08/05/2014
Malaisie	Jayaseelan, Sumitra	Déléguée	27/04/2014	01/05/2014
Malaisie	K.R Vasudevan, Sudha Devi	Délégué	27/04/2014	08/05/2014
Malaisie	Mansor, Ahmad Salman	Délégué	27/04/2014	08/05/2014
Malaisie	Mohd Nor, Salleh	Délégué	27/04/2014	08/05/2014
Malaisie	Mohd Shah, Rohani	Délégué	27/04/2014	08/05/2014
Malaisie	Shamsuddin, Shamsul Nizam	Délégué	27/04/2014	08/05/2014
Malaisie	Yahaya, Mohd Azhar	Chef de délégation	27/04/2014	01/05/2014
Monaco	Van Klaveren, Céline	Représentante au CPE	27/04/2014	02/05/2014
Portugal	Ferraz de Lima Sanchez da Motta, Goncalo	Délégué	27/04/2014	07/05/2014
Portugal	Xavier, José Carlos Caetano	Chef de délégation	27/04/2014	09/05/2014
République slovaque	Cigan, Milan	Chef de délégation	29/04/2014	07/05/2014
Roumanie	Ocneriu, Veronica	Suppléante	28/04/2014	07/05/2014
Roumanie	Radu, Diana Anca	Chef de délégation	28/04/2014	07/05/2014
Suisse	Reto Andreas, Durler	Chef de délégation	28/04/2014	07/05/2014
Turquie	Atasoy, Osman	Conseiller	28/04/2014	07/05/2014
Turquie	Dirioz, Huseyin	Conseiller	28/04/2014	07/05/2014
Turquie	Karasu, Sibel	Conseillère	28/04/2014	07/05/2014
Turquie	Ozdemir , Leyla	Conseillère	28/04/2014	07/05/2014
Turquie	Ozturk, Bayram	Conseiller	28/04/2014	07/05/2014
Turquie	Polat, Orhan Dede	Délégué	25/04/2014	08/05/2014
Turquie	Tabak, Haluk	Délégué	25/04/2014	09/05/2014
Turquie	Türkel, Ebuzer	Délégué	25/04/2014	09/05/2014
Turquie	Türkel, Mehmet Ali	Chef de délégation	25/04/2014	09/05/2014
Vénézuela	Alfonso, Juan A.	Chef de délégation	27/04/2014	08/05/2014
Vénézuela	Carlos , Castellanos	Délégué	26/04/2014	08/05/2014
Vénézuela	Gilberto, Jaimes	Déléguée	28/04/2014	07/05/2014
Vénézuela	Ronaldo, Sosa	Délégué	26/04/2014	08/05/2014
Vénézuela	Vera, Jonny	Délégué	26/04/2014	08/05/2014

PARTICIPANTS: OBSERVATEURS				
PARTIE	**NOM**	**POSTE**	**DATE D'ARRIVÉE**	**DATE DE DÉPART**
CCAMLR	Jones, Christopher	Délégué	28/04/2014	07/05/2014
CCAMLR	Reid, Keith	Conseiller	27/04/2014	06/05/2014
CCAMLR	Wright, Andrew	Chef de délégation	27/04/2014	07/05/2014
COMNAP	Rogan-Finnemore, Michelle	Chef de délégation	26/04/2014	09/05/2014
SCAR	Chown, Steven L.	Délégué	27/04/2014	04/05/2014
SCAR	Escutia, Carlota	Déléguée	27/04/2014	01/05/2014
SCAR	HANS , NELSON	Conseiller	30/04/2014	07/05/2014
SCAR	López-Martínez, Jerónimo	Chef de délégation	27/04/2014	08/05/2014
SCAR	Sparrow, Mike	Délégué	27/04/2014	05/05/2014

PARTICIPANTS: EXPERTS				
PARTIE	NOM	POSTE	DATE D'ARRIVÉE	DATE DE DÉPART
ASOC	Barroso, Mario	Délégué	28/04/2014	07/05/2014
ASOC	Campbell, Steve	Délégué	27/04/2014	03/05/2014
ASOC	Christian, Claire	Déléguée	26/04/2014	08/05/2014
ASOC	Epstein, Mark S.	Chef de délégation	27/04/2014	08/05/2014
ASOC	Janovský, Julie	Déléguée	26/04/2014	03/05/2014
ASOC	Kavanagh, Andrea	Déléguée	26/04/2014	03/05/2014
ASOC	Lucci, Juan	Délégué	27/04/2014	07/05/2014
ASOC	Lynch, Heather	Délégué	27/04/2014	03/05/2014
ASOC	Pearson, Pam	Déléguée	28/04/2014	03/05/2014
ASOC	Roura, Ricardo	Représentant au CPE	26/04/2014	08/05/2014
ASOC	Tsidulko, Grigory	Délégué	26/04/2014	03/05/2014
ASOC	Werner Kinkelin, Rodolfo	Déléguée	27/04/2014	03/05/2014
ASOC	Zuur, Bob	Délégué	26/04/2014	07/05/2014
IAATO	Crosbie, Kim	Chef de délégation	26/04/2014	08/05/2014
IAATO	Hohn-Bowen, Ute	Délégué	29/04/2014	07/05/2014
IAATO	Holgate, Claudia	Suppléante	26/04/2014	08/05/2014
IAATO	Lynnes, Amanda	Déléguée	27/04/2014	07/05/2014
IAATO	Machado D'Olivera, Suzana	Déléguée	27/04/2014	07/05/2014
IAATO	Schillat, Monika	Déléguée	27/04/2014	08/05/2014
IAATO	Sharp, Mike	Délégué	29/04/2014	06/05/2014
OHI	Ward, Robert	Chef de délégation	27/04/2014	02/05/2014
OMM	Ondras, Miroslav	Chef de délégation	26/04/2014	10/05/2014
OMM	Pendlebury, Steve	Conseiller	26/04/2014	10/05/2014
PNUE	Gross, Tony	Conseiller	27/04/2014	07/05/2014
PNUE	Hamú Marcos de la Penha, Denise	Déléguée	27/04/2014	07/05/2014
PNUE	Mrema, Elizabeth Maruma	Chef de délégation	27/04/2014	03/05/2014

PARTICIPANTS: SECRÉTARIATS				
PARTIE	NOM	POSTE	DATE D'ARRIVÉE	DATE DE DÉPART
Secrétariat du Traité sur l'Antarctique	Acero, José Maria	Suppléant	23/04/2014	09/05/2014
Secrétariat du Traité sur l'Antarctique	Agraz, José Luis	Personnel	21/04/2014	09/05/2014
Secrétariat du Traité sur l'Antarctique	Balok, Anna	Personnel	23/04/2014	09/05/2014
Secrétariat du Traité sur l'Antarctique	Davies, Paul	Personnel	23/04/2014	08/05/2014
Secrétariat du Traité sur l'Antarctique	Guretskaya, Anastasia	Personnel	26/04/2014	07/05/2014
Secrétariat du Traité sur l'Antarctique	Phillips, Andrew	Personnel	21/04/2014	08/05/2014
Secrétariat du Traité sur l'Antarctique	Reinke, Manfred	Chef de délégation	21/04/2014	09/05/2014
Secrétariat du Traité sur l'Antarctique	Wainschenker, Pablo	Personnel	21/04/2014	09/05/2014
Secrétariat du Traité sur l'Antarctique	Walton, David W H	Personnel	22/04/2014	08/05/2014
Secrétariat du Traité sur l'Antarctique	Wydler, Diego	Personnel	21/04/2014	09/05/2014
Secrétariat du CH	A Magalhães Ferreira, Gustavo	Personnel	21/04/2014	07/05/2014
Secrétariat du HC	Almeida de Sousa, Frank	Personnel	21/04/2014	07/05/2014
Secrétariat du CH	Alves Bezerra, Manoel	Personnel	21/04/2014	07/05/2014
Secrétariat du CH	Batista da Silva Moura, Maria Aparecida	Personnel	21/04/2014	07/05/2014
Secrétariat du CH	Bezerra, Ricardo	Personnel	21/04/2014	07/05/2014

PARTICIPANTS: SECRÉTARIATS				
PARTIE	NOM	POSTE	DATE D'ARRIVÉE	DATE DE DÉPART
Secrétariat du CH	Bezerra Vitor Ramos, Carlota de Azevedo	Personnel	21/04/2014	07/05/2014
Secrétariat du CH	Costa Messias, Alvina	Personnel	21/04/2014	07/05/2014
Secrétariat du CH	das Chagas Ribeiro, Josilda	Personnel	21/04/2014	07/05/2014
Secrétariatcdu CH	de Araujo Bianchi, Vânia Magda	Personnel	21/04/2014	07/05/2014
Secrétariat du CH	de Castro Salvio, José Claudio	Personnel	28/04/2014	07/05/2014
Secrétariat du CH	de Freitas, José Silvério	Personnel	28/04/2014	07/05/2014
Secrétariat du CH	de Santana, Thássio Felipe	Personnel	21/04/2014	07/05/2014
Secrétariat du CH	de Souza, Aline	Personnel HCS	28/04/2014	07/05/2014
Secrétariat du CH	Fonseca de Carvalho Gonçalves, Luiz Eduardo	Personnel	28/04/2014	07/05/2014
Secrétariat du CH	Freire, Evaldo	Personnel HCS	21/04/2014	07/05/2014
Secrétariat du CH	Gomes Pereira, Manoel	Personnel	21/04/2014	07/05/2014
Secrétariat du CH	Gonçalves de Oliveira, Ana Christina	Personnel	21/04/2014	07/05/2014
Secrétariat du CH	Grinits, Erick	Personnel	21/04/2014	07/05/2014
Secrétariat du CH	Lima, Daniel	Personnel	21/04/2014	07/05/2014
Secrétariat du CH	Nascimento, Hugo	Personnel	21/04/2014	07/05/2014
Secrétariat du CH	Pereira, Adriana	Personnel	21/04/2014	07/05/2014
Secrétariat du CH	Pinho, Bruno	Personnel	21/04/2014	07/05/2014
Secrétariat du CH	Ponce de León Bezerra, Áurea Cristina	Personnel du Secrétariat HC	21/04/2014	07/05/2014
Secrétariat du CH	Rypl, André João	Personnel	28/04/2014	07/05/2014
Secrétariat du CH	Sacchi Guadagnin, Luis Henrique	Personnel	21/04/2014	07/05/2014
Secrétariat du CH	Sensi, Dario André	Personnel	21/04/2014	07/05/2014
Secrétariat du CH	Silva, Silas	Personnel	21/04/2014	07/05/2014
Trad. & Interp.	Alal, Cecilia	Suppléante	28/04/2014	07/05/2014
Trad. & Interp.	Boury, Marjorie	Personnel	28/04/2014	07/05/2014
Trad. & Interp.	Cook, Elena	Personnel	28/04/2014	07/05/2014
Trad. & Interp.	Coussaert, Joelle	Personnel	28/04/2014	07/05/2014
Trad. & Interp.	Escorihuela, Romina	Personnel	28/04/2014	07/05/2014
Trad. & Interp.	Fernandez, Jimena	Personnel	28/04/2014	07/05/2014
Trad. & Interp.	Garteiser, Claire	Personnel	28/04/2014	07/05/2014
Trad. & Interp.	Gouchtchina, Galina	Personnel	28/04/2014	07/05/2014
Trad. & Interp.	Lacey, Roslyn	Personnel	28/04/2014	07/05/2014
Trad. & Interp.	Liapina, Ekaterina	Personnel	28/04/2014	07/05/2014
Trad. & Interp.	Liegio, Paulo	Personnel	28/04/2014	07/05/2014
Trad. & Interp.	Mullova, Ludmila	Personnel	28/04/2014	07/05/2014
Trad. & Interp.	Noble, Ross	Personnel	28/04/2014	07/05/2014
Trad. & Interp.	Oeyen, Camila	Personnel	28/04/2014	07/05/2014
Trad. & Interp.	Orlando, Marc	Personnel	28/04/2014	07/05/2014
Trad. & Interp.	Piccione Thomas, Georgina	Personnel	28/04/2014	07/05/2014
Trad. & Interp.	Radetskaya, Maria	Personnel	28/04/2014	07/05/2014
Trad. & Interp.	Rosenbrand, Irina	Personnel	28/04/2014	07/05/2014
Trad. & Interp.	Speziali, Maria Laura	Personnel	28/04/2014	07/05/2014
Trad. & Interp.	Tanguy, Philippe	Personnel	28/04/2014	07/05/2014

www.ingramcontent.com/pod-product-compliance
Lightning Source LLC
Chambersburg PA
CBHW082058210326
41521CB00033B/2578